日据时期台湾殖民地史学术研讨会论文集

中国社会科学院台湾史研究中心　主编
中国社会科学院近代史研究所台湾史研究室　编辑

九州出版社
JIUZHOUPRESS
全国百佳图书出版单位

图书在版编目（CIP）数据

日据时期台湾殖民地史学术研讨会论文集 / 中国社会科学院台湾史研究中心主编；中国社会科学院近代史研究所台湾史研究室编．——北京：九州出版社，2010.11

ISBN 978-7-5108-0687-2

Ⅰ．①日… Ⅱ．①中… ②中… Ⅲ．①殖民地－历史 －台湾省－学术会议－文集 Ⅳ．①K295.8-53

中国版本图书馆CIP数据核字(2010)第195111号

日据时期台湾殖民地史学术研讨会论文集

作　　者　中国社会科学院台湾史研究中心　主编
　　　　　中国社会科学院近代史研究所台湾史研究室　编辑
出 版 人　徐尚定
出版发行　九州出版社
地　　址　北京市西城区阜外大街甲35号（100037）
发行电话　（010）68992190/2/3/5/6
网　　址　www.jiuzhoupress.com
电子信箱　jiuzhou@jiuzhoupress.com
印　　刷　北京顺诚彩色印刷有限公司
开　　本　787毫米×1092毫米　16开
印　　张　30
字　　数　650千字
版　　次　2010年11月第1版
印　　次　20010年11月第1次印刷
书　　号　978-7-5108-0687-2
定　　价　68.00元

目　录

大陆部分

臺灣部分

日本部分

大陆部分

日本对台湾、大连的统治与人民反抗斗争之比较

关　捷

一

从1895年5月8日中日两国代表在烟台交换《马关条约》，日本开始占领台湾，至1945年10月25日日军第十方面军司令长官安藤利吉向台湾省行政长官陈仪投降，台湾被割让（即日本统治）50年又170天[1]。日本对大连的统治则晚于台湾10年（即1905年10月14日日俄两国签订《朴茨茅斯和约》，俄国擅将旅大的租借权转让给日本开始），至1945年8月22日苏军进入大连，日本统治大连40年又313天宣告结束。

日本统治台湾，是以殖民地形式进行的，统治大连是以租借地形式，施行不是殖民地的殖民统治。鉴于日本租借大连比占领台湾晚十年，因而日本在台湾所推行的措施，诸如统治机构、经济统制、文化教育的皇民化等的"经验教训"，自然成为统治大连的借鉴，有的几乎是完全照搬，而且其通过警察、宪兵、特务的政治统治、经济掠夺、文化奴役的强度和深度比之对台湾有过之而无不及。另一方面，两地各族人民对日本统治的反抗形式、规模、作用、后果有相似之处，亦有若干各自的特点。因此对日本统治台湾、大连的措施与人民反抗斗争进行探讨，对揭示日本帝国主义的本质，抨击日本右翼势力的历史观以及教育对日本在台湾、大连统治的模糊乃至错误评估是有意义的。

二

日本帝国主义对台湾、大连两地的侵略、霸占、统治过程，也是中国各民族各阶层人民进行反抗斗争的过程。

日本霸占中国神圣领土——台湾省及其澎湖列岛，是以军事为后盾，通过甲午中日战争打败中国，强迫中国签订《马关条约》割让的，是直接武装侵略中国的严重后果。中国各族各阶层人士对签约割台议论纷纭，以各种形式表达心声，乃至提出挽救之法。

容易获知朝廷内情的廷臣疆吏纷起反对《马关条约》，谏阻割地的奏章、上书如雪片飞入京城宫中。对此加以剖析的文章、论着所在多有。[2]仅廷臣疆吏的百余篇奏书概括起来有五种主张：一拒和再战，二迁都实行长期抗战，三借助各国干涉保护，四杀李鸿章以示废绝和约，五公布约文请中外公议。[3]这些针对时弊的主张表明他们是忧国忧民，敢于进谏之士，尽管无法被清廷采纳，却对激励国人推翻腐败清政府的决心有积极作用。一些下级官员参加劝谏活动的人数达575人次之多。这些人分布于下述政府各机构。[4]

部别 / 人数	内阁	礼部	吏部	户部	工部	兵部	刑部	翰林院	国子监	其他
	171	14	61	49	28	27	36	128	22	39

除廷臣疆吏外，在京会试的举人也“上书力争”，尤以康有为等1300余人的“公车上书”，既表示反对割台，又提出政治改革问题。台湾各界反割台的声势浩大。台湾人民听到割台“凶耗”，奔走相告，万众一心，“鸣锣罢市”。[5]并停止向清廷交纳厘金，直到台湾回归再恢复缴纳；盐馆停售食盐，以备战时急需；藩库之银禁止外运，以供抗战缴费；各制造局加快赶制武器，以备抗日之用。[6]影响最大的是台北绅民的临时应变措施，公议“自立为民主之国”，既“抗朝命”割台，又可御敌寇而保台，因此虽然“台湾民主国”失败了，但它同日本占领者的斗争没有停止，其所开启的“攻防战的战端”，“台湾人意识形成的起点”，却应予以很高的评价。[7]

日本占据大连地区[8]，是在中国土地上爆发的甲辰日俄战争之后，从日俄两国签订的《朴茨茅斯和约》中转过来的租借地。十分明显，大连地区（日本称为关东州）是日本的租借地。然而日本在日本国地图中却将大连地区绘成与日本本土一样的红颜色。

俄国“租借旅大”后，激起中国人民的巨大愤怒，遂开始了全国规模的“力拒俄约[9]，以保危局”的运动。而中国对日本的转租旅大反应却不强烈。其原因一是日本是从俄国手中承袭下来的，国人只以为租借者易人而已；二是俄国已租借旅大7年，中国拒俄数年，未收到实际效果，中国人的斗争锐力受到损伤，因而政治舆论斗争远没有日本割台时的明显。

台湾和大连人民自发地进行的反占领武装斗争大体相似。《马关条约》谈判时，日本就派兵攻占澎湖列岛，封锁台湾与大陆的联系，伺机攻占台湾。割台手续尚未交换，日本陆海军已扑向台湾北部海面。1895年5月31日《交接台湾之据》签字后，日军于6月7、9两日分别占领台北城和沪尾要塞，17日，已被日本任命为台湾总督兼军务司令官的桦山资纪建起殖民统治政权。日军的侵入台湾，激起各地人民的反占领斗争。

以农民为骨干的台湾各地义勇奋起配合黑旗军抗击日军的割占。1895年5月29日日军近卫师团占据澳底后，于翌日直扑基隆，在瑞芳受到阻击，6月2日开始攻占瑞芳、基隆、台北后，以刘永福（1837—1917）为首的黑旗军以及新楚军的清军，仍与日军联合坚持抗日斗争。6月11日日军进犯台南门户新竹。此时，以“愿与倭儿战一番”[10]的吴汤兴与徐骧、姜绍祖等义军和清军杨载云等凡来“会者万人，遍山漫野”。决心对日军“声罪讨之”[11]。14、15日义军从四面八方逼近日军侦察队，攻打日军“弹无虚发，日军仆者相继。”[12]但当21日日军大队犯新竹时，由于义军武器窳劣，粮饷断绝，而主动后撤。新竹陷后，义军组织二次反攻，大小战斗20余次，牵制日军一个月。不幸姜绍祖在激战中负伤，被俘后殉难。

台北地区人民抗日队伍状况表[13]

活动区域	抗日军首领	抗日军人数
台北	陈秋菊、詹振	分别拥有义军数千人
金包里 北投	许绍文 杨势	分别拥有义民千余人
宜兰	林李成、林大北	分别拥有义民千余人
杨梅 三角涌 大嵙崁	胡嘉猷（阿锦） 苏阿力 简玉和	各拥有义民百余人或数千人

随之8月14日～30日，义军在大甲溪、台中、彰化、云林、嘉义等地与日军激战。28日，日军

爬向八卦山，义军奋起与之肉搏。危急之时，吴彭年率部增援，毙敌千余人，并毙击日旅团长山根信成中将。[14]同时，吴彭年中弹捐躯，其部伤亡殆尽。吴汤兴亦战殁山下。后黑旗军与义军配合曾一度收复云林、苗栗地区，歼敌千余名。

10月11日，北白川能久亲王率近卫师团攻击嘉义，王德标率部与义军首领徐骧、林义成、简精华等部联合抗击日军，由于在城外埋下地雷，炸死日军700多人。日军撤退时又遭伏击，北白川能久亲王重伤致使毙命。不久，徐骧等在防守台南屏障曾文溪时重伤后牺牲。[15]王德标与前来增援的总兵柏正才在与日军血战时中炮阵亡。[16]曾文溪陷落，台南危在旦夕。时刘永福部柯壬贵率军镇守台南，虽有刘永福与义子刘成良在安平炮台支援，终因外无援兵，粮饷断绝，士兵饥疲无法支撑而溃散。21日台南失守。同年底，陈秋菊、詹振、林李成、胡嘉猷等率北部抗日武装，趁元旦日军松懈之机，袭击各宪兵所，包围宜兰，直指台北，激起2万民众的响应。柯铁等举简义为首，聚集人马，决定牵制日军于中部地区，乘便袭击南北两路，展开军事行动。分别在南投、斗六、鹿港等地围歼日军。同时，南部号称“十二虎”的12人率部攻嘉义，袭击派出所和弁务署。林少猫在魏开、陈鱼等地袭击宪兵屯所及阿公店、赤坎等地。[17]持续数月的台湾军民抗击日军占领的武装斗争基本结束。台湾军民抗日斗争历经大小百余次战斗，击毙日军官兵4800余人，击伤日军2.7万人。最后虽然失败，但表现出的卫国保家之牺牲精神是可歌可泣的。

日本开始统治大连也遭到大连人民自发的武装反抗。规模虽小，却给日本一定打击。1905年，日本在台湾已进行殖民统治达10年，而日本在大连的统治则刚刚开始。9月26日[18]，碧流河农民郭正人在东老滩（今普兰店市碧流河乡）率20多人武装袭击了日本警察，毙伤日警、巡捕5人。1906年初，貔子窝警察派出所诱杀抗俄抗日义勇军首领马福连，激起马福连部400多人的愤慨。7月22日，马福连旧部赵长峰带领配备了一些机枪、火炮的百余人，攻打占领貔子窝的日军。此次进攻兵分三路：一路警戒、阻击来自铁路守备队的援军；二路袭击貔子窝街区欺压中国人的日本浪人和日本人开办的商铺；三是围攻貔子窝日本警察派出所。交战中击毙日警3人。[19]又有金州三十里堡大盐场农民吕永发，对日军、警察、汉奸为非作歹，异常义愤，他曾组织12名农民到处袭击日警和汉奸。7月26日[20]，吕永发带领抗日武装赶往郭家屯（今属四十里堡乡），处死为日本效力的汉奸巡捕王明爽。翌日，吕永发又率27名农民包围日本老虎山（今大连市金州区七顶山街道）警察派出所，先在大门外以火封锁，随后向院内射击，击毙日警多崎山吉，另伤巡捕两人，余皆从后门逃往金州城。日本当局对吕永发极为惧怕，急调铁路守备队围歼吕永发的抗日武装。吕永发被迫率部渡海，转入复州境，经过休整，又在石河驿板岚子登陆，袭击石河驿、普兰店日本警察派出所。一年后，吕永发仍率部继续同日本侵略者战斗。1908年7月26日，吕永发率队惩罚了为日本效忠的金州民政支署老爷庙会会长姜日淑，并杀死貔子窝民政支署差役张俊昌。8月15日，吕永发所部在金州三十里堡盐场与日警大队相遇，面对日警的强大，吕永发沉着应对，率队边战边退，仍击毙伪巡捕王玉清，伤敌数人。[21]同年冬，日本当局组织铁路守备队及军、警、宪、特，疯狂围剿吕永发。吕永发部损失惨重，迫于形势而将队伍解散。后终被汉奸出卖而遭杀害。

大连地区人民自发武装抗击日本侵占的斗争，自1905年至1908年多次袭击日警，惩罚汉奸，他们的斗争对日本“辽东租借地”当局是个沉重打击，对激发人民的抗日斗志起了积极作用，促使日本统治期间的许多抗日群众惨遭杀害（仅金州西海岸被杀的抗日武装战士即有75人[22]），抗日烽火不断燃烧。

从日本侵占台湾和租占大连初期，中国人进行了不同形式的自发的武装斗争，有相同点，也有不同之处，主要表现在三个方面。第一，台湾人民的反抗规模大，人数多，次数多；大连人民的斗争规模小，人数和次数少。第二，台湾的反抗是以打击日本的正规军为主；而大连的斗争则主要是袭击日本警察、巡捕，少有正面作战。第三，两地人民的反占领斗争，均遭到两地日本当局敌视，全力进行武装剿杀，许多抗日志士被杀害。但是两地人民的斗争，对打击日本侵略者，激发中国各族人民爱国热情起了重大作用。

三

日本统治台湾和大连期间，中国人民进行了多种形式的抗日运动。

台湾是中国的一部分，虽然被大陆割让，可大陆人民是密切关注支持台湾人民的抗日斗争。福建等地爱国志士到台湾参加义军，大陆向台湾抗日武装提供资金和武器。因为，台湾人民斗争的目标是赶走日本侵略者，回归祖国。正如胡嘉猷在讨日檄文中称："此次征倭，上报国家，下救民生。"台湾中部义军提出赶走日军的目的是"回复清政"[23]。均表明了台湾人民对祖国的深厚感情。

台湾和大连的抗日斗争，既有武装斗争，人民起义，也有农工运动以及知识界人士的斗争。

（一）武装斗争的兴起。日本占领台湾后，对各族人民的反抗，实行惨无人道的焚掠和屠杀。台湾北部日军第七旅团残杀宜兰人2454人，并将城市化为灰烬。中部云林有70多个村庄被烧，4000多幢房屋被毁，日军"杀良民之父、夺其母、害其兄、又杀其子、杀其妻、害其弟……且又将其家属及所有财产焚烧一空"。南部的潮州、恒春一带被害者达2053人，焚毁房屋5813户。[24]在死亡面前，台湾人民没有屈服，仍与日本侵略者进行斗争。

1896年前后台湾北部抗击日军的状况表[25]

活动区域	抗日军首领
宜兰方面	林火旺、林木火、蓝继明、蒋老福等
澳底、草岭、瑞芳、基隆方面	林李成、詹振等
淡水、金仓里方面	简大狮、卢锦布、李勇、李豹成等
三角涌方面	王猫研等
桃园方面	陈瑞荣、林凉、林天义、许才、林清云等

以铁国山（即太平顶）为中心的台湾南部人民武装抗日斗争也如火如荼地展开。1896年6月19日，在大坪柯铁率抗日义民军与日军激战，伤毙日本大佐、大尉等军官数人、士兵300余人，声名大振，被誉为"铁虎"。7月1日，简义等部2000多抗日军围攻云林，日军不支败走，云林光复。随之在彰化、北斗、员林、嘉义、埔里社各处均有抗击日军杀死宪兵、警察无数。7月8日简义率部又攻入鹿港街，促使汉奸别动队纷纷倒戈，有的充当抗日军向导，有的与抗日军协同作战。但是由于日军的不断增多，抗日军无法抵御日军的围攻，简义抗日军于7月12日撤出云林，退回铁国山。不久简义却在日本当局的压力下归顺日本，各处抗日军皆归柯铁统领。直到1902年，抗日义民的斗争仍是此伏彼起，日军则用"糖饴与鞭子"政策，一面实施高压政策，一面以优待条件诱降抗日将领，当数百名人员降服后，又以举行"归顺式"为名，将其诱至周围布满机关枪的会场，然后扫射毫无抵抗力的数百名抗日志士，暴露了日本殖民当局的背信弃义，残忍狰狞的面目。

南部地区的抗日运动也蓬勃发展。在台南的前山地区既有高耸入云的树木，又有丛生的荆棘，是抗日绝好的根据地。这里聚集着多支抗日军。

1895年台湾南部抗日军情况表[26]

活动区域	抗日军首领
后大埔、温水溪	黄国振、林添丁、李欺头
十八重溪	阮振
番仔山	陈发
凤山管内	郑吉生、林春、陈鱼、黄国成、郭腾、简庆
阿缑方面	林少猫（即林小猫）

林少猫是南部抗日首领中最负盛名者。1896年，林少猫聚众数百人于台南凤山（今高雄）城南凤岭起兵抗日，队伍迅速发展至数千人，多次袭击凤山县城、阿缑街等处日军。1898年冬，林少猫又联合林天福部进攻台南日军，日军不支惊逃。1902年[27]，林少猫忙于为母祝寿之时，日军乘机攻入山岭，与部众同遭杀害。[28]南部其他抗日将领黄国振（镇）在嘉义、郑吉生在凤山、陈发所在番仔山等地进行抗日斗争。而对日军的烧杀淫掠，民众于1897年控诉日本殖民当局“政猛于虎，贪酷民脂”，“通译打人”，警察“笞挞无辜”，“寡妇室女，调戏装痴”，“看守强奸”，“生人害死，辱及死尸。”[29]抗日军首领张福德、李欺头等发布文告，警告日军“勿违抗”，否则“身首要分张”。[30]这时台南抗日军活动地区更加扩大。

1897年台南抗日军状况表[31]

抗日军根据地	抗日军首领	抗日军人数
羌仔寮	黄国镇，张生福	700
基隆山	孙阮	100
竹仔林	李乌猫	400
冻水溪	陈其麟	100
隘开二佃	何贺、陈璧	100
冻仔脚	吴自得、萧福春	数百
崎内	李谟	200
三层崎	苏外、温添丁	100
横山	阮振	400

各抗日军虽分布广，却联系密切，配合作战，打败日军无数次，1898年，抗日军在嘉义周围多次与日军、警察激战，毙敌甚多。抗日军民遭日军警屠杀者也甚多。[32]

总之，台湾中、南部的抗日斗争，自1896年至1902年的7年间，多次袭击日军警，予日本殖民当局以沉重打击。于是1902年4月，日军出动大量兵力，“剿杀抗日首领阮振、黄国镇、林添丁及其抗日军。在斗六、林圮埔，以及其他六处归顺式场中，骗杀张大猷等抗日同志几百人。”[33]

较之台湾人民的抗日斗争，大连人民的抗日斗争均在此伏彼起中进行。

（二）农工运动的展开。首先台湾农民掀起反抗日本殖民当局对土地的兼并和掠夺。台湾农民遭受日本殖民者与台湾封建地主的双重压迫和盘剥，农民不堪欺凌与榨取，起而斗争。

1925年，台中二林庄蔗农成立“二林蔗农组合”，要求提高甘蔗收购价格，遭当局拒绝后，蔗农拒不收割，并与警察发生冲突，是为“二林事件”。同年农民抗争达12起，参与者达5290人。

事件中虽有3人被捕，31人获刑，却也使日本资本的利益蒙受损失。翌年台湾农民组合成立，1927年达23个支部2.4万名会员。同年农民组合先后由新文协及台湾共产党[34]主导，两年间进行420次抗争。1929年，台湾日本当局破坏农民组合，逮捕骨干，威逼农民退出。农民以不屈的意志坚持战斗。

1930年，台湾的日本当局开始推行五年番地开发调查，拟迁移土著居民，强夺土地为日本资本服务。10月27日台中埔里雾社地区的人民首领摩那·罗达奥率众袭击雾社附近各社的日警驻在所，毙日人134名，夺取枪支180支。日本当局急调军警镇压，起义者毫不退缩，利用天险的地理防御作战，其战术之高超，战斗之勇敢，“使日军感到无比的惊骇”[35]。日军竟惨无人道地用毒气弹轰炸[36]，雾社起义失败，起义者死难644人，被捕564人。雾社起义打击了日本侵略者的嚣张气焰，迫使日本政府更换了台湾总督。

大连的农民运动是从反对日本当局抢占农民土地开始的。1915年日本向金州移民19户，占地建立爱川村[37]。1920年春，日籍商人和田笃郎勾结金州民政署官员，强占三十里堡西甸子村150户的3000亩水田。当和田带人勘察水田时，农民无比愤慨，推举村长王忠玉和韩吉（希）贵等5人先行向关东厅请愿，不仅未获解决，反而训斥、监视、逮捕请愿人员。当韩吉贵获释后，带领乡民手持锹镐等农具前去与和田等拼杀，和田等逃之夭夭。韩吉贵便请求《泰东日报》编辑长傅立鱼报道请愿消息[38]，与此同时，西甸子村农民百余人齐集大连，游行示威，得到工人、市民和学生的声援。直到1921年6月20日，经关东厅长官出面协调，农民取得“长久耕种永不退佃”和收获“东三佃七”（土地所有者分三成，租佃者分七成）的权利，反占田斗争告一段落。

其次台湾、大连两地的工人运动，开始的时间不同。大连地区在俄国占领时已建立一些工厂。1905年日本接管工厂后，工人工时长，工资低，因而罢工斗争此伏彼起。早在1911年3月3日晚沙河口苦工2千余人不甘忍受每日只得2钱的工钱而冲出工厂。[39]据不完全统计，从1916年到1919年间，自发罢工达30余起，至1923年，已达162起，罢工人数28500人。1916年末满铁沙河口工厂450名工人要求增加工资罢工3天，以厂方答应增加工资而结束罢工。1918年1月20日，川崎造船所大连工厂110名中国工人和日本70名工人联合进行自发的罢工，要求增加工资40%、发放退职金和夜班津贴、超产奖励以及设立救济等条件，罢工2天后，厂方应允增加工资、发超产奖，夜班发双倍工资，中日工人同盟斗争的胜利，工人受到鼓舞。25日满铁沙河口工厂又发生2155名工人（日本工人863名，中国工人1292名）怠工，提出川崎造船所工人同样的要求，厂方仅应允危险岗位的部分要求，而对其他工人采取“抚慰和训斥”手段，并逮捕6名怠工领导人。同年秋，因沙河口工厂2000人要求增加工资，遭厂方拒绝，而于10月7日开始罢工，最后虽给工人增加工资，却将罢工领导人抓起来或解雇。

更严重的是工人暴动。1927年12月28日晚，南关岭车站日本监视员说工人“偷运”煤炭，拷打3名工人，激起中国装卸工人的愤怒，他们以石头、瓦块或扁担为武器，捣毁车站运转室的玻璃、电话、信号器等，并打了管理员。大连警察局虽逮捕、监禁、殴打241名工人。[40]罢工被镇压了，但工人们宁死不屈，仍在寻机斗争。

大连工人运动的另一个特点是工人组织起来进行斗争并得到共产党的领导。[41]大连第一个工人组织是1923年12月2日成立的中华工学会。工学会领导人傅景阳公开指出：“我们当今的世界，是日寇侵略我们中华民族的世界”，是掠夺中国物资和资源，压迫剥削我们，过着牛马不如的生活的世界，因此我们要进行斗争。[42]随之1924年4月28日又成立了印刷工会。翌年春印刷工会发动百余名工人以要求增加工资而举行3天罢工。在工人建立组织并领导工人斗争的同时，青年和商业店员也组织起来，展开一些斗争。

此间，大连人民要求废除日本的“二十一条”和收回旅大的斗争规模日渐壮大。1923年3月26

日，按条约规定，日本租借期满，应当归回旅大。但是，日本政府却持拒绝态度。这样一来首先激起大连人民的极大愤慨。身居租借地的大连人民遭受日本严酷统治18年，企盼早日回到祖国怀抱的愿望极其强烈。早在1922年9月，旅顺师范学堂的学生曾掀起反对"二十一条"，收回旅大，排斥日货，争取民主自由的斗争。12月，金州人民也提出收回辽东半岛的要求。《泰东日报》不断刊载收回旅大消息，并曾以旅大人民的名义致电上海有关团体，揭露"日本人为欲达到保全满洲进图中原的野心，'五七'[43]胁迫，延长九十九年的有效期"的野心，希望国人奋起，督促政府，收回旅大。[44]随着3月26日收回旅大日期的临近，全国各地各界乃至海外留学生、华侨都掀起轰轰烈烈的取消"二十一条"、收回旅大的爱国运动。但终因北洋军阀政府的腐败和日本政府的顽固推行其侵略政策而未能达到目的，不过也唤起了广大民众的爱国激情。

大连工人运动是全国工人运动的一部分，互相支持。1925年5月30日，上海租界巡抚开枪打死群众，消息传到大连，大连工人组织了罢工斗争，并成立"沪案后援会"，以游行、募捐等形式予以声援。

在全国声援"五卅惨案"运动中，大连满洲福岛纺绩株式会社（简称"福纺"）掀起了大罢工。福纺厂女工占56%，童工占38%。纺织厂的车间阴暗潮湿，工时长达12小时，中国工人工资仅是日本工人的1／4，还经常挨打受骂，甚至工头田中定治郎无故杀害中国工人李吉祥，引起工人愤怒。工人酝酿已久的斗争，终于1926年4月27日，由共产党并通过中华工学会福纺分会领导，发动千余名工人罢工。厂方勾结日本当局进行分化、镇压。罢工领导人侯立鉴被捕后，厂方在警察署支持下，先行收买，后施酷刑，均无效果。面对敌人的高压，中共大连地委和工学会毫不妥协，于6月24日召开全市声援大会。与会的13家工厂3000多任务人和附近农民、学生参加，举行声势浩大的示威游行。中共北方区负责人李大钊先后派张炽、邓鹤皋等到大连加强领导，并征得天津、广州、上海和香港工人阶级的声援。7月26日，厂方被迫答应工人要求，劳资双方协议复工。[45]持续了3个多月的斗争，终于取得胜利。福纺工人的大罢工的胜利，既标志大连工人阶级的新觉醒，也表明共产党领导工人运动方针的成熟。斗争中，大连工人阶级得到了锻炼和壮大。福纺大罢工犹如一曲雄宏的凯歌，为全国工人运动增添了新篇章。

台湾的工人从20世纪20年代逐渐发展起来。1930年全台各行各业工人达58万人，其中日本人仅3%，台湾工人占93%。工人在工厂受日本资本、民族资本双重压榨，工人生活无保障，还有受资本家及工头的责骂和无法形容的虐待。[46]

台湾工人为了有组织的进行斗争，1919年台北印刷工人首先成立台北印刷从业员组合。20年代，受到大连和全国各地工人运动的影响，在台湾的大陆工人于1923年成立台北华侨洋服工友会等众多任务会，这表明台湾近代工人运动的兴起。当时台湾已有文化协会[47]等组织，指导工人运动的发展。1921～1931年10年间，台湾的劳资争议有513件，参与人数为36280人。工人斗争主要针对日本资本家严酷压榨和剥削，日本学者承认以日本人为争议对象的占60%以上[48]。

在文化协会领导人王敏川、连温卿等组织下，1927年4月成立了有300人参加的台湾机械工友会。文协指导高雄铁工所的罢工，得到1926年6月成立的农民组合的支持，另外还有日华纺织会台北办事处、嘉义营林所和阿里山出张所的罢工等。1928年台湾工友总联盟成立之初有29个团体会员，翌年增至41个，个人会员万余人。很快台湾各地的砂炭、建筑、机械、制盐等行业罢工。后因总联盟成员受"左倾"影响，主张阶级斗争，而遭到日本殖民当局的镇压，并于1931年被禁。

从大连和台湾的工人反抗日本殖民者的统治和资本家的压榨而举行罢工等形式的斗争可见，两地工人阶级有着共同的要求，进而在各种工人组织及共产党领导下进行罢工斗争，取得一定的胜利，表明工人阶级团结起来，组织起来，进行不屈不挠的斗争，就能取得胜利。

与此同时，日本在台湾与大连进行殖民化（皇民化）运动。日本当局从制度、文化、教育、习俗等各方面要把中国人塑造成日本人的思想性格，以使为日本长期统治服务。日本的强行做法遭到两地人民不同形式的抵制与抗争。[49]

四

探讨日本在台湾、大连的统治期间，两地各民族各阶层人民的抗日斗争特点，对认清日本帝国主义本质、清政府和北洋政府的腐败以及了解人民的斗争事迹，总结经验教训具有重要意义。

首先，台湾和大连的被日本侵略者占领，前者是殖民地，后者是租借地，开始时间不同，大连较之台湾被占领晚10年。

其次，台湾和大连人民的抗日斗争，贯穿于日本殖民统治的始终。台湾人民的斗争始于1895年日军登上台湾至1945年日本无条件投降的50年，大连人民的斗争则始于日本从俄国手中转租旅大，至1945年日本投降的40年。

再次，台湾和大连地区的反日本占领斗争的面广、形式多样，既有廷臣疆吏的奏疏抗争，也有文人学士的抨击，还有报刊的评说；且多以自发斗争逐渐转向有组织的运动，而且两地都有工人、农民、青年的组织领导，两地的共产党在领导群众的抗日斗争中发挥了积极作用。

第四，台湾和大连的人民抗日斗争都具有反侵略反殖民的战争性质，都在不同程度上打击了日本侵略者的嚣张气焰，并牵制一部分日军无力脱身扩大侵略战争。但是由于台湾是传统的勇营与近代化的日军对抗，大连多为民众单枪匹马的斗争，其人力物力有限，战斗中伤亡惨重，斗争最终失败了。

第五，台湾和大连人民通过斗争，得到了锻炼并获得发展。广大人民日益增强对日本侵略者和日本资本家的愤慨，即民族意识的激发；人民的斗争形式，手段不断变换，其斗争艺术不断得到提高。因此，台湾和大连的工人与农民在不断进行抗日斗争中，给日本侵略者以沉重打击。

（作者单位：大连民族学院）

注 释：

[1] 陈孔立主编：《台湾历史纲要》，九洲图书出版社，1996年版，第424页记台湾被割让50年又156天。如从1895年5月8日中日两代表在烟台换约算起，至1945年10月25日陈仪接受安藤利吉投降后宣告“自即日起，台湾及澎湖列岛已正式重入中国版图。”应为50年又170天。

[2] 来新夏的《中日马关订约之际的反割台运动》，载历史教学月刊社编辑之《中日甲午战争论集》，五十年代出版社，1954年版，第42～53页；张雄潮的《光绪乙未廷臣疆吏谏阻割台的几种论调》，载《台湾文献》1967年3月，第十八卷第一期，第130～155页；黄秀政着《台湾割让与乙未抗日运动》一书辟专章叙述“割台与朝野的肆应”，台湾商务印书馆，1992年版，第77～118页；关捷等主编《中日甲午战争全史》，第四卷战后篇第二章保台运动，吉林人民出版社，2005年版，第132～181页。

[3] 张雄潮：《光绪乙未廷臣疆吏谏阻割台的几种论调》，载《台湾文献》，第十八卷第一期，第135～155页。

[4] 见关捷等主编《中日甲午战争全史》第四卷战后篇，吉林人民出版社，2005年版，第163页。

[5] 《台湾唐维卿中丞电奏稿》，《中日战争》丛刊，第六册，上海人民出版社，1957年版，第387页。

[6] 见关捷等主编《中日甲午战争全史》第四卷战后篇，吉林人民出版社，2005年版，第171页。

[7] 黄昭堂著、廖为智译：《台湾民主国之研究》，财团法人现代学术研究基金会，1993年版。

[8] 1898年俄国通过《旅大租地条约》，租借的是旅大，即旅顺、大连湾。当时尚无“大连”，今天的大

连市，当时只是20几个小渔村组成的“青泥洼”。俄国租借旅大后，1899年，在青泥洼建城，名之曰：达里尼市（意为“远方的城市”）、建港为“达里尼港”（今大连港）。1905年5月9日签订之《朴茨茅斯和约》第五项“旅顺口、大连（应译为“达里尼”）及附近之领土、领水的租借权，以及与该租借权有关并成为其组成部分的一切权利转让给日本帝国政府。”见[日]堀真琴：《日露战争前后》，东京白杨社1940年版，第226页。中日《会议东三省事宜正约》规定“中国政府将俄国按照日俄和约第五款（项）……允让日本国之一切概行允诺。”见王铁崖编：《中外旧约章汇编》第二册，三联书店，1959年版，第339页。

[9] 指1901年2月，中国驻俄公使杨儒与俄国外交大臣拉姆斯道夫谈判时，拉氏提出书面约款12条而言。

[10] 《民族英雄吴汤兴文献汇集》，《台湾风物》第六期，1959年12月。

[11] 吴德功：《让台记》，《中日战争》丛刊续编，第十二册，中华书局，1996年版，第72～73页。

[12] 俞明震：《台湾八日记》，丛刊，第六册，上海人民出版社，1957年版，第377页。

[13] 据《台湾抗战始末记》、《中日战争》丛刊续编，第十二册，中华书局，1996年版，第20页编制。

[14] 此据洪弃父《台湾战纪》记山根信成是8月29日在云林战斗中“罹重伤，旋死”，日《陆海军将官总览》称“战死”，也有称其在彰化患风土热病而死。见《中日甲午战争全史》第六卷人物篇，吉林人民出版社，2005年版，第370页。

[15] 徐骧牺牲的时间的另一说法为10月9日。见陈孔立主编：《台湾历史纲要》，九洲图书出版社，1996年版，第336页。

[16] 柏正才阵亡地点的另一说为嘉义。见陈旭丽等主编：《中国近代史词典》，上海辞书出版社，1982年版，第494页。

[17] 参见陈孔立：《台湾历史纲要》，第348～349页。

[18] 此据顾明义等主编：《大连近百年史》（下），辽宁人民出版社，1999年版，第1559页。而刘功成的《大连人民反抗帝国主义侵略斗争史》，大连出版社，1999年版，第57页记为1905年9月20日。存此以待考证。

[19] 见《大连人民反抗帝国主义侵略斗争史》，第57页。

[20] 于植元等主编：《简明大连辞典》，大连出版社，1995年版，第856页记为1907年7月。

[21] 见薛天忠主编：《金县志》，大连出版社，1989年版，第17页。

[22] 刘功成：《大连人民反抗帝国主义侵略斗争史》，第59页。

[23] 台湾宪兵队编：《台湾宪兵队史》，龙溪书舍复印本，昭和四十一年（1966年）版，第200页。转引自《台湾历史纲要》，第349～350页。

[24] 见《台湾历史纲要》，第351页。

[25] 据《台湾抗战始末记》，《中日战争》丛刊续编，第十二册，第23页编制。

[26] 《中日战争》丛刊续编，第十二册，第42页。

[27] 《中日战争》丛刊续编，第十二册，第58页。

[28] 见《中国近代史词典》第431页“林少猫”条，而《台湾抗战始末记》，记林少猫于1902年5月30日遭日军围攻，“迫其战死”。

[29] 《中日战争》丛刊续编，第十二册，第46页。

[30] 《中日战争》丛刊续编，第十二册，第47页。

[31] 根据《台湾抗战始末记》编制，见《中日战争》丛刊续编，第十二册，第47页。

[32] 《中日战争》丛刊续编，第十二册，第48～57页。

[33] 《中日战争》丛刊续编，第十二册，第58页。

[34] 台湾共产党于1928年4月15日在上海成立，作为日本共产党的一个民族支部展开活动。见《台湾社会运动史》第三册共产主义运动，台北创造出版社，1989年版，第18页。

[35] 藤井志津枝：《一九三〇年雾社事件之探讨》，《台湾风物》第 34 卷，第 2 期。

[36] 戴国辉：《雾社事件与毒瓦斯》，《史联杂志》1986 年第 8 期。

[37] 1915 年，日本将玖珂郡的爱宕村和川下村部分居民移至金州，建立新村，名爱川村。

[38] 《泰东日报》1920 年 11 月 9 日。

[39] 《泰东日报》1931 年 3 月 5 日。

[40] 参见《大连近百年史》（下），第 1562 ～ 1564 页。

[41] 大连地区的共产党前身是 1924 年初建立的中国社会主义青年团（SY）小组，1925 年初“SY”改称为中国共产主义青年团（CY），同年大连的“CY”改为中国共产主义青年团大连地方委员会，1926 年 1 月中国共产党大连特别支部成立。

[42] 大连党史资料丛书（四）《大连中华工学会史料》，第 66 页。

[43] 指 1915 年 5 月 7 日，日本向中国提出灭亡中国的“二十一条”最后通牒。

[44] 1923 年 1 月 23 日上海报纸刊出。

[45] 参阅《大连近百年史》（下），第 1626 ～ 1633 页。

[46] 见王晓波编：《台湾的殖民地伤痕》，台北帕米尔书店，1985 年版，第 60 页。

[47] 台湾文化协会成立于 1921 年 10 月 17 日，会员很快达 1032 人。文协以提高文化，启发民智，唤醒台湾人民的民族意识，摆脱日本殖民统治，改革社会为宗旨。被称为非武力抗日运动组织。1927 年分裂一部分人另组民众党。文协于 1931 年开始接受台湾共产党的纲领，改为台湾大众党。见佟建寅主编：《台湾历史辞典》，群众出版社，1991 年版，第 150 ～ 151 页。

[48] [日]向山宽夫：《日本统治下台湾民族运动史》，日本中央经济研究所，1987 年版，第 835 页。

[49] 台湾人民的抵制与抗争，参见《台湾历史纲要》，第 412 ～ 416 页；黄昭堂：《台湾总督府》，台北自由时代出版社，1989 年版，第 172 页，及论文若干。大连人民的抗争，参见《大连近百年史》（下），第 1331 ～ 1334、1564 ～ 1569 页，及论文若干。

日据时期台湾移民问题初探*

陈小冲

数百年来，台湾历史与移民问题始终有着密不可分的联系。早期台湾自不必说，这个美丽的岛屿就是依靠来自大陆闽粤地区的移民与原住民一同开发起来的。日据时期，台湾的殖民地地位及殖民当局实施“将台湾拉开中国而与日本相结合”的两岸隔离政策，使得台湾的移民问题出现了新的时代特征：即从历史上自西往东的单向度移民，朝着多维方向移民的态势发展，且随着日本在台殖民统治的终结，移民群体又各归原位，终点重回起点。本文拟就此台湾移民史上的特殊一页略作述论，以求教于方家。

一、从北向南：日本对台移民

台湾是近代日本的第一块殖民地，殖民地性质决定了台湾将成为宗主国日本的投资场所、原料来源地和商品倾销地。与此同时，日本帝国主义的对外扩张及解决国内人口问题的需要，也使得台湾成为其对外移民的重要目标。1895年福泽谕吉在《台湾永远之方针》中呼吁：“（台湾）现在既然归入我国版图，便不容许照旧交付蛮民手中，应自内地大举移民开发富源，……自蛮民手中褫夺开辟以来的野蛮事业，加以文明方式的新创意，无疑可获取惊人的发展。”[1]在实际的执行层面，台湾总督府也将向台湾移民作为在台施政的重要内容之一。民政局局长水野遵在其提交总督的行政计划书中提出：从日本内地向台湾移民，有利于开发台湾的资源，大量日本人的进入势将改变台湾的人口结构，有利于强化日本在台湾的统治基础，且借由日本人的统治优势逐步消弭日台间之种族隔阂，达成同化台湾人的目标。[2]在具体地点的选择上，人口相对稀少、早期历史上被称为后山的东台湾若干河谷冲积平地成为移民的首选安置地点。

1942年日人吉武昌男将日据时期日本向台湾移民历史划分为以下四个时期：（1）1906～1908年为初期私营移民时期；（2）1909～1917年为花莲厅内官营移民时期；（3）1917年的台东厅内私营移民时期；（4）1933年后的现期官营移民时期。[3]这一划分基本上能够概括性区分出各个时期的不同特点。

早期的私营移民零散而无秩序，迁徙者或离散或旋即返回日本国内，很快就失败了。官方接手移民事项后，于花莲厅按照日本国内习惯先后设置、命名了三个日本人移民村——吉野村、丰田村和林田村，建设了移民指导所、医疗所、神社、布教所、小学校、警察派出所、房屋道路、水圳水道、轻便铁路、防兽栅栏等等。经历了种种波折后，在总督府政策和财政的强力支持下，终获进展。据1923年的统计，吉野村有移民330户，1752人，耕地1149甲；丰田村有移民179户，879人，耕地708甲；林田村有移民164户，687人，耕地面积645甲。主要生产品为米、甘薯、烟叶、花生、蔬菜等，吉野村依靠接近花莲港街方便提供蔬菜产品而优于其他二村。[4]另据1929年统计三移民村的户数总计为671户，人口3426人，耕地面积2724甲，移民的来源地主要为日本福冈、德岛、熊本、香川、山口及佐贺等县。[5]

1915年，台湾总督府再次将日本内地人移民事业交付私营，由台东制糖株式会社负责。该移民事业获得了官方的援助，如1917年颁布的《移住奖励要领》即对于以开垦为目的，并获得森林原野预约出售（卖渡）许可，而移住日本内地移民的企业，予以各项保护。[6]于是为主要来自新潟县的日本农业移民设置了鹿野、旭、鹿寮和以长野县农业移民为主的池上村。农业移民的迁入，一方面有利于制糖会社更方便地自官府获取大片土地，另一方面也有利于会社本身对甘蔗原料的需求。如旭村就主要种植甘蔗，辅之以陆稻、甘薯和蔬菜，在农忙季节还大量雇佣本地劳动力以敷需求。

1931年官营移民再度兴起，此次官营移民的重点转移至台湾西部，如台中、台南、高雄等地均先后设置了秋津村、荣村、日出村、丰里村等等官营移民村，此外还有若干私营移民村和自由移民村。东台湾地区仍有官营移民村的新设，典型的代表是1937年位于台东街附近卑南埤圳灌溉区域的敷岛村。移民主要来自日本滋贺、长野等县，农作物以稻作、蔬菜、甘薯、花生为主，由于天灾、经费和劳动力等原因，该移民村初期并不顺利，1942年后才获一定的发展。

后期日本人对台移民史上较具意义的是1936年所谓“国策会社”——台湾拓殖株式会社（简称台拓）的建立。该会社除了遂行日本国策，向华南及南洋扩张日本势力之外，移民事业也是其自创设就肩负的使命之一。《台湾拓殖株式会社之事业概要》规划：“为使健全之内地人定居于岛（台湾岛）内农村，本会社根据台湾总督府之计划，于今后十年期间，得国库之补助，将在官有未垦集团地十八个地点上建设二十个移民村（面积为一万七千余甲；户数约三千五百户，人口约一万七千人），以有助于内地—台湾之融洽和睦。”“本会社针对移民将提供移住费及其他必要的资金”。[7]对于台拓的移民事业，林玉茹指出：由于其为一官民合资的株式会社，其所经营的移民严格地说不能直接视为“官营移民”，但台拓的国策会社性质决定了其移民事业仍属于“准官营移民”的范畴。[8]1945年日本战败投降后，在台日本人移民随之被悉数遣返回国，终点复归起点。概括来看，日据时期台湾日本人移民的大致情形有如下表：

表一　日据时期台湾的日本人移民村

单位：甲、户、人

村　名	位　　置	设立年度	总面积	户均面积	户数	人口	部落别
台中州							
秋津村	北斗郡沙山庄草湖	1932/36	881.400	5.65	156	882	东口、中ノ平、南ヶ原、山北、川边、川和
丰里村	北斗郡北斗街西北斗	1936/37	494.000	4.15	119	634	大桥、福住、川上、七星、丰平、宫北
鹿岛村	北斗郡北斗街埤头庄田尾庄、	1937/38	531.200	4.15	128	669	八、九、十、十一号
香取村	北斗郡北斗街埤头庄	1940	368.180	4.15	89	425	
八州村	北斗郡沙山庄汉宝园	1941	587.000	5.30	55	279	
新高村*	南投郡名间庄	1938	115.000		16	54	
昭和村*	大甲郡清水街	1938	94.000		15	50	
台南州							

续表

荣　村	斗六郡莿桐庄 虎尾郡虎尾街	1935	471.550	5.15	88	372	东园、西园、中园、尾园
春日村	虎尾郡虎尾街	1937/38	322.630	5.15	53	193	松园、竹园、梅园
高雄州							
日出村	屏东郡九块庄	1935	125.000	5.0	24	123	日出
千叶村	屏东郡里港庄	1936	325.000	5.0	100	564	上里、中园、川北、下平
常盘村	屏东郡九块庄盐埔庄	1936	500.000	5.0	65	384	青原、中富、丰平
花莲港厅							
吉野村	花莲港街	1910	1270.000	4.72	268	1523	宫前、清水、草分
丰田村	花莲港郡寿庄	1913	724.000	4.04	176	916	太平、山本、山下
林田村	凤林郡凤林街	1914	766.000	4.43	173	787	南岗、中野、北林
瑞穗村**	凤林郡瑞穗庄	1933/38	207.000		41	184	玉苑、瑞原、宫の里
上大和村	凤林郡凤林街						
台东厅							
敷岛村	台东郡台东街	1937	246.000	4.15	57	289	1、2、3、4号
旭　村*	台东郡台东街	1916	331.038	1.6	23	170	丰里、宫滨
鹿野村*	关山郡鹿野庄	1915	1067.872	1.6	37	234	上坪、宫前、中坪、下坪
鹿　寮*	关山郡鹿野庄	1917	694.076		6	40	

资料来源：郑全玄：《台东平原的移民垦拓与聚落》（东台湾丛刊之三），东台湾研究会出版，台北，2002年版，第114页。

*为私营移民 **为自由移民。

二、自西往东：大陆对台移民

台湾历史上数百年来都一直是大陆闽粤移民的迁徙目的地，早自荷兰殖民统治时期开始闽粤移民就不顾海洋凶险和政府的各项禁令，一波又一波横渡黑水沟来到台湾，垦拓进取，在海峡东岸开辟、建设美丽新家园。台湾人口从早期的数万人，增长到1811年的190余万人，[9]尤其是近代“开山抚番”政策实施后，两岸往来人为藩篱被打破，台湾人口到了光绪末虽已渐达饱和状态，但直到清朝在台统治末期，不论是闽粤移民或是季节性劳工，仍源源不绝地来到台湾。

然而，1895年日本对台湾的殖民统治，打乱了台湾社会正常的历史发展进程。根据《马关条约》的规定，台湾居民在两年的国籍选择期过后仍旧留下者，除了总督府认定的少数人外，都成为了所谓的“日本国民”。为实施“将台湾拉开中国而与日本相结合”的政策，并稳固日本在台殖民统治、切断来自海峡对岸的威胁，日本殖民者据台伊始，就颁布了《清国人入境台湾条例》，严厉限制大陆民众、特别是劳苦大众渡台，历史上延续下来的闽粤人民传统移民模式基本破局。[10]来自大陆的民众也从历史上正常的移民变成为“外国人”，日据后居留台湾的大陆民众被定位为所谓的“华侨”，即侨居者。众所周知，日本殖民者是凭借侵略战争和不平等的《马关条约》占据台湾的，日本殖民主义对台湾的统治和台湾的殖民地地位，昭示的是一种非正常的隶属关系。撇开这一特殊背景，我们认为日据时期台湾的“华侨”其实就是历史上闽粤移民的变相存续。

表二　日据时期赴台大陆移民（华侨）状况（1905～1942年）

单位：人

项目 年份	入台数	返回数	滞台数	项目 年份	入台数	返回数	滞台数
1905	4482	3910	572	1906	4771	3495	1276
1907	4700	4170	530	1908	4956	4276	689
1909	5878	4168	1710	1910	6539	4846	1694
1911	6078	4622	1456	1912	6972	5290	1682
1913	6837	6050	787	1914	6080	5736	344
1915	6718	6323	395	1916	6092	5876	216
1917	6657	5056	1601	1918	7636	6339	1297
1919	8745	6466	2279	1920	10625	7061	3564
1921	15566	10549	5017	1922	11207	9528	1679
1923	10500	8778	1722	1924	10359	9260	1099
1925	10943	8072	2871	1926	13847	9766	4081
1927	15227	12121	3106	1928	15569	12915	3653
1929	18165	15075	3090	1930	20290	16126	4164
1931	14266	18751	−4485	1932	12777	14537	−1760
1933	15278	12625	2653	1934	18997	12805	6192
1935	23849	18240	5569	1936	17416	14435	2981
1937	9409	27878	−14469	1938	75	527	−452
1939	541	265	276	1940	500	551	−51
1941	474	329	145	1942	591	550	41

资料来源：涩谷长纪、松尾弘：《台湾之华侨》，《台湾经济年报》，昭和18年版，第428～429页；吴文星：《日据时期在台华侨之研究》，学生书局，台北，1991年版，第148～149页。

上引表格基本上反映了日据时期大陆民众的赴台状况，从中我们可大致得出以下几个特点：第一，长期以来大陆民众赴台之往返数目不相匹配，绝大部分年份赴台者多于返回者。也就是说，每年几乎都有一定数目的大陆民众滞留台湾。这当中有部分人是在其他年份返回，不过应该也有一些人是滞台不归、沉淀下来的，这些人即便其身份上为侨居者的华侨，但实际意义上仍等同于早期的闽粤移民。第二，日据时期大陆民众赴台明显划分为几个阶段，1919年前属于缓慢增长期，1920年后赴台人员攀上五位数，1935年达到最高峰的23849人；而返回的人数则在1937年奇峰突起般地直线上升，达到27878人，净回流18469人，这与卢沟桥事变爆发中日进入全面战争状态密切相关。1938年之后，两岸人员往来在台湾人口移动中的地位几可忽略不计，特别是大陆赴台人员更是如此，如1938年赴台者为75人，其中劳工仅为2人，1942年赴台者为591人，其中劳工仅为5人。因此1920、1937为日据时期大陆移民赴台历史上的两个最重要的时间节点。第三，赴台大陆民众中以劳苦大众占绝大多数。1919年赴台8745人，其中劳工为6597人，1929年赴台18165人，其中劳工则为10895人，1936年赴台17416人，劳工人数就达12065人。统计数字显示，劳工平均占大陆赴台人数的60%以上，有的年份则高达近80%，如1921年赴台者15566人，劳工为11954人，其比例占了77%。至于大陆移民的原籍地方面，则有如下表所示：

表三　赴台大陆劳工乡贯别统计

单位：人

省份	1904年	1914年	1924年	1929年	1934年
福建省	4301	5767	5967	6901	10126
广东省	229	141	355	1199	1282
浙江省	20	41	345	2079	1874
江西省	94	41	8	634	191
其　他	69	120	145	70	57
合　计	4714	6080	6819	10895	13530

资料来源：井出季和太：《从民族活动看台湾与南中国》，《东洋》（台湾特辑号），东京，昭和10年版，第109页。

很显然来自福建的劳工占据了赴台人员的绝大多数，这与历史上台湾移民本来就是以闽人为主有着一脉相承的关系。有趣的是1929、1934年的数据显示浙江劳工异军突起，甚至取代了历史上与闽并称的“粤”即广东的地位，名列第二。但这应属于偶发状况，因为当时基隆煤矿、金瓜石金矿招收了大量的矿工。再予细分则福建省内以漳泉、闽侯、惠安为主，广东省以潮阳为主，浙江省以瑞安、平阳为主。到台之后的职业分布上，制茶工几全为泉州人，人力车夫原为漳州、泉州人，后被兴化（莆田、仙游）人取代，鞋匠以漳泉人居多，福州人占据了大部分的厨师、理发师和豆腐贩子的职位。此外来自福州地区的木材工人也为数不少，后来温州人也占了一部分。裁缝工多福建人，杂役分属福州、温州、江西人，渔夫为汕头、泉州人，等等。在前往台湾的航线方面，出口港为厦门、福州、汕头，而以厦门为主；登陆口岸为淡水、基隆、台南、高雄。不过，1930年后福州出港者超越了厦门占首位，而基隆登岸者则占了80%左右，与早期大陆移民登陆台湾路径均有所不同。[11]

三、由东朝西：台湾对外移民

一直以来，谈到台湾移民问题的时候，映入人们眼帘的都是历史上一批批闽粤民众横渡海峡来到台湾的情景。这种自西往东的人流，是台湾移民的主要方向。然而，日据时期的另一股人流却常常被人们忽视，这就是由东朝西的台湾对外移民，这是近现代台湾移民史上发生的一个特殊现象。

其实，较大规模的台湾人来到大陆，在台湾早期历史上就已经出现过。如三国吴国黄龙二年（公元230年），卫温、诸葛直率军“浮海”到达“夷洲”，得数千夷洲人而还。但这只是战利品或者说是人口掠夺活动，与移民无关。[12]荷据、郑氏、清代等等时代也有不少民众在海峡两岸来来往往，此时由台湾前来大陆的民众，也只是正常的返乡之旅，而非台湾居民迁徙大陆地区。到了日据时期，情形发生了重大变化，台湾被从中国分割出去成为日本的殖民地，台湾地区和台湾人被单独区隔开了，后者作为所谓的“日本国民”和“本岛人”，不同于作为所谓“清国人”和之后的“支那人”的中国人。在此情形下他们来到大陆，身份为拥有“日本籍”的台湾人，其中之长期居留者即为台湾籍民，而剥离日本殖民地属民这一名份上的外壳，实际上则为台湾对大陆的移民。

表四　日据时期台湾人赴大陆华南地区人数统计

单位：人

年份	总数	厦门	福州	汕头	广东	香港	上海
1899	5172	3685	158	34	1	1263	31
1900	3178	2755	210	108	——	105	——
1901	1987	1722	3	188	——	74	——
1902	3433	3159	246	——	——	26	2
1903	2930	2634	1123	154	——	19	——
1904	1174	951	88	22	——	113	——
1905	2551	1980	269	47	——	255	——
1906	2455	1809	87	216	88	253	2
1907	2951	2482	194	145	19	103	8
1908	2226	2121	51	23	——	30	1
1909	2522	2411	71	29	1	10	——
1910	2041	1906	100	20	——	15	——
1911	1888	1591	169	44	——	84	——
1912	1937	1581	226	37	——	71	22
1913	1863	770	941	121	——	27	4
1914	1718	717	829	123	——	24	25
1915	1752	1412	302	23	——	8	7
1916	1913	1407	443	32	——	22	9
1917	2722	2244	337	107	1	43	23
1918	2836	1987	516	188	——	122	23
1919	2643	1598	658	211	2	174	——
1920	2021	1233	371	118	15	239	45
1921	3063	2129	642	78	——	111	103
1922	3766	2482	840	87	2	129	226

1923	3482	2513	574	64	35	84	212
1924	3622	2330	702	67	79	215	229
1925	3886	2681	580	142	72	123	288
1926	4453	3164	760	167	7	139	216
1927	4561	4210	192	74	85	——	——
1928	4679	4058	236	126	259	——	——
1929	6417	3847	1187	227	833	290	——
1930	6994	4992	838	366	603	195	——
1931	8480	6630	834	431	483	102	——
1932	7704	5840	841	427	488	108	——
1933	10477	7491	1597	451	578	105	255
1934	11864	8757	1675	135	700	151	446
1935	21275	15700	3276	338	1255	185	471
1936	8198	5411	1400	111	892	——	384
1937	12414	8456	1318	225	1644	——	708
1938	7756	5192	51	202	1715	——	596
1939	1987	10211	5206	80	3362	——	1011
1940	7629	1379	3466	5	2040	——	730
1941	5326	1985	3114	2	——	——	935
1942	4391	1360	2369	——	542	——	——

资料来源：卞凤奎：《日据时期台湾籍民在海外活动之研究（1895～1945）》，乐学书局，台北，2006年版，第117～119页。 该年厦门等地数字合计大超总数，疑误，或为18960?

上表显示的是日据时期台湾人迁徙大陆的历年人数变化，一如该表标题所示此乃华南地区的统计数字，但我们认为它基本上还是能够反映出当时台湾民众前赴大陆的大致情况。因为华南地区是台湾籍民的集中地，其他地方虽然也有台湾籍民的存在，譬如北京、南京、东北（伪满洲国）等地，但人数与华南地区不可同日而语，故上表数字在覆盖面上虽有缺憾，亦无甚大碍。就中我们看出，厦门乃是台湾籍民的集中居留地，只是在日据时代末期略有改变，福州的人数有所超过，而台湾籍民的前赴大陆的高潮则是在1930年代。

在大陆的台湾籍民有着曲折复杂的发展历程，早期的台湾籍民中据信不良籍民占了不少的数量，早在1897年总督府派驻厦门收集情报的泽村繁太郎即报称："（厦门之籍民）多半包藏野心，当涉及金钱借贷、房屋买卖、盗难诉讼等案件时，时常向领事馆提出些虚构诈伪之案件，企图藉着日商之威势，向中国人牟取暴利，造成领事馆的极大麻烦。"[13]尤其是在厦门，还出现了黑社会的籍民团体，发生了诸如台纪事件、台探事件等等轰动一时的涉黑刑事案件。尤其是那些偷渡到厦门、福州一带的台湾籍民多从事赌场、妓院、鸦片馆和走私等非法勾当，凭借的就是作为"日本籍民"所享受的治外法权和领事保护，厦门著名的"十八大哥"便是其典型代表。[14]厦门旭瀛书院教谕冈本要八郎也说："台湾人来厦门者多以'日商'之名义从事鸦片、赌博等事业。"[15]正是这些害群之马使得福建社会部分民众间出现了对台湾籍民十分不利的观感，认为"居留厦门福州的台湾人九成以上是无赖汉，好人极少，众所皆知他们公然秘密贩卖‘支那’所严禁的鸦片，开赌场，经营所有不正当的职业。”[16]不过，1920年代后，情形有了很大的改观，学生、医生、会社职员等正当职业者人数占了大多数，人民对台湾籍民的观感也发生了微妙的转变，如1928年12月9日的《台湾民报》报道：“近年来在厦门幸得有一部分医师银行员及商人等，和其他有相当职业的人出面和中国人交际，颇使中国的有识者得理解台湾人真相，加以学生界由台湾赴厦留学的青年们，日渐隆盛，故看了那走狗的行为，是很想要矫正的，因为有这有血有泪的青年多数的表现，中国人的态度，和以前便大不相同，从前骂台人为坏痞，现在却不骂了，这真是可喜的现象。”[17]抗战时期，爱国将领李友邦领导的台湾义勇队也针对部分为非作歹的台湾籍民进行了批判，获得了广大祖国民众的理解。

除了对大陆的移民外，台湾籍民也扩散到了南洋各国。此外，亦有为数不少的台湾人到日本内地学习、工作和生活，他们在当时的台湾对外移民中也应占有一席之地。1945年日本帝国主义战败投降，中国政府将各地台湾人送返台湾，这一特殊移民形态始告结束。[18]

按照社会学的定义，移民依其涵盖的范围不同而分为国际移民和国内移民两大类型，广义上泛指迁往国际或国内某一地区长期或永久居住的人，或是较大数量的、有组织的人口迁移。日据时期的台湾移民乃是特殊时代的特殊移民，由于日本的统治和台湾的殖民地地位，台湾与大陆及日本的关系发生了180度的移位，前者转换为中国与日本殖民地之间的关系，即“特殊的国与国”之间的关系；相反地，后者却被定位为日本内地与台湾岛之间的关系，属于“国内”关系。这使得日据时期台湾移民问题变得复杂化，日本向台湾的移民成为国内移民，大陆对台移民及台湾对外移民却成了国际移民，这是特殊时代造成的事实扭曲，所幸随着日本殖民统治的终结而复归正常轨道。

（作者单位：厦门大学台湾研究中心）

注 释：

* 本研究得到教育部人文社会科学重点研究基地项目（08JJDGAT249）资助。

[1] 陈逸雄译：《福泽谕吉的台湾论说》，《台湾风物》第41卷第1期。

[2] 陈锦棠编译：《日本据台初期重要档案》，台湾省文献会，1968年版，第143页。

[3] 吉武昌男：《台湾的农业移民》，《台湾经济年报》昭和17年版，第547页。

[4] 花莲港厅编：《花莲港厅势》大正12年，第24～25页。

[5] 花莲港厅编：《花莲港厅势》昭和4年，第17页。

[6] 郑全玄：《台东平原的移民垦拓与聚落》（东台湾丛刊之三），东台湾研究会出版，台北，2002年，第58页。

[7] 《日据时期台湾拓殖株式会社文书中译本》（第一辑），台湾省文献委员会，1997年版，第44页。

[8] 林玉茹：《军需产业与边区政策：台拓在东台湾移民事业的转向》，《台湾史研究》第15卷第1期。

[9] 陈孔立主编：《台湾历史纲要》，九洲图书出版社，北京，1996年版，第140页。

[10] 陈小冲：《试论日本据台与闽粤移民之中挫——以清国人入境台湾条例为中心》，《台湾研究集刊》2009年第3期。

[11] 陈小冲：《日本殖民统治台湾五十年史》，社会科学文献出版社，北京，2005年版，第387～388页。

[12] 《三国志》卷47孙权传。后之《隋书》亦有类似记载。

[13] 总督府公文类纂，转引自王学新：《厦门黑帮籍民的形成与发展（1895～1937)》，收入氏编《日据

时期籍民与南进史料汇编与研究》，“国史馆”台湾文献馆，南投，2008年版，第606页。
[14] 卞凤奎：《日据时期台湾籍民在海外活动之研究（1895 ~ 1945）》，乐学书局，台北，2006年版，第152页。
[15] 王学新编译：《日据时期籍民与南进史料汇编与研究》，“国史馆”台湾文献馆，南投，2008年版，第146页。
[16] 戴国辉：《日本殖民地支配与台湾籍民》，收入王晓波编：《台湾的殖民地伤痕》，帕米尔书店，台北，1985年版，第257页。
[17] 《台湾民报》昭和3年12月9日。
[18] 汤熙勇：《脱离困境——战后初期海南岛之台湾人的返台》，《台湾史研究》第12卷第2期。

台湾总督府文官制度研究

王铁军

在日本统治台湾50年的政治构造中，台湾总督府的行政官僚是制定和执行殖民政策的唯一政治势力集团。这个政治势力集团，包括台湾总督府总督、民政长官（前期为民政局局长，后期改称总务长官）、总督府各局局长、事务官、参事官、警视、属、翻译官、工程师和各地方州县知事（厅长）、警部以及巡查。其中，除去在一定任期后又调转本土的总督、民政长官等极少数高等官僚外，在总督府本府和各地方州县（厅或州）的官僚大多工作到退休，而没有过多的同日本内地的相关部门进行相互调转。不仅是同日本本土，台湾总督府同日本的朝鲜、“关东州”、桦太等其他的殖民地间的官僚交流也不是很频繁[1]。这样，事实上，台湾总督府内形成了有别于日本本土文官官僚制度的内部独有的文官官僚体系。

鉴于以上认识，本文以战前日本文官制度为研究视点，以台湾总督府的文官官僚为研究对象，探讨台湾总督府文官制度的法规与实际运营中的发展和变化。

一、台湾总督府的官僚制度

1895（明治28）年5月10日，桦山资纪受命台湾总督并晋升为海军大将。日本政府的这项任命可能是因桦山资纪曾于1874年出任征台大都督，出兵台湾，对台湾有一定的了解而任命的。此前，众议院书记官长，熟悉中国语的水野遵被任命为“接收”台湾的办理公使。

同年6月17日，桦山一行从台湾基隆登陆，在台北城内举行了“始政式”，并向台北、台南、恒春等地派遣官吏，从而揭开了长达50年的台湾殖民统治。与此同时，同月18日，日本政府成立了以伊藤博文首相为总裁，以参谋本部次长川上操六为副总裁，以内务次官末松谦澄、大藏次官田尻稻治郎、外务次官原敬、海军中将山本权兵卫、递信省通信局长田健治郎、内阁书记官伊东巳代治等人为委员的台湾事务局，负责“就台湾总督的禀议报告提出意见，并上呈总理大臣”[2]。

另一方面，在桦山就任台湾总督之初，桦山等人曾上呈了台湾总督府条例案。但该案在日本内阁阁议后，没有被明治天皇裁可。这样，台湾总督府仓促中制定了《台湾总督府临时条例》，开始了台湾的殖民统治。这一期间，台湾事务局以台湾总督府的议案为蓝本，开始着手制定有关台湾统治的相关法令。1896年3月31日，日本政府公布了《台湾总督府条例》和《台湾总督府民政局官制》。根据《台湾总督府条例》，台湾总督管辖“台湾岛和澎湖列岛”（第一条）、“总督为亲任，由陆海军大将或中将充任”（第二条）、“总督在委任之范围内统率陆海军，并接受拓殖务大臣的监督，统理诸般政务”（第三条）、“总督掌管其管辖地区内防备之事”（第五条）、“总督事故时，可由民政局长军务局长中官等高者代理其职务”（第十二条）[3]。

《台湾总督府条例》中规定的总督职权中主要分为两部分。第一部分为军事权，即在委任范围内的军队调动权和防卫权。第二部分为行政统治权。即在日本本土的文官制度框架内的所属官僚的委任和管辖权。此外，按照同时期日本政府颁布的《关于在台湾应施行的法令之法律》[4]规定，台湾总督被赋予了在台湾单独制定法律的特权[5]。这样，从法律条文上看，台湾总督不仅拥有军事指挥权、行政权，而且还拥有单独制定法律和法令的特权。在《台湾总督府条例》中总督府内的民政局长和军务局长可在总督“事故”时代理总督的规定，在以后的官制中被取消了。故此，有关总督代理的规定可能是1896年3月颁布的《台湾总督府条例》的最大特征之一。

根据《台湾总督府民政局官制》，民政局负责总督管辖的行政和司法事务，下设民政局局长、事务官、参事官、工程师、“属”、翻译等职以及总务部、内务部、殖产部、财务部、法务部、学务部和通信部等七个机构。从《台湾总督府民政局官制》规定上看，民政局在总督下，负责管辖台湾的财务、司法、教育、卫生、通信和产业，被赋予了台湾行政统治的中枢地位。与台湾总督府民政局同时设立的还有军务局。军务局内设陆军部和海军部，负责具体处理总督管辖的有关陆海军业务。

通过上述有关台湾殖民统治的法律和法令的规定，一般认为，台湾总督被广泛赋予的台湾殖民统治的立法权、军事权和行政权。事实上，不仅台湾总督的权限随着台湾总督府官制的改正而逐步缩小，而且从实际运营上看，台湾总督被委任的军事管辖权仅仅限于军政权，而不涉及军令权；另一方面，台湾总督被赋予的“律令制定权”实际上为日本中央政府所控制，台湾总督并没有被赋予真正意义上的“土皇帝”的绝对权威。事实上，不仅是律令的制定权，台湾行政权也为台湾总督府的官僚所控制。从日本统治台湾50年的总督制度上看，虽然中期经过了短暂的文官总督制度，但大部为军人武官制。而无论是更迭频繁文官总督制，还是军人武官制，不熟悉近代行政制度的总督只是一个日本进行殖民统治的象征而已，台湾殖民统治的权力实际上为台湾总督府的官僚所掌握，台湾总督府的官僚是台湾殖民统治的核心。[6]

在我们探讨台湾总督府官僚制度之前，我们有必要对日本本土的文官官僚制度进行必要的叙述。众所周知，有关日本近代文官官僚制度的法令最早实行于1886年。这一年，日本政府陆续颁布并实施了《高等文官官等俸给令》（同年3月17日敕令第6号）、《判任官官等俸给令》（同年4月29日敕令第36号）、《技术官官等俸给令》（同年4月29日敕令第38号）和《文官考试试补及见习规则》。这些法令规定，日本文官官僚分为亲任官、敕任官、奏任官等高等文官和判任官等普通文官，按照官等支付相应等级的薪金。原则上高等和普通文官需要经过考试合格才能启用。高等文官和普通文官考试制度不仅从制度上打破了藩阀的政治垄断，而且也使得日本的近代教育同近代日本的政治体制实现了有机的结合，从而为创建近代日本的官僚体制和制度提供了法律和法令上的保障。

当然，从法律和法令实施的历史上看，由于实行了官僚考试制度，从而从体制上杜绝了藩阀政治体制延续的可能性，但由于官僚制度考试，尤其是高等文官制度考试实际是由东京大学法学院毕业生的“学阀”垄断[7]，故此，有学者甚至认为，这种制度实施的结果只是东大毕业生取代了“萨长藩”的藩阀官僚而已。

另一方面，日本新的文官制度实施后不久就面临了内阁制度实施后文官官僚和法学院毕业生严重不足的困境。为此，日本先后颁行了特别任用令，任用一些虽然没有经过高等文官考试，但过去曾在政府部门任职经历的官僚充任政府内的要职。

台湾总督府的设立恰逢日本文官制度改革以及法令实施的时期，这样，台湾总督府的设立时期虽然是在日本文官制度实施之后，但其任职的官僚大多为旧时的“实践型官僚”而非经过高等文官考试的“法制型官僚”。如在1896年任职的总督府民政局的6名部长中，法务部长高野孟矩赴台前为新潟地方裁判所判事、法务部长山口宗义为大藏省主计局主计官、通信部长土居通豫为递信省递信书记官、殖产部长押川则吉为农商务省农商局农事课长，学务部长伊泽修二为东京音乐学校校长兼文部省参事官、外务部长古庄嘉门为第一高等中学校长。上述6名部长虽然有的接受了近代高等教育，但没有参加高等文官考试，属于“实践型官僚”；在民政局所属各部的课长中，财务部租税课长中村是公、该部调查课长祝辰已以及该部监督课长远藤刚太郎为东京大学毕业，经过高等文官考试而被任用的；而殖产部林务课长有田正盛和该部拓殖课长柳本通义虽为札幌农学校（北海道大学前身）毕业，但也没有经过高等文官考试。也就是说，在1896年的台湾总督府高等文官任用中，仅有两名是经过高等文官考试合格而被任用的文官，台湾总督府的高等文官中大多为“实践型官僚”所垄断。另一方面，这些在台湾总督府启用的高等文官在赴台前大多为“非职”官员[8]。这样，台湾总督府的官僚被戏称为“湾仔”；后来任台湾总督府民政长官的后藤新平也戏言自己赴台任职为“岛外流放”。

由此可见，赴台任职并不是这些官僚任职的最高选项。

尽管如此，从台湾总督府的官职和日本文官制度上看，台湾总督府的官僚制度源于日本本土的文官官僚制度。这一点结论的意义在于说明，从殖民地官僚制度的比较上看，日本的殖民地官僚制度没有采用英国式的本土官僚同殖民地官僚，分别考试录用，本土官僚制度同殖民地官僚制度分离的官僚制度体系。

在日本统治台湾50年的历史中，台湾总督府进行了几次大规模的官僚制度修正或改革。这些改革或因台湾总督府内部原因，或因日本国内政治形势的变化而进行。1898年2月，儿玉源太郎接任乃木，出任台湾总督府总督。同月，内务省卫生局长后藤新平接任曾根静夫出任总督府民政局局长。在台湾总督府先后实行的武官总督制中，随总督交替而更迭民政长官的仅此一次。总督府总督和民政局局长被同时更迭的背景就是因乃木总督任职期间，总督府内部官僚频繁的贪污事件而使得日本政府不得不对总督府高层人事进行了变动。其后又在1898年6月制定了《台湾总督府官制》，将民政局局长改称民政长官，并改革民政局内的“部”为“课”，缩小民政局的机构，以期提高行政效率。此后，台湾总督府适应形势需要进行了几次大规模的机构改革。这几次重大改革包括1901年、1918年以及1941年的《台湾总督府官制》修订。在对总督府机构进行改革的同时，台湾地方官制也进行了相应的变动。这些变动包括从“署”到“厅”，又从“厅”到“州”等的改革。从总体上讲，虽然台湾总督府在努力缩小机构和人员，以期试图提高行政效率，但往往是越改人员越多，越改机构越臃肿，形成了台湾总督府的“帕金森定律”。

二、台湾总督府的人事变迁

伴随着台湾总督府官僚制度的修订和改革，台湾总督府官僚的人事也随着机构的变革等因素而变动。通常，按照台湾总督的任职资格可将日本在台湾的统治划分为前期武官总督时期、文官总督时期和后期武官总督时期。事实上，台湾总督府的人事变迁也在这三个时期中呈现了不同的人事变化特征，台湾总督府的人事变迁随着总督制度的变化也发生了不同的变化形态。

在前期总督府时期，即1895年5月至1919年10月这一段时期中，台湾总督府的历任总督有桦山资纪、桂太郎、乃木希典、儿玉源太郎、佐久间左马太、安东贞美和明石元二郎计7任。这一时期中，总督府大规模的人事变动分别为1897年4月、同年7月、1898年6月、1901年11月、1906年、1909年10月、1911年10月、1915年7月和1919年6月等9次。在这9次人事变动中，1897年7月和1906年两次人事变动不是因总督府官制改革而变动，其余7次则为是随着总督府官制改革而变动。其中，1897年7月的人事变动主要是因此前总督府内部大规模的腐败而使得日本政府不得不更迭了总督府殖产部长、财务部长、法务部长兼高等法院院长和通信部长；此外，1906年的人事变动系因日俄战后，后藤新平民政长官、石冢英藏参事官长以及中村是公财务局长转赴日本在中国东北辽东半岛设立的“关东都督府”以及祝辰己升任民政长官所致。

另一方面，这一时期中，总督府启用内部官僚担任总督府内高等文官的现象比较突出。其中，总督府内官僚大津麟平、大岛久满次、祝辰己、贺来佐贺太郎等的升任就是其中比较典型的事例。大岛久满次和祝辰己同为1897年赴台的总督府官僚。根据同年11月总督府官制改革，两人分别被任命为总督府财务局“主计课长”和总督府民政局法务“课长”。此后，祝辰己经历财务局会计“课长”（兼任）、专卖局次长、财务局局长、专卖局长、临时台湾糖务局局长和殖产局长（兼任）后，于1906年11月接替后藤新平出任总督府民政长官。大岛久满次也是经总督府警保“课长”升任总督府警察本署长后、经总督府总务局长于1908年5月接任去世的祝辰己出任总督府民政长官。与大岛久满次和祝辰己不同，大津麟平于1901年从外务省秘书官转任总督府总督秘书官后，从总督府总督官房人事“课长”、官房秘书“课长”，于1908年5月接替大岛久满次，出任总督府警察本署署长。第二年10月，随着警察本署撤销，改任“蕃务”本署署长。与大津麟平同期来台的贺来佐贺太郎，于1903年10月出任总督府通信局邮务“课长”，经海事“课长”等职后于1913年升任总督府参事官。此后，贺来佐贺太郎又从总督府土木局庶务“课长”、土木“课长”，于1914年升任专卖局长，1921年7月升任总督府总务长官（前身为民政长官）。

总之，这一时期总督府内的高等文官的转任或变动的特点是官僚的变动大多系因总督府官制改革所致，且官僚变动大多是总督府内部进行，没有同本土间进行交流。此外，这一时期适逢日俄战争。日俄战后，总督府派遣了后藤新平民政长官、石冢英藏参事官长以及中村是公财务局长等10余名总督府官僚转赴辽东半岛，出任“满铁”总裁、民政长官、民政署署长等职。

1919年10月至1936年9月为文官总督统治时期。这一时期台湾总督府的历任总督有田健治郎、内田嘉吉、伊泽多喜男、上山满之进、川村竹治、石冢英藏、太田政弘、南弘和中川健藏等9任。与前面的武官总督相比较，文官总督时期最大的特征就是总督更迭频繁，而且每次的更迭都是随日本政党内阁的更迭而变动。从总督府官僚人事上看，这一时期总督府官僚人事变动与前期武官总督时期有明显的不同特征。其一就是总督府内的总务长官随总督的更迭而变动；其二就是总督府内各局长等高等官僚调动频繁，而且也随着总督的人事变动而变动；其三就是这一时期，日本本土和台湾总督府间的官僚交流频繁。总督府高等官僚的升迁不再限于总督府内部，随着新总督的到任，与新总督同属于一个政党或有亲缘关系的日本本土的官僚也随着新总督履新。

这一时期，总督府官僚人事变动频繁始于首任文官总督田健治郎，以川村竹治和太田政弘总督任内变动最大。

1919年10月，田健治郎接任任内去世的明石元二郎首任台湾总督府文官总督。田健治郎不仅带来了自己的妻舅等人安排在总督府内，而且还对总督府内和台湾各地的地方州知事人事进行了大规模变动。根据修订的《台湾总督府地方官制》，在上任的第二年9月，田健治郎就对台湾总督府所属各地方州的知事人事进行了大规模变动，总督府土木局长相贺照乡、台中厅厅长加福丰次、总督府营林局长服部仁藏、台南厅厅长枝德二、总督府警务局长富岛元治、总督府“蕃务”警视江口良三郎分别被任命为台北州、台中州、新竹州、台南州、高雄州知事和花莲港厅厅长[9]。与此同时，总督府工程师山形要助、总督府财务局长末松偕一郎、总督府参事官兼总督府财务局税务“课长”阿部滂、总督府内务局长川崎桌吉分别被任命为总督府土木、内务、财务、警务局长[10]。紧接着，在1921年7月至10月又进行了一次大规模人事调动。同年7月11日，下村宏被免去总督府总务长官职务，接任者为贺来佐贺太郎；在9、10月的人事变动中，总督府警务局长川崎桌吉、台北州知事相贺照乡、总督府递信局长斋藤爱二、总督府法院法官高田富藏、总督府参事官池田幸甚、总督府事务官吉冈荒造、宫内省“调度头”吉田平吾、大藏省专卖局参事官常基德寿分别被任命为总督府殖产局长、警务局长、总督府海关关长、台北州知事、专卖局长、台南州知事、递信局长和新竹州知事。原总督府殖产局长高田元治郎、台南州知事枝德二、总督府土木局长山形要助被免去了官职。

太田政弘于1931年1月16日，接替此前因“雾社事件”而引咎辞职的石冢英藏出任台湾总督府总督。在总督任命令下达的当日，太田就免去了人见次郎台湾总督府总务长官的任职，任命日本兵库县知事高桥守雄为总督府总务长官。同月20日，总督府警务局长石井保和台中州知事水越幸一被免职，佐贺县知事井上英和高雄州知事太田吾一被分别任命为总督府警务局长和台中州知事。同月22日，山形县内务部长平山泰被任命接替原太田吾一的职务，被任命为高雄州知事。紧接着，同年5月8日，太田政弘对总督府局长和知事一级的总督府高等官僚的人事进行了大规模变动。在这次人事变动中，拓殖省殖产局长殖田俊吉、福冈县内务部长大场鉴次郎、总督府事务官宇贺四郎、总督府事务官野口敏治、总督府事务官横光吉规分别被任命为总督府殖产局长、文教局长、台北州知事、新竹州知事和台南州知事；总督府原殖产局长百济文辅、总督府原文教局长杉本良、原台北州知事片山三郎、原台南州知事名尾良辰、原新竹州知事田端幸三郎被免去官职[11]；受到总督府局长和各州知事的人事变动影响，总督府内"课长"级高等官僚的人事也发生了变动。同月16日，总督府警务局内，"理藩课长"森田俊介、警视石川定俊分别被任命为同局卫生"课长"和"理藩课长"；在总督府财务局内，角田广次、玉手亮一分别被任命为同局税务"课长"和金融"课长"；在总督府殖产局内，增田秀吉、中田荣次郎、能泽外茂吉、刘朝明分别被任命为同局农务课长、商工课长、山林课长和水产课长；在总督府内务局和文教局内，小川嘉一和赤堀铁吉分别被任命为内务局土木课长和文教局学务课长[12]。

总而言之，这一时期受到日本政党政治的影响，总督府不仅更迭总督频繁，而且总务长官、局长、地方州知事以及总督府内的课长级高等官僚的人事变动都很频繁。不仅如此，日本本土的地方府县知事、中央省厅的官僚开始出任总督府各局的局长和地方州知事。日本本土和台湾殖民地间的高等官交流一时频繁，同时也打破了历来总督府内官僚从总督府的"属"到课长，再到府内局长、县州知事的升迁体系。

1936年9月到1945年8月日本战败投降，台湾回归祖国的这一段时期中，台湾总督府总督从文官总督制度又恢复到了武官总督体制。这一时期，先后有小林跻造、长谷川清、安藤利吉计3名军人总督。后期武官总督任期内的总督府人事变动即区别于前期武官总督时期，也不同与文官总督时期，有着明显的特征。其一，与前期武官总督时期不同的是，这一时期对于《台湾总督府官制》的修正不多，因此总督府的高等官僚因总督府官制修正的变动或专任事例不多；其二，与文官总督时期区别在于，后期武官总督任职期限多于文官总督，并且也没有发生因总督更迭而发生总督府内高等官僚变动的情况。后期武官总督时期中，高等官僚人事变动最大的一次为1942年6月的人事变动。这次人事变动主要源于太平洋战争爆发后，日军占领南洋诸岛所出现的占领地统治机构人员严重的情况所致。同年6月，东条内阁通过了《行政效率化实施要领》，决定按照中央官厅、地方官厅、专业厅3：2：1比率，大幅削减中央省厅、地方府县以及朝鲜、台湾等海外殖民地职员，以期提高行政效率的同时，派遣官僚充任占领地的行政或军政机构。台湾总督府按照东条内阁的"阁议"决定，撤销了总督府内的内务局、法务局和"企画部"，新设了总务局和国土局，并大幅缩减了总督府"米谷局"等局敕任官的人数[13]。为此，同年11月1日，总督府在公布《台湾总督府官制改正》案的同时，公布了总督府新成立的粮食局、总务局、国土局局长和各课课长的人事任命案。在此任命令公布之前的10月30日，总督府高等官僚川村直岗、总督府事务官樱井英夫、总督府财务局金融课长笕胜家等19人分别被任命为南洋占领地的陆军司政长官、陆军司政官和陆军工程师[14]。

除了各个时期台湾总督府官僚的人事变动的上述特征外，总督府高等官僚中技术官僚所占比例比较高也是总督府官僚人事的一个重要特征。如台湾统治初期的总督府内，仅札幌农学校毕业的柳本通义、新渡户稻造、横山状次郎、藤根吉春、加藤重任和小野三郎等人分别出任总督府的工程师、殖产局局长等职。其中，新渡户稻造是1901年应儿玉和后藤之请来台，同年5月14日被任命为拓殖课长，并于同年11月总督府官制改革中被任命为殖产局局长。新渡户虽然任职时间并不是太长，但给台湾产业政策提出了不少有益的建议[15]。虽然总督府初期起用了不少技术官僚，但从官僚比例上看技术官僚所占总督府官僚总数并不是很大。如统治初期总督府内技术系列高等官僚定员不过14名，到1897年为20人，其后分别为15人，18名和16名，均没有超过20名。这种情况一直持续到1910年前后。1910年，总督府为加强林地和土地调查，增加了临时职员编制同时，也增加了以工程师为主的技术性官僚的人员比例。紧接着，在1919年台湾总督府又颁布了《台湾总督府部内临时职员设置制度》，扩大了在人口调查、地租调查、海洋调查、蚕业奖励、茶叶奖励、蔗苗检查、绵羊繁育、矿业管理、地质、林业、土地改良、水利以及港湾等16个领域的统计官、税务官、工程师等临时职员的编制，增加技术官僚23人。另外，1924年12月，总督府又对该法令进行了修订，增设了河川、灌溉等38个领域的临时职员编制，共增加工程师38人。这样，在增加临时职员的同时，总督府内的技术官僚数量明显增加。我们通过对1922年日本北海道以及日本各个殖民地的技术官僚统计中也可以看出，台湾总督府内的技术官僚比例仅仅次于朝鲜总督府，为46.55%。

表1　1922年日本官厅中技术官僚统计表

	官僚编制	技术官僚人数	比例（%）
北海道	1292	414	32.04
朝鲜总督府	947	567	59.87
台湾总督府	943	439	46.55
桦太厅	326	123	37.73
关东厅	540	49	9.07
南洋厅	249	49	19.69

表注：

（1）本表中北海道、朝鲜总督府等的官僚以及技术官僚人数为依据编制令，并包含临时职员设置中的工程师和“技手”人数，且其人数为本府或厅官僚人数。

（2）临时职员设置令中，朝鲜依据1920年10月敕令第497号，台湾依据同年5月敕令第132号，桦太厅依据同年5月敕令第133号，关东厅依据同年10月敕令第501号，南洋厅依据1922年3月敕令第108号。

（3）表中的工程师和“技手”包含官制中的工程师和“技手”（北海道中包含产业工程师、产业“技手”、卫生工程师和卫生“技手”。

技术系官僚的增加一方面我们可以认为，总督府的殖民统治开始从初期的政治高压统治向殖民经济转移，另一方面，总督府本身通过扩大像土木局、殖产局这样的经济管理部门的同时，也使得总督府的官僚人数迅速膨胀。我们仅以殖产局为例进行说明。殖产局即我们通常理解的管理工商矿农等产业政策的部门。在1895年，该部门仅有农商、拓殖、林务和矿务四课，官僚不过8个人。尔后到了1901年11月，局下不仅设立了农商、拓殖、“权度”四课，还在台南设立了“出张所”、在台北、台中和台南分别设立了三个农事试验场和一个“物产陈列馆”，官僚人数达100余人。而到了1927年7月，殖产局不仅内设特产课、农务课、商工课、山林课，而且还设立了度量衡所、养蚕所、植物检查所、米谷检查所等40余个附设机构，直属人员高达800余人。台湾总督府的官僚人数的增加也使得总督府陷入了官僚人数膨胀，行政效率低下的“帕金森定律”的怪圈。

三、台湾总督府官僚的待遇

日本统治台湾的50年中，台湾总督府的官僚不仅垄断了经济资源，而且还垄断了行政资源。同时，台湾总督府的官僚还享有制度内和制度外的各种特权。

1896年1月14日，台湾总督府向台湾事务局提出了《新建总督府官舍》的申报文，提出了新修官舍计划[16]。紧接着在第二年4月14日，总督府又制定了《警察厅舍和宿舍建筑标准》，开始着手修建总督府高等官、判任官以及警察的宿舍，进而在1907年6月，又以训令第118号制定了《宿舍费用支付额标准规程》，为总督府官僚提供住宿补助。另一方面，总督府也开始着手进行厅舍的大规模建设。台湾总督府利用发行的台湾公债，陆续维修和新建了总督官邸、总督府民政长官官舍、台北地方法院院长官舍以及各地方官的官舍。1907年5月27日，总督府设立高额奖金征集总督府厅舍的设计方案。1909年4月，总督府以日本著名建筑家长野宇平治的设计图纸为蓝本，花费日币280万元巨资，在1920年1月修建了塔高60余米、建筑面积达7万余平米的总督府厅舍，成为台北当时具有代表性的建筑。

不仅如此，总督府官僚在服饰上也体现了官僚的特权。1896年7月30日，总督府成立了以杉村睿为会长的文官制服调查委员会，开始研究总督府官僚制服样式。1898年，总督府起草《台湾总督府文官服制》。根据该制度，总督府官僚根据其官等，身着特定的服装，以使"官吏分阶明了，住民尊重官吏同时，官吏保持其威容"。尽管当时台湾尚没有空调设施，文官制服的穿着是一件很痛苦的事，但是通过文官制服的规定，不仅使得官民间有明显的标示，也使得台湾总督府的官僚成为高高在上的象征。

台湾总督府官僚的特权更多地体现在其官僚的薪金待遇上。1896年3月，日本政府通过了敕令第100号《台湾总督府职员支付加俸规则》，台湾总督府的官僚可在原薪金的基础上，增加月薪的十分之三，同时"非职、废官、退职及死亡的（总督府官吏）可支付当月全额薪金"。进而在1898年6月，日本政府又修订该规则，规定台湾总督府的官吏在原有加薪十分之三的待遇基础上，"在台湾总督府连续工作满两年者，在前项金额外，增薪二十分之一；满两年以上，每一年加薪二十分之一"。也就是说，总督府官僚的薪金虽然依据日本本土文官官等表，但其薪金明显高于本土文官薪金。我们以同年毕业于东京大学法科大学，后分别在日本本土就职的若槻礼次郎和台湾总督府就职的祝辰己为例，进行一下薪金比较。

若槻礼次郎和祝辰己同为1892年毕业于东京大学法科大学的毕业生。两个人毕业后均就职于日本大藏省，无论从学历还是资历上完全相同，甚至在1894年前分别为日本爱媛县收税长和冲绳县收税长，官等和月薪也相同。而到了1896年，祝辰己转任台湾总督府事务官，若槻礼次郎则调回大藏省本省，任大藏省书记官。当时祝辰己的年薪为1800元日币，而若槻礼次郎的年薪则为1200元日币，两者相差600元日币。两人间的薪金差距一直持续到1906年若槻礼次郎当上大藏省次官时，若槻礼次郎的薪金才追上祝辰己为年薪4000元日币。显然，台湾总督府的官僚薪金明显高于日本本土的官僚。

此外，台湾总督府官僚退休后的"恩给"（养老金）也明显优于日本本土官僚。根据1900年3月，日本政府公布的《关于台湾在勤官吏恩给及遗族扶助费法》的规定，"在台湾工作文官判任级以上的官吏，连续三年以上在职者，在《官吏恩给法及官吏遗族扶助法》规定的在职年数计算基础上，每在职一个月增算半个月"的特别待遇。

除此之外，台湾总督府的官僚在退职之后，还有在台湾取得土地的特权。这一事例虽然仅仅发生在1925年，实为在经济不景气的情形下做出的临时措施，但从中也可以看出台湾总督府官僚所享有的特权。

从总体上看，台湾总督府的官僚，尤其是高级官僚不仅在政治上享有垄断式的统治权力，而且在其住房、薪金、退职上享有高于日本本土的特权和优惠。

四、结语

日本统治台湾的50年中，台湾总督府握有统治台湾的立法、行政、教育、卫生、警察和司法的所有统治权力。台湾总督府虽然沿袭了日本本土的文官制度，并深受日本本土政治，即中央政局影响比较深，但是，台湾总督府在其基础上派生了独有的官僚体系。一方面，我们认为，台湾总督和民政长官的人事变动深受日本本土政治的影响，一方面，台湾总督府内的局长、各地方县知事（厅长、州知事）、课长由日本本土直接派遣的并不多。进而，台湾总督府的官僚一方面作为“天皇的官吏”为殖民的利益服务，与本土官僚享有同样的官等，由薪金、官舍和服装进行严明的等级区分的同时，另一方面，台湾总督府官僚在薪金、住宿、服饰等方面比本土官僚还享有特权。事实上，台湾社会中形成了以台湾总督、民政长官、局长等高等官、判任官、雇员、嘱托员等为代表的台湾总督府高等官僚的上层社会。即在日本统治台湾50年中，台湾政治社会构造不是日本本土的“内地人”对台湾人，而是统治者对被统治者的政治构造。

在频繁的官制修订中，台湾总督府的官僚人数也逐渐走向集团的“惰性化”，形成了台湾总督府版的“帕金森定律”。作为台湾社会的唯一权力机构，台湾总督府的官僚不仅掌握了台湾的行政、教育、产业、金融等所有社会资源。在这些产业和金融的垄断中，随着台湾总督府所管辖的业务不断增加，台湾总督府的管辖部门和官僚开始一味地增加。其中，表现最为突出的就是在日本的“大正时期”（1911年～1925年）。这一时期，连市街的“街长”和“庄长”都享有高等官等级的“奏任官”待遇，官僚的等级“虚化”明显。这使得台湾总督府在扩大所属部门的同时，所属官僚也在增加。据统计，截至1945年日本战败，台湾总督府共有高等官、判任官、嘱托、雇员、州厅的官吏计2万5千人，总督府陷入了官僚的膨胀和集团的“惰性化”怪圈。

（作者单位：辽宁大学日本研究所）

注 释：

[1] 战前日本殖民地间的官僚交流和调动有两个特例。其中之一就是日俄战后，台湾同日本在辽东半岛设立的“关东都督府”派遣了以后藤新平为首的数十名总督府官僚外，第二个特例就是太平洋战争爆发后，日本内地以及日本各殖民地向新占领地派遣“军政官”的特例。有关上述两种殖民地间的流动或调动问题尚不属于殖民地官僚间的正常流动和调动。有关此议题容日后他稿进行专项研究。

[2] 伊藤博文《秘书类纂——台湾资料》，日本秘书类纂刊行会，1935年，第239页。

[3] 内阁官报局《官报》第3823号、1896年3月31日、第490页。

[4] 因该法律为1896年3月，日本政府以法律第63号形式公布，故为学者简称为《六三法》。为研究之方便，以下简称为《六三法》。

[5] 因以台湾总督名义制定的台湾法令以“律令”的形式发布，故被简称为台湾总督的“律令制定权”。

[6] 有关台湾总督府总督制度以及其权限的实际变化请参见拙稿《近代日本政治中的台湾总督制度研究》、《中京法学》第43卷（2008年）、第1～191页。

[7] 高等文官考试制度实行初期，东京大学（时称为帝国大学）的法学院毕业生享有免试的特权，后期虽然法令上做出了修正，东京大学法学院的毕业生也需要考试才能成为高等文官，但实际上历次高

等文官考试合格者均为东京大学法学院的毕业生。

[8] “非职”在战前日本文官制度中为官僚受到调查处分前或机构改革后失去原职位，等待再分配之意，相当于我国的“停职”，但在内涵上与我国的“停职”有所区别，故此采用日语原文。此外，“非职”一词在后来的日本文官制度改革中，改用“休职”一词，其意义没有太多的变化。

[9] 台湾总督府《府报》号外，1920年9月1日，第2页。

[10] 台湾总督府《府报》第2258号，1920年11月28日，第90页。

[11] 台湾总督府《府报》第1241号，1931年5月10日，第22页。

[12] 台湾总督府《府报》号外，1931年5月17日，第2页。

[13] 1942年6月台湾总督府《关于实施行政简素化之件》。日本国立公文书馆藏《公文类纂》2A-211。

[14] 台湾总督府《官报》第192号，1942年11月21日，第76页。

[15] 石井满《新渡户稻造传》，关古书店，1935年，第190～198页。

[16] 台湾“国史馆”台湾文献馆藏《台湾总督府公文类纂27》00038-20。

日据初期台湾企业形态及社会经济形态的变迁

周翔鹤

一、探讨的问题

从理论演进的角度来说，日据时期台湾经济将给殖民地经济学提供一个良好的研究范例。经典的帝国主义理论，是以宗主国为研究对象的。当前的殖民地研究虽以殖民地本身为对象，但理论的缺乏直接导致方法论的困难，虽然依附理论等殖民地理论以殖民地本身为对象，但他们尚未发展出一个严谨的概念体系，对殖民地的研究主要的还是要依靠帝国主义理论，本文也不例外。

战前日本学者有关日据时期台湾经济最重要的研究成果为矢内原忠雄的《帝国主义下的台湾》和川野重任的《台湾米谷经济论》。前者至今仍被一些人视为经典。对于《帝国主义下的台湾》“先驱性的成就”，当今的台湾学者有充分和切中的肯定，认为在此书中矢内原忠雄将台湾经济定位于日本帝国主义的统治之下，明确了占领殖民地台湾的日本资本主义的历史性质；并将日本资本之称霸台湾与日本的国家权力活动及其性质联系起来，做了符合实际情况的冷静而透彻的考察；并且矢内原忠雄系统地掌握了台湾的殖民经济的发展过程[1]。《台湾米谷经济论》的成就则在于深入细致地考察描绘了日据时期台湾米谷生产变迁及其和蔗糖生产的摩擦(即“米糖相克问题”)。但台湾学者同时也指出，由于矢内原忠雄等人乃是以本国——日本帝国主义为研究的对象和中心，并且由于对殖民地台湾的经济史认识片面，因此他们采用的基本概念和方法论也就不可避免地存在缺陷。当然，如同上面已经指出的那样，问题的产生与殖民地理论的缺乏有关。

台湾学者指出，矢内原忠雄单纯采用经典政治经济学的方法，把他的注意力集中在“资本的垄断剥削及劳资关系的形成(用矢内原忠雄的话来说是“集中化”与“无产化”)上面[2]，利用他提出的“资本主义化概念”，将侵入台湾的日本资本在台湾的扩张、集中，当成台湾资本主义的形成发展，并涵盖于台湾社会经济的全面，从而认为日据时期台湾农业已形成土地集中，大规模耕作，农民小生产者瓦解和无产化等日后被证明(矢内原忠雄著作发表于1929年)截至1945年台湾都一直未出现过的经典的农业资本主义转型的演化[3]。对于川野重任，台湾学者指出，他从流通领域入手，采用市场价格理论，用“部门间生产力发展不平衡以致短期内均衡价格难以达到”来讨论“米糖相克”问题。但他无视在日本帝国主义殖民当局的统治下，是否存在着价格自由形成的可能。

台湾学者指出，一些日本学者忽略了日据时期台湾的传统经济(主要是农业部门)以及以地主及原有买办为中心的台湾本地资本。日本帝国主义一方面容忍本地资本，另一方面以日本的资本主义企业来控制台湾经济，确保自台湾这块殖民地掠取的经济利益[4]。研究日据时期台湾经济是不能抛开传统经济的，因此战后台湾学者对这一时期台湾传统经济领域——本地资本和农村经济倾注了极大的兴趣，做了许多深入细致的研究，呈现出了以殖民地台湾为研究对象和中心的殖民地经济学的潮流。

旅日台湾学者涂照彦的《日本帝国主义下的台湾》分析了日据时期台湾经济结构中的日资企业和传统经济部门，在此基础上通过两者之间的“压迫与抵抗，支配与弱化的过程，说明台湾经济殖民地化的本质”。柯志明则深入分析传统社会结构及其在殖民地社会中的一种作用——“土著(本地人)支配的米作部门‘相克性’的发展使原先以糖业为中心的殖民积累机制的持续和后续日资工业部门对农业剩余的榨取变得相当困难[5]。”

总之，只有对日资企业和传统经济部门都充分把握才能准确分析日据时期的台湾经济。但相对于日资企业研究有完备的理论背景，传统经济部门的研究并未“规范化”，迄今的研究的内容以农家经济与土著资本（以五大族系资本为代表）为主，但除了传统经济部门在殖民地环境中的“弱化”、“矮化”，尚未导出系统的理论性结果，这当然和殖民地理论的先天不足有关。本文并无宏大的理论目标，只想扩展传统经济部门的研究内容，以充作理论研究用的实证基础。本文将围绕台湾传统经济的主要产业之一——制糖业的变迁，来探讨日据前期（1895～1937）传统企业形态的变迁及社会经济形态的变迁。晚清台湾，茶、糖、樟脑、稻米构成社会经济的主要组成部分，其中，糖是最容易形成工业化生产的。但日据前期，台湾制糖业的发展并非经典的资本主义工业化模式（如同矢内原忠雄所描绘的那样），而是结合了传统乡村制糖业的发展与没落及日资大规模制糖业的形成，构成了社会经济形态变化的主要的线索。

从理论上来说，企业形态（这里我们所讲的企业形态主要指它的组织形式，而并非企业所包含的生产关系。）与社会经济形态之间并没有逻辑的关联，当我们说社会经济形态变革时，我们所指的是社会生产关系发生了变化，自然，这意味着社会中大部分的企业的生产关系的变革。根据经典理论，生产关系的变化并不涉及企业的组织形式。但是，当外部力量促使企业形态发生的变革伴随着技术变革时（技术变革意味着生产力变革），企业的生产关系亦将发生变革。（当然，在这里，我们将表明，企业形态的变迁并非由企业自身的技术变迁带来的。）

本文研究的时间段以日据初期为主。日本帝国主义虽然于1895年占据台湾，但它并未能立即介入台湾经济。一般而言，学术界都把1895～1905这一时期划为日本帝国主义统治台湾的基础工作时期。前7年(1895～1903)台湾总督府主要进行镇压武装抗日活动，建立保甲制度的“治安维持”工作；后3年(1902～1905)实行了土地、林野调查，旧惯调查，币制、度量衡改革，排斥西方资本主义势力等经济措施[6]。因此，在日据台湾的最初几年中，台湾经济还保持着晚清时期固有的结构和发展水平。

二、割台前后台湾传统企业形态的变迁

（一）清代与日据初期台湾的传统经济：清代前中期，台湾传统经济是一个移垦型的经济，闽粤移民到台湾来拓垦土地，种植稻米、甘蔗等农作物，输出到大陆，再从大陆输入手工业品，具有高度商品化的农村经济。晚清的台湾，除了稻米和蔗糖，茶、樟脑也成为重要产品，输出地则扩展到西方市场。日据初期，台湾的稻米、蔗糖等农产品输出到日本，工业品则从日本输入，仍然保持高度的商品化。

笔者对晚清、日据初台湾经济总量曾经有一个测算，除了蔬菜、鸡、鸭、藤等年产值很小或产值不大又难以估计的项目以外，在包括稻米、茶、糖、樟脑乃至较大宗农、牧、渔产品在内，台湾农村经济产值为：以输出价值计算为：34,337，693日元；以农村产地价值计算为：31,041,755日元。如果再加上煤、金、盐、硫黄等产值，则当时台湾的国民生产总值（不包括城镇工商业产值）约为37,340,908日元。[7]

割台之初，统计制度尚未完备，对于上述数字，如各种产物亩产，总产价值等，殖民当局未能作精确统计，很多数字只能根据掌握的情况估测，但这些数字是以统计学为基础的。当时，官方对于1902年以前台湾农业总产值多认为在3千万日元左右。[8]和我们的估测，计算差不多。

这是一个很高的数字，如果以米价作为物价的代表（稻米同是日本与台湾的主食），计算真实所得（货币的真实价值）时，这个数字相当于19世纪90年代日本的水平。[9]

对于如此高的水平，传统企业组织是做出了很大贡献的。一般而言，传统经济学（古典的、马

克思主义的、微观的）对企业的界定涉及一定数量的人，他们或合作或被雇佣，在一定的场所生产一些物品；近年，新制度经济学则认为要素拥有者通过缔结合约，将自己拥有的要素(资金、土地、劳力)提供给他人使用而收取利润就形成了企业。我们同时接受传统和当代经济学的定义，清代台湾的许多土地开垦组织，水利组织，蔗糖生产组织，商业组织等等，都存在要素的各种组合状况，都可以视为企业，而合伙与合股则是这些企业最重要的组织形态，大致来说，糖廍手工作坊采取的是合伙形态，土地开垦、水利组织、商业组织等则多取合股形态。下面我们结合清代台湾的经济发展过程描述各行业企业组织的形态及兴衰。

从康熙后期起，台湾进入全面拓垦阶段。清代台湾较早的合股企业应该是土地拓垦组织。台湾中部、北部平地的荒地（“草地”）吸引了大量的闽粤移民，他们来到这里，兴修水利，破土开田。拓垦是由垦户组织的，他们要向政府“请垦”，向平埔族“买垦”，投资兴修水利；而佃户则向他们 得一分土地（一般是5甲，称为一犁份）进行耕作。我们须注意，垦户与佃户之间存在的是传统的租佃关系，佃户要向垦户交纳“大租”。日后佃户再将其瞨耕的土地租于现耕佃人，收取小租，形成了“一田二主”的租佃关系，封建的租佃关系在这里发挥得淋漓尽致，但这种租佃关系并不构成企业关系，拓垦企业是存在于垦户内部的。

一般而言，土地一经垦辟，垦户的经常性支出为付给番社的“番租”，代番社交纳的“番饷”，向官府交纳的税粮以及日常经营管理费用；而收入则只是佃户交纳的田租。显然，垦户经济的运转和发展取决于佃户所纳田租的多寡。清代台湾的惯例，佃户所交的大租是旱地为分成制，佃户得八成五，垦户得一成五，习称一九五分成；水田则是定额租制，一般是每甲8石租谷。显然，在分成制场合垦户所得不多，只有水利兴修成功，土地开发成水田以后，垦户收入才多，然而，兴修水利并非一件容易的事，不但投资巨大，而且充满风险。清代并无高效的提水技术，水利工程往往是从水源处修建一条长长的渠道将水引到田里。有时水渠要穿山越岭，需要修凿隧洞，架设木枧，工程浩大。且水源往往在山林深处，这些地方是山地土著活动地区，水渠的修筑影响了他们的日常生活，且他们有“猎首”习俗，经常“出草”杀人，使得水利工程的修筑往往要付出血的代价。但水利工程最怕的还是自然灾害。台湾经常出现的暴雨所带来的山洪暴发往往冲毁渠道。在水利工程兴修成功之前，垦户经济是由预付资金支持的，如果水利工程失败，垦户的投资将血本无归，因此，土地拓垦是一项投资巨大，充满风险的事业，个人往往无法承担巨大的资金和风险，为了筹集资金和分散风险，就出现了合股企业。“垦户”，实际上是拓垦者在官府“注册”的称号，一个垦户，除非拓垦的土地很小，否则都是合股的。许多垦户的名称都以投资合伙人的姓氏组合而成，从存留至今的土地文书里，我们可以发现许多叫做林李兴，张吴文之类户名的垦户。清代台湾最早的土地文书“陈赖章”垦户的开垦告示，据台湾学者尹章义研究，陈赖章是陈逢春、赖永和、陈天章三人合股组成的垦户名。[10]清代台湾著名的大垦户，如施世榜、张达京、林成祖、郭锡镏等等，无不和他人组成合股的垦户，或合股兴修水利。许多垦户筚路蓝缕，艰苦奋斗，拓垦有成，富甲一方，但数代后，其后人往往坐享其成，堕落成只知收租的大租户，垦户这种合股企业也就星散了。垦户虽然没落，但合股拓垦作为习惯，却得以在后期台湾的拓垦中继续发扬光大。乾隆末，“草地”基本上开垦已尽，拓垦进入丘陵山地。这里是山地土著的活动地区，拓垦所遇到的最大问题是所谓的“番害”，即“凶番”的“出草”杀人行为。为此，丘陵地带的拓垦要建立隘线，雇请隘丁，防止“凶番”的“出草”。所以，丘陵地带的拓垦也称隘垦。丘陵地带没有大型水利，隘垦的最大投资是建隘寮，雇请隘丁。和“草地”的拓垦采取合股形式一样，隘垦中也成立了一些合股企业，这些企业一般就称为某某隘。隘垦的一个特点是有许多商人投资，此时，台湾的经济已十分繁荣，商业发达，商人已积累了许多资金，而土地是商人资金的一个传统投资去向。最大的隘——金广福大隘即有竹堑的商人投资。嘉道年间宜兰的拓垦则呈现另一种面貌，宜兰开垦没有大租户

（垦户），佃户以结首制的模式自行开垦，在水利问题上，他们或聘请专职的圳户，或自己联合起来修筑。无论是圳户或佃户自己修圳，采取的同样也是合股的形式。

合伙或合股是大陆一个久远的传统，闽粤移民将它带到台湾，广泛地运用于拓垦中，也运用于其他行业。由于清代台湾是一个移垦型社会，合股拓垦的广泛运用，使得这种企业形态成为社会文化形态之一，另一方面，也使得该形态得以发展完善。下面是一份嘉庆年间宜兰水利文书：

同立合约字人江汉、游日、游德崇等，缘五围十二股半鸠出本银凿筑泰山口埤圳灌溉五围田亩，我员山仔庄结内佃人同结首简勇等共凑帮成二股半。其十二股半结约十三纸我本结应执二纸。但我本结二股半之中原做一百二十五份均出本银。前除简勇等七十四份收约一纸另为给约，其余五十一份，吾齐十八人凑出本银，其大合约一张系交游日收存，但份额人数多少不一，是以邀同立合约记明：游日十份，游宗贵一 份，游添三份、游宗健一份、游燕二份、游记二份、游秤二份、游德捧二份，游德崇四份、江汉陆四份、江妈佑一份、江从二份，江临坤三份，江临法一份、江招无一份、江叶秀二份、朱素四份、朱溪四份，自此以后，十二股半摊及我五十一份，每份该得若干。对佃分收，今欲有凭，立合约十八纸，各执一纸为照。

（签名略）
嘉庆二十年三月[11]

据上举文书，员山仔庄众佃户纠合资金凑成十二股半，参与泰山口圳的修筑，总计125元，却分为125份，每份只1元。这说明，合股投资的企业形态已深入社会之中。

以下来谈合伙形态，台湾的传统糖廍是合伙的典型。近代台湾史学家连横记：台湾糖廍“台湾熬糖之厂谓之廍。一曰公司廍，合股而设者也；二曰头家廍，业主所设者也；三曰牛犇廍，蔗农合设者也，每犇出牛三，为园九甲，一廍凡九犇，以六犇运蔗，三犇碾蔗，照园轮流，通力合作。其法甚善，各乡莫不设之。”[12]日据初殖民当局的临时台湾旧惯调查会的眇田熊右卫门则认为存在着牛挂廍、牛犇廍、公家廍、头家廍四种形态。他说，牛挂廍是众多甘蔗种植者为压榨自己种植的甘蔗并制糖而设立的组织，各自提供运转石碾的牛只，并按提供的牛只数分担购买糖 器具的费用；牛犇廍也是甘蔗种植者的组织，但人数较少，牛挂廍一般由十五六人至三四十人组成，牛犇廍通常由五、六人至十来人组成。牛挂廍为了补充原料的不足，参与者可按各自的份额买入甘蔗或接受委托压榨；公家廍则是一种合股组织，参与者按股出资而设立。公家廍买入他人的甘蔗或接受委托压榨他人的甘蔗，所得利润按股份分配。公家廍成员如果自己种有甘蔗，则应按委托本廍制糖或将甘蔗卖给本糖廍；头家廍则是有赀力的业主或商人单独出资设立的，买入甘蔗制糖或接受委托制糖以追求利润。[13]连横撰《台湾通史》时日本垄断资本已在台湾建立起庞大的现代制糖厂，传统糖廍已消失。连横与眇田雄右卫门对公家廍均语焉不详，但日据初期在“台湾旧惯研习会”的调查中，原举人蔡国琳，糖商王雪农等人则明确地说它们是商人投资的合股的企业。

眇田熊右卫门对各类糖廍在台湾南部的地理分布有一个调查，据他说，牛挂廍主要分布在今台南一带；牛犇廍主要分布在阿侯、凤山（下淡水流域）一带；而公家廍主要分布在由嘉义湾里至盐水港以北地区，特别是斗六；头家廍则主要在盐水港以北地区。我们知道，清代台糖的主要产区以今台南（在晚清称台湾府产区，北至北港、南至安平）、高雄（在晚清称打狗产区，北至茄定港、南至琅峤）为中心，即眇田熊右卫门所说的台南、阿侯、凤山这一片地区。这里从荷据时期、郑氏时期就产糖，至清代更是台糖的集中产地；日据时期，日本垄断资本最早建立的现代制糖厂也在这里。这一片地区始终是台湾最重要的甘蔗产区，而斗六则是台湾南部地区和中部地区的连接点，过斗六就进入中部平地了，那是清代台湾最重要的稻米产区。因此，合伙形态的牛挂廍及牛犇廍是晚清台湾主要的糖廍形态。

从上面的分析来看，存在着一条牛挂廍——牛犇廍——公家廍的发展线索，头家廍则不在这条线索之上。糖廍发展到公家廍，合伙企业就转变成合股企业，而传统合股企业，能否进一步演进呢？下面将结合技术变迁问题来探讨，实际上，企业形态和技术是相关的，如果没有对灌溉系统的需求，拓垦组织也就难以存在，如果没有大型的榨糖的石碾子，也就没有糖廍。

（二）日据初传统企业形态的变迁：据1901—1902制糖期的调查，台湾有传统糖廍1117座，这个数字当与晚清台湾的情况差不多。这一千个左右传统糖廍每年大约生产80万担左右的红糖。清代台糖在世界贸易上占有重要的地位，并且是在台洋商的重要贸易商品。大约19世纪中期以前，中国的制糖技术尚处于领先的地位，但进入近代，西方采用动力技术以后，糖廍的技术即显得十分落后。在台洋商一致认为台糖生产技术落后，遂向糖廍推荐以铁磨代替原有的石碾子。1890年的《英国领事报告》说西方制糖用的铁磨的压榨能力大于石碾子，每百磅甘蔗能多压榨出1／3的蔗汁，并于1870年将其引进台湾，试验给当地人看，但据说仅有一位拥有广阔蔗田的武官在1893年方采用。为适应台湾固有的模式，洋人甚至引进用牛拉的铁磨，但没人采用。[14]对于铁磨等新技术无法引进台湾，林满红认为是民性念旧，排外，不思进取等等，总之，是一个观念问题。

进入日据时期，传统经济观念开始遭遇变革，日据初期的土地调查事业等已经对全社会的经济观念产生了一次极大的革新，但各行业还有各自的具体情况。

和晚清时的情况不同，日据初期总督府在台湾推动制糖业等产业发展时，不仅设立模范工厂，进行技术示范，培养本地技术人员，而且还极力推动观念革新。1902年初，台湾银行董事长柳生一义论说台湾经济状况时说，虽然当时台湾的茶、糖，米等重要物产已经有一些发展，但要使这些产业更进一步发达，不仅要应用机械进行生产，同时还要灌输新知识，推进“文明知识”的全面应用。[15]实际上，总督府也是这么做的。从大的方面来说，总督府工作的重点放在晚清和日据初的绅士身上，像陈中和、王雪农、蔡国琳等富商和晚清科举功名者，都是总督府笼络对象。在政治上笼络的同时，总督府还向他们传播新知识，新观念（王雪农就曾经说过当局请他们去学习新知识）。就中，“内地观光”是一个重要的形式。作为“岛人知识开发”的手段，1899年12月，总督府规定，凡具有县参事、办务署参事、街庄长、绅章佩戴者、一年纳税达三十元者，可免费乘坐日本邮船、大阪商船两会社的船赴日本游览观光。这些人当中，有许多为“有力者”。他们在日本除了参观“文物风光”之外，往往还参观工厂，在他们回台湾后，地方当局在劝诱他们举办新事业时，就容易得多了。[16]而具体到制糖业，对于本岛人新式制糖企业的成立，各地方当局都直接给予指导。

这些接受了新观念的“有力者”创办的企业，就再也不是传统形态的了。门田正经在“台湾视察报告”中提到台南湾里一家正在安装机器的制糖会社，强调它是一家株式会社，而不是以前那种仅依靠个人信用的传统组织。作为台湾本岛人企业新形式的开始，门田正经认为这是一个可喜的现象。[17]不仅门田正经，当时，一些官方人士都认为南部制糖业出现了许多全部由本地人组织的株式会社，并都认为这是一个可喜的现象。[18]1904年，随着维新制糖会社、南昌制糖会社、新兴制糖会社、盐水港制糖会社等较大的本地人的制糖会社的设立，南部还设立了一些小规模的机械制糖企业（每家资本金各十万元），南部制糖业呈现一派盛况。官方人士认为，像仁和制糖会社，车路墘制糖会社、大目降制糖会社、萧垅制糖会社均为株式组织。而像湾里制糖株式会社、麻豆制糖株式会社，则名称已表明它们是株式组织了。[19]总的说来，日俄战争前，总督府及地方当局是乐于见到并指导南部本地资本的制糖业向近代企业形式转化的。

实际上，日据初期，株式组织在本地资本的制糖企业尚仅是一个起点。有些会社较多地依靠社会资金，比如，车路墘制糖会社，由蔡国琳、敦炭来、罗文旺、黄加冬、吴子周、黄殷浩等二十人发起。发起人出资4万4千元，其余部分向工厂附近的蔗农、蔗园主募集。又如，王雪农、张文选等二十人发起的制糖会社，发起人出资4万元左右。[20]有些会社则仍然主要依靠合股，如新兴制糖会社（在本地资本企业中仅次于盐水港制糖）就是大糖商陈中和等人的合股企业。其出资状况如下；

总资本：24万元，总计2400股，每股100元；其中：

陈中和	1100股
陈文远	200股
陈外冠	800股
周鸣球	100股
孙明辉	100股
陈晋臣	100股

资料来源：《台湾协会会报》第61号，第16页。

因此，新兴制糖是一个合股会社，而不是一个株式会社。然而，此时本地资本的合股组织已不是传统意义上的合股组织了，它们模仿日本的民商法组织起来，并称为会社。[21]从形态上来说，它们设立会员大会，监事会等，不同于传统合股组织的家长式模式。[22]

除了制糖业，其他行业也出现了许多新式企业，其中最成功者当属彰化银行。彰化银行创立于1905年，“当时日本政府为推行土地整理政策，发行公债券以收买民间之大租权，彰化先觉故吴汝祥氏，纠合中部地方士绅，以大租权补偿公债券折合时价充作股本，发起创立株式会社彰化银行，共得股本22万日元，于同年6月5日创立，由吴汝祥任专务取缔役，于10月1日假彰化厅之部分房屋为办事处开办业务，是为本行发轫之始”。[23]

假以时日，这些新式的合股组织，刚起步的股份制组织（株式组织）必定会向近代企业形式发展的。然而，我们看到，总督府在1912年出台法令，禁止本地人组织株式会社。虽然有些本地人成立的会社以日本人出面当法人代表，但这个法令以及总督府不断出台的经济法令，还是限制本地人的企业，使得它们很快衰落下去。我们主要围绕改良糖廍来看这个问题。

三、日据前期台湾本地人传统企业的兴衰

日本占领台湾的最初年代里，为镇压台湾人民的武装反抗，军费开支浩繁。其他事业费如土地调查费，铁路、港口、邮电建设等支出也十分庞大。而总督府初期的财政收入仅有田赋和专卖，收支不抵。台湾财政（时称特别会计）须仰赖日本中央财政一般会计的补助。自1896年至1904年，补助金总额达三千多万元，占该时期台湾财政收入的百分之二十左右。然而，此一时期日本财政本身也十分窘迫，对于经营台湾的巨额费用感到力不从心，因此日本议会里有“卖掉台湾”的提议出现。在这种情况下，第四任总督儿玉源太郎（任期1899.2～1906.4）在其任内提出了殖产兴业政策，发展官营事业和民间产业，增加税源，以期达到财政独立。但官营事业中的铁路、港口都是长期投资，一时难有收益。专卖收入也不能无限榨取，因此，发展民间产业问题逐被突出。

殖产兴业就投资面而言，无论日资或台湾本地资本，总督府都是欢迎的，但这时，日本财团投资台湾尚不是很多。总督府一直吸引日本财团投资台湾制糖业，但日据初仅有三井财团于1901年投资，在台南兴建台湾制糖株式会社桥仔头工厂，其他财团尚未进入台湾制糖业。除了垄断财团，日据初期日资在台湾最大的投资是制盐业和黄金业。清代台湾产盐不足本岛消费，尚须从大陆输入以补充。总督府于日据初实行盐专卖后，于1901年禁止盐输入，并实行奖励政策，在1899年就无偿开放官有地供开发盐田，并免除盐田土地税等等。在这种情况下，日本盐业资本家纷纷到台湾考察，1900年，苇原清风等人在大阪发起组织台湾制盐株式会社，第一期实收资金25万元以起业，计划在

十三年内开发盐田3000町步（其时台湾仅有盐田约七百町步），[24]日资野崎盐行也于同年着手在布袋嘴、东石、虎尾寮等地开发盐田，目标是970余町步。除此以外，一些小规模日资在岛内设立了一些玻璃、印刷、炼焦、修船、基建、机织等新式企业，并垄断台湾的黄金资源，设立了两家黄金企业。这些工厂总计24家，总资本1164230元，最大的是两家制炼黄金的企业，它们占去了大半的资本和职工人数，其他多为城市中的小企业。稍后几年，日资在南部还开办了一家菠萝罐头厂。商业方面，此时的日资商业主要为在台的日本人提供服务，而此时在台日本人仅约有四万多人，日资商业也就不可能做大，其竞争力不如本地商人。[25]

从上面的情况来看，日据最初十多年里，除了三井的制糖厂，进入台湾的日资应只有150万之谱，在台湾经济中尚居次要地位，殖产兴业的主要对象只能是本地产业。[26]总督府为推动本地资本在各个产业中的发展，其做法大致为调查（包括旧惯调查与产业经济调查）、试验、建立示范性工厂、政策性支持这样几个步骤。

茶、糖、樟脑为台湾最重要的几项产业，殖民当局的各种机构对其进行了多方面详尽的调查，我们在上面已有详细的说明。此外，对一些小的局部性的产业，也进行了调查，比如制纸业、草编业等。然而，相对于碾米业庞大的规模，其调查是相当不对称的。殖民当局在调查的基础上，除了碾米业与草编业以外，在其他产业中都建立了示范性的工厂。这些工厂一般为采用动力和小型机器的小型工厂，当局希望在政策扶持和促进下，台湾的传统产业能向近代企业转型。在殖民当局的政策引导下，各产业的转型有成功的，有失败的。先说失败的。

制茶业与制纸业是转型不成功的两个例子。

以制茶业而言，总督府民政厅殖产局先在桃仔园、文山堡建立两个茶业培养实验场，并派专门技师赴印度、锡兰、英国学习并购买制茶机械，于1902年在桃仔园厅桃涧堡安平镇建立示范性的机械制茶厂（次年开始运作）。[27]几年运作的结果下来，至1906年，已制取乌龙茶66514斤、红茶1584斤，质量香味等良好，制作费比人工制作省许多，但不见本地资本效仿，台湾制茶业尚保持传统形态。之所以传统制茶业不能向机械制茶转型，乃因乡村粗制茶全系手工操作，与机械制茶之间落差太大，制茶机械是一笔重大的投资，本地资本难以进行一项自己不明了的事业。

至于制纸业，总督府亦认为这是一项值得扶持的产业，乃于1903年1月在嘉义东堡设立模范制纸工厂，进行制纸试验。制纸工厂招收从各地来的传习生，毕业后回本地推广新法制纸。[28]

从推广的情况来看，主要限于原料产地。1904年，斗六地区在传习生卒业回来后，于打猫东顶堡大湖底庄设厂，用新法制纸，虽然纸质不好，销售情况不佳，但因为是斗六厅有数的物产之一，地方当局仍然继续予以鼓励。[29]1906年，同样有丰富制纸原料的南投，有5名投资者集资1000元、在北投双冬堡设立制纸厂，并派遣4名徒弟赴嘉义模范纸厂学习。作为新企业，月产值仅百余元，收支刚好相抵，其前景尚未明朗。[30]新法制纸推广的最大受益者是一家日资会社，在嘉义模范制纸厂设立的同时，日本人安武舍次郎等八人集资8400元成立一个合名会社，得到总督府1500元的补助金。该会社的工厂就直接邻接模范制纸厂，直接利用模范制纸厂的试验成果。[31]从上述情况来看，总督府对本地资本进入制纸业是持鼓励态度的，但效果却极其有限，除了嘉义地区，其他地方的产值均很小。台湾乡村制纸业不能发展并向近代制纸业转型，乃是大多数台湾乡民对制纸业并不熟悉（传统制纸业仅是个别来自闽西山区移民从原乡带来的），投资一项自己不熟悉的产业是很难的。

殖民当局殖产兴业政策获得成效的是制糖业。本来，制糖业就是殖民当局首选的产业，首选制糖业自然因为这是台湾的传统产业，另外日本本身产糖很少，所消费的糖绝大部分依靠输入，可以成为台糖的主要市场。

此外，首选制糖业，还因为预计砂糖消费税法案将在日本议会获得通过（该法案后来在1901年3月通过），砂糖消费税将成为一个重要的税源。那么，应如何发展制糖业呢？在当局和业者之间存在着三种看法：一是认为台糖虽然质量粗劣，但有其传统销路。如改变质量，则需要和洋糖竞争，反而不利，不如在原有的基础上加以改进，增加产量；二是认为必须采用新式机械，但当前交通不便，甘蔗不易集中，不妨利用石油发动机或甚至仍利用水牛，但将石碾改成铁制压榨机，则产量即可以在原有的16000万斤的基础上，更提高9600万斤；三是认为应采取大机器大工厂制糖方法，但当前因交通不便等困难，且大规模工厂资本来源未有着落前，可暂时采用第二种方法，但台糖生产终究要像美国南部，西印度群岛等地那样采取大型工厂的方式[32]。按照第一、二种看法，所生产的只能是含糖蜜的粗糖，即台湾传统所产的红糖，它不能作为精制糖（白砂糖）的原料，但可以作为一种低级的直接消费品。明清以来，台湾红糖在日本一直拥有固定的市场。日本开港以后，西方洋糖逐渐侵入日本市场，但毕竟难以将红糖完全驱逐。

1901年台湾总督府聘请农学专家新渡户稻造考察台湾蔗糖业。当年9月份新渡户提出以甘蔗种植业改良为中心的"糖业改良意见书"。"意见书"关于农业部分为总督府全盘接受。关于制糖业方面，新渡户认为在当时的情况下，当局，一、应从国外购入小型压榨机，经试验后无利或低利贷给糖廍主；二、应劝诱资本家投资于大规模制糖厂，为此应将甘蔗产地情况调查清楚，公布于资本家，并对设立大规模制糖厂给予奖励；三、应劝诱耕作者组成蔗糖生产组织[33]。新渡户的建议和前述三种看法是相呼应的。大致说来，三种看法当中，持第一种看法的为本地业者，第二、三种为当局的看法。而总督儿玉源太郎，民政长官后藤新平等倾向于大机器生产，殖产局的一些官员则倾向于小机器生产[34]。

要发展大规模制糖需要巨额资本，台湾本地资本没这个力量，而日本国内资本是否愿意投资则取决于能否获得利润。而当时各方面的背景是，从岛内来说：1.南部传统产糖区的武装抗日十分活跃，存在着所谓的"治安问题"；2.本地糖商和几家外商在岛内蔗糖生产和贸易中根深蒂固，和蔗农有各种关系而易获得甘蔗。若日资设立大规模糖厂的话，担心原料来源难以保障；3.岛内交通不便，糖厂所需的大量甘蔗难以集中。从日本国内来说，则1.因预计砂糖消费税法案将获得通过而导致洋糖的大量投机性输入，引致糖价暴跌；2.金融市场存在着高利率。从国际上来说，则欧洲各甜菜糖产国在本国政府的补助下大量输出，日本因不平等的协议关税条约而无法阻挡其倾销。在这各种背景下，日资投资台湾制糖业要赢利是困难的。必须由总督府给予资金利息补助才能保证利润。1901年三井财团投资建立的第一家日资糖厂台湾制糖株式会社桥仔头工厂，两次共投入100万元，获得了总督府年利6%的利息补助。但此时因专卖收入减少，台湾财政发生困难。同时日本因扩军备战对抗俄国，财政紧迫，难以增加对台湾特别会计的补助，因此总督府无力提供更多的利息补助来劝诱其他日本财团投资台湾制糖业。总督府发展大规模制糖厂的政策遂遭搁浅。从1901—1906年，再无日本国内资本投资台湾制糖业。总督府的殖产兴业政策不得不转向本地资本，劝诱本地资本设立小型现代化制糖厂与改良糖廍。

1902年，总督府在新渡户稻造"糖业改良意见书"基础上发布了"台湾糖业奖励规则"，该规则规定，装置有一日（12个小时）能消耗12000贯（合45吨）原料甘蔗的机器的粗糖业者，总督府给予机器购置费补助或实物拨给，出借等奖励[35]。45吨的日压榨能力是旧式糖廍的上限，因此，该规则的目的就是要淘汰传统糖廍。同时，临时台湾糖务局从海外购入35台小型甘蔗压榨机，加以示范，然后拨给或借给本地制糖业者[36]。安装了柴油或蒸汽动力的小型压榨机的糖廍称为改良糖廍，它煮糖部分仍沿用旧式糖廍的方法，生产的糖仍和旧式糖廍一样，是含糖蜜的粗糖。不过由于它的压榨机力量大，甘蔗能得到充分利用，效益也就大大提高。然而一开始总督府的政策似乎没有得到回应，比如，1904年榨季，阿猴厅管内（属核心产糖区打狗产区）的传统糖廍仍有163个，比1903年还增加20个。[37]针对这种情况，总督府双管齐下，一方面，组织"有力者"（重点是糖商）赴欧洲参观、考察近代制糖业，[38]另一方面，于1905年9月发布"制糖场取缔规则"，禁止新设旧式糖廍，并限制现有的糖廍。如此一来，总督府的政策方开始取得成效，本地资本开始设立小型的近代制糖厂和改良糖廍。前面我们说道在企业形态的转变方面总督府下了很大的工夫，同样，在技术转变方面，总督府也花了不少力气，台湾乡村传统制糖业乃向近代企业转型。

1905年10月，以大糖商陈中和为首的新兴制糖会社工厂竣工，机器安装完毕，11月开始制糖，殖民当局的临时台湾糖务局拨付补助金14400元。[39]新兴制糖投资24万元，其中16万元作为起业费，8万元作为流动资金，日产糖六七千斤。虽然与三井的现代化制糖厂不可同日而语，但与传统糖廍相比，规模已是十分大了。除了凤山的新兴制糖，台南厅有台南制糖会社；盐水港厅有盐水港制糖株式会社、麻豆制糖株式会社、维新制糖株式会社等；阿猴厅有南昌制糖会社等都在1905—1906制糖期开始运作。[40]与此同时，改良糖　也开始设立。

第一个改良糖廍是由陈晋臣等6人合资，于1905年设立于凤山厅大竹里篱仔内庄，采用大马力石油发动机的振祥制糖会社（1904年12月～1905年4月间建设）。它在该榨季试运行获得成功，产糖2万余斤。[41]振祥稍后，南部传统产糖区的台南山嵌顶，斗六刺桐巷等地也有几个改良糖廍，都获得了成功。或许它们的成功显示了榜样的力量；1905年的调查显示，当年筹备改良糖廍的，在南部传统产糖区有43个，中、北部地区有6个。次年的统计数字表明实际建立了52个。[42]中、北部地区改良糖　较少乃因它是传统稻作区，即使旧式糖　也相对为少数，一般都处于山间僻地。1906—1907年夏威夷的玫瑰竹种甘蔗在台湾引种成功，由于该蔗种适宜水田种植，中、北部的甘蔗种植乃随之扩大。基于水田甘蔗的改良糖　也因应发展。第一个这种改良糖廍是日本人松冈富雄1907年设立于台中市郊的松冈制糖所，压榨能力为100吨。[43]（所谓压榨能力指糖厂或糖　一天12个小时所能压榨的甘蔗数量。）

与旧式糖廍相比，改良糖廍无论在生产能力或盈利率上都高出了很多。1906年，以陈晋臣及黄家兴的改良糖廍为对象的调查表明，一个以4万元资金设立的改良糖廍，一日的压榨能力为甘蔗75吨，一个榨季能消耗原料甘蔗1386万斤，制糖率为11%，产糖额为152万4千6百斤；而一个以2500元资金设立的旧式糖廍一日只能压榨7吨半甘蔗，制糖率为8%，一个榨季总消耗原料甘蔗171万6千斤，制糖137280斤。[44]因此，改良糖廍受到许多人，尤其是糖商的欢迎，他们纷纷进入制糖领域，设立了许多改良糖廍。因为改良糖廍与旧式糖廍相比，仅是将牛拉的石碾子改为动力压榨机而已（有些改良糖廍还将以前手舀蔗汁改为用抽水机抽取），两三个旧式糖廍合在一起，就可以设立一个改良糖廍，适合20世纪初台湾制糖业的实际状况，可以说是传统制糖业转型的一个合适模式，而旧式糖廍则减少了许多，但即使在殖民当局的政策限制下，还是有一些旧式糖廍在维持着。

1905年以后，台湾存在着三种制糖企业：1.近代化制糖厂；2.改良糖廍；3.传统的旧式糖廍。其中，近代制糖厂包括日本财团的大型制糖企业与本地资本的小型制糖企业。改良糖廍是在旧式糖廍的基础上发展起来的，它还是乡村企业，而近代小型制糖企业，由于它一开始就投入较大的资本，设置近代设备，虽然还位于乡间，但我们已难以将它视为乡村企业了。

表1　1901年～1944年台湾制糖企业形态

	新式糖厂产糖额			改良糖部产糖额			旧式糖部糖额		
	工厂数	产量*	%	部数	产量*	%	部数	产量*	%
1901～1902	1	1156	2. 07	—	—	—	1117	55637	97. 93
1907～1908	9	17966	27. 66	60	13467	19. 70	847	36876	53. 95
1912～1913	26	65654	88. 16	32	4541	5. 98	191	4271	5. 74
1917～1918	39	311129	86. 79	33	16332	4. 56	311	30998	8. 65

1922～1923	44	363412	98．10	11	2353	0．70	101	4433	1．20
1927～1928	45	595480	98．56	9	4046	0．67	105	4694	0．77
1932～1933	45	642540	97．89	8	6740	1．03	79	7097	1．08
1936～1937	48	1028594	98．02	7	10857	1．04	70	9873	0．94
1943～1944	45	830266	98．65	5	4945	0．55	35	7078	0．77

*单位：吨。

资料来源：曾汪洋《日据时代台湾糖价之研究》。转引自周宪文《台湾经济史》第553页。

综上所述，殖民当局的政策在台湾传统制糖业的转型方面是起了决定性作用的。然而，殖民当局的目的并不在于发展台湾本地企业，而是在于纾解财政困难，对于制糖业，其长远政策则是依靠日本垄断财团发展大型制糖企业。因此，在度过财政危机后，总督府即限制本地制糖企业，为日本财团进入台湾制糖业做好准备。这种限制在改良糖廍身上表现得最为明显。

我们先来看一下本地资本制糖企业对于纾解总督府财政困难的作用。实行糖业奖励政策的1902年以后，台糖生产摆脱了日据台湾以来的下降局面，虽然产量并非直线上升，但1906～1908年的产量已大大超过1895年的产量。

表 2　1895～1908年台糖产量(担)

年份	数量	年份	数量	年份	数量
1895	920.891	1896	828.927	1897	779.942
1898	683.994	1899	815.202	1900	445.280
1901	585.145	1902	908.704	1903	506.085
1904	758.343	1905	826.336	1906	1,273.884
1907	1,064.615	1908	1,092.015		

资料来源：大园市藏"台湾始政四十年史"第四编产业。

这期间，除了三井的大制糖厂以外，其余的全是小型糖厂和改良糖廍。除了少数岛内日本人和一家英商怡记以外，小型糖厂和改良糖廍都是台湾本地资本。台糖产量的提高带来了大量的砂糖消费税收入，1904年以后砂糖消费税已超过百万元。

表3　总督府的砂糖消费税收入(万元)

年份	收入	年份	收入	年份	收入
1903	76.1	1904	145.4	1905	186.6
1906	239.99	1907	200.08	1908	350.2

本地资本制糖企业的兴起，是在总督府的鼓励支持下的，其衰落也离不开总督府政策这个背景。虽然本地资本的小型糖厂和改良糖廍在总督府殖产兴业政策中发挥了作用，但并未因此改变它在总督府心中的形象，总督府决策层仍念念不忘大规模制糖厂方针。1903年欧洲甜菜糖产国召开布鲁塞尔会议，议决各国政府一致停止对甜菜糖输出的补助。总督府意识到这对台湾蔗糖业来说是一个大好的契机。1904年秋，临时台湾糖务局事务官浅田知定出洋考察西方国家制糖业之前对记者发表演说，阐述总督府的糖业方针时说：制糖业终究要采取西方国家那种日压榨能力1200吨的大规模

制糖厂方式，经济上才是有利的，流通过程中也才更有效益，总督府将专注于发展大规模制糖的可能与时机。他说，布鲁塞尔会议后糖产国将把市场从国外转向国内，随着日本人均糖消费量的增加和人口的增长，将形成一个巨大的市场，对台湾蔗糖业是一个绝好的时机。他吁请日本资本家把握这个时机[45]。

但1903～1905年，对俄备战和日俄战争期间，日本经济界呈紧张状态，尚无余裕注意及台湾蔗糖业。日俄战争结束的次年，因引入外资，铁路国有化等原因，日本国内资金充裕，金融利率下降，资金急于寻求出路。同时由于预见到1911年7月协议关税条款即将到期，届时日本有可能筑起关税壁垒以抵御外国砂糖倾销[46]。日本资本转而积极投资台湾蔗糖业。

1906年12月29日于东京银行集会所召开的明治制糖株式会社成立大会揭开了日资大规模投资台湾蔗糖业的新阶段。明治制糖主动不要总督府的利息补助，从此，当局对日资大糖厂的支持从资金方面转到政策方面。

紧接着明治制糖，日本国内资本纷至沓来，制糖会社纷纷成立。最早成立的台湾制糖株式会社则不断增资扩展。原为本地资本的盐水港制糖因增加500万元日本国内资本而于1907年3月彻底改组成日资会社。此一时期本地人成立的现代的会社仅有台湾首富林本源制糖，资金300万。众多的日资制糖会社建立了许多大规模的制糖厂。

表4　1906～1913新建的大规模制糖厂 *

开始制糖时间	所属会社名称	工厂名称	日压榨能力
1906	台湾制糖株式会社	桥仔头第二工场	450吨
1908	台湾制糖株式会社	后壁林工场	1000吨(美制)
1908.11	大东制糖株式会社	阿猴工场	1200吨(美制)
1909.12	台湾制糖株式会社	车路干工场	1200吨(美制)
1909	大日本制糖株式会社	虎尾第一工场	1200吨
1909	大日本制糖株式会社	虎尾第二工场	1000吨
1910	北港制糖株式会社	北港制糖工场	1000吨(英制)
1910	新高制糖株式会社	彰化第一工场	750吨(英制)
1913	新高制糖株式会社	嘉义制糖工场	1200吨(英制)
1908.12	明治制糖株式会社	肖垅工场	750吨(英制)
1910.10	明治制糖株式会社	蒜头工场	1100吨(美制)
1911.12	帝国制糖株式会社	台中第一工场	750吨
1908.12	东洋制糖株式会社	南靖工场	1000吨
1911	东洋制糖株式会社	乌树林工场	750吨
1908	盐水港制糖株式会社	新营庄工场	1000吨
1912	新高制糖株式会社	大莆林工场	1200吨
1909.6	林本源制糖株式会社	溪洲庄工场	250吨

资料来源：大园市藏：《台湾始政四十年史》第四编产业；台湾大观社《最近的南部台湾》第九章等。

*本表仅包括粗糖制造工场，盐水港制糖的一个白糖工场因此未包括在内。其次本表不包括扩

建的工厂。

日资大量涌到，圆了总督府决策层发展大规模糖厂的梦。以往“温存”奖励本地资本设立制糖业的政策已不复有存在的必要。当许多人因改良糖廍利润丰厚而争相设立之时，总督府对其政策已从奖励转向限制，尤其当改良糖　和新式糖厂发生利益冲突时更是如此，这种冲突主要是围绕着原料获得问题的。

日据时期，制糖厂80%的原料甘蔗要靠农民提供，而农民要比较甘蔗和粮食作物的收益才能决定是否种甘蔗。另一方面，稻米向来也是台湾的重要农产，为了保证本岛的需求和向日本输出，甘蔗种植面积也不能无限扩大。大制糖厂既投下庞大资本，就不能让设备闲置，为了保证原料，他们不但自己相互争夺，同时把眼光瞄准了改良糖廍和小型糖厂。

实际上，在第一家日资大糖厂——台湾制糖株式会社成立后，日资糖厂和本地业者在原料上的冲突就已初露端倪。台湾制糖桥仔头工厂所在地是陈中和（举办新兴制糖）和王雪农（举办盐水港制糖）等本地商人以及英商的传统活动区域。日据前他们和蔗农就有各种联系而较易获得甘蔗。为了避免冲突，确保日资糖厂的原料来源，盐水港厅首先于1904年5月发布了“制糖场取缔规则”，为各个制糖厂指定划分了原料地盘。凤山厅与阿猴厅随之仿效。在此基础上，总督府于1905年6月发布了“制糖场取缔规则”，规定：凡全部或部分采用新式机器的制糖场应获得临时台湾糖务局的许可，获得许可后糖务局为其划定相应的原料采取区域。该区域内的甘蔗只能卖给该制糖场，而不能运出区域外。同时未经糖务局许可，区域内不准设立旧式糖　，以此保证制糖厂有充足的原料来源并避免其相互之间的冲突。日资大量涌入台湾制糖业以前，本地资本的小型糖厂和改良糖廍都能获得一个原料采取区域，而且多在南部重要产蔗区，位置不错。而当日资大规模制糖厂愈来愈多愈来愈大时，它们不可避免就要来夺取这些原料采取区域。

明治制糖对本地资本麻豆制糖和维新制糖的合并典型地体现出这一点。明治制糖1907年1月登记成立时期获得了位于台南厅肖垅，总爷及嘉义厅蒜头的原料采取区域，该区域跨麻豆制糖和维新制糖的采取区域。因此明治制糖在开工前的1907年8月就合并了麻豆制糖，又在1910年6月合并了维新制糖，将其采取区域连成一片[47]。又如东洋制糖在1910年合并斗六改良糖廍，1911年为扩大原料采取区域又合并赖尚文改良糖廍，这是一个仅有40吨压榨能力的小型的改良糖廍[48]。最大的制糖会社——台湾制糖对本地资本台南制糖的合并同样如此。台南制糖拥有一家小型糖厂和四个改良糖廍，其采取区域和台湾制糖桥仔头工厂的采取区域相邻，是台湾最重要的甘蔗产区，台湾制糖通过收买其股份最终在1909年8月将其合并[49]。

亿源改良糖　的遭遇则从另一方面体现了本地资本在原料问题上的处境。位于中部的亿源商号改良糖廍是王雪农于1911年设立的，1915年大规模投资，奖励大甲溪以南4500甲土地的甘蔗栽培。其时，中、北部新式糖厂尚不像南部那么多，许多土地尚未被编入原料采取区域，上述4500甲土地内只有一些旧式糖廍。1918年，日本大资本家大仓喜一郎，阿部幸兵卫系的新高制糖厂扩展到大甲溪一带，上述4500甲土地全部被当局无偿编入新高的原料采取区域。亿源为奖励甘蔗栽培而向日资安部、增田屋、三井物产举债的数十万元无法偿还，遂被债权人合并到沙鹿制糖（资金200万日元）[50]。

为了避免原料采取区域的冲突，当局的政策是撤除改良糖廍。为此当局于1908～1910年新式糖厂勃兴的期间，拿出202900元的赔偿金，撤除许多改良糖廍[51]。1910年开始，因台湾糖产量已大幅增加，日本消费饱和，有生产过剩之虞，殖民当局乃于1910～1918年实行“制糖能力制限”政策，首当其冲者为改良糖廍。新式糖厂虽也在限制范围内，但已获许可设立的新式糖厂数和制糖能力仍能增加，而这些新式工厂开工时，其原料采取区域内的改良糖廍就被取缔。“能力制限”时期过去以后，这些被取缔的改良糖廍大多数没有恢复。[52]

改良糖廍最为典型地体现了传统企业向近代企业的过渡和转型，它的兴起体现了政府在转型中的关键性作用，它的衰落则体现了殖民地经济的从属地位。

简短的结语

1895年，日本割占台湾时，虽然走上资本主义道路已有30多年，但尚未发展到垄断阶段，并无资本输出的需求，对殖民地经营的场景遂和西方老牌帝国主义国家有所不同，而台湾的传统经济已发展到非常成熟的程度，使得日本在弱化殖民地传统经济部门前能够先加以利用，巩固其殖民地经营，日据初期，台湾的本地制糖业成为殖民统治的经济支撑之一。

对于殖民地传统经济部门来说，从传统企业形态转型为近代企业形态不是一件容易的事情，具有高度发展的合股形式的传统企业和近代企业仍然有本质的区别。张忠民认为转型的关键在于法制的变革，他以公司法为核心，叙述了半封建半殖民地中国里的这一艰难的过程。[53]在殖民地，这一过程由殖民地政府以行政力量加以推行就快得多了，同时，殖民地政府在观念转变和技术变革方面也是决定性因素之一。但宗主国的目的并不在于殖民地传统企业的转型，而在于本国的利益，虽然传统企业在组织形式与技术运用上的转变将导致其向资本主义企业的转型，但我们无法期望一个资本主义形态的社会的出现，殖民地当局的政策终将导致它们的衰落，而出现一个殖民地社会。

（作者单位：厦门大学台湾研究院）

注 释：

[1] 涂照彦《日本帝国主义下的台湾》第一章。东京：东京大学出版会，1975 年，（中译本由李明俊译，一九九一年由台北人间出版社出版），

[2] 柯志明《糖业资本·农民·与米糖部门关系》，《台湾社会研究季刊》第十二期，1992 年 5 月。

[3] 涂照彦《日本帝国主义下的台湾》第一章；柯志明《糖业资本·农民·与米搪部门关系》；《殖民地经济发展与阶级支配结构》，《AgrarianDevelopment,Family ～ FarmandSugarCapitalinColonialTaiwan,1895 ～ 1945》等。

[4] 涂照彦《日本帝国主义下的台湾》第一章。东京大学出版会。

[5] 柯志明：《糖业资本·农民·与米糖部门关系》，《台湾社会研究季刊》第十二期，1992 年 5 月。

[6] 参阅东嘉生《台湾经济史溉论》、台北：帕米尔出版，一九五八年矢内原忠雄《帝国主义下的台湾》、台湾丛书译文本第一种，台湾省文献委员会印行；涂照彦《日本帝国主义下的台湾》，人间出版社，等书。

[7] 对于这些数值的测算以及所利用的数据的考证，笔者在《日据时期台湾经济总体评价》（刊于《台湾研究》1994 年 2 期）一文的附录中，有详细的考证与说明，请参阅。

[8] 佐藤眠洋《改隶四十年の台湾》；台湾总督府官房调查课《施政四十年の台湾》“产业篇”。

[9] 参阅拙稿《日据时期台湾经济总体评价》。

[10] 尹章义《台湾开发史研究》，第 81 ～ 83 页。联经出版事业公司，台北。

[11] 《宜兰厅管内埤圳调查书》。

[12] 连横，《台湾通史》卷 27，农业志。

[13] 眇田熊右卫门，《台湾糖业旧惯一斑》。

[14] 关于洋人对制糖技术的引进，均参考林满红上述著作第三章“茶、糖、樟脑之生产分析”。
[15] 柳生一义《台湾经济界》，载《台湾协会会报》第42号，第1页。
[16] 门田正经《台湾视察报告》，《台湾协会会报》第81号、第4页。
[17] 同上注。
[18] “台湾的制糖事业”，《台湾协会会报》第79号，46页。
[19] “台湾南部制糖会社”，《台湾协会会报》第64号，第9页。
[20] 《台湾协会会报》第63号，第28页。
[21] 临时台湾旧惯调查会《台湾私法》第三卷，第123页。
[22] “新兴制糖合股会社规约”，《台湾协会会报》第61号，第16页。
[23] 彰化银行百年史编辑委员会《彰化银行百年史》，第十二章第一节“本行百年历史演变”。台中、2005。顺便指出，最初创立事业的意图在制糖业，后以制糖业务繁重，乃改银行业。参阅同书“吴汝祥头取小传”。制糖固然业务繁重，但中部也不是台湾糖业重地，倘真的从事制糖业，就无今日的辉煌。但亦可以看出制糖业在当日台湾的重要地位。
[24] 《台湾协会会报》第23号，第50页；第52号，第31页。
[25] 参考赵佑志《日据时期台湾商工会的发展》，第一章第二节。台北稻香出版社，1998年6月。
[26] 我们在第二章中，根据总督府《第四统计书》的统计数字推算，当时台湾的工农业总产值约为37，000，000日元左右。
[27] 《台湾协会会报》第93号，第8页。
[28] 《台湾协会会报》第53号，第40页，“嘉义制纸厂现况”等。
[29] 《台湾协会会报》第73号，第22页，“斗六厅下产业状况”；第80号，第24页，“斗六厅下产业状况”。
[30] 《台湾协会会报》第80号，第24页，“南投厅下产业状况”。
[31] 《台湾协会会报》第39号，第37页，“嘉义制纸会社的补助金”。
[32] 《台湾糖制造方法の改善》，《台湾协会会报》第18号，“杂报”。
[33] 新渡户稻造《台湾糖业改良意见》，「四、本岛糖政上设施的急务」，第一，九，十，十三，十四等。
[34] 参阅森久男《台湾总督府糖业保护政策の展开》，《台湾近现代史研究》创刊号，龙溪书舍。
[35] 律令第五号：台湾糖业奖励规则·第二条；府令第四十三号：台湾糖业奖励规则施行细则第七条等。
[36] 律令第五号：台湾糖业奖励规则·第二条；府令第四十三号：台湾糖业奖励规则施行细则第七条等。
[37] 《台湾协会会报》第81号第5页，“阿猴厅下产业状况（三十七年中）”
[38] 在20世纪最初几年里，总督府经常组织“有力者”赴日本参观、考察，但因日本没有制糖业，因此制糖业的考察对象选为欧洲。
[39] 《台湾协会会报》第85号第14～16页“凤山厅下产业状况”；第61号第11页“新兴制糖合股会社”等。
[40] 《台湾协会会报》第79号第23页，第27页，第81号第6页，等。这些制糖厂有的称为株式会社，其实只是合股组织。
[41] 高等文官考试制度实行初期，东京大学（时称为帝国大学）的法学院毕业生享有免试的特权，后期虽然法令上做出了修正，东京大学法学院的毕业生也需要考试才能成为高等文官，但实际上历次高等文官考试合格者均为东京大学法学院的毕业生。
[42] 《台湾协会会报》第80号“斗六厅下产业状况”，第81号“阿猴厅下产业状况”，第84号“台湾糖业の进步”等等。
[43] 大园市藏《台湾始政四十年史》第四编“产业”，第一章“糖业”。
[44] 《台湾协会会报》第91号，第14～15页，“台湾に於ける各式制糖法の损益计算”。
[45] 《台湾协会会报》第72、73号“临时台湾糖务局事务官浅田知定：台湾的糖业”。
[46] 实际上，1911年7月协议关税条款废除后，日本对进口糖所课关税立即提高，并废除精制糖原料（分

蜜糖）的进口退税制度，此举有利于台湾制糖业。
[47] 大园市藏《台湾始政四十年史》第四编产业第一章糖业“七，明治制糖株式会社”。
[48] 同上注，“六，大日本制糖株式会社”。
[49] 同上注，“五，台湾制糖株式会社”。
[50] 同上注，“一十，昭和制糖株式会社”。
[51] 参阅矢内原忠雄《帝国主义下的台湾》第三章第一节“新式工厂的胜利”。
[52] 大园市藏《台湾始政四十年史》第四编产业第一章糖业“生产过剩防止设施”。
[53] 张忠民《艰难的转折》，上海人民出版社。

日据时期对荷据台湾史的研究

杨彦杰

十七世纪上半叶，荷兰殖民者占据台湾38年。过了两百多年，日本人又对台湾实行了半个世纪的殖民统治。这是台湾历史上两次殖民地时期。日本人占据台湾以后，为了开展有效统治，便指派学术界加强对台湾各个方面的研究，其中荷兰人对台湾的殖民地经营也在探讨之列。这对于后来台湾史的研究产生了重要影响。

有关日据时期对荷据台湾史的研究，台湾学者已经有过介绍或探讨。如曹永和于1977年6月的一次学术研讨会上发表《台湾荷据时代研究的回顾与展望》，其中就涉及日据时期的研究情况[1]。近年，吴文星发表《日本据台前对台湾之调查与研究》和《日治初期日人对台湾史研究之展开》[2]，以及叶碧苓《村上直次郎的台湾史研究》[3]等，都对相关问题作了专门的探讨。由于日据时期的档案资料大陆学者尚难以利用，日本学者的早期成果也不易完整收集，本文拟利用前人研究成果以及目前能收集到的资料，对日据时期荷据台湾史研究的背景、成果、特色及其对后世的影响等问题作一个梳理，不足之处敬请批评指正。

一、时代背景与史料编纂

1895年5月底，日本依据与清政府签订的《马关条约》，派兵从台湾北部登陆，遭到岛内民众的强烈抵抗。日本殖民当局一方面加紧镇压，试图用武力迫使台湾民众就范；另一方面在枪炮声中于6月17日宣布总督府“始政”，由此标志日本在台湾的殖民统治正式开始。

早在1871年“牡丹社事件”发生以后，日本政府就显露出要占领台湾的企图，多次派人通过各种机会到台湾收集当地的物产、商况、自然生态、矿产资源、原住民习俗等资料。与此同时，又通过编译中、西文献，加强对台湾的研究，编撰或出版各种调查报告和介绍台湾的读物。如1895年1月，日本参谋本部编撰了《台湾志》，表明当时对占领台湾已经作了相当程度的准备。[4]此时，日本政府已决定出兵台湾，国内一些人更极力鼓吹要加强“学术探检”，以期对台湾有进一步的了解进而实现其对外殖民扩张的企图，这些对当时的日本学界也产生着不可忽视的影响。[5]

日本军队在台湾登陆以后，在面临民众强烈抵抗的同时，也面临着黑死病等风土疾病的威胁，为了开始对“新领地”的统治和经营，亟须各种专门人才前往台湾调查研究，以便了解掌握更加丰富的信息，提供施政参考。

日本对台湾的调查主要由拓殖务省和台湾总督府在合力推动。而参与调查的主要来自日本国内，尤其是东京帝国大学的老师和学生。1896年3月31日，台湾归拓殖务省管辖。台湾总督府在成立之初，就在内设有内务、殖产、财务、学务等部，每年编列可观的调查费用，聘请专家、学者以嘱托、雇员、技手、技师等职位参加总督府工作。总督府所需人才，有许多是通过直接征聘或与大学协商联系聘任而来，有的特殊人才则通过拓殖务省去协调解决。如1896年11月黑死病流行，台湾总督府就通过拓殖务大臣紧急派遣细菌学、病理学专家各一人赴台。后来经过拓殖务大臣转请内务、文部大臣协助，几经交涉，最终从东京帝国大学派遣两名著名专家携带助手前往调查，帮助解决问题。[6]

日本派遣学者在台湾的调查涉及面很广，凡举动物、植物、地质、地貌、水文、矿产、农业、畜牧、卫生、人种，乃至历史、民俗、社会问题等，都在调查研究之列。因此，不仅有大量的自然科学家前往台湾，人文历史学者也参与其中，如有名的人类学家鸟居龙藏就于1896～1897年初到台湾东部调查，随时发表“通讯”报告收获，回国后又于1897年3月7日在东京人类学会例会上报告《台湾东部的人类学调查》、4月25日在东京地学协会例会发表演讲等。[7]

另一个人类学家伊能嘉矩在日本据台之初就强烈要求到台湾做原住民的调查研究，他在给官方的报告开头说：

至界限之下，其地广袤五千余里，曾以美丽之岛之称，被介绍为土地肥沃，物产丰富之台湾，现今纳入我国版图。将来为我武备之关门、及殖产之要区，在政治上、实业上，不但必须为国民所着眼，而应如何对待其固栖已久之蕃民，以治理之，保护之，及诱掖之，亦是我国民之责任，进而不得不讲究之处。[8]

可见伊能嘉矩到台湾做调查研究带有很强烈的使命感。他在台湾十年间，不仅对原住民做了详细的人类学调查，提出台湾少数民族的分类体系，而且进一步把研究领域扩展到台湾的历史与汉人方面。1901年，台湾总督府设立“临时台湾旧惯调查会”，并且组织成立了“台湾惯习研究会”，伊能嘉矩担任该会干事。他经常在机关刊物《台湾惯习记事》上发表文章，其中《荷兰时代的理蕃》一文就已经涉及荷兰人对台湾少数民族的统治。伊能的其他重要著作如《台湾蕃政志》（台湾总督府民政部殖产局，1905年）、《在台湾的西班牙人》（自印行，1905年）、《台湾文化志》（遗稿）等，亦均涉及荷、西在台湾的殖民统治。[9]尽管这些论著并不是直接利用荷、西原始档案撰写而成，但从中可以看出日本学界在据台初期如何开启荷据台湾史研究的时代背景。

日本学界对荷据台湾史研究最有开拓之功的是村上直次郎。1896年5月即日本据台第二年，村上直次郎还是东京帝国大学大学院（即研究所）学生的时候，就已被拓殖务省聘为嘱托从事台湾史的调查研究工作。同年10月初至次年3月底，村上直次郎先在长崎、平户、大村等地收集郑成功、滨田弥兵卫等资料。1896年11月初赴台，又在台湾西部沿海做了为期近五个月的调查，其中在新港社发现以罗马拼音书写的“番语”契约文书41张。[10]这是荷兰人在台湾南部传教留下的历史影响之一。这种用罗马拼音书写的“番仔契”一直在当地平埔族中使用，直至嘉庆末年。村上直次郎首次将这类契约文书命名为“新港文书”，并经过初步研究后于1897年7月撰文予以介绍。[11]

村上直次郎之所以能在荷据台湾史领域取得令人注目的开拓性贡献，与他的求学经历和个人禀赋都有密切关系。村上1868年出生于大分县玖珠郡藩士之家，少年就读京都同志社英学校、第一高等中学校，1892年进入东京帝国大学文科大学史学科学习，1895年毕业后入大学院继续深造，接受坪井九马三博士和德国人李斯（Ludwig Riess）博士的指导。李斯是当时很有名的德国历史学家兰克（Leopold von Ranke）的高足，他在东京帝国大学任客座教授时，参与东京帝大文科大学史学科的建立，将西方的近代历史研究法引入日本，并鼓励开展日欧交涉史研究。坪井九马三博士则在大学内开设有日欧交涉史讲座，因此当时的东京帝大对日欧交涉史研究已形成风气。村上直次郎于此时进入大学学习深造，自然受此风气影响。加上村上直次郎有很好的语言天赋，入大学前他的英语水平已是同辈的佼佼者，在老师影响下，以英语为基础又扩展学习德、法语以及荷、西、葡、意、拉丁等语言，多国语言才能为他日后开展荷据台湾史研究打下了重要基础。[12]

1898年1月，台湾总督府再度聘村上直次郎为台湾历史编纂事务嘱托，往台湾南部和鹿儿岛、冲绳等地收集台湾史料，为期近半年。次年5月，日本文部省又公费派遣村上直次郎前往西班牙、意大利、荷兰留学三年，进行南洋语学和地理历史学之相关研究。1902年底回国后，担任东京外国语学校校长，兼东京帝国大学史料编纂官和讲师等职。[13]

1922年，台湾总督府为宣扬其治台“政绩”，决定成立“台湾总督府史料编纂委员会”，1923

年7月聘村上直次郎为史料编纂事务嘱托，主要负责收集荷据时期的资料，但很快此项计划被搁置下来。1929年，第十二任台湾总督川村竹治认为史料编纂事业有其必要性，于是发布训令重新启动这项计划。此时已经在台北帝国大学任职的村上直次郎被聘为总督府史料编纂会的编纂部部长，由他具体负责《台湾史料》的编纂工作。村上直次郎由于对日欧交涉史已有很深研究，熟悉台湾、欧洲史料，又担任东京帝国大学史料编纂官多年，因此在他领导下这项工作很快有了进展。经过几年努力编成《台湾史料》稿本本编27册、纲文25册、《台湾史料杂纂》7册，总共59册。其中《台湾史料杂纂》共有四卷，除了第四卷是清朝及其以前的资料外，其余三卷均与荷据台湾史有关。[14]

第一卷，主要为西班牙人占领基隆以及荷兰人于1642年驱逐西班牙势力的档案资料，这些原始档案是村上直次郎从1858年P.A.Leupe发表在《荷兰印度语言地理民族学报》的荷兰文专题档案翻译而来，包括荷兰驻台长官对率军征略基隆的指挥官的指令、攻略基隆报告、荷西协定等。此外，还有村上直次郎翻译的“1650年台湾户口调查表”等。

第二卷，为《巴达维亚城日记》。这是研究荷据台湾史最基本的材料之一，原藏于战前的巴达维亚地方档案馆、荷兰海牙国立总档案馆，另有一册藏于德国Karlusruhe地方图书馆。从1887年开始至1931年，由巴达维亚和海牙分别整理出版1624～1682年的日记共计31册，村上直次郎便从中摘译了与台湾、日本相关的部分，分成三册编入《台湾史料杂纂》。1937年，在征得总督府同意后，村上又将其中的一、二两册于东京“日兰交通史料研究会”刊行，最后一册因各种原因直至村上辞世后的1975年才刊行于世。

第三卷，主要为1622～1624年荷兰人占领澎湖的档案翻译，包括雷约兹（Reijersen）日记、决议录和宋克（Sonck）的决议录、宋克呈巴达维亚城总督柯恩（Coen）的报告、来往信件等。这些荷兰文档案原载于1898年W.P.Groeneveldt所撰《在中国的荷兰人，第一部：1601～1624年间在中国求市之初次纷扰与澎湖的占据》之附录，由村上直次郎把它译成日文。[15]

村上直次郎对《台湾史料》的编纂，第一次将十七世纪荷兰、西班牙人与台湾相关的部分原始档案翻译成日文，以利于学术界利用，这是很重要的贡献。除此之外，村上还与他的学生原彻郎共同翻译了荷兰东印度公司在长崎的《出岛兰馆日志》三册，于1938年由东京市“文明协会”出版。虽然这只是荷兰人在日本的商馆记录，但与台湾亦有相当密切的关系。

在史料收集方面，日本学者的努力是多方面的。1930年2月～1932年5月，另一个日本学者岩生成一奉命到荷、英、意、西、葡等国及荷领东印度作“在外研究员”考察，岩生回国后即发表《荷兰国立文书馆所藏台湾关系史料》一文予以介绍。[16]与此同时，他开始找人抄录荷兰所藏的东印度公司相关档案，包括日记、决议录和其他资料。后来由于战争爆发经费不足，遂改为拍摄，由另一位教授移川子之藏到荷兰时请人代办[17]，每张冲洗放大成原件一半大小，共拍摄25000张原档。这项工作相当浩繁。当这部分档案陆续寄回台湾时日本已临近战败，因此无法运回日本，全部留在了台湾大学。[18]

日本学者对荷据台湾史资料的编译还应提到平山勋的工作。他将甘为霖（W. Campbell）1903年出版的《荷兰人占据下之台湾》所译的荷兰人传教史料、包括荷人牧师Gandidius所撰《台湾略述》，以及C.E.S.《被忽视的福摩萨》等重要资料都翻译成日文，收于他编辑的《台湾社会经济史全集》第8－14册和第17册中，于1933年起由“台湾经济史学会”出版。甘为霖是一位苏格兰籍传教士，从1871年起就在台湾南部传教直至1917年回英国。因此，他是清末至日据所有在台传教士中对荷据台湾史研究最有成就、贡献最大的一个。[19]1903年在伦敦出版他的著作《荷兰人占据下的台湾》，将西方出版的荷兰人传教档案等译成了英文，而平山勋则是将甘为霖的英文译本再转译成日文，虽属第二手翻译，但也可以看出日本学界为此所做的努力。

由此可见，日据时期日本学者对荷据台湾史资料的编纂工作主要在1930年代以后完成。在此之前虽然已经着手准备，开始培养人才并进行资料调查和收集，但重要的成果都在殖民统治的中后期完成。而这些档案资料的收集编纂，对于开展荷据台湾时期的研究是起到了重要的基础性作用。

二、培养人才与学术研究

曹永和把日据时期开展荷据台湾史研究分为台北帝国大学创立之前与创立之后两个时期，[20]可见台北帝国大学的创立是一个重要转折点。

台北帝国大学创立于1928年，这是日本在台湾殖民统治逐步深化的一个结果。创立之初，该大学设有文政学部和理农学部，其中文政学部分为文学科、史学科、哲学科和政学科。由于台湾正处于日本连接东南亚的重要战略位置，为了配合日本的南进政策，在台北帝国大学成立以后，即在文政学部史学科特设有南洋史学讲座，辅以土俗人种学讲座，以期加强对台湾、华南以及南洋地区的研究。这是台北帝国大学最具有特色的主要学科之一。首任台北帝国大学校长币原坦在任前就强调要在台湾开展学术研究的重要性。他在《台湾时报》上发表文章，从地形和地理位置出发阐述台湾的学术价值，进而宣称即将成立的台北帝国大学要扮演协助日本帝国推行南进政策的大学角色。[21]

台北帝国大学成立以后，南洋史学讲座教授即由村上直次郎担任。由于村上擅长以荷、西史料研究台湾史、南洋史、日本与南洋关系史、天主教史等领域，因此南洋史学科的设置成为培养学生、开展荷据台湾史研究的重要基地。村上直次郎在台北帝国大学前后八年（1928～1935），他所开设的课程除了史学概论、南洋史概说、南洋史讲读等之外，还有一些特殊的专题，如1935年就开设有“南洋史特殊讲义”专门讲授十七世纪台湾史。[22]与此同时，村上还特别重视对学生的外国语能力的培养。1932年进入台北帝大读书的中村孝志回忆说，当时读南洋史学的学生是很忙碌的：

> 要研究殖民地时代的东南亚史，至少必须要修习几种语言。我们在高等学校时就修了英语和德语，在文学部两年的法语是必修的，更进一步被要求修习西班牙语及荷兰语……因村上老师是欧洲语言学大师，学生在大学一年级的后半阶段开始利用午休的时间，接受课外的（例如像西班牙语）速成训练。到二年级时用这样的西班牙语开始讲读史籍。在此同时，学生被要求修习新的荷兰语课程。大体来年西班牙语和荷兰语交替作为主修，一般说来前者的学生以菲律宾、后者的学生以关于荷属东印度（印度尼西亚）关系的题目作为主修来写毕业论文。但是学生花时间在学习新的语言，好不容易三年中才写出像样的论文。南洋史的学生花费四年乃至于五年的人，大概约占一半。[23]

1935年11月村上直次郎回日本以后，南洋史学讲座教授一职由岩生成一接任。岩生毕业于东京帝国大学，亦擅长以荷、西资料研究东南亚史，尤其是十七世纪日本人向南洋的移民与发展的历史。1928年台北帝国大学创立后，岩生于次年被聘为南洋史学讲座助教授，随后于1930年2月受公费派遣赴欧洲和荷领东印度研究考察。1932年5月返回台湾后，即请人从荷兰海牙国立总档案馆开始抄录东印度公司的相关殖民地档案，后来改为拍摄，因此这项重要成果也是在台北帝大期间完成的。岩生成一于1936年升任教授，正式担任南洋史学讲座教授的职务。与此同时，史学科还聘请以南洋史尤其是菲律宾历史研究为专长的箭内健次生担任讲师，1938年改聘为助教授。[24]

台北帝国大学设立期间，南洋史学讲座共培养了13名学生，这在史学科的三个专攻讲座中是学生数最多的。[25]这些学生在村上、岩生、箭内的指导下，共有4名学生选择了十七世纪台湾史研究作为毕业论文，其中就有后来很著名的中村孝志，他的论文题目是《有关西、荷两国人在台湾的教化事业》。另外有两名学生的毕业论文研究郑成功，一名研究十七世纪与台湾有关的南洋贸易。[26]

台北帝国大学不仅是人才培养的基地，同时也是开展学术研究的重要机构。在日本据台初期，有关荷据台湾史研究的成果不多，就日本学者而言，主要就是前面提到的伊能嘉矩《荷兰时代的理蕃》、《台湾蕃政志》、《在台湾的西班牙人》，以及村上直次郎《台湾新港社文书》等。台北帝国大学成立后，一方面史料编纂工作迅速进展，另一方面直接利用荷、西档案从事研究的成果也明显增多，除了老师之外，他们培养的学生也参加进来，其中最有代表性的是村上直次郎、岩生成一和中村孝志三人。

村上直次郎的研究成果主要集中在1930年以后，一方面是为了上课的需要，包括在台北帝大“历史读书会”等场合的演讲报告；另一方面是台北帝国大学对讲座教授的学术要求。这些成果都是他在长期史料调查过程中经过研究积累下来的，包括《热兰遮城筑城史话》、《荷兰人的番社教化》、《台湾番语文书》（以上发表于1930年）、《基隆的红毛城址》（1931年）、《荷兰人占据台湾的目的》（1932年）、《澎湖岛上的荷兰人》（1933年）、《西班牙人占领台湾》（1934年）、《郑氏以前的台湾》（1935年），[27]可以说，村上的研究特色主要是从通史的角度，把荷据台湾38年间的主要事件或基本线索予以发表出来。

岩生成一在台北帝大南洋史学讲座的时间最久，直至台湾光复以后还被台湾大学短暂留用至1946年底回国，1961年在东京大学文学部退休。[28]岩生以研究十七世纪南洋的日本町和日本移民而闻名，他对荷据台湾时期的历史也有很深研究，主要体现在专题方面，具体有《荷兰国立文书馆所藏台湾关系史料》（1932年）、《三百年前台湾砂糖与茶对波斯的输出》（1932年）、《明末侨寓日本支那人甲必丹李旦考》（1936年）、《在台湾的初期日本移民》（1942年）。其中《明末侨寓日本支那人甲必丹李旦考》一文，将十七世纪活跃于日本、中国广大海域的李旦事迹作了详细考察，同时涉及郑芝龙的活动，并对李旦和颜思齐是否同属一人提出了问题。这篇论文后来被学术界广为引用。[29]

中村孝志是村上、岩生的学生。他1910年出生于恒春的垦丁附近，后来迁居新竹、台北，从小在台湾生活。1935年从台北帝大毕业以后，留在文政学部任助教，1939年8月起转东京任满铁东亚经济调查局调查员，战后主要在日本天理大学任教。[30]中村孝志有关荷据台湾史的论著甚多，至1945年以前，发表的论文有《西班牙人占据台湾及其布教事业》（1936年）、《荷人时代番社户口表（一、二、三）》（1936～1938年）、《荷兰时代台湾的地震》（1937年）、《荷领时代之台湾农业及其奖励》（1937年）、《关于沈有容谕退红毛番碑》（1939年）、《巴达维亚地方文献馆及其资料》（1942年）、《关于东印度的欧文文献书目》（1943年）等。[31]这些成果大都是专题性的，而且主要在台北帝国大学期间完成。

除了以上这三个主要学者的成果之外，还有其他一些知名学者也发表了若干论文，如币原坦、移川子之藏等，于此不再细述。[32]

由此可见，台北帝国大学成立以后，日本学者对荷据台湾史研究显然出现了重大进展。但是从发表的时间看，主要是在1930年以后，尤其是1930～1937年这一段时间最为突出，这与史料编纂取得重大进展的时间点相吻合。如前面已列出的21篇主要成果中，在1930～1937年发表的就有16篇，占总数76%强，而在1937年以后发表的却只有5篇，究其原因显然与战争的影响有密切关系。

三、研究特色与影响

通过以上两节，我们可以了解日本据台期间学术界开展荷据台湾史研究的时代背景、史料编纂、学生培养和研究成果等方面，以下再就该时期日本学者的研究特色及其对后世的影响等内容做进一步分析。

从学术发展史的角度看，日据时期开展荷据台湾史研究是在殖民统治的背景下展开的，因此，它的产生和发展与日本据台50年的整个过程息息相关。在日本据台初期，有关台湾史料包括荷据台湾的史料调查就已经提到日程上来，这时村上直次郎发现“新港社文书”、伊能嘉矩研究荷、西对少数民族的教化等都是在此背景下展开的。另一方面，日本政府在这个阶段也很重视对专门人才的培养，如派遣村上直次郎、岩生成一等多次到欧洲、荷领东印度留学或作学术考察，以期提升学术水平，了解和掌握欧文史料的收藏情况，这些对后来研究工作的全面展开打下了重要基础。

1920年代以后，日本在台湾的殖民统治已趋稳固，[33]此时台湾总督府决定成立史料编纂委员会，1928年又创立了台北帝国大学，史料编纂与教书育人几乎同时展开。特别是台北帝国大学的创立，它是按照日本《大学令》的精神实施的，“大学之目的，是教授并研究国家需要之学术理论及应用，并兼顾人格之陶冶与国家思想之涵养”，[34]因此为了配合其南进政策，新创立的台北帝国大学在史学科特别开设南洋史学讲座，该大学从而成为研究荷据时期历史、编纂台湾史料最重要的人才基地。从1930年开始，在村上直次郎、岩生成一等人带领下，研究团队有所扩大，研究成果相继出现，史料编纂工作也取得了重大进展。

1937年以后，日本在台湾的殖民统治进入了最后八年。由于战争的影响，经济困难、社会环境的各个方面越来越不利于学术研究的开展，荷据台湾史研究也出现了显著下降，除了荷兰档案的收集拍摄仍在继续坚持之外，研究成果的发表数量已经大不如前了。

由此可见，考察日据时期的荷据台湾史研究，离不开对当时当地具体环境的分析，亦即必须把它放在整个殖民统治的大背景下进行考察，才能看出它的发生、发展以及阶段性演变的客观历程。这是需要首先把握的。

其次，从研究成果看，日据时期所取得的成果主要体现在两个方面：一是荷兰东印度公司与台湾相关档案的收集、整理、翻译、编纂，尤其是《巴达维亚城日记》的翻译出版，对于促进荷据台湾史研究作出了基础性的贡献。二是发表研究成果。如果对这些学术成果进行分类统计，我们便可以看出这时期日本学者的研究重点及其基本特色。先见下表：

1930～1945年日本三位主要学者发表荷据台湾史论文分类统计表

类　别	篇　数	备　注
通史性论述	5	包括：据台目的、过程、西班牙人、据台前的历史等
专题研究	7	包括：传教、农业、地震、贸易、移民、人物
史料介绍与公布	9	包括：文物史迹的考据介绍、档案资料的介绍公布

注：本表以村上直次郎、岩生成一、中村孝志1930～1945年发表的成果作为统计对象，以期从最主要的方面加以把握，其他不计。

从表上统计的情况看，这个时期发表最多的是史料介绍类的成果，包括中村孝志1936～1938年连续发表的三篇《荷人时代原住民番社户口表》，这对于发掘新史料推动研究显然具有重要意义，也是开创阶段必有的学术特色。另一类是属于通史性的论述，主要是村上直次郎的成果，包括荷兰人占据台湾的目的、热兰遮筑城史话、在澎湖的荷兰人、西班牙人占领台湾等。他作为荷据台湾史研究的开拓者和领军人物，于此时加强对基本线索的梳理和研究也有其必要性，这也是开创阶段的基本特色之一。再一类是专题性的，主要是岩生成一、中村孝志的研究成果，其内容包括荷兰人对原住民的教化、台湾的农业、地震、贸易、移民、相关人物事迹等。值得注意的是，荷、西对原住民的教化一直是日本学者关心的课题，从伊能嘉矩开始就一直有成果问世，这显然与提供殖民统治参考有关。另外，关于台湾的农业、贸易、地震、移民等问题也关乎殖民地的经营，有关人物包括移民的研究则侧重于与日本相关的部分，如郑芝龙、李旦以及台湾早期的日本移民等。正如中村孝志后来所言：“坦白说，日本对十六、十七世纪南洋历史的研究，是偏向荷兰东印度公司的经营，因为这段历史对日后资本主义的勃兴有很重要的意义。至于我的研究，也是从此出发来看荷据台湾的经营”。[35]重视荷兰东印度公司在台湾的经营在当时殖民统治的背景下具有现实的意义，这也决定了日据时期研究荷据台湾史所带有的某些时代特征。

当然，严肃学者的研究尽管在选题上具有时代性，但同时也开启了他不断前行的探索之路。战后中村孝志仍继续从事荷据台湾史研究成绩斐然，在学术界产生了重要影响。

其三，从学术的渊源和影响来说，日据时期日本学者开展对荷据台湾史的研究，在方法上是承继了西方近代史学的传统，尤其是十九世纪德国史学重实证研究的学风对村上直次郎、岩生成一、中村孝志等学者都有很深刻的影响。而村上直次郎的老师李斯（Ludwig Riess）于1898年出版《台湾岛史》一书，甘为霖（W. Campbell）牧师又于1903年出版了《荷兰人占据下之台湾》，在此之前还有一些西方人有关荷兰东印度公司的作品。这些外籍老师和传教士的著作不仅对日本学者早期开展研究具有裨益作用，[36]而且把日据时期的研究与西方人已有的成果直接联系了起来，形成前后关联的学术发展脉络。

日据时期对荷据台湾史研究的最大贡献是积累了档案、造就了专门人才。第二次世界大战以后，日本学者回到国内，但仍在继续从事已经开始的研究，其中最突出的就是中村孝志。他从1947年开始又不断发表新的研究成果，尤其是1950年代至1960年代前半期发表的成果最多，使之成为日本学界研究荷据台湾史的翘楚。如有关荷据时期台湾的鹿皮出产贸易、南部鲻渔业、探金活动、各种赋税，以及荷兰人对原住民的统治、地方集会制度、番社户口表等，经常被人引用或翻译成中文出版。[37]中村孝志还将他的老师村上直次郎译注的《巴达维亚城日记》进行了详细校注，增加未刊的新资料和附录索引等内容，分成三册于1970－1975年在东京平凡社出版。[38]其中前两册是在1937年版本的基础上增加了校注，第三册则是未刊本，除了增加校注之外，还在附录部分新增了不少未刊资料，使这套《巴达维亚城日记》涵盖了荷兰人占据台湾，以至被郑成功驱除以后又卷土重来的全过程，对不懂荷兰文的学者了解研究这段历史提供了十分有益的帮助。

日本学者开启的荷据台湾史研究，是在西方学者的影响下结合当时日本注重台湾研究的背景而形成的。这是一门被称作“冷门”的学问，由于语言要求高，研究难度大，因此能够直接利用荷文资料开展研究的学者并不多。然而由于日本学者的努力，积累资料并以师傅带徒弟的方式用心培养人才（如岩生成一对曹永和的培养[39]），使得原本不容易被认识的这段历史越来越清晰，相关专门人才的造就也逐渐有了进展。如今，台湾史研究已经在两岸学术界受到普遍重视，但是如果回顾日据时期的荷据台湾史研究，它对后来学术发展的影响恐怕就不是当年所能预料的。从这个意义上讲，我们对日据时期的荷据台湾史研究既要重视对当时的殖民地背景以及研究状况的分析，又不可忽视它在学术史上的影响。

（作者单位：中国闽台缘博物馆）

注 释：

[1] 曹永和:《台湾荷据时代研究的回顾与展望》，载氏著《台湾早期历史研究续集》，联经出版事业公司，2000 年。

[2] 吴文星:《日本据台前对台湾的调查与研究》，载《第一届台湾本土文化学术研讨会论文集》，1995 年；《日治初期日人对台湾史研究之展开》，载《中华民国史专题第四届研讨会论文集》，1998 年。

[3] 叶碧苓：《村上直次郎的台湾史研究》，载《“国史馆”学术集刊》第十七期，2008 年。

[4] 请阅吴文星:《日本据台前对台湾的调查与研究》，载《第一届台湾本土文化学术研讨会论文集》，1995 年。

[5] 吴文星:《东京帝国大学与台湾“学术探检”之展开》，载《台湾史研究一百年回顾与研究》，黄富三、古伟瀛、蔡采秀主编，“中央研究院”台湾史研究所筹备处，1997年。

[6] 参见上引文。

[7] 吴文星:《东京帝国大学与台湾“学术探检”之展开》，载《台湾史研究一百年回顾与研究》，黄富三、古伟瀛、蔡采秀主编，“中央研究院”台湾史研究所筹备处，1997年。

[8] 伊能嘉矩：《台湾文化志》（中译本）上卷，第16页，台湾省文献委员会译编，1985年11月。

[9] 参阅曹永和《台湾荷据时代研究的回顾与展望》，载氏著《台湾早期历史研究续集》，联经出版事业公司，2000年；伊能嘉矩《台湾文化志》（中译本）上卷，第21页。

[10] 叶碧苓：《村上直次郎的台湾史研究》，载《“国史馆”学术集刊》第十七期，2008年。

[11] 村上直次郎：《台湾新港社文书》，《史学杂志》8：7，1897年7月。

[12] 中村孝志为村上直次郎译注《バクヴィア城日志》（校注本）写的“跋”，见《バクヴィア城日志》（校注本）第三册，第435页，东京：平凡社，1975年。

[13] 参见许雪姬总策划《台湾历史辞典》“村上直次郎”条目，钟淑敏撰，第396页，台北市：文建会等，2004年；以及叶碧苓上引文。

[14] 井出季太和：《台湾治绩志》。引自叶碧苓《村上直次郎的台湾史研究》，载《“国史馆”学术集刊》第十七期。

[15] 以上参见曹永和《台湾荷据时代研究的回顾与展望》，载氏著《台湾早期历史研究续集》，联经出版事业公司，2000年；叶碧苓：《村上直次郎的台湾史研究》，载《“国史馆”学术集刊》第十七期，2008年；岩生成一《东洋文库版にあたつて》，载《バクヴィア城日志》（校注本）第一册，第9～12页，东京：平凡社，1970年。

[16] 岩生成一：《和兰国立文书馆所藏台湾关系史料に就いて》，载《南方土俗》2：1，1932年12月。

[17] 此时移川子之藏发表《和兰の台湾关系古文书》一文，载《爱书》第十辑，1938年4月。

[18] 参见王家凤《被遗忘的年代》，载《光华杂志》1989年11月；曹永和《台湾荷据时代研究的回顾与展望》，载氏著《台湾早期历史研究续集》，联经出版事业公司，2000年；《第四十次台湾研究研讨会记录》（江树生报告荷据时代台湾史研究），载《台湾风物》，35：4，1985年12月。

[19] 见曹永和《台湾荷据时代研究的回顾与展望》，载氏著《台湾早期历史研究续集》第314页，联经出版事业公司，2000年

[20] 曹永和：《台湾荷据时代研究的回顾与展望》，载氏著《台湾早期历史研究续集》第318页，联经出版事业公司，2000年

[21] 币原坦：《台湾の学术的价值》，载《台湾时报》第53号，1923年12月。参见叶碧苓《村上直次郎的台湾史研究》，载《“国史馆”学术集刊》第十七期，2008年。

[22] 参见叶碧苓《村上直次郎的台湾史研究》，载《“国史馆”学术集刊》第十七期，2008年。

[23] 中村孝志撰、陈俐甫译：《台北帝大的日子》，载《台北帝国大学研究通讯》创刊号，1996年4月。

[24] 参见陈伟智《文政学部——史学科简介》附表一，载《台北帝国大学研究通讯》创刊号，1996年4月。

[25] 这三个专攻讲座是东洋史学、国史学和南洋史学，详情参阅陈伟智《文政学部——史学科简介》，载《台北帝国大学研究通讯》创刊号，1996年4月。

[26] 参见陈伟智《文政学部——史学科简介》附表三，载《台北帝国大学研究通讯》创刊号，1996年4月。

[27] 这些论文的发表情况不一一详注，请参阅叶碧苓《村上直次郎的台湾史研究》所列“村上直次郎与台湾有关之研究、译著一览表”，载《“国史馆”学术集刊》第十七期，第24～25页，2008年。

[28] 参见许雪姬总策划《台湾历史辞典》“岩生成一”条目，钟淑敏撰，第445～446页，台北市：文建会等，2004年。

[29] 参见曹永和《台湾荷据时代研究的回顾与展望》，载氏著《台湾早期历史研究续集》，联经出版事业

公司，2000 年。

[30] 关于中村孝志的生平，曹永和为中村孝志《荷兰时代台湾史研究》（中译本）上卷写了一篇《序》，作了介绍（稻乡出版社，1997 年 12 月）。又，1994 年 6 月《台湾风物》44：2 发表一组回忆中村孝志的文章，亦可资参考。

[31] 这些论文的发表情况不一一详注，请参阅许贤瑶《中村孝志教授著作目录》，载《台湾风物》44:2，第 181 ～ 190 页，1994 年 6 月。

[32] 参见曹永和《台湾荷据时代研究的回顾与展望》，载氏著《台湾早期历史研究续集》，联经出版事业公司，2000 年。

[33] 参阅陈小冲《日本殖民统治台湾五十年史》，北京：社会科学文献出版社，2005 年 9 月。

[34] 1918 年，日本敕令第 388 号《大学令》第一条，引自叶碧苓《村上直次郎的台湾史研究》，载《“国史馆”学术集刊》第十七期，2008 年。

[35] 陈淑美：《冷门学见真热情——中村孝志》，载《光华杂志》，1990 年 7 月。

[36] 中村孝志回忆说，他在写毕业论文的时候，就曾经得益于 W.Campbell《荷兰人占据下之台湾》所载的已译成英文的荷兰档案，使他能够仅用三年就从南洋史学毕业。请参阅中村孝志撰、陈俐甫译《台北帝大的日子》，载《台北帝国大学研究通讯》创刊号，1996 年 4 月。

[37] 最新的成果，由吴密察、翁佳音、许贤瑶编辑出版中村孝志的专集。见中村孝志著《荷兰时代台湾史研究》上、下卷，稻乡出版社，1997、2002 年。

[38] 村上直次郎译注、中村孝志校注《バクヴィア城日志》第一、二、三册，东京：平凡社，1970 ～ 1975 年。

[39] 参见《第四十次台湾研究研讨会记录》曹永和的发言，载《台湾风物》，35：4，第 108 ～ 109 页，1985 年 12 月。

日据台湾、大连时期电影业研究

李 倩

电影是一种综合艺术，它用强烈灯光把摄影的形象连续放映在银幕上，观众看起来有如真实活动的形象，因此它在1895年的法国一诞生，1896年首次在中国上海放映，就受到人们的喜爱，影响至深。考察1895年日本割占台湾后和1905年日本转租旅大后两地的电影状况，并进行一些比较，对了解日本文化侵略的本质，尤其日本统治当局如何利用电影、控制影业为侵略政策服务很有价值。鉴于资料限制，所未及之处，敬祈惠正。

一

19世纪末，日本通过甲午战争打败昏聩的清政府。1895年4月17日，日本迫使清政府签订《马关条约》，割占台湾等地，台湾遂沦为日本的殖民地。从此至1945年日本投降，日本殖民者在台湾实行政治统治、经济掠夺的同时，从文化上奴化台湾同胞，包括利用民众喜闻乐见的电影，宣传“侵略有理”、“统治有功”的谬论。

20世纪初，日本在台湾放映在其国内拍摄的新闻短片和拍摄歌颂日本占据统治台湾“功德”的新闻纪录片。然而在日本统治时期，电影并不是为台湾同胞服务的。前者是给在台的日本人观看的，以安抚日本人；后者是拿回日本给国会议员观看的，目的是寻求增加经费预算。

直到1905年，日本挑起甲辰日俄战争并打败俄国后，日本巡回放映电影的老板高松丰次郎才将日俄战争的时事片拿到台湾四处放映。为了有个固定的放映电影的地方，高松将日本人在台北兴建的“朝日座剧场”，改造为兼放电影的戏院。1907年，高松又在台北西门町建起专为日本人放电影的“芳乃馆”（后来的“美都戏院”）。

伴随台北电影放映范围的扩大，出现了电影公司。1915年，“芳乃馆”与“日本活动写真株式会社”（略语“日活”）洽谈；其后建立的“世界馆”则与“天然色活动写真株式会社”（略语“天活”）洽商，均获得其公司电影在台湾的放映权。其放映方式为有严格监视的“巡回式”。直到20世纪20年代，“台湾总督府才确立在全岛的放映之权”。[1]

台湾不仅放映电影，还拍摄电影。1921年开始，台湾总督府一面筹建摄影机构，一面拍摄一部最早的卫生宣传片《预防霍乱》。1923年春，日本皇太子裕仁到台湾，台湾教育会电影班户田清三主持摄制成《裕仁在台活动》的新闻片。随之，《台湾日日新报》附设电影部拍摄了一部宣扬日本侵略台湾产业的故事片《看牛片》（后易名《老天无情》）。该片在台北“永乐座”（永乐戏院）首映，未达到预期效果。

此间，台湾电影未能发达起来，一是受日本资本主义经济危机影响；二是台湾总督府无法投入充足的资金；三是台湾缺乏电影编导、演员和摄影、美术、音乐等技术人才，所以在相当长的时间放弃了拍摄故事片，仅拍些新闻片。然而日本电影公司却乘虚而入，到台湾拍摄故事片，如《大佛的瞳孔》。1927年“日活”公司到台湾拍摄故事片《灭亡路上的民族》（公映时易名《阿里山侠儿》）。前一影片荒诞不经，后一影片诋毁高山族人民。表明日本到台湾拍片目的既是出于猎奇，又是出于宣扬日本民族是优等民族，歧视贬低台湾同胞。因而20世纪20年代之前，在台湾放映的多为纪录片，少有的几部故事片未取得什么成效。日占台湾50年的电影业未引起历史学者的关注。[2]

1905年日本通过日俄签订的《朴茨茅斯和约》转租了大连，开始了40年的不是殖民地的又不亚于殖民地的殖民统治。日本统治大连的前20年，大连的电影成为东北最早的电影活动。首先拍摄电影的是美、俄两国摄影师在大连拍摄的日俄战争的纪录片，内容有1905年1月5日日本第三军攻打旅顺北部二龙山、东鸡冠山堡垒，第三师团司令长官乃木希典同俄关东防区司令斯特塞尔在水师营举行的签字仪式、1月14日日军在旅顺太阳沟举行的入城式等。[3]其次大连放映电影也是东北最早的，但最初皆为无声电影。1906年初[4]，日本冈山孤儿院为募集资金，特组团到大连“东京座”举办“慈善事业音乐电影放映会”，放映一些短纪录片。[5]表明电影传入大连。同年9月28日晚8时至11时在“东京座”放映了《日本相扑力士凯旋》、《西方某君主乘车出游》等短片。[6]1907年12月冈山孤儿院募金团再次到大连，于5～7日在“寿座”举行“慈善事业音乐电影放映会”，放映了《冈山孤儿院实况》、《当地贵妇人》、《天下第一魔术》、《登富士山》和《巴黎市街》等短纪录片。[7]同年10月5日，“大观茶园“租来美国人拍摄的短纪录片，开始面向社会放映。[8]以上放映影片，都是借用戏剧场或茶园，而第一家电影院则是日本的“南满铁道株式会社”（“满铁”）直属的电气游园（后专放电影，称电气馆，该馆曾先后改名为“小村公园”、“文化公园”、“鲁迅公园”，1966年改为动物园，[9]现已拆除，建起楼宇。）在1909年开始放映影片。此外，一些小剧场兼营电影放映，进而转为专业电影院的有“演艺馆”、“浪速馆”、“歌舞伎座”、“宝馆”、“花月馆”等。与大连同步的是旅顺的 “同庆茶园”、“黄金堂剧场”、“八岛座剧院”及“大正馆”、“旅顺茶园”等，均放映过短片或美国电影。金州在公学堂也放映过电影。表明大连地区电影业发展面较广。再次，大连地区从1914年开始放映有声电影。这年大连市“满铁电气馆”购入爱迪生发明的留声机式有声电影设备，于10月8日开始，每晚7时放映有声电影《辉子和书》。1928年6月，美国福克斯电影社携有声电影设备、影片到大连，在“南满铁道株式会社”的“协和会馆”内部放映电影。翌年“日活馆”、“常盘座”两影院均安装了有声电影设备，至此大连电影院进入有声电影时代。[10]进入30年代，日本人在大连建成“常盘座”、“帝国馆”、“朝日座”等8家影院，1945年增至10家。旅顺到1934年才有日本人经营的“昭和园”、“映乐馆”，开始放映有声影片。最后达到3家。1938年普兰店的王心存等开始经营“国泰电影院”。1939年金州的日本人所建“金州映画馆”，则以中国观众为对象。1943年瓦房店“满映馆”才开始放映电影，也是以中国观众为对象。以上大连各地区的电影均经营到1945年日本投降。值得注意的是有些影院之所以以中国观众为对象，完全是为了赢利。因为在大连市有日本籍人口达20.3万人，金州、瓦房店等地日本人较少，故而才面向中国人。大连地区的电影，同样未引起历史研究者关注。[11]还应注意的是20世纪30年代，日本的松竹、美国的福克斯和德、意、法、苏联开办的电影院发行机构已有18家。[12]

台湾和大连在放映无声电影时，往往配备一些解说员或同步对口形译员。日本称为朗诵台词的人为辩士，伴随电影传入台湾，辩士在银幕旁解说的方式也传入台湾。当20世纪30年代有了有声电影，日本辩士仍在发挥作用，这是因为日本进入台湾的电影都是日语对白。对此台湾同胞坚决抵制，而大陆的影片说国语，台胞又听不懂，因而出现了闽南语辩士。

日本统治大连时间较晚，所以设置解说员是在电影放映时影片片身断缺，出现画面和发声不同步的情况下加以说明。不像台湾的闽南语辩士坚持了许久。

从上述可见，无论是台湾，还是大连的电影业都由日本帝国主义所控制，台湾总督府开始强行放映日本语片，后又禁放国语和闽南语片。大连的主要电影院都在日本殖民当局控制下。所以中国人的电影事业无法得到发展。

二

随着电影业在台湾、大连的发展，一些组织逐渐建立起来。前面谈到台湾“芳乃馆”与“世界馆”分别同日本活动写真株式会社和天然色活动写真株式会社两个日本电影公司洽谈，两公司不仅取得其电影在台放映权，还开始插手拍片业务。

可喜的是1920年前后，台湾人民接受十月革命和五四运动的进步思想的影响，部分进步知识分子首先冲破日本殖民统治，于1920年组织起“启蒙会”、“新民会”，同时创办《台湾青年》。最具生命力的是1921年创立的“台湾文化协会”（“文协”）。在台北较有影响的医生蒋渭水为推动民主运动，出面与当时在全岛士绅和知识界颇具威望的林献堂磋商，于同年10月17日在台北创立抗日民族统一战线组织——“台湾文化协会”。协会章程开宗明义：以谋台湾文化向上为宗旨，即唤起汉民族的自觉，反对日本的民族压迫。[13]协会成立后，一是迅速调动其成员，积极利用受民众欢迎的电影进行宣传，二是不断从大陆引入电影放映；三是尝试拍摄电影；四是从事科学、革命思想的宣传。台湾引进大陆影片的代表人物是曾留学日本的南投县人张秀光。1923年，张秀光到大陆先投入军界，后加入电影界，进上海明星公司，学电影学和编导技术。3年后，张秀光携带《孤儿救祖记》、《探亲家》、《殖边外史》和《古井重波记》等4部影片返回台湾。这些影片虽然缺少积极因素，但它毕竟是中国自己拍摄的。放映大陆影片，有带抵制日本电影的积极意义。为扩大影业，张秀光筹建了“三光影片公司”。但是却遭到台湾总督府的百般刁难，又加缺乏财力，以及缺少编导、摄影技术人才而作罢。张秀光被迫再到上海专门从事向台湾输送大陆影片。

协会注重具有教育意义和科学技术含量影片的引进。1925年秋，蔡培火从东京购得一台美国制造的放映机和《丹麦之农耕》、《丹麦之合作事业》、《北极动物之生态》等纪录片。每当放映影片前后，协会都派专人做政治动员，唤起民众的觉悟，或宣传科学。也有时在影片放映前，演唱具有进步内容的歌曲，受到台胞欢迎。据《台湾民报》报导：一次在台南放映电影时，戏院内涌入2000多人观看。[14]此时在台湾各地放映的新片有的是从上海引进的，如《工人之妻》。也有从国外购买的，如《非洲探险记》、《无人岛探》、《北极的怪兽》和《试探爱情》、《母与子》等影片。在这些影片放映时，往往有台湾辩士作解说。一次放映《北极的怪兽》时，由林秋语担任辩士，正进行中竟被日本警察阻止。警察指责说在放映到西藏时，林将西藏称为“中国之属土，竟被英国……好像和政治演说一样”，要求“将说明顺调些”，否则“中止”放映。[15]足见日本多么惧怕正义宣传。1928年4月台湾共产党在上海成立。翌年台湾共产党纠正了协会的左倾路线，领导台湾人民进行抗日斗争，但对电影业的作用不甚明显。

大连处于日本监控下，首先在1917年至1920年，大连先后成立“中国翠华电影公司”、中日合资建起“大连电影株式会社”、“日华电光影戏合资公司”，既经营制片，又从事贩卖、出租影片。1922年在大连的“满铁”建起放映队，巡回放映影片，而且边放映，边通过电影广播宣传“侵略有理”。1929年5月31日，“大连中国新生活影片公司”成立，既从事影片租卖，又销售刊登世界和中国影讯、价格低廉的上海电影月报《银幕》，还直接经营影戏院，如大连的上海大戏院。1931年5月大连又成立起“中国琴书影片公司”，专营上海影片出租等业务。1932年至1936年的5年间，一些日本电影摄制部门在大连成立了“满洲电影摄制协会”、“小型电影联盟协会”、“满洲放映技术协会”以及“满洲影片分配（发行）协会”等。这些组织，控制了大连及附近城市的电影业。

当时，大连各影院既放映中国风景短片，如1921年开始上映《上海全景》、《杭州高潮》、《印度风光》、《欧美胜景》等，又上映梅兰芳的京剧《天女散花》、《春香闹学》等，还上映过卓别林的喜剧影片和战争片《空中战斗》。1926年还放映过胡蝶主演的《白蛇传》。1928年放映了一些思想混乱、艺术粗糙的反映小市民生活、爱情、伦理、道德方面的影片。如《孤儿救祖记》、《挂名夫妻》和《小情人》等；也有低级下流、不堪入目的调情表演，如《连还债》；还有据古典作品改编的影片《梁祝痛史》、《西厢记》、《卖油郎独占花魁女》等。此外，放映不少武侠片，如《两剑客》、《关东大侠》、《黑衣女侠》、《七剑十八侠》、《荒江女侠》等。

直到1934年以后，大连才放映许多由中国共产党领导拍摄的进步影片《都会的早晨》、《渔光曲》、《桃李劫》、《大路》以及《新女性》、《十字街头》、《女性的呐喊》等。当时的《泰东日报》发表了许多评论文章，[16]对提高大连观众的觉悟，增强对国家、民族的信念起了很大作用。其中 "为民生请命，为时代立言"的《渔光曲》放映时，引起轰动。《泰东日报》刊载了署名雁声的影评《一阕<渔光曲>唱出了一幅流离惨变的生活》，评价很高。[17]

当时，大连也上映一些美、日两国电影。但许多美国影片不是充满凶杀、盗窃、恐怖、暴力、灾难，就是离奇的色情故事片等。日本的影片遭到中国观众的冷落。从上述可见，台湾、大连电影事业发展很快，大连放映许多共产党领导拍摄的电影，但据现在所见资料，却看不出台湾共产党在台湾电影业发展方面起到的明显作用。

面对电影业的发展，台湾、大连的日本当局均加强了管理和审查。为了推行"皇民化"[18]，日本要改变台湾社会生活、风俗习惯、心理活动，为此除推行差别教育外，竭力推销日本影片，以便将日本的"国民精神"渗透到"岛民生活的每一个细节中去"，[19]而对进口影片严格审查。

外国影片在台湾发行的总量，到1926年占影片的60%，全是日本影片。其后3年日本影片竟占外国影片的70%，1929年超过80%。1931年日本挑起"九一八"事变后，日本影片逐渐下降，但到1935年仍占63%，而大陆影片一再被控制进入，1935年仅占6%。如此局面，都是台湾总督府对电影审查的结果。控制的办法，是1926年颁布"电影审查规则"，当外来影片到码头，由海关进行严格审查，再送警察局审查，凡是所谓"妨碍公共治安"或有伤"社会风俗之嫌"，一律剪除。1930年，大陆片被剪掉1252米，1931年大陆片与日本片虽仅为1：7.8，仍被剪去4600米，[20]致使影片支离破碎。1937年中国全面抗战开始后，台湾总督府惧怕台胞的反抗意识增强和举起义旗，更视大陆影片为洪水猛兽，将电影审查规则修改为"禁止大陆影片输入和上映"。如此，总督府仍如坐针毡，1941年以后，仍严格控制大陆影片入台。

台湾民众对日本影片采取抵制制度，其办法之一就是不进放映日本片的电影院；其次就是台湾片商不断向总督府要求放宽大陆影片进入。在无计可施时，1942年台湾当局才批准大陆摄制的《木兰从军》、《西游记》（动画片），两部带有弘扬民族气节的影片。为抵制进步电影，总督府改变策略，开始大量引入伪满洲国"满映"的影片，如爱情片《风潮》、鬼怪复仇片《冤魂复仇》、战斗片《黎明曙光》、警片《铁血慧心》，以上4片除《风潮》为中国人周晓波编导，中国人担任演员外，另3片皆为日本人编导、摄影，演员则以中国人为主，此外也放映大量"满洲映画协会"（"满映"）[21]的短片，如《雪的国界》、《新蒙古的沸腾》、《上海海军特别陆战队》等，其内容不是宣传"日满协和"，就是"大东亚"政策，再不就是为军国主义侵略战争辩护。

大连的电影业同样受到审查。20世纪的大连放映的电影多为日本片，其次是美国片，后来增加了"满映"片。30年代放映影片较多，仅1934年就有中外影片157部，美国的为81部，占总数的一半还多。其审查开始于1925年，由大连警察署保安系主审拟上映的影片。当年就禁止放映34卷、部分禁止放映的531卷，限制解说词的120卷、修改解说词的88卷。1934年伪满民政部实行电影统制法令，该法规定"关东州"及"满洲"附属地上映影片，也要由关东厅总务局保安科审查。1935年4月10日，"关东局"单独成立了"影片审查所"，设于大连警察署内。凡符合日本国策、国情的影片发给"许可证"才能上映，而违反日本国策、国情的影片，一禁映，二删剪。当年"影片审查所"删剪所谓具有"宣传共产主义思想"的5部、"反战"的1部、"违反国家利益"的4部、"有损皇军尊严”的7部、涉及“军事泄密”的3部、“引导犯罪”的35部、“危害家庭生活”的9部、“有伤风化”的80部、“有害教育”的36部、“有损民族精神”的3部、“奸情”的2部和其他方面的2部，计187部，另被禁映的3部（“有损皇家尊严”、“有害教育”和“反对战争思想”的各1部）。[22]1937年12月1日“影片审查所”易名为“关东厅影片审查所”，专事审查“关东州”内上映的影片。即使欧美影片也受到控制。1937年11月1日，日本当局实行影片统制分配以后，美国设于大连的影片公司、分社、办事处见无利可图先后撤走，一度出现美国影片在大连影院销声匿迹的局面。对宣传社会主义苏联的影片，当局以“防备北方的赤化”为名，严格限制引进、放映，1937年大连影院再也未放映苏联影片。反之，日本的反共轴心法西斯国家德国和意大利的影片则充斥了大连的电影院。[23]

台湾、大连的日本当局对中外电影的严格检查、删剪，一些稍有进步内容的影片被拒之门外；一些有某种倾向的场面遭到剪裁，观众看到的是些不连贯的故事。外国影片的减少，“引起喜欢西洋片的观众不满”。[24]而宣传日本帝国主义侵略战争的影片却都塞入影院，毒害民众。

三

日本霸占台湾和“租借”大连期间，统治者推行的都是殖民文化，以奴化中国人的思想意识，使之成为日本的“皇民”。为使电影成为巩固殖民统治、扩大侵略的工具，日本除拍摄一般纪录片、故事片外，加大力度拍摄宣扬日本“功德”片。

日本在台湾拍摄宣扬日本统治的“功德”片，较有代表性的是1934年6月12日，日本的驻台军部和总督府投资1.5万元邀“日映发声映画制作所”的导演、演员计11人到台摄制有声新闻纪录片。其内容涵盖统治、产业、教育、自然与居民、交通、通讯等。首先拍摄的是台湾总督中川健藏（1932年5月27日至1938年9月在任）和驻台湾军司令官松井石根中将2人在台湾的活动。随之拍摄了中日甲午战争时从辽东半岛金州城调至台湾的近卫师团长北白川宫能久（1948年被孝仁天皇收为养子）[25]中将登陆的三貂角地带。此外还拍摄了日本当局强制高山族迁入集中营的所谓“移民村”，日军侵占澎湖列岛马公要港部司令的致辞场面。日本为进一步巩固在台湾的统治，1936年开始还拍了一些故事片。同年3月27日，“日活”公司摄影队一行15人到台湾拍摄以制糖业为背景的三角恋爱片，核心意图是鼓吹日本人“开发”台湾南部。为了煽动台湾青年到大陆为日本卖命，殖民当局指令摄影队将反映台湾青年充当“军侠”的话剧《荣誉军夫》，改编成电影。

1941年12月太平洋战争爆发，日本利用电影大肆宣传首相东条英机的“大东亚共荣圈”，鼓吹建立以日本为核心的“东亚新秩序”。其颇具代表性的是总督府为宣传日本南进政策，出资与“日活”合作，于1942年拍摄了《海上的豪族》，影片导演、主演均为日本人，群众演员为高山族人。1943年日本“松竹大船摄影所”拍摄了描写高山族少女沙鸯在暴风雨中帮助出征的军人，而自己失足溺水的《沙鸯之钟》。《沙鸯之钟》片名来源是少女死后，台湾总督长谷川清（1940年11月27日至1944年12月在任）曾造一座刻有沙鸯名字的钟送给她的家乡作为纪念。该片真真假假，以达到感人、诱惑台湾青年为侵略军服务的企图。

日本在台湾的统治者不惜重金投资于电影，到1944年底，全台湾岛影剧院达159家。[26]经营的目的是散布侵略主张，奴化台胞（虽台胞看电影的人仅占3成，日本人占7成），为其侵略政策服务，充当战争炮灰。

日本当局引入大连的日本片或制作的影片，多为宣传侵略战争的影片。前面提及的1904年日俄两国在中国土地上厮杀时，美国记者摄制了《日俄战争》战地纪录片。虽然该片反映的是日俄两国争夺中国土地的战争，但是其中描述日军军威之处较多，日本侵略者感到扬眉吐气，因而很快在大连上映。1921年10月11日，大连上映了日本摄制的《乃木将军传》（出征卷），宣扬乃木希典携二子乃木圣典、乃木保典到大连地区与俄军作战，所表现出的“精忠报国”，效忠天皇的“神勇”。1931年“九·一八“事变爆发，日本大阪每日新闻社、朝日新闻社与“满铁”电影摄制所先后制作了战地片《九·一八事变真相》、《满蒙与日本》、《李顿卿调查团的动静》和《满洲建国的雄姿》，以及伪满洲国建国的一系列仪式等纪录片都在大连上映了。

1937年日本挑起卢沟桥事变，日本在扩大侵华战争中，朝日新闻社与“满铁”电影摄制所等分别派出十几个随军摄制组到北京、上海等战地摄影，拍摄的《北京》、《南京》、《圣战》、《武汉之战》等纪录片，也很快拿到大连放映。借以宣扬日本侵华的“辉煌战绩”。

1941年12月7日，日本袭击珍珠港，太平洋战争开始，日本摄制的新闻片很快带到大连上映。同期，带有军事侵略内容的影片，如《海军轰炸队》、《军国摇篮曲》、《后方的赤诚》、《梦中的钢盔》、《拂晓的陆战》、《向支那怒吼》和《五个侦察兵》等，无不是鼓吹战争，煽动民众参战，赞扬武士道精神，以为侵略战争服务的影片。大连还放映过日本东宝制片厂摄制的《夏威夷、马里亚近海海战》，以宣扬日本军人“海军大和魂精神”。1942年太平洋战争一周年时，大连还上映了宣传日本国策的影片《东方和平之路》，该片所宣扬的是中国人要靠日本，“安分守己就可以过和平的生活”。[27]这是更深层次的潜移默化的奴化中国人的说教。这种宣传与说教直到1945年日本投降为止。

在日本统治台湾50年、大连40年期间，日本在进行文化侵略期间，窃据电影事业大权——制作、放映、审查权，并利用电影肯定日本对外侵略“合理”，颂扬日军“神勇”；对中国人采取歧视、污蔑之能事，企图使中国人“皇民化”，成为忠于“日本帝国”，效忠“日本天皇”的奴仆。在日本影业发迹于台湾、大连之时，也受到两地中国人的不同形式的抵制、反抗乃至斗争。在日本当局的高压下，尽管这种斗争是十分有限的，可广大民众不断有所觉悟，也不同程度地打击了日本统治势力。

（作者单位：吉林省社会科学院历史研究所）

注 释：

[1] 参见陈飞宝编著：《台湾电影史话》，中国电影出版社 1988 年版，第 2 页。

[2] 有关台湾历史的综合著述，如连横所著《台湾通史》（上、下册），商务印书馆 1983 年版，陈孔立主编之《台湾历史纲要》，九洲图书出版社 1996 年版，以及王向远著《日本对中国的文化侵略》，昆仑出版社 2005 年版等，均未涉及电影业。

[3] 参见近藤伊与吉的《满洲电影成长经历》，载《艺文》康德九年（1942 年）八月号和《满洲国电影政策及其进化史》，载《弘宣》半月刊第 31 号。

[4] 据大连市电影发行放映公司改编《电影志》载《建国前大连电影业志略》，《大连文化艺术史料》第四辑第 81 页，但近藤伊与吉在《满洲电影成长经历》中却说为 1902 年，见胡昶、古泉：《满映——国策电影面面观》，中华书局 1990 年版，第 2 页。此说欠妥，因为 1902 年旅大尚为俄国所据，而且当时还未爆发日俄战争。

[5] 李振远主编：《大连市志·文化志》，大连出版社 2003 年版，第 231 页。

[6] 《建国前大连电影业志略》，《大连文化艺术史料》第四辑，第 81 页。

[7]《建国前大连电影业志略》,《大连文化艺术史料》第四辑，第 81 页。

[8] 李振远主编：《大连市志·文化志》，大连出版社 2003 年版，第 231 页。

[9] 于植元、黄志正主编：《简明大连辞典》，大连出版社 1995 年版，第 822 页。

[10]《建国前大连电影业志略》,《大连文化艺术史料》第四辑，第 84 页。

[11] 历史学者对 19 世纪末至 20 世纪 40 年代以前大连地区的电影研究异常薄弱。1991、1999 年辽宁人民出版社分别出版的顾明义等主编之《日本侵占旅大四十年史》、《大连近百年史》（上、下）、2008 年社会科学文献出版社出版的郭铁桩、关捷主编的《日本殖民统治大连四十年史》（上、下），均记述了殖民教育、文化侵略，电影业的状况阙如。

[12] 李振远：《大连文化解读》，大连出版社 2008 年版，第 172 页。

[13] 蔡培火等：《台湾民族运动史》，台湾学海出版社 1979 年版，第 317 页。

[14]《台湾民报》1926 年 4 月 25 日。

[15]《新民报》（台湾）1926 年 11 月 21 日。

[16]《泰东日报》1934 年 6 月 26 日、1935 年 4 月 28 日。

[17] 古雅静：《老大连文化剪影》,《大连文化艺术》2009 年第一期。

[18] 1936 年 9 月 2 日任台湾总督的小林跻造提出“皇民化、工业化、南进基地化”的口号，作为统治台湾的三原则。见黄昭堂：《台湾总督府》，台湾前卫出版社 1994 年版，第 170 页。而陈飞宝在《台湾电影史话》中则认为“三原则”是 1937 年 9 月近卫（文麿）内阁在《国民精神总动员计划》中提出的。见该书第 26 页。

[19] 陈碧笙：《台湾地方史》，中国社会科学出版社 1982 年版，第 277 页。

[20] 陈飞宝：《台湾电影史话》，中国电影出版社 1988 年 12 月版，第 23 页。

[21] 解学诗：《伪满洲国史新编》，人民出版社 2008 年版，第 610~611 页。

[22]《建国前大连电影业志略》,《大连文化艺术史料》第四辑，第 96 页。

[23] 参见 1937 年《满洲年鉴》。

[24] 参见 1937 年《满洲年鉴》。

[25] 北白川宫能久(1847~1895),1895 年 5 月 29 日登陆台湾三貂角，随之先后攻陷基隆、台北、新竹、板桥、新埔等地，一路边作战，边惨杀无辜，仅在新埔即杀平民 260 余人。同年 10 月攻打台南，行军时北白川宫能久触瘴毒病倒，11 月 4 日授大将，11 月 5 日，返东京毙命。见关捷等主编：《中日关系全史》（上），辽海出版社 1999 年版，第 30 页。

[26] 台湾总督府编：《台湾统治概要》，原书房 1979 年版，第 68 页。

[27]《大连文化艺术史料》第四辑，大连市艺术研究所 1988 年（内部）版，第 94 页。

“族”与“国”：李春生与清末民初的台湾

陈建樾

清末民初，对于近代中国不啻为一个大时代开启的转折点。在历史性大变动的时段，中国自古以来的族国观念遭逢到有史以来最大的一次冲撞，这种冲撞深及社会底层的震撼力，不仅是疆域上的割地、经济上的赔款，也是思想上的对峙与观念上的撕裂。在这样的背景下，几乎所有的大政争与大论战都不得不围绕着“族”与“国”这两个概念展开，对这两个的不同阐释和由此而来的政治行动为后世的发展与演进打下了深深的铺垫，以至于每每提及当代中国的时候都不得不以这样或那样的方式回望。这种回望，即便在身处大陆边缘的台湾，也是如此。

一、从洋务救国到媚日求荣：折射清末民初台湾历史光影的李春生

李春生，清道光十七年（1838年）1月12日生于福建厦门，其父李德声以替人渡船为业，家境清贫。1843年中英《南京条约》和《五口通商章程》订立后，厦门开埠，1844年《中美望厦条约》后英国基督教长老教会入华传教，就在1844这一年，李春生随父在基督教长老教会受洗入教，并与传教士耳濡目染习得一口流利的英语。咸丰五年（1857那年），李春生先后游历上海、香港、宁波、福州、潮州和台湾的打狗、台南，两年后进入厦门英商怡记洋行（Elles & Co.）出任掌柜；咸丰8年（1861年）在厦门创设四达商行，后因太平军入闽而陷入困顿直至倒闭，战争给李春生第一次带来了深刻的印记。1864年春，太平天国侍王李世贤率太平军经皖浙赣边境长驱入闽，同年10月攻入漳州城；天京陷落后，太平军以漳州为中心在华南盘桓多达两年之久，直至1865年8月23日李世贤被部将汪海洋刺杀，这时候李春生年仅23岁。1865年，27岁的李春生经怡记洋行老板介绍，渡海赴台担任宝顺洋行总办[1]。清同治八年（1869年），李春生以两船21万斤的“台湾茶”销往纽约，大获好评，李春生由此成为台湾茶叶巨头。同治三年，马偕到台湾淡水宣教与宝顺洋行老板约翰·杜特相识，李春生也由此结识马偕。

1874年2月，日本通过《台湾番地处分要略》并设立台湾事务局，陆军中将西乡从道遂组织3000人的“台湾生番探险队”在4月率舰队在琅峤登陆台湾，5月借琉球人被杀挑起牡丹社事件。在牡丹社事件前后，李春生在香港《中外新报》上先后发表《台事》七篇，李春生也由此介入政事。

对于牡丹社事件（1875年）前的台湾，清政府的治台方针可归纳为“以防台而治台”；牡丹社事件后，由于意识到“乱自外至”，清政府迅即把治台方略调整为“以防外患而治台”，并积极在台湾岛内推行以洋务为核心的台湾经营战略；也就是在这一年，李春生开始出任清政府洋药厘金总局监察委员兼台湾茶叶顾问；1878年，李春生和板桥林本源家族的林维源被台北县知府陈星聚任命为台北城建筑委员，李春生的李家由此与板桥林家成为台北两大首富望族。担任台湾钦差的沈葆桢早在江西巡抚任内的1865年就认识到“查外洋之轮捷于中国之邮递，一切公事，已形掣肘，若再听其设立电线，则千里之遥，询息可通，更难保不于新闻纸中造谣言，以骇视听”；[2]时任江苏总督的洋务运动领军人物李鸿章也说“铜线铁路断不可不行于中国”[3]职是之故，沈葆桢赴台后立即呈请清廷在台敷设电线，在建设和经费上规定“因办理台湾紧要事件，是以自福州至闽江口设立电线，专为往来便捷，均由中国官为经理，一切费用亦由中国官发给”；丁日昌出任台湾巡抚后通过考察认识到“……台湾系属海外，与内地情形迥然不同”，铁路为“将来之所不能不设”。[4]据丁

日昌的筹划，“从前山极北之鸡笼起，至极南之恒春止，计程约在千里”的纵贯铁路，建设经费至少需要二百万两，但清政府“由指定的关口洋税中提拨四成中的四分之一，以及指定省份厘金的二分之一，交由丁日昌兑收”的关税提成也不过每年40余万两，[5]经费短缺严重难以为继，丁日昌曾经试图拜请李鸿章向外国银行贷款补贴经费不足，但最终因利息过高而作罢。1887年刘铭传在台湾建省后奏请清政府批准以官督商办的洋务模式在台湾修建铁路：“分省伊始，极宜讲求生聚以广招徕，现在贸易未开，内山货物难以出运，非造铁路不足以繁商务，鼓舞新机……若能就基隆开修车路以达台南，可以使全台商务繁兴”。[6]

在“商股观望不前”的情况下，台北板桥林家和李春生的大稻埕李家积极参与因而颇得刘铭传的青睐和嘉许，李春生因此在1889年担任台湾铁道敷设委员，并因协助筹划有功得叙五品同知。而在此之前，刘铭传为在台推行洋务之初，李春生还在1885年出任台北府土地丈量委员。丈量土地在今日并不是多大的事情，但在推行洋务之初的台湾却有“以台湾土地之财供台湾本地之用”、保障地方财政平衡，兼及改变土地权属制度、加速台湾土地近代化的一系列功用。[7]

在筹办洋务的同时，李春生还利用自己半官半商的特殊身份为台湾涉外商务纠纷的排解穿针引线并提供意见。根据台湾“中研院”近史所的统计，台湾洋务运动期间中外商务交涉案件中，对英事件占到总数的90%，宝顺、德记、怡记三家洋行交涉案又占去整个商务交涉案件一半以上，而宝顺和怡记又都是李春生曾经供职过的英商洋行；[8]李春生在这些居间工作在华洋之间颇具信望，因而有“番势李仔春”的称号，这些都为李家在台湾洋务运动中快速成长为与板桥林家比肩的台湾首富奠定了坚实的政商基础与人脉关系。1890年，李春生与林维源创设蚕桑局并任副总办，但遭刘铭传以“擅离章程”为由革职，[9]李春生由此被清廷排挤出台湾政界。

1895年中日《马关条约》签订，日军遂派遣军队登台实施殖民统治。6月，李春生与辜显荣应“众人之托”手持白旗请日军进入台北城“维持秩序”；同年8月，向台湾总督府申请在台湾各地建立保良局以保护“良民”，亲任总局长。1896年，李春生获得台湾总督府颁授的“单日旭日章”，叙勋六等；同年随台湾总督桦山资纪赴日考察，其孙随行并在日留学，“此为台人留日之嚆矢”。1897年，李春生在台湾创设“维新公会”并亲任会长，获颁台湾总督府“台湾绅士”奖章；1898年，出任台湾总督府“蕃情研究会”调查委员；1899年，出任“日本赤十字社”台北支部商议员、“大日本武德会”台北县地方委员。1901年，担任台北大桥大稻埕长老教会长老、台湾旧惯调查会事务；1902年，进入日本在台湾殖民知府，担任台北厅参事，获日本赤十字社感谢状；1906年，出任“大日本武德会”特别会员、“帝国义勇舰队”建设台湾地方委员并获颁功章；1907年，获颁“帝国义勇舰队”三等功劳章；1913年，为日本天皇生日和祝贺日本军警“讨伐山蕃成功”先后捐款；1923年，获日本裕仁天皇太子颁赐勋五等；1924年李春生去世，与其惺惺相惜的辜显荣专门撰写《李春生先生吊文》以为缅怀。

李春生一生经历了台湾历史上最为重大的历史变革时期，从变法求富到赞襄洋务、从保台爱国到弃地遗民、从保教纳降到骥附东游、从在野输捐到登堂入室，李春生的一生折射出清季台湾历史大动荡、大论战和大变动中的迷离光影。

这些迷离多变的光影色彩一直到当下的台湾还在间或闪现：1992年，台大历史系教授黄俊杰在台北一个扶轮社社区做演讲时针对坊间所见的李春生著作进行评论后，恰遇李春生的曾孙李超然，李春生的其他著作才得以面世；1993年2月，吴文星在“近代中国历史人物学术研讨会”上发表专论李春生的论文；3月，黄俊杰、李明辉、古伟瀛等五人在台湾“中国文哲研究所”召开由台湾基督教长老教会资助的“李春生思想研讨会”；1995年，李明辉主编的《李春生的思想与时代》交由正中书局出版；1997年，李黄膑出版《台湾第一思想家李春生》；2002年，陈俊宏出版《李春生的思想与日本观感》；2004年，五卷本的《李春生著作集》在台出版，《台湾文学评论》也特别推出“李春生专辑”。也就是在这样的一个“历史重建与再现”过程当中，借由独派学者的大力宣扬，李春生在死去整整七十年之后，终于在台湾幽然复活并被尊为“台湾第一思想家”。

二、从族与国的争议到国与族的整合：李春生思想嬗变的时代大背景

尽管孟子曾指出“诸侯之宝三：土地、人民、政事”，[10]但这个与近代西方民族国家观念极其近似的国家观念并没有改变中国古代的国家观。根据王尔敏的研究，“以‘中国’表一定地域者，古籍文字所载，实早在周初，阅《尚书·梓材》：‘皇天既付中国民，越厥疆土，于先王’。其意义范围，甚为明显。以中国表同一血缘同一文化族类所居之领域者，当不至晚过春秋时代……是以‘中国’之名称，在秦汉统一之前，实早已代表地球上一定之界域，为同血缘同文化之诸夏民族所居，并同时自然地充分地显示出来。”[11]但这样一个中国的观念尚没有主权的观念，也没有脱离开以文化和种族界定中国的观念；一直到近代以前的中国，族与国这两个概念基本上是叠合、杂糅且难分彼此的：“中国者，聪明睿知所居也，万物财用之所聚也，圣贤之所教也，仁义之所施也，诗书礼乐之所用也，异敏技艺之所试也，远方之所观赴也，蛮夷之所义行也”；[12]“春秋之所谓内外，其标准为文德非种族”，“吾国人民脑袋中充满者，乃‘天下’思想而非民族思想”；[13]“中国可以退为夷狄，夷狄可以进为中国，专以礼教为标准，而无有亲疏之列……华之所以为华，以文化言可决知也。故欲知中华民族为何等民族，则于其民族命名之倾，而已含定义于其中”，“一民族与一民族之区别，别于文化。中华云者，以华夷别文化之高下也。即此以言，则中华之名词，不仅非一地域之国名，亦且非一血统之种名，乃为一文化之族名”；[14]“在秦汉统一以前，‘中国’一词所共喻之定义已十分明确，那就是主要指称诸夏之列邦，并包括其所活动之全部领域。至于此一称谓之实际含义，则充分显示民族文化一统观念。诸夏列邦之冠以‘中国’之统称，主要在表明同一族类之性质与同一文化教养之两大特色。因为实际上自远古以来并无政治统一之事实，而族类之混同，则已构成一致同血缘之庞大族群，在当时则称为诸夏。同时文化之人和与同化，也已构成一致之观念意识、生活习惯与语言文字与社会结构，在当时则形容为中国。所以‘中国’称谓之形成，实际显示出当时中华族类全体之民族与文化统一观念”。[15]罗志田认为“中国古代的国土观本以带向心性的文化取向为特征”；[16]而根据王柯的研究，“中国传统的民族思想中，缺乏国家与主权的意识，它以文化的标准区别民族的属性，并把多民族的构成作为决定王朝国家的政治构造和地域构造的基本要因”；[17]“中国人对于外来者的态度充满了矛盾。一方面，一种文化普济主义的主张使得精英们断言野蛮人能够被汉化，或被文化和气候的有利影响转变。另一方面，当他们的文化优越感受到威胁时，精英们便诉诸人性类型的差异以驱逐野蛮人，并封闭国门，以免除外在世界的邪恶影响。”[18]

文化总是诉诸人群及其活动的空间，列斐伏尔认为“只有当社会关系在空间中得以表达时，这些关系才能够存在：它们把自身透射到空间中，在空间中固化，在此过程中也就出生了空间本身”，[19]这在冯客看来，“每一种文明都有一种种族主义的世界幻象，在其中外来者被约简为易于把握的空间单位”，[20]这个关于“孰为正统”的“易于把握的空间单位”在古代中国通常被处理为以文化统合的“天下观”，在近代西方则被视为“民族国家”：以政治观念史的角度来看，古代中国的天下观基本上是以种族主义而非民族主义来看待和处理各种 “非我族类”的，也正是在这个意义上，冯友兰认为“人们或许说中国人缺乏民族主义，但是我认为这正是要害，中国人缺乏民族主义是因为他们惯于从天下即世界的范围来看问题”；[21]而在西方国家主权观念下，中国人观念中的“天下”则通常被理解为民族国家的场域，蛮夷、“异种”也随之被处理为民族；经由这样一个

转换的过程在近代中国的呈现，于是就成为一个从“天下”嬗递为“国家”的过渡性阶段。[22]

以文化为整合工具，固然造就了多民族“共冶一炉”的中国，但只要少数民族入主中原便会引起“孰为正统”的合法性争议，因此这种争议在现代民族国家的场域下总是会上升到文化与种族之间的纠结与缠斗，这在作为中华文化主体的汉人看来则是对“蛮夷”的汉化：“诸侯用夷礼，则夷之；进于中国，则中国之”，[23]而在“蛮夷”那里则不得不用汉人所揭橥的文化为自己的异族身份进行辩护：雍正就在《大义觉迷录》当中声称“本朝之为满洲，犹中国之有籍贯”，在满族学人心中也是“我中国，神明之裔也，尧舜之遗也”。[24]但在事实上，一直到光绪，清帝依然 “专谕满大臣”：“本朝君临汉土，汉人虽悉为臣仆，而究非同族，今虽有汉人为大臣，然不过用以羁縻之而已。我子孙须时时省记此意，不可轻授汉人以大权，但可使供奔走之役而已”。[25]迨至清末，这样一种“内紧外松”的民族政策在西学东渐和列强瓜分豆剖之下，逐渐上升并进入到激烈的族与国撕裂状态并愈演愈烈。

1894年的甲午海战与1895年的乙未割台，实为近代中国最惨痛的时段。梁启超就此指出：“吾国四千余年大梦之唤醒，实自甲午战败割台湾偿二百兆以后始也”；[26]康有为也痛楚地认识到：“非经甲午之役，割台偿款，创巨痛深，未有肯翻然而改者。”[27]而“甲午丧师，举国震动，年少气盛之士，疾首扼腕言‘维新变法’”，[28]也成为志士仁人的共同观念：变，如何变、怎样变和变为何，都由此成为清末社会政治思潮的核心议题；而在另一方面，西方式的民族主义也在甲午战争之后才逐渐兴起，并取代近代传统的族类思想或文化民族主义，成为支配20世纪中国历史发展最重要的意识形态。[29]

以康梁为首的一派认为应该颠倒道器、重释体用。有别于洋务派的“做而不述”，梁启超针对洋务派的作为大加挞伐：“中国自同治后，所谓变法者，若练兵也，开矿也，通商也，交涉之有总署使馆也，皆昔人所谓改革者也”；“……不变其本，不易其俗，不定其规模，不筹其全局，而已然若前此之支支节节以变之，……则于中国之弱亡之稍有救乎？吾知其必不能也。”[30]谭嗣同更指出洋务图强之不可能的根本性症结在于 “中国今日之人心风俗，政治制度，无一可逼数于夷狄，何尝有一毫所谓夏者？即求列于夷狄，犹不可得，乃云变夷乎？”[31]康有为则进一步认为，“今天下言变者，曰铁路、曰矿务、曰学堂、曰商务，非不然也。然若是者，变事而已，非变法也。变一事者，微特偏端不举，即使能王，亦于救国之大体无成，……周公思兼三王，孔子损益四代，乃为变法”；“故臣以为不变则已，若决欲变法,势当全变”，“故今欲变法，请皇上统筹全局，商定政体，自百司庶政，用人外交，并草具纲领条目，然后涣汗大号，乃与施行。本末并举，首尾无缺，治具毕张，乃收成效。”[32]

应该说，康梁等维新派的上述变法图强思想，与李提摩太为代表的西方传教士的影响不无关系。1894年，由李提摩太口译、蔡尔康笔录的《泰西新史揽要》在《万国公报》上连载；1895年由广学会出版单行本。李提摩太在该书的序言中就明确地提出：“（中国）每有边警，偿银割地，天实为之，谓之何哉？重以前患甫熄，后变迭乘而又加甚焉，沿至今日，竟不能敌一蕞尔之日本，呜呼！谁之咎欤？”[33]根据李提摩太的回忆录所记，《泰西新史揽要》出版后受到国人极大的关注，仅在杭州一个城市就有不少于六个盗版本，在西安甚至能高于定价三倍出售，定价为两元一套的《泰西新史揽要》“在全国流通的盗版书的总价值肯定能达到一百万元”；此外，李提摩太还将此书分别寄给了“一些督抚大员”，李鸿章、张之洞等人收到赠书后先后约见李提摩太并晤谈多次；康有为领导的强学会在拜见李鸿章时，也建议将连载《泰西新史揽要》的《万国公报》“辟为政府机关报，按期发行。发行量为一万份”；1895年10月，康有为在伦敦教会驻北京办事处对李提摩太说“他信仰在我们出版物中所启示的上帝那父亲般的爱，以及不同民族间兄弟一样的情意。他希望在追求中国复兴的工作中与我们相互合作。”[34]

“以皇上统筹全局，商定政体……乃受成效”，康梁的这一主张基本上还是试图维系封建皇权的“万世一系”，但更多的志士则直接把变法与国体和政体勾连起来，并在“光复族国”的要求中将保皇党人试图弥合的族与国关系对峙并撕裂开来：“今日之汉种，无所谓国也。彼白人之视我也则曰支那。支那之国何在矣，而彼之所谓支那国者则清国也。夫清国云者，一家之私号，一族之私名也，而以吾汉种冒之乎！”[35]“中国者，吾黄帝子孙之国，非白种之国也。土地者，吾国人之土地，非满洲之土地也。然而今日之中国，为白种之国矣，为满洲之土地矣”；[36]“中国者，中国人之中国也，孰为中国人，汉种是也。”[37]

将族与国切割开来并撕裂开去的基本逻辑，首先是依据西方民族主义理念将国民细分为统治民族与被统治的民族两个对峙的部分，进而通过不认同满族入主的中国是自己的祖国来表达自己的主体性，其次是通过历史的建构和解说将族国与祖国切割，由此引入异族统治的观念并建构自己的合法性；再次是将割地赔款等外侮归结为统治民族的族国对历史祖国的羞辱，以显示出革命的急迫性；最后构建出“通过革命脱离异族的族国以构建本族的族国进而光复祖国”的全套逻辑。这套革命逻辑的核心理念就是“采纳了一套西方的概念架构，这一架构在文化和种族之间作了明确的区分，二者在被用作贬低外来集团的尺度时，分别与种族中心主义和种族主义相对应”。[38]而这个逻辑的构建原点，在张灏看来，就是转型时代的汉族知识分子“对历史记忆做一番重新组合与建构的结果”：“所有中国人，因为彼此之间存在着一些根源性的联系，形成一种生命共同体；这根源性的联系，首先是指所有中国人像一个大家庭一样，来自共同的祖先，因此自称黄帝子孙或炎黄子孙，由共同的乡土——中原散居各处，因此使用共同的文字，遵守共同的生活习惯与行为准则，而且这个族源也开启了一个绵延不断的历史文化传承，透过一连串典型的历史人物与事迹，一直贯穿到现代的中国人，使得他们有共同的记忆。”[39]

就笔者所见，关于这套革命逻辑的最早的完整呈现，始于在 1903年发表的《民族主义之教育》，这篇“据日本高材世雄所论而增益之”的反满文章指出：

“故国民云者，以国家为民族之范围；以国家为民族之范围，则在一方以维护本民族之权力为主义，在一方以吸集他民族之权力为主义。凡异民族之被吸集者，必受同化力；受同化力者，必失其原有之位置，而被抑扬高下与异族之政府之下，渐失其种而混同于他族国民者，不必其为同一种族之词也。是故国民之与民族云者，其意义所包含绝异”；“‘那取勇’（民族）者，谓具有同一致言语、同一致习惯，而一特殊之性质区别于殊种之民族，专指人类之集合者言之……是故民族建国者，以种族为立国之根据地。以种族为立国根据地者，则但与本民族相提携，而不能与异民族相提携，与本民族相固着，而不能与异民族相固着。必能与本民族相提携、相固着，而后可以伸张本民族之权力”；“夫以神明之贵胄，而受制于塞外之异族，此支那民族祖宗以来之隐恨也。以四万万人之繁伙，而受制于八百万之少数，此支那民族没齿不复之大辱也。彼其割让支那之土地，挥霍支那之权利，而不惜者，以种族之故， 酰支那之志士，禁锢支那之学界而不之悔者，以种族不同之故。今日不革命，不足以乞彼族之怜，今日不革命，不足以弭彼族之怒。革命亦亡，不革命亦亡。不革命则为被人掠得之奴隶，殉不知谁何之主人而亡；革命则为独立自主之国民，殉民族全体之福利而亡。殉奴隶之名义而亡者，固无面目以立于天下；殉民族主义而亡者，其精神终流衍于社会而不可剿绝。夫恢复以往之权利者，支那民族天职之所当为；推刃九世仇雠者，支那民族前人之所乐许”。[40]

这样的革命逻辑，在清末民初的时政论述中几乎是比比皆是，而在提倡“革命必剖清人种”的邹容那里则表述得更具有鼓动性：

“中国者，中国人之中国也，非满人所得而固有也”；“吾同胞今日所谓政府、所谓皇帝者，即吾畴昔之所谓曰夷，曰蛮，曰戎，曰狄，曰匈奴，曰鞑靼。其部落居于山海关之外，本与我皇帝神明之子孙不同种族也。其文字与我不同，其语言与我不同，其衣服与我不同。逞其凶残淫杀之威，乘我中国流寇之乱，闯入中原，盘踞上方，驱策汉人，以坐食其福。故祸至则汉人受之，福至则满人享之……故今日强者，亦满人强耳，与我汉人无与焉；故今日富也，亦满人富耳，与我汉人无与焉”；“吾正告我同胞曰：昔之禹贡九州岛，今日之十八省，是非我皇汉民族，嫡亲同胞，生于斯，长于斯，聚国族与斯之地乎？黄帝之子孙，神明之胄裔，是非我皇汉民族，嫡亲同胞之名誉乎？中国华夏，蛮夷戎狄，是非我皇汉民族嫡亲同胞区分人种之大经乎？满洲人与我不通婚姻，我犹是清清白白黄帝之子孙也”；“中国之一块土，为我始祖黄帝所遗，子子孙孙，绵绵延延，生于斯，长于斯，衣食于斯，当共守其勿替。有染指与我中国，侵占我皇汉民族之一切权利者，吾同胞当不惜生命，共逐之，以复我权利。”章太炎在邹容的《革命军》做序时也特意地强调指出“革命”的意义：“同族相代，谓之革命，异族攘切，谓之灭亡；改制同族，谓之革命，驱逐异族，谓之光复。今中国既灭亡于逆胡，所当谋者，光复也，非革命云尔。容之署斯名，何哉？谅以其所规画，不仅驱逐异族而已，虽政教、学术、礼俗、材性，犹有当革命者焉，故大言之曰革命也”；[41]“吾所谓革命者，非革命也，曰光复也。光复中国之种族也，光复中国之州郡也，光复中国之政权也。[42]”

依据“对历史记忆做一番重新组合与建构”，使得民族主义“既是一种意识形态又是一种将一个民族和一个主权国家融入到一种至关重要的内在价值体系并进而成功地鼓动整个民族或大部分人口的政治意志的政治运动”。因而民族主义由此改变了古代中国俯视异族或异邦并冠之以“犬字旁”或直呼为“蛮戎夷狄”的天下观念，而代之以平视的民族主义观念：“民族身份是一个连续不断区分‘敌人’和‘朋友’的社会构建过程，……民族身份……并不依赖任何客观的语言或文化差异，而立足于主观的差异体验。”[43]邹容、章太炎如此，孙中山也是如此：“满胡以异种入主中原，则招抚与人民之隔膜尤甚。当入寇之初，屠戮动以全城，搜杀长称旬日，汉族蒙祸之大，自古未有若斯之酷也；山泽遗民，复仇之念，至今未灰”；[44]“驱除篡权的外来人（指满族统治者——原注），从而使中国成为中国人的中国[45]”；“吾辈所谓满洲政府，盖与支那政府有别。支那今日固无政府，而两者界说实不能混，如直以满洲政府当之，则是法律上误定之名词耳”；[46]“民族主义，并非是遇着不同种族的人，便要排斥他，是不许那不同种族的人，来夺我民族的政权，因为我们汉人有政权才是有国，假如政权被不同种族的人把持，那就虽是有国，却已经不是我汉人的国了”；“民族革命的缘故，是不甘心满洲人灭我们的国，主我们的政，定要扑灭他的政府，光复我们民族的国家。”[47]由此可见，《民族主义之教育》和《革命军》在1903年掀起了近代中国民族主义和排满的滔天巨浪并被孙中山吸收入民族主义思想当中：根据台湾学者张玉法的统计，这一年中与排满相关的论述占到总数的15%～20%左右，在《江苏》杂志上更占到30.4%。[48]也就是从这时起，“民族主义在二十世纪的中国，不是属于某一个特定的政治运动，或者特定的思想学派，而是到处弥漫的思想气息”。[49]有趣的是，这两篇提出反满革命全套理论的檄文，一篇根据日本学者“增益之”，一篇则是国内仁人志士的著述，由此多多少少地可以透射出清末民初这场讨论与西方近代民族国家观念的关联性和思想武器的掌握度。

民国的肇建，见证了孙中山关于彻底推翻皇权、光复中华思想的胜利，同时也标示着清末思想论争的一个阶段性结果的呈现：这既是清末思想讨论的在行动上的一个自然结果，同时也是民初思想讨论的起点，而这两个阶段思想论战中一个贯穿性的核心，就是近代中国的“族”与“国”孰者为先以及如何再度整合的问题。考虑到在推翻满人统治、光复中华之后，撕裂族与国的革命逻辑就失去了整合多民族国家的能量。有鉴于此孙中山在民国建立后也立即宣布"国家之本，在于人民。合汉、满、蒙、回、藏诸地为一国，如合汉、满、蒙、回、藏诸族为一人，是曰民族之统一"；[50]"今满清政府已去，共和政体已成，民族、民权之两大纲已达目的，今后吾人之所急宜进行者，即民生主义"；[51]"辛亥以后，满洲宰制政策既已摧毁无余，则国内诸民族宜可的平等之结合，国民党之民族主义所要求者即在于此"；"国民党敢郑重宣言，承认中国以内各民族之自决权，于反对帝国主义及军阀之革命获得胜利以后，当组织自由统一的（各民族自由联合的）中华民国"。[52]由此可见，清末民初革命党人所有的革命和建设逻辑，在于通过族与国的撕裂以推翻异族对祖国的统治、通过革命实现国家的光复，再通过汉族为主导的族与国的再整合来实现国家与民族的复兴。

从清末开始的变法维新到民国肇建，中国大陆思想界的这场大讨论的核心议题逐渐从变法图强转移到推翻清朝皇权的"驱逐鞑虏，恢复中华"；换言之，这场讨论的焦点议题逐渐从"外辱"转移为"内侮"，这个转移标志着越来越多的志士仁人在这场讨论中逐渐趋向通过重构族国以图自强。而身处"闽台僻地"的李春生虽然在变法维新时代就积极参与讨论，但却因乙未割台而没有由始至终地参加下去，这在客观上也使得变身为"弃地遗民"的他逐渐走上了一条与大陆志士仁人迥然不同的道路。

三、从"求富求变"到"以天道争"：李春生关于族与国的切割与汉奸逻辑

早在赴台之初，李春生就注意到了台湾物产的富饶和台湾之于中国的重要意义："台湾本属吾国　连之岛，俗称海外版图，胡足为重。惟识者谓此岛险要地利，设或自立门户，亦足于海内称雄。该岛山明水秀，雨水绵续，气候温和，风土宜人，乃天造地利。沿海港道随处深浅，不但堪资守御，且可战守自如。……至山杰地灵，土产饶裕，非仅足供本国之用，外此亦可任凭贩运他售，恒享出口无疆之利也。地为三分，东居野番者二，峰峦斩岩，悉未开垦。西居华人者一，地多平原。耕作虽勤其若地旷人稀，每为凶番乘间截杀。南路盛暑，通商二口，曰打狗曰安平，产糖油盐米芝麻等类。北路温和，四季多雨，通商二口，曰基隆曰淡水，土产青靛茶叶樟脑煤炭糖油苎麻硫磺百草木料磺油獐鹿熊豹，奇禽异鸟间亦有之。"[53]"台湾僻处南五省之东，隔洋仅数百里，孤悬海外，纵横富丽，甲一巨省。虽然孤岛悬远，险要地利，识者以谓东南七省半壁屏藩。以形势而论，枕横闽浙各口，贯通西北二洋，为东南七省咽喉重地。其利害也，有若唇齿之关，得之，藉以振国威、保疆宇；失之，不但辱国体、资敌势，且沿海七省因其戕，水师一带受其制，外侮一动，内患鼓惑。台湾一岛，关系中华全局，自宜加意保守，万勿疏疎忽轻视。"[54]恰如连雅堂所言，"虽居阛阓而盱衡时局"的李春生，这一见地无疑是慧眼独具"至今犹矍铄也"。[55]

与此同时，李春生对台湾的开发特别是在原住民地区的开发也十分关注。1875年2月，他在《中外新报》上建议清廷"于闽省漳、泉二郡设局租舟，晓谕广招穷乡贫民……前赴后山之岐崍、埤南等处，使其自行开垦力田，由浅而深；要地之处设防保护，弹压刁民，恩威并施。善法招抚，则后山一代生番可期指日肃清"[56]；"台湾膏腴……生育蕃衍，四散谋生，众寡势成，生番不招自抚，路径不辟而开。数十年后，犹恐今日之山前不能及也。"[57]1876年丁日昌采纳李春生建议后，李春生于次年再度指出在原住民地区抚垦的好处："一则杜土人负隅作乱，剿办屡耗浩费；二则免吾民于各交界辄遭生番杀戮；三则拔内民出苦入胜；四则唐番和睦，土产地利倍蓰涌旺；五则台湾冲要为沿海七省咽喉，洋船必游之径，波浪滔天，涯岸陡壁，往来舟舶难保无遭风失水之虞，全岛既通，人知服化，遇有危难航客，自能勉励搭救，永免乘危劫戮，致干借口逞凶之忧"。[58]尽管

深知这些劫掠原住民的政策并不人道，但他还是辩解说“依招工之法，施擒放之术，断无不乐归仁化，即使余氛未尽，无难以毒攻毒。”[59]

在牡丹社事件之初，对日人对台湾的野心还是十分警惕，并对日本并无多少好感：“日本侵台一役，违约背盟，谋吾属土，虐吾黎民，靡吾经费，辱吾国体，凡有血气者，莫不痛恨切齿，共图报复”。[60]在另一方面，李春生也把原住民视为招致日本侵台的祸首元凶：“自台湾生番顽化，杀害琉球数命，殆累中日兵戎相见”。[61]

但面对日本的“轻启兵端，背盟侵土”，李春生却主张对日“慰以好言”来息事宁人：“为今之计，亟宜咨请总署饬令日本公使，止用其兵，慰以好言。一面在后山沿海一带有口岸者，处所甚多，设立营汛，驻扎防兵，保卫遭风洋船，乘便招抚生番归化，俾全岛肃通。”在日本攻占牡丹社之后，李春生仍指望列强调停、酬以钱款以苟全偏安：“为今之计，亟宜多调精兵劲旅，东渡以保守疆界；一面咨请总署，邀集列邦公使，阻止日本添兵；并请其遵照公法，在京调处，或酬以微款，稍补今番用兵经费，务使全师退出，不留余种；倘其事不谐，亦止宜请公等派员赴台定界，以杜将来混争，残害吾民，藉期作苟安之计。至于戎衣相见，恐非吾国之利也”。在李春生看来，主和不是投降而是权宜之计：“窃谓兵衅之启，冤连祸结，诚国家之大不幸也。惟能洞悉时势，深知利害者，固能为国主和，以固大局。……台湾一岛，本属难资保卫，况沿海七省口岸门户所在，殊费筹防，临敌备武，毋乃晚乎！是主于和者出于势也。……职事而言和者，无非暂作缓兵，以维持大局。一旦筹备成效，何难驱敌出境”；“总之，眼前万不可罔然开兵衅……余愿吾朝广施仁政，恭纳天道，檄传各值省遴选奇才，革除陋俗，开矿以取利，禁言以苏民，练精兵，修武备，添战舰，习水；至于天文、地理、化学、气机，与夫利国益民之电线。新报等艺，望速延请西士，藉资教习，以冀变通一新，富强指日俾敌人畏威，拱手北面。毋区执古法旧制，以贻国误民。”[62]

在主张对日议和以求缓兵变法之余，李春生还反思了日本富国强兵与维新变法的关联性：“日本彷徨奋修，莫不首务其要。倾庙毁佛，夫岂无因？人才之培育也，几无邑无西学之设；耳目之长也，几无郡无日报之行；呼吸之灵也，电线铁路间亦行之。因是而西人忌之，谓其有几艘舟舰、数万雄兵，足以动人起敬，盖深佩其不久将有无限雄才，出为问世。但使一朝得志，机有可乘，谁敢保其无一飞冲天之一日乎？”此外，李春生还认为，“盖国强而困于财用者，将必妄生残念，谋诸其邻。始或殷勤告贷，继而藉端觊觎，终而强横侵夺。无他，势之使然也。诚如是，能不为富而邻于强者危之。为琉球与高丽计者，犹当先机提防，毋固守成法，坐待日本之浸大”。[63]

同是维新变法，中日却为何此为鱼肉彼为刀俎？这是清末民初论战中一个核心的议题。讨论的结果，保皇派倾心于君主立宪西体中用，革命派则主张驱逐鞑虏、创建共和。而偏处僻地、孤悬海外的李春生则发展出另外一套思考：在《变通首务教化》一文当中，李春生认为西方列强近代以来的发展最终还是要归因于基督教这个“天道”的内在驱动：“泰西列邦骎侵乎富强，莫不以天道为崇旨，是知昊天罔极，上帝公义，耶稣慈悲，天堂地狱赏罚不爽，自然钦守寅畏，正直诚悫”；[64]“夫当日西人僻处万里之海隅，千百年前犹如蛮似蜮，一旦被化，尚知智足以取人，不足以胜天。乃受法耶稣，尊崇天道，本于是以图治者，恒先天而后智，故人多果敢，攻无不克，战无不胜。盖天作前锋，有战必誓，道为后队，无往不传。因是阿美利加为之跨，阿非利加为之并，印度缅甸为之掠，澳大利亚为之夺；此外，东西群岛、南洋诸邦，其能幸存，而无为欧之吞噬者，其亦鲜矣。……乃若日本之知机者，能骤然而弃佛，决然而崇天，甚至变偶像铸铜钱，改佛殿为祷室。无怪国虽小，亦足以自强。”[65]李春生归纳总结说：“天下万国，各有政教，亦各有神道。盖无神道，不但不能为政教，亦不能资吏治。何则？政无神不能治，教无神不能化，故曰圣神功化，此万世不易之道也。”[66]

以此观念来反观中国，李春生认为中国的诗书礼教"徒托空言，无法教人归于诚悫孚信"："六经四子史鉴律例，考其书中道理，不过仅资修身齐家，佐君治国，足供人道之用；至于生身救世，导人宗天，是书则未见之也"；[67]"见今日之中国成一大诈局矣！父子且不免尔虞我诈，矧兄弟亲戚、夫妇朋友，又孰不藉伦常为口实，贫而谲者辄思逞蛮抵赖，以期挟制觊觎，坐享伦常便利；富而狡者不得不计谋狡兔三窟，窖地藏金，以防架诬波累、明欺暗算之烦苦。若夫中人之诚朴者，非任人鱼肉，安有太平日子可过！"基于这样一个对中国社会的道德评判，李春生认为："中国不欲富强则已，中国而欲富强，非兼修政教，则难以致力。欲兼修政教，非并讲神道，则无以为功。欲并讲神道，以纯修教而致富强，非合当世诸大国，并崇独一真神，则不但不能臻富强，而并通商保险、公法裨益亦皆不能与沾也"；[68]"方今天下之言耶稣者，无一不为富强鼎盛之雄国；耻言耶稣者，亦无一不为 穷削辱之小邦。岂非冥冥中，固有主宰存焉！"[69]由此可见，李春生的族国观念与同时代的志士仁人相比，显然是十分淡薄的，也正因如此，李春生在成为"弃地遗民"之际并无"文化祖国"与"新附皇民"之间的族与国的撕裂之痛，其间虽有"惟是新恩虽厚，旧义难忘"的些许忸怩的惺惺，但更多的则是"自愿改装入籍"的欣欣然。

14岁就随父受洗入教的李春生从小就生活在半殖民地氛围浓厚的通商口岸厦门，中华文化对他的浸润并不深厚，基督教的教义和养成不仅冲淡了李春生原本并不浓郁的中华文化的教化，他的买办经历又使得李春生有天然的利益驱动，这就使得李春生在清末这个"有生之大变局"中看到的不是满清的族国与汉人祖国之间的对峙与冲突，而是一个与自身财产利益紧密相关的"变"：作为岛内知名且国内小有声望的"台北名士"，李春生在1893年的《万国公报》上撰文说"今日者，史前势徙，有生之大变局，云泥之相去也。起古之圣贤质之以时势，吾知其未有不谓当变也。"[70]在思考这个变局的时候，李春生更多的是基于基督教教义的思考，这种思考的基本路径就是追随强势而远离族与国的交战，从下面的文字中我们可以清晰地看到，李春生对大陆上志士仁人痛彻心扉的满人"夺国之恨"和没齿难忘的"族国沦落"并没有太多的感觉："三代所谓圣帝明王几无一不为夷狄。史称自黄帝至禹，皆同姓而异其国号者。书云：舜为东夷，文王为西夷。武王、周公、孔子皆称圣人之后，岂能免为夷狄之子孙者乎？……哀哉！利令智昏，而并夷夏二字，又磨砺不清，况欲求其辨识，经线有南北，纬道无东西，得乎？所以今之富强，而处天下之边者，教必以顺天者存之道，神必专诚昭事上帝，政亦必以仁爱和平为治，斯皆行中国三代之政教者，而人反谤其为夷狄。"[71]正缘于此，李春生试图超脱国家与民族的场域去找寻求富求变道路，而在这个探求过程中，基督教的影响使得原本就受中华文化熏陶不深的李春生发生了巨大的思想转折。

《天演论》对近代中国的影响恰如胡适所言，"中国屡败之后，在庚子辛丑大耻辱之后，这个'优胜劣败，适者生存'的公式确是一种当头棒喝，给了无数人一种绝大的刺激"[72]但受洗入教的李春生却对《天演论》不以为然，当然，这也是当时西方基督宗教的主流观念。在李春生看来，世间万物之多样神奇并非是进化而来，而是存在着"天道"："造化所以蕴奥，多在于不可思议；人之所习者，多在于又可思议。所以天道与人道格格不相入者，其在斯乎！"[73]"创造天地万物，确有真宰。……所谓造化，是上帝能无所凭藉依赖，自无生有；所谓原理，是上帝是使寓于万物，以运动变化，使万物生生不息；所谓人事，是禀上帝所予灵明，或循原理为格化"；[74]"元质自然能变物，何以幸与不幸之离奇，有若是之差别？又似甚极聪明睿智者，不然，何有雌必有雄，有牝亦有牡，有男亦有女，俨若一造化元宰之施为？若是者，胡不仍存造物主名义，而别立一无五官四肢、无神通感觉之自然，以为造化之代表黄粱梦境吁！亦可谓庸人自扰者矣。"[75]"达尔文、斯宾塞、赫胥黎之三子匪惟挺其武断，集厥大成，而尤画蛇添足，变本加厉，若者曰自由平等、物竞天择、优胜劣败、强存弱亡，诸凡此皆为诲人反道背德，诬民惑世之怪学；乃更诩为能破坏前人野蛮之学界，特造文明进化之新学，耻也！”[76]

在这样的独尊基督一神的逻辑之下，李春生把西方和日本的强盛和科技进步归结为尊奉基督教的直接后果，把中国向列强的割地赔款视为反对基督教的自然结果：“历尽五百年，至于今日，传教所至，凡知天意、识神机、欢迎接纳者，随在美公德、普慈善，化行俗美，民精国富。夫以区区数百年之短时期，能致遍欧洲大陆诸野蛮地，一变而为文明极乐之世界，岂非耶稣教神权臂易之由造乎？他若日本一岛国，因其不敢效支那顽冥强项，大施抗阻困逐之技，而亦享有耶稣教之余泽，故能南收琉球、台湾诸群岛，北擅朝鲜、满洲诸政权。斯不过论新教臂易之现史，不得连类及之。时至今日，凡与是教为敌，若东西罗马及天主、回回之旧教者，凌替衰败，几于岌岌不能终日。洽其他抗而不接、阻而不纳，若斐洲、印度与夫南洋群岛者，亦未有不为此新教国鞭笞驾驭、奴隶臣妾”；[77]“盖日本地卑国小，人寡财促，此天下所共知者，惟差强在政宽俗厚，任民敬信耶稣，昭事上帝。若清国者，地大物阜，民繁财富，胜于东洋十倍，亦天下所共见者。差短，在政残民顽，肆皇天于弗尚，君民一心，驱逐圣教，此所以败也。幸而未及沦胥以亡者，是上帝恩施格外，使其将知悔也”；[78]“虽曰日本尚属异邦，然究其宪法，宗教自由，且其间居显要之奉基督教者，亦实繁有徒。天假其手以惩悍俄，亦理固其所也。其视夫支那之受鞭笞、被抑制者，讵非因闹教抗教自取耶？”[79]

正是基于这样一个逻辑，李春生逐渐远离了自己的民族身份和族国归属：“但生同中国，念切父母坟墓，无奈冒死以天道争”[80]；还是正缘于此，李春生对“汉奸”之说大不以为然：“有一冒昧正行者，必群起而攻，谓其背义违俗，毁其谓汉奸洋犬……噫！愚甚为不解也！能辨是非、分黑白者，则诋谓汉奸洋犬，然则古之哲人君子，何一不因是而称圣贤，乃独今之能辨是非分黑白者，必人而毁之，不亦冤乎？其真欲世道暗无天日哉？愚谓所谓汉奸者，非必一定待其递军信，通敌情也。若夫不知黑白不辨是非，一味壅蔽政府，贻误大局，及丧师辱国者，亦汉奸之与也。其所谓洋犬者，亦非必专指致就洋馆、受西聘者，若夫遇敌垂头，逢仇气短者，何一能免哉？”[81]还是基于这样一个逻辑，李春生对伯夷叔齐不食周粟之事也大不以为然：“夫伯夷叔齐，孤竹君之二子也。不守父命，是不孝也。弃位而逃，是不忠也。幸而陷其可继之弟，蹈僭夺之名，是不义也。不幸而国破家亡，流离失所，是不仁也。不孝、不忠、不义、不仁，加又扣马谏阻人之为善，且又采薇作歌。誓不食粟，饿且及死，是怨也。五者之间，不免居其三四，又所以教天下，尚得谓仁贤之无怨者乎？……因是而知夷齐之行，不但无以称于当时，而亦不足以示于后世。”[82]在构建了这样一个汉奸逻辑之后，李春生就断然地抛弃了“文化祖国”和“汉人族国”，安然地从中国的“弃地遗民”摇身一变而成为“皇民精英”了，而台湾总督府 “凡治台之事关于民情者，悉以谘之”[83]。

在输诚纳降之后，李春生对日本文化及其殖民行动的艳羡和对族国文化的弃绝在言语的赞美和行动上的逢迎溢于言表、随处可见。在台北开门揖盗之后，李春生在前往松山途中将詹振率偷袭日军军需转运站、击毙日军20余人的锡口战场遗迹指为“匪患”：“车经锡口，瞥见被兵房屋，焚毁将半，惨淡情景，目击心伤，于是深恨土匪，种祸害人之不浅也”。[84]在他统帅全家子孙跟随日本驻台首任总督桦山资纪大将赴日游历的日本游记中，李春生把日本这个殖民地宗主国描写为：

“水秀山明，胜于描幅，加之风恬浪静，一尘不惊，……极游目骋，怀之赏至，是始信蓬莱佳境，造化天然，随在无非名胜，若夫山重水复，秀丽宜人者，尤倍胜画图，此所谓道不了万紫千红，看不尽五光十色者，其在有天然烂漫之形胜，不肖点缀陪衬之工力也”；“今者设身此地，又疑为黄梁梦境，或误入桃源。故骋游至是，犹当为蜃楼海市，镜花水月，不敢信以为真”，“然最奇者，盗贼强梁之习，几乎绝无仅有，民情之厚也，道不拾遗，则其他钻穴鼠偷，亦几不禁而绝矣，夫岂三代之风，尧舜之俗，有过是哉？！”[85]

在阿谀“兄姐”般的日本殖民者“恍如圣使”的同时，李春生在附骥东游的日记中还将日本称之为“吾国”、“吾帝国”和“吾日本”，将日本政府称之为“吾政府”，并时时不忘辱骂自己的祖国：“目下台湾割地，占领成交。又蒙桦山公错爱，得以骥附东游，藉睹诸兄姐尊颜，恍然如亲圣使”；“……吾政府临民之宽，教皆自主，若夫耶稣传者，更有暗中扶持之势，此所以小而大胜者，显有上帝既助之力，非弱清国之怙恶不悛，唆动焚杀，致启天怒，至于丧师辱国。”[86]

在确立对台湾殖民统治之后，日本殖民者对于中华文化的剪灭始终须臾不忘，同时把宣扬日本文化作为重要的同化手段。1901年，台湾总督府民政长官就针对留发、缠足等体现“祖国意识”的现象指出“移风易俗乃关乎民心归向之施政方针之大者。”在“附骥东游”之时，遇见日人因中国人脑后的辫子訾骂为“唱唱保”（日语：猪尾奴）的时候，李春生则顿足捶胸、感慨万千地把日人的侮辱歧视推究到清廷身上：“呜呼！可以人而不知变通从权，自甘固执陋俗，苟且偷安，至于丧师辱国，割地求和，而累数百兆生民，共玷‘唱唱保’之臭名……不亦哀哉！”当李春生率领子孙亲友“割发换装”之后，则顿然感觉“自是虽知身非欧西族类，然英侠之气，勃然流露，已非昔时孱弱佝偻之比”；[87]不独如此，李春生还为自己开脱辩解说“予素喜西制，偿慕改装效颦，以为利便，奈格于清俗，不肯权变为憾。今者国既丧师献欤，身为弃地遗民……因是决意断辫改妆”，[88]“扮日本古制，阔其佩裾，高其屐齿，驰随孔道，自以为荣，虽任倾跌颠仆，至于伤残，亦所甘心。”[89]但根据1902年的《台湾民报》的报道，“以李春生、辜显荣为首之断发辫者仅二十八名。”有鉴于此，日本总督府在1911年台湾 “毅然实行断发”：“为一国之子民必服从一国之政令。日本帝国之君民向来皆结发。当明治维新之制仿效西欧之时，天皇陛下亲剪结发，随之举国效法，遂成风俗。……如今台湾改隶，昔为清国子民而辫发者既为日本国民自须从日本之俗。辫发为清之俗，剪发为日本之俗。”[90]

独尊基督教的“天道”，使得李春生对自己的祖国和族国都荡然无牵挂了：站在基督教和日本的立场上，他悲天悯人地教导祖国“自今以往，支那而不愿有国则已，若其尚期中兴有为，宜其步吾帝国，取法维新”；[91]“故眼前莫论为清为汉，救族救国，不但首务速行纳教，以迓天和，更须默助邦人之奉教者，自立门户，推行是教，以服强敌之心，折冲无形，战胜不兵，莫过是也。”[92]

针对中国大陆的驱满光复的皇汉民族主义言论，李春生认为：“世之评判家，偿慨中国之败，由于不变，苟中国不及早以耶稣神圣之道，奉为宗教，虽任莫论如何智巧，取法维新，即举欧美二洲军火利器，移布中国，亦无济也。况又无时无日，而不阴谋逐渐，不亡胡可得哉？”[93]“若中国今日之忙维新为急务者，乃太阿倒持，起手则从事建孔庙，兴纪年，外观甚善，若究其底，无非重树教帜为异日衅端。名曰保教，实则与义和团所谋无异。以若所为，微特无补维新，万一祸变再来，其惨必有甚焉”；[94]“支那之国教，乃合黄帝之多神，孔子之教育，杂凑而成。但人民之谨奉宗教，乃由迷信，非屈于理。论教育之理，实不足范围此迷信之众，故所谓孔教中人，皆不过阳顶孔教之名，孔子之学说，仅系书生之梦想，一日未见诸施行。”[95]至于孙中山等流亡海外的志士仁人，李春生则劝降说：“海外之士，睹支那垂危惨状，何尝无痛心疾首，谋为赞襄扶救。奈何其生于（对基督教）不惧之国，习于不惧之教，所任亦为不惧之职，而乃一渡华海，顿失其刚毅正直之念。……噫吁嘻！自救既难，望救亦自不易。从是观之，支那欲不垂灭，其可得哉？”[96]

1903年，章士钊在《汉奸辨》一文中指出：“中国汉初，始防边患。北鄙诸胡，日渐交通。或与之和亲，或与之构兵。由是汉人之名，汉奸之号创焉。汉人为汉奸者有之，外人称汉人为汉奸者，亦有之。积自二千年来，传至今日，汉奸名号，未有定评。故往往有视爱同类为汉奸者，泾渭不分，殊甚痛叹！所谓真汉奸者，助异种害同种之谓也。”[97]另据王柯的考证[98]，汉奸一词的流行始于清代：努尔哈赤曾说“我国中之汉人、蒙古，并他族类杂处于此，其或逃、或叛、或为盗贼、为奸宄者，其严查之。……若群心怠慢，察之不严，奸人伺间而起，国之乱也由此”；[99]而体现民族共同体意义的“汉奸”一词最早出现于康熙中期，田雯在其所撰《古欢堂集》的《黔书》中写道："苗盗之患，起于汉奸。或为之发纵指示于中，或为之补救弥缝于外，党援既植，心胆斯张，跋扈飞扬而不可复制"；[100]到清末民初的思想讨论中，汉奸被赋予汉人族国的含意："甲午以后，虏廷不绝如线，而康梁以痛哭流涕之妾态，倡伪维新之论，保皇之名。种族之历史不通，国民之原理不晓，惟鳃鳃鼓其'开明专制'、'政治革命'之丑论，以作君王怜妾之宫怨词，……"[101]可以看出，革命派之所以祭起讨伐汉奸的大旗，就是为了建立一个与"汉族"一致的"国民"，而他们判断"汉奸"的标准，始终没有超越"种族"主义。换言之，他们认为，作为一个汉人，在处理与清朝的关系上，必须导入种族主义、民族主义的观点，否则就是"汉奸"，就是"革命"的对象："满人之与政府相系者，为汉族所当排；若汉族为彼政府用，身为汉奸，则排之亦与满人等。"[102]

"去者赆以之义，来者接之以道"，[103]这是日人中西牛郎给李春生在从"弃地遗民"转向"新附皇民"那一刻的评价。李春生就是这样彻底地将他的民族与国家切割开来，用殖民宗主国的"新恩"来唾弃祖国与族国的"旧义"，用基督教神祇的"天道"将自己的民族身份、国家身份与异族、异种、异邦的殖民宗主国勾连起来，由此完成了他从"弃地遗民"到"皇民精英"的身份转换。"来时异族，归去兄弟"，[104]这是李春生借用日人之口将自己抛弃祖国、拥抱异族的心境比附。由此可见，李春生在族与国的关系上切割的相当的决然和断然，这显示出他在文化认同、祖国认同和民族认同等诸方面与同时代的大陆志士仁人有着天壤云泥的区别。

"在某种意义上，殖民帝国绝非独自占有帝国，而是仰赖协力者获取资源"，[105]这是韩国学者基于日本对朝鲜的殖民统治所得出的结论；而在日本殖民下的台湾，李春生显然扮演了一个"协力者"的角色。这样一个"协力者"的角色，说到底就是出卖民族利益以自肥，"外面可以说李春生是时局变化中认同统治者，谋求自我利益的投机分子，而非认同台湾人民，参与台湾社会之奋斗的人。"[106]以台湾后续的历史来反观，正是因为李春生的族国切割逻辑恰恰与独派人士的思想逻辑有着某种内在的心灵契合，所以才被独派学者尊为"最有国际视野"、"卓见宏论无一不应今日"、"庶几有虽百世可知之慨"的"台湾第一思想家"。

四、从李春生到林茂生、蒋渭水：族与国撕裂后的台湾与祖国大陆的关联性

1838～1924年，李春生的一生恰好与清末民初的历史时段相对应。在这样一个历史进程中，经由族与国的讨论与行动，中国大陆经历了一个将满族一族的族国撕裂并再整合为"五族共和"的新族国的历程；而台湾则经历了一个将满族一族的族国撕裂并再殖民为日本皇民的族国殖民地的过程。在这个过程中，两岸各自萌生了祖国和血缘相同但结果相异的族类群体，前者是多元一体的中华民族，后者则是始终与祖国（中国）和殖民宗主国（日本）纠缠不清的台湾人。在一些台湾学者看来，两岸"这两个不同的政治场以其不同的特质，分别诱发了两个发展轨迹和关怀议题都不同的民族主义"[107]，但从起点、焦点和可期的归宿来看，两岸的民族主义又不得不纠结在一起而成为大中国民族主义的一个组成部分，这不仅在李春生身上可以清晰地观察到，即便在日本在台殖民政府的官方记述中也可以明白地看到：

"台湾人的民族意识之根本起源乃系于他们原是属于汉民族的系统，本来汉民族经常都在夸耀他们有五千年传统的民族文化，这种民族意识可以说是牢不可破的。

台湾人固然是属于这个汉民族的系统，改隶虽然已经过了四十余年，但是现在还保持着以往的风俗习惯信仰，这种汉民族的意识似乎不易摆脱，盖其故乡福建、广东与台湾，仅一水之隔，且交通来往也极频繁，这些华南地方，台湾人的观念，平素视之为父祖坟墓之地，思慕不已，因而视中国为祖

国的感情，不易摆脱，这是难以否认的事实。改隶后，我方统治台湾方针，即以此基本事实为基础，对这些新附人民，尊奉圣旨，本诸一视同仁，平等无差别，俾沐浴皇恩；历代当局亦常以此为本旨，努力于抚育指导。迩来，台湾人在我统治下，所享有的惠泽极大，然而部分的台湾人仍然无视这些事实，故意加以曲解，反而高喊不平不满，以致发起很多的不幸事件。台湾社会运动也以这些不平不满做为一大原因而兴起的。我们倘若详细检讨此间的情形，除了固陋的、潜在的这些民族意识之外，实难找出任何原因，同时在观察台湾社会运动时，民族意识问题实具有极重要的意义。”[108]

在日本殖民台湾之初的1896年1月，首任台湾总督桦山资纪就发表了对台固有宫庙寺院“尊崇保护”的谕告，要求“须注意不得滥为损伤旧惯，尤其破毁灵像，散乱神器礼具等行为，绝不容许肆意妄为”。这种“旧惯温存”宗教政策，正如台湾《菩提常青》杂志社社长严正宗所指出的那样，这“并不是对台湾旧有宗教的‘尊重’，而是以日本本国的利益为最优先的考虑”，其真实目的在于“一切都以安定人心为主”。[109]

一俟殖民大局稳定，台湾总督府就开始在教化的层面对自明郑以来已经稳固发展38年的中华文化进行封杀和毁禁：在1899年7月以“府令第五九号”颁行的《旧惯社寺庙宇等建立废合令》当中，全面赋予日据官府掌控宗教祭祀场所的废弃、新建、修葺与合并的审核之权；1900年日本政府内务省发表“官币大社台湾神社建设之件”，其后又在台湾各地兴建官币中社和国币小社；这个作为“台湾守护神”的神社在1903年底建成后，台湾总督府旋即在1905和1906年先后颁布《有关神社寺院及本岛旧惯寺庙所属财产处分之件》和《本岛旧惯寺庙等含有斋堂及神明会之件》，对“旧惯社寺庙宇”予以限制，同时规定官币台湾神社在例祭时全台放假一天，“路遥不能亲临者，则就地举行遥祭”；1934年，台湾总督府以“府令文社第五〇四号”确立在台湾每一街庄（即乡镇）各建一所神社的方针，并要求将神社置于地方教化中心，同时还通令要求各个家庭供奉神宫大麻；到1938年台湾总督府干脆在“佛寺整理”的旗号下，强行将寺庙关闭或直接改为供奉日本佛教的“说教所”，其他佛教团体则被强行解散。[110]根据《重修台湾省通志》的记载，台湾总督府在日据50年间先后颁布宗教管理法规25部，[111]平均每两年就颁布一部，其对宗教的钳制之严厉、管理之细密由此可见一斑。经过如此周严的殖民法治过程，在台湾的汉人地区一直存在的具有中华文化意义的宗教已经被日本殖民者摧毁殆尽，取而代之的则是深受日本军国主义浸润的日本佛教和基督教。

根据美国学者的研究，在日据台湾之前，“构成台湾全部人口的土著部族只占总人口的3%－4%，台湾岛在各方面已经中国化”。[112]因此，台湾总督府自据台之初就通过缩减直至全部停止汉语授课的办法，以避免“台湾支那化”和实现台湾的“日本国民化”：“日本自1895年领台后，以改造、同化台湾本岛人为终极目标，而表现在教育政策上的就是普及国语（日语）。从登陆台湾那年就设立的‘芝山严学堂’起，到其后的‘国语传习所’，乃至专收台湾人子弟的‘公学校’，都是以传授日语为第一目的”。由下表可见日本殖民者逐渐终止汉语教学的递进过程，《台湾民报》第154号曾经就此指出：“公学校用国语教授，是同化政策的表现，……可见公学校不是学校，简直是人种变造所，是要将台湾儿童变造日本儿童，不是要教他学问，启发他的智识，仅仅是要使他变种，变做日本人种。所以知道公学校废止汉文科或将汉文科改为随意科的原因，并不是因为要减轻儿童的负担，是要灭却民族观念，使儿童容易日本化的缘故”。[113]在这样一种缩减汉文课程的语言同化政策下，掌握日语的台湾人口比例在1937年4月底到1948年4月底的短短一年间就从37%陡然提升到60%。日本殖民者希望经由日语的推行切割台湾人“保持对岸的语言和习惯”，使得台人不再因为“使用本岛话及随着使用本岛话而怀着思想祖国及怀念祖国的感情”，这在日本进步学者看来是“比任何血腥的弹压，还要来的野蛮”：“由支配者给予的语言，被支配者若是使用，则变为奴隶的语言。语言不单是表现的工具，也是思维的工具。当作社会语言的日本话与当作血所流通的母国话之分开使用，是使思想或思考分裂成奴隶性与人性两者，而致使格格不入。”[114]在1916年赴台湾参观“劝业共进会”并历时17天周游全岛的国民政府官员汪洋，在《台湾》一书当中也尖锐地揭露了日本在台湾实行语言殖民的险恶用心：“予谓日人治台，其他政策不足畏，此则根本政策，再二十年以后，无人知历史所从来矣”。[115]

表一 日据时期台湾公学校中汉文课程的缩减情况

实施时间	汉语教学课时缩减数量	法律依据
1897年10月31日	国语传习所乙科课程中增设汉文课	《国语传习所规则中改正》
1897年8月16日	汉文并于读书课中，每周12小时	《公学校规则》
1904年3月11日	将作文、读书、习字等等各教科一并纳入国语课，汉文课独立为一科。每周汉文课改为5小时。	《公学校规则改正》
1907年2月26日	五～六学年的汉文课授课时数，缩短为每周4小时	《公学校规则中改正》
1912年11月28日	三～四学年的汉文课授课时数，由每周5小时缩短为4小时。	《公学校规则中改正》
1918年3月31日	“为减轻学生的负担”，将汉文课的时间，一律缩短为每周2小时。	《公学校规则中改正》
1922年4月1日	所有汉文课改为每周2小时的“随意科”（即选修），并得视地方情势，废除汉文课	《台湾公立公学校规则》
1937年1月15日	“为彻底普及国语教育，以免唤起支那人心理”，台湾全岛的公学校已经完全停止汉文课程	《公学校规则中改正》

资料来源：台湾教育研究会：《台湾教育沿革志》，1939年，转引自王顺隆：《日治时期台湾人“汉文教育”的时代意义》，《台湾风物》第49卷第4期，1999年。

矢内原忠雄指出，“像住在台湾的日本人，在日本有其本据一样，台湾人在中国有其故乡、有其共通的语言及习惯。因此，日本的台湾统治，是拿台湾拉开中国而与日本相结合”。1920年，受洗于台湾基督教长老教会、后任台湾“皇民奉公会国民动员部”部长的林茂生，在10月31日即日本大正天皇寿诞的“天长节”这一天发表了《国民性涵养论》，他站在日本殖民者的立场上指责台人不爱日本，是“国家观念皆无之台湾人”。应当指出的是，林茂生的这一言论其实脱胎于日本殖民者为了刻意地把台人与祖国撕裂和切割开来而设计的治台殖民政策：在1919年10月，日本殖民台湾的首任文官总督田健治郎在《施政方针》中就毫不掩饰地强调：“台湾构成帝国领土的一部分，当然从属于帝国宪法统治的版图，……因此，其统治方针，概以此大精神为出发点，而从事各种设施与经营，使台湾民众成为纯粹的帝国人民，忠诚于日本朝廷，且须予以教化与指导，使之涵养对于国家的义务观念。"[116]针对林茂生的批评和指责，就读于东京商科大学的吴三连在东京发行的《台湾青年》上分别以中日两种语言撰文指责林茂生"偏走歧路、背义忘恩"，"晏然不知耻"，并指出"孔子曰：大同；老子曰：无为而治；佛曰：极乐世界"；"有国家观念而无种族观念，最适合于今世，无所分乎国民、殖民土著人之别，对于国家权利义务与共之，道德风俗互相尊重，取长补短，文化远被，熙熙攘攘，庶民子来，噫嘻！勖哉何族？有是也夫？曰：大汉民族古今历史简可证之也欤！"[117]在同一期上刊登的《樵文漫评》，也指责林茂生"木本水源，卖祖求荣"。在汉人的族国被日本殖民者撕裂的背景下，林茂生的文章显然试图将身为中华民族一部分的台人与殖民宗主国重新整合起来，而吴三连则是站在"大汉民族"的立场上进行拒绝，他试图以对汉人历史的重构性解说把林茂生所欲的族与国整合限定在国民而非民族的层面上。在殖民地台湾，强调台湾人的国民身份并据此争取政治权利的主张是台湾知识分子一直努力实现的，这是一种在殖民暴力淫威下尽可能维护被殖民者政治权益并据此隐性地保护本民族文化的举措，这种与殖民者不得已而为之的虚与委蛇一直贯穿到台湾光复为止。从学理上说，吴三连的反驳并不有力，但却是一个在无可奈何的情景下追求政治正确且"保种图存"的曲折手段："纵使在台湾总督府的高压下，很多真正的台湾人，也勇于表达他们对林茂生的不齿。"[118]

针对日本殖民台湾的一系列旨在剿灭中华文化的同化政策，林献堂、蒋渭水等人在组织台湾同化会、撤废六三法争议和台湾议会请愿运动中，不断地用非暴力的温和手段从改善台人政治待遇的角度向日本殖民当局提出政治诉求，但都无一例外地遭到当局的取缔和查禁，这使得台人深刻认识到"有悠久之历史，据特殊之民情、风俗、习惯，保持固有之思想与文化的现在三百四十万汉民族，能否使其与日本大和民族，站在纯然同一制度下，而加以统治，的确是不无疑问"。[119]从陈逢源、林呈禄、蒋渭水等"治警事件"当事人的法庭答辩文本中，可以清楚地看到日本殖民宗主国力图构建的日本皇民族国与汉人族国观念之间的尖锐对峙。

陈逢源、蒋渭水等人在《台湾议会设置请愿理由书》当中指出："台湾改隶以来，已经二十八星霜，台湾之特殊民情习惯依然存在……在严格的意味，同化政策系对历史、信念、民情、习惯迥异之台湾悉如日本内地各府县而统治之，且施行内地社会所行之全部法令，务将台湾人固有之特性消灭混合统一之。然抹杀民族之历史，势必使其盲从本国之思想习惯，如此不但不自然而且必至无视其发达所需要之社会要求。"[120]

代表日本殖民政府的检察官三好八一则声称："日本的台湾统治方针是'同化主义、延长主义'，内地人（即日本人）和本岛人，由人类学骨相学看来，是同一种族，仅言语和风俗有差异而已。内地人的祖先和本岛人，同是由南支那流来，内地人于文字、伦理、宗教、道德、思想等，皆和本岛人相同，由此点看来，同化的意义大有价值"；"不喜和日本同化，就不是日本的优良国民，既不喜同化政策，此计宜离去台湾。"[121]

有鉴于此，陈逢源在法庭答辩时反驳说："文化有两种性质：一曰世界的普遍性，二曰文化的特殊性。文化是不能强制的东西。制度的强制，文化的强制，都是有害无益，不但殖民地有所损失，对母国也没有好处。所以强制只有增加对母国的反抗心而已。如要涵养忠君爱国的精神，非努力施行善政不可，单靠同化主义是不可能的"；"殖民政策的同化主义，是民族优越感和帝国主义的总和，是要以母国的制度和文化，强制施行于殖民地的"；"中华民族自五千年来，虽有同化他民族的历史，但至今尚未被其他民族同化。这是中国历史上数见不鲜的事实。若要排斥中华的文化，人民必起而反抗，所以若视汉民族如视琉球那般没有文化和历史的民族一样就错了。"[122]林呈禄答辩说："现在台湾岛民的大部分，勿论怎样说，都无法否定他们是中国的福建、广东移住过来的历史事实，这事实在户籍上也有明白的记载"；"翻阅东西历史，凡专制压迫的暴政，其反动就是革命，满清、帝俄、德国等就是例子”；“检察官说：反对同化主义的人要离开台湾，这是有失谨慎的‘暴言’。”[123]蔡培火在答辩中则直截了当地指出：“原来意味所采用的同化主义是错误不可行的，尤其是检察官的论告是出自极端民族优越感，是征服者的理论。”[124]蒋渭水则充满感情地宣称“以中华民族做日本国民的台湾人”，“我要感谢神明，使我生为台湾人。”[125]

由上述控辩记录可以看出日本殖民统治下，台湾知识分子关于族与国的辨识始终清醒明确，即便在非暴力抗争的时候也没有须臾偏离。这种与李春生决然不同的观念，在《台湾民报》记录的蒋渭水现场答辩记录中，体现得更为清晰精准：

“民族是人类学上的事实，必不能仅用口舌，便能抹消的。台湾人不管怎样豹变自在，做了日本国民，便随即变成日本民族，台湾人明白是中华民族即汉人的事，不论什么人都不能否认的事实。国民是对政治上、法理上看来的，民族是对血统的、历史的、文化的区别，人种是对体格、颜貌、皮肤区别的。

民族中含有相同的血统关系，历史的精神一致，文化的共通，言语习惯的共通，共同的情感等诸要素，现在世界上民族与国家的关系，有四种形态。

一、一民族一国民：独逸、意大利。

二、不同民族同一国民：瑞西。

三、同民族异国民：米国。

四、一民族同化他民族：如满人元人的同化于汉人，如生蕃的同化于台人。

米国民是与英本国的民族怎样起战争要求独立呢，这就是表明，虽是同民族，若利害关系不一致时，也定能分离，如瑞西虽是异民族，因为利害关系一致，所以能做一国的国民，可以知道同化主义在国策上没有丝毫否认价值，要使国内各民族利害休戚的一致，是第一要道哩……

同化是自然的，不是人为的，是无为而成的，不是强制可成的，还不是兵力能做同化作用的。同化作用不是限在治者同化被治者，支配民族同化被支配民族，征服民族同化被征服民族，被治者也会同化治者，被支配民族也会同化支配民族，被征服民族也会同化征服民族。前者如生蕃之同化是治者同化被治者，诸是出其自然没有行什么人为的同化政策，他们自己竟要欢迎我们的文化，自己来吸取我们的文化，这自然的同化，才是真的同化。我常说台湾当局好唱同化，须仿效台人同化生蕃的同化法，才能成功，所以现在的台人中，有多数的生蕃同化人混在，是明白的事实；后者如满人元人，皆是入主中国做支配民族，而偏被汉族同化，这是被支配民族同化支配民族的实例，可知道同化的问题在文化的质和民族的数之关系：文化的质优秀就会同化劣文化的民族，数多就会同化少数民族，同化是全不在治者与被治者的地位关系啦。”[126]

比较而言，陈逢源、林呈禄、蔡培火和蒋渭水四个人的法庭答辩中，以陈逢源和蒋渭水的答辩最具学术性，陈逢源的答辩基本上从民族的文化角度展开，蒋渭水的答辩则更注重民族和同化等学理意义；如果再参考到三好的法庭指控，就可以发现关于民族的理论知识在1924年的台湾已经为知识分子所熟知；其次，从上述答辩提及的西方国家名称看来，这些关于民族的知识基本上都来自日本的转译，但这并不能归结为日本殖民者在台湾的殖民教育，而应该上溯到清末西学经由东洋在中国的传播，独逸（德国）、瑞西（瑞士）、米国（美国）等“西洋国名”和这些国家的民族情况以及民族文化和民族同化观念在清末的反满时论中并不罕见；第三，如果要确切地指出一一对应的关系，蒋渭水的答辩与1903年汪精卫在《民报》第一期上发表的《民族的国民》有非常近似的观念：

“呜呼，满洲入寇中国二百余年，与我民族界限分明，未少淆也近者同化问题日益发生，此真我民族祸福所关，不容默尔。故先述民族同化之公例，次论满族之果能与吾同化否，以告我民族。

民族云者，人种学上之用语也，其定义甚繁今举所信者，曰：民族者同气类之继续的人类群体也。兹析其义于左：

（一）同气类之人类团体也。兹所云气类，其条件有六：一同血系（此最要件，然因移住婚姻，略减其例），二同语言文字，三同住所（自然之地域），四同习惯，五同宗教（近世宗教信仰自由，略减其例），六同精神体质。此六者皆民族之要素也。

（二）继续的人类团体也。民族之结合，必非偶然，其历史上有相沿之共通关系，因而成不可破之共同团体，故能为永久的结合。偶然之聚散，非民族也。

国民云者，法学上之用语也。自事实论以言，则国民者构成国家之分子也。盖国家者团体也，而国民为其团体之单位，故曰国家之构成分子。自法律论言，则国民者有国法上之人格者也。自个人的方面观之，则独立自由，无所服从；自其对于国家的方面观之，则以一部对于全部，而有权利义务，此国民真谛也。此惟立宪国之国民惟然。专制国则其国民奴隶而已，以其无国法上之人格也。

准是，则民族者自族类的方面言，国民者自政治的方面言，二者非同物也。而有一共通之问题焉，则同一之民族果必为同一之国民否，同一之国民必为同一之民族否是也。

解决此问题，有两大例：

（一） 以一民族为一国民……

（二） 民族不同，同为国民。其类至繁，……先大别为二种：

（甲）以不同一之民族不加以变化而为同一国民者。其中复有二小别：（一）诸民族之语言，习惯各仍其旧，惟求政治上之一统，如瑞西是。此必诸民族势力同等然后可行，否则有一跳梁，全体立散矣。（二）征服民族对于被征服民族，既以威力抑勒之，使不得脱国权之范围，又予以劣等生活，俾不得与己吾族，如古者埃及之于犹太，今者俄之于芬兰、波兰是也。然使被征服民族而有能力，必能奋而独立，以张民族主义，如比利时之离荷兰，希腊之离土耳其是。

（乙）合不同一之民族使同化为一民族以为一国民者。今欲问此为民族之善现象乎？抑恶现象乎？社会学者尝言：凡民族必严种界，使常清而不杂者，其中将日弱而驯致于不足自存；广进异种者，其社会将日即于盛强，而种界因之日泯。希腊邑社之制，即以严种界而衰微，罗马肇立，亦以严种界而几沦亡，其例显也。是故民族之同化也，极迁变翕辟之一致，而其所由之轨，有可寻者，归纳得同化公例凡四。

第一例，以势力同等之诸民族融化而成一新民族。

第二例，多数征服民族吸收被征服者而使之同化。

第三例，少数征服者以非常势力吸收多数被征服者而使之同化。

第四例，少数征服者为多数被征服者所同化。

以上四例，通于古今。至于同化之方法，不外使生共同之关系。社会的生活之共同，政治社会的生活之共通，或由于引诱，或由于强迫，皆足纳之于同化之域者也。

上之所述皆政治学社会学者所标之公例也。”[127]

由上述两个文本的比较，可以看出蒋渭水的答辩和由此透射出的思想逻辑，基本上与汪精卫的思考差别不大：在1903年的中国大陆，满族作为“少数征服者”试图同化做为“多数被征服者”的汉族；而在1924年的台湾，日人同样作为“少数征服者”试图同化作为“多数被征服者”的台人。两者唯一的不同，恐怕只是针对“少数征服者”的强制同化，大陆采取的是激烈到革命的策略，而在台湾则采取的是温和的非暴力的抵抗策略而已。蒋渭水等人这些答辩，在当时在日本殖民者武力威逼和律法恫吓下的台湾是极其勇敢和坚贞的，他们也无愧于志士仁人的称谓，至于一些台湾史学者关于“当代台湾主体性的构建源于治警事件”[128]的论断则有些附会牵强了：依据日本殖民当局的《警察沿革志》和治警事件答辩特别是“以中华民族做日本国民的台湾人”的论述来看，蒋渭水等人自始至终还是没有将自己乃至整个台湾人与中华民族切割开来，因此，将国民政府光复台湾和推动中华文化复兴运动比附为汉人对台湾人的同化政策，显然是基于自觉或不自觉的立论不正确所得出的结论。这，也从另一方面印证了黄连德在1980年代的“台湾意识”讨论中所持的观点：“真正的问题在于双方对台湾人民的历史经验有很不同的阐释。”[129]基于对历史的不同阐释，是民族主义特别是分离主义得以建构的一个基石，同时也是以一种民族主义反对另一种民族主义的基石。这也印证了克雷默的观点：“民族主义的文本总是从其作者所生存的不断变化的政治和文化语境生发出其视野和激情”。[130]

针对林茂生事件，尹章义曾经指出：“林茂生事件，具体反映了纵使在日本统治台湾的时代，台湾人也有两种极端对立的价值观。”[131]但在清末民初以来的台湾史上，岛内关于族与国的撕裂、切割与整合动作一直存在，我们在李春生、林茂生、蒋渭水等人的身上都可以得到观察。其实，这样的一个观察路径一直可以延续到当代：这一问题的重要性和紧迫性，我们仅从独派学者的著述中就可以一窥端倪：“总之，我们在对外追求台湾主权的同时，更要对内进行‘国家’的打造及‘民族的塑造’的努力。在台湾对外尚未取得独立之前，虽然对外独立是对内建构族国的必要条件，但是两个工作在现阶段并没有线性的序列关系。也就是说，独立运动与建国/塑族运动必须同时进行。”[132]

（作者单位：中国社会科学院民族学与人类研究所）

注 释：

[1] 宝顺洋行又名颠地洋行(Dent & Co.)，是19世纪中叶英国在中国的最主要的英商洋行，主要经营茶叶、生丝和鸦片；1823 年，英国人托马斯·颠地 (Thomas Dent) 艾萨克丁 (Sardinian) 领事的身分来到广州，并以合伙人的身份加入大卫荪洋行 (Davidson & Co.)。1824 年大卫荪离开中国后，该洋行随之改名为颠地洋行 (Dent & Co.)。1831 年，托马斯·颠地 (Thomas Dent) 离开，颠地洋行改由兰斯禄·颠地（Lancelot Dent）掌管，后者因林则徐虎门禁烟而闻名于世。

[2] （台湾）“中央研究院”近代史研究所编：《海防档·丁·电线》第 57、58 号文暨附件，第 10 页，（台湾）艺文印书馆，1957 年。

[3] 同上书，第 23 页。

[4] 丁日昌：《福建巡抚奏统筹台湾全局拟开办铁路、矿务请简派熟悉工程大员驻台督理折》，台湾银行经济研究室:《清季台湾洋务史料》第 13 ～ 15 页，《台湾文献丛刊》第 278 种；丁日昌:《海防条议》，葛士浚辑：《皇朝经世文续编》卷 101，第 11 ～ 16 页，（台湾）国风出版社，1964 年。

[5] 吴汝纶编：《李文忠公全集·朋僚函稿卷十九》，（台湾）文海出版社，1956 年。

[6] 《刘铭传文集》第 202 页，黄山书社，1997 年。

[7] 江炳堃:《台湾天赋改革事业之研究》第 1 页，台湾研究丛刊第 105 种，台湾银行经济研究室，1972 年。

[8] 庄树华：《“中央研究院”近代史研究所档案馆藏外交档案有关台湾史料介绍——从总理衙门档案看清季台湾对外关系》,《近代中国史研究通讯》第 22 期，(台湾)“中央研究院”近代史研究所，1996 年。

[9] 张季琳、古伟瀛:《李春生相关大事年表》，李明辉编:《李春生的思想与时代》第 258 ～ 309 页，（台湾）正中书房，1995 年。

[10] 《孟子·尽心下》。

[11] 参见王尔敏：《“中国”名称溯源及其近代诠释》，王尔敏：《中国近代思想史论》第 372 页，社会科学文献出版社，2003 年。

[12] 《战国策·赵策二》。

[13] 张君劢：《中华民族复兴之精神的基础》，转引自陈先初：《从民族意识之培养到民族国家之建立：张君劢关于中国问题的民族主义思考》，郑大华、邹小站主编：《中国近代史上的民族主义》第203页，社会科学文献出版社，2007年。

[14] 杨度：《金铁主义说》，刘晴波主编：《杨度集》第374页，湖南人民出版社，1986年。

[15] 王尔敏：《“中国”名称溯源及其近代诠释》，王尔敏：《中国近代思想史论》第371～372页。

[16] 罗志田：《先秦的五服制与古代的先下中国观》，罗志田：《民族主义与近代中国思想》第33页，（台湾）东大图书股份有限公司，1998年。

[17] 王柯：《民族与国家：中国多民族统一国家思想的系谱》第288页，中国社会科学出版社，2001年。

[18] [英]冯客著、杨立华译：《近代中国之种族观念》第28页，江苏人民出版社，1999年。

[19] HenriLefebvre:TheProductionofSpace,pp.73,translatedbyDonaldNicholson-Smith,BlackwellPublisherLtd,1991.

[20]《近代中国之种族观念》，第7页。

[21] 冯友兰：《中国哲学简史》第163页，北京大学出版社，1996年。

[22] [英]列文森著、郑大华、任菁译：《儒教中国及其现代命运》第87页，中国社会科学出版社，2000年。

[23] 韩愈：《原道》。

[24] 寿富：《知耻学会后叙》，《时务报》第40册，1897年9月。

[25] 徐珂编：《清稗类钞·种族类》，“上谕谓满汉非同族”。

[26] 梁启超：《戊戌政变记》卷一，《饮冰室合集·专集之一》第87页，中华书局，1996年。

[27] 康有为：《京师保国会第一集演说》，汤志钧编：《康有为政论集》上册第238页，中华书局，1981年。

[28] 梁启超：《清代学术概论》，梁启超著、朱维铮校注：《梁启超论清学史二种》第123页，复旦大学出版社，1985年。

[29] 李国祈：《中国近代民族思想》，周阳山、杨肃献编：《近代中国思想人物论：民族主义》第31页，（台湾）时报出版有限公司，1981年。另，关于1895年乙未割台前后朝野的反应及其在近代中国史上的象征意义，葛兆光教授有精专的研究，恕不赘述。葛兆光：《1895年的中国：思想史上的象征意义》，《开放时代》2001年第1期。

[30]《戊戌政变记》卷三。

[31]《上欧阳中鹄书》，《谭嗣同全集》第158页，中华书局，1981年。

[32] 康有为：《敬谢天恩并统筹全局折》，《康有为政论集》上册第277、276页。

[33] [英]麦肯齐著，李提摩太、蔡尔康译：《泰西新史揽要·译本序》第1页，上海书店出版社，2002年。

[34] [英]李提摩太著，李宪堂、侯林莉译：《亲历晚清四十五年——李提摩太回忆录》第210～221、233～234页，天津人民出版社，2005年。

[35]《亡国篇》，《国民报》第4期，1901年8月，张枬、王忍之编：《辛亥革命前十年间时论选集》第1卷上册第91页，生活·读书·新知书店，1960年。

[36] 薛锦红：《二十世纪之中国》，《童子世界》第25期，1903年，《辛亥革命前十年间时论选集》第1卷下册第528页。

[37] 愿云：《政客四论》，《浙江潮》第7期，1903年，同上书第504页。

[38]《近代中国之种族观念》第5页。

[39] 张灏：《关于中国近代史上民族主义的几点省思》，张灏：《幽暗意识与民主传统》第171页，新星出版社，2006年。关于黄帝与中国国族构建的深入研究，详见沈松侨：《我以我血荐轩辕：黄帝神话与晚清的国族建构》，《台湾社会研究季刊》第28期，1997年12月；孙隆基：《清季民族主义与黄帝崇拜之发明》，《中国社会科学》2000年第3期。

[40]《民族主义之教育》，《游学译编》第10期，1903年9月，《辛亥革命前十年间时论选集》第1卷册

第 404 ～ 408 页。

[41] 邹容：《革命军》、章太炎：《序〈革命军〉》，1903 年，《辛亥革命前十年间时论选集》第 1 卷下册第 662 ～ 670、650 页。

[42] 太炎（章炳麟）：《革命之道德》，《民报》第 8 期，1906 年，同上书第 2 卷上册第 510 页。

[43] 转引自罗伊德 · 克雷默著、邱文平译：《历史叙事和民族主义的意义》，陈启能、倪为国主编，陈垣执行主编：《历史与当下》第二辑第 18 ～ 19 页，上海三联书店，2005 年。

[44] 逸仙（孙中山）：《支那保全分割合论》，《江苏》第 6 期，1903 年，同上书第 1 卷下册第 598 ～ 599 页。

[45] 孙中山：《在檀香山正埠的演说》，1903 年，《孙中山全集》第一卷第 226 页，中华书局 1981 年。

[46] 孙中山：《支那问题真解》，1904 年，同上书第 1 卷第 244 页。

[47] 孙中山：《三民主义与中国前途》，1906 年 12 月 21 日在东京《民报》创刊周年纪念会上的演说，同上书上卷第 73 ～ 74 页，人民出版社，1965 年。

[48] 张玉法：《清季的革命团体》，转引自王春霞：《“排满”与民族主义》第 6 页，社会科学文献出版社，2005 年。

[49] 张灏：《关于中国近代史上民族主义的几点省思》，张灏：《幽暗意识与民主传统》第 172 页。

[50] 孙中山：《临时大总统就职宣言》，1912 年，同上书第 1 卷第 82 页。

[51] 孙中山：《提倡民生主义之真义》，1912 年，同上书第 1 卷第 92 页。

[52] 孙中山：《中国国民党第一次全国代表大会宣言》，1924 年，同上书第 1 卷第 525 ～ 526 页。

[53] 李春生：《主津新集》卷一，第 16 页，福州美华书局，1894 年。

[54] 同上书，卷一，第 10 页。

[55] 连横：《台湾通史》卷三十五，（台湾）众文图书公司，1979 年。

[56]《主津新集》，卷一，第 17 页下。

[57] 同上书，卷一，第 18 页下～ 19 页上。

[58] 李春生：《续论台事其八》，《万国公报》第 10 卷第 460 号，第 130 下。

[59]《主津新集》卷一，第 28 页。

[60] 同上书，卷一，第 15 页。

[61] 同上书，卷一，第 55 页。

[62]《主津新集》，卷一，第 10 页下、12 页上下、15 页上下、13 页上下。

[63] 同上书，第 55 页下～ 56 页上、第 28 页上下。

[64] 同上书，卷四，第 47 ～ 48 页。

[65] 同上书，卷一，第 69 ～ 70 页。

[66] 同上书，卷四，第 36 页下。

[67] 李春生：《论书有万不可缺道有世所必宗》，转引自黄俊杰：《李春生对天演论的批判及其思想史的定位——以 < 天演论书后 > 为中心》，李明辉编：《李春生的思想与时代》第 79 页。

[68]《主津新集》，卷四，第 36 ～ 39 页。

[69] 同上书，卷三，第 31 页上。

[70]《万国公报》第 13485 页，转引自王尔敏：《近代中国知识分子应变之自觉》，王尔敏：《中国近代思想史论》第 333 页。

[71]《主津新集》，卷二，第 87 页。

[72] 胡适：《四十自述》第 49 页，（台湾）远东图书公司，1959 年。

[73] 李春生：《哲衡续编》第 121 ～ 122 页，福州美华书局，1911 年。

[74] 李春生：《东西哲衡》第 14 页，福州美华书局，1908 年。

[75] 同上书，第 16 页。

[76] 同上书，第 116 页。

[77] 同上书，第 112 ～ 113 页。

[78]《东游六十四日随笔》第 41 页，福州美华书局活板，光绪二十二年（1896 年）；沈云龙主编：《近代中国史料丛刊续编·第五十集》，（台湾）文海出版社有限公司，1978 年。

[79]《东西哲衡》，第 121 页。

[80]《主津新集》，卷一，第 71 页。

[81] 同上书，卷二，第 87 页。

[82] 同上书，卷四，第 22 ～ 23 页。

[83] 张子文、郭启传等:《台湾历史人物小传:明清暨日据时期》第 173 ～ 174 页,（台湾）“国家图书馆”，2003 年。

[84]《东游六十四日随笔》第 1 页。关于詹振与锡口之役，参见王国璠纂修:《台北市志·人物志》第 89 页;（台湾）台北市文献会，1970 年；张子文、郭启传等:《台湾历史人物小传:明清暨日据时期》第 646 页,（台湾）“国家图书馆”，2003 年。

[85] 同上书，第 3、8 页。

[86] 同上书，第 41、47 页。

[87] 同上书，第 4、16 页。

[88] 同上书，第 9 ～ 10 页。

[89] 李春生：《民教冤狱解》第 61 页，福州美华书局，1903 年。

[90] 台湾总督府警务局编、王洛林总监译：《台湾抗日运动史》卷一，第 1172、1171、1174 页，（台湾）海峡学术出版社，2000 年。

[91] 李春生：《民教冤狱解》，第 39 页。

[92] 同上书，第 49 页。

[93] 同上书，第 37 页。

[94] 同上书，第 25 页。

[95] 同上书，第 5 页。

[96] 同上书，第 35 ～ 36 页。

[97] 阙名：《汉奸辨》，郑振铎编：《晚清文选》下卷，第 468 页，中国社会科学出版社，2002 年。因为此文被收入《章士钊全集》，故确定为章士钊所写，王均熙辑：《章士钊全集》第一卷第 158 页，文汇出版社，2000 年。

[98] 王柯:《“汉奸”:想象中的单一民族国家话语》,此处以下关于“汉奸”的史料和研究均来自王柯的研究，《二十一世纪》，2004 年 6 月号，总第 83 期。又，在 2008 年 1 月向王柯教授请益就教时，承蒙先生惠赐本文的中、日两个文本，特此致谢。

[99]《大清太祖高皇帝实录》卷八,六月丁亥。

[100]《景印文渊阁四库全书》集部，别集类。

[101] 锄非（刘道一）:《驱满酋必先杀汉奸论》,《辛亥革命前十年间时论选集》第二卷，第 875 页。

[102] 太炎（章炳麟）:《排满平议》，1908 年，同上书第三卷第 51 页。

[103]［日］中西牛郎：《泰东哲学家李公小传》第 40 页，台湾日日新报社，1908 年。

[104]《东游六十四日随笔》第 84 页。

[105]［韩］朴香枝：《帝国主义：神话与现实》，转引自［日］并木真人：《朝鲜“殖民地近代性”、“殖民地公共性”和对日协力：殖民地政治史、社会史之前置性考察》，若林正丈、吴密察主编：《跨界的台湾史研究——与东亚史的交错》第 102 页，（台湾）播种者文化有限公司，2004 年。

[106] 陈南州:《台湾基督长老教会的社会、政治伦理》第 75 页,（台湾）永望文化事业有限公司，1999 年。

[107] 吴叡人：《台湾非是台湾人的台湾不可：反殖民斗争与台湾人民民族国家的论述 1919 ～ 1931》，林佳龙、郑永年主编《民族主义与两岸关系：哈佛大学东西方学者的对话》第 49 页，（台湾）新自然主义股份有限公司，2001 年。

[108] 台湾总督府警务局：《警察沿革志·台湾社会运动史》总序言，转引自王小波：《民族精神寓于民族历史之中：< 台胞抗日文献选编 > 序》，王小波编：《台胞抗日文献选新编》第 XII ～ XIII 页，（台湾）海峡学术出版社，1998 年。

[109] 严正宗：《战后台湾佛寺的转型与发展——以南投地区佛寺斋堂为中心》，杨惠南、释宏印编：《台湾佛教学术研讨会论文集》第 215 页，（台湾）佛教青年文教基金会，1996 年。

[110] 黄静嘉：《春帆楼下晚潮急——日本对台湾的殖民统治及其影响》第 275 ～ 276、307 ～ 308 页，商务印书馆，2003 年。

[111]《重修台湾省通志》卷三，《住民志·宗教篇》第 8 ～ 10 页，台湾省文献委员会，1992 年。

[112] [美] 安·约·格拉德著、陈文寿译：《当代台湾：一项关于日本热带殖民地经济发展和战略重要性之分析》，[美] 安·约·格拉德著、陈文寿译：《真相：日本殖民地时代之日本与朝鲜》第 49 页，香港社会科学出版社有限公司，2006 年。

[113] 转引自王顺隆:《日治时期台湾人‘汉文教育’的时代意义》，《台湾风物》第 49 卷第 4 期，1999 年。

[114] [日] 西野英礼着、郑钦仁摘译:《殖民政策的伤痕——帝国主义时代日本人的台湾观》，郑钦仁:《生死存亡年代的台湾》第 94 ～ 95 页，（台湾）稻乡出版社，1989 年。

[115] 汪洋：《台湾》第 188 页，中华书局，1917 年。

[116] [日] 矢内原忠雄著、周宪文译:《日本帝国主义下之台湾》第 204、208 页，（台湾）海峡学术出版社，1999 年。

[117] 吴三连：《呈文学士林茂生君》《台湾青年》第二卷第五号，1921 年 6 月 15 日。

[118] 尹章义:《台湾人的日本观：以日台关系史为轴心所作的探索》，（台湾）《历史月刊》2001 年第 6 期。

[119] 林呈禄：《六三法问题的归着点》，《台胞抗日文献选新编》第 111 页 .

[120]《台湾议会设置请愿理由书》，同上书，第 116 ～ 126 页。

[121]《台湾议会期成同盟会治安警察法违反嫌疑的公判》，《台湾民报》第 2 卷第 16 号，1924 年。

[122]《陈逢源的答辩》，《台胞抗日文献选新编》第 134 ～ 135 页。

[123]《林呈禄的答辩》：同上书，第 139 ～ 140 页。

[124]《蔡培火的答辩》，同上书，第 149 页。

[125]《蒋渭水的答辩》，同上书，地 147 页。

[126] 蒋渭水语，转引自《台湾非是台湾人的台湾不可：反殖民斗争与台湾人民民族国家的论述 1919 ～ 1931》，林佳龙、郑永年主编《民族主义与两岸关系：哈佛大学东西方学者的对话》第 70 ～ 72 页。

[127] 精卫（汪兆铭）:《民族的国家》，《民报》第 1 期，1903 年，《辛亥革命前十年时论选编》第 2 卷上册第 82 ～ 85 页。

[128] 参见 [日] 若林正文：《台湾抗日运动史研究》，（日本）东京大学出版会，1978 年；周婉窈：《日据时代的台湾议会设置请愿运动》，（台湾）自立报系文化出版部，1989 年；吴叡人：《台湾非是台湾人的台湾不可：反殖民斗争与台湾人民民族国家的论述 1919 ～ 1931》。

[129] 黄连德：《洗掉中国热昏症的“科学”妆吧》，《台湾年代》第 1 卷第 6 期第 36 页，1984 年 3 月。

[130]《历史叙事和民族主义的意义》，《历史与当下》第二辑第 18 页。

[131] 尹章义：《台湾人的日本观：以日台关系史为轴心所作的探索》。

[132] 施正锋：《台湾民族主义的解析——政治面向的三个竞争途径》，施正锋：《台湾人的民族认同》第 53 ～ 54 页，（台湾）前卫出版社，2000 年。

试论日本殖民者对台湾妇女的“皇民化”塑造

胡 澎

台湾自1895年被日本纳入殖民地体系直到1945年光复，有着长达50年的被殖民历史。在殖民统治下，台湾社会经历了政治、经济、文化、认同等多方面的变化和矛盾，特别是在日本军国主义发动的14年侵略战争期间，台湾民众被要求作为日本的“皇民”为日本国“奉公”，为天皇尽忠。日据时期的台湾妇女更是处于父权、殖民者、资本家的相互作用和压迫之下，在经济、教育、社会及家庭等方面均发生了急剧变化，特别是“九·一八事变”后，随着国民精神总动员运动以及皇民奉公运动的展开，台湾战时体制被构筑起来，台湾妇女或主动或被动地被殖民者主导的以“爱国妇人会”为代表的妇女团体所吸纳，并被要求作为“皇国之女”进行各种“后方奉公”活动。本文将研究聚焦于日据时期的台湾妇女，以台湾“爱国妇人会”在战争中的活动为线索，来思考性别、殖民主义与民族认同等问题，并探讨日本殖民者是如何对台湾妇女进行“皇民化”塑造的。

一、“爱国妇人会”与日据时期的台湾妇女

爱国妇人会是1901年在日本成立的、以军事救援为主要活动内容的官方妇女团体，日本每次大规模地向海外派兵都是该妇女会跳跃性发展的台阶。日俄战争期间，爱国妇人会对前线阵亡者和战争中病死者的家属、残疾军人和伤病军人进行了医疗救护。“九·一八事变”后，爱国妇人会的活动包括吊唁阵亡者、慰问伤病士兵、帮助生活困难的军人家属、迎送部队并寄赠慰问品等。“九·一八”事变后的第二年，爱国妇人会会员将近170万人。[1]除日本本土外，爱国妇人会的势力还扩展到了殖民地朝鲜、台湾、满洲、桦太（库页岛）和南洋群岛。不同历史时期爱国妇人会的活动内容虽有调整，但“为皇国扫除后顾之忧”之宗旨却始终未变，特别是在侵略战争期间，爱国妇人会将大量家庭主妇组织起来，积极服务于后方，开展了“后方奉公”等多项活动，对战争体制起了一定的支持和协助作用。

爱国妇人会台湾分会成立于1904年，团体领导层是日本女性，会员是台湾女性，多为台湾社会名流的女眷，团体活动以殖民者当局为主导。1910年该会对台湾总督府的山地讨伐[2]进行了支援，20年代，爱国妇人会在“日台妇女亲善”上发挥了一定作用。“九·一八事变”后，台湾全岛军国主义思潮高涨，爱国妇人会台湾分会也应时局的变化和殖民当局的要求，减少了社会福利方面的活动，加强了军事援助色彩，成为战争期间异常活跃的带有浓厚殖民特征和官方色彩的妇女团体。爱国妇人会通过在全岛各地召开动员大会、广泛发展会员，越来越多的台湾妇女被发动起来，她们大量缝制“慰问袋”[3]和“千人针”[4]寄往在前线的日军士兵，会员们还被号召在劳动力和精神上支持战争，并为战争募捐。

爱国妇人会台湾支部是殖民当局举办各种活动的积极参与者。如，1933年2月11日，为庆祝日本建国纪念日（皇纪2593年），各地举行了隆重的庆祝仪式。台中市的庆祝大会就集中了15000人[5]，包括台中大队、中小公学校学生、各官衙、妇人会、町会等五十余团体，会场飘扬着各种旗帜和日本国旗，人们高呼万岁，场面极其热烈。1933年6月1日，爱国妇人会台湾支部升格为台湾本部[6]，时任台湾总督府平冢广义总务长官[7]的夫人平冢茂子担任本部长，团体的规则也有所修改。台

湾五州三厅行政区[8]，台北州、新竹州、台中州、台南州、高雄州建立支部，花莲港厅、台东厅、澎湖厅开设分会。由此可见，爱国妇人会的势力已遍布台湾各地。1937年卢沟桥事变后，爱国妇人会台湾本部重视发挥市、街道、村庄中家庭妇女的主体性，活动更加基层化。同时，在爱国子女团里吸收青年女子和女学生加入，一些小学、公学校的高学年女生被作为爱国少女团被组织起来。

太平洋战争爆发后，日本殖民当局把征集当地青年参加侵略战争当做主要任务。1943年实施陆海军特别志愿兵制，1945年实施征兵制，台湾青年被强征入伍。这一时期，殖民当局奖励各个州和郡为单位成立青年团、联合会、处女会、保甲[9]妇女团等，高雄州采取措施奖励女子青年团的成立，共成立了18个女子青年团，不但发展团员约700人，还制定了新的女子青年团纲领。[10]这些妇女团体将地区街道的家庭主妇组织起来，配合时局多次召开演讲会、讲习会，还普及国语、协助战时医疗救护、慰劳伤患士兵、分发配给、垦荒种菜等，进行了一系列的“后方奉公”活动，发挥了对台湾妇女的思想统制和战时动员的功能。

二、日据时期台湾妇女的“近代化”与“被同化”

日据早期，殖民者就开始通过对台湾女子的教育和同化政策，对其心理和精神进行塑造。

（一）台湾妇女的“近代化”

1．“废缠足”

明治时期，日本导入文明开化政策，积极学习西方的教育制度、科学技术及生活习俗，社会生活发生了深刻变化。日治初期，以台湾总督府为主导，各种社会力量为辅，进行了对台湾社会习俗、社会生活方式的改造，废除了“台湾三大陋习”的鸦片[11]、缠足、发辫，又进行市区改造与推广公共卫生。台湾的社会生活在殖民当局“生活改善”、推进同化的各种活动中被染上了诸多日本色彩，也使得这一时期的台湾历史呈现出“近代化”与“同化”两种特征，即旧有的传统文化被改造，陋习被消减，新的习惯、生活方式逐渐生成。

台湾妇女的近代化应从废除缠足开始。日据台湾之前，缠足风在台湾上流社会比较盛行，“台湾缠足习俗，原亦来自大陆。……嘉庆以后，海禁渐驰，内地人可携眷来台，而人口亦复增值，缠足随之而成风气”[12]。缠足是台湾上流淑女的标示，也是女子嫁入名门望族的必备条件。台湾总督府当初在推动放缠足运动时，考虑到遽然下令势必引起台湾人反感，不利于刚刚建立的殖民政权，因此，采取了渐进的方式。他们首先是通过学校教育和报纸杂志进行宣传，其次是让台湾士绅鼓动台湾妇女放缠足，发挥了台湾地方士绅的示范和推动作用。殖民当局主要是通过台湾的知识分子、精英人士，传达了殖民地化和近代化的政策，使得台湾的近代化得以顺利展开。

1899年末，“台北天然足会”筹备成立，揭开了放缠足运动序幕。由于此习俗已沿袭多年并深深扎根于台湾社会生活之中，五年的放足运动成效甚微。据当时户口调查，到1905年10月，全省有缠足800666人，占女子总人口的56.9%。1911年，台北参事夫人和区长夫人与台湾上流社会妇女发起成立了解缠会。成立大会时，爱国妇人会的十几位日本妇女和地方官数十人参加，盛况空前。三个月后会员就发展到1611人。[13]放缠足运动在1914年扩展至全台湾，各地都成立了解缠会。1915年4月15日台湾总督府发布了禁止缠足令，强制台湾人断发、放足。从此，缠足风气大为改善并日渐式微。

台湾总督府废缠足不仅使台湾女性在身体上摆脱了束缚和限制，还使台湾女性一定程度从封建习俗下解脱出来，得以走出家门，接触外部世界。同时，废缠足也为台湾女性接受近代化教育、走向社会打下了基础。殖民当局对落后封建习俗的改革容易使台湾妇女对殖民者出台的政策产生认同。

2．“兴女学”

受西方近代思想的影响，日本从明治早期便开始提倡女子教育，男女就学率逐渐接近。出于对日本民族未来的关注，传统的以“贤妻良母”为目标的女子教育方针被重新赋予新意，即通过普及对女性的教育，使女性成为担当教育重任的“良母”。日据台湾时期，殖民当局希望通过对台湾女子的教育来促进台湾家庭的改变，从而使殖民统治得以顺利实施。另外，殖民者也希望借女子教育在台湾人家庭中普及日语和日本习俗，以此建立与台湾精英层之间的稳定关系。

台湾女子教育最初始于1897年台湾总督府国语学校第一附属学校女子部[14]，该校规则中明确写道，“该校乃传授本岛女子手艺及普通学科之场所”，教学科目为“修身、国语（日语）、习字、裁缝、编织、花道及唱歌”，台湾总督府国语学校第三附属学校[15]的教育内容也同样是重视国语和手艺，早期以台湾人家庭中对女子教育比较欢迎的刺绣、裁缝等手艺传授课程为主。女子学校的课程均为传统儒教社会对妇女德行的要求和成为“贤妻良母”必备功课。从1910年开始，台湾女子教育中国语教育的教学时间逐渐加重，成为教学时间最长的科目，而其他科目也是以日语来进行。女子教育的目的不仅仅是培养台湾女子具备一定的知识和技能，还包括在台湾女性身上培养日语能力和日本“国民精神”。1919年1月《台湾教育令》出台，该教育令的目的在于普及普通教育、师范教育、职业教育、日语教育，培养忠良的国民，涵养其德行。该教育令允许设置针对台湾女性的中等教育机关，即三年制的“女子高等普通学校”。1919年和1921年分别成立了彰化女子高等普通学校与台南女子高等普通学校。1919年发布的《台湾公立女子高等普通学校规则》明确规定了要对台湾女子教授日语，养成其国民的自觉，并使之勤勉于家务。台湾的女子教育从重视手艺转向了重视国语和普通学科，台湾特征渐弱，日本特色渐强。1922年，修改后的《台湾教育令》颁布，规定中等教育以上机构实施日台共学。同年，女子高等学校教育方针的重点改为“养成国民道德”与“涵养妇德”，重视对女子德性的涵养、国语的训练，将台湾女性培养成为贞淑贤惠、慈爱温良、勤俭家务的女性。

日据时期，台湾的知识分子和精英从齐家治国的儒家观点出发，也希望台湾女子教育以新的贤妻良母为目标，这一近代教育观与日本殖民者推行的女子教育政策产生某些契合。因此，当时的台湾知识分子和精英对殖民当局的废缠足、兴女学表示欢迎，并予以积极协助。殖民者在台湾施行的女子教育赋予了一部分台湾女性受教育的权利，台湾妇女的弱势地位在就学等方面有所改善。因此，相当数量接受近代化殖民主义教育的台湾女性对日本殖民者产生认同也就不奇怪了。

（二）日据时期台湾女性的“被同化”

殖民当局从侵占台湾的第一天起，就在台湾设立总督府，推行同化政策。同化政策实质上是一种内地延长主义，即将台湾视为日本内地的延长，其主要目的是从文化上、心理上泯灭被侵略国人民的民族意识、民族精神，将台湾民众培养成为效忠天皇的日本忠良之臣民。同化政策主要措施是推行差别教育、普及日语、涵养台湾民众对殖民地宗主国日本之义务观念。殖民者希望通过“同化”政策来抹杀被殖民者台湾民众的民族性，将台湾民众变成下等日本人，而绝对不是“真正的日本人”。

日据时期，同化政策是以学校教育为主进行的，有着浓重的差别，体现在台湾籍学生与日本籍学生的差别、台湾籍男女两性之间的差别、不同阶层台湾籍女子之间的差别。1896年，台北设立国语学校，之后在全台湾设立16所国语传习所作为台湾人初等教育机构。在初级教育阶段，日本籍学童被重视和优待，读的是“小学校”。中国儿童被歧视，就读的是“公学校”和“国[日]语传习所”，高山地区的原住民儿童则进“教育所”。这些学校教育资源不均衡，教学水平相差很大，但无论什么学校，日语均为基本语言。1922年，新《台湾教育令》发布，规定中等教育以上的教育机构日籍和台湾籍学生共学。教育上在名义上平等，实际上好学校几乎都是日本人，台湾籍儿童很难进入。殖民者为防止中国人接受高等教育，从中等教育开始，对中国学生所学专业进行限制。高等教育主要由日本人独占，除了医学专门学校及台南高等商业学校外，其他一切高等学校考试都在日本国内举行。

日据时期，台湾的日本籍和台湾籍儿童的入学率有着明显不同，如图所示。

日据时期台、日籍儿童就学率比较

年代	1904年	1909年	1914年	1920年	1925年	1930年	1935年	1940年	1944年
台籍	3.8%	5.5%	9.1%	25.1%	27.2%	33.1%	41.5%	57.6%	71.3%
日籍	67.7%	90.9%	94.1%	98.0%	98.3%	98.8%	99.3%	99.6%	99.6%

资料来源：台湾省行政长官公署统计室：《台湾省 51 年来统计提要》，第 1241 页。

日据时期，殖民当局对台湾女子的教育方针也是不公平的，对台湾女子的要求体现了其殖民性与性别的差别。最初的教育对象主要是台湾上层社会的女性。初等教育的女生入学率低，中等教育以上以中上阶层为主。高中女性教育费用昂贵，只有富家女子才有受教育的机会。台湾女性一直到 20 世纪初，才有机会可以上女子高级中学及职业学校，进而成为教师、护士、助产士等。台湾女性如果想要深造就得留学日本。殖民者希望通过教育首先让台湾女子学做一个贤妻良母，其次是做一个日本女人，包括语言、生活方式、服装和礼仪上都要日本化，台湾女子还要学习日本女子穿和服，在榻榻米上的正坐方式，吃饭、走路的方式。

明治维新后，日本已经摆脱了民族危机，走上了一条通往资本主义的道路，而当时中国大陆的殖民地化程度却日益加深，民族危机空前严重。台湾更是一个经济落后和闭塞的岛屿，其近代化程度远远落后于日本。因此，一个西化的、近代化的殖民地宗主国很容易让殖民地人民对其产生认同。台湾人开始对日本殖民者带来近代化的新文明、新文化有选择地予以接纳，而并非一味排斥。随着殖民主义教育和殖民政策在台湾的推行，台湾妇女不得不以殖民者的话语方式来确认自我“身份”，在整个社会扭曲的文化氛围中逐渐认同了走向近代化文明的日本，拒绝了封建落后的中国，从而完成了其精神世界和现实世界的被殖民化过程。

三、带有鲜明殖民烙印的台湾妇女解放思想

（一）殖民地台湾女子教育的局限

台湾的殖民主义女子教育具有近代性和殖民性的双重特征。一方面普及发展女子教育，提高女童入学率，开启了台湾女性的近代化，另一方面，台湾女子教育没有跳出殖民主义的范畴和性别的藩篱，女子教育从始至终体现了殖民地宗主国男性对被殖民女性的要求，并强化了殖民统治。例如，日据早期，殖民者在废缠足、推行女子教育时，虽标榜文明开化，然而，如果深入思考和探究，我们就不难发现，日据时期台湾女子教育的目标局限于“贤妻良母”和“齐家治国平天下”。殖民当局鼓励台湾女性接受教育，并不意味着鼓励台湾女性通过教育、掌握技能、走向社会、谋求自立。曾就读于台北女子高等普通学校的邱鸳鸯女士回忆道：“日据时期虽然不曾阻止女性就学，但也不鼓励妇女出头。凡拥有学历而外出就业的女性，她们的地位比同行男性低落。”陈爱珠女士回忆台北第三高等女学校时说：“三高女最主要的教育目标是同化台湾籍学生，也就是要训练我们成为日本人，对他们的天皇陛下尽忠；其次是希望女学生将来做贤妻良母，因此较不注重科学方面

的课程，也不鼓励学生深造。当时台湾的专门学校和台北帝国大学不招收女生，有志深造的女学生得到日本才能念大学。”[16]

台湾殖民地女子教育方针曾引起了一些台湾知识分子的不满，当时的《台湾民报》上，经常能看到对殖民地女子教育的批判。[17]台湾学者游鉴明也曾分析指出，“早期女子教育的内容强调插花、裁缝等课程，对女子学生如何教育使其成为贤妻良母的教育。中期到后期，家政等课程减少，教学内容重视近代化的家政管理，其本质依然是培养女学生成为具有妇德的贤妻良母。如此把女性作为附属地位、不尊重女子独立人格的教育观念与日本国内的女子教育是同一条路线，没有体现近代化。”[18]也有大陆研究者认为，“台湾日据时期的上层女性知识分子的教育是按照塑造标准日本女人的模式来实施的，更重要的是，她们对传统文化的保留远远胜于提倡民主和科学、强调反传统的‘五四’时期的女作家。因此，日据时期的台湾妇女，多了些日本女性的温文尔雅和中国传统女性的妇道操守，却少了些‘五四’女性强烈的反叛意识。”

日据时期，一小部分台湾女性通过接受殖民主义近代化教育，掌握了技能和学问，获得职业，成为了新女性。大多数台湾妇女接受了以近代化为包装的殖民主义意识形态，对日本这个国家产生认同，以成为日本的“现代新国民”、日本式的新“贤妻良母”为人生目标。[19]

（二）先天不足的台湾妇女解放运动

日据时期台湾的近代化是以日本殖民者和台湾社会精英的互动得以完成的。1915年以后，台湾几乎不再有大规模的武力抗争行动，20世纪20年代开始，台湾岛内的进步知识分子针对各种社会问题，提出改革理论，成立了不少政治社团、文化社团等社会团体。不少团体的政策中均有针对台湾男女平等问题的内容，如社会改革和文化启蒙团体——台湾文化协会的章程中就有提倡女权思想、改良婚姻制度等对与妇女相关的内容。该会成立后发展很快，在各地建立了支部，举办各种讲演会、讲习会、文化活动，致力于新知识和新思想的介绍，以及推广民主及民族自决的理念等，并为设置台湾议会发起请愿运动。1922到1926年间召开了约800回演讲会，听众达到30万人。[20]这些社会运动为台湾女性起到了思想启蒙的作用。

20世纪20年代，一些文化协会、农民组合、工友协助会均先后增设妇女部。1925年台湾第一个女性团体“彰化妇女共励会”是由一群彰化知识阶层女性所创设，入会资格十分自由，不限年龄与身份，成立后举办了许多大型演讲会。但由于该会与台湾文化协会关系密切，而被殖民当局采取盯梢政策。共励会的历史不长，对台湾社会产生的影响也比较有限。另据《台湾总督府警察沿革志》记载，1926年7月成立的诸罗妇女协进会是台湾文化协会下属地区性妇女组织，创立当初会员仅30多名，后来发展到80多名。1927年末，改称为“台湾妇女协进会”。该会在召开恳谈会、妇女问题演讲会之外，实际开展的活动并不多。台湾共产党创始人谢雪红对其评价为是“进步的，但不是战斗的群众动员机关”、“小资产阶级”的组织。

“九·一八事变”前，台湾妇女自主集结的团体多属于地区性亲睦交谊团体，如，台北青年读书会妇女部、宜兰妇女读书会、高雄妇女共励会、台南女青年会、台北妇女革新会、台中妇女亲睦会、汐止女子风俗改良会等。还有一些女性团体把活动重点放在处理家务、缝纫和幼儿健康等家庭事务上。台湾女子学习日本茶道、花卉栽培技艺和唱歌、跳舞。因此，总体上来看，日据时期台湾没有形成大规模的妇女解放运动，妇女自发成立的组织也比较少，妇女社会活动的参与率也不高。另外，总督府担心台湾民众的民族意识觉醒，对一些社会团体始终密切监视，导致社会团体成长空间十分有限，自发成立的妇女团体更是难以生存。

台湾的妇女解放运动从一开始就遇到了性别、民族、国家、殖民者的多重压迫。因此，当20世纪20年代日本国内妇女参政权运动风起云涌之际，台湾妇女解放运动则相对沉默和停滞，即便是较为活跃的彰化妇女共励会也没能提出妇女对政治的要求。因此，先天不足的台湾妇女解放运动难以起到对台湾妇女在两性平等、经济自立、民族认知等方面的思想启蒙，更谈不上带领台湾妇女开展一系列追求自身权力、反殖民和反封建的社会运动了。

（三）战时体制下台湾妇女解放的幻象

日据时期，台湾女性在社会上的发展空间依然比较小，其职业分布多为女医生、女教员、女助产士，其余多属于劳力或下层服务业，平均收入较低。日据时期，日本人和台湾人之间收入差异也较大。曾在日赤医院工作过的尹喜妹回忆说：“日据时代过年也有奖金，但因种族歧视，我们都是加薪而不升级。日本人虽然设有‘精勤奖’，作为资深员工的奖励……事实上得到这类奖赏的台湾人非常少”。[21]曾在宜兰女子公学校和台北日新公学校等任职的陈爱珠女士也回忆道，“一般而言，日籍老师的薪水比台湾老师高，我们初任教员时，他们的薪水就比我们多六成。[22]因此，日据时期，即便有不少台湾妇女走向社会，但这只不过是妇女解放的一种幻象，殖民当局推广教育的初衷是培养劳动者，对台湾妇女实施的劳动动员，实施上没有将女性带入一个多元化的职业领域，其本质是殖民主义政策下台湾妇女在职业领域被利用和压迫。

随着战争的扩大化，由台湾妇女自发组成的团体很难生存。正如，台湾学者游鉴明认为：“卢沟桥事变后，在战时体制下，各种活动以强化皇道思想的军国主义为中心，其‘独立自主’性越来越难于存在了。”[23]自发的妇女团体的生长不良以及衰退，使得殖民体制下官方妇女团体因缺少制约而得以顺利发展。

战争动员是国家巩固政权的手段，“举国一致”的战争体制需要女性的参与，正如伍尔夫那句名言：“一直以来，妇女被排除在缔造战争的决定过程之外，但当战事爆发，国家却以民族大义之名，号召妇女支持。”台湾妇女在被动员参与战争体制的架构中，被要求承袭传统的性别分工模式，同时被殖民者塑造成“贤妻良母”，扮演着附属性、工具性的角色。殖民地台湾女性的国民化经验与殖民宗主国日本女性的不同之处在于：日本女性希望通过参与战时体制寻找作为女性国民与男性平等的共同享有权利的感觉，而台湾女性通过参与战时体制，希望获得的是与作为殖民者的日本女性平等的对待，表达了台湾女性对民族国家的向往和诉求。台湾妇女追求男女平等和权利的过程是伴随着近代民族/国家空间的想象的，然而，台湾妇女对殖民体制、战时体制的参与是不可能给她们带来“国民化”的，她们被“皇民化”的过程反而又强化了殖民主义、父权制对女性的制约和压迫。

在14年侵略战争中，作为殖民地宗主国的日本妇女与被殖民的台湾妇女，实际上都是牺牲品，是被利用的对象。在殖民暴力里，“性”被赋予强烈的权利象征意义，随着战争的进展，台湾女性身体也成了另一种殖民地，日本人在台湾征集“慰安妇”的历史就证明了国家权力、殖民主义在台湾女性身体以及台湾女性生命史上所留下的深刻烙印。

四、“皇民化”运动对台湾女性的精神塑造

“九·一八事变”后，台湾人的团体、报纸、杂志都处于严密的监控之中，但体制内团体的活动却得到了殖民当局的大力支持。卢沟桥事变后，日本殖民者为向台湾民众灌输皇民化思想，进一步强化头目势力者会、家长会、妇女会、男女青年团、自治会、处女会、青年会、日语讲习会等。据不完全统计，1937年台湾有日语讲习所176处，学生15985人；日语普及会21个，会员618人；头目势力者会86个，会员980人；家长会351个，会员23612人；妇女会84个，会员4276人；男女青年团372个，团员14175人，几乎囊括了台湾青壮年中坚人物和原住民部落中的名望人士。[24]

1937年开始的皇民化运动大致可分为前后两个时期。1937～1940年为前期，称为“国民精神总

动员运动”时期，1941～1945年为后期，称为“皇民奉公运动时期”。当战争在殖民国家日本与作为殖民地台湾人的祖国中国之间发生时，日本殖民者强调了台湾人作为日本帝国臣民的身份，要求台湾人确立对时局的认识，拥护日本国策，体现日本精神，强化邻保关系，教化台湾儿童，支持其战争政策。1937年9月开展的国民精神总动员运动的中心内容为“从本岛的特殊情况出发，将重点放在全体岛民对国家的报恩感谢上，确立对时局的认识，强化国民意识，刷新社会风气，强化后方后援，协助非常时期财政经济政策，维持治安、卫生，振作岛民精神。”运动期间，设立国民精神总动员强调周、国民精神振兴周、国民精神总动员健康周、后方后援强化周等，还开展了诸如国民精神总动员金报国运动、国民身心锻炼运动等一系列运动。

1940年，法西斯军国主义体制在日本占据主导地位，1941年，台湾总督府主导成立了“皇民奉公会”。皇民奉公会上自总督府，下至州、厅、市、郡、街、庄，均设有严密的组织，与总督府行政系统是完全重合的，有利于总督府自上而下地贯彻一系列思想及物质动员。设立皇民奉公会的真正目的是强制征用翻译、军夫，组织志愿青年队、高砂义勇队，改日姓等，使台湾民众脱胎换骨，成为支持日本军国主义侵略中国的“皇民”。作为皇民奉公会的外围组织，还成立了诸如青年学生报国会、青年奉公会、女青年奉公会、报国挺身队、勤行报国青年队、女子增产队、奉公壮年团、文学奉公队等名目繁多的团体，甚至连宗教界人士也成立宗教护国团、佛教奉公会、佛教宣传队等。组织上的强化是后期皇民奉公运动的一大特色。随着侵略战争的扩大化，殖民当局对台湾妇女的统制也愈发严密。

殖民者开展的皇民化运动是为了让台湾人民背弃固有民族语言、传统文化和民族归属感，成为日本殖民者和法西斯军国主义的皇民，成为战争动员体制下的劳动力资源、大东亚战争的兵力补充。皇民化时期，台湾家庭的生活方式急速日本化，如居住日本式的住宅，使用日本的风吕（澡盆）、便所、榻榻米，春节被废除，按日本方式过新年，妇女必须穿和服，吃饭要吃日本料理；行礼要行日本90度的弯腰礼；婚礼和葬礼都要采用日本式。日本殖民当局后来还禁止中国人使用中国名字，仅在1941年，被迫改名的台湾民众就有7万多人。另外，殖民当局还强迫台湾民众改变宗教信仰，强制其参拜神社。

台湾妇女所面临的同样是强制动员以及皇民化运动的精神改造。1943年，为对应战时体制，台湾女子教育方针改变为培养“彻底至诚尽忠之精神”，“磨炼国语能力，在学校内外生活中练成皇国女子”。战时殖民政府的政策中，传统性别分工、妇女与家庭的紧密联系被再次强化，台湾妇女被赋予担负守护后方家庭的重责。

在战时军事动员下，所有事物冠以“皇”字，赋予其正当性。日本殖民者将日本国合法化为台湾民众的“国家”，于是，台湾民众也就成为了日本的“皇民”。日本要想打赢这场侵略战争需要日本妇女的支持，同样也需要殖民地台湾妇女的支持。台湾妇女的“皇民化”过程是通过加入爱国妇人会等体制内妇女团体得以实现的。在对战时体制进行支持的过程中，台湾妇女走出了家门，获得了一定程度的自我实现，因而感受到某种程度“被解放”的意味。这里，妇女解放与“后方奉公”纠葛在一起，使日据时期台湾妇女问题呈现多元和复杂性。然而，归根结底，日据时期的台湾妇女从始至终处于被殖民者利用的边缘者角色，而从边缘走向中心的必由之路只能是加入体制内妇女团体，从事“后方奉公”活动，这也就注定了殖民地时代台湾妇女的悲剧性命运。

（作者单位：中国社会科学院日本研究所）

注 释：

[1] 千野阳一主编：《爱国·国防妇人运动资料集3》，日本图书中心，1996年，第39页。

[2] 日本殖民者入台之后，为了确立和巩固其统治地位、建立稳定的社会治安局面，对台湾山地土著民族进行了一系列的武装镇压和讨伐。

[3] 慰问袋是日本妇女为慰问出征军人、鼓舞士气、解决其生活不便而缝制的小布包，里面放的是一些日常生活用品。

[4] 甲午战争和日俄战争时期开始的一种习俗。由众多妇女用红丝线将硬币缝到一块长布上做护身符，据说用它围在腰上可以刀枪不入、抵御炮弹、化险为夷。

[5] 《殖民地台湾の日本女性生活史昭和编（上）》，田畑书店，2001年，第241页。

[6] 同年7月30日发行的《台湾爱国妇人会新报》第45号被作为“本部升格纪念”。

[7] 总务长官原名称为民政长官，1918年改名为总务长官，该职务既是台湾总督的左膀右臂，也是总督府各项政策的实际执行者。

[8] 日据初期的1895年，台湾简单划分为台北、台湾、台南三县与澎湖厅。历经数次变革，1920年为五州二厅制，即台北州、新竹州、台中州、台南州、高雄州和台东厅、花莲厅。1926年，澎湖厅由高雄州分出，改为五州三厅。

[9] 日据时期，保甲制度是社会控制的重要工具。总督府制定了《保甲条约》，规定每十户为一甲、每十甲为一保，每个“甲”都设置“甲长”作为领导者；而“保”则设置“保正”，任期皆为两年，没有工资。

[10] 《殖民地台湾の日本女性生活史昭和编（上）》，田畑书店，2001年，第232页。

[11] 当时，吸食鸦片是当时台湾人的普遍社会现象，据统计，半数汉人有此习惯。

[12] 台湾省文献委员会：《台湾省通志稿》，捷幼出版社，1999年，第79页。

[13] 石冢友子：《台湾の女性にとっての近代と国家——彰化妇女共励会の一年》，井行碧编著：《“日本”国家と女》，青弓社，2000年，第194页。

[14] 该校是1919年以前，台湾人女子接受中等教育的唯一一所公立学校。

[15] 日据时期以台湾女性为主要对象的代表性女子教育机构，1922年改为台北第三高等学校。

[16 游鉴明：《走过两个时代的台湾职业妇女访问记录》，“中央研究院”近代史研究所出版，1994年，第261页。

[17] 游鉴明：《走过两个时代的台湾职业妇女访问记录》，“中央研究院”近代史研究所出版，1994年，第89页。

[18] 游鉴明：《日本统治时期における台湾新女性のコロニアルとモダニティについて》，早川纪代等编《东アジアの国民国家形成とジエンダ——女性像めぐつて》，青木书店，2007年，第368页。

[19] 吴笛：《日据时期台湾女性作家自觉意识管窥》，世界华文文学论坛，2004。

[20] 石冢友子：《台湾の女性にとっての近代と国家——彰化妇女共励会の一年》，井行碧编著：《“日本”国家と女》，青弓社，2000年，第187页。

[21] 游鉴明：《走过两个时代的台湾职业妇女访问记录》，“中央研究院”近代史研究所出版，1994年，第31页。

[22] 同上，第268页。

[23] 游鉴明：《日本统治时期における台湾新女性のコロニアルとモダニティについて》，早川纪代等编《东アジアの国民国家形成とジエンダ——女性像めぐつて》，青木书店，2007年，第369页。

[24] 岛田昌势：《台湾国精运动的新开展》，《台湾时报》昭和14年9月号。

“米糖相克”与总督府米糖统制
——日据后期台湾殖民地农业之初探

王　键

一、蓬莱米与“米糖相克”——台湾农业经济的殖民地化

日本占据台湾初期，台湾总督府即确立“工业日本、农业台湾”的殖民经济方针，将台湾视为热带经济作物及粮食生产基地。相对于日本本土，台湾的面积太小，不能满足日本对外移民的需要，在作为日本海域外围屏障之余，充其量只能满足日本的农产品需求[1]。1868年明治维新后，特别是在甲午战争及日俄战争之后，日本资本主义开始发达，逐渐由农业转向工业国家、人口急速向都市集中，国内普通群众生活也相对地改善，因此米谷消费量增加。但日本农业经济趋于凋零、国产米供不应求，米价大幅攀升，日本国开始成为米谷输入国。日本同时是一个砂糖消费量极大的国家，但本身却基本不产糖，只有若干家以进口粗糖为原料进行精加工的糖厂。在1895年，日本全国砂糖消费量高达300万石，其中有80%依赖进口[2]。从1896年到1904年，日本每年要花费将近2200万元进口砂糖，这个金额就占了其贸易赤字的一半以上[3]。

为此，1895年日本占据台湾之后，开始有计划地通过关税保护、资金补助、原料确保[4]及机械化生产等手段来扶植台湾制糖业的发展。其实，在日据初期，总督府最为关注的产业就是米糖产业。糖和米之所以如此重要，是基于日本国内经济结构所致。如砂糖是因为1911年之前日本国际收支入不敷出，为减少进口外汇支出而勉力发展；米则是以日本国内粮食不足为其原动力[5]。这两项农产及加工产品在台湾近代经济发展上扮演极其重要的角色，台湾总督府在台湾的资源调查及相关的基本设施投资几乎都是以建立米糖经济为目的[6]。因此在1895年占据台湾后，提出了将台湾视为日本米糖供应地的“工业日本、农业台湾”的殖民地农业论调。

台湾学者吴田泉的《台湾农业史》将日据时期台湾殖民地农业发展过程分为四个阶段，即：第一阶段，糖业改良时期（1895～1911年）；第二阶段，再来米改良时期（1812～1925年）；第三阶段，蓬莱米发展时期（1926～1936年）；第四阶段，台湾农业经营多角化（1937～1944年）。其中第一、二、三阶段构成日据前期，第四阶段为日据后期[7]。另外，黄登忠、朝元照雄的《台湾农业经济论》也分作四个阶段，但期限划分与角度与吴田泉完全相异。即：“现状认识与整顿时期”（1895～1909年）、“在来米品种改良与米糖相克时期”（1909～1924年）、“蓬莱米的登场与台湾米、日本米相克时期”（1925～1939年）与“战时粮食管理强化时期”（1939～1945年）[8]。

日本占据台湾后，大力发展米糖单一种植经济是总督府殖民地经济产业政策的重要特征，但台湾的“在来米”（岛内原有的米种），产量低且不具有黏稠性，不合日本人口味，无法奖励其扩大增产。在“蓬莱米”出现之前，台湾稻米对日输出一直低迷，1905年以前台米输日不及台米总产量的8%[9]。至1904～1905年日俄战争期间，由于儿玉源太郎总督出任日军总参谋长，并由台湾紧急调集军用大米而使台米输日有所增加，但一直到1920年代，台米的生产及对日输出才呈现明显的进展[10]。为改良岛内低产稻种，总督府先后引进多批日本稻种在岛内进行试种，但日本稻种极不适应台湾的特殊地理和气候，很难在台湾推广种植，这些因素使台湾稻米的增产与输出受到极大的限制。长期以来，台湾岛内固有的稻种较为繁杂，多为质量比较粗劣的在来米，在同一品种中，常常

混杂有红米、乌米及稗，而且单位产量较低，营养含量也不高。为了提高稻米的质量和产量，尽快实现台米增产的既定农业政策，1906年总督府规定剔除红米的种植，并从1910年开始限定岛内稻米品种的种植数目，据台南厅农会第一次米种改良事业成绩报告："第一次米种改良的限定数：第一季181种，中间种85种。第二季219种，共485种，比以前减880种。减少红米的工作成绩，也颇为显着，大体已告剔除，其后随工作的继续反复，质量收量都见改进"[11]。

为实现既定之"农业台湾"的殖民地战略目标，台湾总督府决定加强其既定的台米增产策略，尽快提高台湾本地稻米的质量和数量，以满足大量且长期供应日本市场庞大需求的长远目标。在总督府民政长官后藤新平的主持下，1903年台湾总督府设立农业试验所，由日本国内招聘农业技术专家，开始研究培育适合日本人口味的优良稻米品种。1912年，日本农业技师矶永吉、末永仁等来到台湾总督府农业试验所，开始从事对台湾在来米的改良工作。在既有之新品种试种基础上，再经过矶永吉、末永仁等十余年的培育，又加上到马来西亚、爪哇、印度等地考察取经，至1922年终于培养出一种适合日本人口味的名为"台中65号"的新品种[12]。又经数年的试种后，新品种稻米终于获得成功。1926年5月5日，在台北铁路饭店举办之"台湾米谷协会第十九次会议"上，在矶永吉所建议的"蓬莱米"、"新台米"、"新高米"三个名字中，伊泽多喜男总督最终选定"蓬莱米"为新品种的名字[13]。自此以后，台湾培育的新米或日本的种稻，均称为"蓬莱米"[14]。随着1930年嘉南大圳的完工，蓬莱米由北向南流行起来。因其单位价值较高，利润高于在来米，种植面积迅速上升，在来米的种植面积则相应下降[15]。

按照以上台湾殖民地农业的发展历程，台湾学者吴田泉将1912至1925年称之为台湾农业的"在来米改良"时期[16]。自1922年起，由于蓬莱米的培植成功并大量推广，为台湾稻米生产带来划时代的进展。在台湾总督府的大力推广和奖励下，蓬莱米的播种面积持续扩大，从台湾北部的高台地，如大屯山、七星山向淡水、士林等平地推进，然后进入新竹、台中，接着向台南扩展。从种植面积来看，1922年台湾蓬莱米种植面积仅为14公顷，但到1925年增加为68，697公顷，1935年更增加到295，811公顷，比1922年增加数百倍，占当时台湾水稻种植总面积678 ，629公顷的43.6%，使台湾糖米竞争更加激烈。而输日的蓬莱米也在1934年创下721，000公吨的最高纪录。

另外，蓬莱米单面积产量确实比在来米（当地米种）高出20%，价格亦比在来米高5%～10%，由于大多运销日本市场，种植获益颇大，因此，蓬莱米的种植迅速普及全岛，结果，稻米产量大增，1934年，稻米产量突破900万石，输出增为430万石，占8%；1938年，稻米产量达到高峰，年产量为982万石，输出高达520万石，占53%，其中，蓬莱米占输出总量的84%。蓬莱米除了更可口而获得日本消费者的偏爱外，在生产方面又比原来的在来米能多收成21%，价格上又是高出在来米5至10%。加上总督府不遗余力推行，以建设水利工程来增加灌溉面积、设立农事试验场来改良品种、施行米谷验查、改进肥料、设立农业仓库来改进流通、驱逐害虫、推进二期米作等等。因此蓬莱米的种植乃迅速遍布于全岛，产量大增。当然其中大部分是运往日本。 如此台湾农业的发展政策由自1910年订定的发展糖业为中心，增加稻作农业奖励政策。

在蓬莱米未出现的1910年代时，台湾产米不到500万石，到了1920年代，蓬莱米普及化之后，稻米生产突飞猛进，产量最高时几乎达一千万石大关，同样的土地产量增加一倍。输出量也从原来的23%，约100万石；增加至520万石、占稻米总量的53%。同时，台湾原有的单一稻米种植业出现大的结构变革，从1910年代的台湾砂糖生产转化成为米、糖二大农产品的商品化生产。同时，在总督府的政策扶持下，三井物产、三菱商事、加藤商会、杉原产业等日本四大商社几乎垄断了台湾的米谷输出，其输出的数量占据台湾米谷输出量的90%以上。1922年后，蓬莱米出口量的增加，带动台湾整个米价水平上涨，由于米的价格逐渐超过甘蔗的收买价格，农民因为种米的收益较高，纷纷舍弃蔗糖改种稻米，造成蔗价水平的上涨。制糖会社的甘蔗原料收购受到价格上涨及供给不足的压力日增[17]。

总督府大力推动台湾当地在来米的改良，使台湾稻米的生产逐渐商品化，其主要目的是为供应日本本国市场的优质稻米，以补充日本的粮食不足。由于输出日本的稻米数量激增，形成岛内米价上涨，造成低所得阶层生活的困苦，总督府为了本岛粮食的供应，遂于1919年公布《米谷输出限制令》，非经特准不得输出。台湾米谷输日，在1900年只有1，400公吨，至1925年，增加为355，000公吨，占当年台湾稻米产量之38%[18]。

由于蓬莱米具有的经济作物性质，由此造成1920年代中期起台湾农业生产和对外贸易结构发生巨变，即由蔗糖单一经济作物为中心的生产、贸易结构，转变为以米、糖两大经济作物为中心的生产、贸易结构。总之，随着蓬莱米的出现和普及，1920年代中期以后台湾的殖民经济发生质的变化。米、糖之间具有竞争性，因而在1930年代发生“米糖相克”的问题。

蓬莱米得以迅速推广和发展的背景，除了台湾总督府以威权专制大力推行外，还有几点主要的客观原因，第一，蓬莱米的收获期恰好是日本国内青黄不接时期，因此，在价格方面处于有利地位。其次，对农民来讲，种植蓬莱米比种植在来米（本土米）收益高，据台湾总督府调查，每千斤蓬莱米比每千斤在来米（本土米）可多获3元到21元的收益。再次，从收益上讲，种植蓬莱米比种植甘蔗有利[19]。

随着蓬莱米的种植成功和普及，台产蓬莱米逐渐成为出口日本市场的主要米种。1926年蓬莱米出口日本市场仅占总出口数量的40.55%，以后逐年递增，1932年为66.20%，到1938 年上升到84.32%。相比之下，在来米（本土米）的出口数量却大幅下跌，从1926年的21.38%，1932年的10.22%，逐年减至1938年的3.07%。蓬莱米已完全取代了在来米的地位。台湾总督府推动蓬莱米栽培栽种面积，提高其产量并大力向日本出口，加强了把台湾的稻米生产与日本的农业融为一体的倾向，使之成为日本农业的补充，从而加深了对日本经济的依赖。

蓬莱米在岛内的迅速普及，使得台湾的殖民地单一农业（monoculture）发生很大的变化，从1910年代的砂糖生产转化为米、糖二大农业的商品生产，这也是此时期台湾总督府农业政策的最大特点。蓬莱米的成功培植，不仅在生产方面，在销售流通领域也发生极大的变化。自1929年的世界经济危机之后，蓬莱米的输出即被以三井物产为首的日本垄断财阀资本所操纵，三井财阀还在台湾各地设置米谷仓库和米谷检查所，以便更有效地将掠夺来的台湾农产品和优质稻米运往日本或输出其他地区，以获取暴利。所以，台湾“米谷经济最大的获利者，乃是以台湾本地的地主和少数日本米谷贸易商所组成的共生结构”[20]。如三井物产、三菱商事、加藤商事、衫原产业等四大米商独占台湾稻米输出的90%以上[21]。

为全面控制台湾稻米的收购及加工，在总督府及台湾银行的金融支持下，日本资本即以雄厚的资金实施购米代金的预先贷款制度来支配土著资本的土笼间[22]，再通过土笼间对农民发放高利贷而广泛地控制着台湾农村的稻米生产[23]。土笼间在收购农产品时，往往采取在耕作前提供农民现金贷款（为了要缴纳地租及获得生产资金）来压低收买价格的手段[24]。可称是一种高利贷资本。米谷的加工原本主要是由农家自行处理，随着商品化的扩展，碾米的工作也逐渐脱离农民的掌握[25]。在1914年时，只有16.89%的台米是由土笼间处理；及至1933年，土笼间已包办73.38%的米谷[26]。相对台湾糖业而言，以土笼间为代表的台湾碾米业长期由土著资本控制。1932年，岛内305家碾米厂中，仅有37家（1.2%）为日资企业[27]。至1939年，日资控制的碾米厂增至7%[28]。土笼间的存在强化了地主在交易中的优势地位。这是因为米谷流通过程主要控制在“地主→碾米业者/中间商”此一部分。米农要生产稻米，就必须缴纳地租和准备生产资金，因此地主往往在耕作前提提供农民现金贷款，在稻谷收割后，身兼碾米业者（土笼间）的地主就可用低价收购米谷，进行碾米、加工的工作。换句话说，“地主”同时也是“米谷的加工者”与“农民生产稻谷所需资金的放款者”，这种三位一体的结构有利于压低米谷价格，所以以日本人为主的输出商也乐观其成，刻意地加以维护，以保持台湾输日米谷的价格优势[29]。大约从1929年到1931年，台湾米谷的商品化率为63.51%[30]。但因为米谷的贩卖是集中在地主的手中，米谷的商品化与大量外销，并不意味着殖民地生活水平的提升[31]，反而可能因为要种植外销所需的蓬莱米，牺牲佃农所消费的在来米的种植。

表一　日据时期台湾米糖生产及对日输出量之变动

单位：千公吨

年度	稻	米（糙米）		砂		糖	
	生产量 A	输日数量 B	B/A %	生产量 A	输日数量 B	B/A %	输日占 总输出%
1900	307	1.4	0.5	27	——	——	——
1905	622	90	14.5	50	34	68.0	95
1910	598	104	17.4	204	126	61.8	99
1915	684	122	17.8	208	136	65.4	100
1920	692	103	14.9	223	291	130.5	93
1925	920	355	38.6	480	428	89.2	94
1930	1，053	317	30.1	810	743	91.7	100
1935	1，303	642	966	661	68.4	100	
1940	1，129	408	36.1	1，133	1，154	101.9	88
1944	1，068	166	15.5	892	400	44.8	84

注：(1)稻米系根据台湾省粮食局编制：《台湾粮食统计要览》，1949年。

(2)砂糖系根据《台湾糖业统计》编列，其中对日输出量超过当年生产量者，即系包括前年库存在内。

资料来源：吴田泉：《台湾农业史》，台北，自立晚报社出版部，1993年版，第367页。

二、“米糖相克”的博弈——攫取台湾米糖资源的最大化

在“工业日本、农业台湾”的殖民地政策导向下，台湾总督府大力发展台湾的米、糖经济，到了1925年以后，发生“米糖相克”问题。所谓的“米糖相克”问题，表面上指的是日据时期台湾最重要的稻米和蔗糖两个部门冲突的问题：当两个部门都要扩大生产时，就在耕地上形成了冲突——究竟是多种稻还是多种甘蔗，实际上是“糖业的利润建立在米作部门的落后与不利的相对价格上”[32]，即由于日资糖业资本要扩大甘蔗种植面积而产生的，相克的实质就是“台湾农民的利益和日资糖业资本利润冲突问题”[33]，“糖业资本考虑的是在寻求满足必要的原来需求而扩张产量及耕地面积时如何减低成本的问题”[34]，从而反映出台湾农业的殖民地性质。日本学者川野重任认为蔗作与米作的“争地”是造成“米糖相克”的重要原因。他指出，在台湾南部旱田区，商品作物甘蔗的入侵已达极限，故值得北上，进入以蓬莱米栽培为主的中北部水田区争地。这就是“米糖相克”的直接原因[35]。台湾学者涂照彦则指出：作为殖民地的台湾，米和糖的生产都服从宗主国日本的需要。日本本身不产糖，糖的进口是一个沉重的负担，因此占据台湾以后就努力

发展台糖，台糖最后占日本糖消费的90%左右。台湾的稻米对日本虽然没有台糖重要，但台米于每年青黄不接时输日，对于抑制日本的米价是很重要的。20年代，日本在向帝国主义转化的阶段是非常需要低米价的。因此，“米糖相克”并非殖民地台湾本身的经济问题，而应从日本帝国主义演化的高度来看待：当日本帝国主义要求殖民地台湾同时生产更多的米和糖时，相克就发生了[36]。涂照彦对此归结到：“米糖相克问题从现象上来看，……表现于糖米比价率的降低，其根本的决定因素，不外乎是土地所有关系”[37]。

同时，蓬莱米的培育成功，也是产生“米糖相克”的一个重要原因，在以砂糖作为单一经济商品的台湾，由于糖业投资的不断扩大，许多资本家开始进军台湾北部市场，因此严重影响到北部种稻的势力范围，而由于种植蓬莱米十分有利，岛内开始大面积种植，对日出口也大幅度提高（参考表二）。以1915年至1935年的20年间日本每年从朝鲜进口稻米净额自1，870千石上升至8，246千石，同时期从台湾进口净额则自636千石上升至4，054千石。由于来自台湾、朝鲜等殖民地的进口米骤增，其进口净额对日本本土米产量的比率也自1915年4%上升至1935年的25%[38]。

表二　日本国内米消费与供给（1915～1939）

年度	总消费	总产出	殖民地米净输入	
			台湾	韩国
1915	58，921	57，008	636	1，870
1920	62，318	60，809	637	1，641
1925	67，046	57，170	1，582	3，682
1930	68，910	59，558	2，178	5，089
1935	70，553	51，840	4，505	8，246
1939	79，320	65，869	3，957	5，583

注：蓬莱米1 石（糙米）=238斤；在来米1石（糙米）=233斤；
日本米1石（糙米）=243斤；韩国米1石（糙米）=240斤。
资料来源：《经济年鉴》各年版（东京：东洋经济新报社）。

1925年，台湾糖产量为480，000公吨，其中428，000公吨（90%）被输出到日本[39]。随着蓬莱米的种植成功和产量提高，至1925年以后，台湾稻米的生产摆脱了长期停滞的状态，种植稻米的耕地面积和稻米产量不断提高，而同时，种植甘蔗的耕地面积和产量随之大跌，此时又赶上经济危机，多家制糖企业倒闭，于是发生了“米糖相克”问题。

“米糖相克”问题产生的总背景，源自宗主国日本本身的需要，特别是一次世界大战以后，日本工业化和城市化的发展迅速，对粮食的需求与日俱增，既要台湾的砂糖，也要台湾的稻米[40]。1918年日本发生的米骚动集中地反映了粮食短缺问题。而来自台湾、朝鲜等殖民地廉价的稻米，也有助于降低日本国内劳动成本。20年代以前，台湾主要是作为日本的糖业基地，相应的，在农业方面就通过扩大甘蔗种植面积来提高甘蔗总产量。正是这种背景下，蓬莱米于1922年在台湾试验成功并迅速向全岛推广，绝大部分输出到日本，小部分为岛内日本人享用。台湾输日稻米比朝鲜少，是因为它还要供应日本糖消费量的80%左右。在糖价大幅上涨时，日资企业获得高额利润，而蔗价不变，农民不能分享到糖价上涨的利益。根据总督府制定的原料采取区域制度，农民必须将甘蔗卖给制糖企业，但农民也可以不种甘蔗而转种水稻等农作物。在总督府的政策保护下，自1905年起，日资制糖会社渐次推行“米糖比价法”，即甘蔗收购价格决定于米（或其他对抗性作物）的价格。米糖比价的字面含义似乎是要在米价与糖价之间寻求一个适当的比率[41]。其实不然，甘蔗收购价格与糖价之间的关系才是制糖会社关切所在[42]。总督府这项政策的设计目的，在于切断蔗价与糖价间传统的关联，使蔗农无法分享制糖业在总督府特惠保护下的丰厚利润[43]。这样，在糖价大幅上涨时，日资制糖企业由于生产成本基本不变（蔗价占据了制糖成本的大部分），可以获得高额利润。尤其在第一次世界大战期间，糖价大涨，各大日资制糖企业获利超出上年一倍以上。但是，由于蔗价并不决定糖价，农民并不能分享糖价上涨的利益[44]。因而，在蓬莱米试种成功并大量输日以后，种植稻米的农户得到切实好处，使得农户偏向种植稻米，从而影响到甘蔗种植面积。蓬莱米开始输出日本以后，其在日本市场的价格虽低于日本本地米价，但却追随日本米的价格波动，日本米价的稳定或上升，使种植蓬莱米的农户收益增加，台湾农民的生活也有所改善[45]。岛内的在来米价格也随之上升，米价的普遍上升使得农民更偏向种植稻米，而进一步影响到甘蔗种植面积，这就产生出“米糖相克”的问题[46]。

在台湾总督府的支持下，日本资本家尤其是日本制糖业大企业压低农产品收购价格，使农民所获收入有限。据统计，1931年佃农的地租支出额占农业经营费总额的41.66%。同样以1931年为例，自耕农所得扣除各项负担为571元，家庭开支为955元，赤字384元，自耕农赤字75元，佃农赤字175元。从农民家庭开支状况看，饮食费占一半，交际费和婚葬费占15%左右，表明农家大部收入用于养家糊口，封建礼俗和乡族活动在农村依然活跃。值得注意的是，教育费支出仅在1%左右，显示农村教育事业仍处于不发达状态。日据时代台湾农民尽管生活水平相对有所提高，但充其量仅达到温饱，半自耕农和佃农还要借助甘薯补主食不足。

造成台湾稻米大幅增产还有两个重要原因，一是由于日本农村的危机和米价的暴涨，1918年7月22日，日本富山县发生“米骚动”[47]，震撼了整个日本社会，也促使台湾总督府采取多种政策手段，加快台湾稻米的增产幅度，以供应日本国内市场；二是台湾嘉南大圳[48]的建成。嘉南大圳是当时日据时期台湾最大的水利工程，自1920年开工，历时十年，1930年竣工，总投资约5414万日元（当时台湾人均日工资为四角至六角），嘉南大圳的建成，使台南一带的旱田和甘蔗田多改种植稻米。这也是造成“米糖相克”的重要原因之一[49]。

台湾米市场的急剧扩大，与台湾糖业的甘蔗作地发生极为尖锐的争地问题，迫使台湾糖业的发展停滞，对于刚在昭和经济恐慌和世界经济危机遭到重创的台湾糖业雪上加霜。各制糖会社纷纷拟定实施所谓的《米价比准法》，也就是米价越高，甘蔗收购价格随之提高，企图借此吸引农民继续种植甘蔗，企图压制农民转种稻米。不过，成效并不显著[50]。另外，台湾总督府也基于对日本本土提供稻米的战略需求，也改变了以往对单一经济作物的政策，积极鼓励农民转种稻米，这项政策的改变，使得台湾农业的经营逐渐多角化，制糖会社也在米糖相克的过程中，不再仅从事甘蔗栽种和砂糖生产，也被迫朝向多元化发展，投资经营糖业以外的其他行业，此亦成为日据后期台湾糖业的特色，这是米糖相克最重要的时代及历史意义。

最初，日资制糖企业对待“米糖相克”问题的对策是采取惯用的债务捆绑办法，对境地困难的农户发放生产和生活贷款，同时与他们签订合同，规定他们按制糖企业的要求种植甘蔗。但日资制糖企业认为这样做尚不足以保证他们对甘蔗的需求，他们要求台湾总督府行使威权，通过殖民地经济政策进行强力干预。推动总督府兴建嘉南大圳、实现其利益最大化，就是日资制糖企业的“如意算盘”。

1918年9月，在台湾总督府的请求下，日本内务省派遣原田贞介技监到台湾，会同八田与一[51]技师对嘉南平原一带进行灌溉计划的实地勘察，重新评估该计划的可行性。在两人共同提出的报告中，八田与一首次提出其酝酿已久的想法，修改对以往官田溪灌溉七万五千甲的计划，欲将灌溉面积扩大到整个嘉南平原，总面积高达十五万甲。八田与一的具体设想是“将嘉南平原划分为二或三个部分，分年平均地给水”[52]。也就是所谓的“三年轮作给水制度”，即一年种水稻、一年种甘蔗、一年种杂粮[53]。台湾总督府采纳了八田与一的建议，遂在嘉南大圳灌区采取强制轮作制度，来保证蔗田面积，即每150甲为一个给水区，以下再分成三个区，夏天在第一区种稻，秋、冬在第二区种甘蔗，第三区种杂粮[54]。农民本来可以种二季水稻，却被迫改种甘蔗。同时台湾总督府硬性规定，将输入砂糖加征35%的附加税，使糖价暴涨，提高甘蔗的价格，以刺激蔗农的生产积极性[55]。很显然，这种三年轮种措施是限制各农户所拥有的作物选择权，强迫农家种一期的水稻和甘蔗。“通过轮流灌溉的水利政策，虽然可以暂时缓解米糖相克的现象，但由于台湾经济带有浓厚的殖民地特征，是不可能从根本上解决问题的”[56]。不过也有人认为，“三年轮作制度”实际上限制了日资制糖会社根据市场决定蔗作地的选择度[57]。

在“米糖相克”的特殊背景下，日资制糖会社也被迫作出一定程度的调整与让步[58]。仅以制糖会社而非农民的角度来看，制糖会社的利润计算公式为：制糖会社的利润=商品价格（糖价）—生产成本（蔗价等），由此可知，制糖会社若想提高利润，一是提高糖价，二是压低生产成本（透过压低蔗价或提高生产力）等方式[59]。1905年，台湾总督府为保证日资制糖会社有充足的原料，制定《原料采取区域制度》，将全岛划分为四十多个原料采取区，一个区域内的甘蔗不可以运出区外，也不可以移作他用，而只能卖给该区域内的制糖会社。制糖会社成为甘蔗原料的独买者，并因此享有指定价格的能力，但因为法律规定与自然条件使农民可自由选择种植稻作与蔗作[60]。所以日资制糖会社在制订其收购区域内的甘蔗价格时，不得不顾虑农民培育甘蔗的机会成本，亦即被放弃耕种的稻作之产值[61]。

1936年日本帝国议会通过《米谷自治法管理案》，要求日本、朝鲜、台湾同时减产稻谷。随后，台湾总督府通过劝诱补贴转作等的方法来劝诱农民放弃稻作，但在1937年“七七事变”以后，日本对台湾稻米的军需上升，日本农业歉收，情况发生骤然变化。以往总督府提倡减产稻田、转作蔗田的政策骤然逆转，又抑制生产转为奖励增产，1941年公布《米谷生产奖励规则》，并由各州（县）厅随着战争对军需米需求的上升，“米糖相克”问题才不被提起。

三、农业多角化——殖民地农业发展的一个历程

1927年日本发生金融恐慌，经济衰退导致日本国内供应过剩；1930年日本米谷大丰收造成米价暴跌，为保证日本本土的利益，日本更是严格抑制台湾稻米的输日数量。台湾总督府自1933年起就开始采取一系列米谷控制措施；1932年7月在总督府殖产局内设置“米谷统制系”；同年8月8日，殖产局与日本农林省进行协商，研讨米谷统制政策。农林省设立直属的“米谷事务所”，企图不经过总督府直接控制输日米谷的买卖。10月11日，日本农林省与主管台湾事务的日本拓殖务省达成协议，促使总督府在1934年、1935年施行米谷减产政策。11月1日，日本连同两殖民地朝鲜、台湾全面实施《米谷统制法》（法律第二十四号）；1934年3月，总督府又开始实施《临时米谷移入调节法》。在《米谷统制法》颁布并实施之后，针对米谷过剩之局面，台湾总督府制定出《米谷贮藏规则》，开始奖励产业组合仓库的兴建[62]。不过，仓库的兴建赶不及米谷的生产。1934年，日本农相（农业部长）后藤文夫[63]提出《临时米谷耕作面积减少案》（即减产案），受到台湾总督及拓殖务省的共同反对，而未能实施[64]。1934年2月10日，斋藤实内阁制定《临时米谷调节法》，规定日本政府为调节外地米移入数量而购买外地米，经费由米谷需给调节特别会计进行，还将特别会计法的借入限度从7亿元扩张至7亿5千万元。另外，专为购买日本米而将特别会计法的借入限度扩张为三亿元，一共为11亿5千万元。所以，为了米谷问题总共增加特别会计4亿5千万元[65]。该案若获得通过，意味着日本政府收购过剩米谷的费用将大大增加。此举引起日本国内的反对。通过对日本、朝

鲜及台湾三地米谷生产的成本计算看，发现1933年日本的生产成本为22.15元，朝鲜为20.98元，台湾蓬莱米为17.22元的悬殊差距[66]。如此差距，更加促使日本政府实施遏止殖民地米倾销的根本对策。1935年1月，日本农林省正式向日本帝国议会提交《米谷自治管理法案》，主张减少台湾输日米谷220万石[67]。经过多次修改后，1936年9月20日，日本帝国议会通过《米谷自治管理法案》[68]。该《管理法案》要求日本、朝鲜、台湾同时减产稻谷。随后，台湾总督府通过劝诱补贴转作等的方法来劝诱农民放弃稻作。

为了日本本土的利益，台湾总督府制定抑制米谷的产业政策，透过对价格的控制来压抑米作的成长。总督府采取如此破坏性的殖民地政策，其深层次原因有二：一是日本与台湾面临着1930年代初期的世界经济危机，一方面，经济危机使台湾已经高度商品化的农业经济面临饱和，另一方面，日本资本主义的衰退使米谷供应出现过剩的问题，为了保护日本本国的农民，台湾输日米谷首先成为被牺牲的对象。二是30年代后日本开始实施扩张性的财政政策及出口政策，不但使台湾承受了通货膨胀的压力，也使米谷经济的既有优势遭受打击。从1930年到1931年，台湾的“输移入综合物价指数”增长了43.3%，而输日米价却大幅下跌，结果使台湾和日本间的“贸易条件”（terms of trade,即每单位输出品可交换的输入品量）出现逆转的情况，由1930年的145.47%降为86.01%[69]。以上两种情况相加的结果，使台湾的地主和农民在1930年代初期逐渐陷入财务的困境中[70]。1932年，日本政府农林省有意实施限制台湾米谷的计划时，立即在岛内引发“台湾米移入限制反对运动”[71]。

由表三可知，在台湾输出的商品中，主要为砂糖和稻米两大类，特别是砂糖始终为台湾输日商品的最大宗品种。在1929年～1932年间，砂糖占台湾输日商品总数的50%以上，1933年以后也长期维持着40%的高比例。而稻米的输日量则随着日本国内农业的兴衰，波动比较大。

表三　台湾对日本的输出

（单位：十万元）

年度	总额	稻米	香蕉	砂糖	凤梨罐头	酒精	帽子	矿石
1929年	2，387	493	84	1，426	44	35	62	38
1930年	2，186	387	84	1，419	35	26	30	48
1931年	2，014	411	83	1，205	42	31	47	46
1932年	2，227	631	70	1，217	52	30	22	50
1933年	2，307	646	79	1，186	48	55	26	61
1934年	2，794	1，018	81	1，223	45	70	39	75
1935年	3，142	1，055	95	1，460	73	68	30	98
1936年	3，589	1，243	106	1，635	59	56	24	150
1937年	4，103	1，262	117	1，890	76	74	33	…
1938年	4，201	1，267	129	1，776	85	97	30	173
1939年	5，097	1，253	165	2，293	112	165	38	149
1940年	4，593	843	256	1，856	104	144	47	182
1941年	3，798	707	178	1，565	37	132	33	150
1942年	4，196	762	110	1，845	62	147	29	154
1943年	2，927	660	54	975	22	160	56	176

资料来源：[日]松江清：《近代日本贸易史》第二卷，东京，有斐阁，1963年版，第122页。

随着1931年“九一八事变”至1937年“七七事变”的爆发，台湾渐次进入日据后期，台湾殖民地经济发展进入战时经济统制时期。为应付战时军事需要，总督府制订并实施了一系列新的农业统制政策，致使台湾岛内固有的农业结构发生重大的改变，“各种特用作物迅速发展以供应军需，更促使台湾农业走向多角化”[72]。1933年，总督府以敕令第二百七十九号将日本《米谷统制法》部分条款（法律第二十四号，第七条、第八条、第九条及第十三条；附则第三项第四项之规定）施行于台湾。总督府为了统制台湾的经济，统制台湾的农业，于1938年开始实施《台湾重要农作物增产十年计划》，对台湾的农业生产实施统制，鼓励农民转作经济作物。1939年总督府颁布《台湾米谷输出管理令》（律令第五号），设立米谷局，台湾米谷的输出由以往民间贸易商社经营，改由总督府直辖下的严格统制。由于日本国内稻米歉收，对台湾稻米的需求骤增，台湾总督府的米谷政策又由鼓励转作的措施改为加紧增产的措施。1941年，总督府颁布《台湾米谷等应急措施令》（律令第十一号）；1942年总督府又以敕令第五九九号将日本《食粮管理法》（法律第四十号）施行于台湾。同年12月太平洋战争爆发，1943年总督府颁布《台湾粮食生产管理令》（律令第二十五号），进一步限制台米的输出[73]。同时总督府公布《米谷生产奖励规则》，而原转作作物则当工业原料继续奖励生产。由于各种经济作物都在奖励之下，及造成台湾农业的大量增产，根据农业年报的记载：台湾农业生产指数以1902年为基期当100，则1935年为642，1939年为982，1944年为1392[74]。

在米糖竞争的过程中，台湾的农业逐渐走向多角化的经营，特别是水果类的柑橘、凤梨、香蕉及茶叶等农产品生产[75]。由于台湾稻米大量出口日本，影响到日本国内的稻农利益。于是，为保护日本农民，总督府调整其农业政策，开始强制实施稻田转作，决定减少稻田面积七万公顷，并奖励转作。奖励转作的经济作物有棉花、黄麻、苎麻、蓖麻、小麦、花生、菠萝、香蕉、柑橘类、咖啡、可可亚、蔬菜类等，因此造成台湾农业经营趋向多角化，而逐渐脱离农庄的生产方式[76]。另据统计，若以1932年为基期（100），与1942年的各种作物种植面积来比较，即稻作面积减少7%（47，797公顷），相反地除茶、大豆、落花生、香茅草之外，其余作物种植面积都一律有成长，其中成长率较大的有亚麻（指数为2755）、凤梨纤维（2020）、小麦（1210）、棉花（1005）、烟草（763）、黄麻（534）、毒鱼藤（Derris，457）、大麦（322）、蔬菜种子（307）、琼麻（282）、咖啡（223）。又以绝对面积言，即以黄麻、小麦、棉花、烟草、亚麻的成长较为重要。其他尚有玉蜀黍（184）、苎麻（160）、凤梨（149）、甘蔗（147）、柑橘类（125）、香蕉（124）、甘薯（116）、树薯（109）等，均有成长[77]。

四、战时体制下的总督府米糖经济政策——兼论日本统制经济与农业

统制经济的本质是国家垄断。一般认为，统制经济是战时经济的特点，但统制并非仅在战争爆发之后才采取的特殊手段。在台湾殖民地农业经济的演变过程中，台湾总督府始终扮演着十分重要的角色，不论是各项殖民地农业经济政策的制订、对日资农业企业的扶植或是大型水利基础设施的建设等，均由总督府以威权实施政策干预。实际上，早在1924年，台湾总督府就在农业领域中设立了第一家统制经济机构——台湾青果株式会社，负责统合水果的出口。在其之下还设有“青果同业组合”及“联合会”等组织，从生产、金融到输出，完成一元化的控制[78]。

所谓“战时统制经济”，主要是指从1937年到1945年日本发动全面侵华战争及太平洋战争期间，在其国内及其海外殖民地推行的“强制性干预”和“管制”经济的体制。台湾总督府施行的战时统制经济完全依附于日本战时统制经济之下。日本战时统制经济是同时代国际社会政治经济变动的产物。日本战时统制经济的形成有着深刻的国际、国内背景。19世纪80年代，日本通过推行“松

方财政”完成了一次经济政策的转变，之后进入所谓自由资本主义发展阶段，并于19世纪末完成了以近代纺织业为代表的轻工业革命。但是，这个阶段极为短暂，进入20世纪后，私人垄断即财阀垄断获得急速发展。私人垄断的弊端随着经济危机的频繁爆发暴露无遗，至上世纪20年代末30年代初，“自由”但不可“放任”，必须对资本主义进行“修正”的观点成为当时经济思想的主流，而将这一思想付诸于实践的主要是政府官僚和军部，其手段是修正现行经济制度，推行统制经济[79]。

1936年日本政府（广田弘毅内阁[80]）大藏大臣马场瑛一宣称日本已经进入准战时经济；1937年6月日本政府（近卫文磨内阁[81]）提出“财政三原则”（平衡国际开支、调整物资供需关系、扩充生产力），成为该时期统制经济的根本原则。1937年“七七事变”爆发，1937年8月，新上任的台湾军司令官古庄干郎宣布台湾进入“防卫的战时体制”；9月日本财界成立“经济团体联盟”；1937年10月日本政府成立企划院，负责制订物资动员计划；1941年8月公布《重要产业团体令》，规定所有产业必须全部参加统制会[82]。

台湾殖民地农业经济与日本本土经济密切关联，如上所述，1929年10月，美国爆发严重的经济危机。接着危机便袭击了整个资本主义世界，成为第二次世界大战前资本主义世界最严重、深刻的危机，后起的日本帝国主义当然也很快被卷入这场危机。日本的经济危机首先表现为物价暴涨、对外贸易锐减、商品滞销，工业生产急剧下降[83]。经济危机对日本农业冲击较大，农业经济的主要物产——稻米价格大幅度下降。1930年4月米价每石为26.91日元，1930年12月降为17.7日元。虽然1930年稻米丰收，但因米价猛跌，造成所谓的“丰收饥馑”[84]。日本农业遭受重创，日本农民日益陷入贫困[85]。1929年至1931年间，农产品价格下降40%以上，而同时期的化肥价格只下降17%左右。……农产品价格虽下降，但佃租和农民必须负担的税款及借款的利息依然如故。在垄断资本和地主阶级的双重剥削下，农民债台高筑。1932年日本农民负债总额达47亿日元，每个农户平均高达837日元，比1914年的平均每户负债135日元，增加了5倍以上[86]。据1932年的统计，日本静冈县的佃农平均每户年收入515日元，支出622日元，入不敷出，相差107日元[87]。经常遭受灾害的东北地区和北海道，农民更加贫穷，他们大半以野菜、谷糠充饥。据日本文部省调查，当时日本全国缺食儿童超过20万人。其中北海道10899人，青森县6107人，秋田县966人，岩手县3539人[88]。日本农业以及日本农民的此种困境，迫使日本政府开始调整其输入台米的即定政策，并直接影响至以米糖业为主的台湾殖民地农业。

在战争条件下，日本农村劳动力不断被征入军队，或被军需工厂征用，使从事农业的人口直线下降。与此同时，肥料及农机具的供应也不断减少，都招致农业生产量的下降，战争期间，农业综合指数以1939年为最高。在肥料中，磷肥、钾肥和氮肥的使用量分别以1937、1938和1942年为最高，此后趋于减少。在各种农副产品中，大米、生丝及畜产品等的生产均呈下降趋势，导致农业综合生产指数的下降。然而，为了推动战争，又不得不确保粮食的供给，从而采取了竭力增产粮食的政策，致力于改善不同地区的耕种情况，颁发增产奖金，以及推行机械与牲畜的共同使用等。自1940年起，更大幅度地增加从东南亚运入大米的数量。自1941年起，重点试验对耕地的开垦与改良。至同年秋季，则开始对农作物的种植实行统制，限制桑、茶、烟草、薄荷、果树、花卉等的种植，而重点扩大米、麦、薯类、大豆等粮食作物的种植。1943年以后，从占领地区输入的大米日渐减少，为了准备应付进口大米来源断绝的局面，除注意维持本国大米生产外，还增加了杂粮、薯类等代用品的种植[89]。

这样，至少在1930年代初期，由于日本稻米大量过剩，对海外稻米的需求大幅减少，日本政府开始限制台湾、朝鲜等殖民地所产稻米的对日输出，以保护严重跌落的日本农业以及本国农民的利益。1933年11月，日本政府颁布《米谷统制法》（敕令二七九号），开始在日本国内及台湾、朝鲜等地实施米谷统制政策。同时台湾总督府也随即制定相关的具体执行措施，严厉限制台米输出日本本土，总督府米糖政策出现重大转变。随着台米限制输日政策的实施，台湾殖民地农业经济面临着重大调整，“为发展日本经济，以输出工业品的代价，就是必须由海外输入尽可能多的农产品。由此，以往台湾农产品独占有优先出口日本的优势地位，将直接间接地受到了限制，面临调整的局面。尤其是为了向日本工业品重要销售地区的南支南洋发展，由这些国家进口更多的农产原料就成为必然”[90]。虽然限制台米政策的施行，严重损害台湾农业与农民的利益，但台湾总督府一味顺应日本政府的政策，而忽视台湾农民的根本利益，引起台湾民众的强烈不满。如前所述，林献堂等人带头发起反对限制台米输日的运动，并多次赴日请愿。

为寻求台湾殖民地农业的新出路，在中川健藏总督与平冢广义总务长官的主持下，1935年台湾总督府召开“热带产业调查会”，确定“保持台湾与南支南洋地区更紧密的经济关系”为未来台湾经济的发展方向。总督府随后开始重新调整农业政策，强化对农业经济的统制力度，计划将以米糖经济为主的台湾农业经济整合至配合日本的战争需要方面。多年来以稻谷和甘蔗为主的单一作物种植体制开始有所转变。这一时期农业经济统制的特点是台湾拓殖株式会社和农业组合等组织在执行统制措施中发挥了很大的作用，台湾总督府同时还强化了水利统制及米谷统制[91]。至此，战时体制下台湾总督府的农业经济统制开始全面施行。

在1930年代，在台湾总督府糖业政策[92]之推动下，三井、三菱、藤山三大财阀的资本进一步集中，将全岛所有制糖企业及制糖厂合并于“台湾制糖”、“日糖兴业”（旧大日本制糖）、“明治制糖”（包括盐水港制糖）三大直系制糖会社。为进一步扩大垄断范围，三大财阀还结成所谓的“康采恩”——糖业联合会，对砂糖价格实施垄断控制。三大财阀同时兼营土地开拓、水利灌溉、铁路运输、海上运输、酒精制造、纸浆制造、食品加工、制盐、乳业、化学工业等，以实现更为广泛的企业垄断[93]。

如表四所示，至1943年，日本三大财阀独占着台湾糖业，支配着广大的台湾农民，并通过制糖业，主宰整个的台湾产业，被称为“民间总督”而肆意支配、剥削台湾人民[94]。

表四　日本糖业资本的集中与独占（1943年）

财阀系统	资本金		产糖	工厂数（1943年）			
	登记/1943年	授权/1942年	1939年	甘蔗糖	甜菜糖	精制糖	酒精
	千元	千元	10万斤	所	所	所	所
三井系—台湾制糖	64200	44280	5479	14	——	1	4
明治制糖	61200	45200	5137	8	2	2	7
三菱系：盐水港制糖	60000	36937	2893	8	——	1	2
藤山系—日糖兴业（旧大日本制糖）	96170	85083	5300	23	——	2	6
计	281370*	211500	18709**	53	26	2	6

*：281370疑有疏错，应为281570（引者注）。

**：18709疑有疏错，应为18809（引者注）。

资料来源：东洋经济新报社：《昭和产业史》第二编，东京，1950年，第406～407页。

转引自涂照彦：《日本帝国主义下の台湾》，东京，东京大学出版会，1975年版，第334页。

1939年为日据时期台湾糖业发展史上最旺盛的一年：1.蔗作面积16万7千余亩，占耕地面积的19%；2.蔗农14万6千余户，占全农家户数的30%，等于台湾总户口的5%；3.新式制糖厂共有49所；

4.产糖量达23亿6千余万斤（140万公吨），等于日本占据台湾当初产量的50倍；5.产糖总值1亿9千余万元，占工业总生产的48%；6.砂糖输出达2亿6千余万元，占总输出的43%，运回日本本国的竟达120万吨[95]。

于是，有学者据此推断，1939年台湾的工业生产已经超过农业生产，我们就所谓的“工业生产”增殖的内涵进行分析便可知，1939年台湾甘蔗产量大增，以至砂糖产量从1938年1650万担增至1939年的2365万担，猛增了44%[96]。加上砂糖的市场价格上升，使得台湾制糖业创下大幅生产的纪录[97]。这只是说明台湾农产丰收，农产加工业的一时盛衰而已，很快，自1939年起，台湾制糖业就开始逐步走向下坡，其产量及工业生产值逐渐下降。1935年10月，是日本占据台湾四十年的“始政纪念年”，台湾总督府为应对战争准备阶段的产业政策，由当时的中川健藏总督主持召开“热带产业调查会”，目的在于与南洋地区维持更密切的经济关系，将台湾发展为南洋、华南等地原料的加工基地，并依此目的来改善台湾各种设施，以达到“工业台湾、农业南洋”的战略目标[98]。会议认为有两个重点，对糖业有重大影响：其一，是砂糖列为可能输出南洋、华南的商品重点之一，对于增产、质量改善、输出补偿制度之扩充、销路的开辟等都有热烈讨论，然而军方却希望减产砂糖，并增产米粮以应付即将爆发的战争。其二，是酒精工业和蔗渣工业依旧列为振兴工业的主要项目，其中就有无水酒精工业的开发，鉴于日本燃料之缺乏，利用华南、南洋及台湾蜜糖及甘蔗等原料，从事无水酒精工业，以确保日本燃料国策[99]。

在战时体制下对台湾糖业有重大影响的还有两项重大工程，即嘉南大圳与日月潭发电厂（第一发电所）的建成。嘉南大圳的完工虽然在一定程度上缓解了“米糖相克”的危机，限制了台湾糖业的发展，同时也成为推动总督府米糖产业新政策（台湾糖业多元化）发展的契机。另外，建设嘉南大圳的重要目的之一即在增加浊水溪水量，配合日月潭发电厂的兴建，而日月潭发电厂的电力提供，乃是台湾战时统制经济得以施行的重要基础。如表五所示，1935年台湾糖业在台湾经济中的地位。

表五　台湾糖业在台湾经济中的地位（1935年）

项别	金额①	项别	金额②	①/②（%）
耕地面积（甲）	856，755	蔗作面积	121，605	14.2
农家户口（户）	411，981	蔗作户数（新式制糖）	126，808	30.8
农业生产额（千元）	361，046	甘蔗生产额	55，223	15.3
工业生产额（千元）	269，494	砂糖生产额	164，068	60.9
会社缴纳资本额（千元）	230，935	制糖会社九家缴纳资本额	185，550	56.1*
工业会社缴纳资本额（千元）	200，192	制糖会社九家缴纳资本额	185，550	92.6
输出额（千元）	350，745	砂糖输出额	151，533	43.2

*56.1疑有疏错，应为80.3（引者注）。

资料来源：［日］高桥龟吉：《现代台湾经济论》，东京，千仓书房，1937年版，第202页。

自1931年“九一八事变”前后，为使整个经济适应其战争政策，日本政府采取一系列措施，加紧对国民经济各部门的控制。1929年12月公布了《产业合理化纲要》；1930年1月设置临时产业审议会；6月又成立临时产业管理局；1931年4月公布了《重要产业统制法》、《工业协会法》及《出口协会法》等[100]。同年8月，日本政府又采取进一步控制经济的措施，成立了由贵族院、众议院议员和垄断资本家联合组成的统制委员会。通过上述新制法令和新设机构，把重要产业控制起来，强行在各部门组织卡特尔和托拉斯，将中小企业都置于垄断资本控制之下[101]。日本国内开始实施经济统制，其影响也涉及台湾、朝鲜等殖民地经济的运行。

1936年"二二六事件"之后，日本经济全面军事化。在日本海军的推动下，1936年9月，小林跻造海军大将（预备役）出任台湾总督，标志着文官总督时代宣告结束。小林跻造总督上任后，标榜"工业化、皇民化、南进基地化"为台湾总督府战时体制下实施的核心政策，即将台湾作为军需品的生产基地和南进的补给基地。

基于本岛农业开拓空间所限，进一步拓展农业的可能性有所下降。为推动总督府主导的南洋农业开发（此时总督府提出"工业台湾、农业南洋"的口号），并发挥台湾"南进基地"的作用，日本政府与台湾总督府决意成立台湾拓殖株式会社。1936年7月29日，日本政府公布了《台湾拓殖株式会社施行令》（敕令第二二八号）。按照《台湾拓殖株式会社施行令》第五条规定，台湾拓殖株式会社的主要经营内容如下：

台湾拓殖株式会社施行令第五条

1.拓殖之必要的农业、林业、水产业及水利业；

2.拓殖之必要的土地（含有关土地之权利）征购、经营及处分；

3.从事委托形式之土地的经营与管理；

4.拓殖之必要的资金供给；

5.对于农业者、渔业者以及移民，供给其拓殖之必需物品、收购、加工或销售其生产品；

6.拓殖之必要的资金提供；

7.以上各项事业之附属事业；

8.以上各项事业之外、拓殖之必要的事业[102]。

同年11月25日，小林跻造总督主持了台湾拓殖株式会社的成立大会[103]； 12月5日，台湾拓殖株式会社正式开始营业[104]。在台湾拓殖株式会社的股份中，台湾总督府以一万四千余甲的"官有"土地为其投资资本（1500万元）[105]，其余为日本糖业联合会以及三井、三菱等大财阀，台湾拓殖株式会社成为总督府支配经济活动的工具[106]。在台湾总督府的威权支持下，台湾拓殖株式会社迅速膨胀[107]。

台湾拓殖株式会社成立后，拓展米糖等农作物产业是其重要的产业开拓目标，如在台湾东部推进农业开垦、栽种热带作物[108]。1939年2月，日本海军占据海南岛后，按照台湾总督府的海外开拓规划，台湾拓殖株式会社成为协助日本海军"开拓海南岛农林、畜产产业"的最重要伙伴。曾任职台湾拓殖株式会社的三明直之对此做了以下记述：

台湾拓殖株式会社在海南岛的主要事业是农林业。位于雷州半岛对面、琼州海峡南面的海南岛，其土地面积十分辽阔，在1939年日本军队攻占海南岛，将之置于自己的军政统治之下的当时，岛上的经济发展尚很落后，完全是一个尚未开发的孤岛。日本军队通过台湾总督府命令台湾拓殖株式会社从事海南岛的农林业开发……台湾拓殖株式会社从1939年3月起，受命的各项事业渐次展开，分别在海南岛北端的海口和南端的榆林设立了分公司……台湾总督府的技术官员相继要求进入台拓会社，大量农业、畜产业、林业、建筑业及其他技术人员被派往海南岛，同时，由见习社员刚刚升任技术助手、书记员的也在派遣之列。

（一）农林事业

1.陵水农场。面积约6万公顷。以约1000公顷水田为中心。还有蔬菜、黄麻、甘薯等旱田作物，还养蚕、养鱼，栽培甘蔗，并且经营制糖工厂。

2.三亚农场。面积约1000公顷。在种植水稻之外，还栽培蔬菜、烟草，机关内设碾米厂和各种交易事业。起初，农场土地面积的一半提供给"农业开拓"移民，随着移民人数的增加，到1944年时，农场的全部土地都提供给移民使用。

3.南桥农场。面积约1500公顷。有橡胶种植园100公顷。在丘陵地带造林种植桐树约50公顷，到1943年度，除了管理橡胶树和桐树以外，还栽植了竹子和其他一些热带果树。

4.三十笠分场。面积约1600公顷。栽植甘蔗，制糖工厂正在建设中。

5.新村分场。面积约4000公顷。以水稻种植为主，也栽植蔬菜，从1944年起，着手栽培甘蔗约180公顷。

6.马岭分场。面积约2万公顷。在种植水稻以及各种蔬菜之外，还生产木炭、养蚕，并兼营农产品贩卖。

7.琼山分场。面积较小，种植甘薯和蔬菜。

（二）畜产事业

藤桥牧场。面积约2万公顷。进行大型家畜的牧养。

牛奶　供应海口的需要。

鲜肉　在海口设立业务所，在陵水、临高、那大、澄迈、定安、嘉积等岛内各地设立驻在所，从事鲜肉的配给。

皮革　在海口、那大、陵水、临高、定安、嘉积设立屠宰场，一并进行牲畜骨粉、骨胶的制造。由于畜皮用来加工制作鞋、包，所以该项事业以鞋业协会的名义进行。1943年8月，海南畜产株式会社成立，资本金为200万日元。在此之前，台湾拓殖株式会社曾经向海南岛畜产投资154万日元，在新成立的海南畜产株式会社中，台湾拓殖株式会社出资94万日元，由后者对海南全岛的畜产事业进行一元化的统一经营[109]。

在台湾总督府的支持下，台湾拓殖株式会社还以融资等金融手段等推动糖业资本向多角化方向发展。就此，台湾日资糖业资本开始向糖业以外的领域发展。趁着日本对外战争的不断扩大，糖业资本受惠于砂糖市场扩大，并且附随着发展了酒精、纸浆原料及酵母剂等相关商品的生产，并得以与军需市场结合起来而不断增产，使糖业资本有机会获得巨额利益。糖业资本以其所获取的巨额利润为基础，形成内部保留资本的累积增加，从而得以提高其自身的金融能力。糖业资本以自身的金融能力大幅提高为背景，具有既可与以台湾银行为中心的金融机构确保其相关独立的能力；也可向传统糖业部门以外的产业伸出触角的能力[110]。台湾拓殖株式会社对米糖产业的开拓，可理解为总督府殖民地农业政策的海外延伸。由表六可知，至1942年台湾拓殖株式会社涉及农林产业的开拓状况。

表六　台湾拓殖株式会社拓殖投资关系表（1942年）

单位：千元，%

公司名称	资本金	实缴资本金	台拓持股率
台湾棉花株式会社	3000	750	100
台湾野蚕株式会社	500	250	50
台湾单宁兴业株式会社	190	190	263
星规产业株式会社	1000	772	62
台湾畜产兴业株式会社	5000	250	35
拓洋水产株式会社	2000	2000	50
南日本盐业株式会社	10000	9300	30
台东兴发株式会社	150	66	6.7

资料来源：日本企划院研究会编：《国策公司の本质と机能》，东京，1944年印行，第320页。转引自涂照彦：《日本帝国主义下の台湾》，东京：东京大学出版会，1975年版，第348页。

1937年“七七事变”后，台湾总督府采用指定方式，分配各制糖会社生产总督府指定的军需产品。1939年台湾总督府颁布《台湾糖业令》（律令第六号），规定台湾制糖业采取许可制，制糖会社的业务及财产受总督府的直接监督，台湾糖业至此成为总督府直接掌控的产业，也成为向日本军国主义提供战争军费的"财源产业"。

随着日本对外侵略战争的扩大，出于为长期战争做物资准备之考虑，1935年起日本政府开始推行计划性的统制农业政策，有直接与间接两大目标：直接目标为提供战时粮食；间接目标是供应军需工业部门人口所需粮食[111]。为确保实现以上两大目标，日本政府开始推行"组合经济"，以此引进资金与技术，并借此以行政权力强制性地要求农民必须缴纳一定的稻谷量，来提高农业产量。台湾的农业组合，可分为农会与产业组合，前者以改良农业技术为目的，后者则掌控农村的金融活动与农产物生产销售。产业组合在外贸上虽然是民间自治机关，但台湾总督府却透过行政、人事及财务等管道来间接支配。二战末期，台湾总督府则采取"计划供出制"与"生产责任制"，在稻米种植之前先规定一定的供出量，在事后则对于"优良供出者"进行奖励[112]。

1939年总督府公布《战时总动员法》，开始实施全方位的经济统制。首先施行的是战时米谷统制政策。上面论述过，台湾米糖业在20年代出现了"米糖相克"，为确保日资制糖会社的利益，台湾总督府采取了限制台湾稻米生产及米谷出口等措施，以缓解"米糖相克"的危机。但很快就因为日本不断扩大对外战争、对粮食的需求骤然提高而重新调整限制政策。

台湾总督府为适应日本的国家利益，开始鼓励米谷增产，台湾总督府统制取代了市场机制[113]。随着日本实施经济统制，台湾总督府也制定实施了一系列控制米谷产业的政策措施，1933年7月，在总督府殖产局内设立"米谷统制系"；1933年11月1日，台湾与朝鲜两个海外殖民地连同日本本土全面实施《米谷统制法》（敕令第二七九号）；1934年3月又实行《临时米谷移入调节法》[114]；1936年10月总督府设立米谷课，统制全岛之米谷之生产、运销等。1938年8月，日本农林省设立农林大臣直接管辖的"米谷事务所"，欲绕过台湾总督府，由其直接控制台湾输日米谷的买卖[115]。

1938年4月，日本政府颁布《国家总动员法》，成为其施行有关统制经济及全面动员的根本大法[116]，该法同时适用于台湾，总督府依据该法制订一系列经济统制法规。作为日本内地的米价统制的一环，1939年5月，台湾总督府发布了《台湾米谷移出管理令》（律令第五号）。《台湾米谷出口管理令》规定：台湾总督府将按公定价格强制收购出口稻米，根据与日本农林省达成的协议，由台湾总督府在岛内负责强行征购台湾稻米，再转手贩卖米谷的日本贸易商社。可以说，在《台湾米谷出口管理令》颁布实施之后，台湾总督府才完全掌握"米谷出口的流程与数量"[117]。与此同时，台湾总督府又制定出《米谷配给统制令》，在岛内实施米粮配给制度，强化对台湾米谷的流通统制和实行米价公定价格制。同年7月，米谷课升格为米谷局。

1939年的《台湾米谷移出管理令及输出入实施管制》（律令第五号），规定由台湾总督府直属的"米谷纳入组合"与"米谷配给组合"来统筹米谷的收购与分配。透过米谷的"价格统制"，台湾总督府借此抑制在来米的（台湾本地人食用）及鼓励蓬莱米（销往日本）的生产，以扩大对日米谷的输出与岛内消费米的减产。"配给制度"则将物资交由官方统筹运销，并"配给于消费者"，如此既可免除中间者囤积居奇，又可收平抑物价之效，惟殖民地人民中之本岛人之受配给量，低于台之日本内地人[118]。对于与米谷有密切关系的糖业，也在同年公布了《台湾糖业令》（律令第六号），制定了收购甘蔗价格的许可制。此外，还颁布了一系列有关农业关系的法令，如1939年颁布《地租统制令》、1941年颁布《临时田地价格统制令》和《台湾农林水利临时调整令》等，对岛内农业经济进行更全面和直接的支配。结果，米谷出口的垄断资本，和糖业资本的积累活动受到了很大的限制，但其中受到最大影响的是本地资本的地主和米商间，其积累基础被大大地缩小了[119]。

1939年朝鲜大旱，输日稻谷锐减；受战争之影响，日本国内稻米生产也趋于下跌，进入40年代后，其粮食危机日益严重。1937～1939年，日本本土有7100万人，稻米消费量8000万石左右。但此时日本国内稻米年产量为6500万石以上，加上掠自朝鲜、台湾等殖民地的1000余万石，供需大体平衡。

1939年10月，台湾总督府颁布《台湾米谷移出管理法》（律令第五号）。按照该法规定，台湾须每年向日本提供五百万石稻米以接济日本的米荒。台湾总督府就是依据该法制订出《米谷配给统制令》的。按照《米谷配给统制令》之规定：配给的数量为每人一日一合七勺（等于0.17升）[120]。自1939年起日本也开始控制消费，1940年制订了对各种粮食品种的配给统制。在日本则为每人一日二合四勺(等于0.24升)[121]。

在日本基础工业崩溃、农业严重歉收的严峻状况下，日本国内遂爆发粮食危机。为强制征购农民粮食，日本政府对城市居民施行粮食配给制，成人每日定量为300多克；干菜和橡子面也成为主食。为维系战争体制，日本政府每年强行征购的粮食，仅稻米就达3000余万石。其高峰的1942年近4000万石，占总产量60%以上。此后稻米产量虽不断下降，1935年已不足1942年的60%，但征购量与总产量之比仍每年增长1%[122]。

至1944年，日本总人口增加至7440万人，若仍然以1937～1939年平均消费水平计算，共需8200万石。但1943年稻米生产不足6300万石（这是1944年可供量，1944年当年产量则更低）。同时由于海上航线被切断等原因，海外掠夺量降至480万石，供需相差1400余万石，占需求量17%[123]。

在战争中，日本农业遭受重大破坏，耕地面积大量减少，1945年比 1940年减少近80万町步。稻米总产量从1940年的6896万石减到1945年的5855万石。由殖民地和占领区掠夺来的稻米大量减少，由1941年的251万吨锐减为1944年的87万吨和1945年的26万吨[124]。

表七　战时粮食供应与消费状况表（主要项目）

单位：（万石）

年代		1937	1938	1939	1940	1941	1942	1943	1944	1945
供应A	前一年稻米产量	6734	6632	6587	6896	6087	5509	6678	6289	5856
	掠自海外的进口C	1188	1527	981	1116	1510	1868	709	480	157
	代用粮食D	——	——	——	——	——	——	——	——	——
	计E	8705	8896	8450	8339	7980	8122	8079	8187	7626
消费B	农家消费	3038	3057	2946	3023	2622	2622	2681	2321	2127
	配给量	4851	4931	5021	4786	4551	5195	5060	5590	5205
	计F	7954	8047	8044	7904	7273	7887	7818	7956	7355
E—F		751	849	406	436	707	235	261	231	271
C/B%		14.9	18.4	12.2	14.1	20.7	22.8	8.1	6.1	2.1
D/B%		——	——	——	——	——	3.0	5.6	13.9	17.8

资料来源：［日］大内力：《农业史》，东京，东洋经济新报社，1960年版，第261页。

由表七可知，日本政府强施掠夺性粮食政策造成的严重后果。表中数字表明：⑴1940年以后稻米产量不断下降，1943年以后掠自海外的进口量剧减，因此造成供给量的实际下降趋势。⑵配给量在严格控制之下仍不断增长，表明吃商品粮人口显著增加。一是人口自然增长；二是从事军工生产的劳动力增加，1939年至战败，军工企业强制征用男工累计160万人；三是迅速扩军，1937年至1945年8月，陆海军人数由63万猛增至719万[125]。⑶在这个背景下仍能产生“余额”，一方面因为代用粮比重越来越大，1944年已达14%（与前述缺粮推算额接近），折合1100余万石，大大超过231万石的“余额”；另一更主要原因是强迫农民降低消费，1944年比1938年减少四分之一[126]。

综上所述，在战争条件下，日本农业与台湾农业同样遭受到重创。

我们再对台湾米谷业以及米谷统制之过程做一整理如下：

1933年公布《米谷统制法台湾施行令》（敕令第二七九号）；1936年《米谷自治管理法》（敕令第三二五号）；1936年起，米谷统制机构为总督府殖产局米谷课（1936年10月～1939年7月）；

1938年台湾米谷产量140万吨，为日据时期之最高产量；

1939年2月公布《台湾米谷移出管理特别会计法》（法律第三十五号）；5月公布《台湾米谷移出管理令及输出入实施管制》（律令第五号）；7月将原殖产局米谷课升格为米谷局（1939年7月～1942年3月），10月公布《米谷配给统制规则》；

1940年米谷产量减至112.8万吨；

1941年12月公布《台湾米谷等应急措施令》（律令第十一号），该《措施令》规定：由总督府从事米谷以及“米谷以外的粮食、农产品以及加工品”的购买、配给、销售，接受战时统制管理；同月实施食米配给制度；

1942年6月公布《食粮管理法台湾施行令》（敕令五九九号）；11月米谷局改组为“食粮局”（1942年11月～1943年11月）；

1943年12月，将食粮局改称为“食粮部”，并归属新设立之“农商局”管辖（1943年12月～1945年）。同月，公布《台湾食粮管理令》（律令第二十五号；同时废止《台湾米谷移出管理令》），成立台湾“粮食营团”，以统筹办理粮食的储藏、配给。素有“米仓”之称的台湾，此时竟出现粮食严重短缺的险情[127]。

1943年米谷产量减少至106.8万吨，1944年减少至63.8万吨[128]。

结论

对于日据时期台湾殖民地农业发展，战后有台湾学者给予了很高的评价，认为台湾总督府引进改良品种，推广新技术和新耕作法，为提高台湾农业的生产和改善农民的生活创造了有利的条件。如台湾学者边裕渊在《日据时代台湾经济发展之分析》一文中称：“在日本统治台湾期间，虽然对台湾人民之思想、政治、经济加以压迫，但其对台湾农业之发展，的确有相当的贡献，正因台湾农业基础良好，使得后来工业发展得以顺利进行……台湾之绿色革命早在1930年左右时就已成功，在那时台湾农业生产所需基本条件，诸如土地开发、水利措施、品种改良等，在那时已达到相当高的水平”[129]。吴田泉的《台湾农业史》亦认为：“台湾农业在日本统治下的五十年间，虽时有兴衰起伏的浮动，但一般说来，仍一直在扩大发展，至二次大战前后已达到相当高的水准。例如，耕地面积最高曾达86万余公顷（1940年占土地总面积24%），水田面积52万公顷（1939年占耕地面积62%），灌溉排水面积达54万余公顷（1944年占耕地面积68%），复种指数1931年至1933年平均达154%（日本133%），农作物商品化率1936年至1938年平均达74%（日本55%，朝鲜48%），农业生产总值在42年间约增加14倍（1902年100；1944年1392），而农业在台湾各种产业生产总值中，每年约占六～七成左右”[130]。确实，日据时期台湾殖民地农业有着明显的发展，从总产量来看，1900年稻米产量为307000吨，1938年上升为1402000吨，增长357%，1944年下降为1068000吨，但比1900年仍增长248%。甘蔗产量，1902～1903年为409894741千克，1938～1939年为12835395277千克，为1902～1903年的3131%。其他作物也表现出同样的增长。稻米和甘蔗是日据期间台湾最重要的农作物，它们构成了农业总产出中的绝大部分。它们的消长变化，基本上反映了农业生产的变化[131]。

但事实并非如此简单，台湾农业增产并不意味着台湾民众生活质量的改善与提高。日据时期台湾殖民地农业的发展史完全是一部被日本统治者所垄断、所榨取的近代殖民史。据1942年的调查显示，在台湾630万的人口之中，农民占一半，约有318.7万人。可见农业在日据时期占有重要地位。但是，台湾农民的生产条件仍然低下、生活状况远远没有改善，依旧承担着沉重的租税负担[132]。确实，台湾稻米（主要是蓬莱米）多年丰收，但多输出至日本，而岛内民众则多食廉价之进口糙米。周宪文的《台湾经济史》亦记载着："……比较台湾由安南购买南洋米，而以本地出产的蓬莱米卖给日本，尤有甚焉。我们绝不能以普通的商品交换之。这中间实含有多种特殊利润的来源"[133]。简言之，在日据时期较为发达之台湾农业下，台湾民众却过着绝对贫困的生活，这就是殖民地台湾农业之实质。

（作者单位：中国社会科学院台湾史研究中心）

注释：

[1] 林钟雄：《台湾经验一百年》，作者自刊，台北，1998年，第10页。

[2] [日]高桥龟吉：《现代台湾经济论》，东京，千仓书房，1937年版，第49页。

[3] 林继文:《日本据台末期（1930-1945）战争动员体系之研究》，台北，稻乡出版社，1996年版，第49页。

[4] 1905年6月，总督府颁布《制糖厂取缔规则》，划分出许多"原料采取区域"。规定各甘蔗产区不得将区内的甘蔗随意对外出售，而是由区内的制糖厂包购；同时也规定不许将甘蔗用于其他用途（参阅《台湾糖业一斑》，台北：台湾糖务局，1908年，第53～54页）。

[5] [日]东嘉生：《台湾经济史概说》，载《台湾经济史二集》，惜余译，台北，台湾银行经济研究室，1955年印行，第41页。

[6] 林钟雄：《台湾经验一百年》，作者自刊，台北，1998年，第11页。[日]矢内原忠雄则认为，日本割取台湾，"缺乏来自资本的积极要求"。引自[日]矢内原忠雄：《帝国主义下の台湾》（东京，岩波书店，1988年版，第10页）。台湾学者黄绍恒也认为，日据初期台湾糖业是台湾总督府"基于政治考虑而出发"。但是，日俄战争之后，日本国内资本的态度却出现明显改变，进而促使台湾糖业形势发生变动。参见黄绍恒：《从对糖业之投资看日俄战争前后台湾人资本的动向》，载《台湾社会研究季刊》，1996年7月，第23期。

[7] 吴田泉：《台湾农业史》，台北，自立晚报社文化出版部，1993年版，第360～373页。

[8] 黄登忠、朝元照雄：《台湾农业经济论》，东京，税务经理协会，2006年版，第3～17页。

[9] 参阅周宪文：《台湾经济史》，台北，开明书店，1980年印行，第648～651页《历年货物别输出地区价值表》。

[10] 参阅周宪文：《台湾经济史》，台北，开明书店，1980年印行，第648～651页《历年货物别输出地区价值表》。

[11] 献生:《日据时代台湾米谷农业之技术开发》，载《台湾经济史七集》，台湾研究丛刊第68种，台北，台湾银行经济研究室，1959年印行，第42页。

[12] 实际上，自1895年台湾总督府就设立农事试验场开始引入日本稻米新品种，在岛内进行试种，并渐次扩大试种范围。1911年试种取得初步成果。种植面积逐渐扩大。参见黄登忠、朝元照雄：《台湾农业经济论》，东京，税务经理协会，2006年版，第9～10页。

[13]《蓬莱米夜话——矶永吉话沧桑》，《台湾农林》第8卷第5期，1954年5月1日，第13～17页。

[14] 一般认为，矶永吉自此被称为"蓬莱米之父"。"蓬莱"也含有日本之意，所以，也有人干脆称其为"日本米"。但也有人认为"蓬莱米"之发明并非矶永吉所为，而是末永仁，是他花费十余年时间，才得以实现的（详情可参阅末永仁:《台湾米作谈》，台中州立农事试验场，1938年印行。转引自黄登忠、朝元照雄：《台湾农业经济论》，东京，税务经理协会，2006年版，第10页。在2008年11月7-8

日由台湾图书馆举办之《殖民与现代化：台湾学研究国际学术研讨会》上，针对台湾“国史馆”研究员欧素瑛之论文《从鬼稻到蓬莱米：矶永吉与台湾稻作学的发展》，台湾大学经济系教授吴聪敏等台湾学者再次提出同样质问，坚持认为“蓬莱米”之发明者是末永仁，而非矶永吉——引者注）。

[15] 古慧雯、吴聪敏:《论『米糖相克』》,载《经济论文业刊》24 卷第 2 期,1996 年 6 月,第 175 ～ 176 页。

[16] 吴田泉：《台湾农业史》，台北，自立晚报社文化出版部，1993 年版，第 360 ～ 373 页。

[17] 邱士荧：《「嘉南大圳」与台米的剥削：评八田与一》，台北，日本综合研究所 http://www.japanresearch.org.tw/twhisoty-42.asp，2005 年 4 月 22 日。

[18] 台湾省文献委员会：《台湾近代史》（经济篇），南投，1995 年印行，第 133 页。

[19] 林仁川、黄福才：《台湾社会经济史》，厦门大学出版社，2001 年版，第 133 页。

[20] 林继文:《日本据台末期（1930-1945）战争动员体系之研究》,台北,稻乡出版社,1996 年版,第 55 页。

[21] 台湾总督府殖产局编印：《台湾の米》，台北，1938 年，第 58 页。

[22] 所谓的土笼间，即兼营碾米业的本地地主资本形态，其在出租耕地收取佃租之同时，大量收购并囤积农民的米谷，进行精加工后投入市场出售。参见潘志奇：《台湾之社会经济》（《日据时代台湾经济之特征》，台湾研究丛刊第 53 种，台北，台湾银行经济研究室，1957 年，第 37 页）。也有不少地主设立土笼间，处理自己通过实物租取得的稻谷，同时也接受佃农及邻近村民委托代碾稻谷。有些土笼间还兼营杂货店，提供民生用品、肥料、农具，与农民交换稻谷；同时，也不乏把这些商品当作预先贷款的一部分付给农民的情形。参见 [日] 甲本正信：《土笼间について》（《台湾农事报》343，1935 年，第 11 页）、[日] 根岸勉治：《垂直の米谷生产分化と土笼间阶级》（《农业经济研究》12（4），1936 年，第 62 页）；“土笼间”可以称为是一种高利贷资本。此外，所谓的“土笼间”，往往也就是地主本身所经营，更强化了其在交易中的优势地位。1910 年代后，随着米谷商品经济的发达，“土笼间”渐出现专业化的趋势，开始累积商业的资本。参见川野重任：《台湾米谷经济论》（东京，有斐阁，1941 年版，第 130 ～ 136 页）。土笼间也可称是台湾农户的“副业”，因其不过是附属于商业及信贷的经济活动，其本身并不构成重要的收入来源。参见 [日] 根岸勉治：《垂直の米谷生产分化と土笼间阶级》（《农业经济研究》12（4），1936 年，第 62 页）；土笼间的利润主要来自商业投机及高利贷利息，特别是出自手头上老是欠缺现金以应付生活支出、税金及耕作资金等紧迫压力的贫农阶层。与其称呼较少工业家特性的土笼间为加工业者，不如视其为米谷交易仲介业者或高利贷资本。参见柯志明《米糖相克—日本殖民主义下台湾的发展与从属》，台北，群学出版有限公司，2003 年版，第 186 页。

[23] 史明：《台湾人四百年史》，台北，蓬岛文化公司，1980 年版，第 376 页。

[24] 潘志奇：《台湾之社会经济》，《日据时代台湾经济之特征》，台湾研究丛刊第 53 种，台北，台湾银行经济研究室，1957 年版，第 37 页。

[25] 柯志明《米糖相克—日本殖民主义下台湾的发展与从属》，台北，群学出版有限公司，2003 年版，第 184 页。

[26] 台湾总督府殖产局商工课编:《台湾商工统计》，台北，台湾总督府殖产局商工课，1937 年，第 17 号，第 54 ～ 55 页；[日] 根岸勉治：《垂直の米谷生产分化と土笼间阶级》，《农业经济研究》12（4），1936 年，第 31 页；台湾总督府米谷局编：《米谷要览》，台北，台湾总督府米谷局，1935 年印行，第 7 页。

[27] [日] 根岸勉治:《日据时代台湾之农产企业与米糖相克关系》,载《台湾经济史七集》,张粤华译,台北,台湾银行经济研究室，1959 年印行，第 67 页。

[28] 然而，与同期的殖民地朝鲜相比，其碾米业的 54% 为日资企业控制（Mizoguhi and Yamamoto 1984：419。转引自柯志明《米糖相克—日本殖民主义下台湾的发展与从属》，台北，群学出版有限公司，2003 年版，第 184 页）。

[29] 涂照彦：《日本帝国主义下の台湾》，东京，东京大学出版会，1975年版，第206页。
[30] 涂照彦：《日本帝国主义下の台湾》，东京，东京大学出版会，1975年版，第198页。
[31] 林继文：《日本据台末期（1930-1945）战争动员体系之研究》，台北，稻乡出版社，1996年版，第54页。
[32] 柯志明：《日据台湾殖民发展研究再思考》，载《台湾史田野研究通讯》19989年第13期。
[33] 周翔鹤：《日据时期（1922年以前）台湾农家经济与“米糖相克”问题》，载《台湾研究》1994年第2期。
[34] 柯志明：《所谓的“米糖相克”问题：以日据台湾作为一个依附发展的例子》，载《台湾风物》第40卷第2期。
[35] [日]川野重任：《台湾米谷经济论》，东京，有斐阁，1941年版，第82～83页。
[36] 涂照彦：《日本帝国主义下の台湾》，东京，东京大学出版会，1975年版，第105页。
[37] 涂照彦：《日本帝国主义下の台湾》，东京，东京大学出版会，1975年版，第107页。
[38] 由于日本大量输入殖民地进口米，造成对日本农业的重大冲击，农业生产停滞，日本农民的收入也受到威胁。日本农产品的交易条件转趋不利，日本农民的米作实质收入下降（Hayami and Ruttan,1970:563,567—568。转引自柯志明《米糖相克—日本殖民主义下台湾的发展与从属》，台北，群学出版有限公司，2003年版，第163页。
[39] 台湾省文献委员会：《台湾近代史》（经济篇），南投，1995年印行，第134页。
[40] 日本五大城市东京、神户、名古屋、大阪、门司消费了80%的台湾输日稻米。参见台湾总督府米谷局编：《米谷要览》（台北：台湾总督府米谷局，1939年，第91页）；仅东京一地市民消费的大米约有1/3至1/4来自台湾。参见[日]川野重任：《台湾米谷经济论》，东京，有斐阁，1941年版，第152页。
[41] 参见张汉裕：《台湾米糖比价之研究》，《台湾银行季刊》第5卷第4期，台北，台湾研究丛刊第24种，台湾银行，1953年印行，第1-9页。
[42] 参见张汉裕：《台湾米糖比价之研究》，《台湾银行季刊》第5卷第4期，台北，台湾研究丛刊第24种，台湾银行，1953年印行，第1-9页。
[43] [日]信夫清三郎：《近代日本产业史序说》，东京，日本评论社，1942年版，第351页。张汉裕：《日据时代台湾经济之演变》，载《台湾经济史二集》，台北，台湾银经济研究室，1955年印行，第53页。
[44] 陈孔立：《台湾历史纲要》，北京，九州出版社，1997年版，第363页。
[45] 日本政府大量输入殖民地稻米，虽然有助于压低日本米价的上升，但损及日本农民的利益，遂引发日本农民的广泛抗议，也造成30年代前期的政治不安定。参见[日]石川悌次郎：《台湾米谷における专卖论》（东京，经济情报出版社，1936年版，第7～11页）、[日]高桥龟吉：《台湾现代经济论》（东京，千仓书房，1937年版，第191～196页）。为因应国内的农业危机，日本政府以保证价格收购市场上过剩的日本米，提高米价以保障农民的收入。参见[日]高桥龟吉：《台湾现代经济论》（东京：千仓书房，1937年版，第195～198页）、总督府殖产局米谷课：《台湾米谷关系例规》（台北，台湾总督府殖产局，1938年，第13～26页等）；提高日本米价的政策转而鼓舞一般米价的上涨，诱引更多殖民地米进口参见[日]大间知治雄：《米谷管理と台湾产业の新使命》（台北，台湾日日新报社，1939年版，第12～13页）、[日]高桥龟吉：《台湾现代经济论》（东京：千仓书房，1937年版，第199页）；日本米价的上涨最终还是延伸至进口市场，提高日本市场上殖民地米的价格，让殖民地的米生产者多少得以分享日本米价保护政策的好处。随着日台间市场关系的扩大与单一化，蓬莱米价格与日本米价的波动日趋一致。……蓬莱米外销促成米生产的进一步商品化。蓬莱米变成纯外销商品。参见柯志明：《米糖相克—日本殖民主义下台湾的发展与从属》，台北，群学出版有限公司，2003年版，第165页。
[46] 台湾学者涂照彦认为：米糖相克的意义不外是，原本日、台资本勉强平衡的状况由于日本本土经济的变化而无法维持，本地资本借机扩张反扑，造成日资逆退的局面。参见涂照彦：《日本帝国下台湾经济—研究蓄积再检讨》，东京，岩波书店，1972年版，1972年，第812～815页。

[47] 1918 年 7 月，以日本富山县鱼津町渔家妇女拒绝外运粮食为导火线，日本现代史上第一次全国性的群众自发反抗运动“米骚动”突然爆发，日本四分之三的地区先后发生枪米风潮，最终导致寺内正毅内阁于 1918 年 9 月 28 日被迫解散。

[48] 嘉南大圳也称乌山头水库，为台湾最大的人造湖，也是亚洲唯一的湿式土堰堤，总灌溉面积为 15 万甲；灌溉范围涵盖今日的云林、嘉义、台南等地区，南北长 90 公里，东西宽约 20 公里。其主要工程是位于台南县官田乡及六甲乡的珊瑚潭。

[49] 参见郭云萍:《日治时期『嘉南大圳』的发展—1920-1945》，载《台湾史学会通讯》第 10 期，2000 年 5 月；陈鸿图：《日治时期台湾水利事业的建立与运作—以嘉南大圳为例》，载台湾辅仁大学：《历史学报》第 12 期，2001 年 6 月。

[50] 参见张汉裕:《台湾米糖比价之研究》，载《台湾银行季刊》第 5 卷第 4 期，台北，台湾研究丛刊第 24 种，台湾银行经济研究室，1953 年印行，第 1 ～ 9 页。

[51] 八田与一：1910 年 7 月毕业于东京帝国大学工科大学土木科，同年 8 月来到台湾，担任台湾总督府土木部技手。1914 年 3 月为总督府技师。1920 年 11 月转任官佃溪埤圳组合（后改称嘉南大圳组合）技师，乌山头出张所长等，专门负责嘉南大圳的设计与建设工程等。1942 年 5 月 5 日，八田与一被军部征召赴菲律宾调查棉花灌溉，5 月 8 日在乘“大洋丸”赴菲律宾的途中，为美军潜水艇发射鱼雷击沉而死亡，时年 56 岁（参见古川胜三:《嘉南大圳之父——八田与一传》，台北:前卫出版社，2005 年版，第 23-24 页）。1934 年八田与一向总督府提出建设大甲溪发电站的建议；1935 年 8 月，八田与一还应福建省主席陈仪之邀，赴福建省调查并指导水利灌溉设施的建设。参见 [日] 古川胜三:《嘉南大圳之父——八田与一传》，台北，前卫出版社，2005 年版，第 243 ～ 244 页。

[52] 赖青松编：《台湾总督明石元二郎传奇》，台北，一桥出版社，1999 年版，第 201 ～ 202 页。

[53] 据记载，八田与一的“三年轮作制构想”也是渐次形成的。当初在制订兴建嘉南大圳预算案时，鉴于对农业状况的掌握不够，遂听取主管农业的总督府殖产局的意见。殖产局希望大圳灌溉区域能够三年栽植甘蔗一次。而且由真室幸教技师处听闻建设作为冬季供应甘蔗用水的蓄水库，调查其水量，可以供应夏天水田一作需要的水量，所以他才会提出三年中种植水稻、甘蔗各一次，再加上中间作一次的供水方法。在最初的计划上，是希望将 15 万甲灌溉区域，利用水路系统，将给水区各划分为 150 甲再分为三区轮流种植水稻、甘蔗及杂粮作物。参见陈文添：《八田与一在台经历和兴建嘉南大圳问题》(《第四届台湾总督府档案学术研讨会论文集》，台北:“国史馆”台湾文献馆，2006 年版，第 470 页)、[日] 古川胜三：《嘉南大圳之父——八田与一传》，台北，前卫出版社，2005 年版，第 93 ～ 95 页。

[54] [日] 古川胜三：《嘉南大圳之父—八田与一传》，台北，前卫出版社，2005 年版，第 93 ～ 95 页。

[55] 实际上，三年轮作制完全违背了农家传统的耕作习惯，……三年一轮的作物转换，影响到资金、劳力的频繁变动；而单一的农作物风险大，收益无法有效掌控。同一部落的农户如果愿意改变耕地分布采行三年轮作农法，除非是农民价值观的改变、户口变化、租佃契约的变动、土地买卖等原因。参见降矢涛：《农耕地の各作物区への分布状况と是れが改善事业（嘉南大圳组合区域)》，载《台湾の水利》第 7 卷第 1 期，1937 年 1 月，第 114 ～ 119 页。

[56] 林仁川、黄福才：《台湾社会经济史》，厦门大学出版社，2001 年版，第 137 页。

[57] [日] 日本糖业协会：《近代日本糖业史》下卷，东京，劲草书屋，1997 年版，第 153 页。

[58] 参见 [日] 日本糖业协会：《近代日本糖业史》下卷之第三章《台湾における米蔗相克问题》，东京，劲草书屋，1997 年版，第 153 ～ 166 页。

[59] 瞿宛文：《对柯志明 < 所谓的“米糖相克”问题 > 的一点意见》，载《台湾社会研究》第 2 期，2000 年 9 月。

[60] 古彗雯、吴聪敏:《论『米糖相克』》，载《经济论文丛刊》第 24 卷第 2 期，1996 年 6 月，第 188 页。

[61] 古彗雯、吴聪敏:《论『米糖相克』》，载《经济论文丛刊》第24卷第2期，1996年6月，第174页。

[62] 李力庸，《由「水竹居主人日记」看日治时期米谷的生产与流通》，载《水竹居主人日记学术研讨会论文集》，台中县清水镇，台中县文化局，2005年印行，第180～181页。

[63] 1926年9月22日至1928年6月26日，后藤文夫曾出任伊泽多喜男总督时期的总督府总务长官。

[64] [日]石川悌次郎：《台湾に於ける米谷专卖论》，东京，经济情报社，1936年版，第21～22页。

[65] [日]石川悌次郎：《台湾に於ける米谷专卖论》，东京，经济情报社，1936年版，第22～23页。

[66] [日]石川悌次郎，《台湾に於ける米谷专卖论》，东京，经济情报社，1936年版，第23～24页。

[67] 林继文:《日本据台末期（1930-1945）战争动员体系之研究》，台北，稻乡出版社，1996年版，第56页。

[68] [日]石川悌次郎,《台湾に於ける米谷专卖论》，东京，经济情报社出版部，1936年版，第24～25页。

[69] [日]沟口敏三等：《旧日本殖民地经济统计》，东京，东京经济新报社，1988年版，第303页。

[70] 林继文:《日本据台末期（1930-1945）战争动员体系之研究》，台北，稻乡出版社，1996年版，第57页。

[71] 林献堂、黄纯青等人作为台湾自治联盟的代表赴东京，与日本官方进行交涉（有关台湾岛内反对米谷输日限制运动，参见蔡培火等：《台湾民族运动史》，台北，自立晚报社，1987年版，第542页；林继文：《日本据台末期（1930-1945）战争动员体系之研究》，台北，稻乡出版社，1996年版，第58页；李力庸《1930年代米谷统制运动与台湾的反对运动——（1932—1939）》，中国社会科学院台湾史研究中心《林献堂、蒋渭水—台湾历史人物及其时代学术研讨会论文》，开封，2008年。

[72] 台湾省文献委员会：《台湾近代史》（经济篇），南投：1995年印行，第134页。

[73] 台湾总督府颁布《台湾粮食生产管理令》（律令第二十五号），对台米输出日本进行严格限制，因而对台湾殖民地经济发生严重影响。该法制订的背景是防止日本国内米价的下落，为维护本国生产者的利益，而将恐慌之损失最后转嫁于殖民地农民。参见黄静嘉：《春帆楼下晚涛急——日本对台湾的殖民统治及其影响》，北京，商务印书馆，2003年版，第302页。

[74] 台湾省文献委员会：《台湾近代史》（经济篇），南投，1995年印行，第135页。

[75] 台中、高雄、台南为香蕉的主要产地，香蕉是台湾重要的青果，日据前期，成立三大青果组合，1，台中州青果同业组合，成立于1915年12月，最初名称为中部台湾青果物移出同业组合，1921年改称为台湾台湾青果物同业组合，后又改称为台中州青果同业组合；2，台南州青果同业组合，成立于1923年7月，最初称为台湾南部果物同业组合，1927年改称为台南州青果同业组合；3，高雄州青果同业组合，成立于1924年5月）。1925年，总督府成立台湾青果株式会社，办理香蕉的对日出口。参见张胜彦：《台湾开发史》，台北，空中大学，1996年版，第232页。

[76] 台湾省文献委员会：《台湾近代史》（经济篇），南投，1995年印行，第134页。

[77] 吴田泉：《台湾农业史》，台北，自立晚报社文化出版部，1993年版，第368～369页。

[78] 此外，虽然总督府对于台湾的重要产业（如制糖业）一向是采取许可制，但30年代之前仍是小工厂林立的局面。直到30年代，整个殖民地经济才逐渐被置于一元化的统制之下。见林继文：《日本据台末期（1930-1945）战争动员体系之研究》，台北，乡出版社，1996年版，第100页注释9。

[79] 当20世纪的大门向世界敞开之际，资本主义的发展已经进入垄断阶段。垄断的出现加剧了资本主义内在矛盾的激化，并进而引发了人类历史上第一次世界大战。战后，资本主义国家内部的矛盾以及资本主义国家间的矛盾与其说没有解决，毋宁说变得更加尖锐了。度过战后相对稳定的十年，以1929年华尔街股市暴跌为起点，第一次世界经济危机爆发。大危机是资本主义矛盾激化的反映，同时也向传统意义上的资本主义及其经济体制提出了挑战。即原有的体制正遇到难以克服的障碍，只有对其加以“修正”、变革乃至革命，才能找到人类社会及其经济发展的新出路。对于这种“修正”、变革乃至革命的尝试，不同的国家作出了不同的选择，但从总体趋势看各主要资本主义国家都毫无例外地通过对经济的干预，加强了对垄断资本的控制。大正后期至昭和初期即20世纪20年代至30年代中期的日本，就是处在这样一个激烈动荡和充满变数的时代。经过一个极其复杂、尖

锐的内部调整过程，日本作出了如下选择：政治体制方面否定政党政治，实行军事独裁，变近代天皇立宪制为天皇法西斯体制；经济体制方面否定放任，限制自由和竞争，变自由经济体制为统制经济体制；以此为基础，在对外关系方面，放弃一贯奉行的对英美协调主义，转而大肆推行亚洲门罗主义，开始了大规模的军事扩张（有关日本战时统制经济体制的形成、演变过程，参见雷鸣：《日本战时统制经济研究》，北京，人民出版社，2007年版；杨栋梁：《后发型资本主义经济政策研究》，北京，中华书局，2007年版）。

[80] 广田弘毅（1878-1948），甲级战犯1933年任外务大臣，10月发表了企图吞并中国，将中国置于日本控制下的“广田三原则”。1936年出任内阁首相，1937年初参与日本帝国主义发动侵华战争的决策，是发动对华全面侵略战争的主谋之一。由于其罪行严重，是被判处绞刑的7名甲级战犯中唯一的文官。

[81] 近卫文麿（1891-1945）：日本近代资产阶级政治家，曾任贵族院议长，1937年6月首次出任日本首相，随即发动侵华的“七•七事变”，1939年1月辞职；1940年7月22日，第二次出任首相，9月签订日德意“三国军事同盟条约”，1941年7月18日，近卫文麿第三次组阁；同年10月下台。1945年12月16日，在盟军发出逮捕令后，在家中服毒自杀。

[82] [美] J•B• コーヘン：《战时战后的日本经济》上卷，东京，岩波书店，1992年版，第39～44页。

[83] [日] 今井则义：《日本的国家垄断主义》，东京，合同出版社，1963年版，第134页。

[84] [日] 大岛清：《日本经济危机史论》下卷，东京，东京大学出版会，1957年版，第363页。

[85] 日本此次经济危机的重要特点是农业危机表现得特别严重。日本农业是处于地主、垄断资本双重压榨下的半封建小农经济，生产技术落后，生产力很低，危机四伏，矛盾本来很尖锐。这次危机爆发后，强化了的垄断资本用垄断价格、限制生产等办法，尽量减少危机所造成的损失。但分散落后的农业经济是无力抵抗的，因此农产品价格比工业品价格跌落得更为严重，形成巨大的剪刀差。结果使农业经济长期陷于危机之中。见吴廷璆：《日本史》，天津，南开大学出版社，2004年版，第666～667页。

[86] [日] 大内力：《日本的历史》第24卷，东京，中央公论社，1967年版，第197页。

[87] [日] 藤原彰：《在镇压的风暴中》，《日本民众的历史》8，第282～283页。

[88] [日] 藤原彰：《在镇压的风暴中》，《日本民众的历史》8，第282～283页。

[89] 由于推行了增加粮食生产的政策，所以直至1943和1944年，大米、蔬菜与麦、薯类的生产仍能分别维持在战前的水平上。然而，农民基本上依然是在零碎分散的土地上耕作，由于劳动力、农机具与肥料的严重缺乏，导致大部分土地的生产率下降，土地荒废的速度超过了开垦，使耕地的面积减少，农业生产急剧下跌。为了补充劳动力，甚至动员学生参加所谓“勤劳报国队”、“食粮增产队”等，从事农业生产，但这些非熟练劳力的投入并不能带来粮食的增产。另一方面，农村的生产、流通组织则被进一步加强统制，为了完成定额，农民甚至不能维持足够的口粮，而一般民众的粮食配给日渐减少，更是在饥饿中迎来了战败。参见周启乾：《日本近现代经济简史》，北京，昆仑出版社，2006年版，第331～332页。

[90] [日] 高桥龟吉：《现代台湾经济论》，东京，千仓书房，1937年版，第28～29页。

[91] 林继文：《日本据台末期（1930-1945）战争动员体系之研究》，台北，稻乡出版社，1996年版，第114～123页。

[92] 为执行“南进政策”，并推动台湾殖民地糖业发展的海外延伸，1930年11月，在石冢英藏总督及人见次郎总务长官的主导下，台湾总督府召开“临时产业调查会”，讨论并制定出台湾产业设施及经营改善的一系列方针。在此次会议中，针对战时体制下岛内糖业发展的规划是：除供应台湾本岛市场外，应确保日本内地的制糖业得以自给自足；随着人口增加力图增产；降低生产费；降低关税；对抗外国砂糖，谋糖业独立；进而实行糖业输出；试验机构统一并扩充；制糖业整顿合并；海外糖

业调查，扩展销路；糖业税法修正改善。其中，蔗渣工业和酒精工业列为主要新兴工业。

[93] 史明：《台湾人四百年史》，台北，蓬岛文化公司，1980年版，第361～362页。

[94] 史明：《台湾人四百年史》，台北，蓬岛文化公司，1980年版，第363页。

[95] 日本大藏省编印：《昭和财政史》XV，东京，1960年，第32页。

[96] 台湾总督府编印：《台湾统治概要》，台北，1945年，第290页。

[97] 涂照彦：《日本帝国主义下の台湾》，东京，东京大学出版会，1975年版，第153页。

[98] 日本外务省外交史料馆藏：《台湾总督府热带产业调查会》，收录于《各国产业状况报告杂纂》（档号：A.1.3.1-3）。

[99] 日本糖业协会：《近代日本糖业史》下卷，东京，劲草书屋，1997年版。第308～310页。

[100][日]日本历史学研究会编：《太平洋战争史》第1卷，东京，青木书店，1974年版，第166页。

[101] 托拉斯组织迅速增加，1929年为31个，1930年增至48个，1931年又增至73个。参见[日]楫西光速：《日本资本主义的没落》第2卷，东京大学出版会，1964年版，第471页。

[102]《台湾拓殖株式会社文书》第26号，《台拓设立委员会关系书类》，1936年，第2～3页。

[103] 台湾拓殖株式会社的人事权及运营权均为总督府严厉控制，1936年11月，小林跻造总督任命前三菱财阀（合资会社）理事加藤恭平为台湾拓殖株式会社首任社长兼台湾总督府评议会会员，前昭和制糖株式会社专务董事久宗董为副社长。参见大园市藏《台湾人事态势と事业界》（台北，新时代台湾支社，1942年，第143页）；兴南新闻社《台湾人士鉴》（台北，兴南新闻社，1943年版，第77页）；《役员与职员名单》（《台湾拓殖株式会社文书》第371号，1939年7月1日）；[日]桥本白水《台湾统治と其功劳者》，1930年（台湾成文出版社1999年复刻本）印行，第34～44页。

[104][日]野田经济研究所：《战时下の国策会社》，东京，野田经济研究所，1940年，第294页。

[105]《台拓档案影本》，V.170（《昭和13年参考资料》）。转引自王世庆《台湾拓殖株式会社之土地投资与经营——以总督府出资之社有地为中心》，《台湾资本主义发展学术研讨会论文》，台北，2001年12月。

[106] 从表面上看，台湾拓殖株式会社属于“半官半民”性质的公司，但实际上其经营活动完全听命于台湾总督府，一切经营活动完全以配合与推动台湾总督府殖民地政策为奉臬。台湾拓殖株式会社的经营管理模式，完全依据台湾总督府、台湾银行、台湾电力株式会社等的“官营体制”。有关台湾拓殖株式会社的经营管理模式，参阅《台湾拓殖株式会社文书》第2523号，《会社经理统制令》，1949年—1941年版。台湾总督不仅对台湾拓殖株式会社的社长、副社长有任命权，还有向台湾拓殖株式会社派遣“监理官”、由其对台湾拓殖株式会社经营业务进行监视的权限。台湾拓殖株式会社的社长、副社长必须贯彻总督的命令，以实施“国策”为第一要务。参见《台湾拓殖株式会社文书》第26号，载《台拓设立委员会关系书类》，1936年，第1～2页。

[107] 除了台湾拓殖会社之外，台湾总督府还设立了以南洋为基地的“南洋拓殖会社”，与台湾拓殖会社并称为日本的两大南方国策会社。参见林继文:《日本据台末期（1930-1945）战争动员体系之研究》，台北，稻乡出版社，1996年版，第176页注释12。

[108] 有关台湾拓殖株式会社在台湾东部的农业开发、以及热带作物种植等情况，参见林玉茹《国家与企业同构下的殖民地边区开发：战时“台托”在东台湾的农林栽培业》，载《台湾史研究》第10卷第1期，2003年6月。

[109] 台湾拓殖株式会社在海南岛经营的其他事业还有：⑶移民事业：⑷交通事业：⑸制冰业：⑹建筑事业:⑺伐木事业:⑻台湾拓殖株式会社在海南岛经营各种事业的投资，共约1000万日元。参见[日]三日月直之：《台湾拓殖株式会社とその时代》（东京，苇书房，1993年版，第472～474页）。有关台湾拓殖株式会社在海南岛的开拓事业，还可参见钟淑敏：《台湾拓殖株式会社在海南岛的事业之研究》，载《台湾史研究》第12卷第1期，2005年6月）。

[110] 涂照彦：《日本帝国主义下の台湾》，东京大学出版会，1975 年版，第 328 页。

[111] 邱士荧：《「嘉南大圳」与台米的剥削：评八田与一》，台北，日本综合研究所 http://www.japanresearch.org.tw/twhisoty-42.asp，2005 年 4 月 22 日。

[112] 邱士荧：《嘉南大圳」与台米的剥削：评八田与一》，台北，日本综合研究所 http://www.japanresearch.org.tw/twhisoty-42.asp，2005 年 4 月 22 日。

[113] 黄绍桓：《书评：柯志明〈米糖相剋〉（群学出版 2003 年）》，载《台湾史研究》第 10 卷第 2 期，2001 年 12 月，第 135 页。

[114] 黄静嘉:《春帆楼下晚涛急—日本对台湾的殖民统治及其影响》,北京,商务印书馆,2003 年版,第 427 页。

[115] 对于限制台湾米谷输日的问题，日本农林省与拓殖务省、台湾总督府间的立场并不一致。台湾总督府的立场是欲以低于市价的价格收购米谷，再以市价在日本市场买出。农林省的立场则是维持价格的一元化。总督府之所以坚持差别价格，乃是因为企图利用差价扩大财政收入，及担心提高对米谷的收购价格将会导致其他农产品价格的连带上涨。参见林继文：《日本据台末期 (1930—1945) 战争动员体系之研究》，台北，稻乡出版社，1996 年版，第 100 页注释 7。

[116] 1938 年 4 月 1 日，日本政府正式颁布《国家总动员法》，历经多次修订，共 50 条。该法规定：国家总动员的物质是指，所必需的武器、舰艇、弹药及其他军用物质；被服、粮食、医药品、医疗机械器具、车辆、马匹、通信、土木建筑用物资；照明、燃料及电力；及上述物质的生产、修理、配给、保存等所需的原料、材料、机械器具、装置及他资产。国家总动员业务是指，总动员物质的生产、保管等业务；所必需的运输及通信业务；金融、卫生、救护业务；教育训练业务；试验研究、情报及宣传业务；警备业务等。政府在战时，在国家总动员上，遇有必要时，得依法征用帝国臣民，使其从事总动员业务；令帝国臣民、法人和及其他团体，协助实行总动员业务；使用或征用总动员物资；政府征用之物，如不需要用时，自征用起 10 年内得以标售，或使其原所有人或旧权利者，或其一般继承人优先承购之；限制或禁止事业设备的新设，扩充，或改良；命令帝国臣民及使用或雇用帝国臣民者，申报有关帝国臣民之职业能力事项，并得检查帝国臣民的职业能力。

[117] 李力庸:《1930 年代米谷统制与台湾的反对运动（1932-1939）》,中国社会科学院台湾史研究中心《林献堂、蒋渭水——台湾历史人物及其时代学术研讨会论文》，开封，2008 年。

[118] 黄静嘉：《春帆楼下晚涛急—日本对台湾的殖民统治及其影响》，北京，商务印书馆，2003 年版，原书第 412 ～ 424 页。

[119] 翁嘉禧、谢惠怡：《日据末期台湾的工业化及其影响》，中国社会科学院台湾史研究中心《纪念台湾光复 60 周年暨两岸关系学术研讨会论文》，长沙，2005 年。

[120] 这一合七勺对于日本人及富有的台湾人而言是太少量不足以填饱肚子的，但大多数台湾民众一直在挨饿的边缘生存着，终年很少吃到白米饭。在实施配给制后，富者当然苦不堪言，但贫苦大众无不笑逐颜开，真是令人啼笑皆非的一大悲喜剧。参见钟孝上：《台湾先民奋斗史》（下），台北，自立晚报社，1982 年版，第 324 页。

[121] 也有统计为一日二合三勺 (330 克)。至 1945 年 7 月，配给量又降至二合一勺（300 克），其中一半以上是高粱、大豆、玉米面。参见蒋立峰《论日本战时农业政策》，载《日本史论文集》，沈阳，辽宁人民出版社，1985 年版，第 259 页。

[122] [日] 加用信文主编:《日本农业基础统计》,东京,农林水产业生产性向上会议,1958 年版,第 180 页。

[123] [日] 安藤良雄:《近代日本经济史要览》,东京大学出版会,1982 年版,第 5 页;[日] 大内力:《农业史》,东京,东洋经济新报社,1960 年版,第 261 页;日本一桥大学经济研究所:《解说日本经济统计》,东京,岩波书店，1961 年版，第 50、52 页。

[124] 参见吴廷璆：《日本史》，天津，南开大学出版社，2004 年版，第 786 页注释 119。

[125] 美国战略调轰炸查团编印:《日本战争经济的崩溃——战略轰炸给日本战争经济带来的后果》，东京，

日本评论社，1972年版，第175、179页。另据安藤良雄的统计，1940-1944年日本工矿制造业劳动力增加134万，其中男劳力100万。参见[日]安藤良雄《近代日本经济史要览》，东京大学出版会，1982年版，第134页。

[126] 还有一点非常重要，即19490年之前和1941年以后的农民消费量，出现了两个截然不同的水准。这显然是通过义务交售制强制征购农民粮食的结果，也是侵略战争同时为害日本人民的一个反映。参见蒋立峰《论日本战时农业政策》，载《日本史论文集》，沈阳，辽宁人民出版社，1985年版，第261页。

[127] 黄静嘉：《春帆楼下晚涛急—日本对台湾的殖民统治及其影响》，北京，商务印书馆，2003年版，第427页。

[128] 参见黄登忠、朝元照雄：《台湾农业经济论》，东京，税务经理协会，2006年版，第14～15页；第22～24页。

[129] 转引自台湾省文献委员会：《台湾近代史》（经济篇），南投，1995年印行，第144页。

[130] 吴田泉：《台湾农业史》，台北，自立晚报社文化出版部，1993年版，第371页。

[131] 陈孔立：《台湾历史纲要》，北京，九州出版社，1997年版，第360页。

[132] 台湾学者戚嘉林指出：就在日人在台完成第二次农业革命，稻米产量飞跃成长的1930年代，台湾平均每人每年稻米消费量却因台米饥饿输日而剧减……根据台湾总督府殖产局在台所作的农家经济调查，与米作农家消费生计费调查的两次抽样调查结果，1936-1937年期农民每口主食消费食米量亦较1931-1932年期减少7.6%，甘薯消费量却增加461.5%；1940年在台湾实施米粮配给，……与日本本土的日本人相较，1930年代时日人平均每人每年可用稻米消费量却是台湾人的1.6倍。参见戚嘉林：《台湾史》（增订本），台北，海峡学术出版社，2008年版，第298～299页。

[133] 周宪文：《台湾经济史》，台北，开明书店，1980年印行，第751页。

台共风云——蔡孝乾红白人生研究之二

杜继东

蔡孝乾（1908—1982）是一位富有传奇色彩的台湾人。他少小离家赴大陆留学，参与新旧文学之争，组建或参加多个台湾左翼学生团体，是“台湾学生中左倾之代表人物之一”[1]。台湾共产党成立时，他被缺席选举为中央常委，兼管宣传部，后因擅自离台赴大陆而被谢雪红等人开除党籍。1932年，他进入江西苏区，主持“苏区反帝总同盟”的工作，并随红军长征，是走完长征路的唯一一个台湾人。他在延安曾历任“省苏维埃政府”内务部长、敌工部长等职，是当时中共53位重要政治领袖之一。抗战胜利后，他奉命潜返台湾，担任中共台湾省工作委员会书记，是中共在台最高领导人，后被捕变节，背叛了他20多年来一直追求的红色事业。他变节后长期在台湾情报局从事“匪情研究”工作，成为“白区”研究“赤匪”的“专家”。纵观蔡氏一生，可谓跌宕起伏，五味杂陈，他的传奇经历令人惊叹，他的人生起落令人感慨，而他由红而白的巨变，更折射出国共两党斗争的残酷性及个人在激荡的历史洪流中的脆弱性和复杂性。关于他在上海留学时的情况，我已撰写专文加以介绍。[2]本文是蔡孝乾研究系列论文的第二篇，重点考察他参加台湾共产党前后的情况。

一、回台参与文协改组

蔡孝乾于1926年9月21在台湾彰化八卦山下写成长文《驳芳园君的“中国改造论”》寄给《台湾民报》以后不久，即返回上海大学继续读书。然而，国内政治风云激荡，一向激进的上海大学很快就放不下一张安静的书桌了。

1926年11月初，由于北伐战争进展顺利，上海战云密布，上海大学“提前放了寒假”[3]，以迎接革命高潮的到来。为配合北伐军的军事行动，中共决定派1925年7月即成为党员的翁泽生率领一支宣传队前赴闽南，到漳州地区“加强党团组织的创建，开展革命活动”。交代任务的中共江浙区委书记罗亦农还转达了中共中央领导人的意见：“在开展闽南革命活动的同时，如果条件许可，也可以派几个人回台湾开展工作。”宣传队的队员有蔡孝乾、庄泗川、李晓峰和谢志坚（即翁泽生的妻子谢玉鹃）。[4]

翁泽生、蔡孝乾一行于11月上旬来到漳州，落脚于经营农场的彰化人李山火的办事处：振成巷（当地人称枕头巷）16号。李山火与翁泽生是远房亲戚，也认识蔡孝乾的父亲，对他们的到来表示热烈欢迎。李的办事处离市中心不太远，是一幢两层楼，旁边有一个平房做厨房。李山火在漳州南郊的圆山开办了农场，因经营有方，积累了一定的资金，对台湾来的同胞都给予慷慨接待。他的思想倾向于革命，一直从财力和物力上支持台湾来的革命者。

翁泽生、蔡孝乾等人刚刚落脚，尚未开始工作，就收到了洪朝宗从台湾寄来的求助信。原来，台湾文化协会出现内部矛盾，以连温卿、王敏川为首的左派感到势单力孤，一面联络尚未参加协会的台北无产青年团的青年入会，一面写信要求翁泽生等人回台助阵。翁泽生等人审时度势，做出如下决定：（1）支持连温卿、王敏川，与文协中的左派互相协力，促成文协向左的方向改组和发展；（2）到福州动员文协老资格理事蔡惠如回台领导协会改选；（3）尽量动员台北无产青年会及在其影响下的青年参加将于1927年1月3日举行的文协会议的表决；（4）创建台湾无产青年会，以

"联络感情，增进体育活动"为名义争取合法存在，由高两贵作公开的代表人物，由蔡孝乾作实际召集人；（5）大力发展组织成员，彰化由蔡孝乾负责，嘉义由庄泗川负责，台北由洪朝宗负责；（6）蔡孝乾、庄泗川回台湾开展活动。[5]

蔡孝乾和庄泗川领受任务后，到福州仓山请蔡惠如出山，一同返台。但蔡惠如已厌倦文化协会的内部斗争，委婉拒绝了他们的请求。他们失望之余，从福州乘船返回台湾。他们返台的具体时间不详，翁佳音说是1927年初[6]，显然不确。据蔡孝乾对斯诺讲，他们是1926年12月回台的。[7]此说比较准确，因为12月下旬蔡孝乾已在台北参加社会活动了。从离校赴福建开始，蔡孝乾正式走上革命道路，投身于风云激荡的社会实践。1927年5月2日，上海大学被国民党视为"赤色的大本营"、"捣乱机关"和"共产巢穴"，予以封闭[8]，蔡孝乾就再也无缘返回上海大学了。[9]

正如日台当局观察到的，留学中国的台湾青年参加各种学生团体，"深入运动，再回台湾时，则把其所研究、见闻的理论、战术，散布于社会，在台湾社会运动的发展上，扮演重要的角色。"[10]蔡孝乾正是这样一个留学生。他把自己在上海大学所学到的理论知识和实践经验运用于台湾的社会活动，力求对台湾文化协会的改组和发展有所影响。

1926年12月25日，台湾无产青年会成立大会在台北清心亭茶点铺的楼上秘密举行，蔡孝乾、洪朝宗、王万得、高两贵和白成枝等5人被推选为委员，召集人由蔡孝乾担任。会议号召大家分头发展会员，支持连温卿、王敏川，促成文协的"左倾化"，争取文协的领导权。[11]正如日本学者矢内原忠雄所指出的，他们"潜入文化协会，以阴谋的行动夺取文化协会干部的地位，一九二七年一月修改会则，在委员制下严予统制，以'实现大众文化'为纲领，使文化协会的组织及方向转变为无产阶级运动。"[12]

1927年1月3日，以连温卿为首的左派将文化协会改组为"左倾"的组织，文协分裂，蔡孝乾、洪朝宗等人都非常高兴。蔡孝乾于1月22日撰文指出，文协的改组"在台湾文化运动上、解放运动上，划了一个新时期。确实，台湾的文化运动，由此次文化协会的改组，已经正式转入第二期了"。他认为这次文协改组有5个特点：

（1）"宗旨改为促进实现大众文化"：不论过去、现在还是未来，文化都是"大多数的大汗苦力所创造出来的"，然而"现在，文化差不多完全成了有闲阶级的占有品。把这有闲阶级占有的文化，解放为大众的文化，便是现时代的要求"。文化协会把宗旨改为"促进实现大众文化"，正是适应了这一"现时代的潮流"。文化协会改组的"重大的意义，就是在乎这点"。文化协会的任务，在于"唤醒大众，纠合大众参加台湾的文化运动、解放运动，并且使文化协会本身变成为大众的所有品，使大众努力实现大众文化"。而要达成"实现大众文化"的宗旨，就"必须和大多数的农工群众及妇女接近，要和他们发（展）关系，领导他们参加台湾的解放运动"。

（2）"采用委员制"：右派干部极力主张采用理事制，但在一月二日的理事会上，"以十九票和十二票的对比，多数赞成委员会"，这足以证明"台湾民众的进步"和右派干部的"错误"。

（3）"有严密的组织"：文化协会的组织本来是"极其散漫"的，除少数干部以外，"其余的会员差不多没有活动"。原因在于原来的组织架构不好，原来的"组织是本部和支部的二级制"，最高决议机关是会员总会，而会员总共有1000多名，让所有人到总会表决是不可能做到的。"新会则的最高决议机关是全岛代表大会，其代表由会员每五名选举一名"，总共可选出代表200余名，这样，全岛代表大会的出席率一定比原来的会员总会的出席率高。文协改组后的组织架构如下：

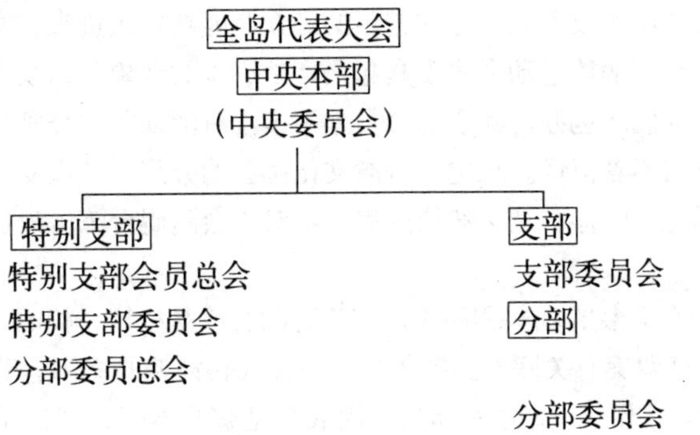

“支部是州内分部的联合体。特别支部是设于各市及文化特别发达之地方，其资格与支部同，分部以郡为界限。”

（4）“有严整的纪律”：“一切的团体，须有严整的规〔纪〕律，才能实现其团体的完全的发展。不然，虽有严密的组织，各会员若没有恪守严整的纪律，履行一切的决议，也是不行的。”如果没有严整的纪律，“虽有正确的纲领，也是归于空谈的，虽有严密的组织，也是归于流俗的，虽有广大的会员，也是力微散漫的。”此次通过的新会则的第4、5、6条都是关于文协纪律的，虽然不能说“改组后的文协的纪律一定就很好，但是和过去的散漫的文协比较起来，却有天壤之差”。

（5）“有统一的财政”：“团体的财政，好像团体的油”，有统一的财政，才能使其团体得以统一的运转。此前文协的财政“非常混杂，中央有中央的经费，支部有支部的经费”。文协新会则第29条规定：“本会之财政以中央统一为原则，凡本部及分部、支部及特别支部各机关之经费，概由中央统制”。这使文协的财政统一起来了。

总之，“从各方面观察起来，改组后的文化协会，不是像从前那样散漫，而是整个的文化协会了”。[13]

蔡孝乾认为，1920年《台湾青年》创刊以来台湾思想界的转换和民众的觉醒是文化协会改组的外因。“思想落后的台湾，自从大正九年七月《台湾青年》刊发以来，才发见着‘台湾是台湾人的台湾’，才晓得讲究‘自新自强’之途。”《台湾青年》的刊发时代，“可以说是台湾思想界的黎明期”，打破了台湾人的思想“隶属于”日本统治者的局面，由此开始，“台湾的思想界才有些生机了”。《台湾青年》创刊以后，“台湾的思想界虽没有发生什么大狂澜，但是这中间，台湾民众之对于统治者的怒吼，对于御用绅士的攻击（尤其是对于公益会）都是很有意义的记录”。最近一两年来，由于日本和台湾经济陷入困境，“台湾的思想界也不得不动摇了”。台湾出现的芭蕉争议、蔗农争议、土地争议、竹林争议等等，“都是台湾农民受着经济上的威胁而至开始争斗的表现”。其他如工人、青年、妇女方面，都有了相应的组织和相关的活动。“总之，无论在农民、在工人、在青年、在妇女，都渐渐觉醒起来”。这些形势的总和，“都足以证明台湾的思想界已入转换期了”。陈芳园、许乃昌等人关于走资本主义和社会主义道路问题的论争，也是“台湾思想界转换期中的特征之一”。“有了思想界的转换，才促成了文化协会的改组，同时有了文化协会的改组，才证明了台湾思想界的有意义的转换”。[14]

蔡孝乾还把文化协会的分裂与国际无产阶级解放运动和民族解放运动联系起来。他指出，“现在欧洲各国，无论是无产阶级的解放运动，或是民族解放运动，都有发生左派和右派之分裂。在中国，如国民党的左右派之分裂。在日本，如最近劳动农民党的分裂。分裂的结果，都是促进其解放运动的展开。现在我们台湾的解放运动，虽是寥微之声，但还是能够听得（到）文化协会分裂的消息，这就是证明了台湾的解放运动还是能够展开的。”文协分裂后，“虽然缺少了几个右派干部的活动力”，但是原来“反对或不满文协的进步的民众”能够加入进来，文协的工作“一定是能够充分展开的”，这“从台湾解放运动全体观察起来，是进步的现象”。从文协本身来观察，原来的文协“差不多是几个干部们所包办，其余的会员差不多没有活动”，分裂后的文协“能够得着大多数会员的协力”，所以用不着担忧。总之，台湾文化协会的分裂，“像支配阶级的内部斗争，像无产阶级阵营内的左右派之争同样，是必然的过程，绝对不会阻碍台湾解放运动，反会促进台湾解放运动的展开”。[15]

蔡孝乾对文化协会分裂的观察和评论，在当时的台湾是独树一帜的。不幸的是，日本殖民当局以他与台湾黑色青年联盟案有关联而逮捕了他，致使《转换期的文化运动》一文没有写完。

据日台当局观察，此后，文协内部又“因战略见解的不同，产生了（以王敏川为代表的）上大派，与连温卿所代表的非上大派两种派别”。上大派是“具有上海留学经历的一群人，其成员包括：蔡孝乾、翁泽生、庄春火、洪朝宗、蔡火旺、王万得、陈玉瑛、潘钦信、周天启、庄泗川、李晓芳等。非上大派则有：胡柳生、林清海、陈本生、陈总、黄白成枝、蓝南山、林朝宗、林斐芳等”。[16]

关于“上大派”在文化协会内部的活动情况，因资料所限，目前尚不是很清楚。连温卿对他们的评价似乎不高，他在晚年评论“上大派”时说，“这些人士多不亲身实践为其特色”，他们“只有意见而不实践”。[17]陈芳明则笼统地指出：“一九二七年一月，以连温卿、王敏川为首，以及在‘上大派’青年为主干的社会主义派，夺取了文协的领导权。”[18]关于“上大派”这一课题，仍有进一步研究的空间。

二、被捕入狱

据台湾总督府警察沿革志记载，1927年1月2日，蔡孝乾与台湾黑色青年联盟会员王万得、高两贵、周天启和陈　等人在彰化陈金懋家汇合，商议以“台湾无产青年会”名义组织各地无产青年团体和劳动组合，“在联盟指导下宣传主义并致力于实践运动”，台北由高两贵负责，彰化由黄朝宗、陈　、周天启和蔡孝乾负责，嘉义由张栋负责。[19]

1927年1月31日，日台警方当局通报，他们收集到台北王诗琅、周和成及彰化吴沧洲三人于1926年12月23日左右邮寄给东京市劳动运动社近藤宪二的信，内称在台湾已组成“黑色青年联盟”，且正在开展相关活动。同一天，警方在以高雄州凤山街农民组合成员谢赖登“散发不当宣传歌”为由，搜集谢之住宅时，“发现有台湾黑色青年联盟的宣言书”。日台当局由此确定，台湾确实存在“黑色青年联盟”的秘密组织，并“确定其关系者系台北及彰化的无产青年一派人”。[20]

1927年2月1日，日台当局对台湾黑色青年联盟“进行全面检举”，逮捕了包括蔡孝乾在内的44名“相关人员”。蔡孝乾此次被捕入狱，时间达8个月之久。10月，当局做出“预审终结决定”，检方求刑的21人中有17人被法院免予起诉，这17人是：蔡孝乾、洪朝宗、苏丽享、陈焕圭、陈新春、赖传和、庄泗川、谢涂、张栋、谢赖登、黄白成枝、陈炳南、梁荣华、陈炭、陈金懋、周天启、李友三。其余4人于1928年2月2日被判处徒刑，他们是：小泽一（2年6个月）、王诗琅（1年6个月）、吴沧洲（1年6个月）和吴松谷（1年）。[21]

11月，蔡孝乾获释出狱。据斯诺记述，蔡孝乾在狱中未受太大折磨，且“获准独住一间牢房”，文化协会的人还“可以给他送食物”。[22]

三、缺席获选台共中委

蔡孝乾出狱后参与文协的工作，但具体做了些什么，目前不得而知。可以肯定的一点是，他与翁泽生保持着密切联系。翁泽生从漳州返回上海后，接到中共江苏省委的通知，要他协助筹建台湾共产党。1927年11月16日，翁泽生与受共产国际指派从苏联返沪筹建台共的谢雪红在上海会面，台共建党工作正式启动。[23]通过翁泽生的介绍，谢雪红认识了张茂良和林松水，并掌握了一些曾经加入中共或共青团的台湾青年的情况，主要有当时在台湾的蔡孝乾、林日高、洪朝宗、庄春火、李晓芳、庄泗川等。[24]

据谢雪红说，在台共筹备过程中，翁泽生对"蔡孝乾、洪朝宗、李晓芳等个人的历史介绍都讲得很好；尤其对蔡孝乾，说他在上大毕业回台后领导文协的左派，被称为'上大派'，并说蔡是在台最有实际工作经验的人。在翁的心目中可以做台共中央委员的人是蔡孝乾、李晓芳、林木顺、洪朝宗、林日高。"[25]

翁泽生为准备组党，致信台湾和广州邀约同志。12月中旬，蔡孝乾和广州的王万得来到上海。蔡孝乾向翁泽生汇报了文协改组的情况，翁泽生则向他们介绍了台湾共产党的筹建工作，要蔡孝乾帮忙。但是，蔡孝乾未留在上海参与建党工作。此一时期，文化协会的王敏川等人正在筹办新文协机关报《台湾大众时报》，请留学日本的苏新担任主编兼发行人，请蔡孝乾担任记者。因蔡孝乾有事在身，翁泽生"只好请他回台湾后联系洪朝宗、庄春火、林日高、庄泗川四个人，向他们传达筹建台共的事，要他们派一个人来上海参加筹备工作"。蔡答应照办，并向翁泽生推荐了厦门的潘钦信。[26]

1928年3月25日，"株式会社台湾大众时报社"成立大会在台中市料亭醉月楼举行，共有23位认股的支持者参加会议，林碧梧挂名社长，其他人员为：编辑部主任：王敏川；记者：蔡孝乾、李晓芳、庄泗川；特约记者：翁水澡（即翁泽生，驻上海）、苏新（驻东京）、杨贵、赖和；营业部主任：连温卿。这份刊物"结合了所有知名的左派运动者"。[27]

1928年4月15日，台湾共产党成立大会在上海召开，出席者为林木顺、谢雪红、翁泽生、林日高、潘钦信、陈来旺、张茂良、中共代表彭荣（即瞿秋白）、朝鲜共产主义者代表吕运亨等9人。大会选出第一届中央委员会，林木顺、蔡孝乾、林日高、洪朝宗、庄春火当选为中央委员，谢雪红、翁泽生为候补中央委员。据谢雪红回忆，"林木顺、蔡孝乾和林日高三人票数差不多，为最高。洪朝宗、庄春火次之"。翁泽生、谢雪红得票较少，均为4票。谢雪红认为，这一选举结果与翁泽生有很大关系，因为翁在选举前说："中央委员——特别是主任委员——应该是能够回台领导工作的人。"在谢雪红看来，由于此前就有关于谢雪红已遭日台当局通缉的传言，所以，翁泽生这么说，"言下之意是被敌人通缉而不能回台的人，就不要选他为中央委员"。[28]而苏新根据参加过会议的陈来旺的讲述，对造成这一选举结果的原因做出了另外一种解释。苏新说："在选举中央委员时，谢雪红突然发难，她攻击翁是无政府主义者，不能当选为中委。于是围绕着这一问题，会上出现了争执，并形成观点对立的两种观点，由于双方争执不下，直接影响了双方的得票，两人都只当选为候补中委。"[29]综合两方面的说法，有一点可以肯定，即谢、翁在会上确实发生争执（到底是谁先发难，已不重要），对选举结果产生了直接影响。如无此风波，缺席会议的蔡孝乾等人或许不能"渔翁得利"，顺利入选中委。

后来，谢雪红对翁泽生、蔡孝乾、王万得等人的恶感一直没有消除，例如，1931年谢雪红被日台当局逮捕后，曾在法庭上承认台湾共产党犯了机会主义错误，并总结原因有如下5条：（1）无机会接受日本共产党的指导；（2）将基础置于知识分子上；（3）党成立大会所决定的政策中有一部分不适合于实际情势；（4）构成党的党员的政治生活贫乏；（5）无政府主义一派的不断的阴谋。[30]她还说，台共成立时，“其构成分子并非无产阶级出身者，大多数系脱离实际运动，到日本及支那留学的台湾学生。固然当中亦不乏持有日本共产党籍或中国共产党籍者，但其训练与认识的程度相当肤浅乃不争的事实。尤其在党成立的筹备会时期共事过的翁泽生、谢氏玉叶（即谢玉鹃——引者）、潘钦信、洪朝宗、蔡孝乾等原为无政府主义者，竟被推为中央委员。”[31]

1928年4月18日，台共在上海法租界翁泽生家召开第一次中央委员会，出席会议的有林木顺、林日高、翁泽生和谢雪红。

会议选举林木顺、林日高、蔡孝乾为中央常委，林木顺担任书记长，兼管组织部，洪朝宗负责农民运动部，庄春火负责青年运动部，蔡孝乾负责宣传煽动部，林日高负责妇女部。“预定潜入岛内者”为林木顺、林日高、潘钦信、谢玉叶。陈来旺和谢雪红担任东京特别支部及日本共产党联络员，翁泽生在上海，担任中国共产党联络员。[32]

4月20日，林木顺主持召开会议，对党员在台湾的工作做了如下安排：

台北地方：林日高、杨金泉；矿山、铁路：庄春火、洪朝宗；新竹地方：谢玉鹃；台中地方：蔡孝乾（文协、农组）、张茂良；台南地方：李晓芳、庄泗川；高雄地方（筑港）：潘钦信、刘守鸿。谢雪红说：“当时因党没有经费，在分配工作时，都要考虑利用党员本人的家乡或社会关系的方便。”[33]会议还审查了组党宣言书，宣称“台湾共产党是以马克思、列宁主义为武装而行动的革命政党，与世界各国的共产党同样是第三国际的支部，与其他任何政党完全不同。而台湾的共产党同时也是台湾工人阶级中最勇敢、最有意识、最坚毅、最彻底的阶级斗争的职业革命者所结合组织者。”[34]

4月22日，林日高乘船返台，将台共“政治大纲及其他诸纲领的内容，用淀粉写在汉文小说的行间带回”[35]。5月15日，林日高见到蔡孝乾、洪朝宗和庄春火三位缺席获选的委员，向他们出示政治大纲等文件，并“告诉他们台共成立的经过以及党所采取的政策”[36]。林日高还让蔡孝乾向李晓芳和庄泗川传达建党的消息。[37]

林日高走后的第3天，即4月25日，因发生上海读书会事件，谢雪红、张茂良、刘守鸿、杨金泉、林松水被逮捕，台共建党的相关文件也被搜走，刚刚成立10天的台共遭到沉重打击。5月17日，谢雪红被押回台湾，关进台北州厅留置场。[38]

潘钦信、谢玉鹃回台后，给岛内党员带来上海读书会事件的消息。他们回台时，林木顺曾对他们说：“这次意外事件估计对你们回岛内会产生影响，万一遇到紧急情况，你们可撤到厦门。”[39]5月19日，蔡孝乾等人秘密在台北桥附近会合，交换有关读书会事件的情况。他们认为党的相关文件在上海“几乎全部遭到扣押”，当局之搜索有扩大的趋势，乃决议“暂时停止一切党的活动，观望经过情形”，在情况紧迫时“应各自采取适当行动自行逃避”。5月底，他们又在新庄郡三重埔淡水河边“秘密交换情报，并协议应注意当局的动静，有危险时可逃难到对岸支那等待机会”。[40]他们做出这样的决定，与林木顺的嘱咐可能有一定的关系。

6月2日，谢雪红因证据不足而被日台当局释放，居于台中亲戚家。几天后，林日高从台北到台中见谢雪红，两人商量决定如下事项：

（1）按照台共中央第一次委员会的决定展开工作；

（2）林日高提议谢雪红补为正式中央委员，谢表示同意；

（3）由林日高负责召开第二届中央委员会，讨论领导机构的部分变动，传达谢雪红等人被捕的经过，以及对形势的估计等。[41]

6月10日前后，台共中央第二届中央委员会在台北大桥下淡水河畔召开，参加者有林日高、庄春火、蔡孝乾、洪朝宗4人。谢雪红因刚出狱不久，目标太大，未到台北参加会议。这次会议共开了两个晚上，结果如下：

（1）林日高向大家报告谢雪红等人被捕后的情形，“估计敌人不会再扩大逮捕，并传达谢雪红的意见说，希望大家必须按照第一次中委会的决定展开工作”。

（2）一致同意递补谢雪红为中央委员；

（3）一致推选林日高为中央委员会委员长。

“此时，未参加上海建党筹备和成立大会的庄春火、蔡孝乾和洪朝宗都没表示异议，愿执行党所分配的任务。”[42]

尽管会议做出继续开展工作的决定，蔡孝乾等人也愿意“执行党所分配的任务”，但他们似乎没有采取具体行动。在这方面，他们确实不如谢雪红积极主动。因证据不足而获释的谢雪红虽然受到日台当局的监视，但仍然与农民组合的简吉、赵港、杨春松、杨克培等人联系，指导农民运动，并做出了显著成绩。

四、为《台湾大众时报》撰稿

在这个非常时期，蔡孝乾公开做的事情就是为《台湾大众时报》撰稿。《台湾大众时报》是一份周刊，“兼有杂志与报纸的风格，基调在宣传社会主义。”[43]苏新回忆说：“《大众时报》虽然是‘文协’的机关报，但主要执笔人大多是当时‘文协’里面的共产主义者，如翁泽生（在上海）、蔡孝乾、李晓芳、庄泗川（以上三人在台湾）等等。”[44]陈芳明甚至认为，由于该报的“记者蔡孝乾、翁水澡（即翁泽生），分别为台共的中常委与驻上海联络中共的成员，而总编辑苏新，则在东京秘密加入台共支部的组织”。因此，该报“在很大程度上可以说是台共的喉舌”。[45]

《台湾大众时报》于1928年5月7日在东京发行创刊号，且于5月10日发行《五一纪念特别号》。该报“在各地组织秘密发送网，加强对同志的分送”。7月9日，该报发行第10号后停办。[46]关于停办的原因，若林正丈认为是受到了当局的“严厉打压”[47]，而日台当局则说是因王敏川“受到拘禁”，使该报“陷入经营困难而终致停顿”。[48]

在《台湾大众时报》的创刊词中，王敏川分析了作为日本殖民地的台湾面临的严峻现实，然后指出，“台湾的解放运动，也已顺应了世界的潮流，由少数的绅士阀运动，而进展到大众运动”。在这种形势下，《台湾大众时报》的使命，就是“要立在大众的面前，做了政治的指导者，须由各阶级所发散的政治的不平，以大众意识之观点，抽出、批评、促进、纠合之，并且对于一切的恶劣政治，都尽量地暴露。”另外一个重要的使命是“要做大众的组织者”，“就是要到民众中去做工作，于宣传主义之外，须要对那未组织的大众，要极力使其团结起来，并且要有训练，要有教育”，使大众成为“极大的力量”。[49]

蔡孝乾翻译了“旧劳农党顾问”布施辰治对《台湾大众时报》的寄语，发表在创刊号上。布施辰治对台湾民众抱以深切的同情，他说：“这次台湾文化协会新创刊了解放运动之武器的大众时报，这从极端被夺了言论自由的台湾同胞看起来，从全被压迫民众共同战线的进出看起来，确实是很堪祝贺的事情。”布施辰治希望《台湾大众时报》“对于反动的支配阶级之弹压政治，须要彻底的暴露其何等惨虐的真相”，“在一般民众面前，完成其解放之武器的使命”，并且“能够突破发禁的弹压”。[50]

1928年3月5日，蔡孝乾撰文对日本的普选制度进行了抨击。1928年2月，日本施行普选制度，被“那些资产阶级的御用新闻”称赞为“光明的政治”，被“那些眼花的小资产阶级”称赞为“是德谟克拉西的实现”。但蔡孝乾认为，日本“普选制的实施，不外是日本支配阶级为要把持他们的权力，为要缓和被压迫民众的不满不平，为要适合现在资本主义的现阶段的一种欺瞒政策”。日本政府规定国民满25岁者拥有选举权（俄罗斯为18岁，德国为20岁，法国、英国、美国、意大利为21

岁）；满30岁以上者拥有被选举权（俄罗斯为18岁，德国为20岁，英国、意大利为21岁，法国、美国为25岁）。这两项在全世界都是最高的。候选保证金为“二千圆”，乃是“对于无产阶级的致命的野蛮的规定。这样的例（子）是全世界无，而独日本有的”。加上居住时间的限制，投票日的选择，妇女选举权的缺失，以及其他一些限制，使得“那御用报纸所赞美的所谓‘光明的政治’也就可想而知，而日本普通选举制的马脚也就完全暴露出来了”。蔡孝乾还对“那班所谓机会主义者、社会民主主义者和无产阶级的叛徒”加以批评，指出他们“很得意地抱着民主主义的幻想，希望在资产阶级民主主义的议会里做那社会政策的事情，他们对于现代社会的腐败是想要平和地、慢慢地改良改良。”蔡孝乾讽刺说：“改良主义者哟！议会在资产阶级有革命性的时代，多多少少还能够演些进步的职任，但是资产阶级已陷于绝对反动的今日，那只是虚伪和欺瞒，无责任的喧哗和议员间的把戏以外，还有什么？”[51]

1928年4月9日，蔡孝乾以马克思列宁主义的相关理论为据，撰文论述了无产阶级革命与弱少民族解放运动之间的关系，探讨了弱少民族纪念五一劳动节的意义。蔡孝乾首先指出，全世界工人阶级在五一节的要求，并不仅仅限于8小时工作、8小时教育、8小时休息三点，他们有一个更大的要求，“那就是全世界的无产阶级的解放。尤其是一九一七年的俄罗斯××（革命）以后，全世界的工人阶级的要求更加具体化了。因此现在‘五一’纪念的意义便扩大起来，同时弱少民族纪念‘五一’的意义也随之扩大起来了。”全世界弱少民族——“土耳其、波斯、埃及、中国、印度、朝鲜、××（台湾）等等”——的共同追求是推翻帝国主义的殖民统治，解决民族问题，求得民族解放。而所有“立在战线上的殖民地半殖民地民族都是宗主国内的无产阶级的友军”，“一切的宗主国内的战斗的无产阶级都是立在战线上的殖民地半殖民地民族的友军”。这样一来，全世界的无产阶级和全世界的弱少民族就有了一个共同的敌人，那“就是国际××（帝国）主义。国际××（帝国）主义一方面支配自己国内（的）无产阶级，一方面支配着殖民地半殖民地的弱少民族。国际××（帝国）主义不期然而然地使全世界的无产阶级和全世界的弱少民族不得不互相握手！”蔡孝乾援引了列宁关于民族问题的相关论述，并结合当时的国际形势指出：“一方面是帝国主义战争，一方面是俄罗斯的十月××（革命），这样的变化，必然的使民族问题由资产阶级民主主义的一部分推行到世界无产阶级××（革命）的一部分了。”蔡孝乾的结论是：“只有资本主义的××（灭亡）和全世界无产阶级××（革命）的成功，民族问题才有完全解决的可能！”。[52]

日台殖民当局对《台湾大众时报》创刊极感紧张，唯恐该报流入台湾后造成对其殖民统治不利的影响，乃于5月13日发布扣押令，内称：“因创刊号有妨害治安，所以禁止公布并押收。”当5月17日《台湾大众时报》创刊号运抵台湾时，即被日台殖民当局扣压。王敏川和连温卿“屡次到特务局去抗议、交涉”，当局才取消扣押令，但创刊号里的所谓“不妥”文字，被当局剪掉了。创刊号24页中，“被蹂躏的地方共七处，三页余。被蹂躏的本刊创刊号到读者的手里的时候，只是剥[剩]些骸骨罢了。”[53]

当局对《台湾大众时报》在岛内的相关人员也进行监视和骚扰。据《台湾大众时报》报道，1928年6月8日上午9时，当局出动大批警察，对文化协会台北支部及连温卿和蔡孝乾的住宅进行搜查。“问他们为什么事情，他们也不答，把室内的东西翻弄一场，连床上也登起窥望。壁的隙间，他们也要如发现了什么似的注视良久！”虽然搜查的结果是一无所获，但警察为免遭讥笑，“不得不随便拿了几件如私人的写真、友人问候的信。闲手随便画着英[文]字的字纸，都是他们这回搜查中的胜利品呢！官宪为避了民众的恶感，故意说是什么思想问题，无非是他们日常的故套！”[54]

这次搜查虽然有惊无险，但对蔡孝乾的影响可能比较大。之后不久，他就离台避祸了。

五、被开除台共党籍

1928年8月下旬的一个夜晚，蔡孝乾与潘钦信、谢玉鹃、洪朝宗在苗栗县后龙港秘密乘船离开台湾，避往福建。

关于此次离台，蔡孝乾有两种解释：

（1）为了安全。他在晚年说："1928年秋，设在上海的'台湾共产党总部'遭受破坏，台湾岛内党员的安全因而面临威胁。"他们"惟恐波及台湾岛内组织，经会议决定，当将几个重要干部撤离台湾"。[55]

（2）出于经济原因。上海的翁泽生得知蔡孝乾等人避到福建后，曾到漳州质问蔡孝乾为什么"跑到这里来"，蔡无言以对，许久才说："革命总不能饿肚子，总要生活嘛。"[56]

（3）遵照上级指示。翁泽生在厦门找到潘钦信和谢玉鹃，询问他们离台的原因，潘钦信说："我们一回到岛内，就不断有人跟踪，看来敌人已经发现了我们，根据林木顺在上海临别时的嘱咐，我们就撤到厦门。"[57]

联系他们离台前后的种种表现来看，经济原因只是一个借口，真实的原因是担心被日台殖民当局逮捕。据谢雪红回忆，林日高在台共一届第三次中央委员会上曾说，有几个党员在一届第二次中央委员会上虽"对开展工作计划没有异议，但随后却表现恐慌之至；尤其洪朝宗怕得要死，总觉得好像到哪里都看到有人要来逮捕他"。[58]遵照上级指示，也是自辩之言。林木顺固然说过"万一遇到紧急情况，你们可撤到厦门"的话，但是什么样的情况是"紧急情况"？由谁来确定？都是问题，所以在谢雪红等人看来，蔡孝乾、洪朝宗、潘钦信、谢玉鹃难免临阵脱逃之责。

8月下旬或9月上旬，谢雪红、林日高和庄春火在台北召开一届第三次中央委员会，对于避往福建的蔡孝乾、洪朝宗、潘钦信、谢玉鹃"决议给予开除党籍"的处分，并"提交日共中央批准"。会议还做出其他决议，如发展赵港、杨春松、杨克培等积极分子加入台共；在台北开一家书店，以"掩饰身份"，收容党员，开展工作；以文化协会和农民组合为开展工作的重点等。会议决定由林日高赴东京向日共中央汇报。[59]

会后，林日高前往东京，见到从上海到东京的林木顺。他们在向日共中央汇报工作时，"受到日共中央的严厉批评，说台共成立没几天就被破坏很不应该"。[60]

接受日共中央的指令后，林木顺指示林日高返回台湾，"并将以淀粉书写在杂志的行间的指令书交付他"。[61]

林木顺回到上海，把有关情况告诉翁泽生。翁泽生认为，开除蔡孝乾等4人的"台共党籍是不妥的"，因为他们是"按照组织的指示撤到厦门的"。而且，"洪、潘、谢经劝告又立即回台，怎能这样轻率地开除他们呢？"[62]虽然翁泽生对开除蔡孝乾等人党籍有不同看法，但因他不在台湾，没有发言权和决策权，难以改变这项决定。[63]

林日高于10月返回台湾后，找到台北的谢雪红。经过一番准备，谢雪红、林日高和庄春火于11月在谢的住处召开会议，做出如下决议：（1）"基于日本共产党中央的指令"，增补谢雪红为中央委员；（2）对因畏惧"检举而放弃工作"逃到福建的蔡孝乾等4人，"视为违反党规的机会主义者"，予以除名；（3）吸收杨克培、杨春松为党员；（4）以林日高为中央书记长兼组织部长，庄春火为劳动运动部长兼宣传煽动部长，其余工作概由谢雪红负责。[64]

蔡孝乾从缺席获选台共中央常委，到被台共中央开除党籍，只有半年左右的时间，经历了人生的一次大起大落。

六、流亡福建

蔡孝乾等4人离开台湾后，先来到厦门。[65]之后，蔡孝乾独自“来到漳州，寄寓于城内东半后街枕头巷”。[66]这是李山火的办事处，上次蔡孝乾到漳州时曾在这里落过脚。蔡孝乾到漳州后化名杨明山，以免暴露自己的真实身份。当时驻守漳州的是国民党军独立第四师，师长是张贞。经李山火介绍，蔡孝乾到张贞举办的“训政人员讲习所”当“经济学教师”。当翁泽生特意来漳州询问蔡孝乾以后有何打算时，蔡回答：“等过一段日子再说吧。我在漳州也可以继续为台共工作。”翁泽生从漳州返回厦门，对其他人说：“参加革命是自愿的，我们不能勉强他。”何池认为，翁泽生的质问“在当时处在彷徨中的蔡孝乾心中产生了震动。他经过一段时间的思想斗争之后，在漳州继续从事组织台籍学生开展革命活动的工作。”[67]

1929年2月，蔡孝乾到石码中学当教员。[68]后来又到龙溪女子中学教书。“为了生活”，他“还在诏安当过一个短时期的公路工程处临时职员”。[69]

在此过程中，蔡孝乾没有违背自己对翁泽生所作的“继续为台共工作”的承诺。按他自己的话说，他“流亡大陆，在厦门、漳州一带，以公开职业掩护秘密身份，从事地下活动”。[70]蔡孝乾在厦门的时候，生活极其困难。1950年蔡在台湾被捕后，报纸以很大的篇幅予以报导，陈虚谷边看报纸边对儿子陈逸雄感慨地说：“当年蔡孝乾被日本警察追捕逃亡厦门，从厦门写信来诉说生活无着，求我援助。我的生活费，完全是你阿公（祖父）供给的，身边哪有钱？所以向你阿公说明蔡孝乾求助的原委，你阿公给我一百圆，就把一百圆寄给他。”[71]

蔡孝乾的“主要任务是做台湾居民工作，尤其是学生工作”。[72]1929年，台湾青年蒋文来“因有共产党员的嫌疑，经漳州第一师（应为第四师——引者）军法会议审判，将他拘禁”。10月5日，漳州的李山火、蔡孝乾、张炳煌等人“召集数十名”台湾学生，“决定藉救援运动的机会组成救援团体”。此后，他们继续进行宣传活动，并成立漳州台湾解放运动牺牲者救援会。1930年2月，为了募集资金和进行宣传鼓动，李山火、蔡孝乾、张炳煌等人在上海台湾青年团的援助下，在漳州举办救援台湾解放运动牺牲者游艺大会。2月初，他们向厦门和漳州附近各县台湾学生发出倡议书，并在漳州市内张贴传单，把召开游艺会计划公开告知第四师师长张贞和公安会长张式，请他们和社会各界捐款，“经广泛募集的结果得到百余元”。2月9日，游艺会正式开始。当天，他们印出《台湾解放运动牺牲者救援大会特刊》约2000份，在漳州等地散发。特刊发表的文章包括：《日本最近对台湾的暴压政策》、《暴压政策下的各阶级民众》、《岛内各团体的斗争情势》、《海外台湾青年的活动情势》。特刊还发表了一份《宣言》，内容如下：

国际帝国主义的根本已经动摇。

现在全世界弱小民族的革命运动已日渐炽热。各帝国主义国家对弱小民族殖民地的弹压也日益加重。因此，帝国主义国家与弱小民族间的斗争也日渐尖锐化。

最近世界弱小民族革命运动有印度的抗英、朝鲜的抗日、土耳其与摩洛哥的战争，这些战争都震惊了全地球的人类。我台湾可说是个孤岛，但在日本帝国主义铁蹄的重压下，民众的革命斗争尚且不落人后。除了极少数的走狗、土豪、劣绅及反动分子外，四百万台湾民众都是勇往迈进的斗士。

过去的三十年间，我台湾民众反抗日本政府，因此遭到血淋淋的屠杀。如北埔事件、林杞埔、苗栗、西来庵事件等，期间的消息就无庸赘言。最近三、四年来，台湾民众英雄的战斗正如火如荼地进行。可是日本帝国主义更加肆无忌惮地凶暴镇压。台湾革命民众自一九二七年以来爆发的检举事件接连不断。例如：

黑色青年事件（三十余名）、凤山农组（十余名）、大宝农林（十余名）、中坜农组（九十余名，入狱二十余名）、新竹事件（检举三百余名，入狱百余名）、上海台湾共产党事件（七名）、台南涂粪事件（四十余名）、高雄洋灰工人暴力事件（四十名）、台中农组印刷事件（四百余名，入狱二十余名）、东京台湾社会科学事件、第二次六·一七事件等。

随着解放运动的牺牲者的增加，日本帝国主义对吾等牺牲者就越发施以惨无人道的殴打与拷问。另一方面又使入狱者的家族饥寒交迫、流离失守[所]。其惨状真是莫可名状。

漳厦的台湾同胞组成救援台湾解放运动牺牲者游艺会，将募得的钱赠给入狱的同志及其家族。一方面藉以抚慰入狱的同志及其家族，另一方面则激励解放战线上的斗士，进而巩固革命势力，为将来的革命斗争而努力。

革命的同胞们！同志们！第二次世界大战将爆发，我等应团结起来打倒帝国主义。打倒日本帝国主义。

中台的革命民众团结起来！

全世界被压迫的民族团结起来！

打倒国际帝国主义！

拥护中国革命！

台湾独立成功万岁！

游艺会在李山火的主持下进行。先由陈志辉发表演说，叙述台湾革命运动的经过，陈述救援牺牲者的必要性。之后是音乐演奏、话剧表演和歌舞表演，话剧为独幕剧《殖民魂》和《血溅竹林》。[73]这些剧目以日本帝国主义压迫台湾人民和台湾人民奋起反抗为内容，吸引不少观众前往观看，收到了很好的宣传效果。

蔡孝乾说，当时他“与中共组织只有横的联系”，在工作上“直接受设在上海的台共总部领导”。[74]

实际上，当时的台共总部已不在上海，而在台湾，与蔡孝乾经常联系的是上海的翁泽生。翁泽生对蔡孝乾始终抱有很高的期待，希望他回到革命团体中来。1930年10月，厦门的潘钦信接到中共福建省委转来的共产国际远东局的指令，要潘钦信和蔡孝乾到上海，与翁泽生一起作为远东局的联络小组成员，参与指导台共改革事宜。这是翁泽生向中共中央推荐的结果。但是，“蔡孝乾在漳州有事离不开”，潘钦信于11月初抵达上海。[75]此后，翁泽生和潘钦信等人深深介入台共改革事宜，与谢雪红产生严重分歧和激烈矛盾，而蔡孝乾则置身事外，继续在福建活动。

1931年6月，台湾共产党在岛内的组织遭到日本殖民当局严重破坏，许多党员被捕，党的活动陷于停顿状态。鉴于这种严峻形势，中共中央和共产国际远东局指示上海的翁泽生重新物色和培养台籍革命青年，重建台湾党组织。当时，日本领事馆警务署逮捕了上海台湾反帝同盟的许多骨干成员，并把他们押解回台湾，物色和培养青年的工作大受影响，翁泽生便把目光放到活跃在福建的台籍热血青年身上。

福建因离台湾较近，台湾留学生相对多一些，且大多是倾向革命的激进青年。他们先后成立了留集台湾学生会、同文台湾学生会等组织，与上海的台湾学生互通声气，从事左翼运动。答应“继续为台共工作”的蔡孝乾在教书的同时，也撰写论文，对这些学生团体的工作给予指导，施加影响。据警察沿革志记载，上述两个学生会及“漳州的留漳台湾学生等直接受李山火、蔡孝乾、施玉善、张炳煌、潘炉、陈新春等人的指导，以及与上海的林木顺、翁泽生等人联络而倾向共产主义”。1930年5月8日，学生会干部詹以昌、曹炯朴、王溪森等人给闽南各地中等以上学校发出倡议信，指出：“我等海外的台湾青年身负特别重大的使命。要使日本帝国主义侵略下的殖民地民众与受列强帝国主义侵略的汉民族自觉其使命的重要性，且与身负同一使命侨居中国的台湾青年团结起来，努力达到我等伟大的历史使命”。要完成这一使命，“首先是要组成一个团体”，即“组成久已荒废的闽南学生联合会”。[76]他们的倡议得到各校台湾学生的热烈响应。1930年6月9日，闽南学生联合会在厦门中学的礼堂秘密举行成立大会，出席者除学生代表外，还有潘钦信、陈新春、卢丙丁等 “指导者”。大会成立宣言呼吁“被压迫的台湾民众及革命的中国民众要共同起来与日本帝国主义做决死的斗争”。[77]

闽南学会联合会成立以后，特别重视社会科学研究，在厦门等地开办研究会，“致力于共产主义理论的研究”，化名杨明山的蔡孝乾撰写的《新兴经济学》和《进化论》等小册子成为研究班的教材。例如，1930年9月，詹以昌负责的研究班，“利用每周的星期六下午在董文霖的住处，由侯朝宗主持讲解杨明山着的新兴经济学及进化论”，会员有董文霖、高水生、郑明显、蔡大河、张梗、陈鑫尧、王灯财、陈坤成、苏深渊、王太鑫等人。[78]

从1931年下半年起，蔡孝乾就不再教书了。[79]是年6月底，翁泽生和侯朝宗同赴漳州，找到蔡孝乾，向蔡传达了中共中央和共产国际远东局的指示，并向蔡了解漳厦一带台湾青年学生的活动情况及其中骨干人员的情况，决定“在原来闽南学生联合会和厦门反帝同盟的基础上建立厦门反帝同盟台湾分盟，以此做为联络台湾在闽南学子的革命组织，从中培养革命青年”。[80]但是，不知什么原因，蔡孝乾并没有积极参与翁泽生等人的活动。

关于蔡孝乾与中共组织的“横的联系”，我们目前所知甚少，只能从他的自述中寻到一点信息：1932年4月24日红军占领漳州后的第5天，“一个带[戴]黑眼镜的高个子青年”来到蔡的寓所，他是两年前曾以“巡视员”身份与蔡“联系过的中共地下党员李文堂”。[81]蔡孝乾就是通过这个李文堂的引介，见到红一军团政治部主任罗荣桓，加入红军，从此开始了他的红色人生之旅。

七、结　语

自1926年12月中缀学业返回台湾，到1932年4月在福建彰州参加红军，从校园正式进入社会的蔡孝乾初步品尝到了人生的酸甜苦辣。他在这个时期的经历极为丰富和复杂，起伏也非常之大：参与文协改组；身陷日本殖民当局的牢狱；缺席获选台湾共产党中央常委；担任《台湾大众时报》记者；流亡福建；被台共开除党籍；为生存而当教员、打短工等。他在短短的6年时间里扮演了多种角色，并最终完成了一次极为重大的人生转折——加入红军。

蔡孝乾与台湾共产党的关系是他此一时期最为重要的经历，大有可议之处。

首先，蔡孝乾之参加台共，或非完全出于自愿，至少他的态度不是非常积极和主动。蔡孝乾虽然在写文章时经常引用列宁的原话，并大谈中国革命和无产阶级革命的道理，但在组织上他似乎更接近台湾文化协会的左派。1928年翁泽生在上海筹建台共时，曾邀蔡孝乾一同工作，但是，蔡宁愿回台参与文协左派机关报《台湾大众时报》的筹备工作并担任该报记者，而不愿留在上海与翁泽生一起建党。正因为如此，他对台共的工作采取的似乎是消极应付的态度，自台共建立到他与潘钦信等人避往大陆之间的4个月时间里，他几乎没有为台共承担任何实际工作，更谈不上对台共的生存和发展做出贡献了。当安全受到威胁时，他首先想到的是避祸；被台共开除党籍以后，他再也没有尝试过重新加入台共。这些表现都说明，他之加入台共可能是被动的，而非积极主动的。李晓芳和庄泗川的情况也值得一提。他们也在上海大学学习过，是文协左派中的活跃分子，与蔡孝乾关系密切。台共建党时，他们也未到上海，虽然被台共指定负责台南地方的工作，但似乎从来没有为党工作过。据谢雪红推测，“当年林日高不认识李晓芳、庄泗川，现在想起来大概蔡孝乾没有去向李、庄传达建党的消息，以至于他们就这样和党失去了联系。”[82]这也从另外一个侧面说明，蔡孝乾参加台共的积极性不高，对台共的工作缺乏热情。谢雪红开除蔡孝乾党籍的决定，也许正中蔡孝乾的下怀，他后来再未积极回归台共，原因可能正在于此。

其次，蔡孝乾与洪朝宗、潘钦信、谢玉鹃流亡大陆，虽有林木顺带话于前，翁泽生辩解于后，但这一决定本身，确实体现了一部分知识分子党员的脆弱性和动摇性，正如台共首批党员陈来旺在向日本共产党中央委员会所作的报告中指出的：“由知识分子指导的党，一个百分之百由知识分子组成的党，在白色恐怖的袭击下，就会引起机会主义的动摇……一听到检举，就协议逃亡，竞相放弃工作并逃往日本和中国。一受到压制，知识分子的动摇性机会主义就在光天化日下暴露无遗；由此事实证明，由知识分子构成的党是如何的无力！”[83]

如果说避往大陆尚可以安全受到威胁为理由的话，那么蔡孝乾在大陆期间一直游离于台共之外，就涉及共产党的一个原则问题，即党员应该严格遵守党的纪律的问题。正如何池所言，蔡孝乾在面对翁泽生质问时为自己所作的辩解“说出了一种‘无奈’，这种无奈一是经济因素，二是政治环境。他虽然在漳州还可以‘为台共工作’，但干革命是不能自己想怎样就怎样的自由主义，他的话反映出当时台共一些成员思想上存在的这一问题，这也是台湾党组织后来出现种种问题的思想因素之一。”[84]

第三，蔡孝乾与台共的关系尽管只有短短几个月就结束了，但其影响却极为深远。因开除蔡孝乾等四人党籍的决定是谢雪红主导台共做出的，曾引起一直对蔡孝乾期许甚高的翁泽生的不悦，谢雪红则因蔡孝乾等人的流亡更加确信翁泽生、蔡孝乾等人是“无政府主义者”。这进一步加深了翁、谢之间在建党初期就已存在的误解和矛盾，是造成台共内讧的因素之一。1946年蔡孝乾重返台湾领导中共地下组织，一直未与谢雪红联系。[85]“二·二八”事件爆发后，谢雪红和杨克煌因迟迟得不到地下党的指示，就在台中建立武装队伍，进行武装斗争。但蔡孝乾却指示谢、杨把指挥权交给“二·二八”事件处理委员会。这使他们颇为不满。“二·二八”事件被镇压后，谢、杨辗转逃至大陆，成为台湾民主自治同盟的主导人物，蔡孝乾则在1950年被捕变节。本来二人的矛盾应该就此结束，但自1950年代开始，谢雪红与台盟中“蔡系人马”（如吴克泰、蔡子民、叶纪东、陈炳基，李伟光、徐萌山、江浓、苏子蘅等）[86]的矛盾和斗争就一直未曾中断。台盟的内斗虽有当时中国大陆政治运动的背景，但派系间的历史纠葛也是不容忽视的重要因素。这些内斗既严重影响了台盟的发展，也伤害了在大陆的台湾同乡之间的感情，造成了长久难以弥合的心理鸿沟。

（作者单位：中国社会科学院近代史研究所）

注 释：

* 本文的写作得益于 2007 年 9 ～ 10 月我在台湾的研修活动，在此谨向邀我赴台的政治大学历史系和提供资助的中华发展基金表示衷心感谢。

[1] 谢国兴：《中国往何处去：1930 年前后台湾的左右论辩》，《近代史研究》2003 年第 2 期，第 54 页注 4。

[2] 杜继东：《留学上海——蔡孝乾红白人生研究之一》，中国社会科学院台湾史研究中心编：《林献堂蒋渭水——台湾历史人物及其时代学术研讨会论文集》，北京，台海出版社 2009 年版。

[3] 何池：《翁泽生传》，台北，海峡学术出版社 2005 年版，第 96 页。

[4] 1952 年 9 月 2 日谢志坚（已改名为叶绿云）所写回忆材料，转引自何池《翁泽生传》，第 97 页。

[5] 王万得：《王万得回忆录》，第 3 页。原件藏台盟中央资料室。转引自何池《翁泽生传》，第 113 ～ 114 页。

[6] 翁佳音：《安享天年的“省工委会主委”——蔡孝乾》，张炎宪、李筱峰、庄永明编：《台湾近代名人志》第 4 册，台北，自立晚报 1987 年版，第 276 页。

[7] [美]埃德加·斯诺著，奚博铨译:《红色中华散记（1936～1945）》，南京，江苏人民出版社 1991 年版，第 119 页。

[8] 上海市委党史资料征集委员会主编，王家贵、蔡锡瑶编着：《上海大学（一九二二～一九二七年）》，上海社会科学院出版社 1986 年版，第 49 页。

[9] 阳翰笙说："上海大学的学生无所谓毕业不毕业，我在那里学习了两年，是学习时间最长的，有的同志学习时间很短，党的工作需要就调走了。"1935～1936 年，在上海工作的林钧、丁丁、许德良、羊牧之、韩觉民等人曾"负责上海大学学生毕业登记、补发文凭的工作"，他们"搞这一登记的目的，主要是为了一个学历，拿一个文凭，好找饭碗"。王家贵、蔡锡瑶编著：《上海大学（一九二二～一九二七年）》，第 82、99 页。

[11] 王乃信等译：《台湾总督府警察沿革志》（第二篇）领台以后的治安状况（中卷）《台湾社会运动史（一九一三～一九三六）》第 1 册《文化运动》，台北，海峡学术出版社 2006 年版，第 233 页。此书共有 5 册，分别为第 1 册《文化运动》；第 2 册《政治运动》；第 3 册《共产主义运动》；第 4 册《无政府主义运动·民族革命运动·农民运动》；第 5 册《劳动运动·右翼运动》。以下仅注《台湾总督府警察沿革志》加单册名。

[11] 王万得：《王万得回忆录》，第 3 页。转引自何池《翁泽生传》，第 114～115 页。

[12] [日]矢内原忠雄著，周宪文译：《日本帝国主义下之台湾》，台北，海峡学术出版社 2002 年版，第 216 页。

[13] 蔡孝乾：《转换期的文化运动》（一），《台湾民报》第 142 号，1927 年 1 月 30 日，第 8～9 页。

[14] 蔡孝乾：《转换期的文化运动》（二），《台湾民报》第 143 号，1927 年 2 月 6 日，第 10～11 页。

[15] 蔡孝乾：《转换期的文化运动》（三），《台湾民报》第 144 号，1927 年 2 月 13 日，第 7～8 页。

[16]《台湾总督府警察沿革志，文化运动》，第 331 页。

[17] 连温卿：《台湾政治运动史》，台北，稻乡出版社 1988 年版，第 182 页。

[18] 陈芳明：《谢雪红评传——落土不凋的雨夜花》，台北，前卫出版社 1991 年版，第 101 页。

[19]《台湾总督府警察沿革志：无政府主义运动·民族革命运动·农民运动》，第 19 页。据蓝博洲考证，嘉义的负责人张栋就是张梗，即后来大名鼎鼎的张志忠，《警察沿革志》写为张栋，"估计是手民误植或张梗以大哥之名活动"。参见蓝博洲：《孤坟下的历史：张志忠及其妻儿》，《思想·5·转型正义与记忆政治》，台北，联经出版事业股份有限公司 2007 年版，第 159 页注 4。

[20]《台湾总督府警察沿革志：无政府主义运动·民族革命运动·农民运动》，第 19～20 页。

[21]《台湾总督府警察沿革志：无政府主义运动·民族革命运动·农民运动》，第 20～21 页。也有学者质疑台湾黑色青年联盟事件的真实性。例如，何池认为台湾黑色青年联盟根本不存在，此案的"缘起是由于一个日本青年小泽一想捉弄一下员警的恶作剧"，既"没有具体组织，也没有实际行动"，因而，此案是"日本人借机借故镇压台湾革命的一出闹剧"。何池：《翁泽生传》，第 116～117 页。

[22] 埃德加·斯诺：《红色中华散记（1936～1945）》，第 119 页。

[23] 关于台共建党，相关研究成果很多，本文只叙述与蔡孝乾有关的史实。

[24] 何池：《翁泽生传》，第 158 页。

[25] 谢雪红口述，杨克煌笔录，杨翠华整理:《我的半生记·台魂泪》（一），台北，2004 年版，第 261 页。

[26]《王万得回忆录》，第 4 页，转引自何池：《翁泽生传》，第 161 页。

[27] 陈芳明：《殖民地台湾——左翼政治运动史论》，台北，麦田出版·城邦文化事业股份有限公司 2006 年版，第 197 页。

[28] 谢雪红：《我的半生记·台魂泪》（一），第 262、261 页。

[29] 苏新：《关于翁泽生的历史材料》，1975 年 4 月 29 日，转引自何池《翁泽生传》，第 173 页。谢雪红在回忆录中说，"根据翁的介绍"，蔡孝乾、李晓芳和洪朝宗都是"受过无政府主义洗礼的"。参见

谢雪红《我的半生记·台魂泪》(一),第 261 页。
[30]《谢氏阿女于预审庭供述要旨》,《台湾总督府警察沿革志:共产主义运动》,第 125 页。
[31]《谢氏阿女于预审庭供述要旨》,《台湾总督府警察沿革志:共产主义运动》,第 126 页。
[32]《台湾总督府警察沿革志:共产主义运动》,第 92～93 页。
[33] 谢雪红:《我的半生记·台魂泪》(一),第 266 页。
[34]《台湾共产党组党宣言书》,《台湾总督府警察沿革志:共产主义运动》,第 95 页。简炯仁认为,这“可能是谢与翁妥协的结果,由这一安排已显示出民族支部内部矛盾派系问题的表面化”。参见简炯仁《台湾共产主义运动史》,台北,前卫出版社 1997 年版,第 84 页。
[35]《台湾总督府警察沿革志:共产主义运动》,第 93 页。
[36] 卢修一:《日据时代台湾共产党史,1928～1932》,台北,前卫出版社 2006 年版,第 85 页。
[37] 谢雪红:《我的半生记·台魂泪》(一),第 281 页。谢雪红后来推测说:“当年林日高不认识李晓芳、庄泗川,现在想起来大概蔡孝乾没有去向李、庄传达建党的消息,以至于他们就这样和党失去了联系。”同上书,第 281 页。
[38] 谢雪红:《我的半生记·台魂泪》(一),第 275～276 页。
[39] 何池:《翁泽生传》,第 190 页。
[40]《台湾总督府警察沿革志:共产主义运动》,第 100 页。
[41] 谢雪红:《我的半生记·台魂泪》(一),第 282 页。
[42] 谢雪红:《我的半生记·台魂泪》(一),第 282～283 页。
[43] 叶芸芸:《苏新与日据下的台湾共产主义运动》,收入苏新《未归的台共斗魂——苏新自传与文集》,台北,时报文化出版企业有限公司 1993 年版,第 139 页。
[44] 苏新:《关于翁泽生的历史材料》,1975 年 4 月 29 日,转引自何池《翁泽生传》,第 215 页。
[45] 陈芳明:《殖民地台湾——左翼政治运动史论》,第 204 页。
[46]《台湾总督府警察沿革志:共产主义运动》,第 300 页。
[47] 若林正文著,台湾史日文史料典籍研读会译:《台湾抗日运动史研究》,台北,播种者出版有限公司 2007 年版,第 284 页注 88。
[48]《台湾总督府警察沿革志:共产主义运动》,第 300 页。
[49] 敏:《创刊辞》,《台湾大众时报》创刊号,1928 年 5 月 7 日,第 2 页。按:本文所引《台湾大众时报》上的材料,都是执教于台湾辅仁大学的许毓良博士复印后提供的,在此谨对许博士表示衷心感谢。
[50] 布施辰治著,孝乾译:《对于大众时报之使命的希望》,《台湾大众时报》创刊号,1928 年 5 月 7 日,第 11 页。
[51] 蔡孝乾:《日本普通选举制度的批判》,《台湾大众时报》创刊号,1928 年 5 月 7 日,第 13～15 页。
[52] 蔡孝乾:《弱少民族纪念“五一”的意义》,《台湾大众时报》五一纪念特别号,1928 年 5 月 10 日,第 6～9 页。
[53]《本报创刊号被蹂躏!请以大众力量彻底的抗争!》,《台湾大众时报》第 5 号,1928 年 5 月 10 日,第 10 页。
[54]《文协台北支部及连温卿蔡孝乾两氏住宅突受搜查。原是官宪高压的新方法!》,《台湾大众时报》第 9 号,1928 年 7 月 2 日,第 9 页。
[55] 蔡孝乾:《江西苏区·红军西窜回忆》,台北,中共研究杂志社 1970 年版,第 1、3 页。此书曾由大中华出版社在香港出版,2002 年台北的海峡学术出版社重新出版,书名改为《台湾人的长征记录:江西苏区·红军西窜回忆》。
[56] 何池:《翁泽生传》,第 204 页。
[57] 何池:《翁泽生传》,第 203 页。
[58] 谢雪红:《我的半生记·台魂泪》(一),第 290 页。

[59] 谢雪红：《我的半生记·台魂泪》(一)，第 290 ～ 291 页。

[60] 何池：《翁泽生传》，第 208 页。

[61]《台湾总督府警察沿革志：共产主义运动》，第 107 页。

[62] 何池：《翁泽生传》，第 209 页。

[63] 陈芳明认为，“开除蔡孝乾、谢玉叶等四人，终于结下了党内部的恩怨。谢玉叶是翁泽生的妻子，经过这样的开除，远在上海的翁泽生自然难以接受，这引起后来谢雪红与翁泽生之间的权力斗争。翁泽生后来利用岛内的台籍中共党员向谢雪红夺权，便是以此开除事件为张本。蔡孝乾也是因为这样的开除，他与谢雪红的恩怨，便一直延续到一九四七年的二二八事件。”(《谢雪红评传——落土不凋的雨夜花》，第 119 页）按：谢玉叶当时已离开翁泽生，成为潘钦信的妻子。翁、谢之间的矛盾纠葛颇为复杂，尚需深入探讨。

[64]《台湾总督府警察沿革志：共产主义运动》，第 107 ～ 108 页。

[65] 何池:《翁泽生传》,第 207 页。蔡孝乾曾告诉美国记者斯诺,他到厦门后“在台湾党的厦门支部工作”(埃德加·斯诺：《红色中华散记（1936 ～ 1945)》，第 120 页）。实际上，当时台共在厦门并无支部。

[66] 蔡孝乾：《江西苏区·红军西窜回忆》，第 3 页。

[67] 何池：《翁泽生传》，第 204 ～ 205 页。

[68] 埃德加·斯诺：《红色中华散记（1936 ～ 1945)》，第 120 页。

[69] 蔡孝乾：《江西苏区·红军西窜回忆》，第 3 页。

[70] 蔡孝乾：《江西苏区·红军西窜回忆》，“小引”，第 1 页。

[71] 陈逸雄:《我所认识的陈虚谷——忆父亲》,《陈虚谷作品集》下册,彰化,彰化县立文化中心 1997 年版,第 809 页。

[72] 蔡孝乾：《江西苏区·红军西窜回忆》，第 11 页。

[73]《台湾总督府警察沿革志：共产主义运动》，第 354 ～ 358 页。另外参阅蓝博洲《民族纯血的脉动：日据时期台湾学生运动（一九一三～一九四五)》，台北，海峡学术出版社 2006 年版，第 276 ～ 280 页。

[74] 蔡孝乾：《江西苏区·红军西窜回忆》，第 11 页。

[75] 何池：《翁泽生传》，第 229 ～ 230 页。

[76]《台湾总督府警察沿革志：共产主义运动》，第 359 ～ 361 页。

[77]《台湾总督府警察沿革志：共产主义运动》，第 363 页。

[78]《台湾总督府警察沿革志：共产主义运动》，第 372 ～ 373 页。

[79] 蔡孝乾：《江西苏区·红军西窜回忆》第 11 页。

[80] 何池：《翁泽生传》，第 270 页。

[81] 蔡孝乾:《江西苏区·红军西窜回忆》，第 10 页。据蔡孝乾介绍，李文堂是海南岛人，海员工人出身，曾参加过 1924 年的省港大罢工，1930 年以巡视员名义到漳州活动，真实身份为“中华全国总工会中央苏区执行委员会委员”(《江西苏区·红军西窜回忆》，第 11 页)。

[82] 谢雪红：《我的半生记·台魂泪》(一)，第 281 页。

[83] 陈来旺：《台湾党の组织行动方针及びその组织状态》，转引自卢修一《日据时代台湾共产党史（1928 ～ 1932)》，第 85 ～ 86 页。

[84] 何池：《翁泽生传》，第 205 页。

[85] 杨克煌遗稿，杨翠华整理：《我的回忆·台魂泪》(二)，台北，2005 年版，第 301 页。

[86] 陈芳明：《谢雪红评传——落土不凋的雨夜花》，第 523 页。

日据台湾时期鸦片渐禁政策确立原因再探析

李　理

日据台湾五十年的鸦片专卖制度，是殖民地差别待遇的最明显表现，也是日本自认为殖民统治中，最引以为自豪的一部分。在现存研究台湾鸦片政策的论著[1]中，一般都认为据台之初，日本的方针及舆论都是断禁，但由于台湾民主国的创立及各地人民的强烈反抗，这种"断禁"想法胎死腹中，半年后政府采用内务省卫生局长后藤新平所提出的渐禁政策，台湾鸦片专卖制度得以最终确立。以这样的论点看来，后藤新平及所提出的"意见书"，在其中起了关键性的作用。一份"意见书"就能促成了喧嚣争论不止的鸦片政策得以确立，似乎在论证上有些单薄，是否有其他的原因被研究者所忽视呢？本文仅就这些问题进行新的探讨。

一、台湾总督府与鸦片"渐禁政策"

台湾总督府是日本据台后最高的统治机构，也是台湾鸦片政策真正的执行者，故其在政策制定中的作用，应是研究台湾鸦片专卖制度的第一切入点。

1.伊藤博文与现地执行者之间关于鸦片问题的分歧

1895年4月10日，中日两国在下关谈判中，首次涉及台湾鸦片吸食问题。日本首相伊藤博文以"日后领台，必禁鸦片"[2]的承诺，不仅让李鸿章无言反驳，亦因此获得伦敦"反鸦片协会"的"颂德状"，成为"现代的救世主"。[3]故在日本筹建总督府的5月份，台湾鸦片问题，就成为内定总督府民政局局长水野遵的"日夜苦恼之源"。[4]

5月10日，日本政府任命桦山资纪为台湾总督。同时发出了伊藤博文的《给台湾总督府的训令案》，其中就台湾鸦片问题，曾有特别的指示："鸦片烟是新领土施政上的一大害物，在新政实施的同时，应依我国与各缔盟国条约之明文，向台湾岛民公布严禁鸦片烟之宗旨，然需明订宽限期间，于道义上应予业者处理商品之缓冲期，且此事与英国商业有重大关系，不可不慎思远谋。"[5]

从接收"训令"相关鸦片内容分析来看，伊藤认为鸦片是施政上的一个难题，处理的宗旨虽是严格禁止，但由于既有库存鸦片，故应给予业者一个处理时间；另外从对外关系上考虑，也必须采取一个可行的措施。故笔者认为，以伊藤博文为代表的日本政府，在条约取得台湾之时，对台湾鸦片将采取的政策是倾向于严禁，这一点似乎是毋庸置疑的。这一方面是由于日本自"安政条约"以来，一直严格禁止外国人输入鸦片，也严格禁止日本人吸食鸦片，台湾即为日本领地，当遵从惯例；另一方面，也因伊藤博文在下关谈判时夸下了严禁的海口，并因受领"颂德状"而名扬海外，如果失信，将有损于日本的国际形象。

但有一点非常值得玩味，现存档于日本国立公文书馆的《台湾總督府ヘ訓令案ノ件》[6]之原件中，并没有此项关于鸦片之内容。而在山边健太郎编著的《现代史资料——台湾（一）》及高滨三郎的《台湾统治概史》中，收入了带有严禁鸦片内容的"训令案"；而《日本外交文书》第28卷第2册、伊藤博文所编的《台湾资料》（秘书类纂）、总督府编纂的《台湾总督府警察沿革志》及《原敬关系文书》等，所收入的"训令案"都没有鸦片的相关内容。[7]

日本学者山田豪一研究认为，之所以在最后删除鸦片相关内容，是由于当时台湾总督桦山资纪及民政局局长水野遵的进言。[8]笔者曾查阅"训令案"原件，此"训令案"虽发布于5月10日，但在8日时曾在内阁进行讨论，故推测可能是训令案在阁议时，关于鸦片事项，有人提出反对意见。此推测在水野遵的《台湾阿片处分》中得到证明，水野自述曾为鸦片问题的决定，而陷入了“臆病”。桦山也曾言：“阿片问题不是马上就可以禁遏的，应寻求其它适当的办法，这样的难题，最好现在不要解释为好。”[9]故在5月10日公布的“训令案”中删除了此项相关内容。

“训令案”中鸦片相关内容的删除，意味着时已被任命为台湾总督的桦山资纪及民政局局长水野遵，不认同或对伊藤的严禁政策有所疑惑，但一时又没有更好的解决办法，故主张先放置一段时间，再做考虑。如果此推断成立的话，这表明当时伊藤首相，与即将成为实际统治者的桦山与水野等，在鸦片政策上存在着分歧，而伊藤尊重现地统治者桦山与水野的意见，才使“训令”中的“鸦片烟之事”（第11项）与“外国宣教师”（第10项）这两项内容，全部被删除。

桦山及水野的做法，也自有其道理。他们早在领台以前，就以“台湾通”着称。桦山与水野都曾在1874年日本出兵台湾前后，曾亲自到台湾考查，对台湾情况较为熟悉。特别是水野遵曾留学于清朝，对台湾人鸦片的嗜好，及鸦片在财政上的意义，应当较为了解，故主张鸦片问题延后再做决定。

另外根据山田豪一的研究，记载鸦片事项的文书，主要在战前广为传布，但并没有说明什么原因。[10]笔者查阅了现藏于日本国立公文书馆的《台湾总督府警察沿革志》[11]，及日本外务省存档的《外交文书》第28卷的原档，它们的出版年限分别是战前的1938年及1943年，而“沿革志”及“外交文书”的影响，应当是远远大于诸如山边等人编纂的资料集，故笔者认为山田豪一的说法，值得商榷。

2.台湾总督府初期的鸦片对策

日本在整个媾和谈判中，采取的是秘密外交，故伊藤博文的禁烟豪言，只是在海外进行了报道，日本国内并不知晓。7月时，由于三国干涉还辽，东京日日新报报道了台湾鸦片相关内容，才引发了轰动一时的台湾鸦片问题大讨论。[12]

而水野遵到达台湾后，马上就着手对鸦片问题进行调查。日日新报报导的内容，即是源自于台湾总督府在接收淡水、基隆两海关后，开始进行的关税收入调查。

7月8日，东京日日新报的特派员石冢刚毅，以总督府的名义，在报上发表了《阿片问题》一文，就台湾鸦片问题，抛出试探性的气球：“现今台湾鸦片的输入，如果从国内法上探讨，当然是必须禁止的，但如果从国际法的视角上考虑，获得他国领土时，新的主权者，不能不受旧的主权者，其在领土上相关条约的羁绊，而能否马上解脱，当然也是一个问题。故鸦片的输入，依据旧惯，日后必须与各国商量，或者直接课以禁止的重税，这是有识之士必须研究的问题。”[13]

石冢的鸦片相关报道，是以台湾总督府的名义发表的。虽然报道没有明确说明总督府究竟采取什么政策，但试探性的放出以“禁止重税”名目，允许鸦片输入，以图增加财政收入的意图。而实际上，总督府确实默许着鸦片的输入及吸食。“淡水海关公然征收输入税，外商也贩卖鸦片，本岛人继续制造吸食着鸦片。”[14]

随后，在7月12日，石冢又在日日新报上，报道了淡水海关鸦片输入情况。报道称，日本在接收两海关后，装载着鸦片的英、德船“福尔摩萨号”及“ハイモッ号”首次驶入港口，虽然还不到一个月的时间，就有了十万多元的收入。征税也在入港之后办理，一旦鸦片收入仓库，检查重量后，一担就要付海关税30两、厘金80两，总计110两，折算成当时的日本元为165日元，才明白这才是值得期待的财源！[15]

12日的报道，依然是以台湾总督府的名义发表的。它以直接的形式，向日本内地报告台湾鸦片的输入正在继续进行，并委婉地表明总督府，期以“禁止税”的名义，增加财政的思路。

总督府民政局最初的工作，就是接收税关及税收的调查，在民政局内鸦片相关问题的研究调查，早在接收台湾后就已经开始，故以税收为前提的“禁止的重税案”，逐渐成为总督府民政局的一个立案。此点从水野遵提交给日本政府的报告书《台湾行政一斑》[16]中，可窥视出其中的端倪。

在这份报告书中，水野遵将台湾旧政府的财源分为六个部分，其中最大一部分是关税。下表为水野遵推算提出的清政府统治时期主要财政收入的统计概表(统治单位为“元”)：

关税（含鸦片金）	地租	厘金（官盐利益金）	官田小作料	樟脑窑税	土地登记税	合计岁入
1,608,696	828,785	959,596	47,937	450,000	450,000	4,345,014

*此表内容根据水野遵《台湾行政一斑》之内容整理而成。参见：《原敌关系文书》第六卷，第266页。

根据上表分析来看，以鸦片输入税及厘金为主的关税，占台湾岁入的四分之一左右，实为清政府时期台湾财政收入的关键。

下表为1887—1992年间鸦片输入与收入在清政府财政中所占比例：

年　次	鸦片输入量（斤）	鸦片收入(单位：海关两)			政府总收入②	①/②
		海关税	厘金税	总计①		
1887	4,247,000	126,983	299,289	426,273	872,100	49%
1888	4,642,000	139,339	371,566	510,906	1,002,590	51%
1889	4,734,000	142,017	378,713	520,730	990,148	53%
1890	5,042,000	151,452	403,804	555,258	1,045,247	53%
1891	5,582,000	167,497	446,640	614,138	1,111,570	55%
1892	5,141,000	154,522	412,061	566,585	1,079,101	53%

*此表根据刘明修《台湾统治与阿片问题》第9页之附表整理而成。

从上表分析来看，鸦片在清政府统治下的台湾财政收入中，实际上比水野遵估算的四分之一左右还要高，一般都占到二分之一左右，这说明清朝统治者主要靠鸦片收入来维持台湾财政，故我们在批判日本的台湾鸦片政策之时，更应当反思清政府的鸦片政策。

另外，总督府在关税上的考虑是，“海关税率，在输入上，除鸦片外，与日本现行税率相同，输出上继续施行现行税目。”[17]当时台湾海关茶的旧税率是一担3.85元，而日本现行税率则是1.125元，如果按照日本税率，茶的税收将减少450,448元。而当时作为第二财源的厘金，由于各地厘金局的解散，其征收基本已经废止。虽然也可用制造税来代替厘金，但短时期内难以完成。在兵荒马乱之际，其地租的征收、土地登记税等，都不可能顺利进行。如果不包含鸦片税及厘金，即使忽略茶叶税减少部分，1896年的台湾财政预算，将欠亏2,073,868元（收入预算为4,215,000元），且这种状况将持续数年，等地租的增征成为可能才能缓解。[18]

鸦片在台湾财政收入中所占的比例，使初期军费骤增，财政紧张的总督府，绝不可能轻言放弃鸦片的收入。特别是总督府在行政经费上的思路是，“决行行政经费的一部或全部，从本岛的财源中取得。”[19]如果放弃鸦片的收入，在兵荒马乱之时，台湾的财政将几乎全部依赖日本，这才是台湾鸦片得以继续存在的真正原因。

另外，关税的一部分，必须以旧的税率为标准，与外商协定台湾特有的税则。当时台湾对外贸易的单品，主要以茶、砂糖、樟脑及鸦片等为主。1892年时，其输出额为764万元，输入额为577万元，这其中鸦片占输入总额的40%。[20]这些贸易，几乎都由在台英商垄断，故日本接收台湾后，一直到南部的平定，依旧沿用清朝时期旧的关税，以避免与在台英商产生矛盾。

而英国驻日公使早就向日本方面表明，希望不要对鸦片采取严禁政策。英国驻日本公使佐藤拜会代理外务大臣西园寺公望时，曾引用“王立阿片调查委员会给英国议会的报告书”内容，委婉地表达了反对严禁吸食的立场：“鸦片不像酒精那样有害，故不劝其禁止。”[21]故如果日本单方面禁止鸦片输入，势必引起与英等诸国产生矛盾甚至冲突。

通过以上分析，可以看出总督府现地统治者，最初在鸦片问题上就主张谨慎处理，特别是接收台湾后的税关调查，使总督府充分认识到鸦片收入在财政上的意义，其政策的考虑，必然是趋向采取确保财源的鸦片政策。水野遵曾明言“如何处理鸦片问题及茶的税率，是关系到本岛施政经费不可小视的税源。”[22]在伊藤博文《台湾资料》（秘书类纂）中，收录了没有署名的《关于输入鸦片的意见》的建议书，及水野遵的《台湾阿片处分》，都可证明此推论。

3.水野遵“输入禁止税”渐禁鸦片政策

《关于输入鸦片的意见》虽然没有署名，但几乎全部内容在水野遵的《台湾阿片处分》中可找到，故笔者推测，此份意见书，可能就是水野遵提交给总督府的鸦片处理意见的立案。“意见书”大意如下：

第一，达到禁止吸食鸦片的方法有两种：一种是输入禁止令；一种是输入禁止税。前者直接过激，后者间接渐慢。禁止令是依据法律，目的是以期开始就使吸烟灭绝，但会引起走私相同需要数量的鸦片；禁止税是依照法律以外的商价，以高价获得生存必需的鸦片，使吸烟的范围缩小，以期达到最终禁止。这两种方法只是进度不同，但目的大同小异，美国实施禁止税的结果，使吸烟范围缩小，日本横滨、神户两港禁止令的结果，是吸烟被灭绝，但禁止令必须是在中国人不占主流的土地上才会取得效果。

第二，禁止令是为摆脱恶习将必要分量的鸦片也停止，逼迫其一举将几十年的习惯改除，这在将来施政上恐造成民乱；禁止税是一种形式上的变通，给予良民戒除的时间与机会，吸食者不觉得痛苦。

第三，如果仿效美国现行制度，一英镑征收10美元的禁止输入税，台湾一斤可征收20元的禁止税，以1893年输入468,500斤为例，其税金可收益937万元，况且输入的数量远不止生存所必需的数量，这样即可得到巨额税金，也可以用税金来劝导达到禁止税的目的，而禁止令没有这个功能。

第四，鸦片输入禁止税的方案，是诱导台湾人民进入率土之滨王化之门，渐次摆脱恶习，成为身心健康良民的唯一良方。今后至少需要二年左右的时间来熟悉本岛的民情，进行必要准备，在时机成熟之时，再发布禁止令也不迟。[23]

这份鸦片政策的最初立案，以禁止令与禁止税，两种方式来讨论，但主张采取禁止税方式。这虽与11月份赴东京时的方案有所差异，但实际内容基本相同。

11月时提交的议案，是总督府即决的“暂时采取渐禁政策”[24]后的提案。也许是水野遵在前案的基础上，又征集了总督府民政局人员的意见而形成，固其应当代表台湾总督府的立场，其具体归纳为以下六点：

（1）以1897年5月8日台湾住民决定去留之日为期，严禁鸦片；

（2）将此后七年定为严禁的期限；

（3）藉课征禁止性重税，以达严禁之目的；

（4）逐次遁减输入斤量，以达严禁之目的；

（5）给予特定商人鸦片专卖特许，并向总督府缴纳特许金，以期达到渐禁之目的；

（6）使鸦片成为总督府之专卖，来决行渐禁。[25]

议案虽有六条，但水野遵为代表的台湾总督府，已经决定暂时采取第五、六项之“渐禁政策”。水野遵在《台湾阿片处分》中的解释为：“如第一项和第二项，设定禁止鸦片之期限，毫无道理地设定自即日起，二年或七年间等，终究是延后处分鸦片之时限，岂可得到实际的禁烟之效果？第三及第四之方法虽看似可行，但以当时之警力及兵力，能否防遏走私成为问题。如果不能防止走私，则此法依旧达不到禁止之目的。第五项为英殖民地所施之法，政府如果采取英国之策略，则其手续亦十分简便，政府可收取多额税金，且可防止走私。第六项为达成禁止目的最适当之法，除此以外别无良策。”[26]

通过水野对“六点提案”的解释，显示其本人及总督府方面，认为台湾的鸦片政策，最好是采取“政府专卖的渐禁政策”[27]，且总督府内部决定“大致上暂采第六案，暂时实施渐禁政策”。非常值得注意的是，刘明修的专著《台湾统治与鸦片问题》，并没有阐明当时总督府已经决定暂时采取政府专卖的渐禁政策，特别是在引用这“六项”[28]时，不知是否有意为之，将第五点中之“以期达到渐禁之目的”，及第六点中的“以决行渐禁”之非常重要内容遗漏掉，笔者不敢贸然推测其用意，但觉得非常遗憾。

水野的提案是以关税为主旨的“政府专卖渐禁政策”，这其中存在着很大的缺欠。这就是这个意见，是建立在台湾复归民政后，实行日本与各国的现行条约，即茶与砂糖等的关税不变，而在条约上将阿片输入款项除外，另将鸦片关税大幅度提高，使台湾的鸦片的关税成为例外。如果要实施这个提案，就必然涉及修约问题，这对日本政府来说，不能不说是一个困难。因为日本刚刚在1894年7月16日签订了《日英通商航海条约》，废除了领事裁判权，恢复了关税自主。这个条约将在五年后的1899年7月开始实施，故在这之前是不可能再进行条约修订交涉的。

另外，以关税为主旨的鸦片专卖政策，是以国家机器来限制关税，从而达到控制鸦片输入的数量，最终达到渐禁之目的，对鸦片吸食者只有增加附加的鸦片税，在吸食量等方面，没有任何的约束，这意味着只要吸食者有能力购买鸦片，就终生可继续吸食。这也是水野提案中一个致命伤。

1895年11月，水野遵带此提案赴东京台湾事务局，以求得到支持与允许。但“为了弥补财政收入的欠损，就允许瘾者吸食鸦片的话，世论面前无法交待，因此水野就以如果现在禁止输入，吸食者就会马上发病”[29]为由，阐述了自己的台湾鸦片政策。

水野所主张的台湾鸦片“政府专卖渐禁政策”，不仅在台湾事务局会议上，在日本帝国议会上也受到强烈的反对。“渐禁说无异怀冰投火般处于水深火热中”，甚至被批评“贻害国家百年者，非君莫是。”[30]但水野遵并没有屈服，反复向台湾事务局总裁伊藤博文禀申：“在台湾是绝对难以实施断禁的。因此，若无稳健的对应之策，台湾的统治将陷入困境。”[31]甚至提出：“若政府犹以绝对严禁土民吸食鸦片为施政方针，则必生事端，于此情节下无法执行职务，只好请求准予辞任。”[32]

水野以辞职作为反对断禁鸦片的做法，迫使伊藤不得不重新考虑台湾的鸦片政策。他要求台湾事务局各委员[33]重新考虑此事。正在伊藤为难之时，“进退维谷的台湾事务局却得到了救命的稻草，在12月14日，收到从内务省发来的后藤新平卫生局长的奇策”。[34]即是《关于台湾岛鸦片制度之意见》。[35]

二、后藤新平与“渐禁政策”的确立

当时，虽然台湾事务局各委员反对水野的“政府专卖渐禁政策”，但时为卫生局长的后藤新平是赞同水野遵意见的。后藤新平在内务省的食堂，与各位高官聊天时，多次表达：“断禁之论非常浅见，最好的办法就是吸食的鸦片由政府来制造、专卖，将其收入充当卫生事业设施的资金。”[36]但后藤新平并没有把自己的意见向上提交，这主要是因为当时的内相芳川显正，曾因“相马事件”与后藤之间有隔阂，故后藤采取先在内务省高官中表达，以“犬吠闻声”的方式来寻求响应。[37]

当水野遵的“渐禁案”，备受日本各界质疑之时，某天芳川将后藤新平叫到自己的办公室，说：“最近听你屡在食堂议论台湾鸦片政策，能否将意见提出书面报告。”[38]这样，被称为“暗夜中一盏明灯”[39]的后藤新平台湾鸦片“意见书”，便堂而皇之地登上了历史的舞台。而促成后藤提出“意见书”的，是当时的内相芳川显正，此点在《后藤新平传》中有详细地叙述，由于后藤与芳川间的隔阂，后藤才采取了“远吠之犬” 的做法。[40]但刘明修在《台湾统治与鸦片问题》中，却将“芳川显正”说成是“野村靖”[41]，不知道其出处为何?

后藤新平的“意见书”，开篇即言，鸦片烟对人体之害，自不赘言。日本能雄居于宇内之一要因，即于开国之初，早布禁制，令臣民得保全其健康，且此种禁制，至少曾有效防制彼等昧于商利拟蹂躏国民健康之企图，亦使日本帝国在远东为唯一势力。

在后藤看来，对鸦片实施严禁，是日本强大的重要原因。故他批评清政府说：“令其国民陷入劣败之原因，固不仅在鸦片之吸食，惟国法无力加以禁止，焉能不论其为令国民懒惰之一因？”[42]“如今台湾将成为我新领之土，如对此势力有所减损，岂非千载之遗憾?”[43]

如从后藤上述言论上看，在日本的新领土台湾，严禁政策是必然的。这一方面是由于日本自开国以来的鸦片政策，另外也是顾及今后日本的内地，“据传弥近军役人夫等之间，不顾我国禁之严，私下试吸者，亦已日见增加，若一旦成为习癖，于不知不觉之间，将蔓延至日本内地，届时惟恐其弊害终将不可自拔。故研订其严禁之法，自属当前之争务也。”[44]

一般的研究都认为后藤并列陈述了“严禁论”与“渐禁论”二案，但资料显示所谓的“严禁论”，只是说“此等弊害，为世人所周知，不容置疑，且严禁鸦片烟，则莫以此时为最宜，自不待言。此乃关于严禁鸦片烟之卑见之第一案也。”[45]紧接着就非常具体地叙述了八条反对严禁之异议者的意见：

（一）纵未禁止鸦片，并非即将导致人人吸尝鸦片，以清国并非人人吸烟为证。

（二）在清国，富豪、强健者、勤勉者，亦不乏其人，故不必为防止国民之懒惰、疲惫而禁止吸食鸦片。

（三）鸦片并非仅试吸一次，就能上瘾成为习癖，起初反应不觉愉快，致自动放弃者，不乏其人。

（四）清国人本身，提倡鸦片烟之弊害者，亦为数不少，凡略受教育者，均力行禁制，故任其自然，亦不致为害。

（五）如台湾土民已染吸食之瘾者，若立行严禁，则不仅对健康有大害，且有生命之危险。

（六）据土民老辈者自称：鸦片烟之有害，实知之甚详，夙愿我子孙均应免除此恶习，成为健康之民。

（七）故对台湾土民，严禁其吸食鸦片，将遇民情之极力反对，不仅有妨对帝国之心服，也将导致土匪之蜂起，故若要执行严禁，则非经常驻派二个师团以上之兵力，并牺牲数千之生命，甚至以兵力威压，仍未必能达其目的。

（八）为推行一鸦片制度，竟需众多之兵务与巨额经费，并需牺牲生命，更需连年危害岛民之和平，则自扩领土谋殖民之观点上言，殊非得宜之策也。[46]

但后藤却有技巧地对反对者提出“暂缓实施不加过问”的观点，进行了强烈的批判：“台湾新附之领土，对其土民之恶习，欲加遂加以禁止，纵有如前论者所言，有其碍难之处，如采用姑息之威信，颇令人堪忧。”[47]

后藤还有意提到马关谈判时，伊藤博文的鸦片严禁之议，并言：“此言果可信，凭我国在东洋之威信，禁制手段，更不可等闲视之。”[48]此种说法从表面上看，显示后藤新平是坚决反对那些“暂缓实施不加过问”的异议者，且重提伊藤之“断禁说”，给首相之言一个正面回应，来表明自已倾向主张严禁政策。

狡黠的伊藤又以假借他人之口的伎俩，婉约地批评了“严禁”与“放任”两说，“复有议者曰：鸦片烟之不可不禁，自不待言，惟于今日，要以加急施，似甚有不妥。目前暂时付之不问，俟人心趋稳，亦不为迟。此言乃巧言误事，即强辩弱行之辈，所常为之。”[49]

后藤以“批判的利器”，为阐述自己的想法铺开了道路。后藤认为“合于时宜之禁止制度”应是：

（一）鸦片，可仿国内现行制度，统归政府专卖，不准自由贸易买卖，故可纳入卫生警察施行体系，在树立政府威信上，亦可抢先一步。

（二）鸦片买卖，将仿效国内现行制度，于台湾岛内设置鸦片特许药铺，除药用鸦片之外，不准买卖。

（三）有吸食鸦片不能戒除之癖者，系已罹患中毒症者，则唯有以毒攻毒，故依医师之诊断，唯允中毒者，每年定期，由政府发给一定之通折，凭折随时向鸦片特许药铺，购买吸食。若无医师之地方，可由所辖警察署或乡村公所，出据保证，交予通折，凭以购买，依实际设定适宜之方法，及不全之处置，并防可能产生之弊害，令其逐渐改习。

（四）据说鸦片进口税年逾八十万元，可见其需用量之巨，惟将其归为政府专卖，寓禁止税之意，加课比进口税多三倍之价，在特许药铺，凭政府发放之通折，售予其吸食者，则其需用者，必因之逐渐减少，且可有遏止青年子弟陷入此恶习之效，国库并将增加一百六十万元之收入。

（五）此一百六十万元与向来之进口税八十万元合计时，将达二百四十万元。如将此费用充用台湾地方之殖民卫生之费，依所谓生存竞争之原理，实践了以毒攻毒之自然法则，将危害健康之祸源，改为增加国民福祉之手段。

（六）至于青年儿童，当前急务应从教育上着手，令其了解吸食鸦片之害，故应在各小学课本上、在教学上力求灌输此种精神。设有小学之各村落，应从该二百四十万元中，配置适当之村医，如在未开化时期之村落，令村医分但小学教员之权宜，此办法亦属可行。

（七）从殖民卫生上言，于各县之下设置医院或村医，行急救之功德，为令人民体会厚德之良方，故医院之设置，极其需要，何况有其财源。[50]

后来研究者所谓的“渐禁论”，实际上后藤自己是冠以“适宜之禁止制”。后藤一再强调“严禁”窒碍难行。称如果台民“鸦片之骤然遭禁，生存之快事亦全般丧失矣，与其置余生于长久痛苦中，不若即刻速死为快。”[51]认为“如果严禁台湾岛民吸食鸦片，将遭民情极大反抗，有碍其心服帝国之统治，终将导致土匪蜂起。是以，若欲严禁之，须常驻两个师团的兵力，牺牲数千之性命，否则即便藉兵力施以威压，亦不能达到其目的。”[52]

从后藤对“严禁”的论述来看，其本人认为严禁固然为一种禁止鸦片的方法，但吸食者余生痛苦，有失人道。这与水野遵的说法显然是相互呼应的，但后藤将实施严禁的困难描述为“常驻两个师团，牺牲数千人性命，亦不能达到其目的”，来说明严禁政策将使日本政府付出的代价。这不仅声援了水野遵的说法，也明确地向那些主张严禁论的人士表达，在台湾根本无法实施严禁政策，更为其“适宜之禁止制”的论证奠定了基础。

后藤的台湾鸦片政策，是以“卫生警察体系”为中心的“禁止制度”。它以“禁止”之名，掩饰了其“渐禁”的目的。特别是它仿效了日本国内即行鸦片制度，故不与国内相关法律相悖逆。这种“最适宜的禁止制度”，即圆了伊藤博文的断禁说，更超越了“水野提案”中所谓七年的限制。特别是将鸦片专卖的实施，归属“卫生警察体系”，即可以避免单纯以进口税形式带来的诸多不便，还解决了未将吸食者收入管制之限的窘境，更使得鸦片的巨额财政收入得以堂而皇之收入囊中。后藤提案的妙处还在于，本质上就是“渐禁政策”，但却冠以“禁止制度”，故与水野遵所明言的关税为中心的“政府专卖的渐禁政策”相比，自是更加圆滑，也容易被接受。此立案也让人窥见后藤在政治上的韬略，这为其以后在台湾殖民地统治上的建树奠定了基础，故《后藤新平》传评价说：“造就（先生）自内务行政转进统治台湾殖民行政之机缘，成为使先生身列日本殖民政治家首位之要因。”[53]

至于后藤的提案与水野遵的具体关系，目前没有资料证明两人有直接的接触。但后藤的渐禁政策及提案，是水野在台湾事务局及议会上受到强烈质疑与批判后，故间接影响一定是有的。另外，从“星岗茶寮”，由水野遵、后藤新平、石黑忠真及医学界的数人，为加藤尚志举行赴任台湾总督府制药所所长的欢送会来看，他们“鸦片”理念相同，相互通气是不言而喻的。这也是理解石黑支持后藤见解的一个视角。

在后藤新平提出意见书两天后，12月16日，军医总监石黑忠真，亦向台湾事务局提交了“新领地台湾之鸦片意见”[54]，以声援后藤的提案。

石黑忠真在文章强调，自己虽是鸦片严禁说的笃信者，但由于台湾情况特殊，万一严禁法不能实行之时，得颁布“鸦片专卖法”，特别是要制定“鸦片烟取缔管理法”；另外，官方应设置鸦片制造所，以严明鸦片原料的出处；同时让可依赖的医师，对鸦片吸食者进行调查，对于那些瘾者给予鸦片吸食特别牌照，由鸦片批发所进行批售，由零售店卖给这些特许吸食者。另外，要设置鸦片警察，专门执司鸦片相关警察事项，包括管理吸食鸦片者、非吸烟者、鸦片批发及零售店、鸦片的输入、鸦片的密造等。[55]

石黑忠真在“意见”书中，还将自己的相关鸦片政策，解释成为如果严禁不能实施，不得已才会实施的政策。他也强调这种政策性的鸦片专卖制度，不需要政府的财政补贴，以三百万元的鸦片税即可解决，时间长度大约为三十年。[56]

石黑忠真的“意见”与后藤相比，并没有什么新意，但他以日本军医界实际负责人的身份，阐述了在台湾严禁可能行不通，必须实施鸦片专卖政策。这从不同的侧面，声援了后藤新平。从《后藤新平》传中，可以看出石黑与后藤两个人，早在“相马事件”及“检疫”中就已经成为人生至交，故笔者推测，石黑的声援绝不是单纯的，也许其后有后藤的影子。

另外刘明修在《台湾统治与鸦片问题》中，将后藤新平的提案，说成是当时著名的“鸦片事项调查书”为凭据，笔者认为这也值得商榷。[57]因为鹰崎伦三提交“调查书”的具体日期，为1896年8月5日[58]，远远晚于后藤的提案达八个月之久。即使是后藤提出的具体的“关于台湾岛施行鸦片制度意见书”，其提交的日期是在1896年3月23日[59]，亦早于“调查书”五个月。笔者认为，根据水野遵在《台湾阿片处分》的记载，内务省卫生局加藤尚志曾向水野遵提出严禁鸦片的意见书“阿片之事”，其中曾提出将“药用鸦片与日本一样，由政府专卖。”[60]的主张，故推测也许后藤的鸦片专卖思想，受其影响也未可知。

2月3日，伊藤博文将后藤新平的“意见”书，送达到日本内阁，12日，内阁决定采用后藤提出的“第二案”。[61]15日，伊藤正式通知桦山资纪，在台湾全岛，鸦片实施“渐禁政策”。[62]其后，后藤在3月23日又提出《关于台湾岛施行鸦片制度意见书》[63]，将台湾鸦片实施的具体意见提出。该意见书分为前文、鸦片行政机关、鸦片警察施行方法、鸦片财政、附言五个部分，就鸦片相关官制、定额的配置、鸦片收入的用途、告喻的大意、特许吸食者的许可及许可簿样本等，进行了详细的说明，为台湾鸦片制度的实施奠定了基础。

1897年1月21日，总督府以律令第二号发布“台湾阿片令”，4月1日，渐次在台湾全岛实施。这样，自马关条约以来的台湾鸦片问题，终于尘埃落定。

另外，后藤意见书第一项“鸦片行政机关”中，曾言“并非定要附设制药所不可。据闻设制药所已成定案，兹不再赘言。”[64]据此，笔者推断，总督府尽管在鸦片问题上遇到各种困难，但采取

“渐禁政策”之意，从来没有动摇过，故早就着手进行鸦片烟的生产系统准备。而《台湾总督府制药所第一年报》中也证明，实际早在1896年2月12日时，总督府就已经命令其雇员就鸦片制造所费用预算等进行调查。[65]这些资料显示，在日本内阁接受后藤建议之前，台湾总督府就已经着手实施“渐禁政策”。这也再次证明台湾总督府在制定台湾鸦片制度中的作用。

三、最后防线的突破——台湾财政预算的通过

1897年1月21日颁布的“阿片令”，是台湾鸦片制度实施的法源。它是以律令的方式发布。而该律令的法源则是《有关应施行于台湾法令之法律》（俗称“六三法”）[66]。 由于“六三法”最大的特点就是委任立法，即由其构建的律令立法制度，可以使台湾总督，在台湾这块区域内，得以自行制定法律并督促其被执行，不受日本帝国议会的牵制。这也就是说，台湾总督府以律令方式制定的鸦片相关政策，不需要受日本帝国议会的审议。这使得台湾的鸦片政策，在日本的反对声浪中得以确立。但这并不意味着在日本国内诸行政机构中，没有机关有能力阻止其实施。1896年台湾由军政转加民政后，日本的会计法实施于台湾，使台湾的财政亦需依照程序，将预算与决算交付帝国议会协赞审议。[67]如果总督府向帝国议会提出的鸦片相关预案，遭到议会否决的话，那么总督府的鸦片政策将胎死于腹中。但后藤新平的台湾鸦片相关提案，实际上“是相当受财政当局所欢迎”。[68]

当时财政部主计局预算决算课长阪谷芳郎，曾在帝国议会上回忆说，“我在领台之初，就与今内务大臣后藤男爵及其他人商量过，赞成渐禁主义。”[69]阪谷作为负责日本政府预决算编成责任者，当然清楚地知道鸦片收入对总督府财政的意义。而1896年日本财政部关于台湾部分的“收入预算案”，就是阪谷根据清朝时期鸦片的旧税关统计做成的。下表为1896年台湾岁入各项收入预算：

科　目	预算金额（日元）	科　目	预算金额（日元）
鸦片批发收入	3,557,827,000	税关杂收入	22,088,000
地租	879,086,997	官有物批发收入	20,000,000
邮政电信收入	520,173,350	船税	20,000,000
樟脑税	395,470,000	官吏遗族扶助法纳金	10,028,340
输入税	380,595,951	车税	5,000,000
制茶税	208,750,000	官有地出租料	5,000,000
输出税	141,512,765	制蓝税	4,500,000
制糖税	126,245,000	惩罚及没收金	2,000,000
制船费纳金	100,283,400	办偿金	600,000
登记税	100,000,000	诸特许及手续费	500,000
官有地小作料	70,000,000	杂入	300,000
医院收入	59,275,000		
砂金监札料	50,000,000	总计	6,682,236,603

注：此表根据JACAR：A06031501500《台湾总督府统计书第1回明治30年》整理而成。

从上表分析来看，日本预计1896年台湾的收入总额为6,682,236,603日元，其中鸦片的收入就有3,557,827,000日元，占52%强。而阪谷的这个预算案，是根据台湾清政府时期鸦片关税的一半来统计的，且是在鸦片购入价格高涨以前的价格，即一斤6元左右作为基准来计算的，鸦片的购入量为27～28万斤，购买费用小计166万元，如果每斤以13元卖出的话，鸦片批发即可获得3,557,000元。[70]尽管阪谷对鸦片专卖预算的方法过于简单，致使财政省及加藤尚志在预算审议之前都非常恐慌。[71]

而阪谷所编列的日本财政省有关台湾诸费用的财政支出，主要有两大项。第一项为台湾诸费，总计6,031,000,000日元，其中包括民政费、税关费、通信费、制药所费、机密费等；另外还有台湾事业费4,697,000,000日元。这样财政省在1896年总计在台湾经营上将出资10,729,000,000日元。[72]

比照当年日本财政省关于台湾的财政支出，即可看出，即使是此种计算方式，日本依然需要补助台湾4,000,000,000日元左右。该年度日本补助台湾的财政中，有1,854,000,000元是用于制药所费用的，也就是用于鸦片的研发及生产。

日本预算委员会，就台湾财政岁出入的政府说明有两点，其中之一就是如何对付在野党的“断禁论”；其二就是给予重要的鸦片专卖预算追加说明，并强调占台湾岁入过半的专卖预算，现在已经不能更改。[73]

在3月16日众议院预算委员会总会的答辩会上，在野进步党的江藤新作首先登坛反对台湾预算案中的制药所费用，另外，中村佑八、尾崎行雄等人，也主张将制药所的费用全额删除。

江藤认为：“此项制药所费用应全额删除，原因并不在于制药所费用本身，而是它所带来的影响，及相关事项非常重大。依此项目费来看，政府以日本国法严禁的鸦片，加上一些限制，即可在台湾吸食的政策已经确定。这个问题如何决定，是关系到鸦片先在日本国的一部分，开始公开许可的大问题，所以决不能小看这一问题。”[74]

另外，江藤认为鸦片的政策，关系到日本的台湾经营战略。他一针见血地质问：“以今天政府的所为来看，在台湾贩卖鸦片，并以贩卖鸦片所得的三百几十万元作为收入的考虑，是将台湾作为日本营利的土地，来谋取利益。”[75]。

水野遵则刚愎自用顽固地坚持“断禁就死人”的说法，言辞强烈地反驳说：“如果废止鸦片，就会死人，吸食一定的鸦片，能保全人的生命。”“如果实施严禁，就是不关照台湾总督府。”[76]

江藤甚至提出：“如果严禁就会死人，那就让他们死了算了，不然就让他们返回支那中国，像这样的人早死也没有什么不好，若因此而返回支那，我看倒是件好事情。”[77]

水野遵回应说：“诸君说的虽然好听，但用什么样的方法来严禁呢？我们当事者是最苦的，就是不想要痛苦了，才提出这样的预算案来，因此鸦片的事情就不要再讲了。”这样水野遵轻松就让对方无话可说。

由于有比鸦片更重要的议题需要审议，鸦片问题就此被带过。这样能够左右阻止台湾鸦片政策的最后一道防线也被突破。

值得注意的是，1896年被帝国议会审议通过的台湾岁入为6,682,236,603元、岁出10,825,701,005元。岁入预算中，鸦片专卖收入高达3,557,827,000元。但由于鸦片专卖制度延迟实施，使鸦片收入基本落空。结果该年度的实际岁入仅有2,711,822,663元，而当年实际岁出是10,696,868,678元。[78]这样日本中央政府当年补助台湾金额高达694多万元。[79]

台湾的补贴费用，加重了日本中央政府的财政负担。特别是1896年前后，由于扩张陆海空军、设立钢铁厂等，使日本岁出膨胀显着。该年度日本中央财政结算出现了9,260多万元的缺额。日本政府为了减轻财政压力，紧急出台了“台湾总督府特别会计法案”[80]。法案除了规定台湾财政独立之外，还授予台湾总督财政权，以促成台湾财政的独立。也正是这个法案，使台湾的岁出入预算，可以不再受日本帝国议会的审议，鸦片相关提案的最后一道防线这就这样崩裂了。

尽管这样，由于初期各地反抗不断。总督府的统治遇到了重重困难，内部官界所谓“疑狱事件”频繁发生，引发的“高野孟矩法院长非职事件”，又导致了“日本帝国宪法是否适用于台湾”的争议。[81]这些致使当时的乃木总督心里产生了抱怨，觉得日本占领台湾，“就像一位叫化子讨到一匹马，既不会骑，又会被马踢”[82]，实在是块烫手的山芋，于是他产生了将台湾出卖的想法。1897年春，乃木利用回国之机，向当时的日本首相松方正义及军政界要人，建议将台湾卖给英国，这样既可甩掉这个包袱，又可获得巨资。但当时英国占领的殖民地很多，对购买台湾不感兴趣，而法国人却有此意向，双方经过讨价还价，初步确定台湾的售价为1,500万法郎。

1898年，伊藤博文重新成为日本首相，乃木重提台湾出卖之事，陆军大臣儿玉源太郎坚决反对，认为台湾系日本南部的屏障，军事价值甚大，如果将台湾卖给他国，不利于日本的远期发展。至于乃木提到的台湾治理问题，他认为主要是由于管理官员的无能造成的，自己愿意前往台湾。儿玉还表示愿与伊藤博文立下军令状，发誓要治理好台湾。这样伊藤博文就任命儿玉为第四任台湾总督，乃木希典被迫于2月辞职。[83]

1898年2月26日，儿玉源太郎继任台湾总督。他以稳定社会治安，开拓台湾财源为第一优先政策。他启用后藤新平任民政局局长，主要原因就与后藤提出的鸦片专卖制度有着密切的关联。[84]

台湾的鸦片政策自实施以来，并没有达到总督府理想的目的。总督府自1897年4月1日起，在各地逐步推行鸦片令，并网罗吸食者，但仅有95,449人登记。这与鸦片事项调查书估计的十七万人差距甚大，也没有达到制药所长加藤尚志的十五万人的估计数量。1897年9月时，加藤的估算为：“本制度迄今实施的区域之人口达五十万左右，相当全台湾人口的五分之一，其中吸食鸦片人口约三万人……若以此比例推算……不出最初预计之十五万之吸食者。”“若今后吸食者确定为十五万，则一年三百六十万元的收益并非难事。”[85]

虽然加藤的预算收益远高于后藤的预计，但并没有真正落实。1897年台湾的鸦片烟膏实际收入，仅有1,539,776.034元，鸦片的专卖收入，也仅有1,640,213.276元。[86]故儿玉与后藤在1898年度预算时，提出“台湾财政二十年计划”，推出欲使台湾财政在1909年以后完全独立自给的计划。[87]这个计划的法源即是“台湾总督府特别会计法案”。

后藤新平到任后，马上改善特许手续费的征收事项，并先后五次延长吸食者登记的期限，最终在1909年9月底网罗到169,064人，终于达到鸦片事项调查书中的十七万人的数量。但后藤并没有就此罢手，又先后三次网罗吸食者。下表为后藤新平继任后四次网罗吸食者统计表：

回　数	年　代	人　数
第一回	1897年4月——1900年9月	169,064
第二回	1902年1月——1902年2月	5,187
第三回	1904年10月——1905年3月	30,543
第四回	1908年1月——1908年3月	15,863
合计		220,657

注：此表转引自刘明修著，李明峻译，《台湾统治与鸦片问题》，第60页。

后藤新平继任后的四次网罗，促使台湾鸦片专卖制度全面实施起来，也使鸦片收入逐年增加，成为总督府财政的重要支柱。下表为鸦片特许吸食人数、各年制造烟膏的价格、鸦片专卖收入的对比表：

年　限	特许吸食者人数计	各年烟膏价格计	各年鸦片专卖收入计
1897	54,597	1,539,776.034	1,640,213.276
1898	95,449	3,438,834.167	3,467,334.089
1899	130,962	4,222,224.170	4,249,577.595
1900	169,064	4,234,843.005	4,234,979.565
1901	157,619	2,804,141.340	2,804,894.264
1902	143,492	3,008,386.015	3,008,488.015
1903	132,903	3,619,217.020	3,620,335.900
1904	137,952	3,714,211.405	3,714,012.995
1905	130,476	4,206,524.255	4,205,830.595
1906	121,330	4,395,496.505	4,433,862.705
1907	113,165	4,461,485.595	4,468,514.730
1908	119,991	4,614,871.765	4,611,913.620
1909	109,955	4,671,282.035	4,667,399 (元)以下同
1910	98,987	4,844,533.755	4,674,343
1911	92,975	5,501,448.595	5,501,548
1912	87,371	5,262,605.795	5,262,685
1913	82,128	5,289,495.310	5,289,595
1914	76,995	5,226,437.580	5,226,496
1915	71,715	5,676,874.602	5,870,408
1916	66,847	6,159,450.486	7,132,520
1917	62,317	6,694,998.660	7,970,107
1918	55,772	6,650,764.281	8,105,278
1919	543,65	6,947,322.249	7,641,654
1920	49,013	6,721,647.660	6,719,958
1921	45,832	6,001,680.510	7,533,625
1922	42,923	5,449,345.440	6,440,441

注：此表根据日本国立公文书馆所藏《台湾总督府统治书》第1～25回之鸦片、财政相关内容整理而成。具体档号为A06031501500、A06031501600、A06031501700、A06031501800、A06031501900、A06031502000、A06031502100、A06031502200、A06031502300、A06031502400、A06031502500、A06031502600、A06031502700、A06031502800、A06031502900、A06031503000、A06031503100、A06031503200、A06031503300、A06031500100、A06031500200、A06031500300、A06031500400、A06031500500、A06031500600。从第十三回统计书（A06031502700）开始，鸦片收入以元为单位。

根据上表分析来看，自后藤新平继任台湾总督府民政长官后，台湾的鸦片专卖收益每年递增，鸦片专卖已经成为日本殖民者的重要财政手段之一。特别是进入大正之后，总督府将鸦片烟膏秘密外销，同时生产粗制吗啡，使得台湾鸦片收入更上一层楼。

结语

综上所述，在日据台湾初期鸦片渐禁政策确立过程中，以水野遵为代表的台湾总督府所起的作用是不可忽视的。总督府成立后，台湾鸦片贸易继续秘密地进行着，水野提出的以税收为基础的“鸦片渐禁政策”，虽然没有被日本政府所采纳，但如果没有以水野遵为代表的台湾总督府的坚持，后藤新平的“渐禁政策”或许不可能那么快就被接受。后代研究者之所以忽视了水野遵及当时总督府的作用，笔者推测原因是多方面的。从水野遵之方面来看，可能是因为水野于1897年升任日本拓殖务省次官（次长），离开了台湾民政长官之职，且于1900年逝世。而从后藤新平方面考虑，首先，台湾鸦片采取的渐禁政策，是由后藤提案正式确立的；其次，后藤在鸦片渐禁政策实施过程中，起了非常关键的作用；第三，后藤于1898年随儿玉赴台湾任职后，实际上行使着总督的权力，他通过推行各种新政，至1905年时，使台湾实现了经济独立，总督府不再向日本政府申请行政辅助金，且台湾蔗糖、税收等收入，还充实了日本的国库；第四，1906年后藤获男爵后，于同年11月3日被天皇任命为满铁首任总裁，并于任内确立了以大连为中心的满铁发展事业；第五，由于后藤在台湾及满洲的政绩，于1922年被封子爵，1927年晋伯爵；第六，八十年代初美国学者高伊哥的《后藤新平——台湾现代化的奠基者》发表后，以邱永汉、王育德等为代表的台湾主体意识研究者，更是推崇后藤新平对台湾的贡献。以上种种原因，都是造成后来研究者，在研究台湾鸦片制度确立过程中，“尊后攘水”的原因。另外，日本帝国议会，本可以成为阻止台湾鸦片政策确立实施的最后防线，但由于其从经济上考虑，使得“渐禁政策”没有受到阻截就顺利通过，这也是日本的台湾鸦片渐禁政策，是从经济上考虑的最好的证据。特别是“总督府特别会计法案”的颁布，更使得台湾鸦片政策，可以没有任何障碍随心所欲地施行，总督府也如同鸦片瘾者一样，陷入贪图利润收益的“乐园”，使台湾成为日本“财政及经济上最富价值之殖民地”。[88]

（作者单位：中国社会科学院台湾史研究中心）

注 释：

[1] 目前关于日据台湾时期总督府鸦片政策的研究专著，在台湾方面只有刘明修的《台湾统治与鸦片问题》，硕士论文有三篇，即为《日本殖民体制下的台湾鸦片政策》（张文义，中国文化大学日本研究所，1987年）、《日据时期台湾鸦片渐禁政策之研究（1895年～1930年）》（陈进盛，台湾大学政治学研究所，1988年）、《日据时期台湾鸦片问题之探讨》（城户口康成，东海大学历史学研究所，1992年）等。

[2] ［日］《日清讲和条约缔结一件／会见要录》，日本国立公文书馆藏档（JACAR）：B06150073000。

[3] ［日］水野遵，《台湾阿片处分》，发行者：水野遵，明治31年，第1页。此资料承蒙在日友人车长勇先生帮助收集，特此表示感谢！

[4] ［日］水野遵，《台湾阿片处分》，第1页。

[5] ［日］山边健太郎编，《现代史资料——台湾》（一），みすず书房，1971年，第X页面。

[6] ［日］《台湾总督府ヘ训令案ノ件》，JACAR：A03023062200。

[7] ［日］《现代史资料——台湾》（一）の第xii～x页、高浜三郎，《台湾统治概史》（新行社，昭和11年）

の第28～34页、《日本外交文书》第28卷第22册(日本国际连合协会,昭和28年)第553～556页、伊藤博文编の《台湾资料》(秘书类纂，原书房，昭和45年）第434～439页；《台湾总督府警察沿革志》第二卷（南天书局，1995年复刻）第27～29页；《原敬关系文书》第六卷，(日本放送出版协会)，第208～211页。

[8] [日]山田豪一,《台湾阿片専壳史序说》,《社会科学研究》第38卷第1号，早稻田大学壳壳亚细亚太平洋研究中心，1992年8月31日，第35页。

[9] [日]水野遵,《台湾阿片处分》，第22页。

[10] [日]山田豪一,《台湾阿片専壳史序说》，第49页。

[11] [日]《台湾总督府警察沿革志第2编·领台以後の治安状况（上卷)》，JACAR：A05020352000。

[12] [日]山田豪一,《台湾阿片専壳史序说》，第35～36页。

[13] [日]《台湾通信第15信》,《东京日日新报》，明治28年7月18日。

[14] [日]水野遵,《台湾阿片处分》，第7页。

[15] [日]《台湾通信第15信》,《东京日日新报》，明治28年7月18日。

[16] [日]《台湾行政一斑》,《原敬关系文书》第六卷，第261～289页。

[17] [日]《海关税协定二关スル意见》，伊藤博文,《秘书类纂台湾资料》，第200页。

[18] [日]水野遵,《台湾行政一斑》,《原敬关系文书》第六卷，第271页。

[19] [日]《海关税协定二关スル意见》，伊藤博文,《秘书类纂台湾资料》，第200页。

[20] [日]山田豪一,《台湾阿片専壳一年目の成绩》,《社会科学研究》第42卷第1号，早稻田大学社旗科学研究所，1996年7月30日，第142页。

[21] [日]长冈祥三译，《アーネスト·サトウ公使日记1》，新人物往来社，1989年，第49页。

[22] [日]水野遵,《台湾行政一斑》,《原敬关系文书》第六卷，第268页。

[23] [日]《输入阿片始末二关する意见》，伊藤博文,《秘书类纂台湾资料》，第196～199页。

[24] [日]水野遵,《台湾阿片处分》，第22页。

[25] [日]鹤见佑辅《后藤新平》第一卷，后藤新平伯伝编委会，昭和十二年，第876页。

[26] [日]水野遵,《台湾阿片处分》，明治三十一年，第24页。

[27] [日]鹤见祐辅《后藤新平》第一卷，第877页。

[28] 刘明修著，李明峻译,《台湾统治与鸦片问题》，前卫出版社，2008年，第59～60页。

[29] [日]山田豪一,《台湾阿片専壳一年目の成绩》，第142页。

[30] [日]水野遵,《台湾阿片处分》，第29页。

[31] [日]鹤见祐辅,《后藤新平》第一卷，第879页。

[32] [日]宿利重一,《儿玉源太郎》，国际日本协会，昭和十八年，第324页。

[33] 当时台湾事务局的委员为："治民部委员：末松谦澄；财务部委员：田尻稻次郎；外务部委员：原敬；军事部委员：儿玉源太郎、山本权兵卫；交通部委员：田健治郎；总务部委员：伊东巳代治。"参见：《台湾事务局各部委员氏名通知付事务局经费支出请求计算书》,《原敬关系文书》第六卷，第212页。

[34] [日]山田豪一,《台湾阿片専壳一年目の成绩》，第145页。

[35] [日]《台湾岛阿片制度ニ关スル件》，JACAR：A04010019600。

[36] [日]鹤见祐辅,《后藤新平》第一卷，第878页。

[37] [日]鹤见祐辅,《后藤新平》第一卷，第878～879页。

[38] [日]鹤见祐辅,《后藤新平》第一卷，第879页。

[39] [日]鹤见祐辅,《后藤新平》第一卷，第879页。

[40] [日]鹤见祐辅,《后藤新平》第一卷，第879页。

[41] 刘明修著，李明峻译,《台湾统治与鸦片问题》，第62页。

[42] [日]《台湾岛阿片制度ニ关スル件》，JACAR：A04010019600。

[43] [日]《台湾岛阿片制度ニ关スル件》，JACAR：A04010019600。

[44] [日]《台湾岛阿片制度ニ关スル件》，JACAR：A04010019600。

[45] [日]《台湾岛阿片制度ニ关スル件》，JACAR：A04010019600。

[46] [日]《台湾岛阿片制度ニ关スル件》，JACAR：A04010019600。

[47] [日]《台湾岛阿片制度ニ关スル件》，JACAR：A04010019600。

[48] [日]《台湾岛阿片制度ニ关スル件》，JACAR：A04010019600。

[49] [日]《台湾岛阿片制度ニ关スル件》，JACAR：A04010019600。

[50] [日]《台湾岛阿片制度ニ关スル件》，JACAR：A04010019600。

[51] [日]《台湾岛阿片制度ニ关スル件》，JACAR：A04010019600。

[52] [日]《台湾岛阿片制度ニ关スル件》，JACAR：A04010019600。

[53] [日]鹤见祐辅，《后藤新平》第一卷，第872页。

[54] [日]石黑忠真，《新领地台湾における阿片意见》，伊藤博文，《秘书类纂台湾资料》，原书房，昭和45年，第62～67页。

[55] [日]石黑忠真，《新领地台湾における阿片意见》，第64～65页。

[56] [日]石黑忠真，《新领地台湾における阿片意见》，第65页。

[57] 刘明修著，李明峻译，《台湾统治与鸦片问题》，第49、50、62页。

[58]《日据初期之鸦片政策》第一册，台湾省文献委员会，1978年，第48～172页。

[59]《日据初期之鸦片政策》第一册，第20页。

[60] [日]水野遵，《台湾阿片处分》，第13页。

[61] [日]《台湾岛阿片制度ニ关スル件》，JACAR：A04010019600。

[62] [日]《台湾阿片行政施行状况明治29～40年》，JACAR：A06032550800。

[63] [日]鹤见佑辅，《后藤新平》第一卷，第886～894页。

[64] [日]鹤见祐辅，《后藤新平》第一卷，第887页。

[65] [日]台湾总督府制药所，《台湾总督府制药所第一年报》，明治31年，第4页。

[66] 第一条：台湾总督得发布在其管辖区域内具有法律效力之命令。第二条：前条之命令须取得台湾总督府评议会之议决，经拓殖务大臣提请敕裁。台湾总督府评议会之组织以敕令定之。第三条：于临时紧急状况下，台湾总督得不经前条第一项之程序，而径为发布第一条之命令。第四条：依前条所发布之命令，须于发布后立即提请敕裁，并向台湾总督府评议会报告。不获敕裁核可时，总督须立刻公布该命令于将来不具效力。第五条：现行法律或将来发布之法律，其全部或一部分须于台湾施行者，以敕令定之。第六条：此法律有效期为三年。参《台湾ニ施行スヘキ法令ニ关スル件ヲ定ム》，JACAR：A01200843100。

[67] [日]《御署名原本·明治二十九年·勅令第百六十七号·会计法ヲ台湾ニ施行ス》，JACAR：A03020240799。

[68] [日]山田豪一，《台湾阿片専売一年目の成绩》，第146页。

[69] [日]《第40回帝国议会·贵族院议事录·大正6.12.27-7.3.26》，JACAR：A07050016700。

[70] [日]《第9回帝国议会·贵族院议事录·明治28.12.28-29.3.28》，JACAR：A07050004100。

[71] [日]山田豪一，《台湾阿片専売一年目の成绩》，第155页。

[72] [日]《议会志》第三卷，大日本帝国议会志刊行会，昭和2年，第1378页。

[73] [日]山田豪一，《台湾阿片専売一年目の成绩》，第155页。

[74] [日]《第9回帝国议会·贵族院议事录·明治28.12.28～明治29.3.28》，JACAR：A07050004300。

[75] [日]《第9回帝国议会·贵族院议事录·明治28.12.28～明治29.3.28》，JACAR：A07050004300。

[76] [日]《第9回帝国议会·贵族院议事录·明治28.12.28～明治29.3.28》，JACAR：A07050004300。

[77] [日]《第9回帝国议会·贵族院议事录·明治28.12.28～明治29.3.28》，JACAR：A07050004300。

[78] [日]《台湾总督府统计书第1回明治30年》，JACAR：A06031501500。

[79] [日]大藏省，《明治大正财政史》第19卷，财政经济学会，昭和15年，第917页。

[80] [日]《御署名原本·明治三十年·法律第二号·台湾总督府特别会计法》，JACAR：A03020269300。

[81] 日本占领台湾之初的总督府官吏非常腐败，渎职事件即官界的“大疑狱事件”频繁发生。大的疑狱事件就有第一次疑狱事件、第二次疑狱事件、第三次疑狱事件和凤山县疑狱事件等。当时台湾的法院实施高等法院、复审法院和地方法院三审级制度，高野孟矩时任高等法院的院长。他毫不留情地把台湾官界里的贪官一一揭发出来，使包括敕任官在内的十几名高官被逮捕，致使民政局局长水野遵被免职。高野被召入京，松方首相劝其辞职。高野拒绝了劝告而被处分“非职”。高野以日本宪法第五十八条第二项规定司法官的升迁进退都有明文保障为由，认为“非职”处分为不当之举，把“非职”辞令书退回，并回到台湾向乃木提交了归任书。乃木却以“足下乃是非职处分者，毋需再服勤务”为由，将归任书驳回。高野仍然到法院上班，因此总督府派警察把高野逐出法院，支持高野的台北地方法院院长山田藤三郎，新竹地方法院院长户口茂里等，受牵连也被迫辞职，这就是震惊朝野的所谓“高野孟矩事件”。由此事件所显露出来的法官身份保障问题，导致了有关“在台湾是否适用日本帝国宪法”的论争。参见：《疑狱事件の频发並びに高野法院长非职事件》，《台湾总督府警察沿革志》（第一编），第190～203页；黄昭堂：《台湾总督府》，自由时代出版社，1889年，第81～82页。

[82] 《乃木希典》，http://zh.wikipedia.org/wiki/。

[83] 《殖民失败欲甩包袱日本曾阴谋将台湾卖给英法》，http://news.xinhuanet.com/world/2005-09/09/content_3467271_1.htm。

[84] [日]鹤见佑辅，《后藤新平》第二卷，第15～17页。

[85] [日]加藤尚志，《台湾ニ於ケル阿片》，第13～14、33页，转引片刘明修著，李明峻译，《台湾统治与鸦片问题》，第95页。

[86] [日]《台湾总督府统计书第4回明治33年》，JACAR：A06031501800。

[87] [日]井出季和太，《台湾统治志》，台湾日本新报社，昭和12年，第368～369页。

[88] [日]矢内原忠雄，《帝国主义下の台湾》，1988年复刊，第188页。

陈仪对日据下台湾的考察及研究

褚静涛

日本在台湾推行殖民统治的50年里，祖国人民没有忘记台湾，尽其所能，展开了对日据下台湾的调查与研究工作。由于任福建省政府主席，复筹划收复台湾工作，陈仪组织人力，展开对台湾诸多层面的研究。思想决定行动。陈仪治台以严重挫折告终。探讨二二八事件的根源，不能就事论事，必须分析陈仪对台湾问题的认知。为此，笔者从故纸维中，找出大量资料，据此探讨陈仪对日据下台湾研究的得失。

一、陈体诚考察

1883年5月，陈仪出生于浙江绍兴。1902年，他考上官费，东渡日本留学。1917年，陈仪再渡日本，入陆军大学，为中国留日陆大第一期学生。北伐军起，陈仪任职南京国民政府，担任军工署署长，赴欧洲考察，眼界大开。闽台一水之隔，西进福建是日本大陆政策的组成部分。陈仪在日本军政界有丰沛的人脉，蒋介石看中他对日交往的能力与经验，1934年2月任命陈仪为福建省政府主席，以因应驻台日军可能西进福建。

年届五十的陈仪，已到了知天命之年。留学、从政、经商、带兵、办实业，经验丰富，履历完整，为官清廉，具有强烈的政治理念。国民政府高官中极少具备如此资质。出任地方大员，他正想落实平生抱负。

福建遍布山地，粮食不能自给，出产的茶叶、瓷器等远销海外，曾经是中国东南富庶的省份。随着印度茶叶、欧洲机制瓷的成长，以对外贸易赖以生存的福建经济一落千丈，交通闭塞，生产落后，教育不发达，特别是闽西地区，充满贫穷。要想保持福建的长治久安，必须改进政治，发展经济。

1895年日本侵占台湾时，台湾的经济规模不及福建。但是，日本殖民者经过近40年的经营，福建已被台湾远远抛在后边。要想使福建摆脱战乱与贫困，最直接的一面镜子就是台湾。陈仪有感于福建经济的凋敝，渴望取鉴日本治台的经验。在他的促成下，由福建省政府建设厅厅长陈体诚带队的“考察台湾实业团”于1934年11月13日至28日，对台湾进行大规模的考察。

考察团抵高雄，途经台北、台南、恒春、屏东、嘉义、阿里山、日月潭电站、台北、基隆，返厦门，驻台11日，参观水利、水电、营林、自来水、洋灰工程，冷藏、制材、制盐、制茶、制糖工厂，农事试验场、畜牧场、林场、茶山、柑橘园、农业学校、农业传习所、农业仓库组合及检查所、初级及高级工业学校、专卖局，及其他各学校机关等。返闽后考察团编成《台湾考察报告》，约22万字，分21章，涉及米稻、甘蔗、制糖、园艺、茶叶、林业、水利、农林机关、渔牧、电气事业、铁道、专卖、土地整理、财政、警政、教育、卫生，以及麻风病治疗、鸦片等。

台湾产业发展的过程、方法、步骤，可以为福建振兴产业提供路径。福建与台湾一衣带水，自然环境相同，农作物相似，台湾经营各种产业的方法，可以给福建提供借鉴。站在学习与借鉴的立场，陈体诚一行感慨“台湾之幅员只为福建四分之一强，其发达之区为吾州之西部，面积不及吾闽兴泉漳三属各县之大，气候相若，土壤相似，而其生产能力竟超吾闽六倍以上，只米糖二项，一年所产值价日金二万五千万圆，足抵吾闽全省三年生产而有余。”他们总结台湾经济迅速发展的经验，归结为四条，一是农业繁荣。欲使农业生产“合理化”，第一尚试验研究、第二要推广蕃殖。

二是统制经济。台湾的统制经济相当成功，考察团认为，关键在于台湾总督府对经济活动的控制。台湾总督府检查各种生产，如米谷、甘蔗、芭蕉、凤梨、植物苗及肥料等，非经政府检查不能任意输出或输入。全岛的交通事业，如铁道、公路、邮政、电报均归政府交通局经营。全岛的森林十分之八为官有。鸦片、食盐、樟脑、烟及酒由政府统制，设局专卖。专卖收入“（年四千数百万圆）占政府岁入三分之一，而约为正当租税收入之三倍也”。考察团赞叹“一切事业均化零为整，趋于统一。专卖品统一于专卖局，铁道公路邮电统一于交通局，农业试验研究统一于中央研究所，森林统一于营林所，生产管理统一于殖产局。”

三是强有力的政府。考察团发现，“台湾总督府对于人民之力量不言而喻。故其一切生产事业，均无不在政府统制之下。”如农会会长由地方官兼任，工商组合由政府派员参加。对比台湾总督府与大陆的省政府，考察团指出，“台湾总督府除军权外，有统治全岛之权，一切法令虽经其内地政府敕令公布，但均系因地制宜，由总督府拟订者。高等法院亦隶于总督之下，故立法、司法、行政三权并不分立，政治上之运用如手之使臂，臂之使指。”台湾总督的职权远超大陆的省政府主席。台湾总督府之内有“总督官房（如省政府之秘书处）、内务局（如民政厅）、文教局（如教育厅）、财务局（如财政厅）、殖产局（如实业厅）、警务局（专司警察）。而法院交通局（专司铁路邮电道路）、专卖局、税关、中央研究所，及各高等学校等，则均为总督府之附属机关。”其不同于大陆省政府组织在于：1.各局的附属机关甚少，重要附属机关均直隶总督府，税关不属财务局，学校不属文教局，道路不直辖于内务局。2.内务局专司土地、土木、水利、气候、地质等事，警务局专司保安、卫生、警察，交通局因有直接事业，不在总督府内。考察团认为，“此种制度，虽难尽适用于吾国各省，而在一岛内事权之统一，职责之分明，则非吾国各省所能望其项背也。”

四是公营事业，保证充沛的财源。“台湾总督府之岁入岁出预算，每年在一万万圆以上”，岁入中，“官营事业收入如铁路、邮电、森林等等，约占百分之五十，专卖事业收入占百分之三十以上，其他租税收入之中，土地税（田赋在内）约一千五百万圆”，可见“政府经营建设事业，及统制或专卖事业之重要”。政府加强对农业的补贴，其岁出预算中，“农业奖励、补助、试验、研究经费，年占四百五十余万圆”。[1]

这四条经验，不无见地。以农业来说，大陆各地小农经济占主导地位，一家一户为单位，农民缺乏技术，农业产量低。要想改变福建落后的农业状况，必须改良品种，推广先进技术，方可提高单位面积，增加产量，优化品种。单靠农民个人解决不了问题，必须由政府强势介入，建立农业科研机构，推广新品种，对农业加以扶助、补贴。

1927年南京国民政府建立后，开始发展公营企业。借鉴苏联计划经济成功的经验与美英等国自由经济失败的教训，国民党高层对统制经济抱有期待。整体上看，在1930年代初，公营企业在经济中的比重偏低，特别是在落后的福建，公营企业很少。要使福建摆脱贫难，可由政府操控经济活动，避免过剩经济，而非任由民间资本发展，走经济危机的老路。

民国的省政府制度颇为混乱。南京国民政府为加强中央对地方的控制，严格限制省政府的机构设置与行政职能，省政府主席及各厅处必须对行政院各部会负责，权力较小，处处受到掣肘，也无权干预民间的经济活动，即使想推行统制经济，也没有制度上的保障。要提高施政效率，省政府各厅处应对省政府主席负责，而非对行政院各部会负责，省政府各厅处的权责应根据具体事务设定。

政府要想扶助农业，要想发展经济，要想改善民众生活，必须有大笔资金。中央政府不会予以补助，对民众加税会增加他们的负担，最好的办法就是政府发展公营企业，保证财源。

陈仪通读报告，对考察团的成绩予以高度肯定，“感谢台湾官民之指导盛情”，赞许四条经验，准备“择其适合于闽省者，次第见诸实行”。[2]

日本在台湾的殖民统治有其技术上、制度上足资借鉴的一面。以福建省政府效率之低、经济之落后、民众生活之困苦，对比台湾的施政效率之高、经济之发达、农业之发展，考察团的经验总结与陈仪的择善而从无可厚非。但是，必须注意到，日本殖民者在台湾建立独裁统治，台湾总督操夺生杀大权，实行警察政治，在高压下台湾人民敢怒不敢言；经济上的公营经济严重压抑了台籍资本的成长，台籍资产阶级很少获得发展产业的机会，只能仰日本财阀的鼻息，苟延残喘；经济上的统制与专营加剧了台湾人民的负担，他们强烈反对专卖。无视日本殖民者对台湾人民残酷剥削与压榨的一面，也就看不到台湾总督府所谓的效率与成功本质上是反动的。

陈体诚考察是福建省政府组织的第一次对台湾大规模调查与研究，其成果显而易见，但它只看到台湾总督府，看不到台湾人民；只顾及效率与财富，忽视台湾人民的真实感受。考察团的盲点影响了陈仪对台湾的认识。

二、陈仪赴台实地考察

陈仪注重调查研究，经常告诫部属："建设工作最要紧的，就是调查。以前有许多事情，往往怕麻烦，不去调查，马马虎虎的着手去做。那知一做，就告失败，其原因就由于当初对于所做的事，根本没有认识清楚。以后无论什么事情，在未做以前，都要详细调查。"[3]

现代博览会是产品展示的窗口，也是信息交流的场所，可以广开眼界，建立联络管道。陈仪认为，"纵观一国产业如何，不难推想其文化之程度，一般人多以为博览会之目的在奖进产业，实则并具有文化的表现与传播之作用，因此博览会如能精详参观，对于获取新知，增进文化，裨益当亦不少。"日本人为纪念"始政四十周年"，举办博览会。闻此讯，陈仪希望"本省各实业团体，及文化机关，能有多数人前往参观"，来了解台湾经济发展的步骤、方法、技术。[4]经陈仪的动员，福建省政府及县市纷纷派人赴台参观博览会，送去福建名特优产品参展。

1935年10月10日，台湾博览会开幕。百闻不如一见。应台湾总督府之邀，21日下午3时，陈仪偕顾问李择一、委员林知渊、秘书处第二科科长陈宏声、秘书沈铭训、统计室主任杜俊东等十余人，由福州马江，乘逸仙号军舰渡台。一区行政督察专员王伯秋，奉派赴台参观博览会，并考察台湾地方自治及工商业，随团出发。[5]

陈仪一行赴台，遇台风。22日晨6时余，入基隆港。台湾总督派员来接，抵基隆，乘火车，10时抵台北，下榻中华总领事馆。辜显荣在宅设宴为陈仪洗尘。午后，陈仪访台湾总督中川健藏及各机关长官。23日，由中华民国驻台北领事馆郭彝民总领事陪同，陈仪赴博览会第一会场参观。场设台北市公会堂一圆，下午参观第二会场，场设台北市新公园。[6]

24日，陈仪继续参观第一会场，复至南方馆，参观福州、厦门、汕头、广东、香港、澳门等地特产，又至福建省特产馆。下午，他接见旅台华侨团体代表。夜10时半，乘火车赴中南部考察。25日上午8时，陈仪抵高雄，登寿山，俯瞰海港。下山，参观博览会高雄市的观光馆。11时赴台南州，午抵州署。下午2时半，陈仪视察嘉南大圳水利工程。其耗费巨大，所排之水足供灌溉全台农作物三分之二。[7]陈仪感慨万千。

26日，陈仪参观日月潭水电站，并游日月潭。下午抵台中。27日晨，陈仪游台中城，复乘火车去台北。28日，应林本源后裔林熊祥、林熊光、林柏寿邀请，陈仪参加茶会。[8]

陈仪参观博览会，以政务繁重，未能久留，于10月28日下午4时，偕顾问李择一等，乘原舰由基隆启程回闽。29日回福州。前渡台随员为12人，尚有8人分组留台考察政治、经济及其他各项建设事业。[9]陈仪是日据50年中，国民政府赴台考察的最高官员。

要想了解台湾，光靠书本知识远远不够。陈仪身体力行，赴台考察，由北及南，来去匆匆，获得了台湾的感性认识。台湾总督之权威、机构设置之完备、施政效率之高、经济之发展、统制之严密、水利工程之宏大、农业改良之进步，都给他留下了深刻印象。相较于福建的民穷财尽，他不得不叹服日人在台湾的成功处。李择一解释了此行原委："陈主席此次赴台参观博览会，其动机或基于治闽两年，地方虽日见安定，但生产建设尚未达到理想时期，闽台相隔一水，地质气候与民众生活，完全相同，而农工事业发达程度，几不可以道理计，其原因所在，有待于亲历其境，藉资借镜。"[10]

三、李时霖考察

陈仪通过赴台实地考察，与日本驻福州总领事、厦门总领事的频繁往来，以及部属李择一等人多次往返闽台间，获得了大量第一手资料，增强了借鉴台湾经济发展经验的信心。仅加强福建省政府与台湾总督府间的联系尚不足，陈仪督促地方县市政府赴台考察，了解台湾地方发展的实际情况。

奉福建省政府之命，1936年12月1日，厦门市长李时霖率晋江县长张斯麟、福清县长毛应章、惠安县长林鸿辉、永定县长钟干丞等11人，赴台湾考察。2日，考察团抵基隆港，途经台北、台中、台南，13日自基隆返程，14日抵厦门。考察团编成《台湾考察报告》，约8万字，内容包括台湾的卫生事业及其行政、鸦片制度的沿革及概要、农林、考察台湾农村经济之感想、农会之组织及其任务、水利及灌溉、交通、电气、经济状况、地租、糖业、台湾的透视，附录《考察日记》。

李时霖等人属地方县市官员，考察的重点在台湾的工业与农业，而非台湾总督府的行政架构。这与陈体诚的考察有不同处。实地考察台湾农业的成就，考察团认为，台湾农业的发展得力于几条经验。一是生产技术化，相较而言，"吾闽产业，非不丰腴，徒以墨守成法，产品窳败，失却时代性，消费者将莫过而问焉"，故"生产低落"，要"增进农村生产，首在注意产品之合理化，期以科学的头脑，以艺术的方法，为质的方面之改良，量的方面之繁殖，庶能为物质之竞争，否则农产市场之排挤，衰落情形将有不堪以道里计者"。二是出产的统制管理，"全部国民经济之推进，尤须赖于政府之统制，如生产过剩所不可避免之经济恐慌，影响于农村殊巨，而农产市场之获得，及保护倾销之政策，要皆为生产发展之必要关键"，故"生产统制，足以调节生产之过剩"。三是纳税负担，"出产税之轻重，有关于产品价格至巨。政府保护农村生产，自应以减低出产税率为第一要件"，而"环顾吾闽，一物之微，出产有税，销场有税，通过有税，附加有税，名目繁多，以农产品未经改良，已不足与世界市场竞争，而益之以科税过重，产价骤增，生产何能不败"。四是生产之奖励，"改良生产，首重奖励，以政府之力量，补助农村，则农村经济不致竭蹶不振"，而福建动荡不安，"人民救死不瞻，安有余力投资生产，固有产品，将无以保持，曷足以言改良"。考察团建议，"以农民贷款，发展农业生产，补助购种经费，以改良品种，产品竞赛之奖励等等，要在择其需要，审别事宜，而随时掖进之，庶于增进生产，或有裨乎。"[11]

李时霖等人在农业生产方面的考察之详细，建议之可行，超过了陈体诚的考察。陈仪通读考察报告，颇为赞赏。他指出，"今岁（1937年）为闽省之经济建设年。此后施政中心，实以经济建设为先务。惟兹事体大，不有借镜，难期推行尽利。台湾与闽带水相望，不特气候地理同也，即在经济建设过程中，如农林水利交通卫生诸端，亦复什九相似。取彼成规，供我参考，期收事半功倍之效也。"[12]

在陈仪的推动与组织下，福建省政府对台湾进行了大规模、多门类的考察，获得了极其丰富而珍贵的感性认知。台湾总督府对福建省政府派员来考察持欢迎态度，赠送大量资料，并派人陪同参观，以此彰显日本治台的业绩，考察团无法了解台湾总督府的暴政与欺压人民的一面。由于来去匆匆，考察团为日本治台的表面现象所迷惑，未倾听到台湾人民的真实呼声，对日本殖民统治的残暴性没有充分的揭露。

当然，陈仪亦非不知日本在台湾殖民统治的残暴性。谈到福建民众的困苦，他坦承，“我们现在的物质生活，或且不及殖民地如爪哇新加坡等地人民生活的好，但精神生活自由得多，愉快得多。”他以台湾人为例，指出“他们精神上的痛苦厉害极了，愈有知识，愈感痛苦”，因为“他们无论受过多么深的教育，拥有多么富的财产，但一遇到日籍警察，只好俯首帖耳，畏之如虎。”对台湾总督府的歧视教育、差别待遇，陈仪予以揭露，在台湾“所有地位较高的工作，台湾人向来没有插足的机会。据闻台湾政府里面，仅有两个课长以及几个课员若干技士是台湾籍，其余都是日本人。这种被压迫情形，真令人痛心。”他感慨，“统治台湾的，向来比较的算是日本有见识的第一流人物，于压迫台人之中，还要顾到点假面子。”其他殖民地人民的精神之痛苦，就更不用说了。[13]

台湾总督府的行政效率，经济上的统制政策，农业的技术改良等等，都给陈仪留下深刻的印象。陈仪认为，福建要想走上新生之路，必须洗心革面，借鉴台湾的政治体制与经济发展模式，即在政治制度上实行一元化领导，建立现代省政制度，加强省政府的权力，特别是省主席的权威；推行统制计划，以政府权力来兴办实业，建立公营企业，限制私人资本的成长；推行农业的技术改良，发展现代农业，扶助农民。

陈仪在福建施政长达八年，其新政涉及政治、经济、教育、文化等诸多层面，主要有两个方面，一是省政府的改革，二是统制经济。

在政治上，陈仪推行集权制，实行省政府各厅处合署办公，各厅处对省主席直接负责，对于一切措施，非管即统，权力之大，超过其他省的省主席。所有措施全以省令行之，各厅处无单独对外行文的资格，即使一个科员书记的任免，必由省府秘书行之。这种强化省政府权力的做法有助于提高施政效率，得到蒋介石的首肯。但省主席权力过大，易造成地方割据，引起行政院各部会的反弹。

闽人具有长期的自由经济传统，特别在闽南一带，人人喜欢做老板，个体经济发达，却不易做大、做强。为了发展经济，厚积财源，陈仪在福建设立公营银行，发展公营经济，推行粮食公沽，加强政府对经济的管制。日军在福建沿海一带登陆，打乱了陈仪建设福建的计划。统制经济的出发点甚善，但遏止了民间的经济活力，扩大了操作者的权力，加上没有相应的措施配合，民间未蒙其利，反受其害。陈仪的统制经济政策，特别是粮食公沽招致各方反对，严重损害了民间资本家的利益，被指为“与民争利”。

他山之石，可以攻错。陈仪取鉴台湾经验，推崇台湾总督府和统制经济。在没有得到中央政府授权前，陈仪擅自探索省政改革，实际上把自己推到中央政府官员的对立面；不顾资本家的反对，陈仪强制推行统制经济，将自己置于地方士绅的对立面。陈仪不去反思台湾总督府和统制经济的缺陷，坚信自己政策的正确性，错在无中央政府的授权，得不到地方人士的配合。

陈仪不是昏庸的旧官僚，想有所作为。他及其随员对日据下台湾的研究代表了当时大陆对台湾的认识水准与程度。福州沦陷，作为全省军政长官的陈仪失地有责，不得不向国民政府自请处分。1941年9月，陈仪离开福建。同年底，他到重庆就任行政院秘书长，与国家总动员会议主任。至此，他与台湾的情缘本应了断。

四、编译资料

《开罗宣言》发表后，国民政府开始筹划台湾的收复工作。国防最高委员会辖下的中央设计局以规划收复失地为中心任务，由熊式辉主持。他与陈仪同是日本陆大出身，皆属政学系巨头。蒋介石对陈仪的军事学识、行政才干一向器重。1944年3月中旬，蒋介石在中央设计局内成立台湾调查委员会（下简称“台调会”），作为研究收复台湾工作的职能机构，任命陈仪为主任委员。[14]陈仪能够获此重任，主要在于他有8年福建省主席的履历，曾赴台考察，是国民党高层官员中少有的“日本通”、“台湾通”。

收复台湾的第一步是研究台湾，资料十分重要。台调会成立之初，各项资料极为缺乏，而“实地调查因交通太不便，无从着手”。在成立的第一次委员会议上，陈仪等人讨论了搜集资料的方案，并发动了广泛的渠道进行搜集。

1944年5月，台调会函请中央设计局各处组室，供给参考资料，还设法在福建向私人借用。5月底运到台湾法令统计报告等15部，11月底运到各种法规统计资料20余册。收到台湾新近官报及报纸多份。1945年3月，驻美大使馆以台湾资料一部，摄成影片寄外交部转送台调会。6月，又送来新资料影片4部。台籍志士不断来渝，陈述近年台湾实况，供台调会参考。

台调会对资料分门别类，加以整理，编辑刊行。1944年7月，“台湾概况”第一分册《日本统治下的台湾行政制度》编成，又编成《台湾交通》，经油印分送设计局各组处参考。在台湾行政干部训练班开课以前，先后编齐教育、财政、社会事业、卫生、户政、贸易、警察制度、专卖事业、金融9种概况。同时，聘请专家编译的工业、糖业、电气煤气及自来水、农业、水产、林业、矿业、水利8种，陆续脱稿。“台湾概况”共计19种，40余万字，由中训团印订，还编印百万分之一台湾地图，连同“台湾概况”送给台干班学员修学之用，并分送各机关参考。

1944年底，台调会将全部台湾法规，分为行政、司法、教育、财务、金融、工商交通、农矿渔牧7大类，聘请专家分别主持，择要翻译，共计150万字，由中训团印成43册，供台湾干部训练班学员及各机关参考。[15]

台调会经济拮据，陈仪等人只能用粗糙的土纸印刷这批资料汇编，每种刊行不过百册，目前保存下来的所剩无几。中央设计局保存一套，后经辗转，现存南京图书馆古籍部，基本完好无损。笔者现就所见，作一简介。

《日本战时统制制度》（上下册），台湾行政干部训练班1945年3月编印，中央训练团台湾行政干部训练班参考资料。上卷为日本统制会的理谕，共10节，包括经济新体制与统制会，统制会的时代背景，重要产业团体令的解释，金融统制团体令的解释，产业统制会与金融统制会的关联，统制会的指定，日本阁议关于统制会的决定，统制会的将来，统制会第二次指定的意义，职权委让的实施。下卷为统制会的内容，共16节，涉及煤炭、贸易、矿山、精密机械、汽车、车辆、产业机械、电气机械、金属工业、铁道轨道、洋灰、造船统制会，及第二次指定的统制会，仓库业的统制，金融统制团体。对日本战时统制经济作了详细的叙述。

台调会编《日本统治下的台湾行政制度》，中央训练团1944年10月印，中央训练团台湾干部训练班参考资料。分5章，包括沦陷前之行政制度、台湾总督府、地方行政区域及地方行政机构、地方团体、官兵，约15000字。最新材料用至1943年，列出图表，对总督府及州厅制度、文官制度与人事政策作了简明扼要的叙述。

台湾总督的权限主要有：“一、总理台湾一切政务。台湾之政务，原则上均委任于总督，然在组织法规定须受内阁总理大臣之监督，荐任以上官员之进退奖惩，亦须经由内阁总理大臣之上奏后决定。二、发布律令及总督府令。一八九六年公布之第六十三号法律（简称六三法）第一条规定台湾总督在其管辖区域内，得发布与法律同效力之命令称为律令，根据本条法律，总督已成为台湾之无上权威，颇遭议会反对，经过数次之争论，乃于一九二一年（大正十年）缩小其范围，限于‘台湾特殊事件而有必要之时’，得以台湾总督之命令规定之，又根据组织法第五条总督依其职权或特别之委任，得发布总督府令附处一年以下之徒刑、监禁或拘留及二百元以下罚金之罚则。三、总督维持安宁秩序认有必要时，得向管辖区内之陆海军司令请求兵力之使用。四、指挥总督所辖之官厅及总督部下之官吏。”[16]

《日本统治下的台湾警察制度》，中央训练团台湾行政干部训练班参考资料，中央训练团1945年1月印。涉及警察制度之沿革，警察组织，警察之教养，警察之任用，警察之勤务，台湾警察监督制度，警察之赏罚，警察之给与，消防，警察经费，警察共济组合，附有图表。

《日本统治下的台湾户政概要》，中央训练团1944年12月印。介绍了台湾户政概要，涉及沿革，户籍事务之掌理与监督，户口调查簿，户口异动登记之申请，外勤警察官户口调查之勤务，及附录。

《日本统治下的台湾教育》，中央训练团1944年10月印。介绍了台湾教育情况，涉及沿革及学制，幼儿教育及小学教育，中等教育，职业教育，师范教育，大学教育与专门教育，中央研究所，社会教育，教育费，出版物，附有图表。

《日本统治下的台湾矿业》，中央训练团1944年10月印。介绍了台湾矿业，涉及沿革，主要矿产，总督府对于矿业的设施，主要矿业，石材及杂矿，附有图表。

《日本统治下的台湾财政》，中央训练团1944年12月印。介绍了台湾财政，涉及岁计，租税，专卖，附有图表。

《日本统治下的台湾金融》，中央训练团1945年3月印。共6章，包括币制，银行，存款与放款，资金运用与利息，银行汇兑，其他之金融机关。材料用至1941年，附大量图表。

《日本统治下的台湾糖业》，中央训练团1945年2月印。译自《台湾事情》，但“制糖工程”一节译自武内贞义着《台湾》一书，共5节，包括糖业设施，甘蔗农业，砂糖工业，制糖工业，糖业概况，附有图表。

《日本统治下的台湾农业》，中央训练团1944年12月印。介绍了台湾农业，资料主要译自武内贞义的《台湾》，涉及台湾农业之进步，特殊土壤，米作，果实类，蔬菜类，落花生，豆类，麦类，芝麻，烟草，纤维植物，染料植物，药用植物，畜产，家禽，养蚕，农业实施，附有图表。

《日本统治下的台湾水利》，中央训练团1945年3月印。译自武内贞义的《台湾》，包括灌溉事业之沿革，官设埤圳，公共埤圳，水利组合，嘉南大圳，河川工事，附有图表。

《日本统治下的台湾水产》，中央训练团1945年3月印。译自武内贞义的《台湾》，共9节，包括概说，水产设施，主要鱼族之分布状态，水产业，水产制造业，制盐业，养殖业，水产业商号、鱼市及水产贸易，水产业之将来，附有图表。

《日本统治下的台湾林业》，中央训练团1944年12月印。译自武内贞义的《台湾》，共10节，包括概论，主要树种，林务行政，造林事业，林产物之公卖及林野整理事业，官营砍伐事业，樟脑制造事业，薪炭料，木材之输出与输入，台湾林业之将来，附有图表。

《日本统治下的台湾社会事业》，中央训练团1944年10月印。共4章，包括绪言，慈善救护，社会改良，保护与教化。

《日本统治下的台湾卫生》，中央训练团1944年12月印。共8章，包括概况，卫生机关，防疫，主要地方病，毒蛇与狂犬，鸦片行政，保健，公共卫生费，附有图表。

资料汇编有《日本统治下的台湾人事法规》，台湾行政干部训练班1945年5月编印。《日本统治下的台湾财政金融法规辑要——租税》，台湾行政干部训练班1945年1月编印。《日本统治下的台湾工商交通法规辑要》（第一辑），台湾行政干部训练班1945年2月印。《日本统治下的台湾畜产法规辑要——地方财政》，台湾行政干部训练班1945年2月印。《日本统治下的台湾财政金融法规辑要——地方财政》，台湾行政干部训练班1945年1月印。《日本统治下的台湾财政金融法规辑要——会计》，台湾行政干部训练班1945年2月印。《日本统治下的台湾民政法规辑要——合作》，台湾行政干部训练班1945年2月印。《日本统治下的台湾林野法规辑要》（上下册），台湾行政干部训练班1945年3月印。

在不到一年的时间里，台调会靠有限的人手，编译出这批资料，可见工作之勤与用力之深。这批资料涉及日据下台湾的政治、经济、文化等各个方面，是大陆对日据下台湾所编辑的最完整的一部资料性工具书，代表了当时大陆对台湾情况了解的广度与深度。今日看，其仍然是我们了解日据下台湾的重要资料。

因无法赴台实地考察，台调会搜集资料，通过这些书本上的知识来了解台湾的政治制度、经济发展情况。这些日文资料出于日人之手，美化日本对台湾的殖民统治。太平洋战争爆发后，台湾的新情况、新法规，特别是皇民化运动，资料甚缺。台调会翻译这些旧资料，无法了解台湾社会的新动向、新变化。陈仪等人研究这些纸面上的东西，推介日本殖民统治的制度设计、行政效率、经济设施、法律法规，却对广大台胞未做充分调查与研究，台湾社会各阶级的组成、利益等，更是一头雾水。这是陈仪等人编译资料时最大的缺陷。这种只重视制度效率、技术层面、物产财富，忽视阶级构成、人心期盼的调查，是国民党政权规划收复失地的一个通病。显然，陈仪等人对台湾的了解十分片面，失之于肤浅。

五、论日本统治台湾

在组织编译资料的同时，陈仪反思日本治台政策。1945年初，他在中训团台干班对学员讲日本统治台湾的经过，后结集刊行，包括引言、统治的目的、统治的过程、统治的工具、统治的方法、统治的短处、统治的长处，约3万字。该书反映了陈仪对日据下台湾的认识水准。

陈仪对比了台湾总督府与中国省政府，指出台湾总督府的组织不同于中国的省政府，一是“中国建设厅主管交通、农、工，而台湾则分为交通、农商、工矿”。二是“警察无论名为警察本署，警务部，警务局，但始终有一单独机构”。三是“专卖单独设局”。四是“土木、国土、粮食三者，都曾单独设过局。特别是土木局，占领台湾后即设立”。陈仪认为，台湾总督府的各局、各部，“不同于现在各厅处，略等于省长制的各厅处。不过总督权限之大，绝非中国的省主席所能比拟。”比较台湾与大陆的地方制度，陈仪指出，台湾的地方制度完全是官治制度，自州、厅、市至街庄，行政负责人皆由政府任命。中国的县与乡镇完全是自治体。这是两者完全不同的地方。纵观台湾的行政架构，陈仪认为，其“是十足的专制型，离宪政的组织太远了”。

台湾总督府的“高级人员由日本人担任。领导者必须日本人”。陈仪推断，“日本人任公务员的，半数大约是有的，大约是二万人。”从这一点，“完全可以证明日本人主奴的心理，就是台湾人为奴，日本人为主。”如法院方面，台湾人不得任裁判长。对于在台湾服务的日本人，待遇比较特别，加俸、津贴、遗族抚养金、恤金等，都比日本本国优厚。这是日本政府奖励日本人到台湾做官的一种方法。陈仪对台湾总督府的人事歧视政策予以谴责，也担心，日本人撤走后，我国收复台湾，“这样多的（二万人）公务员，接收时如何去补充，那是颇成问题的。”[17]

台湾是中国的一个省，收复后当然要施行中华民国的法规制度。但若把大陆那一套低效落后的东西弄到台湾去，会使台湾政治混乱、经济破败。为了保证台湾的稳定与繁荣，陈仪等人坚持台湾的特殊性，要建立台湾特殊省制，反对把内地的省政府制度照搬到台湾。日本殖民台湾，其动机、目的都违反了三民主义，其管理方法则可借鉴。陈仪主张，“要详细考查，要切实研究，不要有成见，以为他是帝国主义的产物，应全盘推翻。也不要有偏见，见了他的一方面的发展，以为他很有成绩，过分地称赞。我们必须检讨好坏，明辨是非。”

收复台湾以后，必须消灭殖民主义，实行三民主义。在政治方面，陈仪指出，“台湾没有根本法，即没有宪法。日本的宪法，实际不适用于台湾，因此，台湾是总督总裁制，是日本政府独裁制。人民的权利义务，没有法令的根据，人民的自由，没有法律的保障。”因此，收复台湾后第一件大事，“在中华民国宪法未颁布以前，把约法实施于台湾，依据法令，保障人民的自由。务使台湾人民，由奴隶的殖民地位，变为独立自由的人民地位。”

在经济方面，“台湾现在的农、工方面的生产，较诸过去，总算有相当进步了。但是生产的利益，多数为日本地主，资本家掠夺去，多数台湾人不过得点微薄的工资。而且生产的目的，纯然为赚钱，并不顾及台人的生活，自然更说不上民生主义。所以生产虽有进步，但分配极不平均，消费极不充足。”因此，收复台湾以后，“生产自然必须力谋发展，但同时必须注意分配问题与消费问题。要分配平均，必须实行平均地权，节制资本及发展国家资本。许多大地主的土地，要收归公有，许多重要产业，要收回公营，一方面要提高一般人民的生活程度，衣食住行，务使满足需要而不匮乏。”

文化方面，要“彻底铲除过去不平等的教育制度，凡是台人，受教育的机会，完全均等。对于高等教育，不但使一切台人，均有机会受教育。而且须充分发展。”应在台湾就地取材，“必须在十年二十年以内，对于高等教育，在质与量两方面充分发展，以造就许多人才，否则台湾的一切工作，因为人员的关系，不但发展很难，维持都不易吧。必须铲除日化教育，“使学生学习国语，使学生了解中华民族的历史，使学生发展国家思想，与民族意识。”[18]

显然，陈仪对日本在台湾殖民统治的独裁性、奴役性、残暴性有了一定的认识。他主张解放台胞，把三民主义应用于台湾，也是正确的。但在新旧交接的阶段，陈仪反对遽然改制，以免无所适从。台湾经济设施，除特殊情形外，陈仪主张，以保持为第一步，改良发展为第二步，非万不得已，不轻易变更。他比喻，“同样的一只船，可以往南，亦可以往北，虽然南北是背道而驰，事业等也多如是。同是一种大企业，在资本主义的国家，是少数资本家的发财工具。如果依照民生主义，归为国营，其利益就为全体人民所共享了。”

由于长期接受日本的文化教育，陈仪习惯于行政命令，对集权主义推崇备至，鄙视西方的自由民主制度，指责其使中国一盘散沙。日本在政治、经济、军事上的成就强化了他的成见。他对日本在台湾殖民统治的长处从内心深处予以肯定。他总结，日本统治台湾有几个特点，一是“一元的机构”，“台湾的政治机构，因为没有政权机关，没有立法等机关，所以变成独裁。但行政机构，却是一元化的。在全岛中，总督府是最高的机关，没有和他同等，并立的机关。日本政府要有所命令，须经过总督。”二是“积极的态度”，“台湾的各种设施，从这些方面看，五十年来，不能不说有进步。”如交通、水利、电力、农业、卫生、教育等，内地任何一省不及。三是“守法的习惯”。四是“科学的利用”，包括利用科学的方法、利用科学的结果。科学的治事方法，“是事前有调查，有研究，有计划，事后有检讨，有考核，有恒性，有毅力。”如米糖的改良、日月潭水电工程、嘉南大圳水利工程、石油矿的开采等，“事前都是请专门家去调查，去研究，去设计”。陈仪强调，“以上的四条件，是不能因噎废食而轻易废弃的”。[19]

日本殖民台湾50年，在残酷剥削压迫台湾人民的同时，引进了现代资本主义制度，不能说一无是处，在制度层面、技术层面有可资借鉴处。例如，在推行警察政治的过程中，建立现代司法体系，依法办事，公务员廉洁高效；从事生产建设，一定要事先规划，科学研究，量力而行。但是，台湾人民对台湾总督府的独裁统治从未停止反抗，陈仪只看到台湾总督府的集权效率，大加赞赏，这与台湾人民废弃独裁统治、实行民主政治是背道而驰的。台湾的财富是台湾人民血汗的结晶，日本殖民者通过经济统制、专卖等方式巧取豪夺，据为己有，台湾人民一直反对经济统制、专卖制度。陈仪想借助日本殖民者现有的政治体制、经济制度，来发展台湾经济，其本意是取之于民、用之于民，却不自觉地将自己置于台湾人民的对立面。

半殖民地半封建的中国，先进的中国人反对帝国主义的侵略，却要保存其中合理的成分；要摒弃自身传统中落后的东西，对已经现代化的设施，则必须努力学习借鉴。如何在破坏中继承、在变革中学习，实在难以区隔拿捏。

陈仪为人刚愎自用。在台调会编译的资料中有这样一段话，“组合的议事是多数表决，但众议辄有众愚之虑，圣僧一人亦较一千愚僧的有益于国家。众议可贵，而更可贵的还是有见识、有学问的指导者的意见，国家的机密无法对全国民公开的时候，只要一个正直的指导就可以引导全部行业者前进，于此必须由多数表决进步到指导者原理。”[20]陈仪就是秉持这样的理念为人处世，规划复台大计，虽说敢想敢为，亦有固执己见之议，缺乏从善如流的雅量。

决策决定成败。在国民党高层官员中，陈仪对日据下台湾的认识走在他人的前面。他想将三民主义施行于台湾，变日本的殖民地为祖国的宝岛，使台胞当家做主。至于台湾总督府的政治制度、行政效率、法制观念、技术改良等等，则当尽力继承善用，决不能把大陆那一套落后、低效的东西搬到台湾，去坑害台胞。这样的思路是正确的，也暴露出片面与草率。

在福建省主席任内，为了发展地方经济，陈仪开展对日据下台湾研究，采拿来主义，管用就行，属于闽台区域交流的层次。他将台湾总督府成功的一套施之于福建，面对的是福建民众，与台湾人民隔着一条海峡，有不妥处也不会伤害到广大台胞。在台调会主委任内，为了收复台湾，陈仪受中央政府指派，开展对日据下台湾的研究，面对的应是台湾广大人民，而非仍局限于台湾总督府的制度层面与技术层面，其研究成果直接决定收复台湾的大政方针，关系收复台湾的成败。而陈仪却没有调整思路与立场，延续了福建任内对台湾研究的关注点，注重对台湾“物”的研究，而忽视对台湾“人”的研究；注重对台湾总督府制度的继承，而忽视改革与创造。

收复失地，首重收复人心。广大台胞反对日本殖民者的独裁统治，希望实行民主政治；广大台胞渴望发展自由资本主义经济，累积财富，反对经济统制与压榨。他们希望借助祖国的力量，来实现他们政治上当家做主、经济上翻身的愿望，而非由祖国政府派人来维持日据时期那一套旧制度。陈仪虽曾赴台考察，与台湾民间没有直接联系。他不知道台胞所思所想，所期所盼，凭着主观愿望，认为只要延续日本殖民统治的有用之处，推行公营经济，就维护了广大台胞的利益。这是陈仪认识台湾的最大盲点，不久便给自己带来无法摆脱的困扰。

综上所述，陈仪是大陆日据下台湾研究的组织者与实践者。他及其随员对日据下台湾的研究代表了当时大陆台湾研究的水准。陈仪取鉴台湾经验，在政治上推行省政改革，经济上发展统制经济，加强闽台交流与合作。陈仪不但是“日本通”，也成为“台湾通”。应蒋介石之邀，陈仪主持台调会，编译资料。由于对台湾问题长期观察，陈仪辨析日据下台湾的利弊，有独到处，亦有盲点。台调会搜集的资料，多从日本人编写的书中摘译过来，这些资料注重台湾总督府的制度层面与技术层面，忽视台湾民众。陈仪只注重研究台湾的“物”，忽视研究台湾的“人”，试图维持台湾总督府的行政架构与统制经济，与台胞的迫切需要隔着很深的鸿沟。

（作者单位：中国社会科学院近代史研究所）

注 释：

[1] 《总论》，陈体诚等著《台湾考察报告》，福建省建设厅 1935 年，第 18 ～ 26 页。
[2] 《陈仪序》，陈体诚等著《台湾考察报告》，第 1 ～ 2 页。
[3] 《1935 年 4 月 15 日在县政人员训练所区政班训话》，福建省政府秘书处公报室编《陈主席言论集》，福建省政府秘书处公报室 1938 年 1 月，第 34 页。
[4] 福州《福建民报》1935 年 8 月 18 日第七版。
[5] 福州《福建民报》1935 年 10 月 22 日第六版。
[6] 《陈主席考察台湾记》，福州《福建民报》1935 年 10 月 30 日第七版。
[7] 《陈主席考察台湾记》，福州《福建民报》1935 年 10 月 31 日第六版。
[8] 《陈主席考察台湾记》，福州《福建民报》1935 年 11 月 2 日第六版。
[9] 福州《福建民报》1935 年 10 月 30 日第六版。
[10] 《陈主席考察台湾记》，福州《福建民报》1935 年 11 月 1 日第六版。
[11] 《李时霖序》，李时霖等编《台湾考察报告》，厦门市政府秘书处 1937 年 6 月，第 28 页。
[12] 《陈主席序》，李时霖等编《台湾考察报告》，第 1 页。
[13] 《1938 年 1 月 8 日参加民教师训所毕业典礼训话》，福建省政府秘书处公报室编《陈主席抗战言论集》，福建省政府秘书处公报室，1938 年 12 月，第 60 页。
[14] 《台调会工作大事记》，陈鸣钟、陈兴唐主编《台湾光复和光复后五年省情》（上），南京出版社 1989 年，第 4 页。
[15] 《台湾调查委员会一年来工作状况》，张瑞成编《光复台湾之筹划与受降接收》，台北，近代中国出版社 1990 年，第 144 ～ 147 页。
[16] 中央设计局台湾调查委员会编：《日本统治下的台湾行政制度》，中央训练团 1944 年 10 月，第 11 ～ 12 页。
[17] 陈仪著：《日本统治台湾的经过》，重庆，台湾行政干部训练班 1945 年 3 月，第 33 ～ 36 页。
[18] 《日本统治台湾的经过》，第 46 ～ 48 页。
[19] 《日本统治台湾的经过》，第 50 ～ 55 页。
[20] 台湾行政干部训练班编：《日本战时统制制度》（上下册），台湾行政干部训练班 1945 年 3 月，第 2 页。

臺灣部分

日據殖民在臺近代化本質及其影響

戚嘉林

近二十年來，臺灣分離主義者執政，爲推廣其“去中國化”的“臺獨”史觀，乃不遺余力地建構日據時期『日本統治肯定論』。例如稱『馬關條約是臺灣命運的轉折點，透過日本帝國統治，臺灣展開近代化建設與發展』[1]，或稱『回顧過去，臺灣的近、現代化之所以能成功，日人不惜生命地支持、奉獻，居功厥偉』[2]，其間亦有發自內心地稱『我們讀歷史時，必須站到公平而客觀的立場加以批評，絶不可有如教科書所說的『日本人榨取了臺灣人』這樣單方向思考法』[3]。至于現今臺灣歷史學界，甚至有論者不但從界定勾勒『近代化』『現代化』的理論建構，片面肯定日據時期日本對臺灣『現代化』的貢獻，還更進一步地淡化祖國晚清在臺推動近代化的努力，并畫龍點睛地視臺灣先賢懷慕的中國大陸『祖國』爲『敵國』[4]。

這對不久前僅是上個世紀，先人曾遭大肆屠殺與壓榨的被殖民者，是不可思議的！在臺灣，歷史學界對日據歷史詮釋，不乏欲藉肯定日人治臺并同步地『去中國化』，從而建構『臺灣國』主體意識的『臺灣史觀』。此一史觀正潛移默化地在改變許多臺灣居民及其下一代，對日據臺灣歷史本質上的錯誤認知。

在近代史上，有關近現代化的動態發展過程，主要是以經濟發展運行之基礎建設、農業化與工業化爲動力，帶動整個社會的近代化，故筆者以此爲主軸，論證日據殖民時期臺灣近代化的本質。

一、工業日本、農業臺灣與壓榨臺灣

在論證片面肯定日本殖民統治對臺灣現代化的貢獻前，吾人先客觀檢視日人在臺施政。日人據臺五十年，歧視壓榨臺人無所不用其極，惟從未想到有朝一日會因戰敗而將臺灣歸還我國，故也將臺灣視爲『帝國』的一部分，以其强大國力及先進科技，慘淡經營此一『新領的殖民地』。日人在臺的建設，其目的在充分利用臺灣壓榨臺灣，非爲臺灣人民謀福利，但日人戰敗離去，其在臺的軟硬件近代建設成果，也就留在臺灣。此外，臺灣是否工業化取决于日本帝國發展的需要與設計。對日人而言，臺灣殖民地對日本的貢獻，主要是提供日本工業化后所短缺的糧食，日本靠從臺灣輸入廉價的米糖，平抑物價，壓低工資，以加速纍積資本與擴充工業。因此，在『工業日本、農業臺灣、壓榨臺灣』的政策下，在臺灣發展米糖的單一耕作（monoculture）農産品，末期因南進軍事需要，爲便于提供日軍的軍需補給品，乃在臺灣推動軍需補給工業。因此，日人在臺曾從事水利、電力、交通等方面的建設，以提高壓榨效率。

臺灣在日據末期1940年代初，基礎建設的鐵路營業裏程爲900公裏，公路里程達18,000公裏，發電裝置容量高達317,288千瓦（發電所34處）；在農業方面，日人在臺興建桃園大圳、歷時十年（1916～1925）、灌溉面積2.2萬甲，嘉南大圳亦歷時十年（1920～1930）、灌溉面積約15萬甲。1927年時臺灣灌溉排水面積占耕地總面積之比率達47.4%[5]，另并改良稻作品種，增加耕地面積。1930年代臺灣農地開始大量施用化學肥料，完成近代農業的綠色革命。1939年時臺灣農業人口占當時臺灣總人口的比例首次低于50%。高雄與基隆南北兩港，港内面積分别爲1.55和0.95平方公里，均可泊萬噸船艘。

二、基礎建設本質艱辛

如果僅視前述的基礎建設，也的確如李登輝所言『日人不惜生命地支援、奉獻，居功厥偉』。以電力事業中日月潭第一水力發電工程的興建爲例，日人于1919年8月成立『臺灣電力株式會社』(今『臺灣電力公司』前身)，旋積極致力于建造日月潭第一水力發電所，惟時停時興，1928 年決定再行續工，1931 年底正式復工，并于1934 年7月竣工，先后歷時十五個寒暑。期間，日人曾克服種種惡劣自然環境，包括瘧疾、黑水病、恙蟲等疾疫侵襲，施工鐵路更是僅靠臺車及小電車爲運輸工具，終于完成臺灣電力史上劃時代的巨大工程。

基礎建設本質艱辛，我們中國人建設臺灣也很艱辛，只是遭蓄意『淡化』遺忘。例如早在1874年我國在臺開闢北路（蘇澳至花蓮港北岸長約115公里、續延至吴全城）、中路（自南投竹山横貫中央山脉至璞石閣長約150 公裏）與南路（鳳山至卑南約105公里、射寮至卑南約120公里）三條貫穿臺灣東西的道路。當時北路蘇澳至奇萊，叠嶂叢林，素皆人迹不到，登高以眺東澳，其間大濁水、大小清水一帶，峭壁插雲，陡趾浸海，怒濤上擊，炫目驚心。吴全城（花蓮壽豐）該處初闢，叢莽積霧，天日蔽虧，一交夏令，疫氣流行，兵勇染病甚衆。南路昆侖坳至諸地葛，荒險异常，上崖懸升，下壑眢墜，山皆北向，日光不到，古木慘碧，陰風怒號，勇丁相顧失色。當時開路所經之地，皆爲重山峻嶺的原始森林，故開路者深入窮荒，披斬荆棘，艱辛异常。據統計，僅是1874年12月至1875年5月的半年間，因衝犯瘴癘病故與槼番狙擊陣亡傷故者就約二千人左右，亦即爲執行國家開闢山區道路，建設臺灣，許多丁勇官兵都爲臺灣犧牲并埋骨臺灣。但在『去中國化』的政治正確下，他們的事迹未能依比例原則地被肯定。

三、日人近代農業建設的壓榨本質

關于對日人在臺從事近現代化建設的顛倒正義價值頌揚，嘉南大圳可説是經典案例。李登輝更稱贊『工程師八田與一從大正九年（1920）起花費了十年間建嘉南大圳，在廣闊的嘉南平原建立偉大的水庫及大大小小的水道，肥沃了近十五萬公頃的土地，而使近百萬人的農家生活豐裕起來』[6]。奇美董事長許文龍完全不提日人千裏迢迢侵略臺灣，對臺灣農業造成空前浩劫的破壞一事，但對日人興建嘉南大圳推崇備至。[7]日本據臺初期，曾遭遇臺地漢人的長期激烈抵抗，日人除在1895年動員其正規軍攻占全島外，并于1896～1902 的七年間，以軍警憲對臺地漢人抗日行動，展開大規模殘酷徹底地鎮壓與血腥屠殺，當時某些鎮市及相當區域的農村均招致空前破壞，1900年時臺灣約有44.4%的耕地荒蕪[8]。例如1902年時，也就是日軍在今雲林縣門六地區展開大規模無差别血腥大屠殺（1896）的六年后，該地仍舊荒殘，居民離散，甚至有數莊人烟絶滅，土地無論肥沃與否，均榛莽滿目，田園荒廢，行人矚望亂后悲慘情景，轉夕不勝鼻酸[9]。日據初期對臺灣農村的巨大破壞，約費時十年方告恢復，逐年穩定。

如果歷史是膚淺地僅就工程技術面叙述嘉南大圳的興建，極易使人誤解日本殖民政府厚我良多，但只要稍試深入分析，就知日人狠毒的一面。因爲臺灣于日據初期仍處于戰争亂世的年代，其相關統計數據數據，一則可能較難確實，另則非屬正常年代之數據；故本文以日據初期農村恢復穩定的1911～1915年期相關數據及其平均值爲指數基期，進行比較分析。據統計，就日據時期臺米輸日量占臺米年産總量的平均值而言，1921～1925年間已達26.4%，往后與日俱增，1936～1938年間則高達50.5%，1939～1940年間亦達40.3%。就臺灣平均每人每年稻米消費量而言，1920年代前期（1921～1925）較十年前（1911～1915）减少6.4%，然而甘薯消費量却增加16.2%：嘉南大圳完工后的1931～1935年間，較二十年前（1911～1915）减少16.0%，但甘藷消費量却增加33.9%：1936～1938年間减少23.1%，甘藷消費量却增加38.1%；[10]另據日本銀行1966年所出版的日本經濟百年統計Hundred-Year Statistics of the Japanese Economy，前述臺灣平均每人每年可用稻米消費量，1910年代時爲130公斤，1930年代減至100公斤，也是減少23.1%。[11]

日據時期，1936～1938年間與1911～1915年間相較，農業現代化的結果、臺米總產量增加2.07倍、人口僅增加1.57倍，亦即臺灣米糧增産遠高于人口成長的情况下，臺灣人却因臺米大肆輸日，需大幅減少米食，而大幅增食甘藷果腹；如果臺米是依市場經濟自由買賣輸出，臺農豈不家家富裕，怎會淪落到甘藷消費量較日據初期增加38.1%的慘境。或雲斯時臺人稻米消費量大幅減少，那是否有可能是因肉類等食品的大幅消費增加而減少食米的消費。經查日據時期日人統計之歷年牛和猪家畜屠宰數，并將之除以歷年人口數，發現同樣以1911～1915年期各年數據之平均值爲指數基期，每千人每年牛只屠宰指數居然也是與日俱減，嘉南大圳建成后的1930年代（1931～1940），平均每千人每年牛只屠宰指數較1911～1915年期下降50.3%，同期猪只屠宰指數增加2.5%。換言之，如果説清末日據初期臺灣人消費牛肉之指數爲100，那嘉南大圳建成后如果全臺人民生活水平改善提高，則牛肉消費指數應大幅增加，豈有大幅減少之理。此外，上述數據是一平均值，要知1940年時的在臺日人已增至34.6萬人，較1911～1915年期平均的12.9萬人增加2.7倍，這些占當時臺灣總人口5.7%的日本人，他們在臺灣是屬統治階級而過着統治階層的生活。1930年代日本本土日本人的平均每人每年可用稻米消費量，是臺灣人的1.6倍。[12]合理推論，是時在臺日人食米肉類等消費量也必遠高于臺灣本地人。換言之，如果加權扣除這些在臺日人的牛猪肉類消費量，臺灣同胞的肉類消費量是減少的。至于緊接着的戰爭年代，則是進入饑饉年代，例如1943年時，每千人每年牛只屠宰指數僅是1911～1915年期的23.8%，猪只是1911～1915年期的55.0%。[13]

此外，就産業利潤的比較而言，桃園大圳興建工程費774萬圓，嘉南大圳工程費5,412萬圓，二者合計雖達6,186萬圓。但1920年全臺排名前五大的日人制糖公司（臺灣制糖、大日本制糖、明治制糖、鹽水港制糖、東洋制糖），其當年總利潤却高達7,600萬圓。換言之，單是日人在臺排名前五大制糖公司（此前五大日人制糖公司1915年時的糖産占該年全臺糖産的76.1%）的一年總利潤，即爲桃園大圳與嘉南大圳兩工程費合計的1.2倍[14]。這種單一産業數家公司的天大巨額利潤是獲自對臺灣蔗農的殘酷壓榨與剥削，在近代任何國家均是難以想象的。

四、日人近代工業建設的殖民本質

日據時代，日本在臺完成近代農業的緑色革命，爲增加生産，日人竭力提倡使用肥料，1938年臺灣稻作化學肥料使用量平均每年高達38.9萬公噸[15]，但日人却不願在臺灣建立農業所需的非高科技的化學肥料工業，亦即實行使臺灣化學肥料需依賴日本供應的策略。故日據末期臺灣化肥工業僅有『臺灣肥料株式會社』、『臺灣電化株式會社』與『臺灣有機合成株式會社』三家化肥工廠，生産規模甚小，1936～1940年間臺灣化肥産量平均每年僅約3萬公噸[16]，僅及當時臺灣所需化肥使用量的7.7%，其余全需仰賴自日本進口。

此外，日據期間日人以臺灣爲其紡織品之消費市場，1935～1938年間臺灣紡織品産值僅能供應本島需求量的12.4%，其余均需仰賴進口（自日本進口布帛、布帛制品、衣類及其附屬品、絲縷、繩索及其材料[17]）。然而，即使是如此小的自制比重，臺灣紡織産品内涵并非與人民衣着相關的棉紡織品，而是以織制麻袋爲大宗，用以包裝糖、米，俾將糖、米運往日本。一般人可能不了解，與人民衣着相關的棉紡織工業，二次大戰前日本棉紡工業技術雄視東亞，1936～1938年間日本棉織品的輸出量占全世界總輸出量的38.9%，較紡織先進的英國還多，斯時日本棉紡錠高達1,188萬錠[18]。直至1941年日本才在臺灣設立第一家棉紡廠『臺灣紡績株式會社』，于1942年開始建廠安裝機器。日本投降前，運抵臺灣的紡錠總計2.9萬錠[19]，僅及日本本土紡錠的0.0025%。

前述對與人民生活息息相關的化肥簡易工業技術，日人都不願在臺設立工廠，更遑論技術含量較高的棉紡織工業，直至統治臺灣46年后才因南侵戰争的需要，方在臺設廠。然而，臺灣被日人統治五十年，紡錠僅及日本本土0.0025%的比例，這就是殖民地悲歌的最佳寫照。

另一方面，1941年時日本國勢鼎盛，擁有航空母艦10艘、戰艦10艘、巡洋艦38艘、驅逐艦112艘、潛水艇65艘、飛機約2.400架[20]。當時日本工業科技如此之高，但所有這些戰艦、潛艇、飛機等，没有一樣是在臺灣設廠制造的，即使是汽車、火車頭、摩托車等次級工業産品，也没有一樣是在臺灣設廠自制的，因爲臺灣是殖民地。

但是貧窮落后的祖國，早在推動現代化之初的1885年，就在臺北設立機器局（兵工廠）。1890年代初，還請德國軍人Capt. Piorkowski押運德國最新式的后膛槍抵臺，另并在臺北興建槍子廠，添造廠房、爐房、庫房暨洋藥廠，起造合藥、磺藥、碎藥、壓藥、綿藥、光藥、烘藥、藥庫各房，據稱該機器局規模大于杭州同期同型工廠。祖國在臺灣設立與內地同等級工業技術的兵工廠，因爲祖國視臺灣子民是同胞，而非殖民地人民。

五、日人近代教育歧視的殖民本質

在教育方面，日本殖民政府也是對臺灣同胞極盡歧視之能事。例如小學教育，日人占據臺灣四十年后1936年的學校兒童就學率僅43.8%[21]，但因1937年7月7日蘆溝橋事變，中日爆發全面戰争。日人推行同化臺灣人的皇民化政策，小林躋造總督于1939年稱『培養皇國民的素質，應在施政上從各方面進行，然其首要者在于教育，而教育又以初等教育爲根本，當此支那事變(七七事變)爆發之際，本島居民已重新自覺爲皇民，并希望其子弟成爲善良有爲之(日本)國民，……。爲達成此一任務，必須培養島民之基本素質。今日我確信統治臺灣的要項，是對本島實施初等教育義務制，讓島民接受初等教育的下一代國民，對我國體有明確的認識，從而培養他們有順應新時代的能力』[22]。故日人大力發展小學教育，1940年增至57.6%[23]，1943年驟增至65.8%[24]。

此外，日據時期日本人學童與臺灣漢人學童就讀的小學校是分臺灣學童念的是『公學校』，日本學童念的是『小學校』。日人在臺學童就學率早在1914年就高達94.1%，1920年更增至98.0%。[25]

『小學校』的預算、師資等均優于『公學校』，日童就讀的小學校課程與日本國內相同，臺童就讀的公學校課程則系殖民地當局刻意所改編，二者不僅在程度上有很大差别，且在內容上亦截然不同。例如在小學校課程中，對于日本名人故事的叙述，多半着重在其力争上游，最后出人頭地成爲社會各階層領導人物的奮鬥過程。但在公學校課程中，對同一名人故事的叙述，則偏重于其人誠實忠順與家人和睦相處，終于被上級賞識提拔，或强調其人在實業方面的貢獻，絶不提及其成爲政治上的領導者。亦即臺童就讀的公學校課程，旨在配合同化政策的實行，使臺人成爲服從勤勉的日本臣民，而非造就有能力的臺灣領導者，其教育宗旨與日童就讀的小學校迥然不同[26]。

至于臺人子弟就讀的中等教育，1914年，臺籍小學畢業生共3,699人，僅1,381 人報考醫學校及國語學校師範部乙科及其日語部，惟録取237人[27]，亦即日人據臺二十年，仍不願設立可供臺人子弟小學畢業后，接受初高中教育的學校。面對日人的愚民教育政策，臺灣名人林烈堂、林獻堂、辜顯榮、林熊征、蔡蓮舫等人乃于1912年起請于當道，發起捐款興辦招收臺人子弟的私立普通中學，并于募得經費及取得校地后向臺灣總督府申請設校[28]。對臺灣士紳前述要求，日本中央政府法制局認爲倘予臺人抽象教育，則助長臺人提升文明意識，昂進其自覺之心，横溢其不平之念，致使統治困難，故不但反對提高臺人的教育水平，甚至主張有所抑制，并建議臺人教育應以産業技能教育爲主，低度普通教育爲從[29]。

日人于1915 年2 月公布『臺灣公立中學校官制』，惟在審議該官制時，日本政府仍强調『應盡量避免注入抽象之知識，以傳授有關生業之簡易知識技能爲主旨』。1915年5月，日人在臺設立『公立臺中中學校』，招收修完四年公學校教育，年滿13歲以上的臺籍學生，授以四年初中程度的普通教育，該校于1919年改爲臺中高等普通學校，1922年改爲州立臺中第一中學[30]。

1919年1月，當時供353.8萬臺人子弟小學畢業后升學的學校僅有11所（其中師範學校及醫學專門學校尚兼收日籍學生），反觀專供僅約15.3萬在臺日籍人子弟小學畢業后，升學的學校却有10所(不包括前述兼收日籍學生的師範學校及醫學專門學校)[31]。茲以日人據臺四十三年后的1938年爲例，當時全臺公私立男子中學校共14所，同年報考中學校的臺籍生爲5,248人，録取724人，録取率僅13.8%，但報考中學校的日籍生僅1,925人，却録取1,266人。録取高達65.8%，是臺籍生録取率的4.8倍。同年報告工業職業學校、商業職業學校與農業職業學校者均亦然，日籍考生録取率分別爲臺籍考生録取率的6.2倍、4.7倍及4.3倍[32]。1944年，日人據臺已49年，臺籍學生占中學校在校學生總數的比例僅47.7%，日籍學生比例高達52.0%，然而當時在臺日人僅占全臺人口總數的6.0%[33]。

上述種種統計數據，又一次印證日人在日臺共學的幌子下，如何經由差別歧視化的小學教育與技術性的升學考試方式，巧妙地大肆剥奪臺胞子弟接受中學教育的機會，及維護在臺日人子弟升學的機會。

大學教育亦然，日人于統治臺灣三十三年后的1928年方在臺灣成立臺北帝國大學[34]，其首屆入學新生共60人，其中臺籍學生僅6人、余爲日籍學生。此一不公平歧視現象，直至日據末期亦然。例如1943年，臺北帝大學生計454人，其中日籍學生384人，臺籍學生69人(僅占學生總數之15.2%)，是年臺籍學生就讀農學部與理學部各1人，文政學部3人、醫學部則多達64人，就讀文、理、農等部的學生中，則98.1%系日籍學生[35]。

臺籍學生就讀臺北帝國大學之所以會産生如此歧視的懸殊差別機會，主要是臺籍學生從小學升大學的過程中，在每一階段均備受不平等的差別歧視待遇，例如前述小學教育階段中，公學校與小學校的不平等差别歧視，致使臺籍小學生畢業后升學機會大幅減少。對于向往大學教育的臺籍學生，日本殖民當局則早在臺北高等學校及臺大預科的入學階段，即采取十分歧視的不平等録取方式，予臺籍學生不公平的歧視入學限制[36]。

六、日人在臺近代建設之影響

日人在臺之近代建設，影響戰后臺灣深遠。1940年代初，由于戰争的影響，臺灣物資短缺物價飛漲，故日本殖民政府早在1941年時就已在臺灣實施物資配給制度。1942年8月以后，更進一步地將幼兒、孩童、青少年、成人、老年等分級，就油、鹽、糖、火柴、味素、猪肉、食米等實施非常嚴格的配給；與此同時，美軍自1943年11月至1945年8月止，對臺灣重要工廠、電力設施、港口及交通樞紐等實施持續長達一年八個月的大轟炸。1945年與1941年相較，發電量減少65.5%、汽油減産66.4%、煤減産72.7%、水泥減産62.5%、肥料過磷酸鈣減産97.7%。[37]

因此，隨着戰事的惡化，當時臺灣物資極度匱乏，各種配給不足。以米糧爲例，1944年時每人每月的米糧配給，最多僅能維持二十天左右。當時因米糧配給不足糊口，通常三餐祇能食得湯湯水水的稀粥，后來連稀粥都吃不到，僅靠蕃薯簽勉强度日。1945年全臺産米僅63.9萬公噸、不及豐收時期的一半，如果以當時全臺全年消費量須88.6萬公噸計，不足量高達24.6萬公噸[38]。據臺五十年的日本殖民官僚菁英，控管全臺工農生産情形，他們對當時臺灣米糧及各項物資的極度嚴重短缺情形，當然了如指掌。這也是爲什么日本人統治臺灣時，無論如何也要殘酷地傾全力實施包括糧食在内的嚴格物資配給與物價管制，以防止臺灣經濟崩潰。但就在應將臺灣歸還中國前的九月上旬，臺灣總督府啓動離臺前最后一擊的經濟戰，居然連續頒布命令，解散臺灣纖維制品、臺灣更生物資、臺灣橡膠制品、臺灣皮革、臺灣雜貨、臺灣紙文具統制等各會社，廢止鮮魚、干魚、蔬菜、牛乳、藥品、水泥、玻璃、金屬、木材、木炭等各項配給統制規則[39]。故陳儀抵臺一個月后的十二月初，不但立即禁止米穀釀酒制粉，臺北市也又開始配給食米[40]，但爲時已晚。就臺灣整體社會而言，只要稍加時日，必致原已極度缺糧的情形，更是急遽地加速惡化。

此時，戰前日人不允臺灣建立化學肥料工業的政策負面影響立即凸顯出來，因爲臺灣早在1930年代即已完成近代的農業緑色革命，稻作生産極度依賴肥料。但在日人的殖民政策下，臺灣化肥92.3%依賴日本進口，戰后日本肥料輸入之途中斷，致使1946年稻作生産仍大幅減産。

陳儀長官公署最終仍無法解決因肥料極度缺乏導致米糧大幅歉收所形成的饑荒問題，終至二二八事件前糧食極度匱乏，糧價飛漲至臺人難以想象的地步。對當時的全島臺灣人而言，無論物價飛漲的原因爲何？無論日人實施的是米糧配給不足的配給制度，實施的是如何嚴酷的物價統制，惟就其現實生活體驗而言，日據時代確未有過物價如此飛漲與大糧荒之事，其導致臺民對陳儀當局及祖國的强烈失望與不滿，甚至憎惡是可想見的，故陳儀實在陷入日本殖民官僚離臺前所設下農業框架經濟與最后一擊經濟戰的絶境，終致釀成二二八巨變。

日人在臺建設本質是工業日本、農業臺灣和壓榨臺灣。雖説日人在建設本質是爲更多的壓榨，爲母國輸送最大利益，但爲了提高治理效率，也因而完成了相當的基礎建設。因日人當時是以其先進國力的標准，故基礎建設也局部有成。

以經濟發展前提所需的電力爲例，日人先后歷時十五個寒暑，完成臺灣電力史上劃時代巨大工程的日月潭水力發電所。日據末期，臺灣輸電系統分爲東西兩系，西部平原設154,000 伏的一次輸電綫路，貫通南北，長370 公里，聯接于此干綫者，有一次變電所7個，降低電壓至66,000伏、33,000伏及11,000 伏等，再由二次輸電綫路供給電流至分布各地的二次變電所。東部規模較小，輸電最高電壓僅66,000伏。此外，尤其是日人投降前夕仍有數項規模宏大艱巨的發電工程正在進行，例如烏來、天輪、立霧、霧社等，其中烏來日人已完成95%、天輪則完成約70%的土木工程。因此臺灣光復后，國府在臺半個世紀的電力事業發展，可説是立足于日人在臺電力事業的原有規模上繼續發展，爲日后臺灣經濟發展提供豐富的廉價電力。

七、日據殖民臺灣近代化的本質意義

日據時期在臺灣近代化過程的歷史意義，如果依臺灣各個族群的不同歷史經驗，可能有不同的解釋; 如果依宏觀(Macro)與微觀(Micro)角度的不同，也就是從整個民族歷史的高度分析，與僅從個人經驗的角度分析，也可能有不同的詮釋; 進一步來説，同樣是從相同族群的個人角度回首歷史，也因族群菁英與一般大衆，其各自掌握歷史信息多寡不同，而可能有不同的觀點。

但無論以何種多元之角度思考，站在以人爲本的立場，均不應偏離普世公義價值——即『正義原則』。就日據時期而言，日本殖民當局與其統治的臺灣人間的關系，吾人無法回避其間屠殺與被屠殺、歧視與被歧視、壓迫與被壓迫的斑斑血泪『正義』歷史關系。如果不提被屠殺、被歧視與被掠奪的本質，僅從日人基礎建設的表象，美化感念屠殺掠奪壓迫者，這種不符『正義原則』思考的史觀，很難通過歷史的考驗，也很難理直氣壯地爲人們所接受，并且徒爲屠殺掠奪壓迫者所竊笑，當然，也很難赢得對方菁英份子的真誠尊敬。

百年漫長的近代化歷程，期間關于日人在臺的殖民建設，從技術層面來説，吾人應承認其局部有成，并爲日后國府發展經濟奠下堅實基礎，但那是因戰敗離臺不得已而留下，并非善意對我國的援助建設。另一方面，依比例原則，吾人不應蓄意抹煞日人在臺近代建設的本質是殘酷掠奪與壓榨。以本文所述臺灣大宗農産米、糖的生産悲慘結果，可知日據時期日人在臺是以近代國家機器，透過法律、警政、行政、金融、新聞管制等公權力，結合巨額現代資本入侵，構成嚴密的殖民地剝削體系，强奪豪取壓榨臺灣人民，從而攫取天大的巨額利潤。在教育方面，日人不但小學、中學、高中各階段歧視臺人極甚，尤其是大學教育，五十年統治只落得臺北帝大僅有臺籍學生69人，就算規模稍大的托兒所也不止招收69人，簡易科技的化肥92.3%需仰賴日本進口，紡綻僅及日本本土的0.0025%，這與日本在臺五十年間壓榨的天大巨額利潤，完全不成比例。

因此，惟有經由嚴謹堅實的基礎學術研究，秉持公義價值，方有能力透析日人在臺殖民統治的殘酷真相、程度與本質，這是二十一世紀初新世代海峽兩岸中國人的責任。

（作者單位：佛光大學）

註 釋：

[1] 薛化元，《馬關條約臺灣命運轉折點》，《玉山周報》，2009年5月20日，第5頁。

[2] 李登輝日文原著、蕭志强漢譯，《武士道》解題，臺北：前衛出版社，2004年2月，第93頁。

[3] 許文龍，《臺灣的歷史》，黄越宏，《觀念——許文龍和他的奇美王國》，臺北：商周文化公司，1996年5月，第378頁。

[4] 陳君愷，《臺灣的近代化蜕變——日治時期的時代特色及其歷史意義》，林麗月主編，《近代國家的應變與圖新》，臺北：唐山出版社，第329～351頁。

[5] 川原重仁著、林英彦譯，《日據時代臺灣米穀經濟論》，《研叢》（102），1969年12月，第22頁。

[6] 陳華坎，《送給李登輝的桂冠裹藏着日人的驕傲》，《新新聞》，384期，1994年7月17～23日，第88～89頁。

[7] 許文龍，《臺灣的歷史》，黄越宏，《觀念——許文龍和他的奇美王國》，臺北：商周文化公司，1996年5月，第377～378頁。

[8] 根據日本官方總督府之統計，1900年時臺灣耕地面積已從1898年的40.2萬公頃降至34.7萬公頃，隨后四五年則快速增加，其速率直至1904～1906年方呈穩定，而徘徊在62.5萬至63.4萬公頃之間，如果將此視爲經戰亂后復耕之土地面積，則1900年之耕地面積僅及1905年之55.6%，亦即約44.4%耕地荒蕪。數據源：臺灣省51年來統計提要，臺灣省行政長官公署統計室編印，民國35年12月，第516頁。

[9] 江丙坤，《臺灣田賦改革事業之研究》，《研叢》（108），第103～104頁，見《第4回事業報告》，第27頁。

[10] 戚嘉林，《臺灣史》，自刊，第1379頁。

[11] SamuelP.S.EconomicDevelopmentofTaiwan,YaleUniversityPress,1978.p.96. 原見 BankofJapan,Hundred-YearStatisticsoftheJapaneseEconomy（Tokyo.1966）,pp.354～355。

[12] SamuelP.S.EconomicDevelopmentofTaiwan,YaleUniversityPress,1978.p.96. 原 見 BankofJapan,Hundred-YearStati sticsoftheJapaneseEconomy（Tokyo.1966）,pp.354～355。

[13] 作者依據周憲文，《日據時代臺灣之畜産經濟》，《臺灣銀行季刊》，9（4）:75-76:85. 及臺灣省五十一年來統計提要，第76～77頁之數據計算。

[14] 塗照彦，李明俊漢譯，《日本帝國主義下的臺灣》，臺北：人間出版社，1992年，pp.292:300. 原引自臺灣總督府殖産局，《臺灣産業年報》，第11頁，1915年，第260～264頁及臺灣糖業聯合會，制《糖會社要覽》，1933年，pp.1:15:29:43:175。

[15] 李登輝，《臺灣農工部門間之資本流通》，《臺灣研究叢刊》第106種（以下簡稱研叢），第73頁數據源見臺灣省糧食局。

[16] 湯吉元，《臺灣之肥料工業》，《臺灣之工業論集》卷二，《研叢》（66）:64。
[17] 張宗漢，《光復前臺灣之工業化》，臺北：聯經出版社，1980年5月，第164頁。
[18] 林邦充，《臺灣棉紡織工業發展之研究》，《臺灣銀行季刊》，20（2）:77。
[19] 黃東之，《臺灣之紡織工業》，《研叢》（41）:64。
[20] 服部卓四郎著、軍事譯粹社中譯，《大東亞戰争全史》，臺北：軍事譯粹社，1978年3月，第148～149頁。
[21] 臺灣省行政長官公署統計室，《臺灣省五十一年來統計提要》，臺北：臺灣省行政長官公署統計室，1946年12月，第1241頁。
[22] 何義麟，《皇民化期間之學校教育》，《臺灣風物》，36（4），第53頁見李園會，《日本統治下にずける臺灣初等教育の研究》（自刊1981），第1776頁。
[23] 井出季太和著，郭輝編譯，《日據下之臺政》（原名：臺灣治績志），臺北：海峽學術出版社，2003年11月，第42頁。
[24] 鄭梅淑，《日據時期臺灣公學校之研究》，東海大學歷史研究所碩士論文，臺北:1988年6月，第136頁原引自1938～1942年臺灣總督府統計書，1943年臺灣學事一覽表。
[25] 臺灣省行政長官公署統計室，《臺灣省五十一年來統計提要》，臺北：臺灣省行政長官公署統計室，1946年12月，第1242頁。
[26] 黃秀政，《評介鶴見著日據下的臺灣殖民教育》，臺灣史研考會，第271～272頁。
[27] a. 吳文星，《日據時期臺灣師範教育之研究》，《國立臺灣師範歷史研究所專刊》（8），第98頁。
b. 游鑑明，《日據時期臺灣的女子教育》，《國立臺灣師範歷史研究所專刊》（20），第291頁。
[28] a. 李獻璋著，向陽譯，《日本治臺年代的林獻堂》，《自立晚報》，1994年4月26日，第19版，原見臺中私立中學創立紀念碑。
b. 吳密察，《從日本殖民地教育學制發展看臺北帝國大學設立》，《臺灣近代史研究》，臺北：稻鄉出版社，1990年5月，第158頁原見若林正文，《總督府政治上臺灣土著地主資產階級——公立臺中中學校設立問題》（1912～1095），《アジア研究》，第29卷第4號。
[29] 吳密察，《從日本殖民地教育學制發展看臺北帝國大學設立》，《臺灣近代史研究》，第158～160頁原見內閣總理大臣大隈重信宛法制局長高橋作衛意見書，《公文類聚》大正4年（1915《臺灣公立中學校今ラ定ム》）（請求番號:ZA-11-類1206）所收。
[30] a. 吳密察，《從日本殖民地教育學制發展看臺北帝國大學設立》，臺灣近代史研究，第163頁。
b. 張正昌，《林獻堂與臺灣民族運動》，第76頁。
[31] a. 游鑑明，《日據時期臺灣的女子教育》，《臺灣師範大學歷史研究所專刊》（20），第45頁。
b. 臺灣省行政長官公署統計室，《臺灣省五十一年來統計提要》，臺北：臺灣省行政長官公署統計室，1946年12月，第76～77頁。
[32] 王詩琅，《日本殖民地體制下之臺灣》，第55～56頁。
[33] 臺灣省行政長官公署統計室，《臺灣省五十一年來統計提要》，臺北：臺灣省行政長官公署統計室，1946年12月，pp.7677:1222。
[34] 黃得時，《從臺北帝國大學設立到國立臺灣大學現況》，《臺灣文獻》，26（4）與26（1），第229～230頁。
[35] 臺灣省行政長官公署統計室，《臺灣省五十一年來統計提要》，臺北：臺灣省行政長官公署統計室，1946年12月，pp.76～77:1214-1215。
[36] 黃得時，《從臺北帝國大學設立到國立臺灣大學現況》，《臺灣文獻》，26（4）與26（1），第236頁
[37] 戚嘉林，《臺灣史》，臺北：自刊，1998年8月三版，第2244～2247頁本文未注明出處地方，請參閱原著。
[38] 糧食局，《臺灣光復后之糧政措施》，《臺灣銀行季刊》，創刊號，臺北：臺灣銀行金融研究室編，1947年6月，第211頁。

[39] 臺灣銀行金融研究室，《臺灣光復后之經濟日志》，《臺灣銀行季刊》，創刊號，臺北：臺灣銀行金融研究室編，1947年6月，第229頁。

[40] 臺灣銀行金融研究室，《臺灣光復后之經濟日志》，《臺灣銀行季刊》，創刊號，臺北：臺灣銀行金融研究室編，1947年6月，第229頁。

日據時期的清代臺灣史研究回顧
——以臺北帝大文政學部研究年報與光復初期臺灣島内發行的雜志爲例

許毓良

一、前　言

臺灣史研究的開啓，并成爲一個重要的學門，是爲1895年日本統治臺灣后才出現。日據時期的臺灣史研究，大致上可以分爲四個階段：其一，1895至1900年個人研究時期。代表人物是受聘爲政府機關雇員，來到臺灣從事田野調查，并在學術期刊發表的伊能嘉矩(1867～1925)、鳥居龍藏(1870～1953)、森丑之助(1877～1926)。其二，1901至1922臨時臺灣舊慣調查會研究時期。臺灣總督府鑒于爲有效推行殖民政策，必須先了解漢人與少數民族的風俗習慣，遂成立該會做爲重要的調查機構。雖然調查會在1919年解散，但發行的出版品却持續到1922年才結束。而重要的研究成果包括：《臺灣私法》、《清國行政法》、原住民調查報告書等巨册。其三，1922至1928年史料編纂委員會時期。該會跟臨時臺灣舊慣調查會一樣，皆屬于總督府任務編組的組織。目的在于搜集臺灣的外國人著作、政府保存的文書、耆宿的見聞等。雖然委員會也在1928年解散，但是旋改制成史料編纂會繼續運作到1933年。重要研究成果爲翻譯荷治時期的《巴達維雅城日志》、《臺灣史料稿本》等。其四，1928至1945年臺北帝國大學時期。該校對臺灣史研究，主要由文政學部史學科負責。[1]

這過程中以第四階段最值得注意，因爲臺灣史首次成爲高等教育—大學的研究課程。此時臺灣史不僅成爲一個研究學門，還必須培養研究人才，充實研究陣容。然而臺北帝大的臺灣史研究，除了少部分涉及法律學或經濟學，例如：臺灣貨幣使用、六三法，會提及日據初期的歷史外。[2]其他的研究年代，所做的都不是『日據臺灣史』，而是二十世紀以前的歷史——荷領(1624～1661)、鄭氏(1662～1683)、清代(1684～1895)。這些歷史分期中，如果以臺北帝大最重要的出版品—臺北帝國大學文政學部研究年報爲例，清代所累積的成果最豐碩，無疑也是重點研究項目。

1928年臺北帝國大學設立，要到六年之后，也就是1934年文政學部(文法學院)才開始發行學報，向外公開學術成就。不過該學部下設四科——史學、哲學、文學、政學科，各科都有各自領域的學報。日后雖名爲『臺北帝國大學文政學部研究年報』，但其實是四科研究年報的合集。當然這四科研究年報，彼此終止發行的時間也不一樣，例如：史學科發行七輯(1934.5～1941.8)、哲學科發行十輯(1934.5～1944.12)、政學科發行九輯(1934.5～1944.3)、文學科發行五輯(1934.5～1941.7)。[3]有趣的是臺北帝大十七年的研究成果(1928～1945)，在臺灣光復之后有無被延續下來?

作者從去年開始即關注日據末期與光復初期的歷史研究，蓋因于時代的轉折，從歷史洪流來看雖然短暫，但對后世的影響却極爲深遠。1945至1949年的臺灣，一切事務都百廢待舉。雖然臺北帝國大學被接收后，改制爲臺灣大學；但校務運作還不能及時上軌道，自然也没有歷史學報的印行。所以要了解臺北帝大的臺灣史研究，特别是清代臺灣史研究，有無被繼續重視，從當時臺灣大學文學院歷史系學報來看是不可能。幸好同一時期臺灣社會出版的雜志亦多(參閱注1)，同時刊登出不少清代臺灣史研究的文章。雖然這些文章從今日審查的標准來説(例如：附注使用、史料來源等)，都還不能算是學術專文。但是透過對它們的解讀，可以對這段轉折的歷史，討論出帶有延續性或斷裂性。

二、1928～1945年臺北帝國大學對清代臺灣史研究

1928年臺北帝國大學成立后，成爲臺灣教育史上的第一所大學。而對于臺灣史的研究，就由文政學部的四個科——史學、政學、哲學、文學科來負責。下表一是這四個科，在研究年報所發表關于清代臺灣史的成果。從内容上看史學科(編號1、5、6、11、14)，以及政學科(編號4、7、8、9、15)，分別發表5篇文章爲最多。其次是哲學科的4篇(編號2、3、12、13)，最后才是文學科的1篇(編號10)。再從時間上來看，1934年四個科創刊之初，是整個文政學部，對于清代臺灣史研究最多産的一年，總共有4篇文章。但日后就逐年遞減，例如：1935、1936年分別還有3篇文章，可是到了1937、1938、1939、1940、1941都只剩下一篇。不過以史學、政學、哲學、文學科，來作爲清代臺灣史議題討論，這樣的分類還是嫌過于粗糙。因此本文依照當代歷史學的標准，把這15篇文章分成四類——涉外關系史、原住民研究、經濟史與其他。以期能在日據末到光復初的學術史上，整理出脉絡性的發展。

表一　臺北帝國大學文政學部研究年報的清代臺灣史研究

編號	年代	作者	文章篇名	期刊名稱	頁數
1	昭和九年五月(1934.5)	莊司萬太郎	米國人の臺灣占領計劃	臺北帝國大學文政學部史學科研究年報第一輯(復刊本編號1)	361～427(67頁)
2	昭和九年五月(1934.5)	飯沼龍遠 力丸慈圓 藤澤	高砂族の形態の記憶と種族的特色とに就て	臺北帝國大學文政學部哲學科研究年報第一輯(復刊本編號7)	81～119(39頁)
3	昭和九年五月(1934.5)	岡田謙	首狩の原理	臺北帝國大學文政學部哲學科研究年報第一輯(復刊本編號7)	121～179(59頁)
4	昭和九年五月(1934.5)	東嘉生	清朝治下臺灣の土地所有形態	臺北帝國大學文政學部政學科研究年報第一輯(復刊本編號15)	562～630(59頁)
5	昭和十年六月(1935.6)	莊司萬太郎	明治七年征臺の役に于けるルジャンドル將軍の活躍	臺北帝國大學文政學部史學科研究年報第二輯(復刊本編號2)	335～389(55頁)
6	昭和十年六月(1935.6)	宮本延人	臺灣パイワン族に行はれる五年祭に就て	臺北帝國大學文政學部史學科研究年報第二輯(復刊本編號2)	391～419(29頁)
7	昭和十年八月(1935.8)	北山富久二郎	臺灣に于ける秤量貨幣制と我が幣制政策—『銀地金を流通せしむる金本位制』	臺北帝國大學文政學部政學科研究年報第二輯(復刊本編號16)	3～283(281頁)

8	昭和十一年十一月(1936.11)	坂義彦	祭祀公業の基本問題	臺北帝國大學文政學部政學科研究年報第三輯第一部法律政治篇(復刊本編號17)	485～793(309頁)
9	昭和十一年十一月(1936.11)	東嘉生	清朝治下臺灣の貿易と外國商業資本	臺北帝國大學文政學部政學科研究年報第三輯第二部經濟篇(復刊本編號18)	315～395(81頁)
10	昭和十一年十一月(1936.11)	吴守禮	陳恭甫先生父子年譜附着述考略	臺北帝國大學文政學部文學科研究年報第三輯(復刊本編號27)	107～202(96頁)
11	昭和十二年十月(1937.10)	松元盛長	鴉片戰争と臺灣の獄	臺北帝國大學文政學部史學科研究年報第四輯(復刊本編號4)	441～562(122頁)
12	昭和十三年九月(1938.9)	岡田謙	原始家族：ブヌン族の家族生活	臺北帝國大學文政學部哲學科研究年報第五輯(復刊本編號11)	57～124(68頁)
13	昭和十四年十二月(1939.12)	藤澤	高砂族の行動特性：パイワンとルカイ	臺北帝國大學文政學部哲學科研究年報第六輯(復刊本編號12)	311～420(110頁)
14	昭和十五年十月(1940.10)	——	華夷變態目録	臺北帝國大學文政學部史學科研究年報第六輯(復刊本編號6)	185～265(81頁)
15	昭和十六年八月(1941.8)	東嘉生	清朝治下臺灣の地代關系	臺北帝國大學文政學部政學科研究年報第七輯經濟篇(復刊本編號22)	127～176(50頁)

1.涉外關系史

1840年鴉片戰争爆發后，逾一甲子時間列强勢力接踵而至。臺灣在鴉片戰争期間也受到英艦的入侵，并與守軍展開戰鬥。臺北帝大史學科最早對這段歷史感興趣者是松元盛長(表一編號11)。1928年臺北帝大成立后，史學科陸續開設六個講座—國史學(日本史)、東洋史(中國與朝鮮史)、南洋史(東南亞史)、西洋史(歐美史)、土俗人種學(臺灣史)、地理學講座。松元盛長旋考入成爲第一届的學生。1931年松元畢業，其大學畢業論文題目爲《四書に見えたる人格思想》(四書中的人格思想)。從此題目上來看，松元研究領域應屬于東洋思想史的範疇。但是隨后留校任用，却是在地理學講座擔任副手。[4]松元在臺北帝大日后的發展，仍在1935、1936年的年報上，看到挂名『副手』。[5]直到1937年松元盛長撰寫《鴉片戰争と臺灣の獄》(鴉片戰争與臺灣鎮道之獄)，投稿至第四期的《文政學部史學科年報》，研究功力才展現出來。[6]

這篇文章估計有近6萬字之多，全文除了緒言、結語外，分成十段，目次如下：

一、閩浙總督鄧廷楨の臺灣防備策
二、臺灣鎮道の處置
三、閩浙總督顔伯燾と厦門失守
四、道光二十一年第一回英船Nerbudda號事件
五、道光二十一年第二回英船擊退事件
六、道光二十二年第三回英船Ann號事件
七、道光二十二年第四回草鳥匪船事件
九、同事件に關する中英外交々涉
十、臺灣鎮道の責任問題

鴉片戰争時期，事實上英軍曾派出小隊登陸臺灣。原來1841年9月中旬，英軍挾着初陷厦門余威，派出一艘英艦游弋基隆，不料被守軍用巨礮轟沉。所以同年10月，英方再派出一艦前往基隆，聲稱要索回之前被俘的英軍。這艘英艦强行駛入岸邊，并調派部隊上岸與守軍展開戰鬥。不過英軍人數過少，加上守軍據守山頭不易仰攻，遂放弃戰鬥退出基隆。1842年3月又有一艘英船，在今臺中縣大甲鎮外海擱淺，船上人員全被俘獲。這前后兩次在臺被俘的英軍，總共有139名(另有病死36名)，全在1842年6月于臺灣府城(今臺南市)，奉道光皇帝聖諭處决。不料同年8月中英簽訂南京條約時，英方執意要追究在殺害這些英俘的『元凶』。雖然處决英俘是道光皇帝下令，但罪責反而由臺灣鎮總兵官達洪阿、臺灣道姚瑩承擔，史稱臺灣鎮道之獄。

松元盛長這篇論文，最大的貢獻是凸顯了鴉片戰争中，臺灣重創英軍的戰果，以及事后反遭冤獄的過程。這是同一時期中國與日本學界很少注意到的個案，也是對這場戰争研究難得的佳作。而松元之能够進行深入地討論，所運用的史料頗值得注意。例如：官方史料的籌辦夷務始末、清史稿、東華録、澎湖廳志；私人史料的《國朝柔遠記》、《治臺必告録》、《東溟文集》、《中復堂全集》、《撫夷日記》、《臺灣文化志》；外文史料的美籍海關H. B. Morse著《The International Relations of the Chinese Empire》、E. C. Bridgman著跟基督教傳教有關的《Chinese Repository》。[7]這些資料在今日看來，或許可以在任何一間圖書館唾手可得。但二十世紀中期的臺灣，能够收集這些資料誠屬不易。更重要的是以一位日本學者的身份，松元可以克服中文古文的困難，正確解讀史料的原意，可見臺北帝大史學科教育之嚴謹。

無獨有偶地在此單位中，也有一人的際遇跟松元類似，那就是1930年進入臺北帝大史學科任教的莊司萬太郎。莊司甫擔任教職頭銜是講師，而且是當時史學科西洋史講座中，唯一的授課老師，所開課名爲『西洋史概説』。[8]不過莊司的聘期只到1934年，來年西洋史講座改聘菅原憲助教授。[9]菅原研究領域是德、法、美國的歷史，然他在臺北帝大任教階段，没有在《研究年報》發表過任何一篇臺灣史的文章。[10]莊司萬太郎在離職前后——1934、1935，分别在創刊號，以及第二期的《文政學部史學科年報》，發表19世紀美國與臺灣的研究(表一編號1、5)。不過當莊司離職之后，也没有他的任何訊息。[11]

莊司的兩篇文章，第一篇名爲《米國人の臺灣占領計劃》(美國人的臺灣占領計劃)，字數計有3萬字之多，全文分成四段，目次如下：

一、ペリー司令官及びハリス總領事の臺灣に對する企圖
二、パーカー公使の臺灣占領の建策
三、ベル提督の南蕃討伐
四、ルジャンドル領事の努力

ペリー司令官即是1854强迫日本開港的美國東印度艦隊司令官培裏(Mathew C.

Perry,1794～1858)，ハリス是1855年美國駐日本總領事哈裏斯(Townsend Harris, 1804～1878)。特別是哈裏斯對臺灣十分感興趣，他在未擔任美國駐日總領事前，原本是被任命駐中國寧波的領事(没有就任)，可見得他對東亞情勢的了解，于是他大膽建議美國政府直接『購買』臺灣。跟哈裏斯有同樣看法的培裏，也主張在臺灣北部建立美國的海軍『基地』。原因是基隆盛産煤礦，比起原本計劃要占領琉球充當基地的條件優越得多。パ-カ-公使就是1855年美國駐華公使伯駕(Peter Parker,1804～1888)。早在1847年以前，伯駕已成爲美國駐華的代辦。既是眼科醫師，也是基督教傳教士的柏駕，活動的地方以廣州、香港爲主。1850年代以后，已成爲東亞重要航綫之一的臺灣周邊海域，却因海難大增而困擾西方國家。1851年美國政府曾訓令伯駕，來臺灣調查這些失事的美籍船只與船員。他認爲有效解决層出不窮海難糾紛的辦法，就是『占領』臺灣的南部與東部(番界以東之地)。可是1858年天津條約、1860年北京條約，已經規定臺灣必須開港通商。如果美國真的實行對臺灣的占領，對包括英國在内的西方列强來説，有貿易上的不良影響。再加上1861～1865年美國爆發南北戰争，無暇顧及在東亞領土擴張的計劃。故衡量利弊得失后，美國終究没有付諸行動。

ベル提督則是美國亞細亞艦隊司令官貝爾(Henry H. Bell, 1808～1868)將軍。1860年以后美國對臺灣的興趣，集中在商務帶來的經濟利益。可是臺灣沿海多船難，并屢次造成人員與金錢損失的情況，時至開港以后還是没有解决。1867年3月ロ-ヴァ-號事件(Rover, 羅妹號事件)發生，同年6月貝爾率領2艘軍艦，以及約180名海軍陸戰隊趕往南臺灣，并在恒春半島登陸與原住民爆發戰鬥。這場軍事行動，美軍因苦于叢林道路不熟、烈日曝曬，加上原住民不時的伏擊，遂失敗收場。ル·ジャンドル領事就是美國駐厦門領事李仙德(也譯爲李讓禮Charles William Le Gendre, 1830～1899)。他鑒于美軍在恒春無功而返，知道要以外交方式，解决這起事件。同年9月李仙德與臺灣鎮總兵官劉明燈，率領兵役前往恒春。李仙德趁此大好機會，沿途調查當地的民番風俗、繪制地圖。最后與原住民大頭目卓杞篤達成協議，日后遇有海難者，當地民番會盡力協助，才結束這場風波。[12]

莊司的這篇文章，也是當時的佳作。不過他所使用的史料，屬于中文官方檔案的部分極少，僅有東華續録、同治朝籌辦夷務始末而已。主要是以日文與英文資料爲多。前者包括：臺北帝大首任校長幣原坦著《臺灣の硫黄石炭探檢に關する文獻内容》、朝鮮京城帝大教授田保橋潔著的《近代日本外國關系史》、京都帝大教授矢野仁一(1872～1970)着《近世支那外交史》、外務省外交顧問齋藤良衛的《近世東洋外交史序説》、《大日本古文書幕末關系文書》等。后者包括美國教會史學者Francis Lister Hawks(1798～1866)著《Narrative of the Expedition of an American Squadron to the China Seas and Japan》、美國駐臺領事禮密臣(John Wheeler Davidson)著《The Island of Formosa, Past and Present》、M. E. Cosenza編輯《Complete Journal of Townsend Harris》、美國國務卿John W. Foster著《American Diplomacy in the Orient》等。重要的是莊司已經找到日本近代史與清末臺灣史，在歷史發展上共同的重要事件——明治七年征臺の役(1874年牡丹社事件)。而串連起這個事件的人物，即是李仙德。所以他在第二篇文章，即以李仙德爲中心，完整地交代這場事件的始末，成爲學界的第一人(這場事件的重要性，以日本近代史而言，是1868年明治維新以來首次出兵海外；以中國近代史來説，是洋務運動中海防與塞防争論的開始；以臺灣史來説，是治臺政策改變并進行開山撫番的時刻)。[13]

2.原住民研究

臺北帝大文政學報在清代臺灣史議題中，所刊登對原住民研究的文章最多，總共有5篇(表一編號2、3、6、12、13)。而且該議題的討論，還不是史學科學者貢獻最多，反而是哲學科——社會科學。在哲學科研究年報第一期内容中，有2篇文章與4名學者同時投稿(表一編號2、3)。

第一篇文章《高砂族の形態の記憶と種族的特色とに就て》(原住民的圖像記憶與種族特色)，爲飯沼龍遠、力丸慈圓、藤澤茽所作。1928年臺北帝大文政學部設立后，飯沼龍遠教授即任教于哲學科，開設課程爲心理學概論、心理學實驗、特殊講義(知覺の諸問題)，以及在醫學專門部開設心理學，直到1940年爲止。[14]二次大戰結束以后，飯沼教授回到日本，并在1949至1952年擔任(佛教日蓮宗)立正大學校長。[15]

力丸慈圓助教授，也是與飯沼一樣在哲學科任教。開設課程是特殊講義(最近心理學の諸問題)、心理學實驗、心理學概論。1940年飯沼教授離職后，力丸升任教授，直到1945年爲止。[16]藤澤茽是臺北帝大哲學科設立后，首屆招收的學生，畢業后留校擔任助手。在助手階段，藤澤完成兩篇重要論文——一是《高砂族の行動特性：パイワンとルカイ》(原住民的行爲特性：排灣族與魯凱族/表一編號13)、另一是刊登在1940年《心理學研究》文章，《テストによる民族の智能》(測驗所表現出的民族智能)。1940年如同力丸助教授，升任一級的待遇成爲教授，藤澤也升任一級成爲助教授。可是力丸、藤澤在二戰結束后，并沒有像飯沼教授繼續從事研究，反而消失在日本學術界(或歿于戰爭？)。[17]

在《高砂族の形態の記憶と種族的特色とに就て》文章中(舊日文『形態』爲德文外來語的ゲシユタルト，意思爲圖像概念)，三位作者先闡述所謂的高砂族，就是臺灣的蕃族，并且可以分成八族—、タイヤル(泰雅族)、サイシヤツト(賽夏族)、アミ(阿美族)、ポイワン(排灣族)、ブヌン(布農族)、ツォ-(鄒族)、熟蕃(平埔族)、ヤミ(達悟族)。不過在采樣上，他們并沒有對這八族進行普查，而僅調查臺北州蘇澳郡、羅東郡的泰雅族(今宜蘭縣南澳鄉與大同鄉)，高雄州潮州郡(今高雄縣來義鄉)的排灣族、臺中州新高郡(南投縣信義鄉)的布農族。受調查的孩童，平均是12歲。以記憶力而言，爲排灣族孩童最佳、其次是泰雅族，最后是布農族。在圖像偏好上，泰雅族喜歡綫條波折、圖形交叉、綫條貫穿的構圖，排灣族喜好三角形的構圖，布農族喜歡對稱性的構圖。[18]

第二篇文章《高砂族の行動特性：パイワンとルカイ》(臺灣少數民族的行爲特性：排灣族與魯凱族)，此爲藤澤茽一人的力作。全文約4萬字，另有35個表格與14張圖標。魯凱族與排灣族在社會組織上相似，日據時期被視爲同一族群。但在風俗上魯凱族是重男輕女，排灣族男女平等；喪葬上魯凱族是一人一墓，排灣族是一家一墓(今臺灣已劃分爲二個族群)。藤澤的研究目的主要是想了解，排灣族與魯凱族接受日本近五十年的統治，在教育的改變下，有無影響日常的作息活動。[19]

第三篇文章爲《狩の原理》(馘首的規則)，作者是文政學部哲學科講師岡田謙。如同前述提到的學者一樣，岡田也是在1928年臺北帝大設立后，就前去任教。當時他開設的課程爲社會學概論，1938再受理農學部(理農學院)邀請，開設農村社會學課程，直到1941年爲止。[20]二戰結束以后，岡田回到日本被東京文理大學聘爲教授(1949改稱東京教育大學，1973年改制再稱爲築波大學)[21]，現可找到二本重要代表作爲《民族學》、《未開社會の研究》。[22]

本篇文章约3万字，除了序言与结语之外，内容主要有二节——インドネシアに于ける首狩、台湾ツォウ族に于ける首狩。事实上冈田在序言中，亦提及1910年代早期台湾史学者对猎人头的研究，如：台湾总督府二位专长人类学的聘雇人员伊能嘉矩(1867～1925)、森丑之助(1877～1926)、京都帝国大学法学教授冈松参太郎(1871～1921)。然而这些先行研究，只整理出少數民族馘首习俗的特征，但未有整理出馘首的規則。甚至于伊能嘉矩還認爲，臺灣原住民各族的馘首風俗，是找不到一致性的規則。不過岡田謙認爲馘首既然是一種群體的行爲，以社會學的角度就一定可以找得到規則，故以印度尼西亞的原住民來跟臺灣作對照。結果整理出幾點規則：其一，馘首在團體中是一件誇耀武勇的事，因爲跟各族擴張勢力有關。其二，沒有馘首的男子，不容易找到婚配的對象，對于日后子孫繁衍會有困難。其三，復仇之用。其四，讓自己的保護靈有活力，不會受到惡靈的侵擾。其五，作戰的戰利品。[23]

第四篇文章《原始家族：ブヌン族の家族生活》(原始家庭：布農族的家庭生活)，也是逾3萬字的力作。岡田謙把研究的焦點放在布農族身上，其目次內容如下：

(一)序言
(二)社會組織
(1)氏族組織　(2)地域集團　祭祀集團
(三)家族構成
(1)構成様式　(2)婚姻　離婚　其の他
(四)家族機能
(1)經濟生活
(A)財産　　(B)生業
(2)宗教及び教育
(五)結語

岡田謙在進行田野調查時，主要是采訪布農族的五大族群一卓社蕃(今南投縣仁愛鄉法治、中正、萬豐村)、卡社蕃(今南投縣信義鄉地利、雙龍、潭南村)、丹蕃(今南投縣信義鄉地利、雙龍、花蓮縣萬榮鄉馬遠村)、巒蕃(今南投縣信義鄉望嘉、豐丘村、花蓮縣卓溪鄉)、郡蕃(今南投縣信義鄉明德、羅娜、東埔村、臺東縣海端鄉、延平鄉、高雄縣茂林鄉萬山村)。透過他的研究，了解布農族家庭成員的構成，以父系血緣爲主。不過家庭内的家長權并不發達，諸大事都采合議的方式決定。共同居住在一起的家庭，所有成員必須要參與經濟、宗教的活動，以維系向心力。[24]

第五篇文章《臺灣パイワン族に行はれる五年祭に就て》(臺灣排灣族舉行的五年祭)，作者是文政學部史學科助手宮本延人(1901～1988)。1928年宮本從慶應義塾大學史學科畢業后，同年前往新成立的臺北帝國大學文政學部土俗人種學教室擔任助手。1931年改調史學科地理學講座助手，直到1945年日本戰敗爲止。[25]1946年宮本受聘爲臺灣大學歷史系教授，二年后才離職返回日本。1949年再受聘爲東海大學教授，直到1972年才退休。[26]日據時期宮本對臺灣少數民族研究頗豐。雖然在研究年報的投稿僅有一篇，當在史學科擔任助手期間，跟隨移川子之藏教授(1884～1947)，前往今新竹山區研究賽夏族時拍攝16厘米的紀録片非常珍貴。[27]另外1930年宮本在移川教授的主持下，也在今屏東縣恒春鎮墾丁參與臺灣史上首次學術性的考古挖掘工作。[28]這篇排灣族五年祭的文章，主要是想從民族學、宗教學、社會學上來考察，以及討論排灣族各聚落遷徙過程，對于五年祭儀式變化有何關系。[29]

3.經濟史

清代臺灣經濟史研究的文章，在臺北帝大文政學部研究年報共有4篇(表一編號4、7、9、15)。在這當中却有3篇文章，皆由政學科助教授東嘉生完成，可謂一時的人才。1931年東嘉生從臺北帝大政學科畢業后，即留校擔任助手。不料升任助教授后，在1943年從日本返回臺灣途中，其搭乘輪船在東海被美軍潜艇擊沉殞命。不過他的研究成果，在臺灣光復后還是受到重視。1945年隨着陳儀來臺接收，爾后擔任臺灣大學法學院院長，旋又轉任臺灣銀行經濟史研究室的周憲文(1908～1989)，曾在1980年代把這3篇文章翻譯成中文。[30]

首篇文章《清朝治下臺灣の土地所有形態》(清朝統治下臺灣土地地權形態)。全文逾3萬字，這篇文章的重要性在于是日據時期，首次研究荷據、鄭氏、清代臺灣土地地權史之作。特别是東嘉生使用的資料，非常值得注意，都是日據初期總督府對臺灣最早的調查報告。包括：1900年《臨時臺灣土地調查局清賦一斑》、1901年《臺灣舊慣制度一斑》、1904年《大租取調書附屬參考書》、1905年《調查經濟資料報告》與《臺灣土地慣行一斑》、1906年《臨時臺灣舊慣調查會第二回報告書》、1910年《臺灣私法并附録參考書》、1914年的《清國行政法》、1920年《臨時臺灣舊慣調查會蕃族調查報告書》、1921年《臺灣總督府蕃族調查會蕃族調查報告書》與《臺灣總督府蕃族調查會蕃族慣習研究》。[31]

第二篇文章《清朝治下臺灣の貿易と外國商業資本》(清朝統治下臺灣的貿易與外國商業資本)。全文超過近4萬字，跟上一篇文章一樣，都是開創性十足的研究成果。不過本篇文章討論的是1858、1860年，臺灣因天津條約與北京條約開港前后，外國資本來臺貿易，造成商品出口與交易方式重大改變的歷史。特别是在史料的運用上，當時東嘉生還無法使用清末臺灣海關報告書。他對于清末臺灣海關進出口商品數據的討論，全都仰賴美國駐臺領事禮密臣(John Wheeler Davidson)著《The Island of Formosa, Past and Present》所附資料。并再佐以部分中文史料，如：《彰化縣志》、《臺灣縣志》、《淡水廳志》；以及日文資料，如：《臺灣私法》、《法院月報》。不過此舉仍能對清末在臺六大洋行——Dodd & Co.(寶順洋行)、Tait & Co.(德記洋行)、Brown & Co.(水陸洋行)、Boyd & Co.(和記洋行)、Jardine. Matheton & Co.(義和洋行/今也翻譯爲怡和洋行)、Case & Co.(嘉士洋行)，作出細致地討論，顯示臺北帝大對人才訓練的嚴謹。[32]

第三篇文章《清朝治下臺灣の地代關系》(清朝統治下臺灣的地租關系)。全文超過逾2萬字，亦可以説是《清朝治下臺灣の土地所有形態》的『續篇』。事實上在《土地所有形態》一文中，東嘉生已經把清代臺灣地權型態的種類作一整理，包括：莊園、官莊、屯田、隆恩田等。可是當他在進行細部研究時，却發覺爲數衆多的莊園，都普遍存在『一田二主』的租佃關系。故在清代臺灣開發史過程中，一塊田地所有權與使用權分開的研究，東嘉生的大作可謂最早的作品。[33]

第四篇文章《臺灣に于ける秤量貨幣制と我が幣制政策—銀地金を流通せしむる金本位制》(關于臺灣的秤量貨幣制與我國幣制政策——流通銀元的金本位制)，作者爲北山久二郎。北山的背景現已很難詳查。不過根據他的自述，本篇是受到東京帝國大學經濟學部教授山崎覺次郎(1868～1945)，研究銀行貨幣的啓發而作。本文字數約27萬字，可謂跟一本專書差不多。整個内容分爲前篇、后篇，前篇是討論清代的貨幣流通與種類，后篇才是討論日據時期的貨幣政策。經過北山的整理，清代在臺灣流通的貨幣，除了跟大陸各省一樣也使用銀錠(馬蹄銀)、制錢之外，也使用臺灣官府自鑄銀元(老公銀、劍秤銀、如意銀)、外國銀元(荷蘭、墨西哥、香港、西班牙、美國、法屬安南、日本)、鈹仔銀(小額銀貨，多從廣東與香港流入)、紙幣(臺灣民主國的臺南官銀票)、外國銅錢(安南錢、琉球錢、日本錢、朝鮮錢)。[34]

4.其他

其他部分共有三篇文章，除了一篇是屬于社會史領域的成果外，其余二篇都是史料介紹。前者是臺北帝大文政學部政學科專攻民法的坂義彦助教授，在1936年所著〈祭祀公業の基本問題〉(祭祀公業的基本問題)。全文有近30萬字，跟北山一樣都是一本『擲地有聲』的論文。祭祀公業就是族産、祀産、義田、蒸嘗，此等在朝鮮、法屬印度支那、暹羅、印度等地方也很常見。早期對臺灣祭祀公業有研究的學者，以曾任臺灣總督府官房調查課的經濟學博士井出季和太[35]，以及臺灣總督府高等法院上告部判官，同時兼任臺北帝大文政學部政學科講師姉齒松平(1885～1941)最重要。[36]不過坂義彦所使用的史料有獨到之處，包括：1905年《臺灣土地慣行一斑》、1906年《臨時臺灣舊慣調查會第二、第三回報告書》、1909年臺灣覆審法院判例、高雄州潮州郡内埔莊鐘郭郎所藏古文書、曾任基隆市尹桑原政夫所藏古文書等。有趣的是坂義彦雖然進行全臺祭祀公業管理方式的整理，但在討論焦點特别注意臺中州員林郡(今彰化縣員林鎮、大村鄉、社頭鄉、田中鎮、埔心鄉、永靖鄉、二水鄉、溪湖鎮、埔鹽鄉)。事實上以今彰化縣爲例，就有上千個祭祀公業，可見得從清代到日據，臺灣社會對成立祭祀公業之熱衷。[37]1923年總督府在臺灣實施民法后，也承認祭祀公業准用民法法人之規定。[38]

在史料介紹方面，1936年臺北帝大文政學部文學科副手吴守禮(1909～2005)的文章——《陳恭甫先生父子年譜附着述考略》，最值得留意。吴守禮是臺灣光復以后，研究臺語文學最重要的學者。1930年考入臺北帝大文政學部文學科，師從專攻語言學的小川尚義教授(1869～1947)，以及考證學專家神田喜一郎教授(1897～1984)。[39]1933年吴守禮畢業后，留校擔任神田教授的副手。1938年在神田教授推薦下，東渡日本京都東方文化研究所任職。1943年臺北帝大成立南方人文研究所，吴守禮再從日本返臺任職。1945年臺灣光復，臺北帝大改制爲國立臺灣大學，吴守禮受聘爲文學院中國文學系副教授，1973年以教授身份退休。[40]1934至1944年，臺北帝國大學文政學部研究年報四科的投稿文章，總共有156篇之多。吴守禮的撰文是臺灣人被刊登在研究年報，僅有2篇的其中之一(另一篇爲哲學科的助手洪耀勛，洪氏畢業于東京大學，曾前往北京大學任教，1949年返臺受聘至臺灣大學哲學系任教)[41]，更是臺北帝大所培養優秀的本土人才。

陳恭甫先生即是清末福建知名文人陳壽祺，嘉慶四年(1799)陳氏考上進士后，出任國史館總纂。道光二年(1822)丁母憂返閩，道光九年(1829)受閩浙總督孫爾准之邀請，擔任《福建通志》總纂。由于當時臺灣府屬于福建省管轄，陳壽祺總纂的這部《福建通志》，記載許多臺灣史的資料。而吴守禮編寫陳壽祺的年譜并考證他的著作，有利于后世讀者對《福建通志》編修過程的了解。[42]

最后一篇是《華夷變態目録》，此書書名『華』指的是明朝之意，『夷』指的是清朝之意，『變態』指的是改朝换代之意。因此該書就是十七世紀日本人眼中『明末清初』的歷史變遷。由于這段發展，跟早期的臺灣史有密切關系，故是一本相當重要的史料。臺北帝大文政學部史學科公開時，并没有標明作者，也没有注明是何人編輯，推測可能是私人收藏(今臺大圖書館所藏華夷變態目録，并不是臺北帝大遺留下來)。而書中内容涉及到臺灣之事，即鄭氏祖孫四代——鄭芝龍、(鄭)朱成功、鄭經、鄭克塽，以及臺灣船裝載蔗糖前往日本販賣的記録。[43]

三、光復初期(1945～1949)的清代臺灣史研究

光復初期的研究者，如何看代清代臺灣的歷史？當時接收官員之一，之后也成爲臺灣歷史學界重要學者的沈雲龍(1910～1987)，他的一段看法可以作爲代表，如下：

荷蘭人未占據臺灣以前，國人皆視臺灣爲荒嶠，孤峙海外，不屑經營。以致公私文書及歷史記載，有關臺灣者絶鮮。惟在滿清統治其中，有識者漸知海疆國防之重要。其關理臺、治臺之歷史資料，散見于章奏、方志、文集、札記者，頗爲不少。惜乎淪陷日本五十年，時間較長，國人健忘。對于先賢經營臺灣之珍貴文獻，類多不甚重視。際兹臺灣光復之始，筆者有鑒于此，爰就平素閱讀所得，輯成臺灣關系文獻若干篇，并以作者小史冠諸每篇之首，以明其人其時、其事其文。無不對臺灣有重要之關系，或可爲今日談治理臺灣及關心國防者之一助也。[44]

從上述的引文中，可以得知三件事情。其一，日據時期臺灣與大陸脱離半個世紀，大陸對臺灣的情况已經很陌生，遑論對臺灣史的了解。即便臺灣曾經被清帝國統治過，也留下不少中文史料，但學界多未注意，故有重新認識之必要。其二，研究清代臺灣史與日據臺灣史不同。對于后者，當時研究者着重是殖民統治成果的介紹，不注重史料的解讀。可是對于前者，認識的重點反而是史料的解讀。并且鑒于篇幅太多，常以『連載』的方式處理，成爲認識清代臺灣史的一大特色。其三，研究清代臺灣史的目的，原來是作爲光復后治理臺灣的重要參考，這一點也是跟研究日據臺灣史的目的相同。也因爲如此，沈氏在《臺灣月刊》中，連續以六期的版面，刊載當時清代臺灣史文獻。這些史料以現今標准來看，也是相當重要頗值得一述。

1.史料介紹

首先，康熙朝施琅(1621～1696)的《論臺灣弃留利害疏》。1683年9月施琅率師擊敗鄭氏的軍隊，并來到臺灣接受鄭克塽的出降。可是康熙皇帝對于是否要把臺灣，納入清帝國的版圖舉棋不定。當時朝臣大多反對把臺灣并入，施琅聞訊遂上疏文，條陳臺灣海防地位的重要，力勸康熙必須把臺灣納入版圖。經過九個月的思考，康熙終于采納施琅的建議。

其次，康熙朝藍鼎元(1680～1733)的《平臺紀略總論》。平臺紀略爲一部書，描寫福建文人藍鼎元與族親藍廷珍，率兵渡臺平定朱一貴事件的經過。書中亦收録藍鼎元對臺灣善后的建議，原因是他親身經歷臺灣各處，記録當地社會的情況。成爲了解十八世紀初的臺灣，最好的史料。[45]

其三，康熙朝藍廷珍(1664～1729)的《與滿保論劃界遷民書》。南澳鎮總兵官藍廷珍在朱案爆發時，奉閩浙總督覺羅滿保(1673～1725)之命，率師來臺平亂。事平滿保本欲下令，恐臺灣内山易于藏奸，遂强迫居住在山中的百姓遷徙。藍廷珍以居民安土重遷，兹事體大勸阻。折中后滿保打消此念，改以在山中出入要道立石示禁，成爲十八世紀中葉臺灣修築番界的嚆矢。[46]

其四，康熙朝陳夢林(1664～1739)的《臺灣兵防總論》。陳夢林爲福建知名文人，可惜鄉試屢次不第。1714年受聘來臺纂修《諸羅縣志》，志成受到佳評。然而修志其間，陳氏親歷臺灣各處，眼見文恬武嬉，治臺無當，深感憂之。于是撰文强調大甲溪以北兵防的重要，以及改進的良方。只可惜清廷未予采納，數年之后有朱一貴事件的發生。[47]

其五，乾隆朝吴士功(？～1765)的《題准臺民搬眷過臺疏》。清代臺灣的移民政政，長期在搬眷或携眷的争議中更迭。1760年福建巡撫吴士功題准，由單身渡臺改爲搬眷，對十八世紀臺灣的開發有相當的幫助。此外在這篇疏言中，還提到當時很難得見到的偷渡與人口記録。這是少見清代臺灣社會史的重要資料。[48]

其六，嘉慶朝楊廷理(1747～1813)的《議開臺灣后山噶瑪蘭即蛤仔難節略》。十八世紀末以前臺灣受限于番界的限制，開墾的地區僅止于西部平原。1796年吴沙(1731～1798)其實已經違反番界的規定。不過經過十余年的開墾，蘭陽平原已經成爲阡陌。復加上海盜的侵擾，清廷考慮是否需把噶瑪蘭納入版圖。此時臺灣知府楊廷理極力贊成，最終以設廳、設立通判的方式治理之。[49]

除了上述單篇的文獻之外，清代臺灣方志的史料價值，在光復初期也爲人所注意。方志的作用爲何？時論認爲有二——提供當地人對特殊情形的研究，以及提供編纂國史的資料。[50]當時對于臺灣方志的研究，以臺灣省圖書館爲主力。不過發表的文章都是翻譯日據時期，臺灣總督府圖書館末代館長山中樵(1882～1947)的作品爲多。山中樵對于清代臺灣方志的分類有三——府志、縣志、廳志。在府志方面，他提到臺灣的第一部府志，爲1696年臺厦道高拱乾纂修的《臺灣府志》。[51]第二部府志提議的續修者，本爲鳳山知縣宋永清，但是1706至1710年續修期間未成，宋氏升調爲直隸省延慶知州。遺留的工作，即由臺灣知府周元文負責；志成，亦以周氏之名列爲總纂。1721年朱一貴事件爆發，新付梓的《臺灣府志》刻版與刷本同時散佚。此后長時期都没有發現這部著作，直到二十世紀在日本東京圖書館臺灣關系本調查中，發現宫内省圖書館有這部方志的存在。特别加以翻印，帶回臺灣總督府圖書館典藏才公之于世。[52]第三部府志是在1741年，由臺灣道劉良璧負責纂修。山中樵認爲該版本比前二個版本還佳，原因是劉志大量引用，康熙時期編修《福建通志》臺灣府的内容，所以體材顯得整齊而内容充實。[53]第四部府志是在1745年，由巡臺滿御史六十七與漢御史範咸共同編纂。此二人認爲劉良璧版本的内容，規制事宜尚未洽備，遂有重修的必要。一年后新志脱稿，列爲十二綱——封域、規制、職官、賦役、典禮、學校、武備、人物、風俗、物産、雜記、藝文。可説是府志中體例最完善之一部，此后新修、重修之地方志，均以此爲規範。[54]第五部府志爲1760年，由臺灣道覺羅四明與臺灣知府余文儀纂修。該志以範咸的《臺灣府志》爲版本續修，不過在1764年成稿后，始終未能付梓。原因在于總纂余文儀一路升官，由臺灣道、福建按察使、福建布政使，最后纍官至福建巡撫。1771年閩撫余文儀至臺灣巡視，想起先前未成之臺灣府志，三年后遂請閩浙總督鐘音作序刊刻。本志是臺灣最后一部府志，1872年臺灣府學教授楊承藩、訓導魏肇基又校訂舊版再刊。[55]

至于縣廳志方面，包括諸羅、鳳山、臺灣、彰化四縣，以及噶瑪蘭、淡水、澎湖三廳志而言。諸羅縣志在1717年成書，此爲臺灣史第一部縣志。據傳諸羅縣志也曾在乾隆時重修，但重修本已失傳。[56]鳳山縣志在1719年成書，主事者是鳳山知縣李丕煜。日據與光復以后的研究者，一致認爲原書已經散佚，連書中十卷六十五目的目次也不可得。不過1764年鳳山縣志有重修本，本來該志也在流傳過程中散佚。幸好日據時期搜集時，幸運得到二部才又公之于世。臺灣縣志總共有三個版本，一是1720年由海防同知兼臺灣知縣王禮編纂，但越二年遭逢朱一貴之變，該志在臺散佚。二是1751年由海防同知魯鼎梅纂修，它的特點是附圖刻板雕飾相當細致，總計有全圖、澎湖輿圖、臺灣八景圖。三是1807年由北路海防理番同知兼臺灣知縣薛志亮續修，1850年該版本曾經由縣教諭薛錫熊與黃生應重刊，可惜后者失傳。[57]

噶瑪蘭廳志起稿于1832年，由仰山書院講席陳淑均擔任總纂。該志完稿后，陳氏不急于刊刻，反而在1840年先帶至鹿港校稿。最后1852年才在噶瑪蘭廳通判董正官主持下付梓。由于成書時間較晚，日據時期搜羅較易。淡水廳志未修前，竹塹進士鄭用錫(1788～1858)已作廳志稿四卷。1867年淡水廳同知嚴金清再作續稿十四卷。嚴氏之后由陳培桂接任，接續工作在1871年把淡水廳志完稿付梓。可是刊成書后，隨即有林豪撰著《淡水廳志訂謬一卷》，對該志大加駁斥。原來嚴氏續稿的工作，即由林豪完成。但是陳培桂在付梓前，擅改林豪文稿內容甚多。就事論事陳志錯誤之處甚多，加以指責者非林豪一人而已。澎湖廳志成書最遲，1884年纂修者林豪已完成廳志稿本，不過未急于刊刻，而暫存臺南海東書院。1892年臺灣省開通志局，征稿于澎湖；澎湖廳通判潘文鳳禮聘林豪至澎，才在原有廳稿上增修付梓。光復初期的看法，皆認爲清代臺灣縣廳志，對于新設恒春、臺北、苗栗、雲林、花蓮等地無修志之人，以至于當地文獻湮没無存，實令人猶有余痛(其實尚有恒春縣志、雲林縣采訪册、苗栗縣志與臺東州采訪册)。[58]然而日據時期總督府在搜集文獻，還是有件工作值得一提，即是重金購買《臺灣通志》稿本。原來通志局開始編修省志時，未料及三年后臺灣將割讓予日本。于是1895年接收之際，有人趁亂把稿本携往厦門。總督府聞訊后洽購，藏于總督府之內；總督府圖書館成立后，特别謄録一部作爲善本收藏。所以接收后的臺灣省行政長官公署圖書館，總共典藏二部《臺灣通志》稿本。[59]最后在其他散見的史料上，文學詩篇的公開也值得注意。當時所披露者，爲清末游臺文人劉家謀(?～1853)及其《海音詩》。[60]

2.開發史

臺灣的發現與命名，在光復初期已有人討論。一些看法認爲，中國古代所稱的瀛洲，指的就是臺灣；方壺指的就是澎湖；或是岱員爲臺灣。再者，《后漢書 · 東夷傳》提到東鯷，也被推論是臺灣，都還需要考證。當時認爲臺灣被漢人發現，最早是在隋代。[61]《隋書 · 陳棱傳》記載隋代發現臺灣情形頗詳，同時也留下臺灣最早的地名——流求。之后，《元史 · 瑠求傳》，或《明史 · 鷄籠列傳》都提到跟臺灣相關的史實。至于『臺灣』一名，最早何時出現，其研究可以看得出日據與光復初期的斷層。雖然臺北帝國大學首任校長幣原坦(1870～1953)，已經考證出可能跟臺南安平附近的臺窩灣族(Tayouan)有關[62]；但此研究成果，在光復后没有馬上承接。所以研究者只能再從中文史料去找答案，有謂《明史 · 流球列傳》，有謂荷蘭人命名，有謂海盗顔思齊占據北港，有謂閩南方言『埋冤』的諧音。[63]至于小地名的討論，也在當時引起注意。甚至于對于地名的起源，已經做到七種分類—基于自然、勝迹與建築物、拓殖與建置、移民籍貫、高山族語的訛轉、歐洲人的稱呼、日本地名的移用。[64]

農墾或區域開發方面，對于前者來説，甘蔗的栽培與蔗糖的販賣，實爲討論的重點。[65]清代臺灣蔗糖主要銷售至江浙、日本，其貨色分爲二類：一爲青糖，品質佳者曰出類，次爲上門，再次爲中門。二爲白糖，品質佳者曰頭文件，次爲二檔，再次爲三檔。另外，有人轉引《臺灣通史》清末蔗糖出口的數據，可知該書在光復初期，中文所著臺灣史書籍中的地位。[66]由于貿易買賣需要貨幣，因此當時也有人撰文討論清代臺灣的貨幣。有趣的是十七世紀，臺灣曾被荷蘭、西班牙殖民的經驗，所以在銀兩(元寶)、銅錢之外，還有荷、西的銀幣。再者，隨着臺灣商人海外貿易對象的增加，包括：日本、墨西哥、越南、美國、印度、秘魯、葡萄牙、暹羅銀元，以及香港圓都曾在臺灣市面流通。[67]

對于后者來説，臺北開發記略可謂光復初期，最先研究的區域史課題。可是對于清初臺北開發的大功臣一陳賴章，到底是一個人？還是一個墾號？却認爲他是人名而陳述錯誤。不過對于臺北開墾的關鍵，取决于河運，則是一個重要的觀點。并且還介紹臺北各祖籍别的分布，使得對區域史的研究做到更細致的討論。[68]無獨有偶地對于全島的開拓，已有人嘗試討論。在看法上鄭氏與清代是連在一起討論。[69]至于全島祖籍别的分布，當時還爲未有重要的研究論文問世；當時僅止于翻譯日據時期總督府的統計數據，以及粗淺的介紹。[70]

在土地制度上，很難得的是光復初期的討論，辨明臺灣重要農墾制之一——結首制的起源，非從十七世紀荷蘭人統治時期開始，而是十九世紀發明于宜蘭。這是日據時期學者平山勛所做的正確考證，并且在光復初期仍被延續下去。[71]另外的四篇文章，也讓人有耳目一新的感覺。其一是從世耕契約來探討臺灣的租佃關系[72]；其二與三是對于大、小租户，永佃權與劉銘傳清賦事業的探討[73]；其四是乾隆年間中部大地主—林爽文，及其抗清失敗后被没收的土地。[74]

3.其他

清代臺灣史人物方面，若按事件先后順序，首先被提及者爲利馬竇(Matteo Ricci,1552～1610)。此人是明末來華的意大利籍耶穌會傳教士，原本跟臺灣史無直接關系，但是清代臺灣方志記載的『星野』之説，據傳出自利馬竇之手，遂引起一番考證。[75]其次是諸羅縣通事吴鳳(1699～1766)。當時對于吴鳳的描述有兩大特征，一爲年輕英秀的青年，二爲以自己身命做犧牲的『義人』。[76]再次是臺灣民變領袖人物朱一貴(1690～1722)。此人在康熙末年發動起義，可是有人懷疑朱一貴非在第一時間領導，遂有一篇光復后少見考證民變過程的文章。[77]其四是乾隆年間知名文人趙翼(1727～1814)。趙翼没有來過臺灣，但在乾隆末年林爽文事件時，擔任閩浙總督李侍堯的幕賓。事平后趙翼親撰《平定臺灣述略》，主張將彰化縣城遷移鹿港，殊堪注目。[78]其五是臺灣首任巡撫劉銘傳(1836～1896)。劉銘傳在歷史的地位，當時的看法都以清末平定太平天國與捻亂爲重。光復后重視臺灣史的認識，發現這位疆吏的確有大書特書的必要，遂出現治臺時期考證的文章。[79]

清末洋務史方面，臺灣建省所鋪設的鐵路，可謂洋務項目中唯一被討論的議題。當時鐵路的路綫，預定從臺南直通臺北，并連接到基隆。1887年巡撫劉銘傳設立臺灣鐵路商務總局，管理其事。又創辦臺北機器局，于制作兵器外，兼制鐵路枕木。劉銘傳去職后，繼任者爲邵友濂(1840～1901)。他對鐵路工程不感興趣，奏准將新竹以南鐵路停止興築。1893年基隆至新竹的鐵路全綫通車，其間分設十六站，客車來回每日三次。但是乘客中途可以唤止停車，所以行車時刻無法准時。[80]再者，清末的涉外關系也被人所注意。荷蘭與臺灣爲早期殖民地的關系，英國與臺灣爲鴉片戰争時發生鎮道之獄事件，法國與臺灣的關系是中法戰争進行的主戰場之一，日本與臺灣的關系，先是1874年發生的牡丹社事件，后有1895年甲午戰争澎湖戰役。[81]

臺灣民俗討論方面，臺灣的婚俗是受到重視的議題。雖然日本殖民階段的末期，所推行皇民化運動，曾經强迫訂婚、結婚要采取日本式(前往神社)。但是得到的效果不大，大部分還是采用傳統婚姻禮俗。依據父母之命、媒妁之言而結婚。[82]不過臺灣光復以后，中華民國的民法取代日本民法，受過教育的青年男女，知道法律賦予他們婚姻自主的權力。可是在追求婚姻自主的同時，年輕人常和守舊的家長衝突，失去家庭的和諧。[83]另外，對于皮猴(影)戲的討論也很有趣。根據考證臺灣的皮猴戲是從印度尼西亞爪哇Wajang Poerwa，經由華南傳來臺灣。不過也有臺灣的高山族，自古就發明皮猴戲的説法。[84]傀儡戲的討論則認爲，它的起源地是中國。傳入臺灣的時間雖不可考，但是傀儡戲不是給民衆觀賞，而是演給神鬼看的。原因是只有寺廟落成，發生火灾之后，發生吊死或溺斃事件的現場，才會請傀儡戲班上演。[85]不過最值得注意的是日據時期跟杜聰明(1893～1986)齊名，也取得京都帝國大學醫學博士的賴尚和(1899～1967)。日據在杜聰明的推薦下，賴尚和出任臺北樂生療養院醫師；光復后他又進入臺灣大學熱帶醫學研究所癩研究室任職，成爲臺灣麻風病治療的權威。賴尚和以他多年研究所得，對民間治療麻瘋病的藥方提出考證。結果發現這些治癩箴言，如：清心、寡欲、戒口、早治非無稽之談。可惜的是民間藥方雖認識到預防的重要，却没有預防醫學的知識。[86]

最后是爲其他議題的討論，例如：討論佛教在臺灣的歷史，并認爲臺灣史上最古老的佛寺，爲今臺南市的開元寺。清初開元寺第一代主持志中和尚，從泉州承天寺來臺弘法。不久他將寺務教給高徒福宗和尚，自己面壁打坐三年，成爲清代臺灣少數的高僧。[87]再者，亦有對臺灣虱目魚養殖的考證。清初臺灣方志記載，都有『塭』的記録。『塭』不管是引入海水或涌水，水質一定是咸水或半咸水。所以清代可以在(半)咸水養殖的魚類，僅有虱目魚與烏仔魚二種。然而烏仔魚的養殖技術，可能在清代還未成熟。所以臺灣最早的沿海養殖漁業，就是從虱目魚開始。[88]另外，對于清代臺灣行政區域的考證，也有人開始進行。惟内容較爲簡單，僅表列而已。[89]不過最重要的文章，還是光復之初，甫進入臺大法律系任教的戴炎輝教授(1909～1992)，利用《淡新檔案》，對清代臺灣社會史進行研究。[90]

四、結　語

透過上述，可知本文對于1928至1945年，臺北帝國大學文政學部的清代臺灣史研究，有一輪廓式的整理。事實上這僅是《研究年報》可以看得到的15篇『研究』成果而已。如果以『教學』成果而論，那文政學部的累積絶不止如此。特别是史學科研究年報，在1941年太平洋戰爭爆發以前，該科師生的教學成果記載甚詳。它包括五項：其一，土俗人種學標本室的成立，以及南方土俗學會的舉辦。該標本室成立的目的，主要是搜集臺灣少數民族的土俗品、考古遺址出土的文物，少部分也典藏菲律賓、新幾内亞與福建省畲族的文物。[91]在這個標本室運作之下，從1929年開始至1937爲止，總共舉行35回的南方土俗學會演講。除了第29回爲衛縄の旅行談、第31回(菲)比律賓の山と海、第34回比律賓ザンバレス　ニグリト族調查報告豫報之外，可説都是臺灣少數民族相關題目。[92]

其二，1936年臺灣史料調查室的設立。該調查室是繼土俗人種學標本室之后，所成立的第二個研究室。搜集的史料包括：原住民、西班牙與荷蘭時代、鄭氏時代、清代、日據時期，臺灣與其他國家有關的資料，以及舉辦島内史迹調查活動。[93]而整個調查室的運作，有史學科教職員、畢業學生、在學學生，總共17名。1936、1937年所得到的調查成果十分豐碩，計有現地調查18回，采集拓本120余件，史料性質攝影照片600多張。其調查區域先以臺北、新竹、臺中州爲主(今宜蘭、臺北縣、臺北市、基隆市、桃園縣、新竹縣、新竹市、苗栗縣、臺中縣、臺中市、南投縣、彰化縣)，1938年計劃再以臺南、高雄州爲主(今雲林縣、嘉義縣、嘉義市、臺南縣、臺南市、高雄縣、高雄市、屏東縣)。[94]不過從1938年以后，因中日戰争爆發之故，野外調查的地方開始受到局限。因此大肚溪以南之地(臺中州的調查僅到今臺中縣北部的大甲鎮)，原本計劃的臺南州與高雄州就没有前往調查。取而代之的是對(宜蘭)蘭陽平原、(臺北)新店溪與(桃園)大嵙崁溪、桃園臺地、(臺北)觀音山山脚進行調查。[95]當然，史學科的臺灣史料搜集與調查成果，也對外公開展覽。例如：1936年10月9、10日，土俗人種學教室與標本室共同陳列這些成果，吸引許多公家機關、學校與民間人士前來參觀。[96]

其三，歷史讀書會的成立。事實上臺北帝大文政學部史學科，不止只有研究臺灣史而已，也研究日本史、中國史、朝鮮史、東南亞史與西洋史。所以由學生自發性組織的讀書會，每次報告或演講的題目，也不限定只有臺灣史。不過從1930年到1936年，總共舉辦30回的讀書會次數中，跟臺灣史相關者有5次，占比例的1/6。它們的題目爲第1回淡水史話、第2回臺灣蕃人の喪服の期間、第8回埔里社の話、第18回村上(直次郎)教授指導基隆社寮島の史迹見學、第21回澎湖島に于ける紅毛城址。[97]

其四，史學科畢業論文題目。臺北帝大文政學部史學科研究年報，并没有把歷届畢業論文都登載上去。不過從1930至1941年當中，總共有26本學士論文，其作者與臺灣史論文題目如表二。結果發現史學科畢業學生專攻臺灣史者，僅有6人，占研究年報有記録畢業人數比例的1/4左右。非常值得注意的是研究早期臺灣史(荷領、鄭氏)的學生很多，總共有5位(表二編號1-5)，但研究清代臺灣史的學生僅有1位(編號6)。

表二　1930至1941年臺北帝大文政學部史學科的臺灣史畢業論文

編號	年度	作　者	題　目
1	1930	柯設階(清末在北臺灣傳播基督教，最重要的一位牧師馬階[Geogre Leslie Mackay,1844～1901]的外孫)[98]	臺灣の名稱の歴史的并に地理的考察及び古代漢民族の臺灣に關する知識の變遷(臺灣名稱與地理考察,以及古代漢民族關于臺灣知識的變遷)
2	1932	山村光敏	十七世紀に于ける臺灣經由の南洋貿易(十七世紀經由臺灣到南洋的貿易)
3	1934	速水家彦	鄭成功の臺灣攻略と其后の對和蘭人交涉(鄭成功的臺灣攻略與之后對荷蘭人的交涉)
4		中村孝志(1910～1994,二戰結束以后受聘回日本天理大學擔任教授)[99]	臺灣に于ける西　蘭兩國人の教化事業(西班牙、荷蘭人在臺灣的教化事業)
5	1936	齋藤悌亮	鄭成功の臺灣攻略(鄭成功的臺灣攻略)
6	1941	高添多喜男	清朝に于ける臺灣の荒政に就て(清朝的臺灣蠲政)

數據源：

1.臺北帝國大學史學科，《匯報》，第一輯，1934年5月，第460～461頁。

2.臺北帝國大學史學科，《匯報》，第二輯，1935年6月，第425頁。

3.臺北帝國大學史學科，《匯報》，《臺北帝國大學文政學部史學科研究年報(復刊本編號6)》，第七輯，1942年8月，第253頁。

其五，臺北帝大文政學部史學科與日本學界交流。如果説史學科有『名師』坐鎮任教的話，那無非是土俗人種學講座的移川子之藏教授(1884～1947)，以及南洋史講座的岩生成一教授(1900～1988)。前者在1936年以《臺灣高砂族系統所屬の研究》(臺灣原住民系統所屬的研究)，得到帝國學士院賞的榮譽[100]；后者在1941年以《南洋日本町の研究》(日本在東南亞——交趾、柬埔寨、暹羅、吕宋的僑居地研究)，也得到帝國學士院賞的榮譽。[101]另外，日本學術協會也曾移師來臺灣開過講演會。1934年12月24、25日該會第四部的人文科學部講演會，就假臺北帝大文政學部史學科土俗學教室舉行。而發表的文章，除了1篇涉及衝繩之外，其余6篇都是關于臺灣少數民族的研究。[102]

綜合臺北帝大對清代臺灣史研究與教學的内容，到了1945年以后到底有無傳承下去？表三是這兩個階段的清代臺灣史議題研究的歸納，從内容上來看，日據末到光復初的發展中，似乎没有什么研究的傳承。唯一有一致性的研究議題，就是涉外關系史。

表三　日據末、光復初期清代臺灣史議題研究的比較

<table>
<tr><th>編號</th><th colspan="2">臺北帝大文政學部史學科年報刊登清代臺灣史研究議題(1928～1945)</th><th colspan="2">光復初期臺灣島内發行雜志刊登清代臺灣史議題(1945～1949)</th></tr>
<tr><td rowspan="2">1</td><td colspan="2" rowspan="2">涉外關系(鴉片戰争與臺灣鎮道之獄、美國人的臺灣占領、明治七年征臺之役)</td><td rowspan="2">史料介紹</td><td>清代治臺方策之論</td></tr>
<tr><td>清代臺灣方志</td></tr>
<tr><td>2</td><td colspan="2">原住民研究(泰雅族、布農族、排灣族、魯凱族、鄒族)</td><td colspan="2">開發史(地名、農墾、貨幣、區域、祖籍别)</td></tr>
<tr><td>3</td><td colspan="2">經濟史(清代臺灣土地地權、清末外國資本與臺灣、清代臺灣地租、貨幣)</td><td rowspan="7">其他</td><td>人物史(利瑪竇、吴鳳、朱一貴、趙翼、劉銘傳)</td></tr>
<tr><td rowspan="6">4</td><td rowspan="6">其他</td><td>社會史(祭祀公業)</td><td>洋務運動史(臺灣鐵路)</td></tr>
<tr><td rowspan="5">史料介紹(陳恭甫先生父子年譜、華夷變態目録)</td><td>涉外關系史(鴉片戰争的鎮道之獄、中法戰争、甲午戰争)</td></tr>
<tr><td>民俗(婚俗、皮影戲、麻瘋病偏方)</td></tr>
<tr><td>佛教史(臺南開元寺與志中和尚)</td></tr>
<tr><td>漁業史(虱目魚養殖)</td></tr>
<tr><td>社會史(淡新檔案)</td></tr>
</table>

臺北帝大研究年報對涉外關系史的討論，議題有三——1840年鴉片戰争、1867年羅妹號事件與1874年牡丹社事件。光復后除了重提鴉片戰争之外，又新討論中法戰争、甲午戰争對臺灣的影響，在研究脉絡上可謂有延續性的發展。至于對清代臺灣貨幣種類的討論，二個時期的研究成果有重叠性。不過還是以臺北帝大研究年報的成果較爲重要，因爲作者北山冨久二郎不僅研究貨幣，還討論清代臺灣貨幣步入日據以后，如何被臺灣銀行所發行的貨幣來取代，實爲經濟史的上乘之作。

光復以后對清代臺灣史討論的議題，看似比日據還要多，但從内容篇幅與引用史料來看，其實都是淺論而已。會有這樣的結果，肇因于二個主要的因素。其一，來臺接收并對清代臺灣史有興趣的人不懂日文，而當時的臺灣人不懂中文。所以對前者來説，他們看不懂日文研究的成果，只能先選擇中文史料來介紹。如沈雲龍把清代治臺方策與方志，刊登在《臺灣月刊》上，期待引起重視臺灣史之人的共鳴。不過如此一來，使得跟這些史料同樣有價值，甚至于還有過之的日據初期對清末臺灣漢人舊慣、土地與原住民的調查資料(見上文東嘉生教授著作)，在光復之初即遭到學界的輕忽殊爲可惜。對于后者來説，日據時期所培養的本土人才，如：吴守禮、柯設階、戴炎輝、賴尚和等，也要經過一段中文學習與運用的過程，才能適應新改變的環境。重要的是在1945至1949年，他們雖在大學找到教職，但并没有被特别的倚重。出現一個時代轉折中，學術研究最不願意見到的斷層現象。

其二，來臺接收的學者，在當時整個中國學術界中，還不算是最優秀的陣容。以歷史學爲例，截至1945年爲止，全中國各大學設有歷史系或史地系的學校，總共有45所之多。[103]當時明史的重要學者，有如：研究鄭成功的余宗信、研究南明魯王的包遵彭(?～1970)、南明史大師柳亞子(1887～1958)，以及明史大師陳垣(1880～1971)、徐中舒(1898～1991)、梁方仲(1908～1970)、吴晗(1909～1969)、方豪(1910～1980)、傅衣凌(1911～1988)等。清史重要學者亦有如：研究太平天國的王鐘麒(1890～1975)、簡又文(1896～1978)、郭廷以(1904～1975)，同時研究太平天國、

緑營兵制、湘淮軍制與天地會的羅爾綱(1901～1997)，研究社會經濟的梁嘉彬(1911～1995)，研究中國近代史的範文瀾(1893～1969)與蔣廷黻(1895～1965)，以及一人之力撰寫清代通史的蕭一山(1902～1978)。[104]再以民族學爲例，當時重要的學者，有如曾調查臺灣少數民族的林惠祥(1901～1958)、調查湘西苗族的凌純聲(1895～1965)、調查浙江畬族的芮逸夫(1897～1991)、調查廣東瑶人的楊成志(1902～1991)、調查海南島黎族的王興瑞(?～1977)、調查廣西瑶人的費孝通(1910～2005)與衛惠林等。[105]

由于光復初期缺乏學院派的學者研究清代臺灣史，故在1945至1949年臺灣島内雜志發表討論該領域的文章，其水平大概僅止于臺北帝大文政學部史學科學生自組讀書會研讀的程度。當然日據時代非常重視的臺灣少數民族研究，也因爲來臺者没有人研究民族學或人類學，遂在光復初期找不到學術等級的文章。這樣的情況要到1949年以后，上述所提及的學者，例如：包遵彭、方豪、郭廷以、梁嘉彬、蔣廷黻、蕭一山、凌純聲、芮逸夫、楊成志、衛惠林等來到臺灣，才開始針對清代臺灣史與原住民進行學術性的研究。不過這些學者所使用的資料，都是同年運到臺灣的北京故宫，或者『中央研究院』史語所典藏的明清檔案，這跟日據時代早已纍積的成果無關。簡言之，日據時代臺北帝大文政學部研究年報，已被深藏于臺大圖書館書庫的角落中。直到1975年中國民俗學會理事長(曾任北京大學教授)婁子匡，重新整理排版印刷，才讓這部重要的著作重見天日。然而東嘉生教授所使用的日據初期臺灣調查資料，『出土』的時間就更晚。要到1990年代以后臺灣學界開始重視日據臺灣史研究，才在大筆經費的挹注下，重新整理與解讀。不過，這又是另一段學術史的事情了。

（作者單位：輔仁大學）

註 釋：

[1] 參閲許毓良，《光復初期的日據臺灣史研究（1945 ～ 1949)——以臺灣島内發行的雜志爲例》，河南開封，中國社會科學院臺灣史研究中心主辦，林獻堂、蔣渭水——臺灣歷史人物及其時代學術研討會，2008 年 8 月 31 日～ 9 月 4 日。

[2] 北山富久二郎，《臺灣に于ける秤量貨幣制と我が幣制政策——銀地金を流通せしむる金本位制》，《臺北帝國大學文政學部政學科研究年報（復刊本編號 16)》，第二輯，1935 年 8 月，第 3 ～ 283 頁；中村哲，《六三問題》，《臺北帝國大學文政學部政學科研究年報（復刊本編號 22)》，第七輯，1941 年 8 月，第 201 ～ 253 頁。

[3] 本文所使用臺北帝國大學文政學部研究年報作爲史料，主要是摘自婁子匡校纂，《景印期刊五十種之第二十種——臺北帝國大學研究年報》（臺北：東方文化書局復刊，1975 年）。不過爲便于討論的方便，脚注所引書目若涉及臺北帝國大學研究年報，將簡單地寫上復刊本的編號，以節省篇幅。

[4] 臺北帝國大學史學科，《匯報》，《臺北帝國大學文政學部史學科研究年報（復刊本編號 1)》，第一輯，1934 年 5 月，第 460 ～ 461 頁。

[5] 臺北帝國大學史學科，《匯報》，《臺北帝國大學文政學部史學科研究年報（復刊本編號 2)》，第二輯，1935 年 6 月，第 425 頁；臺北帝國大學史學科，《匯報》，《臺北帝國大學文政學部史學科研究年報（復刊本編號 3)》，第三輯，1936 年 9 月，第 383 頁。

[6] 遺憾的是日后文政學部研究年報再也没有松元盛長的消息，作者利用日本 Yahoo 檢索此人的訊息也毫無所得，或許在二戰結束以后，松元回到國内也没有往學術界發展（或殁于戰爭？）。

[7] 松元盛長，《鴉片戰爭と臺灣の獄》，《臺北帝國大學文政學部史學科研究年報(復刊本編號4)》，第四輯，

1937 年 10 月，第 441 ～ 562 頁。

[8] 臺北帝國大學史學科，《匯報》，第一輯，1934 年 5 月，第 452 頁。

[9] 臺北帝國大學史學科，《匯報》，第二輯，1935 年 6 月，第 421 頁、425 頁；臺北帝國大學史學科，《匯報》，第三輯，1936 年 9 月，第 374 頁、376 頁。

[10] 本文在日本舊書店網站檢索到他的一本著作，菅原憲，《獨逸に于ける猶太人問題の研究》（東京：日本評論社，1941 年）；參閱五萬堂書店 http://gomando.jimbou.net/。

[11] 本文在日本舊書店網站檢索到他的一本著作，莊司萬太郎，《最近世外交講話》（東京：東都書籍，1941 年）；參閱天牛書店，http://www.tengyu—syoten.co.jp/shop。

[12] 莊司萬太郎，《米國人の臺灣占領計劃》，《臺北帝國大學文政學部史學科研究年報（復刊本編號 1）》，第一輯，1934 年 5 月，第 361 ～ 427 頁。

[13] 莊司萬太郎，《明治七年征臺の役に于けるルジャンドル將軍の活躍》，《臺北帝國大學文政學部史學科研究年報（復刊本編號 2）》，第二輯，1935 年 6 月，第 335 ～ 389 頁。

[14] 臺北帝國大學哲學科，《匯報》，《臺北帝國大學文政學部哲學科研究年報（復刊本編號 8）》，第二輯，1935 年 6 月，第 363 ～ 364 頁；臺北帝國大學哲學科，《匯報》，《臺北帝國大學文政學部哲學科研究年報（復刊本編號 9）》，第三輯，1936 年 9 月，第 523 ～ 524 頁；臺北帝國大學哲學科，《匯報》，《臺北帝國大學文政學部哲學科研究年報（復刊本編號 13）》，第八輯，1942 年 5 月，第 281 頁。

[15] 立正大學歷代學長，http://www.ris.ac.jp/guidance/about/history.html。

[16] 臺北帝國大學哲學科，《匯報》，第二輯，1935 年 6 月，第 363 ～ 364 頁；臺北帝國大學哲學科，《匯報》，《臺北帝國大學文政學部哲學科研究年報（復刊本編號 13）》，第九輯，1943 年 8 月，第 285 頁。

[17] 臺北帝國大學哲學科，《匯報》，《臺北帝國大學文政學部哲學科研究年報（復刊本編號 12）》，第七輯，1941 年 3 月，第 221 頁；臺北帝國大學哲學科，《匯報》，第九輯，1943 年 8 月，第 285 頁。

[18] 飯沼龍遠、力丸慈圓、藤澤茆，《高砂族の形態と記憶と種族的特色とに就て》，《臺北帝國大學文政學部哲學科研究年報（復刊本編號 7）》，第一輯，1934 年 5 月，第 81 ～ 119 頁。

[19] 藤澤茆，《高砂族の行動特性：パイワンとルカイ》，《臺北帝國大學文政學部哲學科研究年報（復刊本編號 12）》，第六輯，1939 年 12 月，第 311 ～ 420 頁。

[20] 臺北帝國大學哲學科，《匯報》，第二輯，1935 年 6 月，第 364 頁；臺北帝國大學哲學科，《匯報》，《臺北帝國大學文政學部哲學科研究年報（復刊本編號 12）》，第六輯，1939 年 12 月，第 432 頁；臺北帝國大學哲學科，《匯報》，《臺北帝國大學文政學部哲學科研究年報（復刊本編號 13）》，第八輯，1942 年 5 月，第 283 頁。

[21] 有賀喜左衛門略年譜 http://faculty.human.mie—u.ac.jp/~mukasa/ari—life.htm。

[22] 岡田謙，《民族學》（東京：朝日新聞社，1947 年）；岡田謙，《未開社會の研究》（東京：弘文堂，1948 年）；參閲ポラーノ文庫，http://www.interq.or.jp/classic/polano/moku2/h2zin.html。

[23] 岡田謙，《首狩の原理》，《臺北帝國大學文政學部哲學科研究年報（復刊本編號 7）》，第一輯，1934 年 5 月，第 121 ～ 179 頁。

[24] 岡田謙，《原始家族：ブヌン族の家族生活》，《臺北帝國大學文政學部哲學科研究年報（復刊本編號 11）》，第五輯，1938 年 5 月，第 57 ～ 124 頁。

[25] 臺北帝國大學史學科，《匯報》，第一輯，1934 年 5 月，第 461 頁。

[26] 宮本延人，《臺灣の原住民族——回想·私の民族學調查》（東京：六興出版，1985 年 9 月），第 238 頁。

[27] 臺灣電影筆記，http://movie.cca.gov.tw/Festivals/Content.asp。

[28] 考古學習網，http://archae.nmp.gov.tw/index.aspx。

[29] 宮本延人，《臺灣パイワン族に行はれる五年祭に就て》，《臺北帝國大學文政學部史學科研究年報（復刊本編號 2）》，第二輯，1935 年 6 月，第 391 ～ 419 頁。

[30] 東嘉生著，周憲文譯，《臺灣經濟史概説》(臺北：海峽學術出版社，2000 年 5 月)。
[31] 東嘉生，《清朝治下臺灣の土地所有形態》，《臺北帝國大學文政學部政學科研究年報(復刊本編號 15)》，第一輯，1934 年 5 月，第 562 ~ 630 頁。
[32] 東嘉生，《清朝治下臺灣の貿易と外國商業資本》，《臺北帝國大學文政學部政學科研究年報(復刊本編號 18)》，第三輯第二部經濟篇，1936 年 11 月，第 315 ~ 395 頁。
[33] 東嘉生，《清朝治下臺灣の地代關系》，《臺北帝國大學文政學部政學科研究年報(復刊本編號 22)》，第七輯經濟篇，1941 年 8 月，第 127 ~ 176 頁。
[34] 北山富久二郎，《臺灣に于ける秤量貨幣制と我が幣制政策——銀地金を流通せしむる金本位制》，《臺北帝國大學文政學部政學科研究年報(復刊本編號 16)》，第二輯，1935 年 8 月，第 3 ~ 283 頁。
[35] 梶山文庫，http://www.hawaii.edu/asiaref/japan/special/kajiyamachina/China2.htm；近藤康男文庫目録，http://www.ruralnet.or.jp/nbklib/list/071kondou/k10/09.html。
[36] 宫崎孝治郎，《冒序》，《臺北帝國大學文政學部政學科研究年報(復刊本編號 23)》，第八輯私法篇，1943 年 5 月，第 1 ~ 2 頁。
[37] 彰化新聞，http://www.im.tv/vlog/personal/2553439/5856109。
[38] 坂義彦，《祭祀公業の基本問題》，《臺北帝國大學文政學部政學科研究年報(復刊本編號 17)》，第三輯第一部法律政治篇，1936 年 11 月，第 485 ~ 793 頁。
[39] 張寶三，《神田喜一郎先生傳》，http://homepage.ntu.edu.tw/~chinlit/ch/html/MA3d004.htm。
[40] 《臺語天地——吴守禮教授生平事略》，http://olddoc.tmu.edu.tw/chiaushin/prof-shouliwu.htm。
[41] 秦賢次，《臺灣舊雜志覆刻系列：新臺灣》導言，http://www.twcenter.org.tw/a02/a02_09/；誠品網絡書店—與 DNA 共舞的大師洪伯文博士 http://www.eslite.com/product.aspx?pgid=。
[42] 陳壽祺，《陳恭甫先生父子年譜附着述考略》，《臺北帝國大學文政學部文學科研究年報(復刊本編號 27)》，第三輯，1936 年 11 月，第 107 ~ 202 頁。
[43] 佚名，《華夷變態目録》，《臺北帝國大學文政學部史學科研究年報(復刊本編號 6)》，第六輯，1940 年 10 月，第 185 ~ 265 頁。
[44] 耕農，《臺灣關系文獻》，《臺灣月刊》，創刊號，1946 年 10 月，第 59 頁。
[45] 耕農，《臺灣關系文獻》，《臺灣月刊》，創刊號，1946 年 10 月，第 59 ~ 62 頁。
[46] 耕農，《臺灣關系文獻(續)》，《臺灣月刊》，第 2 期，1946 年 11 月，第 70 ~ 73 頁。
[47] 耕農，《臺灣關系文獻(續)》，《臺灣月刊》，第 3/4 期合刊，1947 年 1 月，第 98 ~ 101 頁。
[48] 耕農，《臺灣關系文獻(續)》，《臺灣月刊》，第 5 期，1947 年 2 月，第 73 ~ 74 頁。
[49] 耕農，《臺灣關系文獻(續)》，《臺灣月刊》，第 6 期，1947 年 4 月，第 94 ~ 98 頁。
[50] 林曙光，《修志在臺灣》，《臺灣文化》，第 3 卷第 8 期，1948 年 10 月，第 13 ~ 14 頁。
[51] 山中樵作，周炳鑫特譯，《臺灣的官撰地方志》，《圖書月刊》，創刊號，1946 年 8 月，第 7 ~ 8 頁。
[52] 山中樵作，周炳鑫特譯，《臺灣的官撰地方志(二續)》，《圖書月刊》，第 1 卷第 2 期，1946 年 9 月，第 3 ~ 4 頁。
[53] 山中樵作，周炳鑫特譯，《臺灣的官撰地方志(二續)》，《圖書月刊》，第 1 卷第 3 期，1946 年 10 月，第 14 ~ 15 頁。
[54] 山中樵作，周炳鑫特譯，《臺灣的官撰地方志(三續)》，《圖書月刊》，第 1 卷第 4 期，1946 年 11 月，第 8 ~ 9 頁。
[55] 山中樵作，周炳鑫特譯，《臺灣的官撰地方志(四續)》，《圖書月刊》，第 1 卷第 5 期，1946 年 12 月，第 10 ~ 11 頁。
[56] 黄德福，《臺灣的官撰縣廳志)》，《圖書月刊》，第 2 卷第 5 期，1947 年 5 月，第 5 頁。
[57] 黄德福，《臺灣的官撰縣廳志(續)》，《圖書月刊》，第 2 卷第 6 期，1947 年 6 月，第 3 ~ 5 頁。

[58] 黃德福,《臺灣的官撰縣廳志(續完)》,《圖書月刊》,第2卷第7期,1947年7月,第4～5頁。
[59] 黃德福,《臺灣通志》,《圖書月刊》,第2卷第9期,1947年9月,第4頁。
[60] 劉海音著,陳鐓厚修稿,《海音詩》,《新風》,創刊號,1945年11月,第14～15頁。
[61] 吴承燕,《臺灣地名及行政區域沿革》,《臺灣省通志館館刊》,第1卷第2期,1948年11月,第16～18頁。
[62] 幣原坦著,李蒼降譯,〈臺灣名稱考》,《臺灣省通志館館刊》,創刊號,1948年10月,第30～33頁。
[63] 允恭,《臺灣的發現與命名》,《臺灣月刊》,第2期,1946年11月,第50～54頁。
[64] 林曙光,《臺灣地名考》,《臺灣學生》,第2卷第6期,1948年4月,第32～34頁。
[65] 徐方干,《清代臺灣之糖業〉,《臺灣糖業季刊》,第1卷第2期,1948年1月,第219～230頁。
[66] 乃藩,《臺糖雜識(一)》,《臺糖通訊》,第1卷第5期,1947年6月11日,第19頁;乃藩,《臺糖雜識(四)》,《臺糖通訊》,第1卷第8期,1947年7月11日,第23頁;乃藩,《臺糖雜識(六)》,《臺糖通訊》,第1卷第10期,1947年8月1日,第24頁。
[67] 謝國城,《臺灣貨幣考(上)——日本領臺以前的臺灣幣制》,《臺灣省通志館館刊》,第1卷第2號,1948年11月,第10～14頁。
[68] 施教堂,《臺北開發記略》,《臺灣省通志館館刊》,創刊號,1948年10月,第37～38頁。
[69] 孫萬枝,《臺灣的開拓與其土地制度(中)》,《臺灣省通志館館刊》,第1卷第3號,1948年12月,第10～15頁。
[70] 吴南生,《臺灣省在籍漢民族鄉貫別調查》,《臺灣省通志館館刊》,創刊號,1948年10月,第47～48頁。
[71] 孫萬枝,《臺灣的開拓與其土地制度》,《臺灣省通志館館刊》,第1卷第2號,1948年11月,第14～16頁。
[72] 本志資料室,《本省過去的瞨耕契約(上)》,《臺灣農業:農林綜合輔導月刊》,第2卷第7/8號,1948年7月,第15～17頁。
[73] 林朝卿,《臺灣之土地制度》,《臺灣農業:農林綜合輔導月刊》,第2卷紀念號,1948年5月,第7～11頁;吴田泉,《從臺灣土地制度論到『三七五』限租問題》,《臺灣農林月刊》,第3卷第4期,1949年5月,第13～21頁。
[74] 張文環,《林爽文與大裏莊的土地問題》,《政經報》,第1卷第5號,1945年12月25日,第13～15頁。
[75] 方豪,《臺灣方志中的利馬竇》,《臺灣文化》,第5卷第2期,1949年10月,第1～20頁。
[76] 美純,《被番人馘首的青年——吴鳳》,《臺灣月刊》,創刊號,1946年10月,第62、69～71頁。
[77] 林荆南,《鴨母王革命史略考》,《臺灣文化》,第1卷第3期,1946年12月,第9～11頁。
[78] 黃得時,《趙甌北與臺灣》,《臺灣文化》,第2卷第9期,1947年12月,第8～9頁。
[79] 金登,《劉銘傳治臺考》,《正氣月刊》,第1卷第2期,1946年11月,第18～22頁。
[80] 蔡子錚,《臺灣鐵道創造史(一)》,《路工》,第1卷第4期,1948年2月,第14～15頁;林秉東節譯,《劉銘傳與臺灣鐵路》,《路工月刊》,新1卷第1期,1949年1月,第8～9頁;東之,《中國的第一條鐵路》,《路工月刊》,新1卷第6期,1949年6月,第15～16頁。
[81] 非久,《甲午之役》,《新臺灣》,創刊號,1946年2月15日,第9頁;蔡挺中,《日本初期對臺交涉經過》,《臺灣學生》,第1卷第3期,1947年7月,第15～16頁;沈雲龍,《臺灣國際關系史略》,《臺灣月刊》,第3/4期,1947年1月,第70～75頁;沈雲龍,《臺灣國際關系史略(續)》,《臺灣月刊》,第5期,1947年2月,第41～48頁。
[82] 韵,《臺灣婚俗》,《臺灣之聲》,第2卷第7期,1947年7月,第16～18頁。
[83] 魏守岳,《臺灣人民婚嫁的主婚權問題》,《臺灣新社會月刊》,第1卷第4期,1948年5月,第10～11頁。
[84] 吕訴上,《臺灣皮猴戲(上)》,《臺灣營造界》,第4號,1947年8月,第19頁;吕訴上,《皮猴戲的沿革與臺灣》,《臺灣文化》,第3卷第7期,1948年9月,第19～21、32頁。
[85] 吕訴上,《臺灣傀儡戲和它的『祭煞』》,《臺灣文化》,第1卷第3期,1946年12月,第12～15頁。
[86] 賴尚和,《臺灣民間治癩法考》,《臺灣科學》,第3卷第2號,1949年7月,第62～64頁。

[87] 普信,《佛教在臺灣》,《臺灣佛教》,第 2 卷第 7 號,1948 年 7 月,第 17 頁。

[88] 陳騰鴻,《本省虱目魚養殖沿革》,《臺中農訊》,第 1 卷第 3 期,1947 年 10 月,第 2 頁。

[89] 賴熾昌,《明鄭及滿清時代臺灣行政考〉,《臺灣省通志館館刊》,第 1 卷第 3 號,1948 年 12 月,第 19 ~ 23 頁。

[90] 戴炎輝,《清代臺灣族長的選充》,《臺灣文化》,第 3 卷第 6 期,1948 年 8 月,第 14 ~ 16 頁。

[91] 臺北帝國大學史學科,《匯報》,第一輯,1934 年 5 月,第 455 頁。

[92] 臺北帝國大學史學科,《匯報》,第二輯,1935 年 6 月,第 423 ~ 424 頁;臺北帝國大學史學科,《匯報》,第三輯,1936 年 9 月,第 382 頁;臺北帝國大學史學科,《匯報》,第四輯,1937 年 10 月,第 581 ~ 582 頁。

[93] 臺北帝國大學史學科,《匯報》,第三輯,1936 年 9 月,第 382 ~ 383 頁。

[94] 臺北帝國大學史學科,《匯報》,第四輯,1937 年 10 月,第 566 ~ 567 頁。

[95] 臺北帝國大學史學科,《匯報》,《臺北帝國大學文政學部史學科研究年報(復刊本編號 5》,第五輯,1938 年 12 月,第 433 頁。

[96] 臺北帝國大學史學科,《匯報》,第四輯,1937 年 10 月,第 578 頁。

[97] 臺北帝國大學史學科,《匯報》,第一輯,1934 年 5 月,第 457 ~ 459 頁。

[98] 真理大學校史館 http://www.au.edu.tw/mackay/antiquity/AUP000065.htm。

[99] 十七世紀西班牙人在臺灣的布教 http://www.laijohn.com/works/work7–5.htm。

[100] 臺北帝國大學史學科,《匯報》,第三輯,1936 年 9 月,第 375 頁。

[101] 臺北帝國大學史學科,《匯報》,第七輯,1942 年 8 月,第 252 頁。

[102] 臺北帝國大學史學科,《匯報》,第二輯,1935 年 6 月,第 424 頁。

[103] 中華民國史學術志編纂委員會,《中華民國史學術志(初稿)》(臺北:『國史館』,1996 年 6 月),第 81 ~ 88 頁。

[104] 歷史研究編輯部編,《『歷史研究』五十年論文選—— 20 世紀中國歷史學回顧(下)》(北京:社會科學文獻出版社,2005 年 7 月),第 1101 ~ 1111、1152 ~ 1169 頁。

[105] 陳奇祿,《中國民族學研究的回顧與前瞻》,《民族與文化》(臺北:黎明文化事業,1982 年 7 月),第 115 ~ 119 頁。

從《臺灣神社與宗教》管窺日據時代臺灣佛教

卓遵宏　徐一智

一、前言

史料是研究歷史的基礎，唯運用史料之前，必須深入了解該史料的特點。目前臺灣佛教史已成爲臺灣史學界與一般佛教信徒共同矚目的議題。20~30年前，臺灣史學界罕對佛教史置喙；近20年來，逐漸有研究生從學位論文的撰寫，到畢業后繼續研究，至今已蔚然成風。一般綜合大學哲學、歷史、中文研究所，以致佛學院研究生，甚至成熟學者與學問僧都相當熱衷投入，成果頗爲豐碩。而近30年來，臺灣佛教隨着經濟、社會與文教事業的發展，及政治的開放，當代佛教逐步脱穎而出，由成長而茁壯，至今已呈現前所未有的興盛氣象。粗略估計，佛教徒占總人口超過3分之1；換言之，以今日臺灣人口約23,000,000計，佛教約有8, 000,000信徒。[1]有如此衆多眼光注視的議題，因而深入探討相關史料，是有其必要性。此次學術研討會主題爲『臺灣殖民地史』，謹試以日據晚期臺灣總督府文教局出版的《臺灣に于ける神社及宗教》（中譯爲《在臺灣之神社及宗教》，略譯名之爲：《臺灣神社與宗教》，以下蓋以此略譯名或用『本書』敘述），這份刊物作爲本文探討中心。此宗教調查報告書，是目前探索、研究日據時期臺灣神社、宗教與佛教狀况的重要史料，故有必要先對它加以深入探討。

《臺灣神社與宗教》是目前探索、研究日據時期臺灣之宗教政策、佛教、神社與民間信仰等的一份非常重要史料。蔡錦堂《日據時期臺灣之宗教政策》、《日本帝國主義下の臺灣宗教政策》及陳玲蓉《日據時期神道統治下的臺灣宗教政策》等專書、學術論文都充分使用此份史料，[2]而獲得可觀的研究成果。本書是屬于殖民地政府爲施政需要而編纂的宗教調查報告書，其內容每隨着時代的變化做若干的更改，所以呈現的史料各有其階段性特點，值得加以探索，惜目前尚未見到學術性探討其特點與局限。由于筆者兩近年來專注于佛教史料之搜集（含口述歷史）與史實的研究，因本書內容有相當部分是跟佛教有關，而至今學者仍罕用于研究佛教史上，故本論文嘗試將以本書來管窺日據時期臺灣佛教的概況與演變。全文擬區分爲四個部分：一、編撰背景與經過；二、作者的生平與思想；三、章節安排與佛教部分內容；四、日據時期臺灣佛教的演變等四方面，來剖析該書呈現之臺灣佛教的部分面相。管窺的視野與筆者兩對當時臺灣佛教之認知均極其有限，謹擬借此抛磚引玉，祈請在座先進不吝賜教。

二、本書編撰背景與經過

筆者在臺灣僅搜集到的本書4個版本：計昭和9（公元1934、民國23）年、14年、16年與18年等。[3]但此4個版本中，并無前言或后記説明成書之背景及編撰過程。至于二手數據，也只有蔡錦堂在〈臺灣分館館藏宗教史料及其利用〉一文中，對它有簡明的介紹，云：

『……（臺北中央圖書館臺灣）分館館藏之《臺灣に于ける神社及宗教》(1939 版』、《臺灣に于ける神社及宗教》(1943 版』，……均是研究日統治臺灣時期宗教，特别是神道方面不可缺少的重要史料。……（該書）一九三九年與一九四三年版中，各列有至當年度爲止之神社與宗教等資料、……（書中）有關神社與宗教的資料各占一半，神社方面詳列了各神社之……等；宗教方面亦羅列全島主要寺院教會之所屬宗派，所在地、……信徒人數等資料。另外從一九三九年及一九四三年版之資料數字變動情形加以比較研究，可以幫助我們對統治最動蕩時期，神社與宗教變動狀況的了解。……一九四三年版，另外附有『參考法規與』與『諸統計表』等二部分，……（爲）統治末期之重要史料。[4]）

以上引文很清楚説明本書是了解、研究臺灣日據時期宗教史不可或缺的史料。統治者編纂之目的固重在其中特別重視之神社，但亦兼及其他各民俗宗教資料的搜集整理。文中已點出該史料的價值，雖未述及成書的過程，但可由此出發，來討論成書背景與編撰的過程。

筆者目前找到本書最早的版本爲昭和9年本，而當時的佛教期刊 —— 《南瀛佛教》于正文或在每一期之結尾《雜報》中，皆不時刊載臺灣總督府所做的宗教調查結果。其中大部分是統計數字，如11卷2號（昭和8年2月出版）起，連續5期刊登與本書(昭和9年版)内容幾乎一樣，只是《臺灣に于ける宗教の概要》中的神社資料被刪除。[5]由于該期刊大部分會刊總總督府宗教調查報告的慣例，昭和8年以前却未見登載類似本書的内容報告。故由該期刊歷來登載的宗教調查報告，保守推估至少昭和8年已有本書之出版，之前則無從推估。唯留日臺僧林德林于《臺灣佛教改革前提(三)》中却云：

『昭和六年，臺灣總督府文教局社會課刊行關于‘在臺灣之神社及宗教’小册子，就佛教一節之中有這樣記述。翻譯臺語起來，即要之，本島人僧侶中，還是無學問的人們居大多數，……』。[6]

由此則本書之出版年限，或可上溯到昭和6（1931）年。

1894（清光緒20）年中日甲午戰争，清廷敗績，將臺灣割讓給日本，自1895年至1945年止，日本統治臺灣前后51年。日軍來臺接收，日本佛教各宗即伴隨軍事的擴張，積極在臺傳教。唯初期仍以在臺的日本人爲布教對象，此表示臺灣人與日本人間尚有隔閡鴻溝。1915（大正4）年臺南余清芳借西來庵齋堂，發起抗日義舉，建國號爲『大明慈悲國』。[7]西來庵事件轟轟烈烈的展開，使統治者驚覺事態嚴重，且與宗教信仰不可分離，謂：「對于本島人之……宗教信念的深厚，實出意料之外，不僅關乎社會福利公安甚大，往往奸黠之徒乘之利用其迷信，是否是統治上不能忽視的呢？故……適當的措施是必要的」，[8]就此展開宗教調查，其中最爲人熟悉的是臺灣總督府社寺課課長丸井圭治郎在1919年3月完成《臺灣宗教調查報告書》（第一卷）。隨后又成立南瀛佛教會，希冀結合全島佛教各宗派于一堂，標榜提升臺灣僧侣的素質與地位，啓發臺灣民衆之真信仰；并發行機關雜志《南瀛佛教會會報》，后改爲《南瀛佛教》、[9]《臺灣佛教》。《南瀛佛教》提供對佛教與齋教等方面具有研究或關心者一個發表園地；但其刊登之前，必先經社寺課長與文教局長審閲核准才刊登，[10]故此雜志實可視爲代表官方立場，也因此總督府凡有效調查報告便刊登其上（參考本文末附録一）。

附録一中，可見昭和8年《南瀛佛教》刊登之《臺灣に于ける宗教の概要》和昭和9年版本書之宗教部分内容是一樣，而由此可推知本書具有刊載總督府例行性宗教調查報告的屬性。但此種神社與宗教調查并重之報告，于昭和9年之后，又有昭和14年、16年、18年等版本，故此問題實堪玩味；由附録一可以得知，在刊登昭和8年《臺灣に于ける宗教の概要》以后，登載于《南瀛佛教》上之宗教調查報告，内容便與以往年版不盡相同，以前只簡單調查各祠廟、齊堂、神明會、教務所、説教師、信徒、齊友、道士與僧侣等數目及變動狀況；但此后則不僅調查頻率高，幾乎每年皆有調查數據，調查規模亦大，例如有《全島祭神一覽〉和《神佛會一覽》等調查報告産生，同時調查項目也變得較特殊。如昭和5（1930）年于《宗教大勢》中，調查神社與社的狀況，及神宫大麻之頒布；后期調查則擴及各教派之教化團體與社會事業團體。此令人直覺，政府欲掌控各宗教、宗派，且强調宗教必對國家有所助益，實代表政府掌控力又進一步。[11]

由附録二中可推知，政府于大正4年至10年間與昭和8年至17年間，頻做宗教調查，[12]其中可與登載于《南瀛佛教》上之宗教調查資料相左證，得知昭和8、9年以降，殖民當局似已形成宗教調查的慣例。歷來的宗教調查，誠如前述大正年間以丸井圭治郎最爲著名，他是爲防範臺灣人藉宗教倡亂，而進行的宗教調查之主導者。昭和年代民間學者則屬旅臺日人增田福太郎較爲有名，他從1929年以來的調查成果有：《臺灣本島人の宗教》、《臺灣の宗教》與《民族信仰を中心として—東亞法秩序序説》中之《南島寺廟探訪記》等作品。[13]由《民族信仰を中心として—東亞法秩序序説》之前言得知，此書編撰旨在讓殖民主導者明了臺灣人的思想與生活，冀有助于大東亞共榮圈的建立。[14]在《臺灣の宗教》中，更開闢專章，討論皇國精神和臺灣宗教的關系。[15]如此再再顯示，昭和年間尤其是昭和8年以后，日本在臺當局和學者所關心的重點，乃在于皇民化運動與二次大戰有關問題的討論。

本書昭和14、16、18年等3個版本，書后都附有神社的相關參考法規，如『縣社以下神社創立、移轉、廢止、合并相關要件』等。再加上1930年代后期，日本政府借内外地一體的名義，在臺灣進行大規模人力、物力的征集。此外，也推行一連串的教化運動與皇民化運動等，[16]這些運動旨在同化臺灣人成日本忠貞之『皇國臣民』，協助日本作戰，因此强調日本『國家神道』乃是重要的措施。據此乃積極在全島各地營建神社。

《南瀛佛教》中的宗教調查資料可知：日據末期臺灣的宗教調查，加入了神社變動資料及神宫大麻之頒布狀況。全面調查全島各廟祀神，并强調各宗派對人民教化之功能；再考察此時日本政府較以往不同，大量出版宗教調查報告與有關之宗教出版品，以當時中日正進行苦戰，皇民化運動正推行等綫索可推知，一系列之本書乃是臺灣總督府欲配合神社進駐臺灣，而對積極建造神社等措施的評估報告，用供施政借鑒及反省改進之參考。

三、本書作者的生平與思想

史家常謂『知人論事』，僅知成書年代、編纂背景與經過仍有不足，影響史料最大的往往是史料的修纂人；不知史料出于何人之手，就難詳知該史料的可信度。[17]本書未注明修纂者姓名，只標出臺灣總督府文教局社會課發行。一向殖民政府對思想控制總是頗爲嚴厲，連雜志刊出文章，都必經审查核可后才可刊行，故臺灣總督府必請與政府關系良好，而又研究有成或有聲望者執筆。從觀昭和年間，對宗教政策、臺灣神社與宗教等有研究者，當推李添春及增田福太郎兩人。增田雖是臺灣宗教研究者，于1929年更擔任宗教調查主任；但其偏向以人類學或氣候學等環境因素，來了解臺灣人的宗教信仰，也介紹臺灣宗教狀況與中日宗教比較，如《南島寺廟探訪記》、《臺灣の温潤的風土と其の宗教〉等，[18]文中主張以同理心、尊敬態度與民族性來理解臺灣人的思想與信仰；所持觀點，與本書表現出來的觀點，如配合皇民化運動輔翼神社進駐，是大异其趣。而李添春之論文多集中在臺灣宗教(尤其是齊教)和明末以后佛教發展的研究，如《齊教概説》、《臺灣宗教概説》和《三教思想と臺灣宗教》等；[19]故由此推斷李氏應是承受總督府之命，爲撰寫本書的初稿作者，况且李氏曾于1929年接受文教局社會課囑托，同增田調查全島的宗教，又有《本島佛教事情一班》刊行，而增田1939年出版的《臺灣の宗教》，書中齊教部分，都取自李氏之《本島佛教事情一班》；[20]且據《敬慎》5卷1號《后記》中，記載李氏至少任職文教局社寺系系員至昭和6年；[21]而在《敬慎》5卷2號更記載李氏在昭和6年擔任臺灣神職會書記。[22]所以筆者認爲依學識及專長，加上昭和6年李氏也是《南瀛佛教》的主編，[23]以及比較本書和李氏之相關文章，發現兩者文句或觀點，皆表現出極爲相似。[24]所以李氏應是本書最初撰寫人，就此而言，李氏的生平與思想便需作適度探討。

李氏于1899（清光緒25）年出生在臺灣高雄縣美濃鎮，父親育有3子1女，排行老幺。家中世代爲農，家境不富，小時爲人牧牛，11歲不幸染赤痢，卧病床一年無藥可治，幾臨死亡。據李氏回憶録言：「因爲我生病太久，父親……向觀音菩薩請願説：『假如這孫子能治好病的話，將給菩薩當弟子。』于是，在我病愈之后，他就命我吃早齋，其后初一和十五吃素，或是三、六、九日素食……」。[25]病愈后即吃早齋信佛；12歲（1909年）入私塾，13歲進公學校就讀；至15歲輟學，從基隆月眉山靈泉寺德修法師誦讀佛經。以此因緣，更認識善慧與德融法師等臺灣佛教界重要領導僧侶，經此兩人安排，一生遂與佛教結下不解之緣。

16歲皈依靈泉寺住持德融爲僧，法號普現。后經善慧的安排下，進入臺北曹洞宗佛教中學林念書。在李氏回憶録中言：「靈泉寺的開山祖師善慧上人來了一封信，信上説：『老在鄉間，就如鮮花插在牛糞上似的，爲了創辦（佛教）中學林（今臺北泰北中學前身），即刻北上。』接到這封命令書，爲遵師命到臺北東門街的觀音禪堂報到，……第二年舉行開學典禮，……」[26]畢業后，得德融資助，前往日本多良中學就讀；大正11年（1922年）進曹洞宗大學，爲預科1年級；大正13年入駒澤大學佛教系；昭和4年（1929年），大學畢業，畢業論文爲《臺灣在家三派之佛教》，并以此論文獲頒永松奬。[27]

李氏畢業返臺，日本曹洞宗派其擔任花蓮布教師，兼玉蓮寺住持；后經由德融介紹，進總督府文教局社會課工作。職位爲「臺灣宗教調查事務囑托」，回憶録中言：『我則（大學）畢業后到臺灣總督府文教局工作，説實在的這是由我師父沈德融師的幫忙才進去工作，因爲當時師父……跟宗教關系的社寺股股長松崎先生很熟，就介紹我跟他認識。』[28]幫宗教調查主任增田，進行全島宗教調查；后轉任臺灣大學理農學部助手，又任《南瀛佛教》會刊主編，[29]從此李氏漸成佛教界名人。

1945（昭和20）年8月日本投降時，李氏已升任教授，參與接收臺灣大學的事務，在此前后30多年，皆奉獻心力于臺大。1951（民國40）年10月，偕中國佛教會會長章嘉活佛、李子寬和印順法師等，至日本參加第二次世界佛教徒會議。[30]1959年又與演培法師等，至日本參加佛陀2,500年紀念誕辰大會。[31]1964年辭臺大教職，陸續擔任臺北泰北中學校長、主持臺中順天堂醫院、受聘爲基隆佛教居士林林長、臺灣佛教雜志主編等職務。[32]

由以上事迹可知，李氏和臺日佛教界關系均良好，常參加佛教界的重大活動；且是一位解行并重的修行人，佛門禪修工夫對他處世有着莫大幫助。嘗言：『進入佛門后得到了不少修養，特别是從坐禪中所獲得的定力，對我的爲人處世有莫大的幫助。』，又言：「我現在正在寫回憶録，年齡已是八十四歲，并且還患了狹心症和腦充血之后，也是坐禪的功效吧！」，[33]除行門功夫外，他爲當時有名的佛教學者，他對中國和臺灣佛教的發展皆有精闢的見解。此可從其回憶録中《我的佛教觀》，得知其主要觀點如下：

（一）佛教傳入中國，起重大變化，把敬天思想與佛教思想配合，此是不合理的。因爲在中國上古時代，皇帝祭上天的玉皇大帝時，必先齋戒沐浴，不吃肉食，七天七夜在一室内祈禱，不判罪、不和女人同房，把身體弄干净才可向神祭拜。李氏認爲這是一種他力教，然而佛教是自力教，不承認神的存在，佛教的禪宗實行素食，把儒家思想放在佛教思想裏，他認爲此是令人費解之事。

（二）佛教是把一切萬物看成心的變化，所以説『萬法歸一』，可是如果問一歸于何處？大部分的中國人會指天，言人的靈魂是從天降下，人死去三魂歸天，七魂入地。李氏認爲佛教主張無我，不承認常一主宰的我，所以兩者是不相同，中國人實不應把這些混合起來談。

（三）中國佛教修行方法只有坐禪和念佛，但在日本，除了這二門以外，還有稱題一門。李氏認爲此是因爲在中國和臺灣没有日蓮宗的關系；另外，中國坐禪是以面對面對坐，他認爲應行面壁坐禪，如此效果較好。

（四）關于戒律方面，李添春認爲中國屬于大乘佛教，但戒律則以小乘爲主，此是很矛盾。故必須加以改善，而當時臺灣佛教界有僧侶受日本佛教的影響，有人贊成僧侣可以娶親，他亦認爲不必死守獨身，而自欺欺人。[34]

由《我的佛教觀》所提出的幾個觀點，可知其對中國和臺灣佛教均十分了解，且有自己獨特的看法。他認爲中國和臺灣佛教在教義和戒律上，都需要調整；他對佛教發展有使命感，認爲欲對中國佛教做戒律、教義和修行方法等改革，必須先從臺灣佛教徒開始，再擴及中國各地，此種立場亦影響到他所撰述的《臺灣神社及宗教》。[35]

總之，李氏是個努力精進解行并重的學者，曾發表許多佛學研究論文，甚至戰后官方主編之《臺灣省通志稿·宗教篇》亦出于其手。[36]由此可見，不論是殖民政府或遷臺后的臺灣省政府，都不能不借助這位對臺灣佛教有深入研究與體認的學者。

四、本書章節安排與佛教部分內容

目前筆者收集的4個版本，其中以18年版本最爲完整。故先就目録，觀其章節安排：

第一節　神社
第二節　神社及社一覽表
一、神社
二、社
三、攝末社
《附》遥拜所
第三節　宗教上、改隸前カらの宗教
一、舊慣に依る宗教
二、神佛又は祖先を祭祀する團體
三、巫覡術士
四、基督教
下、改隸后に傳來したる宗教
一、本島に于ける神道、佛教、基督教の統轄事務所
二、全島主要寺院教會
三、祠廟及神明會
第四節　參考法規
一、神社
二、宗教
第五節　諸統計表[37]

雖然本書與時代俱進而調整書中的章節安排，例如昭和9年版即無“本島に于ける神道、佛教、基督教の統轄事務所”、“全島主要寺院教會”、“參考法規”和“諸統計表”等章節，就連“神社及社”一節亦比18年版的“神社及社”簡略甚多。[38]14年版除了無“本島に于ける神道、佛教、基督教の統轄事務所”與“全島主要寺院教會”兩節外，其他章節皆與18年版的相同。[39]由此現象可知，當時日本在臺當局，不斷進行臺灣宗教調查，隨着調查成果的纍積，而不斷增補章節項目，各書的統計數字亦隨之有所變化，總督府對臺灣宗教調查，可謂是一項持續且不厭其煩之工作。本書第三節宗教，分“上、改隸前からの宗教”和“下、改隸后に傳來したる宗教”來論述臺灣宗教狀況。改隸（日本統治）前宗教的部分，“佛教”和“齊教”兩節都與佛教有關，[40]兹略述其內容如下：[41]

在《佛教》一節，認爲中國佛教于漢．明帝永平13（公元70）年傳入后，隨即在中國流布，到隋唐（601~908）已達極盛，至明末（1644）以后，呈現衰微狀態，此時信仰爲禪净合一的混合教。而臺灣佛教亦承襲此時期佛教樣態，佛寺設有禪堂，但后堂或側房往往又安置阿彌陀佛，平時參禪又念佛，朝時課誦楞嚴神咒和般若心經等；暮時課誦阿彌陀經和西方發願文等，此即人稱朝禪

暮净。另外，書中又認爲臺灣佛教與福建省福州鼓山涌泉寺及怡山長慶寺關系密切，本島僧侶多往求戒，雖有往大陸求戒、學法的僧侶，但依然認爲，本島僧侶無學識者衆多，社會地位皆低。[42]

于“齋教”一節，則認爲齋教是佛教一派，是由明朝禪宗變胎而來，教義一般和佛教無异，但多少滲入儒、道的義理，信徒持事嚴謹，能守戒律，并茹素，相互間以齋友相稱。臺灣齋教分成：先天、龍華和金幢三派，先天派于咸豐11年（1861年），董昌成在臺南創報恩堂傳入臺灣，儒家思想混入較多，信徒持戒最嚴，齋友階級爲師位、十地、頂航、保恩、證恩、引恩、天恩、執事和衆生等；龍華派由魚商蔡文舉于臺南創立慎德堂傳入臺灣，此派最富世間色彩，齋友人數最多，階級分成空空、太空、清熙、四偈、大引、小引、三乘、大乘、小乘等九品；金幢派則是蔡阿公傳入臺灣，教義多混入道教思想，齋友階級分爲上恩、叔公、管前、本管、首領、船頭、會首、護法和衆生。以上三教雖在教義和階級上有些歧异，但亦有相同之處，如以信奉觀音菩薩和釋迦牟尼爲主，早時課誦《金剛經》，晚時課誦《阿彌陀經》等。[43]

改隸后傳來的宗教部分，“佛教”一節首先闡述内地（日本）佛教是由從軍布教師傳入臺灣，本爲慰問日本軍人與軍屬，平定臺灣后，各宗派布教師遂駐臺開教，布教對象漸擴及本島人（臺灣人）。但明治32、33年后（1899、1900年后），各宗本山因爲經濟困難，布教對象又再以内地人爲主，漸漸地忽略對本島人的傳教，對此日本在臺當局感到遺憾；其次，書中又調查當時在臺灣傳教的日本佛教各宗派，計有：真宗大穀派……曹洞宗、臨濟宗、净土宗……日蓮宗、真言宗、天臺宗、法華宗和華嚴宗等8宗12派，當中以曹洞宗和臨濟宗發展最佳。各宗爲布教經營的事業，有：曹洞宗臺北中學校、净土宗私立臺南商業學院、真言宗臺北護國十善會附屬寄宿舍及宿泊所、臨濟宗財團法人佛教慈愛醫院、臨濟宗慈愛簡易國語講習所、臨濟宗佛教專修道場、真宗本願寺派基隆愛護舍（免囚保護所）、真宗本願寺派中尊寺附屬授産部、真宗大穀派幼兒園等。最后，認定日本佛教各宗傳入臺灣，對臺灣佛教界不論于佛學研究、修行方法，及佛教給社會印象或戒律上，都有提升作用。[44]

總而言之，本書關于佛教部分内容的陳述，可看出兩個特點：一、書中認爲齊教是佛教的一派，另外，尤其對先天、龍華和金幢三派之傳入臺灣歷程、教義和齊友階級的詳細論述可知，除了原本李添春對齊教的認知外，當時日本在臺當局也應認爲對齊教需詳加調查，[45]在纍積一定調查成果下，才有書中通論性的敘述；二、書裏認爲臺灣佛教乃承襲明末清初佛教樣態，是屬于禪净合一的混合教，雖然有些臺灣僧侶渡海至鼓山涌泉寺和怡山長慶寺求法與求戒，但無學識僧侶仍占大多數，佛教僧侶社會地位也因此低下。此狀況直至日本佛教傳入后，受他們的影響，臺灣佛教界才展開義理研究、成立南瀛佛教會等措施與組織，于日本佛教宗派領導下，臺灣佛教和僧侶的社會地位才漸提升。[46]言下之意，其贊同臺灣佛教日本化，似乎讓人感覺到，佛教改革即爲臺灣佛教的日本化而已。以上乃是本書對佛教有關部分的内容概述。

令人遺憾的是總督府費盡心力從事調查、編輯、出版的本書，却呈現出臺面上的信仰指標，對更多數民間沉默無言的傳統信仰現象與實情，却着墨不多。順便一提，截至目前整個臺灣佛教史仍相類似，不論史料或研究成果都如冰山一角，看到的少，更廣泛的史事面像還未完全揭開。可喜的是到今日，臺灣佛教界已轉變傳統保守作風，無論寺院或僧尼多數有很高意願，願協助學者建立史料或闡揚史實。有興趣的朋友，盍與一同來墾拓此園地。

五、書中呈現日據時期臺灣佛教的演變

本書4個版本都分改隸前后來討論臺灣佛教和齋教。先簡略述説：中國佛教在東漢傳入后，直接跳入明清時代，論此（明清）時代的佛教屬禪净調和之混和教，而臺灣佛教也是此種形態，即是朝禪暮净；宗派則傳自閩南，屬禪宗，亦以《阿彌陀佛經》、《金剛經》、《楞嚴經》等經典爲主，而行念佛。接下來又論述，雖然臺灣佛教傳自閩南，但僧侶社會地位低，無學識者多。改隸后

因許多僧人留日，回臺后繼續研究教理，內地（日本）宗派派布教師來臺傳教，后各派又積極競相來臺設立機構，辦講習會及學校、惠民醫院，國語講習所，進而有南瀛佛教會的成立，糾合衆教徒，使佛教事業日起有功，逐漸向榮，教徒地位也因此提升，以上是佛教部分。書中齋教部分，則先論述齋教具三教（儒、釋、道）合一思想，再叙述其食菜（素食）主義與嚴謹戒律；次則分述龍華、金幢、先天等3派之發展與傳教至臺灣的歷史，及介紹各派內部的階級。[47]

本書所呈現整個日據時期佛教的思想特色，雖然有略古詳今之現象，仍可一窺當時的輪廓，兹分述如下：

（一）本書4個版本實僅2種文本，因此只取最初的昭和9年版和最晚的18年版做比較，即能看出其間演進變，如：

1. 昭和 9 年版

『本島僧侶、齋友及佛教信者等，糾合成立南瀛佛教會，并發行機關雜志，計劃舉行講習會，其中舉行婦女講習會 17 次，講習員 300 余人，來自全島熱心布教傳道者。』

昭和18年版

『本島僧侶、齋友及佛教信者等，糾合成立南瀛佛教會，……機關報發行，并主辦講習會，其中婦女講習會 19 次，講習員 450 人，來自全島熱心布教傳道者。』[48]

2.昭和9年版

『金幢派階級區分爲：上恩師、恩師、首領、護法、衆生五級。』

昭和18年版

『金幢派階級區分爲：上恩師、叔公、管前、本管、首領、船頭、會首、護法、衆生等九分法。』[49]

3.昭和9年版

『現行本島布教乃有真宗本院寺派、真宗大穀派、真宗木邊派、曹洞宗、臨濟宗、浄土宗……天臺宗、法華宗、華嚴宗等七宗十二派。』

昭和18年版

『現行本島布教乃有真宗本院寺派、真宗大穀派、真宗木邊派、曹洞宗、臨濟宗、浄土宗……天臺宗、法華宗、華嚴宗等八宗十二派。』[50]

兩種版本比較后，大部分文句皆相同，所列出相异部分，則多因爲時間的演變，島內佛教狀況不同，而略加修改而已。如講習會次數、參與人數和日本在臺佛教派别等。不然就是因爲隨時間與研究的纍積，更加了解島內狀况而做的修改，如齋（异質佛）教中金幢派的階級區分等。

（二）本書是日據末期皇民化運動時的産物，主要爲檢討神　社進駐狀況而做的調查，因此神社才是討論的重點；然而也從中可反映出皇民化的一些宗教現象，并因而連出討論日本佛教傳入臺灣的奇特論點。其論點是惋惜未貫徹對臺灣人布教。本書昭和 9 年版言：『(初) 各宗相競在島內各地設布教所，在兵馬倥傯之間，忍受許多的不便與困難而從事布教。』，[51] 另外昭和 18 年版言：『當時各宗本山皆設置臨時局,令其專門從事慰問出征軍人及其軍屬,戡定土匪逐漸就緒,乃于新領土策書布教。……回顧當時狀況，內地人渡臺者尚少，因而布教的對象是以本島人爲對象，……在兵馬倥傯之間忍受許多的不便和困難，還是百般努力布教。』[52] 又云：『明治三十二、三年開始，各宗本山因經濟上的困難而改變其方針，以至節儉布教費的支出或中止，在臺布教師在此不得已，産生獨自經營的必要，因爲這樣其傳道也不知何時，傾向以內地人爲本位，而且內地人的渡臺者漸增，忙于經營其佛事法要，終于演變到忽略本島人的布教，此種事情實在非常令人不堪且遺憾。』[53]

由于昭和6（1931）年“九一八”事變爆發，昭和8（1933年）后中日由零星衝突漸次進入戰争如火如荼局面，1937年殖民政府展開皇民化運動，對本島寺廟采取强硬整理態度，且積極期望同化臺灣人，1941年太平洋戰争爆發，此后總督府對臺的同化政策更趨積極。4月成立『皇民奉公會』，上自總督府，下至各級地方機關，全面推行皇民化運動；對改造臺灣宗教與風俗更趨勢汹洶，强制要將所有的民間寺廟、齊堂一律改爲神社，而僧衆的服裝及一切法式、儀軌至此更加日化。[54]

本書討論日本佛教傳入臺灣的奇特論點，可由先后行文中：『忍受許多不便與困難而從事布教』，『在兵馬倥偬之間，忍受許多不便與困難，還是百般努力布教』及『忽略本島人的布教……非常令人不堪且遺憾』。[55]反映出日本在臺當局多么渴望同化臺灣人，而以未能完全同化臺人感到莫大遺憾。另外，在昭和18年版之《全島主要寺院教會與佛教》裏所列寺院，與曾景來在《南瀛佛教》七卷第八號之《提案一則》所舉之全島有名之大寺院相對照，除靈泉寺、凌雲禪寺和法華寺外，雷音、龍山、圓通、圓光、靈隱、净業、開善、元光、法雲、寶覺、開元、竹溪和東山等寺皆未列于上。[56]此或許因爲在實行皇民化運動，日本在臺當局大舉組織、調訓臺籍僧尼和相關佛教人士，欲使臺灣佛教日本化；且更有臺籍僧尼精英20人以上被提升爲領導，[57]故在表中，大都只列舉日人所屬寺廟及少許附屬于日本佛教之寺院。

由此亦可隱約窺知臺灣佛教因有日本佛教之庇護，只要向日本化靠攏，即有生存空間；其他道教、齋教、民間信仰也只得披上日僧服飾，陽奉陰違苟延殘喘，這是佛教的幸運，也是佛教界借他山之石以改革維新得的良機。

（三）1938 年皇民化時期即推行『寺廟整理活動』，朝向寺廟整合、拆毁等打破迷信陋習，整理臺灣民間信仰之寺廟，迫其朝向日本化。又開始進行‘社’的整理，和在街莊亦可設攝末社；1943 年起又推行『一街莊一社』的建造神社運動。配合神社進駐，在『國有神社』下，又推出『家有神棚』，以奉祀有神宫大麻的神棚，作爲家庭精神生活中心。[58] 企圖以神社作爲社會教化中心，用以取代傳統寺廟所扮演居民精神生活中心的傳統功能。[59] 蓄意借此排擧其他民間宗教（含佛教）的生存與發展。總之，期望以日本國家神道取代臺灣人傳統信仰，培養臺灣人成『皇國臣民』。這些陰謀意圖透過指令，均可在昭和 18 年版‘參考法規’中，找到相關的條文；而‘神宫大麻’頒布狀況，則見于‘諸統計表’部分。此部分詳參蔡錦堂《臺灣分館館藏宗教史料及利用》，在此就不贅論。[60]

六、結論

宗教生活爲現代人生活中的重要成分，當今有相當多數臺灣人民信佛教，佛教史因而不容忽視，欲探究臺灣佛教史，當先溯源日據時期的臺灣佛教，本書即爲了解日據時期臺灣佛教的合適入門史料。『知人而后論事』，討論本書之前，理宜先探索該書初撰者李添春的一生。李氏是日據時期臺灣的佛教人物之尖峰代表，由其生平亦可略悉當時臺灣佛教的部分情況。當時一般人欲進入佛教圈仍賴特殊際遇，他經兩位著名法師：善慧的安排，才可由佛教中學林一路念到駒澤大學畢業；又在德融的幫忙下，進入總督府文教局工作，開始他的宗教調查工作，對臺灣佛教更方便全盤深入認識，最終成爲臺灣佛教界的達人、名人。

此外李氏更因自身努力不懈，才有其后的成就，故其回憶録説：

『我在學中决心不被誘惑，……我覺得學生就該像學生，爲了求學，應當有雖死也在所不惜的决心，……到了社會上工作時，我努力的方向是，工作的時候要全心全意地工作，以完成任務』。[61]由此可知，他是個有毅力、有决心的人。此處世態度有助他在佛教研究和修爲上的杰出表現。李氏進入文教局負責臺灣宗教調查工作，因此由他編纂《臺灣神社及宗教》應是順理成章，再由臺灣當局隨各年宗教調查資料來編修定稿。本書因屬于政府宗教調查報告，所以基本上，他是站在統治者的立場陳述，例如書中極力贊揚日本傳來的佛教各派，對南瀛佛教會也有很高的評價。此正如詹京斯（Keith Jenkins）于《歷史的再思考》中言：『歷史是一種移動的、有問題的論述，……實際上，通常與一系列任何時刻都存在的權力基礎相對應，……建構并散布各種歷史的意義。』[62]在殖民時期統治者的威權，絶對高高在上，不容挑戰；因此難免需以統治者的立場撰述。

本書關于于佛教的叙述，實依日本當局（權力基礎）的態度左右，亦隨時代政策的轉變而做更改。[63]也因此本書只能管窺浮出臺面政府注意的表象，廣泛的民間佛教信仰與實情，仍待其他數據彌補。[64]然而整體檢視本書，尚可得到下列幾點認識：

（一）本書是臺灣總督府例行性定期宗教調查報告的呈現，其中有關佛教部分，既可以反映總督府的宗教政策與立場，亦可概觀佛教演變展的部分實情。

（二）自1915年西來庵抗日事件后，總督府驚覺信仰力量不可忽視，而改變原對宗教采取温存的態度（1895～1914），始進行全島宗教調查。及1930年代后期，中日全面大戰與太平洋戰争爆發，日本先勝后衰，爲消弭臺灣人的民族意識，遂推行一連串所謂教化運動、寺廟整理運動、皇民化運動等。這些運動只旨在以日本國家神道取代臺灣人傳統信仰，培養臺灣人成忠貞之『皇國臣民』，進而切斷臺灣對祖國民族情結，協助日本打勝二次世界大戰。

（三）由本書不斷增補章節項目可知：總督府宗教政策不時演變，宗教調查報告内容便隨着不斷擴大。初期大都是簡單調查各寺廟、齋堂與僧侶等數目及變動狀況；后則調查頻率屢次提高，調查規模與項目亦不時增大，如所屬宗派、……信徒人數等資料。后期調查甚至擴及各教派之教化團體、教化與社會事業團體，令人直覺目的在掌控全臺各宗派系，且越來越嚴密。

（四）臺灣佛教原承襲明清時期佛教樣態，呈現衰微狀態，主要信仰爲禪净合一的混合教。一般佛寺中設有禪堂，但后堂或側房往往又安置阿彌陀佛，平時參禪又念佛，或稱朝禪暮净。臺灣佛教與福建省福州鼓山涌泉寺及怡山長慶寺關系密切，本島僧侣多往學法求戒；但依然無學識者衆多，社會地位低落。此情況要至日據后期才漸改觀。

（五）日本佛教是由從軍布教師隨日本軍登臺而傳入臺灣，本爲慰問日本軍人與軍屬。臺灣平定后，日本各宗派布教對象漸擴及臺灣人。本書中記當時在臺灣傳教的日本佛教計有：真宗、曹洞宗、臨濟宗、净土宗……等8宗12派。各宗爲布教經營的事業頗多，以曹洞宗和臨濟宗發展最佳。且認定日本佛教各宗傳入臺灣，對臺灣佛教界不論于佛學研究、修行方法，及佛教給社會印象或戒律上，都有提升作用。

（六）臺灣佛教僧侣原本社會地位低下，直至日本佛教傳入，各派積極在臺設立機構，辦講習會、學校、醫院與國語講習所，臺灣佛教界素質才提升，進而展開研究佛教義理，且有南瀛佛教會的組織成立，使佛教各項事業欣欣向榮，僧侣與教徒地位也因此水漲船高。因而認爲臺灣佛教日本化是值得肯定，甚至誤導人視臺灣佛教的改革即爲日本化而已。

（七）本書是日據晚期進行皇民化運動時的産物，重點在檢討神社進駐后的狀况，唯同時也反映出皇民化的一些内容，連帶討論日本佛教傳入臺灣的情况。其中令人印象深刻的是：常見惋惜未貫徹對臺灣人布教，此反映日據末期皇民化運動時，日本當局多么渴望同化臺灣人，而以未能完全同化臺人感到莫大隱憂與遺憾。

附録一：《南瀛佛教》刊登的宗教調查報告書

年　代	篇　名	出　處	内　容
大正15年/1926	臺灣之宗教狀況	南瀛佛教會會報Vol.4,No.4	對祠廟、齋堂、神明會、教務所、信徒、齋友、道士及僧侣等變動之調查大多是簡單數據排比
昭和2年/1927	臺灣宗教情報(一)(二)	南瀛佛教Vol.5,No.4	
昭和2年/1927	臺灣宗教情報(一)(二)	南瀛佛教Vol.6,No.1	
昭和3年/1928	臺灣宗教情報	南瀛佛教Vol.6,No.4	
昭和5年/1930	臺灣宗教大勢	南瀛佛教Vol.8,No.10	

續表

昭和8年/1933	臺灣に於ける宗教の概要(一)	南瀛佛教Vol.11,No.2	調查規模大且仔細，除了前述調查內容，又加入神社資料、神宮大麻資料和各宗派教化及社會事業的調查
昭和8年/1933	臺灣に於ける宗教の概要(二)	南瀛佛教Vol.11,No.3	
昭和8年/1933	臺灣に於ける宗教の概要(三)	南瀛佛教Vol.11,No.4	
昭和8年/1933	臺灣に於ける宗教の概要(四)	南瀛佛教Vol.11,No.5	
昭和8年/1933	臺灣に於ける宗教の概要(五)	南瀛佛教Vol.11,No.6	
昭和9年/1934	臺灣宗教現況統計	南瀛佛教Vol.11,No.8	
昭和10年/1935	寺廟祭神一覽	南瀛佛教Vol.13,No.2	
昭和10年/1935	寺廟祭神一覽	南瀛佛教Vol.13,No.3	
昭和11年/1936	寺廟祭神一覽	南瀛佛教Vol.14,No.4	
昭和11年/1936	寺廟祭神一覽	南瀛佛教Vol.14,No.6	
昭和11年/1936	寺廟祭神一覽	南瀛佛教Vol.14,No.7	
昭和11年/1936	寺廟祭神一覽	南瀛佛教Vol.14,No.11	
昭和11年/1936	寺廟祭神一覽	南瀛佛教Vol.14,No.12	
昭和12年/1937	昭和十一年度神宮大麻頒布實數調	南瀛佛教Vol.15,No.3	
昭和12年/1937	寺廟祭神一覽	南瀛佛教Vol.15,No.4	
昭和12年/1937	寺廟祭神一覽	南瀛佛教Vol.15,No.6	
昭和12年/1937	寺廟祭神調	南瀛佛教Vol.15,No.7	
昭和12年/1937	寺廟祭神調	南瀛佛教Vol.15,No.8	
昭和12年/1937	寺廟祭神調	南瀛佛教Vol.15,No.9	
昭和12年/1937	寺廟祭神調	南瀛佛教Vol.15,No.10	
昭和12年/1937	寺廟祭神調	南瀛佛教Vol.15,No.12	
昭和14年/1939	神佛會一覽	南瀛佛教Vol.17,No.2	
昭和14年/1939	神佛會一覽	南瀛佛教Vol.17,No.3	
昭和14年/1939	神佛會一覽	南瀛佛教Vol.17,No.5	
昭和14年/1939	臺灣宗教統計表	南瀛佛教Vol.17,No.10	
昭和15年/1940	佛教統計資料	南瀛佛教Vol.18,No.2	
昭和15年/1940	宗教統計資料	南瀛佛教Vol.18,No.3	
昭和15年/1940	宗教統計	南瀛佛教Vol.19,No.11	

數據源：《南瀛佛教》卷4號4（大正15年4月）至卷19號11（昭和15年11月）。

附録二：日據時代政府出版的宗教調查報告書

年 代	作 者（出版者）	書 名
明治35年	臺南廳	南部臺灣志、第八編佛教
明治40年	n.a.	門六廳、西螺堡祠齋堂臺帳
明治41年	臺灣慣習研究會	臺灣慣習紀事
大正4年	丸井圭治郎	習に依る臺灣宗教概要
大正4年	臺北廳	臺北廳社寺廟宇ニ關スル調查
大正4年	臺南廳	臺南寺廟調查書
大正4年	臺灣總督府國語學校校友會	臺灣人の俗説迷信
大正4年	桃園廳	桃園廳寺廟調查書
大正4年	新竹廳	新竹廳寺廟調查書
大正4年	南投廳	南投廳寺廟調查書
大正4年	南投廳	南投廳社寺廟ニ關スル取調書
大正4年	嘉義廳	嘉義廳社寺廟ニ關スル取調書
大正6年	臺灣總督府民政部	宗教調に關する記載例
大正6年	臨時臺灣舊慣調查會	臺灣舊慣調查會事業報告
大正7年	丸井圭治郎	臺灣宗教
大正7年	丸井圭治郎	臺灣の佛教
大正8年	臺灣總督府	臺灣宗教調查報告書第一卷
大正11年	相良吉哉	臺南州祠廟名鑒
大正14年	鹿港街役場	鹿港街役場寺廟之部－寺廟臺帳
大正14年	臺南廳	臺南廳社寺廟宇ニ關スル取調書
大正14年	高雄州教育課	高雄州學事一覧附社寺概覧
大正年間	臺北廳	臺北廳社寺廟宇ニ關スル取調書
大正年間	桃園廳	桃園廳社寺廟宇ニ關スル取調書
大正年間	新竹廳	新竹廳社寺廟宇ニ關スル取調書
昭和5年	增田福太郎	本島宗教運動一班
昭和8年	臺灣宗教社寺刊行會	臺灣社寺宗教要覧臺北州の卷
昭和8年	臺灣宗教社寺刊行會	臺北州下に于する社寺教會要覽
昭和8年	相良吉哉	臺南州寺廟臺帳簡册
昭和9年	臺灣總督府社會課	臺灣に于する神社及宗教
昭和9年	村上玉吉	南部臺灣志第七篇宗教
昭和10年	高雄州教育課	高雄州學事一覧附社寺概覧
昭和11年	臺灣總督府	現行臺灣社寺法令類纂

昭和11年	臺灣總督府法務課	祭祀公業調
昭和12年	增田福太郎	臺灣本島人の宗教
昭和13年	高雄州教育課	高雄州學事一覽附社寺概覽
昭和13年	中壢郡祭祀聯盟	郡下に于ける寺廟整理に就て
昭和13年	曾景來	臺灣宗教と迷信陋習
昭和14年	增田福太郎	臺灣の宗教
昭和14年	臺中州	臺中州宗教關系調查
昭和14年	臺灣總督府社會課	臺灣に于ける神社及宗教
昭和15年	高雄州教育課	高雄州學事一覽附社寺概覽
昭和16年	高雄州教育課	高雄州學事一覽附社寺概覽
昭和16年	臺灣總督府	社寺宗教、社會教育及社會事業ニ關スル法令集
昭和16年	臺灣總督府社會課	臺灣に于する神社及宗教
昭和17年	宮崎直勝	寺廟神の升天
昭和17年	臺中州	臺中州宗教關系調查
昭和17年	石　錐	臺南市寺廟臺帳
昭和17年	西田豊明	臺南市の寺廟現狀
昭和18年	臺灣總督府文教局	臺灣の寺廟問題——習慣信仰改善に關する調查報告第四
昭和18年	臺灣總督府社會課	臺灣に于する神社及宗教
昭和年間	新竹州大溪郡	新竹州大溪郡大溪街寺廟臺帳
昭和年間	臺中州	臺中州寺廟臺帳

數據源：林美容，《臺灣民間信仰研究書目》，臺北："中研院"民族所，1997年。和"中央圖書館"臺灣分館，《日文臺灣數據目録》，臺北："中央圖書館"臺灣分館，1980年。參考兩書中，有關日本在臺政府出版有關宗教專書爲主。

（作者單位："國史館"；臺灣聖母醫護管理專科學校）

註 釋：

[1] 臺灣佛教到20世紀末，已發展至空前的興盛氣象；但佛教徒人數到目前爲止，仍沒有精確的統計。一般粗略地説，可依昭慧法師轉述2000年5月19日，新當選『總統』的陳水扁于接見包括其本人在内的佛教界代表50人，説：當今臺灣有百分之90以上的宗教人口，其中佛教徒就占百分之40以上（昭慧法師，《當代臺灣佛教的榮景與隱憂》（上），《弘誓》，64期（2003年8月），第19頁）。以當時臺灣人口約23,000,000計，則佛教徒應有8,280,000，這是相當高的比例。相形之下，基督宗教（包括基督新教和天主教）大約是百分之3.5，此消彼長之勢，非常明顯。

[2] 見蔡錦堂，《日據時期臺灣之宗教政策》，《臺灣風物》，42卷4期，1992年，第126～130頁；《日

本帝國主義下の臺灣宗教政策》，(東京：同成社，1994年)。陳玲蓉，《日據時期神道統制下的臺灣宗教政策》(臺北：自立晚報，1992年)。

[3] 臺灣總督府社會課,《臺灣に於ける神社及宗教》(臺北:總督府文教局,分别于昭和9、14、16、18年)。目前此4版本書典藏於臺北“中央圖書館”臺灣分館。

[4] 蔡錦堂,《臺灣分館館藏宗教史料及利用》,“中央圖書館”臺灣分館編,《館藏與臺灣史研究論文發表研討會匯編》(臺北:“中央圖書館臺灣分館”,1994年),第243～244頁。

[5] 社會係,《臺灣に於ける宗教の概要》,《南瀛佛教》,11卷2期,第36～37頁。

[6] 林德林,《臺灣佛教改革前提(三)》,《南瀛佛教》,11卷9期,第5頁。

[7] 黄昭堂著,黄英哲譯,《臺灣總督府》(臺北:出版社,1994年),第107頁。

[8] 臺灣總督府編,《臺灣總督府事務成績提要》(大正8年度),轉引自蔡錦堂《日本帝國主義下臺灣の宗教政策》,第54～55頁。

[9] 蔡錦堂,《臺灣分館館藏宗教史料及利用〉,第244～246頁。

[10] 參考江燦騰,《日據初期臺灣佛教史研究演講録》,《臺灣佛教百年史之研究》(臺北:南天出版社,1996年),第109～121頁。

[11] 參考林美容,《臺灣民間信仰研究書目》(臺北:“中研院”民族所,1997年)。和“中央圖書館”臺灣分館,《日文臺灣數據目録》(臺北:“中央圖書館”臺灣分館,1980年)。中有關日本在臺政府出版之有關宗教專書爲主。

[12] 前者即受西來庵事件的影響;后者乃因戰事需要而配合皇民化運動所作的措施。

[13] 蔡錦堂,《臺灣分館館藏宗教史料及其利用》,第238～239頁。

[14] 增田福太郎,《民族信仰を中心として——東亞法秩序序説》(東京:ダリセモンド社,昭和17年;臺北:南天書局,1996年重印),第1～3頁。

[15] 增田福太郎,《臺灣の宗教》(東京:養賢堂,昭和14年),第209～234頁。

[16] 蔡錦堂,《日據末期臺灣人宗教信仰之變遷——以『家庭正廳改善運動』爲中心》,《史聯雜志》,期19(1991年),第37頁。

[17] 杜維運,《史學方法論》(臺北:三民書局,1991年),第162～163頁。

[18] 增田福太郎,《附録》,《南島寺廟探訪記》,《民族信仰を中心として——東亞法秩序序説》,第189～309頁;《臺灣の温潤的風土と其の宗教》,《南瀛佛教》,第14卷第1期(1936年),第4～8頁。李添春與增田福太郎任職於總督府狀況,參見臺灣總督府編,《臺灣總督府及所屬官署職員録》(臺北:臺灣總督府,昭和6),第106頁。有關增田福太郎與臺灣關係可參考:『中央研究院』民族學研究所編,《增田福太郎與臺灣研究紀念研討會論文集》(臺北:『中央研究院』民族學研究所,2003年),第1～103頁。

[19] 李添春,《齋教概説〉,《南瀛佛教》,卷9期1(1931年),第61～71頁。李添春,《臺灣宗教概説〉,《南瀛佛教》,第十三卷,9、10期(1935),第16～23頁,第3～8頁。李添春,《三教思想と臺灣宗教》,《南瀛佛教》,9卷7期(1931年),第9～15頁。李添春,《本島人の靈魂觀》,《社會事業の友》,15期(1930年),第45～46頁。李添春,《臺灣住民之家神及其對神的觀念》,《臺灣風物》,18卷2期(1968年),第9～14頁。李添春,《臺灣佛教の特質〉,《南瀛佛教》,18卷8、9期,第8～17頁;9期,第13～21頁。

[20] 江燦騰,《臺灣佛教百年史之研究》,第73頁。關于總督府文武職員可參考:臺灣經世新報社編,《臺灣大年表》(臺北:南天書局,1994年),第77～186頁。

[21] 臺灣神職會,《后記》,《敬慎》,5卷1期(昭和6年),第34頁。

[22] 臺灣神職會,《役員名簿》,《敬慎》,5卷2期(昭和6),第52頁。

[23] 李添春,《李添春教授回憶録》(臺北:陳國政、李弘生、楊運注銷版,1984年),第52~53頁。林普易,

《臺灣宗教沿革志·下編》，《臺灣佛教》，4卷2期（1950年），第36頁。

[24] 書中諸多觀點亦和李添春：《齊教概説》、《臺灣宗教概説》、《三教思想の臺灣宗教》、《本島人の靈魂觀》、《臺灣住民之家神及其對神的觀念》、《臺灣佛教の特質》等文的觀點相同。另可參考第16頁。

[25] 李添春，《李添春教授回憶録》，第48頁。

[26] 李添春，《李添春教授回憶録》，第50～52頁。

[27] 李添春，《大學時代》，《李添春教授回憶録》，第47～52頁。李添春尚有許多詩作傳世，其作品大都被保存于禪慧法師編，《李添春教授詩歌集》，《臺灣佛教詩對拾遺》（臺北：三慧講堂，1990年），第108～119頁。另參于凌波，《現代佛教人物辭典》，第507頁。

[28] 李添春，《李添春教授回憶録》，第63頁。

[29] 李添春，《李添春教授回憶録》，第49～53頁。

[30] 李添春，《李添春教授回憶録》，第58～59頁：唯就其他史料顯示，代表中并無李添春，姑且存疑。

[31] 李添春，《李添春教授回憶録》，第58～60頁。

[32] 李添春，《社會服務》，《李添春教授回憶録》，第52～53頁；于凌波，《現代佛教人物辭典》，第507頁。

[33] 李添春，《李添春教授回憶録》，第55、74頁。

[34] 皆見李添春，《李添春教授回憶録》，第72～74頁。

[35] 李添春，《李添春教授回憶録》，第73～74頁。李添春認爲中國和臺灣佛教必須改革的立場，除了影響到他所撰述的宗教調查報告書外，其認爲要如何改革，此可參考本論文第肆節和第伍節。

[36] 同注17。李添春至國民政府遷臺，仍是臺灣省文獻委員會編《臺灣省通志稿·宗教篇》的執筆者，見《臺灣省通志稿·宗教篇》（臺北：1957年），第1～259頁。

[37] 臺灣總督社會課，《臺灣に於ける神社及宗教》（臺北：總督府文教局，昭和18年）。參考其目次部分（無頁碼）。

[38] 臺灣總督府社會課，《臺灣に於ける神社及宗教》（臺北：總督府文教局，昭和9年），第5頁，24～25頁，30頁。

[39] 臺灣總督府社會課，《臺灣に於ける神社及宗教》（昭和14年），第47頁。

[40] 臺灣總督府社會課，《目次》，《臺灣に於ける神社及宗教》（昭和18年），（缺頁碼）。

[41]《臺灣に於ける神社及宗教》昭和9年版與14年版除了統計數字外，其文句是一樣；昭和16年版與18年版除了統計數字字外，其文句也是一樣。故以下統計數字中內容，乃依據昭和9年與18年版來做分析。

[42] 臺灣總督府社會課，《臺灣に於ける神社及宗教》（昭和9年），第11～12頁。（昭和18年），第41～42頁。

[43] 臺灣總督府社會課，《臺灣に於ける神社及宗教》（昭和9年），第12～13頁。臺灣總督府社會課，《臺灣に於ける神社及宗教》（昭和18年），第42～44頁。

[44] 臺灣總督府社會課，《臺灣に於ける神社及宗教》（昭和9年），第23～24頁。臺灣總督府社會課，《臺灣に於ける神社及宗教》（昭和18年），第58～59頁。

[45] 例如《臺灣に於ける神社及宗教》昭和9年版叙述金幢派齊友階級爲上恩師、恩師、首領、護法、衆生5級。而昭和18年版則改爲上恩師、叔公、管前、本管、首領、船頭、會首、護法、衆生等9分法。臺灣總督府社會課，《臺灣に於ける神社及宗教》（昭和18年），第43頁。《臺灣に於ける神社及宗教》（昭和9年），第13頁。

[46] 臺灣總督府社會課，《臺灣に於ける神社及宗教》（昭和18年），第42頁。《臺灣に於ける神社及宗教》（昭和9年），第12頁。

[47] 參見臺灣總督府社會課，《臺灣に於ける神社及宗教》（昭和18年），第41～44，58～59頁。《臺灣に於ける神社及宗教》（昭和9年），第11～13，23～24頁。

[48] 臺灣總督府社會課，《臺灣に於ける神社及宗教》（昭和18年），第42頁。《臺灣に於ける神社及宗教》

（昭和 9 年），第 12 頁。

[49] 臺灣總督府社會課,《臺灣に於ける神社及宗教》,昭和 18 年版,第 43 頁。《臺灣に於ける神社及宗教》,昭和 9 年版，第 13 頁。

[50] 臺灣總督府社會課,《臺灣に於ける神社及宗教》,昭和 18 年版,第 58 頁。《臺灣に於ける神社及宗教》,昭和 9 年版,第 23 頁。據今人之研究,總計日據時期來臺的宗派有:禪宗(曹洞宗、臨濟宗妙心寺派)、净土宗（净土宗、西山深草派）、真宗（本願寺派、大穀派、木邊派）、真言宗（高野派、醍醐派）、華嚴宗、天臺宗、日蓮宗、法華宗（顧本法華宗、本門法華宗）等，共達 8 宗 14 派參見松金公正,《植民地時期臺灣における日本仏教寺院及び説教所の設立と展開》,《臺灣史研究》，16，第 19 頁。

[51] 臺灣總督府社會課，《臺灣に於ける神社及宗教》（昭和 9 年版），第 23 頁。

[52] 臺灣總督府社會課，《臺灣に於ける神社及宗教》（昭和 18 年版），第 58 ～ 59 頁。

[53] 臺灣總督府社會課，《臺灣に於ける神社及宗教》（昭和 18 年版），第 58 ～ 59 頁。

[54] 中村元，《中國佛教發展史》（臺北：天華出版社，1993 年）第 1058 頁。除此之外，還由郡守等地方官聯合民間的士紳，出來倡言廢止民間祠廟。影響所及自不在話下，許多道廟被破壞、神像被燒毀。但在佛教方面，因長期以來，一些寺院早已成爲日本佛教的布教所；一些寺廟也委曲求全，陸續歸屬日本的各個宗派，佛教寺廟因此并没有受到太大的整頓，但是僧衆的服裝及一切法式、儀軌却更加被日化了。

[55] 臺灣總督府社會課，《臺灣に於ける神社及宗教》（昭和 18 年版），第 58 ～ 59 頁。

[56] 曾景來,《提案一則》,《南瀛佛教》，卷 10 期 8（昭和 7 年 8 月），第 54 ～ 56 頁。臺灣總督府社會課,《臺灣に於ける神社及宗教》（昭和 18 年版），第 62 ～ 63 頁。

[57] 江燦騰，《臺灣佛教百年史之研究》，第 247 ～ 249 頁。

[58] 蔡錦堂，《日據末期臺灣人宗教信仰之變遷——以『家庭正廳改善運動』爲中心》，第 211 ～ 224 頁。皇民化運動下，日本在臺政府對臺灣寺廟的整理，可參考寺廟調查的執行者宫本延人回憶録《我的臺灣紀行》。宫本延人口述，宋文熏等翻譯，《我的臺灣紀行》（臺北：南天書局，1998 年）第 181 ～ 190 頁。寺廟調查成果爲：臺灣總督府文教局編，《臺灣の寺廟問題》（臺北：臺灣總督府文教局，昭和 18 年），第 1 ～ 84 頁。而繼李添春爲社會課囑托，負責宗教調查事務者是曾景來，參見臺灣總督府編，《臺灣總督府及所屬官署職員録》（臺北：臺灣總督府，昭和 9、10 年），第 107 頁，第 112 頁。宗教調查報告書參考曾景來，《臺灣的迷信與陋習》（臺北：武陵出版社，1994 年），第 1 ～ 43 頁。

[59] 蔡錦堂，《日本據臺末期神社建造——以『一街莊一社』政策爲中心》，《淡江史學》，第 4 期，1992 年，第 211 ～ 224 頁。

[60] 蔡錦堂，《臺灣分館館藏宗教史料及利用》，“中央圖書館”臺灣分館編，《館藏與臺灣史研究論文發表研討會匯編》（臺北：“中央圖書館”臺灣分館，1994 年），第 243 ～ 246 頁。

[61] 李添春，《李添春教授回憶録》，第 56 頁。

[62] KeithJenkins 著，盧建榮譯，《歷史的再思考》（臺北：麥田出版社，1995 年），第 87 ～ 88 頁。

[63] 李添春除了在日本時代撰有《臺灣に於ける神社及宗教》外，於國民黨當局遷臺後，又爲《臺灣省通志稿》撰述《宗教篇》，同作者，内容論點頗堪玩味。

[64] 筆者自本世紀初即着手從事佛教人物的口述歷史工作，幸好得到服務機構“國史館”之認可，且獲得幾位佛教徒同仁通力合作，至今已有部分成果陸續問世。爲時雖晚些，許多老成已凋謝，然而多少補救些；尤令人興奮的是“國史館”在臺灣層級頗高，過去都很超然，有其一定的公信力，因而目前已獲得更多教界、學界的認同與響應。

日據時期的蘭嶼

陳文添

一、前言

有關臺灣本島和今蘭嶼島（以下以舊有名稱紅頭嶼稱之）的往來關系，就文獻記載所見，日本學者伊能嘉矩認爲在康熙六十一年出版，由巡臺禦史黄叔璥所著《臺海使槎録》中的《番俗六考》這一篇内即有在臺灣的中國人航行抵達該島嶼[1]，准備和島上原住民進行貿易，因利害衝突導致兩者之間的來往中斷[2]。另外在乾隆年間成書之《海國聞見録》，伊能嘉矩似乎誤認該書將紅頭嶼記載爲吕宋這大島中之一屬島。而約略在同時出版的《臺灣府志》，則將之附記在琅嶠番族條項之下。就文獻上的證據而言，要將紅頭嶼視爲臺灣之一屬島仍有其不足之處。及至1871年發生牡丹社事件，引發臺灣番地領域問題，清廷認爲紅頭嶼有將之歸入臺灣屬島的必要。光緒三（1877）年3月，命令恒春撫墾委員周有基等20余人赴紅頭嶼實地勘查，回來后將此島歸屬恒春縣管轄，但也只是在地圖上標明名稱、位置，并未設立各項教化措施建立領土主權標幟，作出實際進行統治的事實[3]。

在18年之后，臺灣及其附屬島嶼因清廷『甲午戰争』戰敗之故，被割讓給日本。時爲菲律賓殖民母國的西班牙，爲防止日本勢力南下，并杜絶臺灣、菲律賓之間的領土疆界紛争，意欲進行由兩國發表臺菲領土境界宣言。交涉進行之中，日本海軍省水路部發現紅頭嶼并未在所有外國海圖中皆列爲臺灣屬島，日本外務當局有必要明確將紅頭嶼列爲臺灣屬島，免遭外國覬覦。兩國也因之確曾發表確定臺灣、菲律賓境界的宣言。另外臺灣統治當局也必然須有具體施政措施，建立統治紅頭嶼的事實。基于上述觀點，乃自日本近年來提供戰前官方檔案數據的亞洲歷史數據中心，以及臺灣總督府檔案中尋找相關數據，了解其間經過，除了探尋明治時期日本中央政府對于領土的確實取得，抱持何種態度外，也對當時面對財政情况不佳，須急切解决臺灣西部各地此起彼落的抗日運動、原住民爲亂、軍警不和的臺灣總督府，如何符合中央的政策需要，以進行調查，進而行使實際的施政加以探討，就整項事實經過匯整成爲本篇文章。

二、日西兩國對臺菲領土疆界之交涉

依據先前日本亞洲歷史數據中心公布的明治28（1895）年西班牙和日本交涉臺灣、菲律賓疆界的内閣史料顯示[4]，首先提出要求交涉的是西班牙代理駐日公使喬生 · 卡羅（Jose Caro），他衡本國政府命令，于1895年6月7日致函代理日本外務大臣的西園寺公望，請求會見，經西園寺公望于10日覆函在12日會面，該代理公使説明西班牙政府恭喜日本戰勝取得臺灣、澎湖群島，未來希望繼續日西兩國間的良好關系，避免所有可能會引發傷害兩國關系的困難因素。所以西班牙政府希望日本能明確表示：日本并未有將在太平洋巴士海峽中央綫以南及在東南方島嶼列爲本國所有的意願，將來亦未有此意圖。對于西班牙代理公使的告知事項，西園寺公望代理外相樣也以外交辭令回答，日本方面也和西班牙政府相同，希望全面維持兩國良好關系，也和西國相同，希望避免在領土境界問題上，兩國間有所誤解。日本政府應不致會不同意將西國要求事項以宣言形式發布，但是希望西國政府對于在巴士海峽北方及東北方的太平洋上島嶼也能够作相同宣言。

經查日本是在1895年4月17日和清廷簽署結束兩國戰爭狀態的和約，5月8日兩國在今山東烟臺完成條約換文手續，法理上臺澎已爲日本領土。但是在兩國和約簽署、換文這段期間，發生俄德法三國干涉交還遼東半島事件，日本原本還想擁有遼東半島上的金州廳，但因帝俄的堅持，復以日本軍力不足抗衡三國，終于在5月6日覆文屈服。同月9日干涉還遼的三國回文表示滿意，事件才告落幕[5]。5月30日外交主事人員外務大臣陸奥宗光因肺疾請假，6月5日由文部大臣西園寺公望臨時代理外務大臣，而外務次官林董則更早在5月21日離職，轉由原敬擔任。面臨外務大臣及次官的更動，以及三國干涉歸還遼東半島事件處理才剛結束，日本方面應不願再生事端，西班牙政府選擇由兩國發表宣言宣示臺菲境界以避免日后發生爭端的時機確屬恰當。

而在日本方面，外務省將西班牙有意發表臺灣、菲律賓間境界宣言通知掌管海圖制作、海上保安、海上測量業務之海軍省水路部后，海軍省水路部長肝付兼行在6月21日回函西園寺，表達對紅頭嶼列爲臺灣附屬島嶼仍有值得疑慮之處，希望西園寺善加處理。

原函爲：

敬啓者：

先前您所提及之地圖一節，依您陳述在臺灣東南方面的離島『波特多巴哥』島，在以前已送交之支那海水路志卷之二附録第86頁處，已以漢字命名紅頭嶼。在興德勒（按：人名）之水路志注明并非吕宋屬島而是臺灣附屬島嶼。惟在英國海軍的水路志内則既不屬吕宋亦非屬臺灣屬島，完全是獨立性島嶼。亦即現在只閱覽支那海水路志附録中刊載的内容，它叙明島上土人并非支那式人種，而似乎像是一種蠻族。自然就位置上而言，當然應該是臺灣所屬島嶼，惟在大清一統志上却漏載此島，此乃是有些許須擔憂之處，特函告知敬請知悉。

6月21日

水路部長肝付兼行

臨時外務大臣西園寺公望鈞啓

依據此函内容，可知在清廷將紅頭嶼列入版圖后，只有爲外國人興德勒所編的水路志注明紅頭嶼是臺灣屬島而已。海洋大國英國所編水路志則并未寫明紅頭嶼是吕宋或臺灣的屬島，而讓水路部長肝付兼行擔心的是清廷所編的大清一統志中根本就未刊載紅頭嶼，這時距離周有基等人抵達紅頭嶼進行調查已經有18年之久了，清廷内部竟有如此令人難以置信的疏忽，不過也或許該書仍未及更新所致。日本方面爲確保紅頭嶼，外務省先命令駐西班牙代理公使和西班牙政府協商宣言中加入西班牙國無意取得巴士海峽中央北部及東北部島嶼的條文，對此西國政府并無异議。因此在明治28年7月16日先由外務省制作宣言書案文，由代理外務大臣報伊藤博文總理大臣請在内閣會議中通過案文，再准備交換兩國宣言書，内閣會議在無异議情况下通過。

明治28年7月18日，伊藤博文總理大臣上奏以：有關西太平洋中日西兩國版圖境界宣言書，謹上奏恭請聖裁并請交付樞密院審議。上奏原稿内容的附件宣言書是：

日本國皇帝陛下之政府及西班牙國皇帝陛下之政府，皆希望增進兩國間現有良好友誼，相信明確化在西太平洋中兩國版圖之所有權，有助達成上述兩國之希望，故由得到兩國政府授權之……（人名），協議决定下列宣言：

第一、宣言以通過巴士海峽可航行海面中央之緯度并行綫作爲西太平洋日本國及西班牙國版圖境界綫。

第二、西班牙政府宣言不以在該境界綫北方及東北方島嶼爲其所有地。

第三、日本國政府宣言不以該境界綫南方及東南方島嶼作爲本國所有地。

年〇月〇日于東京記名制作宣言書二份。

所附之宣言書內容即爲外務省所制作之原案，而之所以必須移交樞密院審議，系因爲依據明治21（1888）年4月以敕令第22號公布之樞密院官制，明訂該院爲重要國務之咨詢機關，爲天皇在行政、司法業務方面的最高顧問，但不得干預施政。在其職掌項目中明訂和列國交涉之條約及約定事項，都須交付樞密院提供咨詢意見。樞密院是在召開會議后，將咨詢意見上奏天皇。另外依據該院事務規程規定，依天皇敕令送來之咨詢事項，須先由議長交付書記官長審查，及制作報告院會會議事項。因之在7月26日樞密院書記官長平田東助即將審查后的報告上陳樞密院議長黑田清隆：

謹審查咨詢之有關在西太平洋日西兩國版圖境界宣言書案，查本次臺灣歸屬我國所有，爲預防將來該島和菲律賓島之間疆界的紛争，因爲西班牙希望以巴士海峽可航行海面中央之緯度并行綫作爲兩國之疆界，我政府欲共同與之發表宣言，認定全案皆屬妥當。

如此全案乃進入委員會內進行審查，這時候海軍省肝付兼行水路部長亦本于業務職掌立場，于7月29日致函送交樞密院書記官，表示現階段各國之間對于太平洋海域雖有南太平洋、北太平洋之稱呼，但是仍未見東太平洋、西太平洋的名稱，認爲使用西太平洋的名稱不妥，因之在委員會上，將外務省原案之西太平洋修改爲太平洋西部，其他則照外務省原案通過，修改案文的關鍵性信函譯文如下：

敬啓者：

區分太平洋系以赤道爲中間界綫，有南北太平洋的名稱，此雖已屬世界普遍性的稱呼，但仍未見區分東西太平洋的慣常稱呼。在英國水路志上區分在太平洋諸島嶼，系以『西部諸島』、『中部諸島』、『東部諸島』的名稱稱之。海圖上則區分爲東北部、東南部、西北部、西南部，圖和志的區分相异。此次新使用西太平洋的境界綫，是將海圖上的東北部、東南部稱作東部，西北部、西南部稱爲西部罷了，然而這原本也只是顯現太平洋之概略而已，特回答如右文。

28年7月29日

肝付水路部長

樞密院書記官啓

在委員會議决定修改西太平洋爲太平洋西部后，7月30日夜晚，在黑田清隆樞密院議長主持下，召開將此議案徑付二讀的審查會，可能是争議極少，只有開會必需的最少數人員顧問官10名出席，其他包括所有皇族代表6人及伊藤博文首相以及9名大臣都未出列席，審查會無异議通過修正案，同日樞密院將修正經過上奏天皇及通知伊藤博文首相。同日亦召開內閣會議通過上奏樞密院通過的日本、西班牙兩國境界宣言書，翌日天皇即行核可。日本决定的日西兩國版圖境界宣言書原稿內容爲：

日本國皇帝陛下之政府及西班牙國皇帝陛下之政府，皆希望增進兩國間現有良好友誼，相信明確化在太平洋西部兩國版圖之所有權，有助達成上述兩國之希望，故由得到兩國政府授權之……（人名），協議决定下列宣言：

第一、宣言以通過巴士海峽可航行海面中央之緯度并行綫作爲太平洋西部日本國及西班牙國版圖境界綫。

第二、西班牙政府宣言不以在該境界綫北方及東北方島嶼爲其所有地。

第三、日本國政府宣言不以該境界綫南方及東南方島嶼作爲本國所有地。

1895年8月7日于東京記名制作宣言書二份。

日本和西班牙是在8月7日由西園寺代理外務大臣和西班牙特命全權公使完成簽署、换文的手續，同日在通報伊藤博文首相的同時，也立即辦理上奏天皇已完成宣言書換文的手續。接下來是由外務省通知駐法、英、俄、美、德、奥匃、意大利、荷蘭、清廷、朝鮮諸國公使，并且由外務省提供内閣印刷局日西兩國共同發表宣言書刊登公報原稿，在8月17日刊登官報，整件外交交涉事件才告落幕。

三、總督府派員赴紅頭嶼作實地調查

在日本中央和西班牙駐日外交部門間的交涉結束約1年4個月后，在中央監督臺灣總督府、北海道各項政務的拓殖務大臣高島鞆之助發函乃木希典臺灣總督，表示已和西班牙政府完成臺灣、西國所屬菲律賓間領土方面的交涉，就國家立場而言，須進行紅頭嶼群島的實地調查，以實地確定取得這些島嶼的權限，同時也須掌握島民的狀况。本函是以訓令發出[6]：

訓第201號

貴管轄區域之紅頭嶼，系分散巴士海峽中之群島，位居和西班牙領有地相接壤的地位。在去年8月7日我國已和西班牙國協議決定發表相關宣言。近來有個人計劃到該島探險，因此此時有必要進行該島嶼的實際調查，對島民發出諭告文，以舉出列爲帝國領土之事實，希派遣船艦及官員作實地調查，并立即報告其實際狀況。

訓令如右文。

明治29年12月26日

拓殖務大臣子爵高島鞆之助印

臺灣總督男爵乃木希典鈞啓

而在收到此函之前明治29年9月，東京府士族姓上田者，提出探險的申請，可能就是總督府檔案内的上田毅門，此時總督府必須作是否許可的決定。而在明治30年之初，總督府民政、軍務兩局局長聯名簽報乃木總督[7]：

有關實地調查紅頭嶼一節，爲實現拓殖務大臣訓令意旨，擬裝備汽船一艘，搭載適當人員赴該島及附近諸島從事探險，可否？請核示。

附啓：前項若决定可行，探險人員由民政、軍務兩局必要單位中選擇適當人員命令之。因警備等需搭載相當數目士官兵，惟使用之汽船預定使用海軍專用船福井丸，該船應于二月中旬航抵基隆。

本聯名簽獲采用，2月上旬即發出出差人員的名單，但是此次實地赴紅頭嶼等島的調查，在開始階段就并不順利，先是預定在明治30（1897）年2月出發進行調查，却因爲預備使用大阪商船株式會社的福井丸須駛向澎湖島，出發時間必須延遲到3月中旬。而原本期待臺南縣廳能找到了解該地方的領航人員，但却未找到人選，后來只能由臺東支廳長[8]派遣翻譯人員并請該支廳派出一位職員同行而已。至于獲派參與調查業務的人員[9]，包括府内軍務局課員少佐菊池主及所率軍隊，以及由佐野友三郎率領的文官隊伍包括内務部、殖産部、財務部、臨時土木部的人員在内，還有一位是民政局技師成田安輝，屬較特殊人物，并不歸屬佐野氏指揮，而是獨自進行后述有無可適合日本内地人作爲殖民地等的調查。另外還有意欲了解各該島島嶼狀況，以及各項調查成果的民間人士申請獲准同行人員，還有有意進行産業調查以及有醫學經驗的人士、職司報導的記者，都是福井丸此行的乘客。但總督府事先已决定不准此行人員藉任何理由在調查結束后續留島上。

所有的人員都是在明治30（1897）年3月10日離開臺北赴基隆搭乘福井丸離港，在12日到達火燒島（即今緑島），14日離此島，15日抵達紅頭嶼，一直停留到19號，在20日回到基隆港，21日登陸整理行李搬運貨物，22日才回到臺北。另外，依總督府所發出差命令書寫明『赴紅頭嶼等2島及火燒島進行實地調查』，可能原先計劃調查範圍尚包括在紅頭嶼東南方的小紅頭嶼，却因行程緊迫而未果行。此一調查團的行程概要，依佐野友三郎出差報告書中提出的旅行日志可以相當程度了解其具體做法：

3月10日　和成田技師同行，率領民政局員及同意其搭便船者由臺北出發抵達基隆，同日上福井丸翌11日由基隆出帆。

3月12日　拂曉時分抵達火燒島，上午10時上陸。以島上人士陳令之家爲本部，成田技師率搭便船者若干名從事山林等的調查。萱場技手也率同若干搭便船者，從事農、漁業的調查。職和其他人留守本部，在陳令家中請耆老集合，等待菊池少佐諭示彼等完畢，發給諭告文后，恭讀天皇撫育臺灣人民之勅語，告知聖旨的優渥并諭知臺灣總督府施政方針，由聘任人員栗村氏翻譯，彼等皆謹慎傾聽，及至發給國旗、太陽歷、撫番物品時，彼等皆滿臉喜色，儀式完畢后，職對彼等作了調查，本日一行住宿此處民居。

3月13日　成田技師及萱場技手等從事調查，情況如上一日。職停留本部調查上一日未聽清楚事項，其他人員前往公館及南寮，之后職亦巡視南寮。本日預定下午搭船以天候惡劣福井丸避難南港，故續留島上。

3月14日　拂曉見福井丸船影，上午10時乘船，下午1時半起航。

3月15日　拂曉抵達紅頭嶼，于福井灣下錨，上午8時上陸，扎營菊池村。

3月16日　上午7時集合村民，以言語不通，未能以語言諭示，乃權宜將文告貼于適當處所后，給與撫番用品，后離村往海岸巡視，約半裏有小部落，然該部落系小部落只有23户，且因接近菊池村，已于菊池村處給與撫番物品，因而乃繼續前行，約3裏有一部落再行1裏又有1部落。如先前貼出諭告文及給與撫番物品。兩村村民較前村更有感謝之意。

下午4時　取道舊行路徑就回程，日没后抵露營地。

3月17日　上午7時自菊池村啓程，沿西海岸就巡視之途，行約2里有一部落，再行2里有一部落，又再行約600公尺再有一部落，本日露宿此村，而貼諭告文，給與撫番物品三部落皆相同。

3月18日　上午7時啓程，横越山區有一部落，是乃前天巡視之最后部落，乃由先前同一路程回菊池村。

3月19日　上午10時乘船，下午2時45分起錨出發。

3月20日　下午6時入基隆港。

3月21日　上午9時上陸，爲整理貨物留此處。

3月22日　回總督府。

在調查團回歸總督府后，各員陸續提出出差報告書[10]，特選其中較具代表性的兩篇出差報告作比較。佐野友三郎的報告可分爲火燒島、紅頭嶼兩大部分，内容因和其他民政官員提出之調查報告多有重復之處，所以應該是以部下之報告爲基礎，再添加己身實地作調查所得而制作之出差報告書。依其内容顯示，最早到火燒島的是福州人陳品先，他驅走在該島的蕃族，嘗試在此島定居，但并未成功。之后在小琉球從事開墾的泉州人曾開勝邀集同志30人移居此地，其子孫就定居在島上。而之前被陳品先驅逐的蕃族則轉到紅頭嶼居住，佐野氏對此處居民印象極佳。

但是對于紅頭嶼的調查，因爲語言幾乎都不相通，對于人種方面，也只寫出酷似卑南地方的阿美族人，也指出所使用的語言混入相當多的馬來語。在此島嶼上的居民，和臺灣本島上原住民不同，既不在臉上刺青，也無飲酒、吸烟的習慣，體格雖屬强健，但并未持有武器之類的物品。農業方面主要栽種作爲主食的水芋也從事漁撈作業，但并不對外進行交易，島上人民對于外人的警戒心極强，但并未見到他們有攻擊性。佐野氏認爲只要依據此處人民的喜好加以徐徐誘導，則不管統治者是誰，他們都會歸順服從，就保持作爲新版圖的觀點而言，應該施以適切的統治政策。

另一篇就是成田安輝提出的報告書，成田安輝是鹿兒島縣人，先進入東京陸軍幼年學校后，着進入陸軍士官學校（相當于我國陸軍官校），以生病之故，未畢業即中途退學，參與有東亞魯濱遜之稱的田中鶴吉引進美國式鹽田制作食鹽的計劃，在明治19（1886）年爲研究制鹽方法赴小笠原群島，來年爲相同目的赴美國，竟而進入在阿拉斯加的美國公司服務，曾因設在上海的東亞同文書院前身日清貿易研究所的邀請回日本，1891年再到美國，在舊金山設立販賣日本國内植物的帝國植物商會。

另外，在此處成田也接受日本珍田舍巳領事之請，處理在愛達荷（Idao）華州日本人之間的紛争事件，監督在美國聯合太平洋鐵路公司工作的日本籍勞工，也接受日本政府委托，從事在愛荷華州移民的調查。在日本取得臺灣的第2年即1896年年初回國，4月由總督府殖産部長押川則吉報請任命爲民政局技師，主要從事容納日本内地移民土地的調查，故在此次也奉派從事紅頭嶼諸島的調查。依據其過去輝煌的經歷，民政局有意讓其獨自進行調查，并不歸屬此行文官領導人佐野友三郎節制。而此行所提出的報告書也最爲豐富、具體，并且添附了色彩鮮艷的蝴蝶、島上家屋、用具、裏程數及海流等等手繪圖，而且報告提出日期顯示回府后八日就提出這份圖文并茂的紀録。因爲殖産部擬稿送文書課時是5月14日，當中在殖産部門就約耗時45天，不惟如此，文書課上呈后到乃木總督閲畢時已在6月11日了，可見成田氏意見書在府内實在頗受重視[11]。

至有關紅頭嶼統治及殖産上成田安輝意見書是在明治30年4月6日由成田氏提報民政局局長水野遵[12]，原標題爲『紅頭嶼統治私見』，是成田氏提出對紅頭嶼如何進行統治的意見書，包括設置統機構的性質、經費以及全島行政區域如何劃分諸項目，另一件則爲紅頭嶼殖産上的意見，介紹當時島上諸産物以及經營所需年數等事項。

首先成田安輝認爲紅頭嶼應可設立類同辦務署[13]，從事蕃民撫育業務兼掌理移民等其他事項，文中他陳述其理由：

紅頭嶼蕃人恰如熟蕃一般，性格温順，且幾乎未擁有可稱之爲武器之物，故不須和臺灣本島一般，設立對生蕃人從事撫育及專門從事拓殖業務之撫墾署[14]。然而紅頭嶼蕃人仍未確知該島歸屬我國，嶼司除須讓島民知曉，同時須讓其享有歸我所有之德澤，誘導、發展彼等特有美術上的伎倆。嶼司也要一并統治墾地、殖民及其他原因來島上的内地人民，而在這遠隔孤島，輕罪判决應已足運用，須賦予這方面警察審判的權限。

須注意事項

㈠ 紅頭嶼蕃人未擁有武器，彼等并不在山上狩獵維持生計，專事水田之耕作及海上捕魚，是以不須擁有武器。交給懦怯者武器，是極爲恐怖之舉動，故不如禁止給與武器。

㈡ 勿讓島民和臺灣人或支那人進行貿易，此系爲防止欺騙島上人員及武器之走私。

㈢ 紅頭嶼上并無臺灣人，今后應只允許取得官方許可臺灣人始能來島，但不准移居，以保護我移居人民繁榮發展。

㈣ 須隨時備置可往返小紅頭嶼或東港間之小蒸汽船或戎克船。

㈤ 紅頭嶼辦公署位置找南根村或佐野村附近適合土地興建，在施政上、地理位置上可得方便性。

另外第六點則是紅頭嶼辦公廳舍職員及經費的預估數，估計辦公廳須有嶼司（官名）1名、庶務及會計人員各2名、警察人員4名（警部1名、巡查3名）、雇員5名、在地人村長6名。第一年經費因須興建辦公廳及宿舍，故須13906圓余之經費，但自第2年起，約10506圓余即已足够。至于從事各項島内殖産事業的經營，成田氏認爲可以以15年爲期，最初的5年爲創業期，可進行播種、移植等作業，接下年的5年是栽培期，最后的5年才是收獲期，亦即投下資金到回收至少需要耗費10年以上的時間，而且其生產量因爲島嶼面積不大，收獲量應亦不能和澎湖島相提并論。

四、對紅頭嶼的政策措施

盡管依據總督府檔案中成田安輝報告書的處理方式顯示[15]，總督府頗有意實行有實效性的統治方式。但是衆所周知，這時因爲日本本國財政窘迫，被迫削減在臺灣殖民地經營所需的經費，根本上就限制了整體的臺灣統治政策。

在明治28（1895）年10月，日本由前面提及訓令乃木希典總督調查紅頭嶼之拓殖務大臣高島鞆之助，當時擔任臺灣副總督，率領南進軍攻下臺南，完成了臺灣本島的軍事占領，但是各地抗日隊伍仍層出不窮，困擾統治當局。而且各項統治機構的建立，實也刻不容緩，此種軍事費的增加及機構的新設，在在都使得臺灣財政支出增加，雖然總督府引進大藏省人才[16]及新設財務局等，但歲入仍遠遠不及歲出。對此日本中央實行的解決辦法是盡量減少預算書上的財政赤字，在臺灣實施特別會計制度，只有民政費用才從特別會計下支出，其他陸海軍費用則由本國陸海軍省預算辦理支出。但饒是如此，從明治29（1896）年度起，即需國庫補助694萬圓，才敷歲出之所需，翌30年度略降爲約596萬圓，但是因爲甲午戰争之后，日本爲了擴充陸海軍，以及戰后的不景氣，大藏省大幅縮減對臺灣總督府的國庫補助經費，引起總督府内的極大震撼，甚至發生學務部長伊澤修二挂冠求去及攻擊水野遵民政局局長的風波[17]。在未來經費不容樂觀的情况下，盡管最初有意采納成田安輝調查治理火燒島、紅頭嶼的意見，最終也不得不向現實情勢妥協。茲就此行歸來，并由各員提出相關報告之后，總督府對紅頭嶼實行何種措施？依據總督府公文類纂的記録，叙述如下。

在佐野友三郎、成田安輝一行人從紅頭嶼回到總督府后，明治30（1897）年4月，宫内大臣土方久元來函感謝總督府獻上天皇、皇后紅頭嶼椰子20顆，很明顯的應該是此調查行程帶回的島上產物。這年5月27日增設新竹、嘉義、鳳山三縣及宜蘭、臺東二廳。9月總督府内務部因爲已完成紅頭嶼、火燒島兩島的探險工作，大體知悉兩島的概况，而在同一時期總督府已對在今宜蘭縣下的龜山島作了調查，宜蘭廳長西鄉菊次郎并報請將該島列爲頭城辨務署管轄區域。總督府爲進行實際且有效的紅頭嶼行政管理，乃函請臺東廳提報處理意見。當時的臺東新廳長是注8處提及之日本治臺時，早期對『理蕃』事業功績卓著的相良長綱，可能是該廳對于該島掌握信息不足，未能立即作覆。因之總督府乃自行作了决定，原本最初似乎擬如成田安輝意見在此地設立約略等同辦務署的機構，但因經費未如預期及考慮紅頭嶼全爲熟蕃并無漢人，故暫不屬辦務署管轄，而火燒島全爲漢人，故劃歸卑南辦務署管轄，并分别以明治30年的府令第56號及57號加以公布[18]。

更到了這年11月，因恐日本内地商人爲取得巨大利益會冒險乘戎克船前往火燒島，因而臺東廳長相良長綱請求總督府仿照當時對出入蕃地須事先取得撫墾署長許可之成例加以管制。總督府在11月14日以府令第58號，規定前往火燒島、紅頭嶼皆須事先取得臺東廳之許可，否則將處以25日以内的監禁或25圓以内的罰金[19]。

到了次年，相良長綱廳長以臺東廳本身亦實際了解火燒島、紅頭嶼各項情况，并且設置二島確爲日本領土的標幟，總督府乃命令每年都給與巨款補助以設立命令航綫的大阪商船株式會社派船開航到紅頭嶼，由廳内中村雄助書記官等人在明治31年6月實地調查并設立領土標幟后才返回，回來后相良廳長在7月報告總督府，認爲紅頭嶼上有待建設的各項統治設施確有許多，但鑒于財政方面的因素，在現階段只能利用臺東廳經費，在一年内派出汽船二、三次由官員到島上視察人情風俗、查察人心之動向而已。而相良臺東廳長所稱之到島上的官員，應該是以警察人員爲主要對象。

到了明治36（1903）年元月，紅頭嶼島上才正式設立警察官吏派出所，從事所謂理蕃事業[20]。但是很諷刺的是就在這年10月發生島民對遭遇船難美國人施加暴行掠奪物品的國際事件[21]，總督府不惟須派沿岸航海定期船救助美國人，且要求派出軍艦進行搜索，并且爲根絶日后再發生類似事件，命令臺東廳長編組警察隊伍進行懲戒，逮捕島民監禁，事平之后，增設一處警察派出所。相良廳長爲啓發、感化島上兒童，上書建議須進行學校教育。但此處的教育并非正規學校教育，而是由警察人員在業務空檔時間，對島上人員施以教育，日后漸次發展之后，始建校舍，請派正式教育施教。如此實行非正式教育情况，一直到大正末期都并無太太變化。

五、感想

甲午戰争的結果，日本取得勝利。先前居于東亞中心勢力的清廷，不可避免地走向没落一途。然物必自腐而后蟲生，外國對清、日兩國的觀感應該是截然不同的。西班牙王國自1570年代即取得大部分的菲律賓群島作爲殖民地，對于清廷于1683年起將臺灣收入版圖，二百余年之間根本無意和清廷協商菲律賓和臺灣之間的疆界問題。但是在日本于甲午戰争戰勝取得臺灣及其附屬島嶼未滿3個月，臺灣總督府仍爲臺灣西半部層出不窮的反抗事件搞得焦頭爛額之時，在東京的西班牙公使館即恐懼日本借勢南下，趕緊要求兩國簽訂臺灣、菲律賓間的境界綫。日本的海軍省水路部也立刻發現紅頭嶼作爲臺灣的屬島本身仍有其不完備之處，因爲日西兩國對决定臺菲境界綫并無不同意見及重要的利害衝突，故除了樞密院曾作了文字的修正外，一切都得以順利進行。

但不容置疑的，因日西兩國的此一宣言，才讓紅頭嶼即今日的蘭嶼確實的變成臺灣的屬島，雖然在日西簽訂此一宣言書的18年前，清廷確實曾經派員調查過紅頭嶼，并且也將此島嶼劃歸恒春縣管轄。但實則只是在地圖上標示出名稱位置而已，仍爲清廷政教措施所不及之地。因爲并無統治之事實，而且未建立爲清廷版圖之標幟，若他國有心，該島雖爲清廷先發現，還是會發生領土的争議。以和日治時期的臺灣相關事件爲例，因爲新南群島即約略等同后日的南沙群島，乃地處南海的要衝，素爲日本海軍所覬覦，日本外交文書[22]雖也承認此處爲中國人先到達之地，但是日本仍然借口大正年間有日本企業曾在此地開挖磷礦作爲根據，根本不顧中國方面的反應，也排除法國政府的抗議，悍然于昭和14（1939）年3月30日，由臺灣總督府以府令第31號修改州廳之位置、管轄區域及郡市名稱位置及管轄區域，將新南群島劃歸高雄市管轄，同日高雄州亦發布告示公告新南群島的大字、小字（即區段）并規定相關警察該管轄區作配合[23]。在次日日本中央外務省亦對此事作了發表。此事件因系在中日發生武裝衝突之后，中國已有多處領土落入日本手中，且歐陸局勢緊張，并未引起太大回響。姑不論日本此種作法有多少可議論之處，但是在戰前取得領土權除了是新發現土地之外，一國有將之列爲領土的意圖，以及實際進行有實效的統治都是必需的要件[24]。

惟依據現存大正、昭和時期數據顯示，總督府對紅頭嶼的施政并不多，只曾在大正3年10月以府令第66將紅頭嶼、小紅頭嶼排除在一般行政區域之内，將之視爲蕃地[25]。迄昭和6年也只設有紅頭嶼警察官吏駐在所，内駐巡查3名。而有關島民子弟的教育，也只有由警察人員從事教育工作的紅頭嶼教育所而已，連警務局人員都爲島民太過温和，導致總督府給與的政教設施太少而感到不平[26]。在日治前期武官總督時期，并未有任何一位總督踏上紅頭嶼。一直到首任文官總督田健治郎及之后的伊澤多喜男當政時，才曾登上此島視察十余分鐘即行離去。到最后一任文官總督中川健藏時期，則曾于昭和8（1933）年8月17日，乘坐軍艦五十鈴號抵此島視察半天，隔日再到火燒島觀察后離去。當時的紅頭嶼有7社372户1702人，之后由警務當局研擬計劃要制訂頭目、有勢力人員會議規則，預備將島上各社納入管制及充實教育設施，確立成人教育體制、開鑿道路、奬勵農耕、畜牧、林業等，惟似也止于紙上作業[27]。另外，在大正末期航空器日趨發達，日本陸軍省、海軍省、遞信省協商結果，原則上臺灣本土不允許外國飛機飛越，只允許飛越紅頭嶼、火燒島上空而已[28]。而隨着日本統治末期軍事方面的需要，也曾在紅頭嶼野銀部落，即今日行政院退除役官兵輔導委員會所屬在該島的永興農場，建設了一條飛行跑道，以支持航空作戰[29]。

最后我認爲有必要提到的是總督府派遣調查人員成田安輝的后來經歷，在完成紅頭嶼調查后的明治30（1897）年10月，即因外務省請其進行西藏的調查，故申請離職，總督府還特别晋升一級俸后離職[30]。之后他到中國大陸的上海，再入重慶轉成都，曾嘗試由此處進行入西藏調查的工作，但失敗了，乃改回上海進入印度加爾各答再由大吉嶺進入西藏拉薩。是繼日人河口慧海之后第二位入藏的日本人。此行經費全由日本外務省機密費支出，考慮派他赴藏時的外務大臣是西德二郎，曾于明治20年離開駐帝俄公使一職返國時，特意申請取道中亞，親眼目睹帝俄勢力進中亞時的情况[31]。之所以派遣成田安輝入藏，應該是外務省要了解之后俄國勢力進入西藏以及和英國勢力對峙的情形。但成田安輝此行隨行人員寺本婉雅是曾在1892年單騎横越西伯利亞，后來在1895年6月率領憲兵攻下淡水港，時在陸軍參謀本部任職的福島安正給予經費支助的人員，成田此行應該也帶有軍事方面的色彩。在成田安輝停留蜀地未能入藏之前，他對于紅頭嶼一直未能忘懷，明治32年上書兒玉總督反對保留紅頭嶼現狀的政策，認爲應誘導走向文明。可惜在大正4（1915）年他客死奉天之前都未能見及總督府大力建設紅頭嶼的情况出現[32]。

最后提出者是明治30（1897）年3月赴紅頭嶼進行調查時所搭乘的福井丸后來的命運。在1904年2月日俄戰争發生后不久，日本海軍因爲帝俄太平洋艦隊在旅順要塞掩護之下并不急于出港作戰，爲此，日方乃研擬將老舊船舶自沉于航道，以阻止俄艦出港的封鎖旅順港計劃，前后有三次進行封鎖航道的作戰行動。福井丸最后的行動是參加明治37（1904）年3月27日第二次封鎖航道作戰，福井丸并未沉没在預定位置上，作戰并未成功。但福井丸沉没之前該船指揮官廣瀨武夫中佐，曾三次上下即將沉没的福井丸盡力尋找部下，在返回小艇時被炮彈擊中殉職后，變成日俄戰役的『軍神』之一[33]。

（作者單位：“國史館”文獻館）

註 釋：

[1] 此段出處見伊能嘉矩編《臺灣番政志》（臺北：古亭書屋復刻版，1973年3月），第262～263頁，但伊能將“番俗六考”稱是一本書有誤。

[2] 同注1.262頁記載該島産金，以代鐵之用云云，似不符實際情况。

[3] 林熊祥編《蘭嶼入我版圖之沿革》（臺灣省文獻委員會，1958年）即附有清光緒5年臺灣輿圖一大張。

[4] 亞洲歷史數據中心是在1995年8月，當時的日本首相村山富市爲紀念二次大戰結束50周年，命令檢討設立亞洲歷史數據中心。經專家協商后，决定該組織是廣泛、不偏頗搜集日本和亞洲鄰近諸國間的近現代史料，并提供國内外研究人員的利用的機構。現在該機構主要提供的數據是由國立公文書館、外交史料館、防衛省防衛研究所圖書館保存，經完成數字化作業的戰前亞洲歷史數據，其數量仍在陸續增加之中。除檔案目録之外，亦有制作后設數據。本文所利用者系以『領土』、『西班牙』、『紅頭嶼』作關鍵詞檢索所得之檔案數據。另亦利用《日本外交文書》第28卷第1册第292～300頁。

[5] 俄德法三國干涉還遼經過見《近代日本綜合年表》（日本：岩波書店，2001年版），第143～144頁。

[6] 臺灣總督府檔案中之《臺灣總督府公文類纂》，爲日治時期最重要的臺灣總督府統治關系檔案。原并無流水號，而是以各年永久保存、15年保存第幾卷方式留存，明治35年之前的檔案還有甲種永久保存及乙種永久保存的區别。到本館前身省文獻會時期才增加了各卷流水號。配合數字化檢索需要，本文亦使用流水號，不作年度卷號之區分。本件見《臺灣總督府公文類纂》第148卷第7件（紅頭嶼外一島狀况復命）《臺灣總督府公文類纂》。

[7] 見《臺灣總督府公文類纂》第148卷第7件（紅頭嶼外一島狀況復命）佐野友三郎等人提出之視察報告書（復命書）亦附于本件内。

[8] 當時的臺東支廳長是相良長綱，他是鹿兒島藩士，曾參加維新戰役，擔任陸軍大尉，后轉往官界發展。來臺之前曾兼任衝繩縣師範學校校長，教導衝繩人日本人化，卓有績效。來臺后軍政期間擔任恒春出張所長，復行民政后，改爲恒春支廳長，之后兼任臺東支廳長、恒春撫墾署長、恒春國語傳習所長。任内取得潘文杰氏協助，故在總督府早期『理蕃』事業上，留有諸多業績，最早原住民教育機構即由他爭取設立。明治30（1897）年5月27日，爲首任臺東廳長，轄區甚廣包括后來的花蓮港廳在内，有關紅頭嶼早期實行諸措施及明治37（1904）年年初率警察隊討伐島民，都是在其任内發生之事，但于1904年3月17日，因氣喘病并發肺炎引發心髒麻痹死于任内。

[9] 赴紅頭嶼出差命令見《臺灣總督府公文類纂》第148卷第1件《紅頭嶼外ニ島出張員ヘ命令事項》。

[10] 如注7所述，各派出人員出差報告書除成田安輝報告書外，皆附于《臺灣總督府公文類纂》第148卷第7件《紅頭嶼外一島狀況復命》。

[11] 成田安輝在來臺灣前的經歷見日本中京大學和國史館臺灣文獻館合作編輯2005年3月出版之《日本領有初期の臺灣——臺灣總督府文書が語る原像》，第456頁。

[12] 《臺灣總督府公文類纂》第148卷第6件《紅頭嶼施政ニ關スル成田技師意見》。

[13] 辦務署是明治30（1897）年5月臺灣分6縣3廳時期，在縣、廳之下設立主要由警察人員掌政之行政機構，明治34（1901）年11月臺灣改行20廳制時才遭廢止，總督府檔案寫成『辨』字。

[14] 撫墾署是明治29（1896）年3月到31年3月在臺灣少數民族居住區設立之機構。

[15] 在成田安輝技師意見書的經費區分欄上方，曾寫有編列預算可列入雜給、雜費項下，惟爲便于一覽，登載于俸給處，可知總督府原有意爲紅頭嶼行政之需編列預算。

[16] 如中村是公、祝辰巳二人都是總督府和大藏省交涉任用的人員，見《臺灣總督府公文類纂》第119卷第22件及35件。

[17] 明治30（1897）年4月，亦即成田氏等人提出復命書、意見書后不久，總督府學務部長伊澤修二不滿自己和國會議員協商完畢，但水野遵不提出設立公學校預算，致未能設計劃中之公學校，乃憤而上書乃木總督，以仍不獲采納，故挂冠求去。

[18] 《臺灣總督府公文類纂》第123卷第14件（紅頭嶼及火燒島ヲ臺東亭管轄ニ編入）。

[19] 《臺灣總督府公文類纂》第136卷第29件（火燒島紅頭嶼ニ渡航スル者ハ許可ヲ受クヘシ）府令第58號。

[20] 昭和6年生き物趣味の會在東京發行，稻葉直通、瀨川孝吉所著《紅頭嶼》，第35～36頁。

[21] 依據《理蕃志稿》及《公文類纂》第4814卷第3件顯示，此次事件起因系美國帆船卞加明·錫奥號于明治36（1903）年8月新加坡啓航，目的地是上海。10月航抵鵝鑾鼻外海遇臺風，船體進水未能航行。船長以下22人分乘3艘小艇，后來有一艘沉没，人員再分别乘上他二小艇，航行途中分散，一艘飄抵鵝鑾鼻，一艘飄流到紅頭嶼，前者被警察人員救起，后者被島上人民發現，遭暴行且衣服、所持物品被掠奪，小艇人員有4人溺死、3人行踪不明，只5人被總督府派出的沿岸定期船及軍艦救起。爲懲罰島民命臺東相良廳長編組警察隊討伐，總督府并派高級警官隨行，于1904年1月28日晨行動，包圍搜索蕃人家屋，逮捕10人并扣押武器也燒毁住家。在29日回卑南，被逮捕人員監禁于臺東廳内，曾是軍官也是教育人員出身的相良長綱臺東廳長，率警察隊伍出征，因有宿疾已無體力上陸，只能留在船上，事件終結后的1904年3月17日病故。

[22] 見日本外交文書《各國領土發見及歸屬關係雜件ノ南支那海諸礁島歸屬關係ノ新南群島關係第1卷及第2卷》。

[23] 新南群島歸高雄市管轄見《臺灣總督府事務成績提要》第45編之第195頁及昭和14年3月30日

高雄州報號外。

[24] 昭和 12 年 11 月日本東京岩波書店出版《岩波法律學小辭典》，第 1131 ～ 1132 頁。

[25] 見《臺灣總督府公文類纂》大正 3 年總總號 5751 號第 14 件（廳位置及管轄區域中改正〈臺東廳〉）。

[26]《理蕃之友》召和 9 年 7 月號（ヤミの王王國紅頭嶼）上篇。

[27]《理蕃之友》昭和 8 年 9 月號（中川總督の蕃地巡視）及（紅頭嶼の横顏）。

[28] 亞洲歷史數據中心以紅頭嶼作爲關鍵詞所得數據。

[29] 鐘堅著，麥田出版社出版《臺灣航空决戰》第 60 頁。

[30] 見《臺灣總督府公文類纂》第 231 卷第 15 件《技師成田安輝升級及非職》。

[31] 有關西德二郎中亞地區以及河口慧海入西藏之調查報告，見日本東京株式會社ゆまに書房昭和 63 年出版，明治シルクロード探檢紀行文集成共 21 卷之第 3、4 卷西德二郎所撰《中亞細亞紀事》上下卷及該集成中第 14、15 卷由河口慧海所撰《西藏旅行記》上下卷。諸多不同人的探檢報告文，顯示日本這民族尋求對外發展及不畏難、不怕險的風氣。

[32] 成田安輝在四川上陳兒玉總督文見大正 7 年臺灣總督府警察本署編《理蕃紙稿》卷 1，第 256 ～ 258 頁。

[33]《圖説明治人物事典：政治家、軍人、言論人》湯本一編著，2000 年 2 月日本東京紀伊國屋書屋發行，第 496 ～ 497 頁。

日據時期臺灣總督府圖書館館藏臺灣數據探析

張圍東

一、沿革

臺灣僻處東疆，在短短三百年間，治權屢易，歷經荷蘭、西班牙、明鄭、清治至日治，兵燹頻繁，致使圖籍散失。迨至日治臺灣之后，即着手進行殖民化的教育政策，配合當時的政治、經濟而實施各項教育措施；同時，爲了使教育事業能够普及，乃又極力推行社會教育，以達成其殖民統治的目的。

臺灣總督府圖書館前身系1901年（明治34年）1月創設的『私立臺灣文庫』。該庫原設于『淡水館』（原登瀛書院）。迨至1906年（明治39年）臺北市區改建，拆毀淡水館，于同年8月16日文庫閉館停止開放，其藏書全部移交東洋協會臺灣支部保管。

1912年（大正1年），東洋協會臺灣支部，建議臺灣總督府設立官立圖書館；同年5月6日，臺灣支部總會决議籌組『臺灣文庫開設實行委員會』，由東洋協會臺灣支部長内田就『臺灣文庫開設委員會』所提議决，建議臺灣總督府設立官立圖書館，于1914年（大正3年）正式編列圖書館建設費，于同年4月13日公布『臺灣總督府圖書館官制』[1]。

同年11月2日，假臺北城外艋舺（即今萬華）祖師廟（原國語學校的一部）内設置臨時辦公室，1915年（大正4年）3月5日，公布『臺灣總督府圖書館規則』。同年6月12日，公布『臺灣總督府圖書館館長職務規程』；1915年（大正4年）6月14日，館址自艋舺祖師廟遷移至城内書院町舊彩票局内（即今寶慶路與博愛路口之博愛大樓）。同年6月30日，制定『圖書館處務細則』；7月17日，制定『圖書館細則』；于8月9日正式開館。

總督府圖書館基本圖書，乃承原臺灣文庫藏書，復加淡水館、學租財團、臺灣縱貫鐵路開通紀念圖書、内田文庫、后藤文庫等藏書，并獲隈本繁吉、角源泉、栗田武、松元卓爾諸富着稱。

總督府圖書館自1914年（大正3年）4月至1945年（昭和20年）8月止，經營凡三十一年；歷經五任館長，1914年（大正3年）8月6日，由總督府視學官隈本繁吉爲初任館長，在職一年十個月，在其任職内，聘請帝國圖書館（東京市，原稱上野圖書館）司書官太田爲三郎任『總督府圖書館事務囑托』，協助籌備圖書館開館事宜；1916年（大正5年）5月16日，由太田爲三郎爲第二任專任館長，在職六年；1921年（大正10年）7月8日，由日本石川縣立圖書館館長并河直廣爲第三任館長，在職七年；1927年（昭和2年）7月9日，由總督府視學官若槻道隆爲第四任館長，系爲代理館長，在職二個月；最后由日本新潟縣立圖書館館長山中樵，于1927年（昭和2年）8月30日爲第五任館長，在職十九年。

1937年，中日戰争爆發后，總督府圖書館爲了協助戰争，于1937至1943年（昭和12年至昭和18年）間捐募雜志勞軍外，別無其他的發展，不久因中日戰争擴大爲第二次世界大戰，戰火延及臺灣，1944年（昭和19年，民國33年）2月，總督府圖書館遂把圖書疏散于郊外之新店青潭、大龍峒保安宫、龍山國校、中和莊南勢角簡大厝等處，1945年（昭和20年，民國34年）5月，總督府圖書館終于在盟機轟炸之下，毁于戰火[2]。

二、資料來源

臺灣總督府圖書館對于臺灣數據采用五項原則：

（一）當時的資料，無論報章雜志、單行本，凡是有關臺灣的，不論内容如何，一律收藏。

（二）日治臺灣以后的數據。

（三）清治時代的數據。

（四）明鄭時代的數據。

（五）荷蘭、西班牙時代的資料[3]。

其中收藏最多而且最珍貴的是清治時代的數據。

在山中樵時代，特別注意鄉土資料之搜集，其史料的内容分爲：

（一）印刷記録

1.屬于鄉土志料之印刷記録：包括著者是鄉土人，在鄉土出版的資料，報紙及連續性出版品、公共資料、例議會、法律及市等有關數據，商業數據、劇場、映畫、演藝館及音樂會等簡介、海報資料。

2.有關鄉土的印刷記録：包含地志、歷史、傳記（有關鄉土人）、公共資料（即議會、法律等）、小説、詩（即在鄉土的地方演劇方式等）、報紙及連續性刊行的參考出版品。

（二）手寫記録：市街莊等的手寫記録，是鄉土史料最重要的數據，其中包括教學記録、鄉公所的記録、私人商業記録、寫本（原稿）筆記等。

（三）繪畫記録：繪畫的資料代表鄉土色彩最濃厚，也最能表現出鄉土數據的特點，其中包括：描寫物、印刷物、寫真類、地圖類。

（四）雕刻記録：雕刻也具有鄉土的特色，其中包括鄉土的印章、飾章、貨幣、私鑄貨幣等[4]。

臺灣總督府圖書館館藏臺灣數據源有四：

（一）『臺灣文庫』藏書：該文庫成立于1901年（明治34年）1月，設于臺北『淡水館』（原登瀛書院）内，1907年（明治40年）停辦。其藏書多得自募捐，日治初期，來臺日人勤于搜訪中國書籍，尤刻意搜求有關臺灣資料，本文庫所藏圖書，爲日人搜集的具體成果，内有不少珍本。如雍正修《福建通志》清乾隆2年原刻本、乾隆修《福建續志》清乾隆33年原刻本，皆系日人草場之郎寄贈[5]。

（二）『臺灣總督府』藏書：日人據臺以后，爲殖民統治的需要，對于清修臺灣方志、采訪册、清人有關臺灣的著述及中文綫裝書，搜集不遺余力，對于有關西文臺灣數據，亦多方搜求。如清光緒20年修《臺灣通志》，系清稿本四十卷，此志是割臺后被携内渡，至光緒33年，由日人駐福州領事，以日圓一百五十元購得；又如清光緒18年，林豪重修的《澎湖廳志》清稿本十五卷，亦爲該府所藏。又其所保存的《臺灣日日新報》全套，是早期者自日本帝國圖書館移來，其所藏不少抄本，是雇人在各地圖書館一頁一頁借找的[6]。

（三）『臨時臺灣舊慣調查會』藏書：日人據臺之后，爲統治臺灣，積極調查

臺灣之風俗習慣，臺灣總督府于1901年（明治34年）10月，公布『臨時臺灣舊慣調查會規則』，并成立該會。該調查會自1901年（明治34年）10月開始，到1919年（大正8年）關閉，維持了十八年之久。該會深入民間，調查足迹遍踏全島，搜得不少稀見之數據，或覓得原本、或據以傳抄，如清光緒二十年輯《鳳山縣采訪册》、《雲林縣采訪册》而據以傳抄。

該會對于各類調查報告成果有：《臺灣私法》、《清國行政法》、《臺灣蕃族慣習研究》及《調查經濟資料報告》。另有大正2年至10年之《舊慣調查會第一部蕃族調查報告書》、大正4年至11年之《臨時臺灣舊慣調查會第一部蕃族慣習調查報告書》。該調查會在1919年（大正8年）解散，爲了繼續刊行上述報告書，另外設置『臺灣蕃族調查會』，且刊行《臺灣蕃族圖譜》二卷及

《臺灣蕃族志》第一卷，此外亦有部分稿本如未曾印行之《臺灣形勢概要》[7]。

（四）『臺灣總督府圖書館』藏書：該館設館以來，以搜集臺灣資料列爲采訪重點，1915至1926年（大正4年至15年），曾積極就公私所藏之清修志書與清人著作商傳抄，如《臺灣通志》清稿本、《噶瑪蘭志略》抄本、《臺灣采訪册》原本、《重修鳳山縣志》刻本、《諸羅縣志》刻本等，各傳抄一部。又如曾派抄手抄回彰化吴德功的全部著作《彰化節孝册》等六部。迨至山中樵于1927年（昭和2年）8月，出任館長以后，除繼續傳抄工作，如據日本帝國圖書館、宫内省圖書寮藏本影寫周元文《重修臺灣府志》、劉良璧《重修福建臺灣府志》、康熙修《福建通志》（臺灣府系事），又勤訪島内藏書家與文士，或商請割愛，或商借傳抄，如黃清淵曾親寫所著《茅港尾紀略》一册贈藏。此外，山中樵更透過舊書店代爲搜集，其眼綫廣布，信息靈通，曾留下不少與人爭購圖書的書林佳話[8]；且對于日治以后有關臺灣的著作及官方出版品，無論單行本或報紙雜志的單篇，有見必收，巨細靡遺。

三、資料内容

總督府圖書館收藏臺灣文獻資料，約4,500余種、10,070余册，其中包括荷蘭、西班牙據臺文獻；明鄭治臺文獻；清治臺文獻；日人據臺文獻。在中文臺灣數據的搜藏約有300種、1,000余册，其中以清修方志、采訪册最爲齊全；就館藏數量而言，雖藏量不多；然就質而言，則頗有可稱。在日文臺灣資料的收藏約有4,000余種、15,000余册，其中有珍貴的未印行的稿本、抄本，亦有官方的原始文件及雜志、報紙，其中以官方出版品搜藏較全，坊間出版品亦少有遺漏，就出版數量而言，約有80%以上，論量不爲不豐。在西文臺灣資料的搜藏約有150種、280余册，其中以史地方面的書籍最爲重要，凡1945年以前出版的專書，大都有搜藏，其中仍不乏珍貴的版本，除少數有重印本或譯本而流通較廣外，余多絶版，該館所藏原木；多爲罕見本，亦頗珍貴。

（一）中文數據：館藏中文數據，多屬清治臺灣時期的數據，另有少數的日治臺灣時期的漢文著述與有關明鄭時代的資料。藏書内容主要有方志、采訪册、輿圖、雜記、紀事、公牘、文集、傳記、族譜、游記、詩文别集等，其中清修方志，采訪册收藏特别齊全[9]。

《臺南府恒春縣簡明總括圖册》，清光緒年間繪原稿本，系土地清册。

《澎湖廳志》十四卷，（清）林豪重修光緒20年刊本。

《赤嵌集》四卷，（清）孫元衡撰清康熙年間刻本。

《乾隆平定臺灣得勝圖》十二幅，清刊銅版。

《康熙福建通志抄録》不分卷，據清康熙刻本影抄本。

《臺灣通志》四十卷，（清）薛紹元纂清光緒20年修，原稿本、另一部傳抄原稿本。

《石井本宗族譜》（延平郡王鄭氏系譜），影抄本。

《臺灣采訪册》（不分卷）（清）陳國瑛等采輯，清道光9年10月至10年8月間采輯未刊有抄本傳世。

《彰化節孝册》、《施案紀略》、《戴案紀略》、《讓臺記》、《瑞桃齋文稿、詩稿、詩話》、《觀光日記》，系彰化吴德功著述，抄本。

《六十七兩采風圖》（清）六十七繪彩色繪本。

《臺灣番社圖》（清）黄叔繪抄本。

《鄭氏關系文書》，手抄本。

以上所列之重要臺灣數據，其中《乾隆平定臺灣得勝圖》以巨額在北平購買，另外《臺灣通志》以150日圓自厦門購得，足以顯示對臺灣數據之重視。

（二）日文資料：總督府圖書館庋藏日文臺灣資料，除少數系輯録自清代數據外，余皆爲日本據臺時期以及日本内地所編纂的書籍與數據。

就内容而言，館藏包括書目、宗教、教育、文學、語言、經濟、土地、財税、法制、風俗、氣象、地質、人類學、動物、植物、礦物、古生物、醫藥、土木、水利、交通、軍事、藝術、産業等各類資料；其數據性質，包括施政記録、統計數據、檔案、史料、調查報告、會議記録、專書、論文、期刊、報紙。其中有珍貴的未印行的稿本、抄本，亦有列爲管制的『秘』本；有印量甚少的油印本，亦有官方的原始文件；有官方的公報、官報、年鑒，亦有業務計劃檔案，甚至旅游的宣傳品，寫真集，街莊與地形圖，真可謂包羅萬象，琳琅滿目[10]。

《臺灣形勢概要》六篇，臨時臺灣舊慣調查會編，明治35年原稿本。

《寺廟調查書》（臺北廳、新竹廳、桃園廳、南投廳、嘉義廳、臺南廳），大正4年調查，原稿本。

《臺灣總督府陸軍幕僚歷史草案》十卷，臺灣總督府陸軍幕僚編抄本。

《臺灣堡圖》，臨時臺灣土地調查局編，明治37年調制，大正10年10月訂正，臺灣日日新報社出版。

《臺灣蕃族圖譜》二卷，臨時臺灣舊慣調查會編，大正7年3月發行。

《臺灣總督府民政事務成績提要》四十八篇，臺灣總督府編，明治30年至昭和19年印行，秘本。

《臺灣總督府及所屬機關職員録》，臺灣總督府編，明治31年至昭和19年，臺灣日日新報社版本。日本内閣印刷局版本，自明治22年至昭和17年。

《臺灣總督府府報、官報》，總督府民政局總督官房文書課編纂，明治29年至昭和20年，排印本。

《臺灣日日新報》，明治31年1月至昭和19年3月，該報社發行。

總督府圖書館藏書内容除上述資料外，另外尤對地圖與寫真集特別重視，玆就這兩項加以説明：

1.地圖類：總督府圖書館庋藏地圖，包含地形圖、市街莊圖、里程表或圖，其中尤以地形圖最爲重要，更具有參考價值；如《開拓使舊藏臺灣地圖》、大正15年的《二萬五千分之一臺灣地形圖》、大正2年至11年的《五萬分之一臺灣地形圖》、大正2年《五十萬分之一臺灣蕃地圖》、昭和3年《蕃地地形圖》、明治34年《改正臺北市街全圖》、《臺北廳大加蚋堡大安莊地圖》、明治30年《臺北大稻埕艋舺平面圖》、明治37年《臺灣總督府管内各廳里程圖》、《十萬分之一臺北州管内里程圖》、昭和十一年《臺灣臺北州蕃地里程表》、《新竹州蕃地里程表》、《臺南州蕃地里程表》、《高雄州蕃地里程表》、《花蓮港廳蕃地里程表》、《臺東廳蕃地里程表》等[11]。

2.寫真類：總督府圖書館庋藏寫真集，内容包含臺灣全島著名之山川、城市、廳廨、廟寺、人物及物産工業風俗等，如明治41年《臺灣寫真帖》，大正4年《記念臺灣寫真帖》、《臺灣寫真帖》、《臺灣古寫真帖》、《臺灣寫真大觀》，昭和7年《臺灣的展望》，昭和3年《臺灣的事情寫真帖》，昭和9年《臺灣教材寫真集》，明治32年《臺灣名所寫真帖》，明治36年《臺灣名勝風俗寫真帖》，昭和6年《臺灣介紹最新寫真集》，大正3年《北部臺灣寫真帖》、《南部臺灣寫真帖》，大正7年《兒玉總督在臺紀念寫真帖》，昭和6年《臺北市京町改築記念寫真帖》、《臺灣總督府圖書館寫真帖』等[12]。

（三）西文資料：總督府圖書館庋藏西文臺灣資料，也相當的豐富[13]。

十七世紀印行的專書有：

Verhaal. Van de verovering van’t Eylant Formosa, 1661.

叙述鄭成功驅荷記載之數據。

Herport Van Bern, A. Eine Kurtze Ost-Indianische ReissBeschreibung, darinnen vieler Ost-Indianischen Insulen vnd Landtschafften Gelegenheit, der Einwohneren Sitten vnd wilden Thieren

Bescchaffenheit, sampt etlichen nachdenklichen Beyagerungen vnd Schlachten, zwischen der Hollandischen Ost-Indianischen Compagney einer seits, vnd etlicher Ost-Indianischen Konigen vnd portugesischen Kriges-Volckeren ander seits, beschehen, sonderlich der chinesischen Beyagerung vnd Eroberung der Insul Formosa. 1669.

《東印度旅游見聞》德文本，内容載述鄭成功擊退荷蘭人的史實，除此之外，作者對于當時臺灣人文風土也表達了十分敏鋭的觀察力，是研究十世紀有關臺灣事實記載最爲詳盡之數據；另外總督府圖書館也藏有1670年于荷蘭的阿姆斯特丹出版的荷文本。

Bort, B Borts Voyagie, Naer de Kuste van China en Formosa. -Amsterdam-. 1670

《航海記》叙述荷蘭人重新占領基隆有關史實。

Montanus, A. Atlas Chinensis: being a second part of a relation of remarkable passages in two embassies from the East-India company of the United provinces, to the Viceroy Sing-lamong（靖南王）and General Taising Lipovi, and to Konchi（康熙）Emperor of China and East-Tartary. With a relation of the Netherlanders Assisting the Tartary against Coxinga（國姓爺）and the Chinese fleet, who till then were Masters of the Sea. -London-. 1671.

叙述清、荷聯軍對付明鄭之有關史事之經過。

C. E. S. ‘t verwaerloosde Formosa, of waerachtig verhael, hoedanigh door verwaerloosing der Nederlanders in OostIndien, het Eylant Formosa, van den Chinesen Mandoryn, ende Zeerover Coxinga, overrompelt, vermeestert. ende ontweldight is geworden. -Amsterdam-. 1675

C. E. S. 即當時鄭成功克臺時的荷蘭臺灣長官Cogett之別署。《被遺忘之臺灣》藏有1675年于阿姆斯特丹出版之原本，是一部重要的史料，頗爲珍貴。

十八世紀出版有關臺灣的專書有：

Nomsz, J. Anthonius Hambroek, of de belegering van Formoza, -Amsterdam-.1775.

以臺灣爲題材之劇本，是荷文本。

十九世紀出版的專書有：

Klaproth, H. J. Description de l Ile de Formose, Phrases en Formosan,Vocabulaire Formsan. -Paris-. 1824.

《臺灣志》系法文本。

Happart, G. Dictionary of the Favorland Dialect of the Formosan Language.Written in 1650. Tr. by W. H. Medhurst. Batavia. 1840.

臺灣高砂族語之一『Farorland』語辭典。

Campbell, W. An Account of Missionary Success in the Island of Formosa. Published in London 1650 and reprinted London. 1889. 2 vol.

《臺灣布教史》，初版刊行1650年于倫敦，爾后1889年再版。

第1册十九世紀在南部傳教的記載。

第2册Campbell本身在南部的傳教。

Machay, G. L. From Far Formosa: The Island, Its People and Missions. -New York. 1896.

《臺灣布教志》。

Imbault-Huart, C. Les sauvages de Formosa. -Paris. 1896

《臺灣蕃民志》。

二十世紀出版之著作有：

Campbell, W. Formosa under the Dutch Described from Contemporary Records, with Explanatory

Notes and a Bibliography of the Island. -London. 1903

《荷蘭人統治下之臺灣》。

Davidson, J. W. The Island of Formosa, Past and Present: History, People, Resources, and Commercial Prospects. -London. 1903.

《臺灣志》。

Alvarez, J. M. Descripcion geografica de la isla de Formosa. -Madrid. 1915

描述臺灣地理之西班牙文本。

Hayata, B. Icones plantarum Formosanarum nec non et contributions ad floram Formosanam, or icones of the plants of Formosa, and materials for a flora of island.

Vol. 1-10 -Taihoku. 1911～1921

日本著名學者早田文藏所著的巨著《臺灣植物圖譜臺灣植物志料》十卷。

Yamamoto, Y. Supplementa Iconum Plantarum Formosanarum. Part 1-5. -Taihoku. 1925～1932

早田文藏的弟子山本由松所著《續臺灣植物圖譜臺灣植物志料》五卷。

在西文臺灣資料中，有不少珍貴史料，是研究臺灣時期的重要資料。在上述所列資料中，仍以十九世紀的臺灣資料較多，但十七、十八世紀的數據，雖然不多，最具參考價值。

四、資料特色

（一）中文數據

多爲清治時期的志書與文集，以編纂成書且已刊行的數據爲主。就庋藏中文數據的數量而言，藏量不多，然就性質而言，則頗有可稱；館藏清稿本多達14種，抄本中罕傳本或屬孤本亦有近30種，而原刻本中如《澎湖廳志》、《重修鳳山縣志》等，傳本頗少。清修臺灣方志、館藏清稿本、原刻本、影抄本、抄本集于一館，其中尤以《康熙福建通志抄録》乃清領臺灣后，所修的第一部系有臺灣府事的志書，系學術界所艷稱的蔣毓英《臺灣府志》的底本，又《澎湖廳志》十五卷本、系爲其后《澎湖廳志》十四卷刻本重編所依據的底本，此兩部志書特具有版本價值。總督府圖書館所藏的抄本中，凡爲該館自行傳抄者，其中多半爲士林潘光楷氏所抄，潘氏書法剛峻，筆迹工整，且于書眉附有校記，實爲抄本中善本，此爲該館庋藏中文臺灣數據的一大特色。

（二）日文資料

多爲日治時期的出版品，就現存資料而言，館藏的政府公報、統計資料、街莊概況、報紙，略有所缺，惟該館所藏的未印稿本、抄本及油印80余種中，多半爲孤本，此爲館藏的特色之一。另外，官方出版品及坊間出版物，皆甚具參考利用之價值。

（三）西文資料

皆系排印本，凡1945年以前所出版的專書，該館大多藏有，在西文有關臺灣專書中，仍不乏珍貴的珍本，如1675年所出版的《被遺忘的臺灣》（C. E. S.' t verruaerloosde Formosa）荷蘭文原本，及何柏（Herport）的《東印度旅游見聞》1669年之德文原本，即屬極爲難得已見的版本，其余十八、十九世紀及二十世紀初葉所印行的荷、德、法、英文書籍，除少數有重印本或譯本而流通較廣外，其余多絶版，該館所藏原本，多爲罕見本，亦頗爲珍貴。

五、資料整理與數字化

(一)資料整理

自1958年起開始整理，依其堪用程度，分批循環進行修補裝訂作業。并將館藏日文臺灣舊籍制作影印復本，以方便各界學者專家借閱參考，兼及妥善保存原書。另先后編印書本式目録，提供學術界參考使用。

1.《臺灣文獻數據目録》，1958年。本目録系依日據時期臺灣總督府圖書館所藏書刊爲主，計分中文、日文、西文三部分。

2.《日文臺灣數據目録》，1980年。本目録以臺灣光復以前的舊藏爲限，包含叢書、單行本、期刊、小册子、抽印本、單篇論文等。

3.《西文臺灣數據目録》，1976年。本目録包括圖書、期刊論文、小册子、地圖等。一般圖書有討論臺灣者，亦予裁篇别出。按分類排列，書后附有著者索引。

4.《臺灣文獻書目解題》，自1987年4月起，設《特藏資料編纂委員會》，遨聘館外臺灣史研究之專家學者參與，自1987年11月底起《臺灣文獻書目解題》陸續出版，至民國87年1月全部出版，全套20册，計有方志類9册、傳記類4册、公報類2册、地圖類3册、族譜類1册、語言類1册，爲利用臺灣文獻最重要之參考工具書。

5.《館藏數據微縮目録》，1995年10月出版。本目録之數據以收藏臺灣數據爲主，計有1990種。如《臺灣日日新報》、《臺灣新報》、《臺灣教育會雜志》、《臺灣時報》、地圖及地圖集、臺灣各州廳市報、古文書、臺灣總督府府報、官報等，以利典藏及廣爲流傳。

(二) 資料數字化

爲發揮館藏特色、提高典藏數據之使用率、强化臺灣研究的深度和廣度，自2007年起獲教育部補助辦理『日文臺灣數據數字典藏計劃』，將館藏珍貴日文臺灣資料數字化，并建置日治時期臺灣文獻全文影像系統。目前已數字化之數據種類有『圖書』、『期刊』、『輿圖』三大類，透過網絡提供大衆查詢并可實時在綫取得所需數據之數字内容，提升服務質量與研究效益。

1.日治時期圖書全文影像系統（http://stfb.ntl.edu.tw）

『日治時期圖書全文影像系統』收録許多重要圖書，例如《臺灣史料稿本》爲臺灣總督府史料編纂委員會編纂完成之打字油印稿本，采編年體，自 1895 年至 1919 年逐月逐日編纂臺灣總督府重要施政紀要，并收録《改隸前支那史料》、《臺灣史料雜纂》、《巴達維亞城日記》及《司令官雷爾生日記》(《司令官コル ネレス ライエルヤンの日志》) 等史料，乃是研究臺灣史不可或缺的基本資料。其他圖書主要爲概要、綜論性及調查報告書等珍貴資料，目前約有 3,700 本圖書可在綫檢索，并瀏覽全文圖像文件。

2. 日治時期期刊全文影像系統（http://stfj.ntl.edu.tw）

『日治時期期刊全文影像系統』包含各類期刊，目前在綫可查詢瀏覽的有《臺灣教育會雜志》(后易名《臺灣教育》)、《臺灣建築會志》、《臺灣警察協會雜志》(后易名《臺灣警察時報》)、《臺灣通信協會雜志》(后易名《臺灣遞信協會雜志》)、《内外情報》、《臺中州教育》、《敬慎》、《新臺灣》、《臺灣産業雜志》、《臺灣の水利》、《臺灣醫事雜志》、《臺灣礦業會報》、《實業之臺灣》、《臺灣の山林》、《臺灣婦人界》、《高山 國》、《臺灣文藝》、《木瓜》、《蕃情研究會志》、《臺灣經濟雜志》、《蕃界》、《緑珊瑚》、《臺灣農友會會報》 等共 22 種。

3.日治時期臺灣地圖數據庫（http://192.192.13.178/cgi-bin/gfb3/graph.cgi?o=dgraph）

本系統收録以日治時期臺灣地圖爲主，該地圖數據庫已建置700余幅，内容可分爲：

(1) 單張地圖：有以臺灣全島繪制地圖如『最新實測臺灣全島地圖』、『新高堂編臺灣地圖』等，及單一地方城市或街市的地圖如『改正臺北全圖』、『花蓮港廳管内圖』、『臺東管内裏程圖』等。

（2）堡圖：指將莊圖的官治行政境界及自治行政境界，如堡、裏、鄉、澳和街、莊、社鄉等悉數描繪于圖上。本館目前典藏明治37年由臨時臺灣土地調查局制『臺灣堡圖』,及大正10年訂正『臺灣堡圖』兩類。

（3）蕃地地形圖：大正至昭和年間由民政部警察本署負責調制，爲對『番人』統治而進行山地調查所繪制之地形圖。

（4）臺灣地形圖：大正及昭和年間，由大日本帝國陸地測量部負責針對各地調制地形圖。

（5）功能型地圖：『臺北飛行場位置平面圖』、『臺灣鐵道綫路圖』、『臺灣東部及油田圖』、『高雄州下水利組合分區圖』、『桃園水道位置圖』等。

六、資料研究與出版

（一）資料研究

總督府圖書館所搜藏之臺灣文獻資料稀見本，深受國内外大學及學術界重視，深具學術研究參考價值，諸如臺灣地方志、臺灣史料稿本、臺灣堡圖、臺灣總督府府報官報、各州廳縣市報、各州廳市統計資料、臺灣日日新報、臺灣時報、臺法月報、臺灣教育會雜志、臺灣警察協會雜志、臺灣農事報等，皆系最具研究價值之珍貴史料。

爲了充分利用館藏臺灣史料，能與學術研究相結合，特再擬定《臺灣分館特藏資料研究補助計劃》及《博、碩士論文研究補助計劃》，以期優秀的研究人員出版其著作貢獻于社會，讓學術普及于民間，讓國人分享研究成果，并藉以推動研究風氣。

國外各大學暨學術機構，對于臺灣資料的搜集交换工作，甚爲積極，譬如日本中京大學社會科學研究所，利用總督府圖書館收藏之臺灣史料綱文爲底本，并引用臺灣史料稿本及相關史料，出版復刻本《臺灣史料綱文》三卷，另外尚有日本琉球大學及財團法人臺灣協會、美國斯坦福大學等機構，皆對總督府圖書館之臺灣史料，有極高度的興趣，積極的從事數據交换的工作，以達到學術研究的目的。

反觀國内爲應研究參考的需要，臺灣銀行經濟研究室將館藏清治時期的中文臺灣數據，除了宗教書籍、教科書、日人漢文詩集外，其余大部分皆已編入《臺灣文獻叢刊》（簡稱文叢本）中，共計309種；然《文叢本》多系原本抄録付梓，以供學者研究參考，對于學界之貢獻，是無法估量的。另外美國亞洲學會中文研究數據中心，協助臺北成文出版社，將館藏臺灣府縣地書等約有100余部，影印出版《中國地方志叢書》。另外日治時期的施政記録及通記臺灣類似志書體裁的專書，列爲《中國方志叢書》的《臺灣地區》第二期中，多系該館收藏的日文臺灣數據，使臺灣文獻數據能够廣爲學者利用，以從事學術研究。綜觀國内外各研究機構的積極作爲，足以顯示總督府圖書館搜藏臺灣文獻數據對學術研究上，甚具參考價值的珍貴史料。

近年來，臺灣的研究，尤其對日治臺灣時期之各項研究，漸爲學界所重視，致使總督府圖書館館藏臺灣史料也發揮其利用的價值，國内學者及各大學研究生以日治臺灣爲範圍，積極撰寫論着專文的爲數甚多，分别從歷史、教育、宗教、人類考古民俗、地理、建築、人口、經濟、政治等方面探討日治臺灣的史事，各有其相當之貢獻。此外，日本學者和留學生亦紛來臺灣，從事有關的臺灣研究，因而致使館藏臺灣史料之學術研究擴展新的領域。

（二）資料出版

爲了館藏的利用與流通，特擬定『館藏書刊借印出版管理辦法』，近年來，國内外機構爲研究，并借印臺灣書刊情形如下：

1.日本國衝繩縣南西印刷出版社申請借印《國語研究會會報》、《臺灣教育會雜志》及《臺灣教育》等129册，以促進中琉雙方學術文化交流。

2.遠流出版公司爲重刊《臺灣堡圖》借印館藏臺灣古地圖85種。

3.嘉義香光尼僧團伽耶山文教基金會爲研究臺灣早期佛教發展情形，借用館藏《南瀛佛教會會報》、《南瀛佛教》及《臺灣佛教》等15册，加以復制研究使用。

4.臺灣分館珍藏之六十七《兩采風圖合卷》，現已成爲研究及了解平埔族生活和臺灣相關物産的佐證資料，臺灣分館爲使珍貴圖籍得以廣爲流傳、方便使用，乃將描寫生活部分的《番社采風圖》及描寫物産部分的《臺海采風圖》加以合刊重印。

5.臺灣特藏舊籍《日、漢文臺灣日日新報》縮影數據業經五南圖書公司完成重印發行，供圖書館界參考。除提供服務更廣域讀者服務群參考利用外，亦提供讀者另一項參考工具書本式媒體的選擇。

6.館藏臺灣數據廣受研究者的重視與大量使用，爲開發利用光盤技術輔助研究者查找數據，漢珍信息系統公司乃來函申請借用1,000多種圖書，制作『臺灣數據影像光盤數據庫』。

7.日本株式會社龍溪書舍借用《臺灣教育事情》昭和12年等81册，出版《日本殖民地教育政策史料集成(臺灣篇)》94卷298册。

8.日本株式會ゆまに書房借用《顏國年君小傳》1册，出版《植民地帝國人物叢書：臺灣篇2》12册。

9.文聽閣圖書有限公司借用出版《涉濤集》、《東游六十四日隨筆》、《六亭文集》、《内自訟齋文集》等15册。

10.YUMANI書房借用出版《臺灣總督府臨時情報部 部報第412號》全13卷暨别卷共14册 。

11.漢珍數字圖書館股份有限公司借用漢文臺灣日日新報之微卷出版影像電子版。

12.大鐸信息公司借用《臺灣時報》(1919年以前)出版數字數據庫産品。

13.商鼎文化出版社借用苗蠻畫册 (3册之2册：第1與第2册) 出版畫册及宣傳相關贈品。

14.日本國九留米大學借用《蕃人讀本篇纂趣意書》(1册) 出版 《蕃人讀本》300册。

15.日本國久留米大學借用《臺灣教科用書國民讀本》、《公學校用國民讀本》(共24册)并出版。

16.南天書局借用《日治時代公學校教科書》42卷并出版。

17.日本科學書院借用臺灣二萬五千分之一地圖共120張并出版。

18.宗青圖書公司借用《臺灣時報》(明治42年創刊號至昭和22年3月止) 并出版光盤版。

19.日本國琉球南西印刷出版部借用《國語研究會會報》、《臺灣教育會雜志》、《臺灣教育》(共129册) 并出版。

（作者單位："國家圖書館"特藏組）

註 釋：

[1] 《臺灣總督府圖書館官制》，臺灣總督府府報第 473 號，大正 3 年 4 月 23 日，第 106 頁。

[2] 山中樵，《臺灣かち：總督府圖書館の創業》，圖書館雜志第 22 年第 12 號（總號 109），東京：日本圖書館協會，昭和 3 年 12 月，第 291 頁。

[3] 劉金狗、黄得時,《臺北圖書館滄桑談》,圖書館學刊第 2 期,臺北:臺大圖書館學會印行,1972 年 6 月,第 98 頁。

[4] 穀川福次郎，《鄉士史料の取扱に就いて》，《臺灣教育》，圖書館教育特輯號，臺北：臺灣教育會，昭和10年1月1日，第62～67頁。

[5] 高志彬，《“中央圖書館”臺灣分館特藏漢學資料介紹》，《臺灣地區漢學資源選介》，臺北：漢學研究中心，1988年11月，第207～208，221～222頁。

參閲國立中央圖書館臺灣分館藏總督府圖書館圖書匯整而成。

[6] 高志彬，《“中央圖書館”臺灣分館特藏漢學資料介紹》，《臺灣地區漢學資源選介》，臺北：漢學研究中心，1988年11月，第207～208，221～222頁。

參閲“中央圖書館”臺灣分館藏總督府圖書館圖書匯整而成。

[7] 山根幸夫著、吴密察譯，《臨時臺灣舊慣調查會的成果》，《臺灣風物》第32卷第1期，臺北：臺灣風物雜志社，1982年3月，第24～29頁。

[8] 山中樵非常熱心搜集臺灣資料，曾有一段很動人的事實：東京有某舊書店把剛印好的舊書目録寄一册給某君（黄得時），同時也寄一册給山中館長，當時某君發見該目録裏面著録一部有關臺灣資料的抄本，這部抄本一向没有人知道的，某君喜不自禁，怕被别人買去，立即打電報給東京那家書店表示要買，那知道山中樵也同日打電報去，只較某君的電報遲了半個小時而已。照理講，因爲某君的電報先到，所以應該賣給某君，但那家書店却打電報給山中館長，要他直接與某君商量，山中館長接電報之后，立刻親自到某君家中商請將該書讓與圖書館。從這點小事情，可以看出山中館長對于收集臺灣數據，多么積極而熱心。

[9] “中央圖書館”臺灣分館特藏資料編纂委員會編，《臺灣文獻書目解題》，地圖類（一），臺北：該館印行，1992年3月，第23～32、167～181、223～230頁。

[10]《臺灣文獻書目解題》，方志類（一），1987年11月，第25～40、87～110頁。

[11]《臺灣文獻書目解題》，方志類（四），1988年6月，第232～256頁。

[12] 臺灣省立臺北圖書館編，《臺灣文獻數據目録：中文部》，臺北：臺灣省文獻委員會，1958年6月，第1～16頁。

[13] “中央圖書館”臺灣分館編，綫裝書目録，臺北：該館印行，1991年6月，第309～210頁。

臺灣總督府圖書館編，臺灣關系數據展覿目録—和漢書之部，臺北：該館印行，昭和4年9月，第1～35頁。

參考文獻

一、圖書部分

1. 山中正編著，《木山人山中樵の追想ー圖書館と共に36年》，（東京：編者印行，昭和54年9月），第225頁。
2. 昌少鷺撰，《臺灣圖書館》，（臺北：臺灣省立臺北圖書館，民國37年7月），第157頁。
3. 張圍東著，《走進臺灣日治時代：總督府圖書館》（臺北市：臺灣古籍，2006年1月），第281頁。
4. “中央圖書館”臺灣分館特藏編委會編，《臺灣文獻書目解題》(臺北：該館印行，1987年～1993年1月)，全15册。
5. “中央圖書館”臺灣分館編，《日文臺灣數據目録》，（臺北：該館印行，1980年6月），第422頁。
6. “中央圖書館”臺灣分館編，《西文臺灣數據目録》，（臺北：該館印行，1976年3月），第173頁。

7. 臺灣省立臺北圖書館編，《臺灣文獻數據目録》，（臺北：臺灣省文獻委員會印行，1958年6月），第172頁。
8. 臺灣總督府圖書館編，《大正7～11、昭和1～17年度臺灣總督府圖書館一覽表》，（臺北：該館印行），全12册。
9. 臺灣總督府圖書館編，《臺灣總督府圖書館案内》，（臺北：該館印行，大正12年4月），全1册。
10. 臺灣總督府圖書館編，《創立十周年臺灣總督府圖書館一覽》，（臺北：該館印行，大正15年8月），第44頁。
11. 臺灣總督府圖書館編，《開館二十周年紀念臺灣總督府圖書館要覽》，（臺北：該館印行，昭和10年8月），第43頁。
12. 臺灣總督府圖書館編輯，《臺灣總督府圖書館寫真帖》，未刊本。

二、期刊報紙部分

1. 山中樵著、周炳鑫譯，《臺灣的官撰方志》，《圖書月刊》第1卷第1期～5期，民國35年8月～12月。
2. 山根幸夫著、吴密察譯，《臨時臺灣舊慣調查會的成果》，《臺灣風物》第32卷1期，1982年3月，第23～53頁。
3. 王潔宇，《臺灣省立臺北圖書館史》，《臺灣省立臺北圖書館館刊》第2期，1965年9月，第1～64頁。
4. 高志彬，《“中央圖書館”臺灣分館特藏漢學資料介紹》，《臺灣地區漢學資源選介》，1988年11月，頁205～224。
5. 袁金書，《本館珍藏的幾種臺灣文獻》，《臺灣省立臺北圖書館館刊》第4期，1971年12月1日，第2～33頁。
6. 郭水潭，《臺北圖書館小志》，《臺北文物》第5卷1期，1956年4月，第112～125頁。
7. 黄德福撰，《本館所藏善本書介紹》，《圖書月刊》第2卷1～4期，臺北：臺灣省圖書館印行，民國36年2月～4月。
8. 黄德福撰，《臺灣的官撰縣廳志》，《圖書月刊》第2卷6～7期，民國36年6月～7月。
9. 黄德福撰，《臺灣通志善本介紹》，《圖書月刊》第2卷9期，民國36年9月15日，第4頁。
10. 劉金狗、黄得時，《臺北圖書館滄桑談》，《臺大圖書館學刊》第2期，1972年6月，第94～106頁。
11. 鄭恒雄，《“中央圖書館”臺灣分館珍藏研究資料及特色》，《幼獅學志》，第13卷1期，1976年11月1日，第184～190頁。
12. 山中樵，《臺灣から（二）總督府圖書の創業》，《圖書館雜志》第22年12號，昭和3年12月，第290～292頁。
13. 木母浮浪，《臺灣の圖書搜集》，《臺灣時報》第64號，大正4年1月，第33～39頁。
14. 市村榮，《清朝官撰臺灣府縣志類》，《圖書館雜志》第114～115號，昭和4年5～6月。
15. 穀川福次郎，《鄉土史料の取扱に就いて》，《臺灣教育》新年號，昭和10年1月，第62～72頁。
16. 春山行夫著，《總督府圖書館と文獻》，《臺灣風物志》，東京：生活社，昭和17年7月，第97～110頁。
17.《乾隆平定臺灣得勝圖》，《臺灣日日新報》，第13221號，昭和12年1月15日，第4版。

日治時期臺灣的漏籍問題

王學新

一、前　言

1895年馬關條約訂定后，臺灣歸于日本管轄，而原本居住于臺灣之住民（尤其是清國人）又應如何處置？根據馬關條約第五條第一項：『本約批准互換之后限二年之內，日本准中國讓與地方人民願遷居讓與地方之外者，任便變賣所有産業，退去界外。但限滿之后尚未遷徙者，酌宜視爲日本臣民。』其中『酌宜』之語意不清，但日文原文爲『日本國ノ都合ニヨリ』，即隨日本國方便之意。

1896年8月29日代理總督水野遵擬向拓殖務大臣高島鞆之助提出有關臺灣住民之國民身份令之律令案，其内容如下。[1]

第一條	本令内稱臺灣住民者，爲明治二十八年五月八日以前于臺灣島及澎湖群島内有一定住所者。
第二條	至明治三十年五月八日以前未離開到臺灣總督府管轄區域以外之臺灣住民，根據馬關條約第五條第一項，爲日本帝國臣民。但遭臺灣總督否認者不在此限。
第三條	家長不被賦與日本帝國臣民之身分者，其家族亦無日本帝國臣民之身分。
第四條	臺灣住民目前雖未住于臺灣總督府管轄區域内者，而欲取得日本帝國臣民之身分者，得于第二條之期限内，經由地方廳，向臺灣總督提出申請。
第五條	對于被賦與日本帝國臣民身分者，發給日本帝國臣民證。

依照其理由書所言，『根據馬關條約第五條第一項，明顯的即使在條約交換后，臺灣住民仍被視爲清國臣民，而并非被視爲日本國臣民。至明治三十年五月八日，日本國有隨其方便，而視其爲以及不視其爲日本國臣民之自由。故若欲給予臺灣住民日本國臣民之身分時，就必須以更有法律效力之臺灣總督之命令來明示不可。此爲必須制定有關臺灣住民之國民身分令之緣故。』[2]此律令案雖遭否决，但根據1897年2月22日經總理大臣松方正義指令謂『有關臺灣住民國籍處分案不需要以具有法律效力之命令或行政命令來規定，』[3]即意味着總督府有隨其統治之方便隨意賦予或不賦予臺灣住民日本國籍之自由。

根據上述理由書，制定第一條之目的爲『賦與臺灣住民之定義』。所謂『臺灣住民』，即是馬關『條約締結當時及其以前居住于其地方之人民。至于要有一定之住所者，是因爲以往本島并非如我國一般具備户籍制度，于未經調查以前，只能以有無住所來判别。』[4]

第二條之理由書有『本條之精神爲所有住民皆爲日本國臣民。僅對于有土匪嫌疑者、妨害治安者等人，若賦予其日本國臣民身分將明顯不利者，則應有必要不賦予其日本國臣民身分。故特别加以但書。而于但書却有隨意記載否認者，此爲實際上無法明白列出不能獲得日本國臣民身分者之條件，且于政略上不得其宜所致。』[5]

又根據第四條理由書，『依照馬關條約第五條第一項，臺灣住民于明治三十年五月八日以前有離去之自由，而因一時避難或商務而渡航清國内地者，與以離開臺灣之意思而渡華者，實際上無法區别，故爲無離開意思而渡華者之方便計，而設本條，以補足第二條。』[6]

因此，于此身份令可知，總督府判别臺灣人與清國人之主要基准如下：

（1）明治二十八年五月八日以前居住于臺灣之住民，且經過二年考慮期限仍未離開臺灣者。

（2）于兩年考慮期間内因事而暫離臺灣之臺灣住民須預先提出申請。

（3）隨總督府政略考慮而定。

前兩項可謂客觀判斷基准，后一項爲主觀判斷基准。但若當調查資料不完全或人民不諳或不配合法令時，則前兩項客觀判斷基准就不再穩固，而有以主觀的政略考慮推翻前兩項客觀基准的可能性，此爲日后問題滋生的主要原因。因此本文所要探討的課題就是漏籍問題發生的原因與演變，以及總督府以何種政略考慮來看待這些被割讓領土的原本住民。

二、户口調查事業的展開——臺灣住民身份之確認

惟如上述，爲決定誰爲『臺灣住民』，就必須于二年考慮期限内進行精細調查，否則無從分辨清國人與臺灣住民。日本領臺后曾嘗試進行調查，但成效不佳。[7]而隨着考慮期限之逼近，其緊迫性愈來愈密切。1896年8月1日總督訓令第85號發布《臺灣住民户籍調查規則》[8]同時亦發布告示第八號。内有『今本總督特飭憲兵隊以及警察官等編制户籍，使其作爲確認爲本島住民之憑證。』[9]由此可知日治初期户口調查之主要目的即在于辨别該人是否爲臺灣住民。

于是，憲兵與警察分區合作進行，憲兵分隊長、分隊副長、警察署長、分署長自1896年9月至同年12月31日止令其部下屬員對其所轄街莊内各户調查其户主、家族之姓名、年齡、家族關系等。（第一條）各户另頁登記，每一街莊編纂成一册，由所轄憲兵警察主管保管，（第三條）各户實地調查完畢，整理户籍簿妥當后，憲兵警察經上級應于五日内提報民政局局長。（第五條）并規定各主管應隨時巡視管區，于户籍异動時加除，但至少六個月巡視一次。（第六條）加除完畢時，須于户籍簿封面記載年月日，并簽名蓋章。

但此次調查由于人民依舊忌諱疑慮頗深，且婦女藏匿，故難以完成精密調查。[10]

1897年5月實施六縣三廳制，并于縣廳下設辨務署，6月23日以府令第26號訂定辨務署處理事項，其中包括户籍事項。[11]故將以往憲兵、警察調查并管理之户籍簿移交給辨務署。但由于辨務署員人數不足，以致依舊未能進行完善整理。雖令街莊長提報户籍异動，但當時文盲遍地，民情未開，[12]故异動申報與調查皆能免則免，而呈現被動的敷衍現象。[13]甚至有些縣廳認爲户口調查爲警察之本業，而拒絶將户籍簿移交給辨務署，并仍用警察來掌理户籍。[14]且當時負統治之責的警察亟須要得知管區内人民之姓名、户口等資料，故經辨務署長會議討論后，決定另置户口調查簿。1899年各縣自行制定并公布户口調查規則。[15]

原本總督府擬實施户籍法，1898年經地方長官會議咨詢，而開始訂定户籍法規草案，但極不順利。而此時日本已訂定完整之户籍法，但不能適用于臺灣，故而産生問題。1900年召開辨務署長會議討論，但仍毫無進展。[16]

1901年實施廢縣置廳之官制改正，廢辨務署后，辨務署處理之事務多移至廳之總務課，以致總務課保管户籍簿，而警務課處理户口調查簿。由于户口未臻詳實，因此各廳皆積極整理户口簿，如臺北廳令街莊長作成户口簿，先讓其與實際情况相對照，再與廳之户籍簿相對照。并督促保甲役員加緊申報异動，以致成效逐漸良好。[17]

但由于各地户籍處理規程不一，以致調查次數、方法及調查簿樣式皆有不同，而有統一之必要。故總督府于1903年5月20日以訓令第104號公布《户口調查規程》，[18]爲日后全島户口調查作准備。

1905年5月29日，以敕令第170號，公布《臨時臺户口調查部之組織章程》。6月8日以訓令第132號，制定《户口事務取扱規程》，并以府令第39號發布將于10月1日淩晨起三天實施第一次臺灣臨時户口調查。調查内容包括現住者之身份、身體狀態、職業异動、品行、生計狀况等，于是掌握

住臺灣的人口動態與基本數據。[19]

1905年12月26日臺灣總督兒玉發布諭告第三號：『茲查本島現下形勢，其于詳察户口之變遷，闡明民庶之實態，實賴警察之户口調查尤爲得宜。本總督相機制宜，頒行户口章程。所有地方各廳造備之户籍同時廢銷，爾后當以警察之户口調查簿以征户口之遷移。』[20]同時總督府以府令第93號頒布《户口章程》，改正以往之户口規則，并自1906年1月15日起實施。在此以前，總督府便已發給各地方廳新户口調查簿用紙，并廢除原户籍簿，且令各廳重謄。[21]此后户口調查簿取代户籍簿，成爲人民具有臺灣住民身份之憑證。由于新户口調查簿與從前所備置之户口調查簿相差懸殊，故各地皆重新改制。[22]

臺灣的户口規則爲本籍主義加上現住主義。即將本島人之主要住所稱爲『本居』，不論是否現住，于本居地之户口調查簿内記載家族全體，且即使并非家族成員，亦以同居者之名義記于該家之户口調查簿之末尾。因此除了以家爲單位記載家族全員之關系外，亦依照現住主義而有户口調查簿之功用。自然該户口規則之目的并非如户籍法一般用來確認公證身份關系，其户口調查簿僅是警察的賬簿而已，但由于當時臺灣并無户籍，因此户口調查簿抄本也具有證明身份之用途。[23]且當有异動時則不僅申報而已，警察亦須實地調查后才能確定，故正確性高于户籍事務單位。[24]

原本廳保存之户籍簿已明令廢弃，并將户口事務并歸警察官掌理，故街莊長與户籍簿之間已毫無關系。但是街莊長與人民于各種事務上皆有直接之關系，若不能詳細了解其管區内人民之狀態，將難以執行其職務。如分攤賦税等。又如公證人規則，亦載有應給人之證明，但若不參考舊户籍簿，將易生舛錯。而鹽水港廳于1906年1月19日發出訓令謂街莊長得酌情備其所轄街莊户籍簿及寄留簿，但其簿式與記載法可循舊例。街莊長每年一次以上，得請求以所管户籍薄與寄留簿與警察官所管户口調查簿或户口調查副簿彼此對勘，而此時警察官吏務必與以方便。[25]可知在户口規則實施后，某些地方街莊尚沿用以往各廳所用之户籍簿及寄留簿等名目。以致如后述，當查證某漏籍者是否爲臺灣住民時，除户口調查簿外，亦須參考舊户籍簿、寄留簿、保甲紀録等。是以該户籍簿等仍舊保存下來，以供查證臺灣住民身分。

三、漏籍問題的出現

如上所述，1900年前后警察制作的户口調查簿與辨務署的户籍簿兩者所載資料不同，由于當時警察僅是調查現住者，到各户家内將調查簿上的人名與現住者相比對而已。[26]而户籍簿僅有申報才處理，因此常不明异動情形。户口調查簿雖根據警察之實地户口調查，但以現住情況爲主，而忽略其原籍關系以及外出不在者。由于皆不完整，以致漏籍者后日陸續發現。

譬如以新竹地區而言，

二十九年、三十年（1896、1897年）以前户籍多漏，固不待言。歷年來屢經政府户籍調查，宜可無漏，而調查時有僻處遐陬，不知報明而漏者，有調查時主人外出不及報造而漏者。前猶糊塗。茲聞在地縉紳先生高論謂不登户籍不但有事到官，十分難爲，抑且境地不可居。觀于新入籍者可鑒。而漏籍者聞之，遂皆具禀請求補造。計竹爲此禀者共有六七户。[27]

1902年4月以來臺北廳各街莊役場的書記依序被叫至主務課作户口調查之練習，比對户籍簿。于5月25日已結束，結果發現本島當地人民整個家族完全漏籍者有數十件，僅登記户主而有兩三名家人漏編入户籍者有二千四五百件以上。此爲街莊役場一向不將户籍調查視爲重點，遷徙時幾乎放任不顧所致。[28]

甚至據説各廳爲准備1905年10月1日之臨時户口調查，而竟然發現有十五萬名漏籍者，尤以在中部地方，有八百户大村落隱于深山之中，此往皆不知。[29]

臺灣人民以往婚姻、出生、死亡等皆無申報之習慣，以致臺賬記録多有缺漏。[30]但經過努力后，至1903年人民逐漸有『爲了要受到日本政府之保護，就必須要登録于户籍簿，才能證明自己是日本國民』這樣的觀念，且于結婚時，亦會先調查對方究竟是有籍還是無籍。[31]到大正（1912年）以后，無籍者幾乎没法找到工作，而窮于生計。[32]可想而知，該人工資勢必被壓得很低。

即至日治十年后，臺灣人始了解户籍之意義，于1905年10月1日之臨時户口調查之際，大多數人皆静坐在家等待警察臨檢，恐懼失去國籍。

一時遠客于外者。殆無不歸家。故旅行者絶少。而來客宿泊者。其數極稀。實平日所不曾見之狀況。如在臺北。彼行商、力役、車夫等。皆俟調查明白。始敢外出。在大稻埕港。所系留船舶。其船夫舵師等。亦于調查之際。皆歸其家。只剩空船而已。又中部汽車往還。在初一日。不曾見有本島人附乘。既如是。在初一日調查之際。本島人不敢自由行動。[33]

以致有些工程深受影響。[34]但如后述陳登仙等29案例，仍有懵懂不知或畏避調查而遺漏之人。[35]

另一個漏籍問題就是有清國人假冒臺灣人入籍，再取得旅券（護照）回清。

日治初期臺灣居民若要前往大陸，須依照《清國人臺灣上陸條例》第六條之規定申請護照，即《清國渡航證明書》，回臺時亦須繳還。申請書上須注明渡航人原籍、住址、姓名、職業、年齡，以及同行家人之職業、姓名、年齡、渡航之目的等。[36]但當時臺灣尚未進行完整的户口調查，以致對岸常有偷渡來臺變更爲臺籍者，且籍民之間就經常發生旅券被盗用及變造，[37]甚至有賄賂官吏之事。如1908年3月7日厦門領事館事務代理佐野一郎致總督府謂：

明治三十一（1898）年以來至三十六、七（1903～1904）年間，以經商等名義向本館請求發給渡臺證明書，于調查后認爲無不妥者發給證明書，但僅僅于一兩周后，其便成爲臺灣籍民，携帶旅券返鄉。或于本地清國人中無賴之徒，或由于經商失敗産生巨額負債而進退維穀者，爲逃避清國官員之干涉，或免除償還負債而渡臺，不至數日，忽而成爲臺灣籍民，携帶旅券請求登録者往往有之。本館調查其入籍由來，……似乎是向當時之保甲或街長或其他當局者贈與一些賄賂，才得到旅券。甚至有寄送自己的照片以通信方式獲得旅券者，可想而知當時弊害有多嚴重。[38]

事實上1899年雖由廳長許可始能登録于户口調查簿，但以往此事皆委托辨務署長來審核，故難保無寬貸舞弊之事。據説當時臺灣每年約有數萬名漏籍者入籍。[39]而難免成爲清國人入籍的方便管道，尤以日本戰勝俄國后更是如此：

厦門東西兩本願寺。邇來清民皈依佛教者。如水趨壑。源源而來。而渡臺入籍者則尤衆。聞去（1905 年 9 月）廿六日。大仁丸自厦開帆時。内儎清國民赴臺營謀入籍者。有數百名之多。[40]

且除清國人外，亦有南洋之人報稱漏籍者。[41]可知問題之嚴重性。

1905年臺灣完成户口調查后，至此始能確實掌握臺灣人户籍的真僞。1906年10月以府令第86號訂定臺灣《外國旅券規則》，其中規定『本島人若未携帶依照此規則發給之旅券時，不得渡航外國。』并規定違反該條者，『處以罰金或拘留、科費之制裁』。完成户口調查后，厦門領事菊池義郎認爲『持有明治40（1907）年3月以前總督府所發給之旅券者，大致會先照會臺灣總督府，請求調查有無國籍，于接到確實爲在籍者之回答后，始當成確實的籍民來處理。即該年月以前之旅券持有者在某點上，被視爲無旅券者。』[42]至此似乎多少彌補一些假旅券的缺口。

四、總督府對漏籍者申請入籍案的處理方式

1898年10月28日總督内訓第49號『有關臺灣住民户籍處理案』。

臺灣住民于明治30（1897）年5月8日以前離開本島者，近來往往有希望成爲帝國臣民者，而此事多少有些可斟酌之余地，故于調查其事情后，限于認定無不妥者，可當成是漏籍者來特別處理。[43]

原本依照國民身份令第四條之規定，于1897年5月8日以前離開臺灣而未申請者，將喪失臺灣住民的身份，但此時申請復歸本島籍的人增多，而總督府認爲『此畢竟是欽慕帝國德政及過度思念故

里所致』，[44]因而開啓以漏籍之名目申請入臺灣籍之方便法門。但問題也隨之逐漸浮現。

1899年12月22日總督發布内訓第63號飭令該類案件以后應由地方長官親自處理，進行嚴密調查后，迅速處分結案。[45]

而同日民政長官以民縣第1172號飭令各地方長官：

去年十月以内訓第49號許可漏編户籍之本島人入籍，僅是一時臨機之便宜處分而已，并非無期限許可，使本島人之國籍永遠存在于不確定狀態之意，此乃毋庸置疑。但既已經過一年以上，至今仍有持續申請入籍者。且聽聞于申請者之中，往往有利用日本臣民之國籍，或企圖逃避厘金税，或爲了工作上之方便，或避免借錢之罰責，而虛構不實之事情以提出申請者。此難保不會在國際上造成不良影響。故擬于適當時機不再許可此入籍案。[46]

并飭令調查依照第49號内訓而入籍者之情形。結果共104户、365人。[47]但此僅是有案可考者，如上節所述，下級官員巡查私相授受者應不在少數。

1900年5月8日總督以内訓第31號致各縣知事廳長：

去年12月曾以内訓第63號密飭臺灣住民編入國籍事宜，惟今后于需要上述編入之情形時，應向本總督禀議后處理。[48]

民政長官亦于同日以民縣第405號飭令各縣知事廳長表示對于臺灣住民編入國籍之處分案，今后應依據内訓第31號先向臺灣總督禀議后處理，先進行充分調查，且須通知對岸帝國領事，盡量進行迅速且無遺漏的調查。[49]可知問題并未改善，只得將監督的層級升高至總督。

但此后以漏籍之名義提出申請案依舊不斷，且疑義叢生。[50]1901年2月6日民政長官以民縣第143號致各地方長官有關户籍漏編之處理事宜。

漏編户籍之處理事宜已于32（1899）年12月内訓第六三號及民縣第一一七二號通知在案，但至今陸續有人提出申請，幾乎毫無止期。故煩請處理申請案件至本年五月爲止。[51]

即至1901年5月止，應爲處理漏籍申請案之最終期限。

但民政長官却又于1901年3月9日以民縣第303號發文致各地方長官有關漏編户籍者入籍申請書事宜。『依照明治33（1900）年5月内訓第31號提出之申請書中，往往有不完全之點，于調查上有不少不便之處。故今后請對附件事項進行詳細調查后附上調查書。』[52]且申請人在清國等地時，向該地之帝國領事提出申請時亦須接受調查，并將其情形（若有證明書則附上）記載于申請書内。調查事項如下：

（1）入籍者之住址、職業、姓名及年齡。

（2）入籍者并非户長時，户長之住址、職業、姓名及其户長與將入籍者之家族關系。

（3）户長將入籍時，其家族中若有于本島有籍者時，其姓名及本籍地。

（4）移居本島之年度以及以后之住址、職業，若有轉籍或轉業時，要各自記入其各次之住址、職業。

（5）離開本島之年月日及漏編入户籍之事由。

（6）居留外國期間之住址、職業及户長或雇主之住址、姓名，于變更住址或職業時，也要記載其各次之住址及職業。

（7）回臺灣之年月日及其后之住址。

（8）于臺灣所擁有之資産及將來要從事之職業。

（9）當事人之性格、習性及教育程度。

（備考）除上述各項外，請記入擬入籍之地番號、地名。

如此一來，光是調查就須花費不少時間，亦即該年5月亦不可能成爲最后期限了。

至1905年10月1日臨時户口調查之后，户口數據已大致完備，但以漏籍來申請入籍之案件仍舊不斷，且其中有不少是清國人之虛僞申報。故1906年8月16日代理民政長官以民警第2086號飭20廳長：漏籍者于設定本居地而編入户口時，應准照1901年3月民縣第303號文，附上調查書，并獲得警察本署長之同意。[53]

1907年5月民政長官又以民警第1669號通知各廳長『漏載于户口調查簿之處理辦法』。其中表示除依照1906年8月16日民警第2086號文嚴密調查外，于『記入調查結果時，應簡單表示是依據何人（記入住址職業）之供述或何種物證，并一一明示其依據之出處。』[54]

但隨着户口事務整理工作之進展，所發現之漏籍案件愈來愈多，主管單位不勝其煩。1910年6月14日民政長官又以民内第4218號廢止前民警第1669號文，并改正1901年民縣第303號之調查事項如下：

（1）當事人之現住址、職業、姓名及出生年月日

（2）當事人之户口編入地

（3）當事人之父母、兄弟姊妹或嫡出子若有本島籍者，其本居地、姓名爲何？

（4）當事人申請以家族身份編入户口時，其户主之本居地、姓名、與其家族關系爲何？

（5）當事人之出生地及經歷。

（6）當事人于明治二十八年五月八日至同三十年五月八日期間之住所，以及居住其他各地期間及當時之職業。

（7）離開本島之年月日及滯留外國期間之住所、職業，若有轉居轉業等情形時，其各自之住所、職業。

（8）回臺灣之年月日及其以后之住所。

（9）漏編入户口之理由。

（10）當事人之資産及將來要從事之事業。（資産要區别在本島之資産及在外國之資産，且要區别土地與其他財産。）

（11）當事人之素行、教育程度。

（12）其他可供參考之事項。

（13）所轄廳長認定爲本島人之理由。

此外又必須添附如下之證據文件。

（1）當事人之請願書或申報書。

（2）當事人之陳述書。

（3）若有符合調查事項第（3）者，附上該人之户口調查簿謄本一份。

（4）若有符合調查事項第（4）者，附上户主之承諾書及其户口調查簿謄本一份。

（5）有關調查事項第（6）之證人（包括户主及其他參考人）之筆録或證明書

（6）文件證明（除了舊户籍簿、舊户口調查簿、保正之來泊者名簿、保正之户口調查簿等文件以外，亦包含私人間之契約書等）及其抄本（注意：抄本要記載其文件所有者之住所、姓名，提出該文件時，警察官吏要親眼見到其原件，確認其抄本與原件正確無誤后，再記載認證之年月日、場所及官吏姓名、及蓋章。）

（7）其他可供參考之物證。[55]

此后，總督府處理漏籍者申請入籍案益加綿密且嚴厲，并采取親友訪談筆録及各種物證，甚至包括父母牌位抄本、契約書等，可信度可謂相當高。但即使在具有極爲可信的客觀憑證之情况下，總督府仍會基于某種『政略考慮』，出人意表的采用主觀的判斷基准，以下即爲一明顯例子。

五、總督府處理陳登仙等29名漏籍者案之理念

1910年8至12月總督府再度令各地方廳調查有無漏籍者，并予以入籍之恩典。[56]當時各廳呈報漏籍案件中，被認爲是素行不良者16件、前科三次以上者27件、入獄者31件，合計74件。最后剩下

29名特殊案例，總督府認爲須慎重處理。[57]

除謹慎調查該等人是否爲臺灣住民之證據外，1912年11月15日警察本署長以内警第3147號之1照會臺北、嘉義、臺南、阿緱廳長調查户口編入者與親人間關系案。

左記人員欲編入户口，先前已申報在案。于進行精細調查后，認爲并無取得臺灣籍民身份之明確證據，故若承認其編入户口將遭外界非議。但若當事人之父母或兄弟姊妹等親人現仍健在時，一旦否認編入户口，或許會對其親人極爲不利，若如此將會再斟酌其方法。故請告知貴廳意見。[58]

各廳回報意見，除一案外，多半表示其親人并無不利之情形。故1913年2月1日警察本署長以本保第92號飭令臺北、桃園、臺中、新竹、嘉義、臺南、阿緱等七廳長：附件陳仙登等29名皆有前科，犯案甚至多達七、八案以上，危害本島治安不少，且其擁有臺灣住民身份之證據并不確實，故以爲并非是可承認編入户口者。而令其『以清國人之名義讓其寄留，視時機送還清國。』[59]

而該文件上貼有保安課之浮簽：『本文件有屢次閲覽之必要，故請注意勿與其他文件混編一起。』[60]此表示這些密議人物已另案列管，准備『視時機送還清國。』

而實際上，該等人多半皆有些共同點。如出生于臺灣，且未曾離開臺灣，由于年少時失去父母之愛或成爲養子而與養家關系不好，故而離家，四處漂泊，無學歷資産，只得靠苦力過日子。由于無一定住所，當警察來調查時皆不在，即使有本居地，但家人亦不知須爲其申報，所以成爲漏籍者。且因無籍，而無人願意雇用，以致難找到固定工作，遂常以竊盗爲生，最后淪爲罪犯。事實上當時一旦入獄，將難以重新做人。因爲出獄后，即使該人真心悔悟，亦由于不能自由旅行，又必須時常接受警察官臨檢，麻煩多事，故不論何人皆避諱之，而不欲雇用，或不敢保領。且當時有監視刑，若無人作保，則難以出獄，只得滯留獄中受刑，無异于加重刑期。故只得與獄中同囚相習，逐漸成爲纍犯。[61]

且該等人至明治末年皆不知要申報户口，設定本居地，否則將喪失日本國籍一事。而發現彼等爲漏籍者，皆爲入監調查及警察臨檢時始知。如1910年10月28日打狗支廳户口主簿詢問漏籍者王李約：

問：你曾否申報户口？

答：不曾申報。

問：你何時知道没有本居地？

答：本年九月左右。

問：你從未依照保甲規程進行申報嗎？

答：未曾申報。

問：你怎知自己没有本居地？

答：警察官于實地調查户口時，這次才發現我是無本居者。故由大竹裏苓雅寮莊一五一番地陳看提出本居地申請書。[62]

1910年10月26日漏籍者簡課提出『本人陳述書』，内有：

本人至今由于無一定住所而成爲漏籍者。于鳳山街土名縣口番號不詳之王添處從事苦力。漏籍者由于此次有入籍之恩典，而依照本管區警察官之指示，請求出生地赤崁莊土名赤崁一三六番地之户主簡放同意以同居人之名義入籍，由于是同祖先之親戚關系，而獲得簡放之承諾。[63]

又如警察詢問漏籍者陳標：

問：本島内無本居地者即非日本人，你知道這件事嗎？

答：我什么都不知道。[64]

該等29人已經地方廳嚴密調查，詢問親友鄰居后記録口供，并抄録户口調查簿、除户簿，甚至父母親牌位等，而證實確爲臺灣住民之漏籍者。但即使在如此確鑿之客觀證據下，却敵不過總督府的主觀判斷，即前述第三項判別基准一隨政略考慮而定，而恣意認定彼等爲『清國人』，暫時『讓其寄留，視時機送還清國。』[65]

于國民身份令第二條之理由書可知至1897年5月8日后，臺灣人是否被視爲日本國臣民，將隨日本國之方便。雖然基本上會將所有住民皆視爲日本國臣民，但不包括那些明顯對日本不利者。由于這些人無法一一羅列，因此才以政略考慮而預留下取舍空間。惟考察陳登仙等29人之案例，多以竊盜犯及密吸鴉片爲主，此多由于失業貧窮所致，顯然非危害社會治安之危險人物，似乎根本犯不着動用『政略考慮』來破壞法令程序。但其實這樣的思維一直充斥于日治時期在臺官員的腦裏而難以改變。

有名的例子就是1924年8月1日于臺灣議會期成同盟會涉嫌違反治安警察法之公審上，檢察官長三好一八論告中有『不喜和日本同化，就不是日本的優良國民，既不喜同化政策，此際宜離去臺灣。』[66]

此話遭到臺人嚴厲駁斥，如蔣渭水所言：

憲法第二十二條明載着：『日本臣民于法律範圍内，有居住及轉居的自由。』我們已經做了日本的國民了，在日本的國内應該得有自由居住和自由轉遷權嗎？這憲法上明明白白地所保障的，怎么那個區區的官吏，便敢發這追放的口氣來呢！……現在日本籍的臺人是既經做了三十年的日本百姓了。而今臺灣人的政治運動就是要促政府改善政治上的弊端，可説是一種愛國的行動了。這國民的政治運動，乃是個國民的權利，也是國民的義務啦！怎么樣對這政治運動的臺灣人宣告退去的壞話呢！這句話實在是『非同小可』的呀！以身食國家之禄，對人民説這話，實在難免無責咧！聽説島内各地方的不理解的警官，還是常常弄這個壞話，使内臺人感情反離，這影響于行政上實在太大了！[67]

不只如此，在皇民化時期，臺人只要對『奉公』稍微露出不情願的態度時，就會被日人斥責爲『非國民』、『清國奴』、『滚回支那去』，這些都是與對待陳登仙等人案例相同的邏輯。

六、結論

由上可知，臺灣割讓給日本后，表面上臺灣人皆被視爲『天皇的赤子』，但實際上却仍隱藏着『隨日本國方便』這樣恣意的政略考慮，此如此思維貫穿于整個日治時期。

但若吾人再深入追尋該思維背后的緣由時，則又有兩層意義。

第一是對于犯罪者的排斥。由于保甲制度采取連坐法的制裁，因此鄰裏對于『素行不良者』皆有警惕之心，深恐連纍到自己，所以會産生排擠，因此前述陳登仙等28人案中，親友幾乎無人認爲他們不能入籍對自己會有什么不利。連親人都如此，可想而知鄰裏之人更會如此。以浮浪無業之人而言，除一部分成爲警察的手下外，[68]多被排擠在街莊之外，或被捕捉至浮浪者收容所。[69]且于征召保甲民爲防蕃隘勇時，由于無人敢冒生命危險，因此多由各保指名『好事無恒産者』[70]或外地旅人，[71]再由巡查挑選后，送入深山。

第二則似乎出于對大陸政策的考慮。日本有所謂的『大陸浪人』，他們常適時的在大陸制造亂源，與日軍配合以協助侵略。如甲午戰争、日俄戰争、朝鮮問題、厦門事件、九一八事變等時期，皆少不了浪人的影子。

而大正年間，正是總督府欲積極往華南發展的時候，且厦門的臺灣黑幫亦于辛亥革命后獨霸厦門黑社會，由于其行徑乖張，擾亂治安，形同匪類，故被當地報紙稱爲『臺匪』。[72]這種情形也被洋人記録下來。根據1913年11月19日厦門海關的英國官員給北京的半官函中便指出，『一場新的革命運動正在醖釀，福建省將成爲該運動的特别基地，而厦門是爆發點之一；臺灣無賴將會被找來或就在本地征集。』[73]

在這種情況下，臺灣總督府却否認一些犯罪者的國籍，并專案處理，準備『視時機送還清國』。其動機頗令人質疑。或許總督府僅是爲了臺灣島内治安之考慮，但若將『不良份子』秘密送往對岸，即使并非出自『浪人謀略』，也是出自『與鄰爲壑』之心態，如此『政略考慮』確實也會給殖民統治帶來不小的潛在利益。

（作者單位：“國史館”文獻館）

註 釋：

[1] 公文類纂 V00061\A001\013。
[2] 公文類纂 V00061\A001\008-009。
[3] JACAR:A01200865300。
[4] 公文類纂 V00061\A001\008-009。
[5] 公文類纂 V00061\A001\008-009。
[6] 公文類纂 V00061\A001\008-009。
[7] 鷲巢敦哉：《臺灣警察四十年史話》，臺北：作者發行，1938 年，第 222 ～ 223 頁。
[8] 公文類纂 V00061\A027。
[9] 公文類纂 V00061\A027\162。
[10] 鷲巢敦哉：《臺灣警察四十年史話》，臺北：作者發行，1938 年，第 224 頁。
[11] 公文類纂 V00135\A013，V00322\A022。
[12] 鷲巢敦哉：《臺灣警察四十年史話》，臺北：作者發行，1938 年，第 227 頁。
[13]《户籍編成に就て》,《臺灣日日新報》1899 年 12 月 9 日，版次 2。
[14] 公文類纂 V00322\A022。
[15] 鷲巢敦哉：《臺灣警察四十年史話》，臺北：作者發行，1938 年，第 227 頁。
[16] 鷲巢敦哉：《臺灣警察四十年史話》，臺北：作者發行，1938 年，第 228 頁。
[17] 鷲巢敦哉：《臺灣警察四十年史話》，臺北：作者發行，1938 年，第 228 頁。
[18] 公文類纂 V00854\A002。
[19] 公文類纂 V01059\A004,V01116\A006-007。
[20] 漢文臺灣日日新報 1905-12-28，版次 4。
[21] 公文類纂 V04841\A006-007。
[22]《大甲鎖聞》，漢文《臺灣日日新報》1906 年 1 月 25 日，雜報，版次 6。
[23] 畄中市藏，《臺灣户口制度大要》，東京：松華堂，1936 年三版，第 8 頁。
[24] 鷲巢敦哉：《臺灣警察四十年史話》，臺北：作者發行，1938 年，第 230 頁。
[25]《街莊長與户口簿》，漢文《臺灣日日新報》1906 年 2 月 4 日，雜報，版次 2。
[26]《警察の户口調查に就て》,《臺灣日日新報》1898 年 11 月 2 日，版次 2。
[27]《漏籍補造》,《臺灣日日新報》1901 年 6 月 21 日，日刊，版次 3。
[28]《户口調查と街莊役場》,《臺灣日日新報》1902 年 6 月 5 日，日刊，版次 2。
[29]《發見十五萬人口》，漢文《臺灣日日新報》1905 年 9 月 30 日，雜報，版次 2。
[30]《基隆廳の户籍整理》，臺灣日日新報 1902 年 8 月 8 日，日刊，版次 2。
[31] 鷲巢敦哉：《臺灣警察四十年史話》，臺北：作者發行，1938 年，第 229 頁。
[32] 公文類纂 V05594\A001\106-107。
[33]《全島户口調查狀况》，漢文《臺灣日日新報》1905 年 10 月 4 日，雜報，版次 2。
[34]《户口調查與人民移動》，漢文《臺灣日日新報》1905 年 9 月 30 日，雜報，版次 3。

[35]《全島户口調査狀况》，漢文《臺灣日日新報》1905年10月4日，雜報，版次2。
[36] 公文類纂 V09676\A008，《臺灣住民一時清國ヘ渡航ノ件（告示第八號）》。
[37] 公文類纂 V01063\A026，《土人陳端ナル者身上ニ關シ厦門領事ヨリ照會并清國人本島渡航者取締手續在清帝國領事ニ通牒ノ件》。
[38]《外務省記録》3-8-7-0-18。
[39] 鷲巢敦哉：《臺灣警察四十年史話》，臺北：作者發行，1938年，第228頁。
[40]《近悦遠來》。漢文《臺灣日日新報》1905年10月10日，雜報，版次3。
[41]《入籍須知》，漢文《臺灣日日新報》1907年09月24日，雜報，版次5。
[42] 公文類纂 V06203\A005。
[43] 公文類纂 V00585\A020\087，V00248\A039\427。
[44] 公文類纂 V00248\A039\424。
[45] 公文類纂 V00585\A020\085。
[46] 公文類纂 V00585\A020\086。
[47] 公文類纂 V00476\A023。臺北縣76户、241人，臺南縣23户、108人，臺中縣5户、16人。
[48] 公文類纂 V04883\A032\305。
[49] 公文類纂 V04883\A032\306。
[50] 公文類纂 V00585\A021\088。
[51] 公文類纂 V00585\A020\084。
[52] 公文類纂 V00585\A022\092。
[53] 公文類纂 V04883\A032\303-304。
[54] 公文類纂 V05595\A003\127。
[55] 公文類纂 V05263\A022。
[56] 公文類纂 V05596\A010\279。
[57] 公文類纂 V05596\A011\297-298。
[58] 公文類纂 V05596\A011。
[59] 公文類纂 V05594\A001\008。
[60] 公文類纂 V05594\A001\007。
[61]《監視之有弊害》，漢文《臺灣日日新報》1905年10月24日，雜報，版次3。
[62] 公文類纂 V05595\A004。
[63] 公文類纂 V05595\A005\183。
[64] 公文類纂 V05596\A006。
[65] 公文類纂 V05594\A001\008。
[66]《臺灣民報》第二卷第十六號，1924年9月1日，第3頁。
[67] 蔣渭水，《這句話非同小可！》，《臺灣民報》第二卷第十八號，1924年9月21日，第10頁。
[68]《臺灣警官態度（八）》，《臺灣日日新報》，1928年2月26日，版次4。
[69] 張麗俊著，許雪姬、洪秋芬、李毓嵐編纂、解説，《水竹居主人日記》（二），『中央研究院』近代史研究所，2001年8月，第97頁。
[70]《水竹居主人日記》（三），第194,215頁。
[71]《保甲派勇》，漢文《臺灣日日新報》1907年5月31日，雜報，版次5。
[72] 外務省記録 3-3-8-0-10-2，《大正十二年排斥日貨一件南支狀况》。
[73] 戴一峰主編，《厦門海關歷史檔案選編（1911～1949）》（厦門，厦門大學出版社，1997年12月）第一輯，第18頁。

20世紀30年代臺灣對華南的水泥輸出貿易

陳慈玉　蕭明禮

一、前　言

二十世紀上半葉是近代東亞經濟圈巨變的時期，此時的日本完成了輕工業產品的進口替代并逐漸轉型至發展重化工業。而20世紀30年代由于九一八事變，日本進占中國東北并進入戰時體制，且受經濟大恐慌后區域經濟圈概念影響，以國家權力逐步將中國大陸、東南亞收編進日圓經濟圈内。故從20世紀30年代中期開始將臺灣發展爲對華南、東南亞貿易的中繼站，因此臺灣不僅邁入工業化階段，許多任務業產品也向島外輸出。特別是1934年日月潭發電廠完成后，吸引不少日本財閥資本在臺投資電氣化學工業，并以東南亞的資源爲原料進行加工，再將半成品運回日本國内。[1]

針對日治晚期臺灣工業化與對外貿易的部分，自20世紀90年代以來學界已有相當豐富的論着出現。但大多偏重于臺灣與中國東北（即僞滿洲國）、日本本土間的化學肥料、食品加工品等方面的貿易，却很少人注意到20世紀30年代水泥輸出入貿易額占當時臺灣對外貿易總額的第6位。同時，歷來有關臺灣水泥工業的研究中，多以戰后的發展爲其主題。其間若有提及戰前水泥工業者，如20世紀50年代臺灣銀行經濟研究室編着的《臺灣之工業論集》卷二，《臺灣之水泥工業（二）》一文中，也僅以1915年日本淺野水泥株式會社在高雄設廠之后，由于生產能力不足實際需求，以致『消費日增，仍須進口供應』一語帶過[2]。正因爲研究的相對缺乏，使從戰后以來的學界研究，大多將臺灣水泥正式開始海外出口的時期推定在20世紀40年代晚期至20世紀50年代，[3]并影響至今[4]。但實際上如果回顧當時統計資料，將會發現至少從20世紀初開始，臺灣生產的水泥已經開始對外輸出，到了20世紀30年代中期，福建、廣東與香港已成爲臺灣水泥重要的輸出市場，顯示臺灣水泥外銷具有歷史的延續性。

透過以上的歷史脉絡，將不免産生以下疑問：促成日治晚期臺灣對外水泥貿易發展的動力爲何？既然横亘整個日治時期，臺灣本身水泥産量一直處于不足狀態，那爲何20世紀30年代能有余力將水泥輸出至華南地區？再者，由歷史延續性的角度觀之，戰后臺灣水泥出口的背景因素與區域分布，又和日治時期的水泥輸出有何本質上的异同？因此，本文試圖透過中日文史料之爬網與比對，以厘清自1931年九一八事變之后，到1937年中日戰爭爆發之前，這段日本開始强化對外經濟侵略，導致其經濟體制完全爲軍事需求所支配的時期，影響臺灣對外水泥輸出區域分布的因素。

二、日治時期臺灣水泥工業的建立

本節將概述日本水泥資本在臺設廠投資以及建立營銷管道的經過。

1.淺野水泥的創立

在20世紀30年代晚期之前，淺野水泥株式會社所投資的高雄工廠是臺灣僅有的近代化水泥工廠。淺野水泥株式會社的歷史可追溯至1883年4月，由煤炭業者淺野總一郎收購原工部省直營之深川水泥工廠而來。淺野水泥工廠成立后，立即展開技術改良與生産擴充，并趁着當時日本各地建築、鐵路建設的熱潮，帶動了企業的規模擴張。[5]到了第一次世界大戰期間，拜戰時好景氣之賜使該會社邁入飛躍性成長，當臺灣、川崎工廠在1917年正式啓用時，淺野水泥的總産量激增爲44萬噸（約257萬桶）[6]，至此淺野水泥已成爲日本最大的水泥企業。[7]并將投資領域延伸至海運、礦場、煉鋼、造船、電力，以及鐵路事業等部分，也與安田財閥、乃至臺灣銀行建立金融往來之關系，形成緊密的財閥資本網絡。[8]

2.淺野水泥在臺設廠經過

淺野水泥在臺經營的緣由，與甲午戰争后，日本在臺進行一連串港口、鐵路、下水道等『殖民地基礎工程』，以及制糖會社工廠設施的興建，使本島產生了大量的水泥需求密不可分。由于本島水泥銷路的暢旺，故淺野水泥在1908年正式在臺北市開設出張所（辦事處）[9]。

有鑒于臺灣島内各項開發事業的進展，水泥需要量勢必更爲增加，自1909年起，淺野水泥開始進行臺灣島内水泥工廠建設的准備事宜。1915年8月，淺野水泥臺灣工廠才正式動工，并于1917年竣工，這也是臺灣第一座近代化生産的水泥工廠。完工時的淺野水泥臺灣廠主要采用原石燒成法，月産量爲水泥24,000桶。到1926年爲止，淺野水泥臺灣廠又陸續增添各項設備，以提升生産效率、擴充其産能。基本上，由于臺灣分廠的設立，使得淺野水泥獲得了向華南發展的重要基地。[10]

表1　1917～1937年間淺野水泥臺灣廠生産量與銷售量表

單位：噸，金額：圓

年份	臺灣廠生産量：（A）	臺灣支店銷售量：（B）	銷售/生産比：（C）＝（A）／（B）
1917	10,185	788	7.74%
1918	32,950	28,690	87.07%
1919	34,726	39,440	113.57%
1920	47,822	48,681	101.80%
1921	63,898	57,889	90.60%
1922	98,312	64,038	65.14%
1923	107,449	59,134	55.03%
1924	113,374	46,289	40.83%
1925	95,895	58,688	61.20%
1926	127,060	70,015	55.10%
1927	127,487	93,540	73.37%
1928	118,330	105,390	89.06%
1929	127,869	118,992	93.06%
1930	121,247	109,178	90.05%
1931	126,056	89,848	71.28%
1932	112,280	136,632	121.69%
1933	143,339	162,280	113.21%
1934	141,335	136,086	96.29%
1935	145,549	129,837	89.21%
1936	143,076	152,628	106.68%
1937	146,283	185,757	126.98%

資料來源：和田壽次郎，《淺野セメント沿革史》（東京：淺野セメント株式會社，1940），附表第二、第三。

20世紀20年代中期臺灣島内的水泥銷售額持續呈現增長的趨勢，據統計1924年至1927年的三年間，水泥聯合會[11]在臺灣島内的銷售額從343,676桶增加爲686,698桶，成長率幾達200%。其中，淺野水泥的銷售額的成長率爲略高于全島總成長率，達209%，而在此期間總銷售量占總生産量比重的平均值則爲79.64%。[12]由于當時本島水泥需求增加頗爲迅速，再加上淺野水泥有意打開日本水泥在華南、香港等地的銷售市場。因此從1929年5月起，淺野水泥開始第二工廠的新建工程。翌年隨着第二工廠的完工，舊有的第一工廠也開始進行擴建工程，該工程于1931年7月完成。據試運轉完成后的估計，兩者合計産量比之前增加了約一萬噸左右。但是當擴建工程完成后，由于水泥聯合會通過了提高産量限制的决議，使得淺野水泥臺灣第一工廠從1932年1月起被迫終止運轉，[13]這對日后臺灣水泥在島内外的運銷産生一定影響。總之，經過以上的建設，20世紀30年代初期之淺野水泥高雄廠不但是臺灣唯一現代化的水泥工廠，其經營動向也和日本資本主義在東亞的擴張有密切關系。

三、戰前臺灣水泥産品的輸出

從表2可以看出，除了1922～1927年間由于日本本土公共工程建設及關東大地震灾后重建所需之外，臺灣水泥的輸出量一直小于輸入量。但1928～1936年間，[14]臺灣水泥的輸出數量却發生劇烈變動，因此接着將繼續探討影響當時水泥輸出的因素。

1.影響20世紀30年代臺灣水泥輸出的因素

據南滿洲鐵道株式會社之調查，20世紀20、30年代中國華南地區的水泥制造廠僅有位在廣東之西村士敏土（即cement之中文音譯）廠，[15]其年産量爲45萬桶。[16]

另外，在英國殖民地香港還有一間名爲青洲英泥（一作坭）公司的水泥企業，[17]該公司在香港及澳門均有設廠，其産量較高，達每年120萬桶，[18]但因福建境内缺乏大型水泥廠，同時西村士敏土廠與青州英泥公司之産能也不能滿足華南地區廣大的市場需求，故需要從華中等地進口水泥。[20]在此背景下，促成了臺灣水泥往福建、廣東等地區出口的動力。

表2　1917～1937年間臺灣水泥輸出入總量表

數量單位：斤，價格單位：圓

年份	輸出		輸入	
	數量	價值	數量	價值
1917	824,119	19,022	51,514,764	1,307,250
1918	——	——	12,120,605	406,444
1919	1,201,956	33,900	21,908,737	585,114
1920	4,373,888	192,934	35,825,232	1,424,764
1921	11,910,389	275,950	48,294,636	1,421,677
1922	72,377,962	1,843,148	16,748,557	429,147
1923	63,438,387	1,679,173	31,595,469	890,683
1924	123,551,027	2,781,841	28,980,488	644,972
1925	67,896,054	1,443,245	30,094,779	633,129
1926	91,055,091	1,962,606	25,032,906	528,200
1927	55,968,023	1,068,603	39,261,229	727,464

續表

1928	41,297,775	779,313	62,458,079	1,137,704
1929	27,794,829	522,681	77,413,777	1,439,398
1930	43,148,983	679,531	108,075,407	1,633,197
1931	54,560,284	829,632	79,193,534	1,084,890
1932	15,990,871	245,541	103,844,762	1,495,309
1933	16,150,207	137,426	159,185,874	2,369,365
1934	42,737,523	328,690	159,372,361	2,385,483
1935	53,067,747	523,207	149,762,104	3,356,667
1936	16,186	229,716	180,963	3,698,711
1937	9,715	114,534	207,100	4,191,546

注：1. 本表的輸出數據不僅包含臺灣輸往至大陸關內、東北、香港，亦包括臺灣輸出至東南亞的水泥數量。至于輸入部分，則包含日本國內、朝鮮殖民地，或是日本以外國家、地區（如關東州）生產之水泥，即所有由臺灣輸出與所有輸入至臺灣的水泥數量。

2. 一日斤等于一臺斤，又等于 0.599 公斤。

3. 自 1936 年起數量單位改爲噸。

數據源：臺灣總督府民政部財務局稅務課，《臺灣貿易年表》大正 6 年至昭和 12 年（臺北：同編者，1918 ～ 1938）。

1929年的世界經濟不景氣，不僅導致了日本國內經濟衰退，影響所及，臺灣本島的水泥生產也遭逢波及。據統計，1930年淺野水泥臺灣廠的生產量比前一年衰退5.18％。事實上，由于經濟不景氣的影響，日本本土水泥產業面臨生產過剩的問題，再加上日本國內各水泥廠商削價競爭，更進一步的導致了水泥價格的暴跌。最后，爲了打開生產過剩的困境，只得將水泥制品往殖民地傾銷，結果使臺灣也陷入水泥供過于求的處境之中。爲了解决此一問題，除了水泥聯合會執行生產限額政策之外，另一個處理的手段，即爲打開外銷市場，將多余的臺灣水泥往島外輸出。[20]既然日本本土早已經生產過剩，因此地理位置相近的中國華南地區是適合的銷售區域。結果1930年的輸出量比前一年逆勢增加15,350,399斤，達43,009,319斤，增幅高達56％。[21]

至于1931年至1937年間，臺灣水泥往日本以外地區的整體輸出量部分。由表2顯示，1931至1937年間臺灣水泥輸出量呈現先下降后上升的走勢，特別是景氣最惡化的1932年，全年輸出量僅有15,990,871斤。1933年，輸出量雖略有回升，但由于降價銷售，導致總輸出金額還比前一年減少，僅有137,426圓。直到1934年以后，水泥輸出量才大幅開始回升，隨后于1935年達到 53,067,747斤的高峰。但值得注意的是，其后水泥輸出量又再度下滑，1936年鋭減超過50％，至中日戰爭爆發時的1937年，受到戰事影響，輸出量又跌回1933年的水平。由此可知，臺灣水泥對外輸出的原因，基本上正如矢内原忠雄在其著名的《日本帝國主義下之臺灣》[22]中，針對日本糖業資本主義進行砂糖輸出擴張現象之研究所指出的，都是在臺灣藉由工業化投資的發展以纍積資本，待出現生產過剩現象后，不得不開拓海外市場以銷售商品的必然過程。[23]不過，日治晚期臺灣水泥輸出的基本因素，和劉進慶等研究者認爲20世紀60年代臺灣水泥輸出原因是受到島内水泥生產過剩，爲找尋市場而向香港、東南亞傾銷;[24]或是所謂戰后臺灣本島水泥資本爲了維持20世紀50年代高獲利率，而藉由改良生產技術、擴大外銷而開始水泥輸出的論點有所差异。[25]首先，日治時期臺灣水泥業在尚不能滿足島内的階段即向外輸出，與戰后臺灣水泥產業直到20世紀50年代晚期產能得以滿足自給需求后才開始大規模外銷的情況不同。其次，戰后臺灣水泥資本畢竟擁有一定程度的自主性，[26]而非純依附于美、日等國際資本。但日治時期臺灣的水泥産業，本質上就是日本資本對外投資的一部分，一旦面臨殖民母國水泥資本對殖民地傾銷産品時，就只得向外尋找新的市場，故顯示了臺灣水泥産業資本流動上的從屬性與被動性。

表3–1　1931～1937年間臺灣水泥銷往中國大陸各港口數量表

數量單位：斤，價格單位：圓

	厦門		汕頭		福州		温州		廣東		青島		合計	
	數量	價值	數量	價值	數量	價值	數量	價值	數量	價值	數量	價值	數量	價值
1931	13,326,764	201,501	4,930,476	75,164	1,931,978	27,576	30,746	329	6,611,707	98,950			26,831,671	403,520
1932	3,727,743	56,500	——	——	2,123,448	29,871	59,606	609	94,500	1,450			6,099,797	88,430
1933	3,375,881	35,316	——	——	1,877,263	18,075	4,165	45	——	——	——	——	5,257,309	53,436
1934	7,865,349	60,683	715,446	5,386	4,493,011	38,668	124,167	1,194	——	——	495,834	2,608	13,693,807	108,539
1935	4,344,500	31,473	910,416	7,734	1,395,165	11,517	100,084	949	——	——	——	——	6,750,165	51,673
1936	152	1,661	31	475	——	——	19	299	——	——	——	——	202	2,435
1937	——	——	——	——	——	——	0.1	3	——	——	——	——	0.1	3

注：1.該表僅包含國民政府統治區、僞滿洲國、關東州及香港，不含東南亞與衡繩之出口數字。

2.一日斤等于一臺斤，又等于0.599公斤。

3.自1936年起數量單位改爲噸。

數據源：同上注。

表3–2　1931～1937年間臺灣水泥銷往中國大陸各港口數量表（續）

數量單位：斤，價格單位：圓

僞滿洲國		關東州		香港		總計	
數量	價值	數量	價值	數量	價值	數量	價值
——	——	——	——	27,521,944	422,596	54,353,615	4,459,116
——	——	——	——	8,411,730	130,500	14,511,527	218,930
——	——	——	——	9,851,499	67,090	15,108,808	120,526
——	——	8,666,667	104,000	19,348,343	99,761	41,708,817	312,300
		23,217,916	254,514	23,099,666	143,590	53,067,747	449,777
——	——	4,000	80,000	10,316	110,998	14,518	193,433
0.1	5	——	——	8,846	95,370	8,846.2	95,378

注：1.該表僅包含國民政府統治區、僞滿洲國、關東州及香港，不含東南亞與衡繩之出口數字。

2.一日斤等于一臺斤，又等于0.599公斤。

3.自1936年起數量單位改爲噸。

數據源：同上注。

2.臺灣水泥在華南銷售的區域分布

由統計資料可知，20世紀30年代期間，臺灣水泥的輸出地區主要爲中國大陸的華南地區，特别是福建、廣東兩地，以及當時爲英國殖民地的香港。以下將依據表3的數據，針對華南的五處通商口岸，以及英屬殖民地香港，論述臺灣水泥在當地的運銷量變動：

(1)厦門

從1920年代開始，由于厦門及周邊的漳州、泉州地區現代化建設的進行，帶動了水泥進口量的增加。[27]1931年厦門地區的臺灣水泥進口量爲13,326,764斤，但次年即受到經濟不景氣、抵制日貨運動，以及當年4、5月間厦門附近共黨活動影響，使得出口量較前一年大幅下跌，直到1934年才開始恢復成長。不過1935年臺灣出口至厦門水泥數量再度減少，其原因應與1935年后地產價值下跌，[28]致使需求減少有關。

(2)福州

1932年雖然亦受到共黨活動，以及經濟大恐慌、抵制日貨等因素影響，[29]但臺灣水泥進口量却比前一年略有上升，不過整體來説福州的臺灣水泥進口量在1931至1933年間大約都維持在200萬臺斤上下，也要到1934年時才有明顯的回升。

(3)廣東（主要爲珠江三角洲及廣東西部）

20世紀30年代初期臺灣水泥出口至廣東的原因與1930年間廣州市内各項建設事業及房屋建築需求孔急有關。由于廣東本身水泥廠産能無法滿足市場需求，故進口水泥數量增加，[30]連帶使得1930、1931年間臺灣水泥出口至廣東的數量大增。但1932年以后，即因爲九一八事變抵制日貨運動的影響，運銷量迅速下跌。其后，臺灣水泥的出口又受到廣東政府的關税政策限制而遭到更大的打擊。1933年5月，廣東海關修正海關進口税則，將水泥進口税率提高一倍之多，[31]而次年5月又開征外國水泥進口附加税，以充當廣州中山大學建設經費，以及長途電話綫架設工程費用。[32]同時，又因爲廣州的西村士敏土廠設備擴充、産量增加等因素影響，進口水泥均難以與當地産品競争。以在華南與臺灣水泥競争的澳門青洲英泥廠爲例，光是該廠由澳門經拱北海關進入廣東境内的水泥數量，到了1935年，便鋭減至只剩254,424臺斤（152,400公斤），顯示廣東政府減少洋貨進口的政策，確實影響了外地水泥的進口。[33]既然有地緣優勢的港澳水泥廠所受的打擊即已如此嚴重，距離廣東市場更遠、運銷成本較香港、澳門産水泥更高的臺灣水泥，自然從1933年起于廣東市場絶迹。

(4)汕頭

位處廣東東部與福建交界的汕頭地區，臺灣水泥在1931年的出口量爲4,930,476臺斤，僅次于厦門、廣東，爲華南地區第三位。但次年也由于抵制日貨運動、關税政策限制等前述的因素影響，導致臺灣水泥停止對當地的出口。不過，頗爲有趣的是雖然廣東政府也在當地實行水泥專賣及進口限制政策，[34]但由于臺灣—汕頭間水泥海運費用相對低廉，故1934年以后臺灣再度對當地出口水泥，直到1937年中日戰争爆發前夕才再告終止。

(5)香港

因地理位置、經濟發展上的高度相連，臺灣水泥出口至香港后亦多轉口至廣東地區，故其出口量在1932年受到經濟不景氣以及當地的抵制日貨運動影響而巨幅衰退了67.2%，僅有8,411,730臺斤。至1933年開始略有恢復，而1934年時較前一年激增了196.4%，并于1935年達到出口量23,099,666斤的最高紀録。但自1936年起，臺灣對香港的水泥出口量又開始下滑，當年出口量僅剩14,518噸或17,196,772斤，至1937年時復減爲8,846噸、14,746,282臺斤。

(6)温州

位在浙江的温州亦值得一提，原本日治時期臺灣—華南間的指定航綫并未以温州爲定期停靠港，但根據中國海關報告顯示，當地常有由臺灣出發的汽艇與小型輪船停泊貿易，故也有部分水泥銷往當地。但1932年，温州當地也發生激烈的排日運動，[35]雖然臺灣出口至温州水泥的數量略有增加，但次年即暴跌至僅有4千多臺斤。1934年后當地的臺灣水泥進口量雖迅速回升至10萬臺斤以上，不過整體來説水泥占温州當地進口日貨比重甚低，在臺灣水泥對華南出口中亦屬較爲次要之地區。

四、戰前臺灣水泥產品的輸入

除了淺野水泥會社之外，另一間日治時期臺灣水泥進口貿易上扮演重要地位的企業，則爲小野田水泥制造株式會社。該會社成立于1881年5月，由日本山口縣士族笠井順八在該縣的厚狹郡小野田町所創立。[36]到了甲午戰争之后，小野田水泥也開始將經營的觸角伸往新占領的殖民地。最初該社銷往臺灣的水泥是透過大阪地區的貿易商人進行交易，直到1898年8月，小野田水泥才與臺北的賀田金三郎商店簽訂販賣契約，正式開啓大量對臺銷售水泥。其后，又逢基隆港建設等大型工程需求，而又陸續獲得水泥銷售的訂單。[37]故從明治時代以來，臺灣的進口水泥便爲小野田水泥與前述之淺野水泥這兩家企業所壟斷。

至于20世紀30年代日本企業生産之水泥移入臺灣部分，從表2中1931年至1937年間整體輸入額（含日本國内貿易及海外貿易部分）的變動則呈現與輸出部門截然相反的面貌，從1930年開始，水泥總輸入量即不斷維持增長的趨勢一直持續到中日戰争爆發爲止。但進一步將日本國内貿易與海外貿易的輸入額個别加以分析，却又反映了某些不同的指標性意義。

表4　1931～1937年間關東州輸入臺灣水泥額

數量單位：斤，價格單位：圓

年份	數量	價值
1930	13,677,302	206,631
1931	8,625,888	107,795
1932	18,852,199	254,038
1933	4,990,278	67,010
1934	——	——
1935	17,107,391	206,203
1936	68,140	1,279,066
1937	10,605	201,651

注：1.1934年無水泥輸入。
2.一日斤等于一臺斤，又等于0.599公斤。
3.自1936年起數量單位改爲噸。
數據源：同上注。

1.自海外的進口

在海外進口部分，本島的海外進口水泥均爲關東州的大連小野田水泥工廠所生産。就整體進口量的變動而言，故如表4所示，1930年時，由于受到經濟大恐慌及嘉南大圳完工，以及小野田會社爲調節運銷關系，將大連水泥廠部分産品改爲出口至華南、東南亞地區的影響，導致關東州銷往臺灣本島的水泥量遽减。該年度的水泥進口衰退幅度高達56%。[38]到了1931年，因景氣的持續惡化，島内土木工程在總督府緊縮工程開支，再加上前一年水泥販賣協會協議減少輸出的影響下，由關東州進口的水泥量較1930年衰退率達37%。[39]雖自1932年期間，由于臺灣本島與大連之間輪船班次增加，導致運費下降有利當地產品進口，以及當年度臺灣本島水泥需求略有回復的挹注，輸入量一度出現120%的暴增性成長率。[40]但這僅僅只是暫時性的現象，到了1933年之后，進口水泥隨即因爲關東州及滿洲當地工程需求增加消化大量產能，以致輸出至臺灣的數量遽減，該年度衰退幅度竟達到74%之多。[41]此外，1934年之后，因滿洲工業化開發政策的推動，促使小野田水泥大連廠將運銷重心轉而放置在滿洲境內，使得當年度完全没有由關東州進口之水泥。[42]可説是海外進口水泥的最低潮階段。

不過從1935年起海外水泥進口貿易又告恢復，這是由于滿洲國境内水泥工廠陸續竣工，滿足了滿洲當地的市場需要，故小野田水泥大連廠又將銷售重點轉回臺灣。因此，當年度的海外水泥進口量約略回復到1932年的水平。至于1936年間由大連進口的水泥數量達到歷史新高，總數爲前一年的6.2倍之多。其原因與1935年臺灣中部大地震后，各項重建工程積極展開，以及20世紀30年代中期臺灣工業化政策下，島内工廠建設的工程需求激增有關。另一方面，則由于位于朝鮮的宇部水泥株式會社新廠完成，更進一步的加重了朝鮮、滿洲地區水泥產量過剩的問題，[43]在這樣的背景之下，日本水泥企業自然將大量朝鮮水泥傾銷至尚有需求空間的臺灣島内。

表5　1930～1937年間日本產水泥銷往臺灣數量表

數量單位：斤，價格單位：圓

	東京		横濱		大阪		神户		廣島		下關		門司		三角		津久見		八幡		若松		朝鮮		鎮南浦		其他		合計	
	數量	價值	數量	價值	數量	價值	數量	價值	數量	價值	數量	價值	數量	價值	數量	價值	數量	價值	數量	價值	數量	價值	數量	價值	數量	價值	數量	價值	數量	價值
1930	101,344	1,550			493,019	9,856	9,597	333			6,485,265	92,879	32,145,572	537,037	9,280,895	130,808	10,739,920	153,450	6,096,500	80,434	850,000	8,976			16,222,055	205,033	11,973,938	206,210	94,398,105	1,426,566
1931	709,046	12,938	17,708	250	332,717	4,889	1,144	15			6,967,152	95,988	9,370,267	123,667			—	—	—	—	—	—	8,772,048	129,281	—	—	44,397,564	610,067	70,567,646	977,095
1932	1,702,899	32,920	—	—	60,635	1,950	95,449	1,273			8,025,235	114,948	21,890,630	324,797			—	—	—	—	—	—	—	—	—	—	53,217,715	765,383	84,992,563	1,241,271
1933	4,983,140	138,496	25,000	600	54,199	2,054	37,673	1,308	4,700	120	5,302,450	129,626	39,348,870	997,815			—	—	—	—	—	—	—	—	—	—	42,576,600	1,032,336	92,322,692	2,302,355
1934	2,875,944	77,466	—	—	489,240	12,583	312,097	7,692	—	—	2,549,900	62,756	40,057,815	1,026,420	—	—	—	—	—	—	—	—	—	—	—	—	49,319,300	1,198,566	95,604,296	2,385,483
1935	926,263	23,052	—	—	3,393,650	82,143	11,900	926	—	—	2,997,050	71,190	43,761,590	1,051,026	—	—	—	—	—	—	—	—	1,400,000	32,160	—	—	80,164,260	1,889,967	132,654,713	3,150,464
1936	394	8,655	—	—	2,046	43,055	91	2,794	—	—	6,571	141,880	31,515	679,023	—	—	—	—	—	—	—	—	2,300	49,800	—	—	69,906	1,494,438	112,823	2,419,645
1937	—	—	—	—	4,389	88,618	1,090	22,440	—	—	7,214	149,178	81,525	1,668,586	—	—	—	—	—	—	—	—	1,500	30,000	—	—	100,777	2,031,073	196,495	3,989,895

注：1.一日斤等于一臺斤，又等于0.599公斤。

2.自1936年起數量單位改爲噸。

數據源：同上註。

2.來自日本的水泥出口

在日本對臺灣所出口的水泥部分，如表5所示，1930年至1937年間，從日本進口水泥數量雖然也曾于1931年出現衰退，但恢復的速度較海外進口來得迅速，自1932年后，其流入數量呈持續性的成長，僅1936年減少。再進一步分析各年度由日本移入之水泥數量變動情形，首先在1930年時，受到前一年經濟不景氣影響，日本國内各水泥企業紛紛被迫減産，但該年度水泥價格仍由每桶3.6圓跌落至10月的2.85圓，顯見經濟大恐慌之初日本國内水泥産銷過剩的嚴重。是故，日本本土水泥業界爲了解决國内水泥供過于求的問題，持續將水泥傾銷至臺灣。特别是小野田水泥會社，由于前述産銷方針的調節，而以其朝鮮工廠産品彌補大連工廠産品出口至華南后之不足，故在不景氣下，1930年由日本國内（含朝鮮）進口至臺灣的水泥量反而大幅攀升，[44]較1929年增加100.16％。但1931年，由于日本本土水泥業者爲緩和業界激烈競争而持續執行生産限制率協議，再加上本年度臺灣島内公共工程建設减少，以及前一年進口額過多，島内尚有大量庫存需要消化等因素之下，[45]本年度水泥日本銷往臺灣的水泥數額較前一年鋭减32％。

至于1932年以后，隨着日本政府内需救濟政策在年底初具成效，日本本土的水泥産銷過剩問題稍有緩解。同時，由于臺灣工業化政策的展開，帶動了日月潭電廠工程，以及島内各公共工程的積極進行，該年度臺灣島内的水泥消費量較前一年激增約30％左右，這給予了島外水泥進口的良好機會。即便是受到小野田水泥大連廠，以及淺野水泥高雄廠受制于華南抵制日貨運動而將部分産品轉爲内銷，但日本進口水泥數量依舊成長21％。[46]1933年，因日月潭工程持續進展，導致淺野水泥高雄廠産能供不應求的刺激，當年日本輸往臺灣的水泥數量比前一年暴增81％。[47]

值得注意的是1934年底時，由于聯合會内部小野田等大型水泥企業與其他后進中型水泥業者間對于設備投資、市場競争的激烈化，以致小野田會社于當年11月中宣布退出水泥聯合會。雖然日本政府依據《重要産業統制法第二條》對日本本土水泥業者執行禁止增産的限制性措施。但小野田在滿洲、朝鮮的工廠不受此一政策限制，以及各中小水泥業者持續增産，使得日本國内仍舊存在水泥生産過剩的現象，[48]也迫使日本國産水泥持續傾銷臺灣。再加上1935年后，臺灣島内的交通與工業建設，以及1935年臺中大地震后的灾后重建工程等諸多需求。當年度日本國内進口水泥數量增加爲132,655噸，增長幅度高達39％。[49]

但1936年度日本水泥的進口量在持續5年的成長后首度出現衰退，事實上當年臺灣島内如地震灾后重建、工廠、機場等建設工程的水泥需求仍頗爲殷切，之所以水泥進口量减少，還是與日本大型水泥資本的産銷動向有關。當前述滿洲國境内水泥工廠的陸續完成后，使得小野田水泥大連廠在滿洲的銷路遭到阻斷，只得將剩余水泥改銷往臺灣，并借着自身資本與營銷的優勢，使得其他中小型水泥企業的産品無法在臺競争。在日本本土産品被驅逐的情形下，1936年度的日本水泥進口量减少15％。[50]不過上述趨勢在次年時由于水泥區域販賣制的確立，使關東州水泥進口量再度减少，連帶降低了日本本土水泥銷往臺灣時的競争，故1937年度日本水泥進口量又成長74％。[51]

總之，經由以上的分析，可知自日治中期以后，促進臺灣水泥輸出入貿易的動力有二：一爲日本水泥産業資本的推力，由于日本本土水泥産業生産過于飽和，爲了傾銷過剩産品，以小野田會社爲主水泥企業，在臺灣展開了可稱爲運銷型水泥資本的經營形態。亦即透過本身産銷體制，將臺灣整合進以中國大陸東北地區、日本九州島島爲一體的區域銷售網之中，將當地的水泥銷往臺灣。此外，以淺野水泥會社爲代表的企業，則發展出另一種直接投資型的經營方式。此即着眼于臺灣的地理條件，而在臺直接設廠投資，制造産品營銷當地以節省運輸成本的模式。

另一種影響臺灣水泥貿易的動能即爲華南市場的拉力：由于中國大陸東南沿海省份現代化水泥

工廠產量不足，使得臺灣得以透過地利之便，將本島生産的水泥銷往廣東、福建甚至浙江各省，從而促進了臺灣水泥的對外出口。用更廣闊的角度來説，由于臺灣市場規模也有一定的限度，前述日本水泥資本的兩種投資模式本身即存在先天上的衝突，故日本本土水泥傾銷臺灣時，臺灣當地的水泥産業必然要再向外移動，以尋找過剩産品的銷售空間，故臺灣水泥在20世紀30年代向華南輸出，可説是以上兩種作用力相互影響的結果。

五、結論：多重的區域經濟圈交易模式

從本文的分析，可以更清楚地認識到“九一八”事變后至中日戰争爆發之前，臺灣對外水泥貿易的過程及其特質，以及其中的商品與資本流動關系，更呈現出這段時間東亞區域貿易活絡而多元的現象。當時臺灣産水泥輸出，是受到日本國内水泥資本生産過剩，需要利用殖民地作爲産品市場的内在推力，以及華南地區本身市場需求的外部拉力相互作用影響。但這種狀況實與當時中國經濟的發展息息相關，那就是1910年代以來，隨着中國工業化的進展，不僅完成了民生必需品的進口替代，并且國民政府中央或是地方政府（以本文的例子是1931年后與南京中央政府處于對立狀態的廣東政府），更試圖透過關税保護的手段來維護發展中的民族工業。因此發生了1920年代晚期至20世紀30年代期間日本與中國之間激烈的經濟競争。而20世紀30年代后開始成爲南進政策跳板的臺灣，雖然一方面有着地利之便，但也不可避免的必須面對中國抵制日貨運動的衝擊。兩相交錯，却使位處日本與中華經濟圈交界的福建、廣東沿海，産生了復雜的貿易變動。基本上，在中日戰争爆發前夕，華南地區固然是日本在臺水泥資本重要的外銷市場，但却是在日本本土水泥傾銷至臺灣所導致的供過于求的現象下，在臺的日本水泥資本家，冒着與中國官方保護之當地水泥業者競争的風險而從事出口經營。再者，理應爲純水泥出口地區的關東州，却也從原爲其銷售市場的臺灣進口水泥。這些現象則反映了在一般習見的日本區域經濟圈模式之外，像淺野、小野田水泥這些日本重化工業資本另外又創造了一種以自己的市場、經營區爲分界，而非學界所常用，以官方劃分的殖民地邊界爲界綫的模型。另一方面，從臺灣水泥在華南面臨激烈競争這點來看，20世紀30年代日本帝國經濟圈對外擴張的過程中，其實遭遇的反抗可能遠超乎后世想象。要之，隨着日本對外擴張的脚步，20世紀30年代臺灣與中國大陸的貿易已逐步修正日治初期在殖民政府刻意壓制下，着重于臺日貿易的路綫。只是此時已屬于日本經濟圈一環的臺灣，要如何與中國經濟圈内其他區域建立貿易聯系，似乎并非易事。

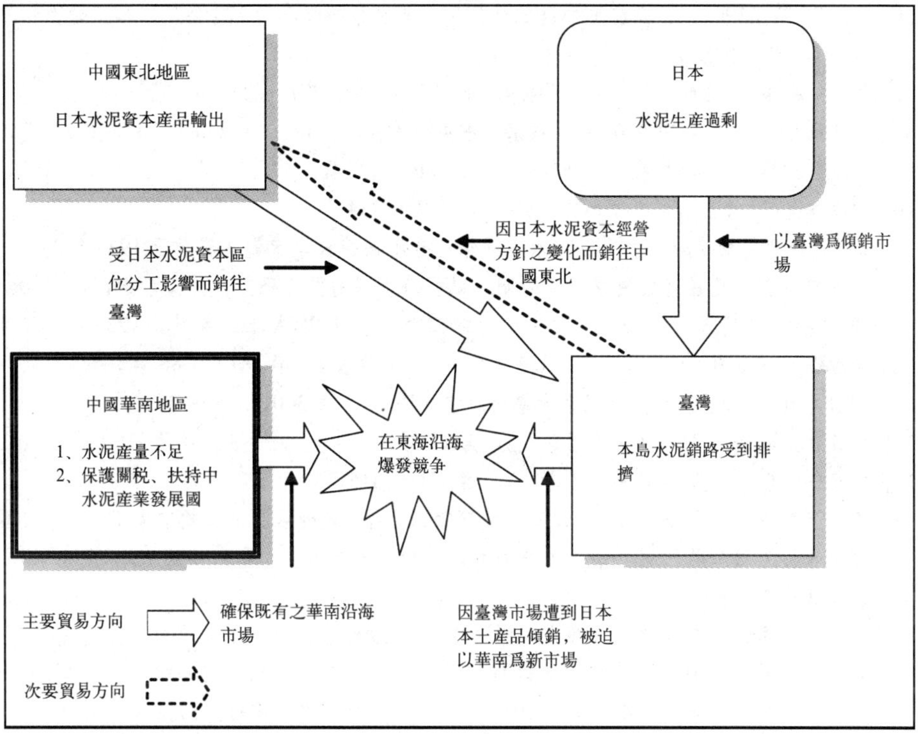

圖1　20世紀30年代臺灣水泥貿易關係圖。

數據源：作者繪制。

（作者單位："中央研究院"近代史研究所；臺灣大學歷史學研究所）

註 釋：

[1] 陳慈玉，《初論日本南進政策下臺灣與東南亞的經濟關系》，《東南亞研究論文系列》，No.10（臺北：『中央研究院』，1997），第22～25頁。

[2] 葉仲伯，《臺灣之水泥工業（二）》，《臺灣之工業論集》，卷2（臺北：臺灣銀行經濟研究室，1958），第50頁。

[3] 葉仲伯，《臺灣之水泥工葉（二）》，《臺灣之工業論集》，卷2，第50頁；湊照宏，《臺灣セメント産業における寡占體制の形成》，收録於佐藤幸人編，《臺灣の企业と産業》，（東京：アジア經濟研究所，2008），第281～318頁。該文則根據中國工程師學會所編的《臺灣工業復興史》（臺北：中國工程師學會，1958），第334～337頁之記載，謂1948年臺灣開始有少數水泥外銷。

[4] 舉其要者，如吴榮發之《淺野水泥高雄廠的發展(1917～1945年)》，《高市文獻》，18卷3期（2005年9月）第1～26頁，是近年唯一較爲詳盡研究日治時期臺灣水泥產業發展之專文，但對于該廠水泥產品的外銷情況仍語焉不詳。

[5] 和田壽次郎，《淺野セメント沿革史》（東京：淺野セメント株式會社，1940），第97～111、129頁。

[6] 明治34年（1901）年以前每桶爲180公斤，其后每桶改爲約170公斤。和田壽次郎，《淺野セメント沿革史》，附表第二。

[7] 和田壽次郎，《淺野セメント沿革史》，第192～196、277～278頁。

[8] 高橋龜吉，《日本財閥の解剖》（東京：中央公論社，1930），第240～243、250～256頁。

[9] 和田壽次郎，《淺野セメント沿革史》，第591～593頁。

[10] 和田壽次郎，《淺野セメント沿革史》，第327～334頁。

[11] 水泥聯合會是爲挽救一次大戰后水泥滯銷經營不振的日本水泥業界，于1924年10月所組成的卡特爾組織，其主要任務在協議生産限制，以維持市場的價格穩定。井田幸治，《小野田セメント製造株式會社財閥五十年史》（東京：小野田セメント製造株式會社，1931），第448～449頁、第737～378頁；和田壽次郎，《淺野セメント沿革史》，第387～388頁；橋本壽朗，《大恐慌時期の日本資本主義》（東京：東京大學出版會，1984），第340、348～351頁。

[12] 和田壽次郎，《淺野セメント沿革史》，第11頁。

[13] 和田壽次郎，《淺野セメント沿革史》，第411～415頁。

[14] 1923年關東大地震發生后，因淺野水泥東京、川崎兩廠受震災波及被迫停工，加上災區重建的需要，淺野水泥乃積極將門司、臺灣等分廠的産品輸往東京地區。和田壽次郎，《淺野セメント沿革史》，第383～384頁。

[15] 廣東西村士敏土廠的前身爲廣東巡撫岑春煊于1906年以資本154萬元創立之官辦企業廣東士敏土廠。1921年，改爲招商承辦，直到1927年又由廣東省建設廳收回接辦。1928年，廣東省政府在廣州市的西村建立水泥新廠，并于1932年4月完成第一條生産綫。1933年7月原有之廣東士敏土廠并入廣東西村士敏土廠，并改名爲廣東西村士敏土廠河南分廠，1935年河南分廠因設備陳舊而停止運轉。王燕謀，《中國水泥發展史》（北京：中國建材工業出版社，2005），第80～83頁；陳歆文，《中國近代化學工業史（1860～1949）》（北京：化學工業出版社，2006），第169頁。

[16] 南滿洲鐵道株式會社産業部，《北支那經濟縱觀》（東京：日本評論社，1938），第390頁。

[17] 青州英泥于1886年由英國律師G.Ewens在澳門創立，次年亦于香港設廠。王燕謀，《中國水泥發展史》，第37～47頁。

[18] 南滿洲鐵道株式會社産業部，《北支那經濟縱觀》，第390頁。

[19] 許滌新、吴承明主編，《舊民主主義革命時期的中國資本主義》，《中國資本主義發展史》第二卷（北京：人民出版社，1990），第886頁；南滿洲鐵道株式會社産業部，《北支那經濟縱觀》（東京：同編者，1938），第389～390頁。

[20] 臺灣總督府税關，《昭和五年臺灣貿易概覽》（臺北：臺灣總督府税關，1931），第110～111頁。

[21] 臺灣總督府税關，《昭和五年臺灣貿易概覽》，第111頁。

[22] 矢内原忠雄著、周憲文譯，《日本帝國主義下之臺灣》（臺北：海峽學術出版社，1999）。

[23] 矢内原忠雄著、周憲文譯，《日本帝國主義下之臺灣》，第70、74、144～145頁。

[24] 劉進慶、塗照彦、隅穀三喜男著，雷慧英等譯，《臺灣之經濟：典型NIES之成就與問題》，第109～110頁。

[25] 凑照宏，《臺灣セメント産業における寡占體制の形成》，《臺灣の企業と産業》，第282～283頁、第305～314頁。

[26] 劉進慶、塗照彦、隅穀三喜男著，雷慧英等譯，《臺灣之經濟：典型NIES之成就與問題》，第111頁。瞿宛文，《戰后臺灣經濟成長原因之回顧：論殖民統治之影響及其他》，《臺灣社會研究季刊》，期65(2007年3月)，第1～34頁。

[27] 海關税務司侯禮威，《海關十年報告之五（1922～1931）》，1931年，轉引自厦門市志編纂委員會、厦門海關志編委會，《近代厦門社會經濟概況》（厦門：鷺江出版社，1990），第387頁。

[28] 中國第二歷史檔案館、中國海關總署辦公廳編，《中國舊海關史料（1859～1948）》，118冊（北京：

京華出版社，2001），第 118 頁之 305 頁。

[29] 上海總稅務司編，《民國二十一年海關中外貿易統計年刊·卷一貿易報告》，《中華民國海關華洋貿易總册》中華民國二十一年（臺北：『國史館』史料處，1982 年重印），第 41 ～ 44 頁。

[30] 上海總稅務司編，《中華民國海關華洋貿易總册》，中華民國十九年上卷（報告書及統計輯要）（臺北：『國史館』史料處，1982 年重印），第 50 頁。

[31] 中國第二歷史檔案館、中國海關總署辦公廳編，《中國舊海關史料（1859 ～ 1948）》，第 114 册（北京：京華出版社，2001），第 114 頁之 157 頁。

[32] 臺灣總督府殖産局商工課，《臺灣ノ外國貿易（下）》，熱帶産業調查書第 25 册（臺北：臺灣總督府殖産局商工課，，1935），第 13 頁。

[33] 原單位爲公擔，即 100 公斤。中國第二歷史檔案館、中國海關總署辦公廳編，《中國舊海關史料（1859 ～ 1948）》，118 册，第 118 頁之 294 ～ 118 之 295 頁。

[34] 中國第二歷史檔案館、中國海關總署辦公廳編，《中國舊海關史料（1859 ～ 1948）》，118 册，118 頁之 303 頁。

[35] 上海總稅務司編，《民國二十一年海關中外貿易統計年刊·卷一貿易報告》，《中華民國海關華洋貿易總册》，中華民國二十一年，第 45 頁。

[36] 井田幸治，《小野田セメント製造株式會社創業五十年史》，第 1 ～ 3 頁。

[37] 井田幸治，《小野田セメント製造株式會社創業五十年史》，第 226 頁。

[38] 臺灣總督府稅關，《昭和五年臺灣貿易概覽》，第 156 頁。

[39] 臺灣總督府稅關，《昭和六年臺灣貿易概覽》（臺北：臺灣總督府稅關，1932），第 146 頁。

[40] 臺灣總督府稅關，《昭和七年臺灣貿易概覽》（臺北：臺灣總督府稅關，1933），第 144 頁。

[41] 臺灣總督府稅關，《昭和八年臺灣貿易概覽》（臺北：臺灣總督府稅關，1934），第 143 頁。

[42] 臺灣總督府稅關，《昭和九年臺灣貿易概覽》（臺北：臺灣總督府稅關，1935），第 160 頁。

[43] 臺灣總督府稅關，《昭和十年及十一年臺灣貿易概覽》（臺北：臺灣總督府稅關，1937），第 194 ～ 195 頁。

[44] 臺灣總督府稅關，《昭和五年臺灣貿易概覽》，第 298 ～ 299 頁。

[45] 臺灣總督府稅關，《昭和六年臺灣貿易概覽》，第 285 ～ 286 頁。

[46] 臺灣總督府稅關，《昭和七年臺灣貿易概覽》，第 288 頁。

[47] 臺灣總督府稅關，《昭和八年臺灣貿易概覽》，第 290 頁。

[48] 橋本壽朗，《大恐慌時期の日本資本主義》，第 346 ～ 351 頁。

[49] 臺灣總督府稅關，《昭和十年及十一年臺灣貿易概覽》，第 386 頁。

[50] 臺灣總督府稅關，《昭和十年及十一年臺灣貿易概覽》，第 387 頁。

[51] 臺灣總督府稅關，《昭和十二年及十三年臺灣貿易概覽》（臺北：臺灣總督府稅關，1939），第 341 ～ 342 頁。

第一回高砂義勇隊出發前夕的臺灣
——1940年日軍南進的系譜

傅琪貽

本文探討法律層級上的臺灣高砂義勇隊，以及臺灣在日軍南進基地上的設計。

一、《國家總動員法》與『皇民奉公會』

《國家總動員法》是適用于要征用日本統治下的『帝國臣民』以及其下的協助團體[1]。該法公布之后先后適用于日本，再延用于朝鮮、臺灣、樺太（庫頁島）等日本統治下的殖民地[2]。該法乃是戰時動員的法源，依照該法可建構法西斯『統制』全體主義體體制，是發揮戰争上最有效率的法源[3]。

1938年4月1日公布《國家總動員法》（共五十條）后，接着5月4日即以敕令第316號公布該法施用于朝鮮、臺灣及樺太（庫頁島）。然日本與殖民地這三地，在公布法令日期上有約一個月的差距，但是該法實施的日期竟然是同一天的5月5日。

《國家總動員法》是爲戰勝目標，實踐舉國一致的全體國民運動所訂定的皇民化運動的法源。根據該法第一條説明其立法的精神，是在『戰時（包含准戰時期的『事變』）』期間，爲達成『國防目的』，且最有效率的發揮國家所有的力量，統籌運用人力與物力資源。其中『戰時（包含准戰時期的‘事變’）』，是指未宣戰而陷入長期泥濘戰，如稱爲『支那事變』的對華作戰。該法第二、第三條提到有關總動員物資與總動員業務共各列九個項目，範圍包括軍用到民用的一切[4]。第四條規定的是國家必要時可征用『帝國臣民』從事總動員的各項業務。第五條規定乃適用于『帝國臣民』、『帝國法人及其他團體』，是規定國家、地方公共團體或政府所指定者要執行總動員業務時有協助的義務。

總之，盧溝橋事件后所實施的《國家總動員法》適用的對象，是全『帝國臣民』。因此，法令上屬于日本國内的法律却相差一個月后就從『内地』延長適用到『外地』，也是從『日本人』延伸到『殖民地人』身上，所以該法適用範圍擴延于『内地』與『外地』的所有『帝國臣民』。可説，《國家總動員法》是日本完全地把國家至上主義貫徹至所有『帝國臣民』身上，是讓所有軍國主義統治下的人民失却一切自由，全然被屈服于國家戰争命令之下。

那么，如果國家要發動總動員令時，會出現如何的局面呢。

適用《國家總動員法》可分爲『戰時』與『平戰時』。例如：看『勞務』項目，則出現兩種不同的實況與運作。在『平戰時』所做的首要任務，是把國民的職業、技術等『登録』與『檢查』后加以整理成册，以備妥國家所需『勞務』供需調整上的基礎數據。因此，一旦發生『戰時』狀況，爲軍需上的考慮得需要『勞務』時，國家對國民有權課予國防義務，使其從事所要的各種征用業務，并采取使用、雇用、解雇等方面的必要措施。當然，這些被征用者也照樣被適用全民皆兵的『兵役法』，非得隨時要充任兵源。然『戰時』情況出現且發動軍事總動員時，在各領域中必然會出現勞力供需上的不足。特别是軍方所需勞務力激增時，國家發揮『統制』力量而積極介入各管理層次，因此立即着手勞務力供需方面所需之必要調整。其他如物資、設施、公司行號等的事業、資金、物價、報社及出版物等，皆詳加受到相關該法細節規定。其中，還規定國家違法時的處分及國民受到損害時的『政府補償』等特別條款[5]。

『外地』，如在臺灣地區實施《國家總動員法》時，由臺灣總督負責統轄[6]。因此，1941年7月9日皇民奉公會于總督府正廳召開發起人會議時，由第十八任臺灣總督長穀川清兼任總裁，由本間雅晴臺灣軍司令官、山本馬公要港部司令官（后由高雄警備府司令官擔任）等軍方代表擔任顧問，官民124人出任爲委員。因此，臺灣總督府管轄内的中央到地方縣市所有行政機構，因成立推動島内的大政翼贊運動團體『皇民奉公會』而形同運作該組織的方便工具[7]。換言之，《國家總動員法》實施之后的臺灣，陷入了只爲日本推動戰争而盡全力協助的體系之中。

『皇民奉公會』是標榜文武官民爲舉國一致、建立國防國家體制、徹底貫徹皇國精神的組織，且該皇民奉公運動實現訓練、增産、皇民生活等三大目的。

1．訓練

主要是對青年男子加以組織性的『皇民練成』訓練，成爲將來推動實施征兵制時扮演挺身指導者的任務。如于1942年度在該會訓練部下全島設『青年練成所』487所、受訓者共3萬3,022人，1943年度則增設到1,634所、受訓者達20萬9,274人。然官方不放過成人與女子的勞力。皇民奉公會訓練部，于1942年度時成人『皇民練成』訓練則達263次2萬1,565人受訓，1943年度則更高達2,764次30萬4,019人[8]。男子重點在于軍事教練，女子則在于勤勞就業的美德與國防急救訓練。另有關皇民奉公會承辦的拓南人才訓練部分，設立『海洋訓練隊』『拓南工業戰士訓練所』、『拓南農業戰士訓練所』等，專門吸收學有專精的優秀青年。于1943年度共培養出1,190人，幾乎全以『軍屬』身份，被派遣到南洋前綫或占領區[9]。又于1942年度招募『俘虜監視員』，從8,193人當中録取2,414人。其中包含『高砂族』[10]。根據『國家總動員法』第四條，1939年7月8日頒布敕令第451條《國民征用令》（共26條），規定適用于有專業的職業能力證明者的被『征用』。其第24條適用爲日本『内地』，第25條適用範圍爲『外地』朝鮮、臺灣、樺太及南洋群島[11]。可見隨着戰争面擴大，日軍所需『個人』專業人才的短缺，提早出現了。

2．增産

對島内農林、水産、礦工業等産業勞動部門加以組織，爲推動擴充國防所需的糧食及其他重要物資的增産，以及規劃民生用品的配給。于是産業奉公會、商業奉公會的組織成立，一切爲軍國『滅私奉公』。其中，糧食增産極爲重要。1943年時一方面加强配給，另一方面爲求增加單位面積産量，推廣正條密植、深耕、品種選定、自給肥料等，還要動用『高砂族保留地』與公司企業等土地，并利用學生、婦女勞力的動員，以擴充農業生産力[12]。

3．皇民生活的實現

把六百萬的臺灣島民組織成爲五萬七千個各式各樣的『常會』會員，即每當月一日的『興亞奉公日』開常會時，依照統一的儀禮模式舉行開幕式，如遥拜宫城、遥拜皇大神宫、奉唱國歌、祈禱、朗頌訓令與發誓文后，才能進入傳達、報告、懇談、協議、體驗發表、唱日本歌等當日議題。透過如此由上而下强力推動日常性的『皇民練成』，才可加速創造出以『臺灣一家』爲目的的廣大『帝國臣民』。經過這些日常性的『皇民練成』后，期望在臺日本人與『本島人』[13]一致對國家産生堅定的『必勝信念』。

另根據《國家總動員法》第五條，1941年11月22日頒布敕令第995號《國民勤勞報國協力令》（共17條），凡是『帝國臣民』14歲到40歲的男子、14歲到20歲的女子，以及其他『志願』協力者，可組織『國民勤勞報國隊』的團隊組織，從事協助總動員業務。其中第2條適用于日本『内地』，第16條適用範圍爲朝鮮、臺灣、樺太及南洋群島。可見日本國内的《國家總動員法》延伸適用到『外地』后，要利用團隊性的『勞務』動員時，已經不需要在法規上區分『内地』與『外地』，只要同一法規内附加一條適用『外地』的款項就可以適用。然《國民勤勞報國協力令》竟然適用範圍還延伸到日本尚未占領的『南洋群島』[14]。12月1日臺灣總督府發布府令第130號《國民勤勞報國協力令施行規則》（共20條）時，其中還規定在學學生的組織性動員[15]。由此可見，當時『勞務』吃緊的情況相當嚴重，連在學學童到大學生都當做『勞務』管理的對象。

二、『蕃地』的『皇民奉公會』

然1941年7月9日『平地』皇民奉公會在臺灣總督府内成立時，官方要動用『高砂族保留地』來完成增産的目的，但是把『高砂族』排除之外。理由是『高砂族』的皇民化運動要列入特别的項目，不與漢人的皇民化組織目的區分，不等同視。

根據1941年5月29、30日兩天在臺灣總督府警務局召開的『全島理蕃事務協調會議』時，就决定把『蕃地』化爲特例區域來處理，是主要由1939年4月以來日警在部落中所扶植的『高砂族自助會』的組織正需要持續訓練，所以不以皇民奉公會方式推動實質『高砂族』的皇民化運動。當天在會中决定重要協調事項共兩個：（1）變更『蕃社名』爲日本式，（2）爲征用『高砂族』勞力問題；除此之外，另有七個指示事項：（1）在『蕃地』實施非常時期對策，（2）皇民奉公會與自助會的運作方式，（3）『高砂族自助會』的運用，（4）非常時期的糧食增産，（5）指導青年，（6）保護『高砂族』的嬰幼兒，（7）醫務屬托雇員的相關薪俸；注意事項共十六項：（1）勵行『蕃情』通報，（2）『理蕃』事務的調整，（3）『高砂族』的變更姓名，（4）勵行遵守報告期限，（5）實施授産指導項目的制訂，（6）相關撫育預算的要求，（7）相關蕃人與平地人的調查項目，（8）增産苧麻，（9）玉咲藤葛的增産，（10）教育者的指導，（11）獎勵體育，（12）防止移住地的瘧疾，（13）防止蕃地的傳染病，（14）醫務人員的配置與教養，（15）醫療器具的保存與維護，（16）有關交易的情報[16]。

從此了解到『理蕃』警察人員平時暗中所關注的項目，可歸納爲，警察的維持治安與各種情報的收集，加强各種層級的訓練，軍需植物的增産，以及醫療健康等，是以部落爲基本單位强化日警的掌控權。其政策背后，有隨着日軍增强對華戰爭規模而原本任職在部落的警察被征召入伍，離開『蕃地』，頻繁引發治安上的隱憂。加上自1932年以來極力推行『蕃社集團移住』政策后，原部落組織喪失原貌而得官方積極介入重組，加上下山后的疾病與生活適應成爲重點施政。『高砂族自助會』的運用，成爲所謂戰時『理蕃』警察所依靠且扶持的基層自治體建立運動。

『高砂族自助會』是依照1939年春，官方所頒布的『自助會標准』的命令，先于10月1日在臺中州成立，接着11月3日在新竹州内17社完成設立一級規模的自助會。一級的標準是包含教育、産業、經濟、生活改善等全領域的皇民化、全盤日式生活化爲目標的團體[17]。臺中州内成立的自助會，一級的零，二級的共17社，三級的共19社，總共成立36社。其中霧社事件后裔的集團移住部落『川中島社』、『巴朗社』、『櫻社』爲屬于二級的。另在新竹州内成立一級的17社，二級的35社，三級的17社，總共成立69社[18]。1940年時被選爲優良團體的羅東與新竹大溪郡與臺中州東勢的3所自助會，與其他如青年會、家長會、頭目勢力者會共30個團體一起受到表揚[19]。

《理蕃之友》第一百十七號頭版刊載齋藤生着《蕃地的皇民奉公運動》一文，清楚説明『蕃地』皇民化運動是要求『公益優先』、『滅私奉公』、『臣道實踐』的意義，説；

臺灣的皇民奉公運動是日本内地的大政翼贊運動。其根本的目的是爲推行戰爭確立高度國防國家體制，也是臣道實現的大政翼贊運動。我大日本帝國是土地、人、物、精神等一切，發祥爲天皇、歸一爲天皇的以皇室爲中心的一大家族國家。故其國民相信其一切如自己的生活、工作、身體等全獻給君國，在日常生活中努力實現爲國出力、成爲國家所需之血肉。[20]

當局所規劃的『高砂族』皇民化運動，的確與『平地』漢人有很大的差异性。爲什么能與『平地』漢人切割？且還能給『高砂族』直接移植『臣道』的宣傳？

這由當時警務局長土屋一郎于1940年間曾親自考察后所表達的感想《理蕃機構的綜合性性格與教育》一文，可以引證。他認爲日據初期以來『蕃地』是由日本警察一手包辦形成『理蕃機構的綜合性性質』，因此如今已經能發揮出其中的綜合性『妙味』。『蕃地』中出現密集性聚落，是以警察駐在所爲中心，已經形成『高砂族』大人與小孩混爲一體的『村落學校』的模式。加上，因村落人與警察之間日常接觸頻繁，且一切部落運作由日本警察的指導爲主要意見，故『高砂族』對『內地人（日本人）』已經有絶對的信賴與尊敬。因此『高砂族』除了有學力不足的缺點外，其他皇民化運動上已有非常有利推動『政教一元』的好條件[21]。換言之，在日本『理蕃』當局的眼中，1940年的『高砂族』已經訓練成具備了日常生活上的『皇民』化基礎，所以當局認爲只要延續着過去『理蕃』警察一手掌控的統治方式，即可達到『高砂族』加速的『皇民化』。這種優勢的條件，不在『平地』漢人的地方。

然而，對『理蕃』當局來説，運用各部落『高砂族自助會』來推行『皇民奉公運動』，只不過是當前暫訂的過渡性替代措施。真正能發動『蕃地的皇民奉公』運動，仍舊要等待第一回『高砂義勇隊』的出發，如此才能具備完整的條件。

三、『南進基地』臺灣的設計

1939年9月1日歐戰爆發，9月23日大本營發布命令設立支那派遣軍總司令，于10月1日開始啓動指揮部。日本藉此美國無暇兼顧東亞之際，爲確保國防上所需的重要資源，特別是爲獵獲印度尼西亞石油，發動『南方戰争』，同時在東南亞方面也發動切斷英美『援蔣』活動。然日軍也生怕隨着戰争面擴大，陷入兩面作戰，不希望與美國發生直接的武力衝突，所以以和平的外交與『急襲』的武力兩種手段巧妙運用下，欲完成占領南方資源。如何早日脱困對華泥濘戰争，日軍開啓了新的『南方戰争』，欲切斷援蔣路綫以求早日屈服重慶的抗日陣容，但這反而使日軍更深深地陷于無法收拾的全面敗戰態勢。

『南方戰争』本來就不在日本陸軍傳統『南進』與『北進』的戰略構想內。因此，1940年5月日軍開始着手籌備『南方戰争』時，連『蘭印』荷屬印度尼西亞的『兵要地志』也没有制作好。然日軍于1940年初敢做出貿然出兵南洋的决定，主要是此時歐戰德義破竹戰勝英法，而預估歐戰在近期內終將由德義獲勝結束，對局勢判斷傾向于應有利于德義日三國發展有關。此時日本從消極轉換爲積極用兵戰略。依照日本陸軍的構想，適逢歐戰開打期間，在東南亞尚未形成美與英澳南太平洋政經戰合作圈之前，日軍先下手迅速完成占領石油産地以求持久戰，但當時海軍却以英美不分離的觀點，對開啓南方戰表示悲觀，認爲此舉必會有對美開戰的决心不可，然日軍只能維持一年的戰鬥力。

其實，當時日本的野心是想藉此歐戰機會將英美勢力從東南亞完全驅除而后取代，稱霸成亞洲盟主。因此在1940年國策决定新建『大東亞共榮圈』時，將其亞洲新秩序的勢力範圍，從原先的日滿華三個東亞的經濟共同圈構想，再擴大到所謂的『南方諸地區[22]』，涵蓋整個亞洲甚至印度。

7月26日第二届近衛內閣决定『基本國策要綱』，27日大本營政府聯絡會議决定，爲徹底解决『南方問題』，不惜對美動武的戰争方案[23]。7月28日日軍進駐南部法屬印度，正式表態在東南亞地帶取代歐美勢力。在對美外交上日本也開始轉趨于强硬不妥協的態度，對日本來説，發動太平洋戰争是勢在必行。

9月22日、23日日軍進駐北部法屬越南，27日締結德義日三國同盟。在此美軍强化菲律賓的防衛形成强烈的對峙時刻，臺灣成爲日本進攻菲律賓戰略上最重要的『南進基地』。

臺灣加速成爲南進基地的過程中，日軍方曾在1940年末特派一組人馬，對臺詳加評估，并加以研擬。11月上旬由陸軍省主任課員組成的『臺灣派遣班』抵達臺灣，接着12月大本營在臺灣軍司令部内成立『臺灣軍研究部』。

『臺灣派遣班』是由軍務局課員大槻章中佐（中校）爲首，對臺進行南方作戰研究與籌備基地的作業。根據該班成員瀨島龍三大尉（上尉）于12月16日歸國后向參謀本部所提出的報告，認爲臺灣是在南方作戰上有重要的基地價值，特別是對菲律賓作戰基地價值很高。綜合歸納瀨島龍三的報告;

（1）臺灣的價值是在船舶、兵站、情報上的基地，及通信上的中繼站。

（2）在給水與給煤能力上的評估，本來基隆就有供應50萬噸的給水與給煤能力，但高雄有先天性嚴重缺乏給水與給煤的能力。所以在航運設計上要往新加坡的話，在法屬印度支那（中南半島）的camu ranh灣非得設立給水與給煤供應站，另外，在帛琉也需要設立一處送往印度尼西亞的物資補給站。

（3）高雄港正在進行海軍基地的建設，倉庫等新建築也在翌（1941）年3、4月間完工。獨立工兵第28聯隊（船舶工兵）于11月25日可完畢編成，預定于翌年3、4月間抵達安平。

（4）預定翌年4月前得在南臺灣集結完成五個師團之一會戰所需的補給物資。這是即將展開的對荷屬印度尼西亞與對美屬菲律賓作戰所需之物資。

（5）翌年3月前在臺增加兩臺2 k 無綫與5 k 無綫中繼站，目的是强化東京與荷屬印度尼西亞之間的無綫通信功能。

（6）關于南方情報基地需求上，在臺北已有參謀本部第18班的情報機構，以及特情機關的派出所。

（7）在菲律賓作戰基地的功能上，還需要强化機場與其附屬設施。航空作戰資材，早已先前運送完成。屏東的氣象分派機關，非得要增强的必要性。

（8）防衛臺灣的議題上，目前正積極研究高雄與周邊地帶的防衛。[24]

瀨島在報告時，另外提到作戰准備上今后所遇到的難題。如征用上，陸海軍間的調整、船舶艤裝兵裝的要員、材料的整備、對淺海的掃海、船舶炮兵與高射炮、船舶輸送司令部勤務員的培養等各種問題[25]。

然以上所列第三項的有關高雄港倉庫、營舍、碼頭等新建工程，是用『皇民練成』之名，動用臺灣總督府文教局管理的『勤行報國青年隊』高雄訓練所隊員[26]。該隊于1940年3月28日在高雄成立當時，只收了各地方州廳推薦來的漢人青年，但后來在臺北、臺中、花蓮港等地再增設訓練所時收録了若干名的『高砂族』青年[27]。根據1942年4月14日《臺灣日日新報》報導，過去1941年一年間共舉辦培訓『勤行報國青年隊』13次3,555人。這些人在島内擔任『皇民奉公會』的皇民化運動推手者，后被調到南洋前綫時擔任『勞務奉公團』的小隊長或班長，從事軍中的搬運工等苦力角色[28]。瀨島在報告裏表示，1940年底的臺灣島内，是爲在短短半年之内趕緊打造『南方基地』，而由軍方接管臺灣總督府一切資源的實際局面。

另在臺灣軍司令部内所設的『臺灣軍研究部』，由林義秀大佐、辻政信中佐等包含主計軍醫共20位將校來組成。參謀總長發給的業務命令期限爲翌年3月，要求相關各種部隊的戰鬥法與軍中勤務、兵器、經理、給養、衛生、防疫以及軍情、兵要地理等方面作具體的研究、調查、實驗。根據其業務適用對象範圍，是『荷屬印度尼西亞、英屬馬來西亞、英屬沙巴、比島（菲律賓）、法屬印度支那（越南）、泰國、緬甸』，這乃是日軍即將要進攻的『南方』概念地點[29]。其中爲南方作戰，特別編組約1萬1,000輛的汽車部隊，這相當于23萬人、5萬馬匹的軍人個人裝備與部隊裝備，預計于1940年底整備完畢。『臺灣軍研究部』是針對汽車在熱帶的臺灣做實驗。因南方戰爭是海戰、空戰。隸屬于陸軍第一飛行集團則接到中央的命令，要協助『臺灣軍研究部』在臺熱帶飛行的研究[30]。海軍方面，由第三航空隊飛行長柴田武雄少佐，在臺做研究、訓練，實驗零式戰鬥機飛行持續力的提高，爲能臺灣直飛到馬尼拉完成轟炸任務后，又飛回臺灣基地的航戰設計[31]。當時，在臺『臺灣軍研究部』使用的機場，爲屏東、恒春、嘉義及臺中等地。總之，當時爲南方作戰相關的各種准備，如包含衣服、脚踏車、主食、軍票、衛生器材等，預定一切于1941年3、4月間完成[32]。

那么，當時日軍所規劃的『南方作戰』部隊，其規模到底有多少？

其實，在1940年度時，日軍尚未明確規劃所謂的『南方作戰』具體方針，這是因爲當時尚未確定具體南方總合作戰計劃。

10月12日陸軍省發布，第5師團擬派到蘭印或馬來方面而事先集結到上海；22日近衛師團集結到汕頭，另將原臺灣混成旅團升格編成爲『第48師團』調派到海南島。以上第5師團、近衛師團以及第48師團，依照11月30日的軍令，從原先的馬匹編制全改爲汽車化編制[33]。原在廣東的第18師團也被指定爲『南方作戰預備兵團』，而與近衛師團、第48師團同時開始操練南方熱帶地區的登陸作戰[34]。1941年3、4月間則以『ロ（ro）計書』，舉行大規模的陸海軍連合軍事演習。

第18任臺灣總督長穀川清海軍大將于1940年11月27日上任以來，主張『臺灣全島要塞化』、『航空母艦化』，是完全反映軍方要臺灣作南進基地的作爲。1941年4月1日在臺實施『國民學校制度』，是廢除小學校、公學校之分，同時日本、朝鮮、臺灣等一律實施該制度。這是廢除内地、外地之分而同時培養出統一模式的『皇國民』集體訓練。此時的『教育』不是針對個人智能、知識的啓發爲目的，而是透過學校團體性的訓練，就是『練成』的過程，把朝鮮、臺灣等『外地』被殖民者，强制洗腦成『我已經變成有大和魂的日本人』的『皇民化』教育。唯『高砂族』的『教育所』這回不被改制，仍舊由警察兼教師的方式推行『皇民化』教育，但另在6月間的『蕃地教育事務商談會』時，制作教科書則盡量使用與國民學校相同的指示[35]。4月19日長穀川總督又擔任臺灣＜皇民奉公會＞總裁，于是全臺灣改造爲『日本人化』的運動，由官方主導而强力推行。此時長穀川總督打聽到泰雅族少女因背着出征的教育所老師行李而不慎掉落激流滅頂的不幸事件之后，大力宣傳此『高砂族愛國少女』saung的故事。4月14日長穀川總督在總督府召見riyhen社青年團代表，表揚并贈送一個鐘[36]。于是『高砂族』雖然在平地『皇民奉公會』成立時排除在外，但另以更爲激情的方式，被炒熱，在10月間印刷1,040份的『saung之鐘』圖畫書，并于翌年1月間發放給各『高砂族』部落[37]。

根據軍方1941年度陸軍兵力動員計劃，總計230萬人、53師團[38]是計劃書上的可動用的兵力。其中，預計在南方作戰使用最多的是12個師團，即第2、第16、第48、第55、第56的師團。其中第55、56師團是1940年夏季編組，預定于41年春季完成[39]。於是軍方以代號『ロ（ro）號作戰』在1941年3、4月間於長江沿海舟山群島、北九州一帶，舉行大規模的登陸作戰演習，并於2月到5月間在中國沿海地區做包括阻擾登陸的特殊訓練[40]。然陸軍方面的困境是，在1941年間仍舊『保留中國戰場上的72萬余的兵力』，面臨着無法縮減的窘境。加上歐洲局勢瞬息萬變，不像日方所預測那樣發展，陸海軍要執行既定的1941年度計書，困難度高。海軍方面於1941年4月才敲定該年度計書。海軍雖從南方作戰規劃初期就預測對美戰陣無法避免，但因軍需物資短缺，算出最多打兩年的把握，所以主張用速戰速决的『奇襲』對付美國艦隊，在其尚未進入南太平洋之前要阻擋[41]。隨着海軍南方戰争研究的進展，發現跳國菲律賓就不能打印尼而逐漸轉向『先比島（菲律賓）後蘭印（印尼）』的構想[42]。然而，陸軍是以占領南方要點爲主的作戰法[43]，與海軍的從頭就有對美戰争的想法不同，顯然在日軍對南方作戰構想上也有陸海軍之間既存的差异性。

1941年6月25日大本營政府聯絡會議，爲確保石油做了重大的决定。這是把『南方諸國』視爲日本帝國的生命圈，而日本是爲建設『大東亞共榮圈』，確保擴充『自存自衛』的國防資源，不排除用武力進軍『法屬中南半島南部』，迅速達到占領該地的目的，而日軍爲此也不排除對英美開戰[44]。7月28日日軍第23軍進軍『法屬中南半島南部』時，原駐扎在海南島的臺灣第一步兵聯隊趕赴參加[45]。當時日方最怕美國對日采取禁運石油的措施，因此假如日方取得能支配生産石油的地區，就不受美國的威脇，因此出産石油的『南方諸國』成爲日本帝國的生命圈，而日軍占領『法屬中南半島南部』也成爲日本要走上戰敗命運的不歸路最直接的原因。7月26日第二屆近衛内閣决定『基本策要綱』，27日大本營政府聯絡會議决定，爲徹底解决『南方問題』不惜對美動武的戰争方案[46]。7月28日日軍進駐南部法屬印度（中南半島），正式表態在東南亞地帶取代歐美勢力。在對美外交上日本也開始轉趨强硬不妥協的態度，對日本來説發動太平洋戰争是勢在必行。

9月22日、23日日軍進駐北部法屬越南，27日締結德義日三國同盟。

9月6日天皇親臨的禦前會議更進一步决定，10月下旬爲目標完成發動『南方戰』就是『對美宣戰』。參謀總長杉山一向天皇報告，冬季北方没有作戰時可展開爲期五個月的南方戰，如此在調兵等動員上大有方便之處。依照參謀總長的説法，翌年3月前該完成『南方諸國』的占領[47]。杉山參謀長曾發動盧溝橋事變時也向天皇保證，只要三個月就使蔣介石的抗戰政府會垮臺的『一擊論』，似乎又套在『南方戰』上，可見陸軍對海洋的戰争乃爲耗資源戰一事，特别是對美開戰的重大意義與后果，根本不了解或缺乏概念。

根據陸軍南方兵站的計劃，臺灣、帛琉、海南島是南方兵站地，預定10月底前要集結十個師團份的軍需品，其中五個師團份已經發送完畢，約12月底就完成就緒。石油供應因8月1日遭受美國對日石油禁運的報復，故日軍方面緊急采取措施，已于8月間在沙巴的Miri地方開始鑽探石油，并把全軍的燃料供應，除南方戰以外，减少3成。日本石油公司則爲南方戰而特編『特設資源獲得隊』的同時，開發代用燃料如人造石油等，由軍政部主導[48]。

10月8日代號『あ（a）號作戰』的南方戰上奏，且受到天皇認可，9日起軍方開始着手臨時編組。11月6日任命南方軍總司令由陸軍大將寺内壽一出任，第14軍司令官則由臺灣軍司令官陸軍中將本間雅晴出任。

1941年的臺灣，已經名副其實扮演着日本『南方基地』的角色。

11月中臺灣島内已儲備了五個師團份的彈藥。第48師團主力在臺灣，其一部分在海南島，依11月15日新定戰鬥序列排定爲隸屬于第14軍，所以海南島的部隊立刻趕回臺灣會合于原師團主力。此時第48師團先遣部隊田中、管野兩個支隊已在高雄乘船，正準備出發到菲律賓。第65旅團也被列入第14軍，于11月中從廣島出發，月底時已抵達基隆，后分駐到臺北、臺中、嘉義等地，爲菲律賓作戰加强訓練。另外第16師團，其先遣部隊三浦、木村支隊于11月20日前往帛琉，其師團主力也于25日赴奄美大島，准備加入菲律賓戰場[49]。第14軍司令官本間雅晴于11月21日回臺正式就任。

菲律賓作戰代號爲『M作戰』，臺灣又是重要航空基地。陸軍第五飛行集團原部屬在北『滿洲』，于11月中旬起從空海兩途分批抵達集結于臺灣南部，約于月底完成后改隸屬于南方軍總司令之下。第五飛行集團抵達之后，飛行第50戰隊（戰鬥）集結在佳東、飛行第8戰隊（司偵、輕爆）在屏東、飛行第16戰隊（輕爆）在恒春、飛行第14戰隊（重爆）在嘉義。第83獨立飛行隊集結在臺中，獨立飛行第52中隊（軍偵）則在屏東[50]。另外，海軍方面是因原部屬在臺灣的零式戰鬥機轉用到馬來西亞戰區，所以爲補缺，于11月15日從關東軍抽調飛行第24戰隊（戰鬥）到南臺灣[51]。依照11月15日的戰鬥序列，隸屬轉换而調動部隊共460隊，其中預定因＜南方作戰＞而准備的共12個師團與2個飛行集團[52]。

日方雖從9月開始積極部屬『南方作戰』，但表面上透過媒體僞裝做『欺敵』模樣，而放風聲説要正準備攻打『昆明－緬甸』，但另一方面對美外交交涉也持續維持到11月底。于是12月8日發動珍珠港空襲的同時，『南方戰』也能馬上開打。12月10日同一天，日軍在馬來西亞海域襲擊英國戰艦兩艘，又占領香港，登陸菲律賓北部的同時，又占領關島，可以説初戰戰果豐收，士氣大增。

其實日方清楚了解美日國力差距顯着，且日本没有能力屈服美國，但只想趁歐戰德國優勢時，趕緊占領『南方諸國』歐屬殖民地，由日本來取而代之，完成支配石油等資源的目的。既然『南方作戰』定位爲資源作戰，重視占領地行政，因此日軍戰都還没開打就有陸軍與海軍之間達成各自瓜分占領地『軍政』擔任區的協定。如香港、菲律賓、英屬馬來西亞、Sumatera半島、爪哇島、英屬沙巴等新占領區由陸軍來實施軍政，海軍則要掌控荷屬沙巴、Serebes、Moluccas、Kepulauan Sula、Bismarck Archipelago、Solomon等各諸島及新幾内亞、關島的軍政權[53]。

總之，1940年11月起日軍中央直接介入臺灣，把臺灣在短短的一年時間内迅速改造成實質擁有軍事攻擊能力上的『南進基地』，俟12月8日日軍偷襲珍珠港而開打太平洋戰争，殖民地臺灣也立刻被卷入戰争的風暴中。

四、『特别志願兵』機制的運用與動員

1941年6月20日，臺灣總督府發表『翌（1942）年度起在臺實施陸軍特别志願兵制度』。21日在臺北新公園盛大舉行『實施志願兵制度之感謝式』，接着27日再次舉辦『祝賀式』時，當局安排『高砂族』代表27名參與該活動。臺灣島内正熱烈響應志願兵制度時，時機剛好與日軍入侵法屬南印（中南半島）的時刻。

臺灣總督府警務局理蕃課發行的『理蕃之友』，是霧社事件后爲中央與地方的『理蕃』當局溝通方便而發行的刊物，也是政令倡導的工具。根據『理蕃之友』昭和16（1941）年9月第117號，其中報導『皇民奉公運動』的同時，使用大幅篇幅專論『愛國少女Sayun的鐘』煽動爲軍人犧牲的愛國情操，以及『志願兵制度實施之后到7月底前已經有了一千三百余名高砂族志願』[54]的消息。

『特别志願兵』不同于一般日軍正規『兵役法』系統的『志願兵』，如當上憲兵、飛行兵、軍樂兵、看護兵、主計兵等，是適用于未滿 17 歲征兵年齡之前因申請入軍籍的日本國民身上[55]。因此，臺灣總督府所公布的『志願兵』被冠上『特别』字的，是適用于無日本國民『户籍』的『帝國臣民』，也就是只適用于『殖民地』的男子身上。本來軍方提出『陸軍特别志願兵』的動機，是『滿洲事變（柳條溝事變）』之后爲促進殖民地朝鮮與日本更加形成『内鮮一體』的皇民化融合政策并對對朝鮮强化戰争動員的體制，于 1938 年 2 月由陸軍大臣杉山提案[56]，3 月 28 日敕令第 95 號公布《陸軍特别志願兵令》（共 5 條），所以先行實施于朝鮮的 17 歲以上男子身上。這幾乎是《國家總動員法》同一個時間上搭配到發布的法規。后來鑒于『南方戰』的開打需求，于 1942 年 2 月 23 日軍方提案修改《陸軍特别志願兵令》之第五條中補上『適用于臺灣』字，并且同附『臺灣總督府陸軍兵志願者訓練所官制』，定于 4 月 1 日施行。于是 3 月 10 日在臺實施的《陸軍特别志願兵令》時，府令第 36 號《臺灣總督府陸軍兵志願者訓練所規程》（共 33 條）也同時公布。朝鮮與臺灣的差异，是朝鮮除了實施『志願兵』制以外，早已另定依敕令第 36 號『有關朝鮮軍人之件』，朝鮮人藉此法令有機會當上將校之類的軍官[57]。

那么，僅適用于殖民地17歲以上男子的《陸軍特别志願兵令》（共5條），到底是怎么規定的呢？

《陸軍特别志願兵令》其第 1 條，明文規定凡是有其條件者依照個人『志願』服兵役，則接受陸軍大臣所規定的篩選后，被編入現役或第一補充兵。那時，比照兵役法所規定的現役或第一補充兵相同。再則每年其被編入現役或第一補充兵的人數，第 2 條規定是由陸軍大臣經天皇裁可確定，且完成編入程序時陸軍大臣向天皇上奏其情况。第 3 條規定，處于補充兵役、國民兵役或完成兵役者，因遇到戰時或事變時，依其個人的『志願』被編入陸軍部隊。這些人員，仍依照陸軍大臣所規定的篩選程序后可被編入，其中如原有軍階者可賦予相同的階級。第 4 條是針對處于后備兵、預備兵者，如被編入陸軍部隊服役至解除日時，其身份乃以比照被兵役召集者相同。第五條是，以上事

務陸軍大臣命朝鮮者由道知事、警察署長，臺灣者由州知事、廳長、郡守、市長、支廳長，負責擔任其第一條規定之一部分事務[58]。由此可見，《陸軍特別志願兵令》的母法是日本國內的《兵役法》，也可以説是把適用于日本人的服兵役的義務，延伸到殖民地人民的身上，亦即名爲『志願兵』其實是以法律上的内地延長主義，藉此完成『皇國民』化。而且這種名爲依個人的『志願』願意當『志願兵』，其實是從現役、補充兵、國民兵、后備兵、預備兵等 17 歲男子如當上了『兵役』生涯，從此就一輩子受到國家兵源的牽制，國家就從此絶不放過他的生命，隨時會被動員到死。可見，這種『特別志願兵』實施的意義，是爲殖民地『帝國臣民』即將實施全民皆兵的『征兵制』的開端。

那么，怎么招募『特別志願兵』，怎么訓練？

根據1942年修改的陸軍省令第10號『陸軍特別志願兵令施行規則』（共8條），臺灣軍司令官在每年1月10日以前向陸軍大臣提出該年度編入的人數與入營部隊等的意見，后陸相通達給臺灣軍司令官確定的結果。志願者于2月10日以前向自己所屬本籍地的如郡守、市長、支廳長提出申請書。郡守、市長、支廳長收到申請書之后，只把預定報考臺灣總督府陸軍兵志願者訓練所生的數據，送上到州知事、廳長。州知事、廳長再把這些資料于4月20日前送到臺灣軍司令官。因爲臺灣没有『户籍抄本』，所以用『户口抄本』或類似可准用的官方發行文件即可[59]。

再者，被挑選有報考資格者的名單送到臺灣軍司令官之后，依照『臺灣總督府陸軍兵志願者訓練所規程』先對報考者做兩種考試；（1）身體檢查，（2）『國語』（譯解、作文、聽寫）、『國史』、算數的學科考試篩選后，訓練所所長把録取者的名單公告在『臺灣總督府報』上，同時通知書給本人。因兵種有6月入所的前期『現役』與12月入所的后期『第一補充兵』兩種，因此接受現役訓練者收到《現役兵證書》，接受第一補充兵訓練者則收到《第一補充兵證書》。在此訓練6個月期間，接受訓育科、普通學科、術科、部隊教練，學生集體住在所內宿舍，除了衣服是借用之外，學費、糧食是公家供應，學生因個人理由不得退所[60]。

實際作業，是陸軍兵志願者訓練所所長，于前年12月間公告有關招募要項及其他必要的事項，才開始采取着手[61]。1942年度時，1月16日臺灣總督府情報部發表該訓練所『生徒募集要綱』，2月1日起接受申請書。然而實際法規3月10日才公告，所以一有此消息傳開，就不分漢人或『高砂族』紛紛報名表示願當『志願兵』。1941年6月20日發表后7月底之前，『高砂族』就有1,349人報名，其中40人以血書表明堅定的意志，女子也有538人[62]，到1942年7月時已達到5,000人『志願』[63]。3月13日時全島『志願兵』志願者竟然突破42萬1,000人[64]。集聚産生這么龐大的『志願者』數字，應從東條英機陸相于1月19日表明在臺實施『志願兵』制之情況而酌量何時施行『征兵制』的談話[65]，而迫使對在臺官員産生鼓舞的動力，向殖民地人民賣力鼓吹『當兵真好』的結果，如此解釋應該較爲妥當。

1942年6月10日録取1,020人[66]，7月10日前期生508人入位于臺北六張犁的陸軍兵志願者訓練所[67]，17日舉辦盛大的開所式，訓練期間還到位于新竹竹北的湖口演習所受軍事訓練2個月，12月20日結業。根據《臺灣日日新報》1942年12月19日、20日報導，受訓結束的501人用『若櫻（wakazakura）』來形容，在修業式時長穀川總督、安藤臺灣軍司令官等莅臨發給修業證，其中也有人受到總督獎、優良獎、篤行獎。12月20日退所。后期生500名則于1943年1月20日入所[68]。

雖然『高砂族』踴躍響應『陸軍特別志願兵』，但是依照辦法考上就要經過層層關卡，其中學科考試是個最大難題。1942年度招募時，最后過關被留下來的人數不明，但是臺北州共有23名『高砂族』應考，分别文山3名、羅東6名、蘇澳14名。根據他們23名的成績單，『口頭試問』成績普遍的好，90分以上者有9名、80分以上者有7名、70分以上者有2名、60分以上者5名，60分以下是零，平均分數是82.00分；但學科部分普遍不好，90分以上者1名、80分者零、70分者2名、60分以上者1名、不及格的50分以上者有7名、40分以上者有5名、未滿40分者有7名，平均分數是

47.21分。『口頭試問』23名全高分及格，但筆試學科60分及格者只有4個人（這4個人恰好全是蘇澳人）[69]。對『理蕃』當局來説，這是一件重要需要的改革項目，不得不加强『高砂族』的教育所教育。但另一方面，干脆就在1943年度『陸軍特別志願兵』名額中另設『高砂族』募集500名，與漢人名額分開，以配合軍方『南方戰』的需求。

然而，菲律賓戰役于1942年12月開打的結果，遇到美軍堅固的要塞與險惡的熱帶性原始森林的『地形』關系，戰局陷入困境。2月間軍方在部落中發布招募『伐木工』軍夫消息后，警察叫部落的青年們踴躍『志願』從軍。這就是后來的『第一回高砂義勇隊』的原型。

五、結論

盧溝橋事變之后，『理蕃』當局對『高砂族』的指導方針起了明顯的變化。過去以保護的名目，實爲采取警察高壓統治的强制性撫育措施。然而，隨着對華軍事活動的升高與軍事面的擴大，原任職在部落的『理蕃』警察也得被征召離開部落。官方爲此特地設計『愛國少女Sayun的鐘』等爲軍人犧牲愛國情操的報恩故事，或響應愛國捐獻，增産報國，愛國儲蓄等社會教化的全體主義運動，因此一方面藉此煽動『高砂族』的皇民化，另一方面欲鞏固『蕃地』的治安與國防産業的發展。部落以自助會以及其他如青年團等自治團體爲中心，形成輔助日警的統治。當時的口號是『自力更生』，其實是部落所需要的各種費用盡可能自理負擔的意思，甚至于是出自于內心的愛國情操而願意自己縮衣『節米』[70]也得要支援日軍。

然殖民地臺灣的皇民化運動，其法源在超越一般法律層級的《國家總動員法》。公布該法的時間，雖然殖民『母國』日本與『外地』臺灣、朝鮮、庫頁島相差一個月，但是真正的實施日期，完全是同時間執行。當時臺灣『高砂族』的總人口約15萬多，在總人口中占約3%，『蕃地』高山區約1萬6156平方米，占4.5%。官方對歷年來的『理蕃』成就相當滿意。因此1940年成立臺灣皇民奉公會時，將『蕃地』、『高砂族』隔離于漢人『平地』，維持原有的部落警察爲單位組織來强化皇民化。

1941年《臺灣志願兵制度》是皇民化的另一個高潮。官方藉此更爲煽動『志願』從軍，其最終目的爲全民皆兵的『征兵制度』實施在臺灣等殖民地，以完成日本『內地』化。然而，因日軍開打對美菲律賓戰爭，陷入困境。問題是當地的嚴峻的地勢與熱帶大森林，阻礙了日軍。于是1941年臺灣總督府在部落中推行招募『伐木工』軍夫，警察叫部落的青年們踴躍『志願』從軍。這就是后來所通稱的『高砂義勇隊』。他們是軍中位階最低的『軍夫』，是領取算天數的廉價苦力工，其中没有任何的保障。在《兵役法》等任何相關的法律上，也没有一條可適用的。從法律的層次上，他們是純粹幫助日軍的『志願』愛國者。他們更不是所謂的正規系統的『志願兵』，也不是純應用在殖民地的合格『特別志願兵』。

（作者單位：政治大學）

註 釋：

[1] 在此所指的『團體』乃是國家、地方公共團體或政府指定的業者所做的總動員業務。

[2] 臺灣總督府編纂《臺灣法令輯覽》第七輯，第三章國家總動員，（帝國地方行政學會，1941年），第256頁。

[3] 1937年盧溝橋事件后軍方先應用于1920年所發布的律令第23號『臺灣征發令』其第12條，于9月

間征用臺灣漢人軍夫共850人，隨軍從基隆港于12日13日分批出發。

[4] 動員物資爲，軍用的兵器、艦隊、彈藥等，衣服、糧食飲料及飼料，醫藥衛生用品，運送用的車馬船飛機等，通信，土木建材照明用品，燃料電力以及各項原料等；業務範圍爲，動員物資的生産、修理、配給、輸出入以及保管，運輸、通訊、金融、衛生救護、教育訓練、試驗研究、情報宣傳、警備等。

[5] 關于《政府補償》條款，爲求補償額的公正，規定經由官民代表所組成的總動員補償委員會議做決定。臺灣總督府編纂《臺灣法令輯覽》第七輯，第一章兵役召集，第256～261頁。

[6] 1939年9月30日敕令第672號《國家總動員法等施行之有關統轄之件》(共2條),(《臺灣法令輯覽》第七輯，第三章，第261頁)。

[7] 如運用組織上，總裁下 中央設本部（由臺灣總督府總務長官擔任部長)、地方州廳設支部（支部長由地方首長當任)、又在市支會下設區會、街莊分會下設部落會，最基層的組織爲一甲十户爲單位的『奉公班』，是以舊保甲爲基礎改編的。

[8] 上杉允彦,《皇民奉公會（2）——殖民地臺灣的大政翼贊會》(高千穗論叢,1988年),第74～75頁。

[9] 上杉允彦,《皇民奉公會（2）——殖民地臺灣的大政翼贊會》，第81～83頁。

[10] 上杉允彦,《皇民奉公會（2）——殖民地臺灣的大政翼贊會》，第65頁。

[11]《臺灣法令輯覽》第七輯，第一章，第276頁之82～276之104。

[12]《皇民奉公會（2）——殖民地臺灣的大政翼贊會》，第60頁。

[13]『本島人』是法定用語。根據1943年2月臺灣户口規則修改時,把『高砂族』列入臺灣『本島人』中的『先住民』。因此在此所指的『本島人』是臺灣漢人而已。

[14]《臺灣法令輯覽》第七輯，第一章，第278頁之46之1～278之47。

[15]《臺灣法令輯覽》第七輯，第一章，第278頁之47～278之53。

[16]《理蕃之友》1941年6月號，第2頁。

[17]《理蕃之友》1939年12月號，第8頁。

[18]《理蕃之友》1939年12月號，第8頁。

[19]《理蕃之友》1940年7月號，第8頁。

[20]《理蕃之友》1941年9月號，第1～2頁。

[21]《理蕃之友》1940年9月號，第3～4頁。

[22] 此時的『南方』範圍，是印度以東到澳洲、新西蘭以北的南洋方面，但要規劃進攻的是馬來、蘭印、菲律賓、香港。

[23] 防衛廳防衛研修所戰史室《大本營陸軍部2》(朝雲出版社，1973年）第55～65頁。

[24]《大本營陸軍部2》，第147～148頁。

[25]《大本營陸軍部2》，第148頁。

[26]《勤行報國青年隊》,《臺灣日日新報》1942年4月14日。

[27]《理蕃之友》1941年11月119號，第9頁。

[28]《勤行報國青年隊》,《臺灣日日新報》1942年4月14日。

[29]《大本營陸軍部2》，第149～150頁。

[30]《大本營陸軍部2》，第150頁。

[31]《大本營陸軍部2》，第489頁。

[32]《大本營陸軍部2》，第153頁。

[33]《大本營陸軍部2》，第146頁。

[34]《大本營陸軍部2》，第146～147頁。

[35]《理蕃之友》，1941年7月號，第3頁。

[36]《理蕃之友》1941 年 5 月號，第 3 頁。
[37]《皇民奉公會（2）——殖民地臺灣的大政翼贊會》，第 175 頁。
[38] 戰時能使用的兵力，1937 年時有 30 個師團、38 年有 31 個、39 年有 35 個、40 年有 45 個、41 年有 53 個，這是因在 41 年時一師團原以四爲單位的改編爲三單位（步兵三個聯隊），增加不少的機動效率。（《大本營陸軍部 2》，第 154 頁。）
[39]《大本營陸軍部 2》，第 154 頁。
[40]《大本營陸軍部 2》，第 224 頁。
[41]《大本營陸軍部 2》，第 162 頁。
[42]《大本營陸軍部 2》，第 381 ～ 382 頁。
[43] 陸軍在意的事，是如何打斷英美支持重慶的蔣第 65 旅團政府。故以打斷英美由緬甸陸路支持蔣路綫，視爲結束『支那事變』的關鍵。當時緬甸的鈴木大佐『南機關』對緬甸滲透成功，讓陸軍中央對『南方戰』開打，抱着很大的期待
[44]《大本營陸軍部 2》，第 292 頁。
[45]《大本營陸軍部 2》，第 333 頁。
[46] 防衛廳防衛研修所戰史室《大本營陸軍部 2》（朝雲出版社，1973 年），第 55 ～ 65 頁。
[47]《大本營陸軍部 2》，第 430 頁。
[48]《大本營陸軍部 2》，第 455 頁。
[49]《大本營陸軍部 2》，第 658 頁。
[50]《大本營陸軍部 2》，第 626 ～ 627 頁。
[51]《大本營陸軍部 2》，第 632 頁。
[52]《大本營陸軍部 2》，第 608 頁。
[53]《大本營陸軍部 2》，第 653 頁。
[54]《理蕃之友》，1941 年 9 月號，第 117 號，第 10 頁。
[55] 參照 敕令第 291 號《陸軍志願兵令》（共 24 條）第一章第 3 條。
[56] 陸普第 552 號《陸軍特別志願兵令案ニ關スル件》於 2 月 16 日陸相向近衛首相提案，經 21 日內閣會議，22 日裁可，25 日公布。（參照日本アジア資料センター公文）
[57] 參照日本アジア資料センター公文。
[58]《臺灣法令輯覽》第七輯，第一章，第 224 頁之 6。
[59]《臺灣法令輯覽》第七輯，第一章，第 224 頁之 7 ～ 8。
[60]《臺灣法令輯覽》第七輯，第一章，第 224 頁之 11 ～ 15。
[61] 訓令第 21 號《臺灣總督府陸軍兵志願者訓練所生土銓衡手續規程》第 1 條（《臺灣法令輯覽》，第七輯，第一章，第 224 頁之 15 ～ 18）。
[62]《理蕃之友》1941 年 9 月，第 10 頁。
[63]《理蕃之友》，1942 年 7 月，第 2 頁。
[64]《臺灣日日新報》1942 年 3 月 13 日。
[65]《臺灣警察時報》第 316 號 1942 年 3 月。
[66]《臺灣警察時報》第 320 號，1942 年 7 月。
[67]《臺灣日日新報》15364 號 1942 年 12 月 12 日。
[68]《臺灣日日新報》15383 號，1942 年 12 月 31 日。
[69]《臺灣警察時報》第 320 號，1942 年 7 月。
[70]《理蕃之友》1941 年 6 月，第 6 頁。

從參拜靖國神社風波
談臺灣在后殖民時代的主體性迷思

李功勤

一、前言

后殖民理論（The Postcolonial Theory）是20世紀70年代，由許多第三世界學者所發展出來的一套從政治、社會、文化、經濟、知識等各層面分析中，檢視殖民地與殖民母國之間的互動及影響的理論，從而探討獨立后新興國家的主體性。尤其重要的是一些曾經在歐、美受高等教育，躋身學術文化高級菁英的第三世界學者，他們希望自身歸屬及價值觀，能藉由他們所鋪陳架構的后殖民理論達成一個目的，那就是厘清『我是誰』的概念。

后殖民理論著名的學者如法農（Frantz Fanon）的著作《黑皮膚，白面具》（Black Skin, White Masks）[1]對殖民地的土著不得不以殖民者的語言及文化來樹立自己的身份，從一開始便形成內在的分歧與合成現象，有深入及系統的分析。薩依德（Edward Said）的《東方主義》則强調所謂西方人眼中的東方，其實是被虛構出來而非實際的東方本質。《東方主義》的急切目標是要暴露，在西方以物質與政治使非西方世界屈從的漫長過程歷史裏，西方知識系統與再現系統涉入其中的程度。綜究而論，西方所有有關東方的論述都被那股支配東方領土與民族的意志所决定。薩依德認爲，殖民領域裏的知識追求不可能是『非關利害』的。第一，因爲這種追求是建立在一個不平等的文化關系上，第二，因爲這種知識，無論是關于被殖民者的語言、風俗或宗教的知識，一貫都被拿去爲殖民行政服務[2]。

在薩依德巨著《文化與帝國主義》[3]一書，讀者可經由作者的總體批判，進而了解西方世界的帝國主義，尤其對文化帝國主義（Culture Imperialism）的霸權心態與支配他族的優越感有淋灕盡致的描述，但對亞洲在二戰前唯一實行帝國主義的國家——日本，與其殖民地——臺灣，在文化依附、認同影響等方面的討論，則不多見。

日本統治臺灣51年，除暴力手段之外，其對殖民統治的政策與歐洲的法國頗爲類似，都以『同化』政策作爲收編殖民地『認同』及『效忠』的最終手段。法國于殖民時代曾在法裔移民最多的阿爾及利亞（Algeria），培養一支親法的回教殖民部隊——Harki（由阿拉伯文『軍事行動』的Harka而來），與争取獨立的游擊隊歷經殘酷征戰。阿爾及利亞獨立后，這支Harki只有極少數人通過法國政府『忠誠』考核得以移居法國，直到幾年前才獲得與法國退伍軍人相同的薪俸待遇，但由于Harki的歷史背景，使得不論左派或右派政府都曾經刻意忽略他們的存在，以遮掩其曾經殖民之羞愧。

而日本，則從不檢討殖民侵略的歷史與國民總體反省及悔過[4]。相較于法國的Harki，臺灣也曾經有一批皇民世代，依然繼承日本軍國思想，對南京大屠殺、臺籍日本兵賠償及慰安婦等問題，采取與侵略者及殖民者相同的否定與輕蔑態度[5]。參拜靖國神社事件，應該不是單純的認同日本，而是政治因素占重要成分[6]，令人感慨的是今日德國，對猶太受難者道歉與賠償不遺余力，而法國政府也終于正視殖民部隊——Harki的存在，并給予賠償道歉。但直到今天，日本政府對侵略戰争中的臺灣人、大陸人、慰安婦、臺籍日本兵，從未給予正式道歉和賠償。而臺灣由皇民世代所領導的政黨却選擇參拜供奉二次大戰A級戰犯的靖國神社，他們的行爲正突顯殖民時代所灌輸的文化帝國主義，不但支配且影響某些人價值觀和歷史歸屬，并且産生隔代遺傳的現象。

二、參拜風波

藉由薩依德的分析，我們不難理解臺灣從李登輝到杜正勝之流的同心圓史觀，其最核心的價值就是皇民史觀，其次才是虚有其表的臺灣主體性建立，充分反應當年日本殖民臺灣的皇民化教育之卓越，以及這批帝國的思想特工們成功復制皇民的新世代。而其最好的論證，就是2005年臺灣團結聯盟參拜靖國神社事件，以及當時教育部長杜正勝發言表達支持所引發的連串風波。相對于歐美學術界研究后殖民論述的熱潮[7]，臺灣學界針對日本殖民臺灣所帶來的民族認同混淆及向往軍國主義價值觀的皇民階級有深入研究的學者，首推已過世的戴國輝教授，至于黄春明先生在完成大作《莎喲哪啦再見》之后，痛心的指責臺灣中大和魂之毒太深了[8]。但就臺灣普遍學界研究領域而言，臺灣在后殖民理論的研究上不但不足，且被藍緑政治色彩所分割、支配，其所造成的最直接影響，就是基本道德及正確史觀的淪喪，其中最顯著的例子，就是2005年4月4日，臺聯黨主席蘇進强和多名成員，前往位于東京千代田區的靖國神社參拜，成爲首位參拜靖國神社的臺灣政黨黨魁。蘇進强説他是以『臺灣人』及臺灣『本土政黨』的立場，對二次大戰期間被日軍征召陣亡而被奉祀在神社内約兩萬八千名臺灣英靈及爲國犧牲的日本人表示敬意。

蘇進强談話在臺灣引發藍緑(臺聯除外)和各界一片撻伐，主要關鍵在于靖國神社内供奉日本在二戰結束后，經由遠東國際軍事法庭所判决的『A級戰犯』問題，蘇進强認爲，『勝者爲王，敗者爲寇』并非正確的史觀而是勝利者的傲慢。他指出，事實上，戰敗國的犧牲者往往比勝利者更值得肯定。勝利者眼中的『A級戰犯』，却可能是戰敗國國民眼中的『A級英雄』。不論A級、B級、C級，對日本國民而言都是英雄，我們都應尊重日本國民的感受[9]。此番談話在臺灣内部引發政壇上不分藍緑(臺聯除外)一片撻伐，民進黨“立委”王世堅批評這是『認賊作父』，林濁水也批評臺聯此舉使臺灣在二戰期間，被同樣遭受日本軍國主義侵略的東南亞國家耻笑及鄙視。

日本靖國神社成立于1986年(明治二年)，原名『東京招魂社』，是爲了替明治維新内戰時代爲新政府犧牲的官兵『招魂』。根據靖國神社數據顯示，爲日本政府犧牲的日人．還包括日本殖民外拓期間派軍隊鎮壓臺灣(例如牡丹社事件、及其后日本占領臺灣五十年間遭反抗軍殺害者)及二戰期間發動侵略戰争死亡的日軍。因此，靖國神社供奉的大多數日軍亡靈，都是因明治維新后，加入歐洲新帝國主義所發動的外拓及侵略戰争而死亡者，這種背景再加上神社奉祀A級戰犯問題．使靖國神社蒙上一層不道德也不名譽的色彩。

目前亞洲各國(尤其大陸與韓國)對日本首相參拜靖國神社最反對的部分，就是其中也奉祀着在戰后被東京、南京及亞洲各地軍事法庭判處死刑的『A級 (甲級)戰犯』，認爲這些戰犯是罪惡重大者，不應被日本領導者祭拜，要求分祀或是停止參拜。而日本A級戰犯被合祀于靖國神社也有一段秘辛，1948年東條英機等被處以絞刑后，有一個秘密團體在戰犯辯護律師協助下，把七個戰犯骨灰盒偷弄出來，以『殉國七士』葬在愛知縣幡豆郡的三根山，并與靖國神社的領導機關密謀合祭二戰戰犯，决定算過了佛教所説『三十三次忘日』之后，再行合祭。從1945年算，1978年正好是33年，于是在當年，首先將兩千余名B、C級戰犯的靈位迎入靖國神社，再于10月17日秋祭時，正式將東條英機等十四名A級戰犯的靈位以『昭和殉國者』的名義送入了靖國神社[10]。而后鈴木善幸首相，連續三年，雖以私人身份，却帶領全體閣員去靖國神社參拜，從此之后就引發許多争議，原本日本天皇也會到靖國神社參拜，但自從合祭A級戰犯后，爲避免争議，日本天皇已不再參拜此處。而從鈴木首相以降，只有首相村山富市努力通過『非戰决議』，而于1995年8月15日爲日本第二次世界大戰之作爲道歉，受到國際肯定。2000年8月6日，日相森喜朗參加廣島原爆紀念會，并表明不再參拜靖國神社[11]。小泉純一郎上臺后，大演兩手策略，2001年8月13日參拜靖國神社，15日承認日本是第二次世界大戰的加害者，他是第一位表明對亞洲各國帶來痛苦的首相．但他的支持率立刻下降15%。因此，小泉又分别于2002年到2004年，連續三次參拜靖國神社，并于2004年8月15日參拜靖國神社之后，宣布日本自衛隊是在伊拉克實際參戰，且將于五年內廢除憲法第九條永不建軍、參戰的規定。而2005年是日本戰敗六十周年，有希望進入聯合國安理會，全世界都在注意小泉會以什么方式參拜靖國神社，因爲日本首相參拜方式．已被認爲是日本軍國主義的指標[12]。日本在二戰之后，國民對二戰帶給亞洲人民的苦難始終沒有形成一股深沉的反省性格，從首相參拜到教科書扭曲日本侵略歷史，正反映日本這個國家欠缺靈魂救贖的集體性格，相較于日耳曼民族對二次大戰懺悔．從國家元首至今仍不時到猶太墓碑前下跪，以及在公共論壇討論有關納粹種種暴行，仍然天天在電視上播放，并在各地建造、追悼納粹受害者紀念碑，長期賠償猶太受害者和被迫的猶太勞工，歸還戰前搜括的戰利品，最重要的，在歷史教材裏，記下并强調：這段歷史永遠不該再重復發生。

三、美國誤導歷史

對照來看，大和民族其實自身也正是后殖民理論中所論述的陷入欠缺主體性思考的迷思(Myth)，因爲，二戰結束后六十年來，日本從來没有正視過自己的過去，究其原因，日本在十九世紀明治維新后．福澤諭吉倡導『脱亞入歐』理論，政府與民間從政治制度到生活習俗無不盡力模仿歐洲，最后也加入『新帝國主義俱樂部』，終于導致二戰的發生。戰后，因爲美國需要拉攏日本圍堵蘇聯的政策考慮，由麥克阿瑟一手操控的遠東國際軍事法庭(IMTFE，下文簡稱東京審判)，與德國的紐倫堡法庭有相當程度的不同，例如紐倫堡審判有判决缺席(德戰犯Bomann未能逮捕歸案，但法庭以缺席審判，判處其絞刑，此人下落迄今不明)，而在東京審判中，被告都是東京被羈押的戰犯，而且親自到庭受審，另一個不同之處在于紐倫堡起訴書控告22名德國A級戰犯之外，尚要求法庭在審訊過程中，審查若干重要的納粹組織或機關，法庭并宣布其爲『犯罪組織』，但東京審判中完全没有這種情形發生，東京審判的起訴書中，所控告的純粹是被告個人，并未控告他們所主持或參加的團體或組織，而法庭也只是判定被告的罪責，無權宣布任何團體或組織爲『犯罪團體』[13]。以下兹將東京審判中，判處A級戰犯的名單、罪行、科刑等列表供參考[14]。

表一　東京審判判處Ａ級戰犯一覽表

姓名	戰時職級	犯罪種類	科刑
荒木貞夫	陸相 文相	第一類 破壞和平罪 第一條 十八年間一貫爲控制東亞及太平洋的陰謀 第二十七條 對華實行侵略戰争	無期徒刑
土肥原賢二	滿洲特務機關長 教育總監	第一類 破壞和平罪 第一條 十八年間一貫爲控制東亞及太平洋的陰謀 第二十七條 對華實行侵略戰争 第二十九條 對美實行侵略戰争 第三十一條 對英實行侵略戰争 第三十二條 對荷蘭實行侵略戰争 第三十五條 制造張鼓舉事件 第三十六條 制造諾門坎事件 第三類 違反戰争法規慣例及違反人道之犯罪 第五十四條 命令准許違約行爲	絞刑

續表

橋本欣五郎	炮兵聯隊長	第一類 破壞和平罪 第一條 十八年間一貫爲控制東亞及太平洋的 陰謀 第二十七條 對華實行侵略戰争	無期徒刑
畑俊六	陸相 教育總監	第一類 破壞和平罪 第一條 十八年間一貫爲控制東亞及太平洋的陰謀 第二十七條 對華實行侵略戰争 第二十九條 對美實行侵略戰争 第三十二條 對荷蘭實行侵略戰争 第三類 違反戰争法規慣例及違反人道之犯罪 第五十五條 怠于防止違約行爲	無期徒刑
平沼騏一郎	樞密院長 首相	第一類 破壞和平罪 第一條 十八年間一貫爲控制東亞及太平洋的 陰謀 第二十七條 對華實行侵略戰争 第二十九條 對美實行侵略戰争 第三十一條 對英實行侵略戰争 第三十二條 對荷蘭實行侵略戰争第三十六條 制造諾門坎事件	無期徒刑
廣田弘毅	外相 首相	第一類 破壞和平罪 第一條 十八年間一貫爲控制東亞及太平洋的陰謀 第二十七條 對華實行侵略戰争 第三類 違反戰争法規慣例及違反人道之犯罪 第五十五條 怠于防止違約行爲	絞刑
星野直樹	内閣書記長	第一類 破壞和平罪 第一條 十八年間一貫爲控制東亞及太平洋的陰謀 第二十七條 對華實行侵略戰争 第二十九條 對美實行侵略戰争 第三十一條 對英實行侵略戰争 第三十二條 對荷蘭實行侵略戰争	無期徒刑
坂垣征四郎	關東軍參謀長 陸相 朝鮮軍司令	第一類 破壞和平罪 第一條 十八年間一貫爲控制東亞及太平洋的陰謀 第二十七條 對華實行侵略戰争 第二十九條 對美實行侵略戰争 第三十一條 對英實行侵略戰争 第三十二條 對荷蘭實行侵略戰争 第三十五條 制造張鼓舉事件 第三十六條 制造諾門坎事件 第三類 違反戰争法規慣例及違反人道之犯罪 第五十四條 命令准許違約行爲	絞刑

續表

賀屋興宣 (缺席)	藏相	第一類 破壞和平罪 第一條 十八年間一貫爲控制東亞及太平洋的陰謀 第二十七條 對華實行侵略戰争 第二十九條 對美實行侵略戰争 第三十一條 對英實行侵略戰争 第三十二條 對荷蘭實行侵略戰争	無期徒刑
木户幸一	内大臣	第一類 破壞和平罪 第一條 十八年間一貫爲控制東亞及太平洋的陰謀 第二十七條 對華實行侵略戰争 第二十九條 對美實行侵略戰争 第三十一條 對英實行侵略戰争 第三十二條 對荷蘭實行侵略戰争	無期徒刑
木村兵太郎	關東軍參謀長 緬甸派遣軍司令官	第一類 破壞和平罪 第一條 十八年間一貫爲控制東亞及太平洋的陰謀 第二十七條 對華實行侵略戰争 第二十九條 對美實行侵略戰争 第三十一條 對英實行侵略戰争 第三十二條 對荷蘭實行侵略戰争 第三類 違反戰争法規慣例及違反人道之犯罪 第五十四條 命令准許違約行爲 第五十五條 怠于防止違約行爲	絞刑
小磯國昭	首相	第一類 破壞和平罪 第一條 十八年間一貫爲控制東亞及太平洋的陰謀 第二十七條 對華實行侵略戰争 第二十九條 對美實行侵略戰争 第三十一條 對英實行侵略戰争 第三十二條 對荷蘭實行侵略戰争 第三類 違反戰争法規慣例及違反人道之犯罪 第五十五條 怠于防止違約行爲	無期徒刑
松井石根	華中方面最高指揮官	第三類 違反戰争法規慣例及違反人道之犯罪 第五十五條 怠于防止違約行爲	絞刑
南次郎	關東軍司令官 樞密院顧問官	第一類 破壞和平罪 第一條 十八年間一貫爲控制東亞及太平洋的陰謀 第二十七條 對華實行侵略戰争	無期徒刑

續表

武藤章	陸軍省軍務局長 菲律賓第十四方面軍參謀長	第一類 破壞和平罪 第一條 十八年間一貫爲控制東亞及太平洋的陰謀 第二十七條 對華實行侵略戰争 第二十九條 對美實行侵略戰争 第三十一條 對英實行侵略戰争 第三十二條 對荷蘭實行侵略戰争 第三類 違反戰争法規慣例及違反人道之犯罪 第五十四條 命令准許違約行爲 第五十五條 怠于防止違約行爲	絞刑
岡敬純	軍務局長	第一類 破壞和平罪 第一條 十八年間一貫爲控制東亞及太平洋的陰謀 第二十七條 對華實行侵略戰争 第二十九條 對美實行侵略戰争 第三十一條 對英實行侵略戰争 第三十二條 對荷蘭實行侵略戰争	無期徒刑
大島浩	駐德大使	第一類 破壞和平罪 第一條 十八年間一貫爲控制東亞及太平洋的陰謀	無期徒刑
佐藤賢了	軍務局長	第一類 破壞和平罪 第一條 十八年間一貫爲控制東亞及太平洋的陰謀 第二十七條 對華實行侵略戰争 第二十九條 對美實行侵略戰争 第三十一條 對英實行侵略戰争 第三十二條 對荷蘭實行侵略戰争	無期徒刑
重光葵	外相	第一類 破壞和平罪 第一條 十八年間一貫爲控制東亞及太平洋的陰謀 第二十七條 對華實行侵略戰争 第二十九條 對美實行侵略戰争 第三十一條 對英實行侵略戰争 第三十二條 對荷蘭實行侵略戰争 第三類 違反戰争法規慣例及違反人道之犯罪 第五十五條 怠于防止違約行爲	有期徒刑七年
島田繁太郎	海相 海軍軍令部長	第一類 破壞和平罪 第一條 十八年間一貫爲控制東亞及太平洋的陰謀 第二十七條 對華實行侵略戰争 第二十九條 對美實行侵略戰争 第三十一條 對英實行侵略戰争 第三十二條 對荷蘭實行侵略戰争	無期徒刑

續表

白馬敏夫 (缺席)	駐義大使	第一類 破壞和平罪 第一條 十八年間一貫爲控制東亞及太平洋的陰謀	無期徒刑
鈴木貞一	國務相、企劃院總裁	第一類 破壞和平罪 第一條 十八年間一貫爲控制東亞及太平洋的陰謀 第二十七條 對華實行侵略戰爭 第二十九條 對美實行侵略戰爭 第三十一條 對英實行侵略戰爭 第三十二條 對荷蘭實行侵略戰爭	無期徒刑
東鄉茂德	外相	第一類 破壞和平罪 第一條 十八年間一貫爲控制東亞及太平洋的陰謀 第二十七條 對華實行侵略戰爭 第二十九條 對美實行侵略戰爭 第三十一條 對英實行侵略戰爭 第三十二條 對荷蘭實行侵略戰爭	有期徒刑二十年
東條英機	關東軍參謀長 陸相 首相	第一類 破壞和平罪 第一條 十八年間一貫爲控制東亞及太平洋的陰謀 第二十七條 對華實行侵略戰爭 第二十九條 對美實行侵略戰爭 第三十一條 對英實行侵略戰爭 第三十二條 對荷蘭實行侵略戰爭 第三十三條 對法實行侵略戰爭 第三類 違反戰爭法規慣例及違反人道之犯罪 第五十四條命令准許違約行爲	絞刑
梅津美治郎	關東軍司令官 參謀總長	第一類 破壞和平罪 第一條 十八年間一貫爲控制東亞及太平洋的陰謀 第二十七條 對華實行侵略戰爭 第二十九條 對美實行侵略戰爭 第三十一條 對英實行侵略戰爭 第三十二條對 荷蘭實行侵略戰爭	無期徒刑

東京審判是紐倫堡審判之外的另一個重要審判，對象是日本A級戰犯：但因爲整個軍事審判由美國所操控，基于美蘇冷戰及國際情勢變化的考慮，没有追究日本天皇的戰争責任，爲了接收人體試驗數據，竟然也免除了細菌戰戰犯的罪責，導致東京審判在飽受各界争議及批評的狀況下落幕。美國排除天皇爲戰犯這樣的行爲，被公認是美國學界研究日本近代史泰門的麻省理工學院歷史學教授約翰陶爾(John Dower)分析，這對日本民主政治及國民心理健康都是一大打擊，同時也剥奪了日本人民本諸良心，公開辯論戰争責任的機會[15]。現任教于東京一橋大學的赫伯特·畢克斯(Herbert P. Bix)也指出，裕仁不認錯，日本人民怎么會認錯，陶爾進而分析，在東京大審期間，麥帥總部下令任何人不得對外界透露有關731細菌部隊和慰安婦的實情，因此陶爾及畢克斯都一致强調，由于美國的縱容和曲意維護，導致日本戰后在政治、文化與心理上的不健全，産生一種只會掩飾錯誤，却不敢面對錯誤的心理[16]。換言之，日本在19與20世紀分别受到歐美文化及政治介入影響下，民族

主體性在『脱亞入歐』論的魔咒中，始終無法抛開『黄皮膚，白面具』的悲哀，更因爲東京審判將戰争責任只涵蓋到戰犯個人，解除了軍國主義加諸于大和民族的原罪枷鎖及靈魂救贖的迫切性，因此，也是日本這國家始終無法得到國際社會尊敬及肯定的重要原因[17]。

四、主體性與認同的混淆

在這次臺聯主席參拜靖國神社所引發的争議中，其實正反映出臺灣在戰后成長的新皇民階級，繼承老皇民世代的軍國主義史觀和缺乏反省的心態，并且與日本新軍國主義世代隔海唱和。以作者個人的立場而言，悼念臺籍日本兵的舉動并無不妥，他們其中大部分是在不情願及被迫下，離鄉背井而客死异域，我個人的姻親家族就有兩位長輩在1945年被征召至南洋作戰，至今論及當年戰争的殘酷和慶幸得以生還之喜悦，都教人辛酸不已，更何况無數陣亡同胞之痛；但是前往合祭日本二戰A級戰犯的靖國神社參拜，則是錯誤的舉動，更何况在臺灣新竹縣北埔鄉濟化宫早于 1982年，就由當時濟化宫董事長詹清河赴日交涉和辦祭禮，迎回三萬多名二戰時戰死的臺籍日本兵亡靈，其中李登輝胞兄岩裏武則(李登欽)的牌位也在其中，這點甚至是“教育部長”杜正勝都有所不知，才會在“立院”答復立委質詢時，合理化臺聯參拜靖國神社的舉動(另在臺中寶覺寺也有奉祀臺籍兵亡靈)。

至于在二戰期間的臺籍兵之中，也有26位被列爲戰犯而處以死刑，在已公布的名單中，有董長雄、鐘有吉、黄來金、林石藏、彭錦良等人供奉在日本靖國神社之中，審判他們的有英國、澳洲、美國、中國等軍事法庭，處死的地點則有南洋、大陸、臺北等，惟多數被處死者的地址、數據，至今仍查不出來[18]。至于他們的犯行有部分是因爲槍殺俘虜，而遭盟軍國際審判庭處死，當時幸存的臺籍戰犯柯景星、周慶豐則是被派往北婆羅洲的古晋當盟軍俘虜營的監視員，因爲掌摑以及槍殺俘虜，分别被澳洲國際審判庭判處15年及10年有期徒刑[19]。

臺籍日本兵的補償問題，1987年9月，日本政府依據立法于國會通過《關于臺籍日本兵軍屬的戰死者遺族及重傷者與遺族的吊慰金支付法案》。迄1991年底，核定約2萬8千人，每人家屬一律接受吊慰金200萬日圓的支付；但是，這只不過是吊慰金而非正式的補償，相對的是，日本人遺族每月則可領日本政府發放的30萬日圓補償，换言之，一年就有360萬日圓補償[20]。吊慰金與補償金在法律上的定位亦有所不同，補償金的前提是人民因爲國家行爲而産生損害，而由國家就其損害的範圍内，給予金錢補償爲主，回復原狀爲副的行爲。因此臺籍兵的悲哀不論在發放金額總數，法律上認定等，都同樣受到日本政府的歧視[21]，尤有甚者，臺灣慰安婦求償更遭日本法院駁回，而這些人道及社會正義等問題，才是臺灣政府及民間所該正視并持續聲討交涉的方向才對，而不是任由極少數皇民來踐踏多數追求正義、公理的臺灣人尊嚴[22]。

日本這個國家在二戰的慘痛教訓之中并没有獲得深刻的省思，整個民族活在一個由美國所虚構的免除天皇及軍國主義罪行的無罪情境中，在歷史教學中，藉由扭曲、淡化或刻意删除内容等，使戰后的日本新世代無從面對歷史，學習其中珍貴的教訓、反省和價值觀的重建[23]。而臺灣一小群在戰后出生的新皇民世代，也竟然隔海繼承日本這種喪失民族主體性的價值觀，而形成『臺灣皮膚，日本面具』的荒謬。

回顧臺灣在日本殖民時代，由于漢文化所形成的文化價值、生活習慣與宗教信仰等，在臺灣社會早已奠定深厚基礎；當日本采用歧視性殖民政策打壓臺人尊嚴之際，更難以完成『同化』政策。但對成長于20世紀30年代的臺灣人，尤其職業集中在政府部門、知識分子、學生等階層而言，皇民化影響和國族認同的轉變，是可辯證的事實。

臺灣鄉土文學作家黄春明，就以1945年日本宣布投降，其祖父的喜悦及父親的悲傷對比，來突顯臺灣社會的認同變遷[24]。1945年，臺灣光復重歸中國，曾經在日本殖民時代占有優勢地位的皇民與士紳階級，喪失了政治與文化（日文）庇蔭，逐漸纍積對國民政府『恨意』。1947年的二二八事件，在都會地區的動亂，除了顯示統治階級嚴重失策，導致民心喪失之外，也象征皇民與仕紳階級隱藏恨意的公開與表面化[25]。而在二二八事件之后，本地民衆對大陸同胞的疏離與仇恨造成臺灣社會對所謂『祖國』的認同及效忠上混淆，面對認同及效忠的自我混淆，也是當時臺籍菁英的悲哀，“臺獨”理論家王育德在參加東京大學研討會時，還不斷提到『臺灣光復』的字眼。黃昭堂則在參加東大中國同學會，舉辦有關后藤新平治臺事迹時，儼然以日本人口吻。不斷聲稱那些抗日同胞爲『土匪』，經人提醒才恍然更改用詞。因此，戴國輝教授早就主張臺灣應該及早建立自身的主體性思考[26]。

1949年，國民政府在臺灣開始實施一系列的『土地改革』，雖然成功的結合農民階級，奠定政權基礎；但是經濟利益損失，進一步疏離臺籍菁英和政府之間關系，連抗日領袖林獻堂都避居老死于日本[27]，可見文化認同中，經濟與政治的因素是多么的强烈。隨着國民政府鞏固臺灣統治，皇民文化似已根絶；但在本土政權建立后，皇民思想配合反中政策，竟然成爲本土化理論的核心價值。直到靖國神社事件結束，兩岸關系恢復平穩，在交流開放隨着“大三通”更趨積極之際，臺灣與日本關系雖仍密切，但已經不再帶有『精神依附』的殖民情結，這在后殖民時代建立民族主體性方面，無疑是徹底祛除殖民情結的最好時機了[28]。

（作者單位：世新大學）

註 釋：

[1] 弗朗兹·法農（Frantz Fanon）著、陳瑞樺譯，《黑皮膚，白面具》(臺北：心靈工坊文化公司，2005 年)。

[2] 對照薩依德理論，在小林善紀著、賴青松、蕭志强譯，《臺灣論》（臺北：前衛出版，2001 年）中，指稱日本當年統治臺灣是『世界上最有良心的統治』，而這個觀念也受到李登輝的肯定。李在漫畫裏説：『如果臺灣没有成爲日本的領土的話，則現在的臺灣會是比海南島更糟糕的地方。』書中類似訪談引起部分學者的批判。請參閲《聯合報》（臺北），2001 年 1 月 29 日，4 版。

[3] 薩依德（Edward Said）著、蔡源林譯，《文化與帝國主義》(臺北：立緒文化，2001 年)。

[4] 『日本放送協會』(NHK)于 2009 年 4 月 5 日播放殖民史節目，在節目中指出，日本爲了成爲『一等國』，在統治臺灣時代以武力鎮壓臺灣反抗勢力，還將臺灣的少數民族帶到博覽會『展示』，藉以誇耀統治的成功。另外，節目中也説日本實施皇民化運動，剥奪臺灣人的民族性。結果有 8391 名日本人認爲精神受到傷害，將向東京地方法院提出集體訴訟，其中也包括『日本李登輝之友會』等在内。前『總統府國策顧問』金美齡也對《周刊新潮》説：「只能以『偏頗的節目』一語來形容，日本未曾跳脱自己是加害者的自虐史觀。」請參閲《聯合報》（臺北），2009 年 6 月 25 日，A15 版

[5] 請參閲李功勤，《中華民國發展史》（臺北：幼獅文化，2004 年 10 月），第 9、331、397 頁之注釋，内文記載李登輝對相關事件的態度，及民進黨和日本右派的『李登輝情結』。另可參閲日本右派作家小林善紀以漫畫呈現他心目中的日本帝國主義精神，至今唯一保存的聖地——臺灣及李登輝等人的訪談，見《臺灣論》，賴青松、蕭志强譯（臺北：前衛出版，2001 年）。

[6] 臺灣反國民黨人士，習藉日本的進步來諷刺國民黨治理臺灣與共産黨治理大陸的落后，一方面作爲政治抗争的理論，另一方面也貶抑大中國主義或中華文化。但無形中，戀日情結及媚日心態也反映在政治上，李登輝時代對于釣魚島主權問題就保持緘默。而今日，馬英九政府對日本態度就强硬的多，日本駐臺代表齊藤正樹由于『臺灣地位未定論』造成臺日關系緊張，『總統府』日前表示，未來我政府有高度政治意義的人，『都不會再會見齊藤』。請參閲《中時電子報》（臺北），2009 年 7 月 23 日。

[7] 巴特·摩爾吉爾伯特 (Bart Moore-Gilbert) 著、彭淮棟譯，《后殖民理論》(臺北：聯經出版公司，2005 年)。

[8] 黃春明，《莎喲哪啦再見》(臺北：皇冠出版社，2000 年)。

[9] 參閱《中國時報》(臺北),2005 年 4 月 5 日,A1 版。

[10] 請參閱王智新,《解密靖國神社》(廣東:廣東人民出版社,2005 年 8 月,第一版),第 120~122 頁。

[11] 在小泉之前參拜靖國神社的首相有:吉田茂(1951 年)、三木武夫(1973 年)、福田赳夫(1978 年)、大平正芳(1979 年)、鈴木善幸(1980 年)、中曾根康弘(1983 年)、橋本龍太郎(1996 年)等。見王智新,《前揭書》,第 1~6 頁。

[12] 日本大阪高等法院于 2005 年 9 月就首相小泉純一郎參拜靖國神社的訴訟案件作出二審判决,認定小泉參拜行爲『相當于憲法中有關政教分離原則所禁止的宗教活動』,系屬公務行爲,因而違反憲法。但與一審同樣,大阪高等法院駁回了包括臺灣少數民族等 188 名原告的相關賠償要求,而這次大阪高院判决并無法阻止小泉再度參拜靖國神社,唯有日本最高法院有權就涉及憲法問題,作出具約束力的判决。請參閱《中國時報》(臺北),2005 年 10 月 1 日。

[13] 梅汝璈,《遠東國際軍事法庭》(北京:法律出版社,1988 年)。

[14] 上海市虹口區檔案館主編,《東京審判》,(上海:上海書店出版社,2007 年 6 月 1 日)。

[15] 請參閱陶爾經典作品《擁抱戰敗——二次大戰之后的日本》,轉載于《中國時報》(臺北),2001 年 5 月 6 日,第 10 版。

[16] 畢克斯(Herbert P. Bix)著、林添貴譯,《裕仁天皇與當代日本的形成》(臺北:時報出版,2002 年 2 月 25 日)。

[17] 1945 年 12 月,盟軍最高統帥部共指定了前日本首相東條英機在內的 110 名前日本領導人爲 A 級戰爭嫌疑犯,除了判刑的 25 人之外,1948 年 12 月 24 日,麥克阿瑟下令將囚禁的 A 級戰犯全部釋放。日本國内也發動大規模請願運動,要求將判死刑戰犯减刑、在國外戰犯回國、在國内戰犯釋放等三項要求。大陸于 1954 年釋放了在押的日本戰犯,1955 年日本衆議院通過《關于戰犯釋放問題决議案》。從 1956 年到 1957 年,所有 A、B、C 級戰犯全部釋放。可參閱王智新,《前揭書》,第 173~174 頁。林博文,《日軍國主義不死 美難辭其咎》,《中國時報》(臺北),2001 年 5 月 6 日,第 10 版。

[18] 參閱《自由時報》(臺北),2004 年 10 月 28 日,第 20 版。

[19] 參閱《自由時報》(臺北),2004 年 11 月 16 日。

[20] 參閱《聯合報》(臺北),2005 年 4 月 10 日,A10 版。

[21] 日本國會在 1963 年通過了《對戰爭傷殘病者特别護援法》,把 A 級戰犯東條英機等已經死亡的戰犯確定爲“公務死亡”(因公殉職),向他們的遺族發放撫恤金。請參閱王智新,《前揭書》,第 174 頁。

[22] 繼臺灣地區、韓國的慰安婦向日本政府求償失敗之后,日本最高法院也于 2007 年 4 月 27 日,宣告駁回中國大陸慰安婦求償請求,日本最高法院指 1972 年的《日中聯合聲明》中,中華人民共和國已經放弃了中國人的個人索賠請求權,所以原告不能行使索賠權。請參閱《聯合報》(臺北),2007 年 4 月 28 日,A20 版。

[23] 前東京大學教授小崛桂一郎在《裕仁天皇》一書中,承認日本大多數國民其實并不否認天皇有戰爭責任,但由于他們還是支持天皇及天皇制度,所以僅有少數人想去追究天皇的責任。轉引自《中國時報》(臺北),2002 年 4 月 20 日,第 14 版。

[24] 黄春明認爲『皇民文學』依當時臺灣人口比例而言不算什么,但成功的『皇民化運動』和『皇民文化』,才是可怕的事。對于許多經過太平洋戰爭的臺灣人來説,那個時代是生命中最强烈時刻,因此變成他們共同的鄉愁和記憶。請參閱《聯合報》(臺北),1998 年 12 月 27 日,第 4 版。

[25] 有關 1947 年臺灣『二二八事件』的原因探討,可參考李功勤,＜從史學『明鏡説』評論有關二二八事件的五本著述＞,收録于黄瑞祺、羅曉南主編《人文社會科學的邏輯》〈臺北:松慧文化出版公司,2005 年 6 月〉,第 131~164 頁。

[26] 戴國輝,《中國時報》(臺北),1991 年 12 月 10 日、11 日,第 31 版。

[27] 蔡培火在《獻堂先生年譜校閲后志》一文中,認爲林獻堂晚年寓居日本最主要的原因是『在臺灣政

治上不無寂寞之感』，收録于葉榮鐘編《林獻堂先生紀念集卷二年譜》（臺北：林獻堂先生紀念集編纂委員會）。而曾任林獻堂秘書的葉榮鐘則認爲其離臺出走，與國民政府推行土地改革政策有密切關聯。請參閲葉榮鐘，《臺灣省光復前后的回憶》，《臺灣人物群像》（臺北：時報出版公司，1995年），第180頁。

[28] 2007年5月2日，直屬韓國總統府的韓國『親日反民族行爲人財産調查委員會』决定没收9名在日本殖民朝鮮半島時期與日本人合作的親日『韓奸』財産。這九人包括李烷溶、宋秉俊、權忠鉉、李炳吉、閔泳輝、權泰焕、李載極等。他們因爲與日本殖民政府合作，獲得日本贈與財産及貴族頭銜。根據韓國2005年制定的一項特别法，該委員會公布了452名與日本殖民政府合作的『親日派』名單。當局2日决定没收的土地，估計價值達36億韓元（約臺幣1億3千萬元）。土地所有人可提出法律訴訟抗辯。韓國在盧武鉉總統上臺之后，大張旗鼓展開清查『韓奸』的行動，并在2004年促成國會通過《日占時期親日行爲真相查明特别法》，允許調查殖民時期日僞軍中校以上階級和警察、憲兵的『反民族』行爲。相關新聞請參閲《聯合報》（臺北），2007年5月3日，A20版。

參考文獻

1. 王曉波，《李繼承后藤新平 置臺灣人何地》，《聯合報》（臺北），2007年6月2日。
2. 陶爾，《擁抱戰敗—二次大戰之后的日本》，《中國時報》（臺北），2001年5月6日，第10版。
3. 林博文，《日軍國主義不死 美難辭其咎》，《中國時報》（臺北），2001年5月6日，第10版。
4. 黄春明，《聯合報》（臺北），1998年12月27日，第4版。
5. 戴國輝，《中國時報》（臺北），1991年12月10日、11日，第31版。
6. 李功勤（2005），《從史學『明鏡説』評論有關二二八事件的五本著述》，收録于黄瑞祺、羅曉南主編《人文社會科學的邏輯》，臺北：松慧文化出版公司。
7. 蔡培火，《獻堂先生年譜校閲后志》，收録于葉榮鐘編《林獻堂先生紀念集卷二年譜》，臺北：林獻堂先生紀念集編纂委員會。
8. 葉榮鐘（1995），《臺灣省光復前后的回憶》，《臺灣人物群像》，臺北：時報出版公司。
9.《中時電子報》（臺北），2009年7月。
10.《中國時報》（臺北），2001年5月～2005年10月。
11.《自由時報》（臺北），2004年10月～11月。
12.《聯合報》（臺北），1998年12月～2009年6月。
13. 弗朗兹·法農（Frantz Fanon）（2005），《黑皮膚，白面具》，臺北：心靈工坊文化公司。
14. 薩依德（Edward Said）（2001），《文化與帝國主義》，臺北：立緒文化。
15. 巴特·摩爾·吉爾伯特(Bart Moore-Gilbert)（2005），《后殖民理論》，臺北：聯經出版公司。
16. 畢克斯（Herbert P. Bix）（2002），《裕仁天皇與當代日本的形成》，臺北：時報出版。
17. 小林善紀（2001），《臺灣論》，臺北：前衛出版。
18. 李功勤（2004），《中華民國發展史》，臺北：幼獅文化。
19. 黄春明（2000），《莎喲哪啦再見》，臺北：皇冠出版社。
20. 王智新（2005），《解密靖國神社》，廣東：廣東人民出版社。
21. 梅汝璈（1988），《遠東國際軍事法庭》，北京：法律出版社。
22.上海市虹口區檔案館主編（2007），《東京審判》，上海：上海書店出版社。

日本統治末期臺灣工業技術人才養成
——臺南與東北的交會

高淑媛

一、近代技術移轉的復雜性與學校教育

近代技術移轉，主要由西歐、美國等，向亞、非等世界流動，而且，在流動初期，這些地區幾乎皆籠罩在殖民統治或帝國主義國家的威脅之下，因而近代技術移轉，所牽涉到的問題，比起早期美國、德國自主性地由英國吸收技術的過程，更爲非常復雜，所面對的難題與效果也很不一樣。

在技術移轉過程中，較有共識的是學校提供的技術教育，爲近代技術移轉的重要中介者，也是農業社會工業化的重要手段。

以臺灣而言，1931年，在教育體制内，在屬于中等教育程度的臺北工業學校之外，屬于專科教育的臺南高等工業學校正式招生后，技術人才的培養體系更加充實，至戰争期間的1943年，臺北帝國大學工學院開始招生后，出現相當完整的體系。這些學校，在戰争結束后繼續存續，扮演培養各種不同程度技術人才的角色，畢業后投入就業市場，對臺灣的經濟發展，有相當程度的貢獻。

然而當深入了解日本殖民統治時期，這些學校所培育的技術人才與臺灣經濟發展的關系時，却發現：接受專科以上教育的被殖民統治者，也就是當時臺灣出身的畢業生，很少有機會進入日本資本家在臺灣所設立的大型公司，也就是在臺灣接受專門工業技術的人才，在臺灣并不容易找到可以學以致用、纍積技術的機會。

實際上，這并不是臺灣的特殊現象，應該説是帝國主義時代的普遍現象。如討論印度在殖民統治期間，英國人在印度投資經營的事業，并不願意雇用印度技術者，主要理由是不願提供被殖民統治者學習經營方法、制造技術等實務經驗的機會，避免制造自己的競争者；反而是德國人，則很熱意提供受過高等技術教育的印度人，實習、磨煉實務的機會，因爲德國人視這些印度人爲日后的顧客。[1]對不同國籍的資本家而言，依其視被殖民統治者爲競争者、顧客等的思考點不同，采取不同的行爲模式。

1934年，臺南高等工業學校送出第一屆畢業生時，世界仍處在經濟大恐慌的不景氣之中，就業狀况相當嚴苛，日籍畢業生也有無法順利就業者。换言之，對1934年的臺籍畢業生而言，面臨雙重的就業難關，一是大環境的不景氣，一是臺灣内部工作機會的差别待遇。在此時，提供臺籍畢業生機會者，爲『滿洲國』。1932年，日本在中國東北成立的『滿洲國』后，在日本的支持下加緊建設的脚步，需要人才，提供了許多的就業機會，臺灣也受惠。

臺南高等工業學校自第一位畢業生傅慶騰在1934年進入滿洲電業，至今已經過了四分之三世紀。在大約75年前，自位處熱帶的臺南港都，接受了專業技術訓練后，在什么樣的因緣下，渡過重重大海，千裏迢迢地到位處温、寒帶的大連、東北就職?是本文主要探討的問題。

二、臺南——滿洲的歷史淵源

臺南高等工業學校第1～11屆畢業生中，可以找到曾赴滿洲就業或升學者，有61名，其中有5名升學，1名到哈爾濱工業大學任教，3名在滿洲國政府及關系機構任職，1名在軍方的奉天造兵所之外，有51名在民間企業任職。换言之，以高工業技術教育爲本位的臺南高等工業學校，畢業生多數投入民間企業，在滿洲也不例外。

在民間企業任職的畢業生，如果以族群來看，可以看到相當有趣的現象。以臺籍而言，總計22名中，入滿洲電信電話株式會社者有12名、滿洲電業股份有限公司有7名，相當集中，且幾乎都是電氣科的畢業生。日籍29名中，也是以電氣科爲主，計18名，但集中程度不如臺籍，而且就業的地方也較多元化，包括昭和制鋼所8名、滿洲礦業開發株式會社6名、滿洲電業股份有限公司5名、滿鐵3名等，相對較分散。

日治時期，在殖民統治的差别待遇下，臺籍學生的入學比率，約占20%，電氣科的臺籍畢業生，到滿洲就業的比率相對地高于日本籍，而且集中于電力以及電信，有很重要的意義。近代社會的生活與經濟，電力占很重要的地位，但在日本統治時期，臺灣最大的電力公司——臺灣電力株式會社，接納臺籍入社任職，最早的記録，是自京都帝國大學電氣科畢業的朱江淮，1930年入社，但是，社方派任的工作，爲推廣用電，雖然他是電力專業，并未讓他插手技術方面的工作。電信也是，總督府也不願意用電氣科畢業的臺籍生負責電信業務，因而這兩個相當專業的領域，在日本戰敗，1947年4月，戰后被國民政府留用的日籍技術人員，在二二八事件之后大量解任，送還日本之后，設備運轉、維修等技術方面的人才，勢必出現困難。在這時候，延續電力、電信業務繼續運作的技術者中，臺南高等工業學校的畢業生之功勞，有目共睹，其中自滿洲、中國回臺灣的相關技術人員，扮演重要角色。換言之，臺籍電力、電信方面的技術人才，在早期，離開學校之后，提供實務訓練的重要據點，即爲滿洲。

第一位將位于臺南的工業技術學校，與滿洲産生聯結的畢業生，爲電氣科的傅慶騰。

1931年，第一屆即考上臺南高等工業學校電氣科的傅慶騰，在校時即透過科主任的人際網絡，到過滿洲。因電氣科長長濱重麿原本任職于旅順工業大學，透過這層因緣，南滿鐵道、撫順煤礦以及南滿州電業等有許多干部，是長濱教授的學生。第一屆的傅慶騰，原本就計劃畢業后帶着家人赴滿洲，因而在1933年暑假，即在長濱教授推薦下，到南滿州鐵道撫順發電所實習約一個月時，認識了岡雄一郎所長。岡雄所長是1913年12月由旅順工業大學前身的旅順學堂畢業生，這一個月，幸運得到岡所長關于火力發電電技術的啓發指導。之后，也成爲臺南高等工業第一位順利地考上南滿洲電氣株式會社的畢業生。南滿洲電氣于1934年11月，在政府主導下，并入日滿合辦的滿洲電業股份有限公司。[2]

三、今景彦與長濱重

傅慶騰順利架構起臺南—滿洲的關系，受到科主任長濱重麿的照顧，而聘任長濱重麿出任臺南高等工業學校的電氣科長，乃是今景彦。由于最早被聘任爲創校委員的今景彦，完成創校任務后即離開臺灣，并未出任校長，因而很少被提起，但事實上，創校時的三科主任人選，與今景彦關系密切。

1929年4月1日，開始正式籌備創校，最早即任命今景彦爲囑托，負責創設事務，一個月的待遇爲450圓的高薪。今景彦于明治3年出生于秋田，師範學校畢業后，在小學擔任教職期間，秋田縣廳賞識其才干，推薦入東京高等工業學校進修，1895年畢業后即投身實業教育，擔任過東京府立職工學校校長，并于1911年出任南滿洲工業學校校長，并曾負責大連市立商工學校創校事務，并曾出國兩次，經驗豐富，1922～1925年間，出任南滿洲工業專門學校校長兼工業學校校長，薪資爲415圓。[3]在經歷上，今景彦有擔任日本國内實業學校校長的豐富經歷，并且在中國東北日本的勢力圈内擔任校長等職，對殖民地工業學校的情形也有豐富經歷，而且，在大連時與擔任滿鐵裁的川村竹治總督相識，當臺灣决定設立高等工業學校時，托文部省代找校長人選，文部省推舉今景彦，總督府乃高薪聘請其擔任創立臺南高等工業學校的重要工作，也有聘任今景彦爲首任校長的計劃。[4]總督府用高于資深工業專門學校校長的待遇，禮遇今景彦，請其負責創校事務。

今景彦在日本工業教育界相當資深，且在，以其豐富的工業教育經驗，在1903年，即提出其著作，認爲工業教育需要培養設計者，進行工業創始、改良以及技術移轉的同時，也是施工者，必需動手做，以進行生産、改良。工科大學、高等工業學校是培養設計者的學校。在選定科目時，需要由殖産的角度，調查當地工業技術、經濟狀況，以及從事技術工作者的現狀等等，與設立地點的産業配合等，相當重視工業教育與工業界實際需求的互動。[5]今景彦抱持着爲了日本將來的心情，建設新學校，4月渡臺，會同總督府官員選定臺南的校地后，5月，即回日本，拜托日本工業教育界的元老，幫忙物色適合臺灣的三科科長，最早決定者爲電氣科，機械、應化兩科也大致于10月決定。科長决定后，各科師資陣容，將由科長負責選任，同時，并在選任之后，自1929年12月開始，陸續派遣新任科長赴歐美實地研究調查，在1931年開校前回國。[6]

然而籌備期間，臺灣總督更迭，上山滿之進繼任后，校長人選亦有變化。1930年1月8日，任命7名創立委員，即今景彦、杉本良、江藤昌之、井手薫、加福均三、官森穀一等，主要由臺灣總督府官員組成，日后出任第一任校長若槻道隆亦自此時開始參與。七位委員共同負責興建校舍、聘用職員，以及選擇、配置學科等重要事項。[7]1931年1月15日，學校官制正式實施的同時，第一批人事亦正式公布，如下表，首任校長爲若槻道隆；今景彦亦于同日解職，結束其與臺灣的短暫關系。[8]然而來自中國東北的今景彦，爲臺南高等工業帶來的重要影響，爲選擇了長濱重麿爲電氣科長，在歷史港流中，意外地爲臺南與東北，牽上了一條關系網絡。

電氣科的長濱重麿教授，乃1885年出生于福岡，1909年自東京帝國大學電氣工學科畢業，1911年出任旅順工科學堂教授，1914年公費派赴美，1年后取得哈佛大學工學碩士學位，之后又轉赴英國，回國后繼續在旅順任教，1922年辭職，進入東邦電力株式會社擔任技術課長。[9]長濱重麿原任教于旅順工業大學。透過這層因緣，讓臺南高工的臺籍畢業生多了滿洲這一處就業管道。而且，在學校裹接受科學理論之外，重視實習，也鍛煉實力，可以在就業后展現，獲上司肯定。

長濱教授的關系之外，將臺南與東北聯結的另一重要客觀力量，爲當時正好是滿洲建國這樣的歷史情境，需要各種人才投入，也提供了許多具有吸引力的機會。在20世紀30年代，臺灣人到東北者相當多，多數是醫生，或到滿洲習醫，在這之中，臺南高等工業學校畢業生到滿洲者，則以出任技術工作爲主，獨樹一格，也參與了滿洲許多的近代化建設。

四、高工畢業生在滿洲的電力建設參與

傅慶騰自1934年入社后，一開始，并不被認可，而是以『工手』的身份雇用，在公司内的位階，以及薪水，并未比照日本的高等工業學校畢業生處理，但是，傅慶騰願意以實力，證明臺灣人，以及臺南高等工業學校畢業生的實力，仍實在做事，展現實力，在半年内即取得上司認可，同時也替同學、學弟們開啓了雇用機會。直到1946年離開，總計在滿洲前后13年中，曾參與大連市甘子井火力發電所的鍋爐建設，正式發揮所長是自1935年開始負責哈爾濱市馬家溝火力發電所增設工程之德國制發電機的安裝工作，除了專業之外，爲語文能力。日文好之外，在學校裹所學的德文，在此時發揮功能，與德國西門子公司通信、看圖面等，溝通無礙。傅慶騰爲客家人，廣東話、北京話亦會一些，且曾因剛入社時被視爲臺灣少數民族，分派到工地現場與滿洲當地工人共同作業，亦學會與工人溝通的語言，乃扮演重要角色，而且，在1945年戰争結束后，并成爲阜新發電所的實際領導人，見證了俄羅斯進入東北拆運重要設備搶運回國的行動。[10]

同時，臺南高等工業畢業校友間，互相引介工作機會、在工作上合作、互相照顧的風氣，也在一開始就出現。如1934年11月，滿洲電業股份有限公司成立時需要人才，傅慶騰介紹同班同學黄榮泰入社。黄榮泰在入社后，分配到工務部建設課，1935年1月參與大連甘井子發電所建設，擔任微粉汽罐建設的請負立會及記録員，4月甘井子工程完工后，進行沙河口天川發電所工程的准備工作，6月，隨技術部移轉到新京本社，之后的半年，到哈爾濱發電所負責汽罐建設工程，1936年開始參與新京發電所工程等的准備工作，9月起，負責工場的烟突等制作工程。1945年日本戰敗，蘇

聯軍進入吉林的豐滿水力發電廠，黃榮泰爲保衛發電廠繼續運轉發電，不幸被蘇聯兵開槍打死。[11]

基本上，當時進入滿洲電業的7位臺籍畢業生中，戰后平安回臺者5名，其中4名進入臺灣電力公司，在日本技術者走后，以其在東北所纍積的實務經驗，接下技術傳承的棒子，成爲臺灣電力發展的重要幕后功臣。同樣的現象，也出現在通訊業方面。

五、電話通訊

由于在臺灣，總督府并未提供臺籍參與電話、電報等通訊技術的工作機會，進入滿洲電信電話株式會社的這12名臺籍畢業生，對戰后臺灣的電信事業，即中華電信技術的延續，乃相當重要。

中華電信改組爲民營之前，稱爲『交通部電信總局』，在臺灣的主要設備，爲接收自臺灣總督府的電信相關設施，亦是在臺灣“交通部”開放電信民營之前，臺灣唯一的電信機構。

臺南高等工業學校與滿洲電電的關系，主要由電氣工學科第3屆畢業生陳永祥開啓。陳永祥念到二年級時，就因差別待遇問題，爲了個人前景，決定離開臺灣，正好滿洲電電到臺灣招攬人才，乃于1936年到福岡考試，録取后，一畢業就離開臺灣，并成爲公司裏第一個臺灣人。當時滿洲國建立不久，爲了加强與日本本土的聯絡，正努力建設通訊設備，陳永祥的專長爲長途電話技術之設備裝置，以及維修。在滿洲電電，臺灣人視同日本人，也有7成津貼，待遇相當不錯。回臺灣后在電信局服務，在臺北機務控制段做段長(1948年7月)，從事關于載波工務段。段長的職務告一段落后，我就轉任到電信總局做工程師，之后再到電信管理局任副總工程師(1967年4月)、總工程師(1970年7月)，在升到副局長，爾后調到臺北長途電信局任局長(1978年8月)，最后在轉任電信總局副總局長，以副總局長的職位退休，時爲1981年年底。[12]

繼陳永祥之后進入滿洲電信電話者多。如6電林含鈴，1939年1月畢業后，進入滿洲電電，戰后回臺入中華電信，臺灣的電話自動化，爲林含鈴一手設計。11屆畢業的陳震武，戰后亦入中華電信。在滿洲電信就業，所纍積的技術，戰后回到臺灣，因緣際會下，填補不少日籍技術人才離開后的技術斷層，在戰后臺灣肩負起技術傳承的任務，同時也繼續保持與日本的技術交流。

六、小結

爲什么臺南高等工業學校電氣科的臺籍畢業生赴滿洲，并且在電力、電信這兩個公司任職者特別多?由上述分析，可以找到幾個原因:

人的關系。臺南高工電氣工學科的首任科長長濱重麿在來臺任職前，在旅順工科大學任教十余年，其所教學生許多進入滿洲電業任職，因而長濱和滿洲電業有密切關系。

滿洲是日本的新建設地，公司内部尚未建立嚴密的學閥體系，也讓位于臺南的學校，以及臺籍畢業生，參加滿洲的公司招考時，相對地比較可以用實力取勝，較容易被録取。因爲滿洲爲新開發的地方，需要大量技術人才，光靠日本人是不够的，較不會拒絶任用臺灣人。值得注意的是，願意接受殖民地人民者，爲新設的滿洲電信、滿洲電業—主要因爲新會社裏尚未建立日本社會裏的學閥結構，提供新的學校—臺南高等工業，以及被殖民統治者機會。

薪水待遇也比在臺灣任職好。在滿洲，臺灣人被認定爲日本人，和日本人一樣有薪水加給，因而收入比在臺灣擔任同樣工作，更爲優厚。

臺灣人進入公司后，一有機會就介紹同學或學弟來任職，如傅慶騰介紹同學黃榮泰等。

這樣的交流，雖然有不少歷史的偶然，却具有深刻意義。在當下，提供接受高等技術教育，在自己母國内找不到就業機會的臺灣人，一個工作機會，解決現實地生活問題，同時，并讓臺灣人有機會參與日本在中國東北的建設。而且，這些與公共設施相關的，正是臺灣無法提供給本土技術者空間的業種，因而經歷75年后的現在，當我們拉大歷史視野，則是告訴我們，在東北的就業機會，讓他們有機會在比較没有差别待遇的情境下，被賦予與教育程度相當的工作責任，有機會纍積技術，且在戰争結束，政治版圖重新改組，在臺灣的日本技術者回到日本之后，以在東北纍積的技術，繼續在臺灣發揮功能。從這角度而言，東北對臺灣經濟，透過日本殖民統治，出現聯結，且也有其貢獻。

附録1　臺南高工與滿洲日籍畢業生

姓名	畢業年	級科別	就職先／1941
富樫正次	1935年3月	電工02	11富山縣電氣局/滿洲電業股份有限公司
木村茂	1936年3月	電工03	南滿洲鐵道株式會社
鈴木鶴夫	1938年3月	電工05	滿洲電業股份有限公司
仲吉良誠	1939年3月	電工06	滿洲國經濟部權度檢定所
岩田乙彦	1939年3月	電工06	昭和制鋼所
川村雄也	1939年3月	電工06	昭和制鋼所
中江員雄	1939年3月	電工06	滿洲礦業開發株式會社
堀秀男	1939年3月	電工06	南滿洲鐵道株式會社
裏西敏男(西浦敏男)	1940年3月	電工07	滿洲電業股份有限公司
末村常雄	1940年3月	電工07	滿洲電信電話株式會社
藤田直之	1940年3月	電工07	滿洲礦業開發株式會社
真崎己三夫	1940年3月	電工07	昭和制鋼所
賀須屋重雄	1941年3月	電工08	鴨緑江水力發電
雜賀重雄	1941年3月	電工08	滿洲鉛礦株式會社
福山如璋	1941年3月	電工08	昭和制鋼所
森島榮一	1941年12月	電工09	旅順工科大學電氣工學科
久保孝	1942年9月	電工10	滿洲電信電話株式會社
福山茂雄	1942年9月	電工10	滿洲電業股份有限公司
山本一雄	1942年9月	電工10	滿洲特殊鐵礦株式會社
森成	1943年9月	電工11	滿洲電業股份有限公司
伊集院謙三	1934年3月	機工01	本溪湖煤鐵公司
横林紀久夫	1934年3月	機工01	滿洲礦業開發株式會社
北村吉四郎	1935年3月	機工02	滿洲礦業開發株式會社
犬童孝英	1936年3月	機工03	16小倉陸軍造兵廠/奉天造兵所
竹内一夫	1938年3月	機工05	昭和制鋼所
加藤鐵雄	1939年3月	機工06	南滿洲鐵道株式會社
杉中喬	1939年3月	機工06	昭和制鋼所
中村一生	1940年3月	機工07	滿洲礦業開發株式會社
古賀哲明	1940年3月	機工07	滿洲帝國國務院産業部
岸本肇	1941年3月	機工08	滿洲礦業開發株式會社
清水義男	1942年9月	機工10	旅順工大學生
山田敏夫	1938年3月	應化05	旅順工科大學
石川和雄	1938年3月	應化05	昭和制鋼所
草川博	1939年3月	應化06	昭和制鋼所
佐藤達	1939年3月	應化06	日滿商事株式會社
是枝兼藏	1940年3月	應化07	旅順工科大學應用化學科
浦入實	1943年9月	應化11	旅順工大應化科學生

附録2　臺南高工與滿洲臺籍畢業生

姓名	畢業年	級科別	就職先/1941
黄榮泰	1934年3月	電工01	滿洲電業股份有限公司
傅慶騰	1934年3月	電工01	滿洲電業股份有限公司
方欽章	1934年3月	電工01	滿洲電信電話株式會社
曾昌興	1935年3月	電工02	滿洲電信電話株式會社
陳永祥	1936年3月	電工03	滿洲電信電話株式會社
徐應勛	1937年3月	電工04	滿洲電信電話株式會社
林有丁	1937年3月	電工04	滿洲電信電話株式會社
潘國慶	1937年3月	電工04	滿洲電業股份有限公司
施其華	1938年3月	電工05	滿洲電信電話株式會社
周漢陽	1938年3月	電工05	滿洲電業股份有限公司
徐晋海	1938年3月	電工05	滿洲電信電話株式會社
吴登貴	1939年3月	電工06	滿洲電業股份有限公司
鄭清奇	1939年3月	電工06	滿洲電信電話株式會社
洪玉輝	1939年3月	電工06	滿洲電信電話株式會社
林含鈴	1939年3月	電工06	滿洲電信電話株式會社
王立財	1941年3月	電工08	滿洲電業股份有限公司
蔡謀泉	1941年3月	電工08	滿洲電信電話株式會社
林料總	1941年3月	電工08	滿洲電信電話株式會社
葉萬發	1934年3月	機工01	10山場工作所(神户)/16興亞工務所(滿洲)17新興鐵工所
宋賢清	1935年3月	機工02	滿洲電業股份有限公司
王銘勛	1937年3月	機工04	哈爾濱工業大學助教授
郭教	1934年3月	應化01	滿蒙殖産/16滿州礦業開發株式會社
楊藏岳	1939年3月	應化06	大陸科學院電氣化學研究室(新京)
胡珠照	1941年3月	應化08	滿州電化工業株式會社

（作者單位：成功大學）

註 釋：

[1] The tentacles of progress: technology transfer in the age of imperialism, 1850 ～ 1940 /Daniel R. Headrick. New York :Oxford University Press,1988.

[2] 傅慶騰《傅慶騰回憶録》，許雪姬訪問；許雪姬等紀録，《日治時期在『滿洲』的臺灣人》(臺北:『中央研究院』近代史研究所，2002 年)，第 551 ～ 556 頁。

[3] 《今景彦（囑托；月手當)》(1929 年 4 月 1 日)，《臺灣總督府公文類纂》，編號：10221-6；《創立臺南高等工業委員長决定今氏》，《臺灣日日新報》夕刊，1929 年 4 月 6 日，4 版。

[4] 《無弦琴》，《臺灣日日新報》，1929 年 4 月 9 日，夕刊 1 版。

[5] 今景彦，《工業教育》(東京：金港堂，明治 37 年 6 月刊)，第 1 ～ 27 頁。

[6] 首先注意到今景彦的重要性者，爲機械系謝爾昌編寫《成大機械系六十年史》之時。《臺南高工に

は電氣機械應用化學を置き各科三十名生徒は六年度から募集 創立委員長今景彥氏談》,《臺灣日日新報》,1929年5月9日,夕刊2版;〈臺南高工の三科長 本月中に人選决定〉,《臺灣日日新報》,1929年10月11日,2版。

[7] 《杉本良(外六名)高等工業學校創校委員ヲ命ス》(1930年1月),《臺灣總督府公文類纂》,編號:10059-4。

[8] 《今景彥(解職)》(1931年1月),《臺灣總督府公文類纂》,10228-6。

[9] 《長濱重磨任臺北高等商業學校教授、俸給》,《臺灣總督府公文類纂》,10059-51。

[10] 傅慶騰,《傅慶騰回憶録》,許雪姬訪問;許雪姬等紀録,《日治時期在『滿洲』的臺灣人》(臺北:『中央研究院』近代史研究所,2002年),第556～569頁。

[11] 黄榮泰,《渡滿以來》,臺南高等工業學校校友會編,《龍舌蘭第3號》,第106～107頁。

[12] 陳永祥,《陳永祥先生訪問紀録》,許雪姬訪問;許雪姬等紀録,《日治時期在『滿洲』的臺灣人》(臺北:『中央研究院』近代史研究所,2002年),第487頁。

科技與社會
——以臺灣日月潭水力發電工程爲例（1919～1934）

林蘭芳

一、前言

科技文明應用于人類生活，不但改變人的作息，也大大地影響了周遭的環境；人和自然的交互作用，産生了社會大衆習以爲常的人爲自然，或稱爲准自然。本文希望以電力事業的例子，來看科技、自然與社會的連環關系。

電力的歷史在人類文明中并不算長遠，但電的發現却徹底改變了人的生活和世界。科學家在19世紀下半發現自然界中電、磁的現象，經由不同的科學家的鑽研，了解『電』的特性，技術者把電應用爲照明和動力來源，使人類文明進入電力時代以迄于今。

發電方式有火力、水力、核能、風力、潮汐等，都是轉换自然界的物質成爲電能，而爲人所利用。早期發電以火力爲主，1875年開始發展的電力能源，到二十世紀初進入水力發電。臺灣的電力事業主要在日本統治時期發展，日本從1905年開始發展水力發電，經過約二十年的時間，水力發電已占近四分之三的發電量，其余四分之一主要是火力發電。1895年日本開始統治臺灣，1903年日本殖民政府最早在臺灣設立水力發電廠，兩年后完工供電于臺北市街。

1919年臺灣總督府設立臺灣電力株式會社（以下簡稱臺電），集官方、民間資本創造大型水力發電工程，選中臺灣中部群山中的日月潭爲工程地點，希望藉由水力這種『白煤』，提供『農業臺灣』轉型爲『工業臺灣』的動力來源，作爲臺灣殖産興業的基礎工程。但是，日月潭水力發電工程計劃從1919年提出，至1934年完工，經歷十五年時光。主要因爲殖民政府爲籌建當時此一龐大的水力發電建設，需要諸多資金，以應付土木、電機、機械、堰堤等綜合性工程，間有資金不足，故工程歷經兩度停工。

此一個案十五年間的發展，呈現出科技和社會交融的過程。除了電力在動力上發揮的作用之外，本文也想了解這項工程對開發地區的影響，尤其是日月潭地區。本文主要分成三小節，首先説明工程運輸綫設立后，對促進日月潭觀光的效用；其次專論停工、復工間諸多設計案的變遷，以了解科技如何改變日月潭，使之成爲20世紀30年代臺灣的心髒；最后闡述工程完工對日月潭水社居民的影響，并觀察日月潭新的空間利用所具備的社會意義。

二、工程運輸綫與日月潭觀光

1919年8月臺灣電力株式會社成立，同時着手日月潭水力發電工事。日月潭位處臺灣中心，坐落在群山裏，因此工程的重要准備工作是交通的開發：首先建設北山坑發電所，這是工程的動力據點；其次修築二水、門牌潭間的鐵道（長20哩6分），以輸送材料。從掘鑿隧道開始，打破了日月潭亘古以來的静寂。[1]

日月潭水力發電工程的内容，是將濁水溪上游的溪水，經由穿山開鑿的隧道引進日月潭，再透過高水位流入低水位的發電廠，以高低水力落差來發電。由于日月潭三面環山，三座山是天然的堰堤，只要建造另一面水社、頭社的堰堤，就形成四面包夾的山中水庫。

日月潭工程的規劃曾經過長久的測量、調查，以及各項草案的修訂。最早提出的是1918年11月20日臺灣總督府民政部土木局的〈日月潭水力電氣工事計劃大要〉，主要內容有五項，包括工程調查細部內容：[2]

（一）調查雨量、濁水溪流量、溪内固形物，其數字根據是1917年6月到1918年6月之間的數據。

（二）概算施工后日月潭的貯水量和水面面積。日月潭集水面積約1萬裏，海拔約2千4百尺，其水面面積約593甲，在計劃中建水社、頭社兩堰堤，滿水時可提高水面75尺，有效貯水量可達57億4千7百萬立方尺。爲減少土砂，也概算日月潭貯水池土砂沉積速度，設計建造沉澱池于司馬按附近，以電氣機械力排除土砂沉澱。

（三）建築水路。導水路最大每秒1,850立方尺，總長5裏6町15間（合約20,316.9公尺），其大部分爲隧道，從日月潭水槽至水路，全部水壓隧道總長33間（合約60公尺）。

（四）發電量。計劃第一發電所完成水車軸最大出力爲13萬馬力，得以送電至臺灣全島北中南部，最大約8萬KW，平均爲5萬6千KW。將來電力需要增加，可建設第二發電所，兩所發電所最大出力爲18萬馬力，最大爲11萬4,500KW，平均8萬KW。

（五）新舊交通動綫，亦即工事用材料輸送及動力。輸送路干綫使用輕便鐵道、輕便軌道、鐵索道，二八水和湳仔間利用原有明治制糖會社綫，司馬按和東埔間利用臺灣制糖會社綫。其余皆爲新規劃的路綫，如東埔武界和姊妹原間，就得建設鐵索道，湳仔—發電所—水社—司馬按—東埔之間，全部得建設新的路綫。至于其他的運送支綫，全部是新規劃的路綫，建成輕便軌道。各工事所需動力，計劃利用南港溪之水，籌建得2千5百至3千馬力的電力（即北山坑發電所）。

上述計劃經過土木、地質專家參與及確認。日本內務府技監工學博士原田貞介于1918年8月11日至9月5日來臺視察，提出〈有關日月潭水力電氣事業并官佃溪埤圳工事計劃之意見〉。他指出日月潭水力電氣事業計劃大體適切，但建議實地地質調查。[3]因應地質調查之要求，東京帝國大學理科大學教授神田小虎于1919年1月提出他的調查報告，他認爲日月潭湖畔的岩石主要屬第三紀的砂岩和頁岩，東岸導水隧道出口多少呈板狀。總的來説，地質有益工事進行。頭社堰堤預定地及排水口、余吐水盛土工事不會有危險。超越拔社埔之鞍部700尺，此鞍部之北多岩石，其南雖然勘查困難，但見露出砂岩，從山頂至少到150尺以下不會有漏水之虞。濁水溪部分可見古生代岩和第三紀岩石，地質上亦無可憂慮。再者，不論是日月潭水壓隧道或是第二期工事隧道，在地質上別無可注意之事，工事用發電預定地亦然。[4]

上述計劃在先期調查經專家確定后逐步推行。依當時負責興建的技師堀見末子的回憶，日月潭水力發電工程進行的步驟，是先着手日月潭全區域水源地的測量，其次興建工事用的北山坑水力發電工事，發電量約 2,000 馬力（約 1,500KW）。繼之，開始准備位于全工區中央的司馬按建築部（建設部）本部和宿舍。[5]

工程本部所在的司馬按，因爲預計最盛時期會有1千人居住，所以有作水道的必要。1919年12月堀見末子和莊野卷治技師帶着兩名工人探查水源，原先進入森林中，未見半滴水，再更深入內山，發現了寬10尺、高50尺的瀑布。堀見就地設計，兩個月后建成直徑6尺、深8尺的無底水泥井，以直徑3寸的鐵管由此處將水引流到平地的水泥大貯水池，解決司馬按的供水問題。在司馬按下方的魚池部落，住有數百户人家，是物資集散地，也有警察分室，相當熱鬧。該地向來缺水，都是收集雨水使用，當司馬按的水道完成后，臺電分水給魚池居民使用，居民都非常高興。[6]同時也設立建設部，陸續完成本部事務室、宿舍數棟、醫院、學校、郵局、請願巡查宿舍、俱樂部、附屬工場、制材所、炭燒窑等。工事人員和工人都相繼住進司馬按，承包人的事務所、宿舍，商人的店鋪也都陸續設立。[7]約于1920年底完工。

以司馬按爲中心，聯絡各工事現場的電氣鐵道工事，于1921年完工，同年3月成爲營業綫，該綫總長30哩，從縱貫鐵道的二八水車站分歧出來，經集集到外車埕發電所附近的水裏坑，以半噸重的火車來搬運工事用材料。此綫不僅大大提升工事效率，也有助于從沿綫到南投和埔裏社的交通。[8]

綜合説來，日月潭水力發電工程1922年停工前的建設狀况如下：司馬按建設本部完成，水道、工事用的電話、水力電氣、電氣鐵道也都已完工，空中索道已做了近9成。數條數千尺水路隧道着手開鑿，或從兩頭，或從兩頭外中途的側坑開始掘鑿，而隧道之掘鑿全數使用電氣鑿岩機。連結隧道的水路也已做出來或開始着手。發電所的工事也積極進行中。發電所所用的大鐵管工事也已着手，發電所的基礎工事也已積極進行中，預購所訂的發電機也已裝貨上路。此外，北從臺北和基隆，南到高雄和屏東的大送電綫路建設也已着手。[9]

1922年日月潭水力發電工程因經費問題第一次停工，在工事上停頓了，但對當地社會，包括交通、觀光、經貿都有影響。由于建設電廠所需交通道路設施已完工，住民及旅客也可以依這個路綫進出日月潭。據臺電理事，也是工程師的大越大藏所稱，1921年11月間，日月潭從二水至外車埕約二十里之鐵道綫工事完成，可以將興建工程材料運到日月潭，并擬兼辦旅客，電車由二水莊到埔里社約四十哩，敷設鐵條及電車綫，1921年度預計由輕鐵運送發電所材料。[10]臺電社長高木友枝社長也指出，火車開通后，沿綫居民大爲便利，從二水運物資入埔裏，從外車埕利用臺車或火車運輸來回迅速，商品因運輸之便，得以便宜一成五左右。[11]

工程本預定五年后的1924年完工，但1922年時因資金不足宣告暫停。尚未停工時的1921年，大越大藏描繪完工后日月潭的美麗風光：潭面將升高75尺，珠仔山没入水中；涵碧樓左方之無名山可作爲第二珠仔山，保持該地風景，爲臺灣避暑的好地方；將來『本島大學』，若建設于該地，爲遠離俗界之絶好場所，而『歸化蕃』亦在附近，不失爲日月潭之一名物。[12]這是説明，完工后日月潭觀光價值所在的立基點。

停工后的工程，臺電雖曾努力復工，但因遭逢1923年9月的關東大地震，政府無法撥付工程費用，1926年第二度停工。工程停擺，但是日月潭的美使它不寂寞，加上運輸工程材料的交通路綫發揮載客功能，使日月潭的觀光成爲可能。

1927年的報導指出，日月潭爲山中湖泊，湖水由日潭與月潭相接，水社大山投影于湖面，白雲徘徊紫山上，在臺灣盛暑裏泛舟潭中，走上珠仔島，實是避暑聖地。如何抵達日月潭？只消從縱貫綫换火車、臺車，搭乘約12裏，就可以在2,400尺的山上見到日月潭，聽觀『蕃家』杵聲之歌舞。所以論者指出，夏日時臺北官民實可以移住此處，使之成爲山上都市；當水電工程完備后，就以電力支持種種文明。所以，日月潭不只是東洋的，也是世界的名勝樂土。[13]

在硬件交通設備爲后盾的物質條件下，《臺灣日日新報》于1927年票選出日月潭爲臺灣八景之一，[14]更帶動前來日月潭的觀光的熱潮。從當時報導來看，日月潭加霧社、日月潭與阿裏山，這兩組相配合的觀光景點爲人所喜愛。1927年，臺灣的産業組合大會舉辦日月潭、霧社觀光團，申請加入者有238人，但因臺車運送和住宿地方不足，所以只能有100人參加。[15]1929年2月3日，英國大使由臺中州勸業課長陪同，從嘉義搭火車到二水驛轉乘外車埕綫到日月潭視察。[16]

往日月潭的觀光人潮在1930年决定工程復工后，更是絡繹不絶，涵碧樓連日大客滿。[17]在1934年6月30日日月潭完工前，前來日月潭旅游休閑的人不少，團體前來的更多。

1931年12月，嘉義新高阿裏山案内社募集阿裏山、日月潭旅行團。[18]1933年8月，臺灣日日新報社舉辦，由臺北市實業家所組成的日月潭及霧社埔裏方面觀光團。[19]1934年3月新高新報大甲支局，號召阿裏山賞櫻、日月潭名勝地觀光。[20]除了報社外，還有其他的單位，如1934年2月竹山郡勸農會，全部職員赴霧社、日月潭等處視察，當日來回。[21]1934年3月鐵道部的沙鹿驛主辦日月潭視察團，團員20名以上，旅費一名5圓70錢。[22]

以上的例子，都可以看到交通便利對觀光所發揮的影響力，而這些交通路綫，實是日月潭水力發電工程的附帶建設。

三、工程再興所形塑的准自然

日月潭水力發電工程從1919年推動，經1922、1926年兩度停工，直到1930借得美國外債再度興工。臺灣電力株式會社社長松木干一郎于1930年2月10日召開的會議上指出，日月潭水電工程是科學精粹的表征，有關水力大電源的建設，往往是人類對自然威力的反抗，换言之是征服自然，以人工作成更進一步的准自然。在造化與人類對峙的時刻，人類非以最嚴肅的心情面對不可。亦即持守和自然對峙的心情，盡人智之最善，以發揮科學之精粹。[23]

以嚴肅心情面對自然，就是精細的科學調查，有效的可行性計劃，最后落實計劃的技術施工，才會形成以人工做成的准自然。日月潭水力發電工程計劃，在曲折延宕的十五年之間，經過多次修改，的計劃多次修改，呈現面對自然時謹慎、與時俱進的技術修正。

（一）工程計劃及其變更

日月潭工事于1926年12月二度停工后，臺電就一直推動該工程復工運動。但因當時的生野駒常交通局長極力反對、阻止，直到生野局長于1927年轉任日本内地之后，總督府内部的日月潭問題之空氣爲之一變，再度着手再興運動。而關于日月潭工事之設計，再請電氣事業方面的專家鑒定。[24]

臺電于1928年敦請電氣界權威Stone & Webster Co.來鑒定原先的工程設計，該公司派遣建設部副部長（一説副社長）W. N. Patten和土木技師Leeve及電氣技師Wood共3人，于1928年3月5日來臺對日月潭發電計劃作全盤技術檢討。他們在留臺50天之后，于同年4月20日[25]提出報告：『導上游之水貯水，并爲調節水量，利用日月潭之一般計劃，是合理且實際的計劃』。Patten等人提出之報告，變更了部分設計，主張多使用機械施工，更應基于日月潭地勢、地質加以調查、測量，以完成對日月潭工事最善、有利之設計。報告大要分成『技術的計劃』和『工事施工法』兩大部分。[26]

1.『技術的計劃』

（1）工事的全盤設計：經詳細研究結果，利用貯水和水量調節的一般計劃，得到的結論是本工事是合理且實際的計劃，但考察日月潭之貯水量和使用水量，應增加適切的程度，底部封閉有其必要，無論如何堰堤高度和提高湖面水位之限度得有堅實之設計。最高、最低水位之差爲 85 呎（約合 25.9 公尺），以在維持發電所適當調節的範圍内。

（2）流量（濁水溪）：爲應得之流量紀録，不能只限于短期間之内的數據，此等紀録未顯示水量不足，比此等流量爲低的平未流量是可以想象的，所以節減門牌潭發電所全負荷力，待日月潭工事完成后，會社的火力、水力綜合發電所可補充 3 萬 KW 以上。

（3）誘水堰堤及取入口：貴社技師所選定的濁水溪誘水堰堤及取入口地點，從所要落差基礎條件和建設上之方便來看，相信是唯一適當的地點。

（4）沉澱物：濁水溪平時出水即含有多量的沈澱物，因此除去此一沈澱物的問題得慎重考慮，相信能解決至無損于日月潭貯水價值的程度。

（5）一般的設計：水力電氣及送電、配電所使用的所有機械，購買時得適合特殊狀態及地點，因此研究也是基于貴社技師設計的一般計劃。關于水力工事建設之設計，在報告書上詳細記述且附圖説明提出幾項提案，但以此等圖面不過是一個提議，今后的研究和技術探究的結果，完全要靠現場的測量和基礎條件的調查，設計或地點有所變更時都必要注意此點。

2.『工事施工法』

關于隧道及其他主要建造物的興建，就工費調查和工程研究結果，在貴社設計中來推定，可以增加機械力的使用。

工程表中，完成本工事所需時間，如多少使用建設用機械及變更部分建造物之設計，結果在實質上，可減少材料處理量并減低運輸設備負擔，基此提案三年施工期已甚充分。經本調查研究，貴社提出示意草圖和預估額，以對總構造物數量做充分計算，對地震灾害未有任何考慮，面對此種可能的發生的灾害有慎重考慮之必要，故得斟酌全建造物中之設計事項，提案征求適當的此中權威專家之意見。

Stone & Webster Co.公司的調查報告指出注意地震的因素，對于臺電技師提出以門牌潭余水興建第二發電所未表反對，只稱未加以研究。臺灣總督府指出，對該公司提出之建議，在設計大要上并無變更，至于其所提出的細部變更計劃，再經臺電技師審議后，變更工事設計包括改善沈砂池設備、提高取入口堰堤加大導水路坡度、變更余吐水方式兩堰堤調低10尺（約3.03公尺）、變電所改成屋外式、三年半工期縮短一年，共可節約700萬圓的工事費。[27]此次的修正，也作成設立第二發電所之腹案，于門牌潭發電所放水口下游地點，得落差470尺（約142.4公尺），可發電4萬5千KW。[28]

1929年3月25日臺電顧問工學博士永井專三（同時擔任宇治川水力電氣株式會社取締役、電力調查會委員）和京都大學教授高橋，來到臺灣實地調查日月潭水力發電工程計劃，他們停留一周的時間。經由先前參看會社提出的設計圖樣和相關文書，加上實地調查，永井專三顧問認爲，爲引用濁水溪上游的水建造5里余（約合19.6公里）的水路，將現在水位提高成85尺（約25.8公尺）作一大貯水池是合理的，而且建設發電量10萬KW的發電所，并無特別的技術缺陷。也應馬上着手工事材料搬運，設立事務所、宿舍、病院等的准備工事，尚須改良施工初期已建設好的構造物，并應從事測量調查，以期萬全。[29]

1930年3月日本第56回議會通過臺電向美國支借外債的元利保證，但貴族院提出的三項附帶條件：1有關日月潭工事全盤的實施設計，2依前項估定全部工事費預算額，3工事完成后之事業經營計劃。[30]此外，臺灣總督府對臺電也有再調查之命令，所以日月潭水力發電工程施工前非得先從基本調查出發不可。也因此，松木干一郎網羅在水力電氣工事上有實地經驗的學者、技術者，執行綿密的調查，對過去的設計做了修正。[31]

參與調查的專家有地質方面的工學博士平林武、水力方面的工學博士中山秀三郎、構造方面的工學博士物部長穗、電氣方面的宮口竹雄（郡馬水電會社取締役），以及水力方面的遞信技師野口寅之助。參與調查的技術者，土木方面主要是臺電之建設部長新井榮吉（原任大井川電力會社取締役技師長）、建設所長石井林次郎（原任郡馬水電會社土木課長）、臺電主任技術者后藤曠二（原任東京市政調查會參事）、顧問宮口竹雄。[32]

首先從事基礎調查。爲期計劃之安全，調查流域内森林狀態、河川流况、土砂流出狀況，1930年3月由新竹州土木課長久布白兼治爲隊長，一行11名外尚包括警官數名編成調查隊，費時約一個月，親自踏勘河川流域内實況，針對地質、水量、降雨量、流水流量及濁度等提出報告，主要重點：[33]

山地崩壞狀態，乃溪水混濁之因。

森林狀態—集水區域約50%是森林，其余爲草生地、原住民農耕地、斷崖地及崩壞地。原住民農耕地綿亘流域内相當廣大的範圍，因爲原住民習慣在急峻的山腰上火耕，助長山腰崩壞。

地質調查部分。1.集水地域的地質，多由粘板岩構成。2.工事地域一般地質，乃依臺灣總督府殖産局大江技師之調查。3.分區地域調查：武界、過坑、司馬按、水社。4.土木工作物和地質：武界堰堤、放水路、取水口、第1號隧道、第2號隧道、第3號隧道、第4號隧道、第5號隧道、第6～8號隧道、水壓隧道（第9～12號隧道）、水社堰堤、頭社堰堤、鐵管路。

1930年基礎調查完成后又對工事計劃再加調查，總共花費7個月的時間。根據新井榮吉指出，專家如技術者所提出和以前計劃不同之處有三：一是貯水池水深由80尺（或爲85尺之誤）向下修正爲60尺，因爲地形關系80尺之貯水過于危險，經過平林武地質博士調查，60尺才是安全的，所以就決定爲60尺，并提高10尺作爲貯水池圍墻，所以工事就作成70尺。二是水路選擇地點蜿蜒山麓，如果碰到地震會有維持上的危險，所以深入內山的斷面積和水量都變小。這兩點無人反對，但是第三點，取入口從姊妹原改成武界，就碰到强烈的反對。1930年調查前的原案是，在從姊妹原上升二裏水路，其下就建造160尺堰堤，就當時的堰堤技術建造而言甚爲危險，所以將之修正爲從武界取水。此一設計由『日本土木學者第一人』之稱的中山秀三郎博士背書，又加上前已提及各個專家的支持，所以松木社長不顧他人强烈反對而采用專家的看法。[34]

以專家技術者提案爲基礎向臺灣總督提出再調查計劃，經審查認爲適切后，經過臺灣總督向拓務大臣禀議之手續，1930年10月31日解除凍結之命令，同時决定援助外債募集。[35]

1930年9月提出的〈再調日月潭水力電氣事業計劃要目説明書〉，修正之處在于：日月潭貯水池最大貯水量66億立方尺之計劃減成44億立方尺，減少取入水量、縮小水路斷面、貯水池有效水深從85尺改爲60尺，發電所最大發電量10萬KW平均發電6萬5千KW，改爲5萬6千KW。[36]這個修正案就成了1931年興工的根基。

兹將1919年最初立案和1931年的定案相比較，列如表1。

表1　1919年及1931年日月潭水力發電工程計劃差异表

名稱	1919年計劃	1931年計劃	備注
河川	濁水溪		
取入口	濁水溪上游姐妹原	濁水溪上游武界	
取入口堰堤高		平水面上26尺（約7.9公尺）	
取入口堰堤高		平水面上26尺（約7.9公尺）	
取入口堰堤		羅林庫壩	
最大取入水量	2,000個	1,450個	
水路亘長	5裏2町（約19845公尺）		
貯水池	利用日月潭設水社及頭社堰堤，提高水面85尺，貯水量爲66億立方尺		
發電所	臺中州新高郡門牌潭		
使用水量	最大1400個平均900個		
有效落差	1085尺（約328.8公尺）	1100尺（約333.3公尺）	增加15尺（約 4.5 公尺）
發電量	93,100KW	100,000KW	
送電綫路亘長	225哩	新設附帶二次送綫路	
變電所	高雄州高雄市三塊厝臺北州臺北市大安	臺北、高雄、嘉義、豐原	后來豐原改爲霧峰
所需工事費	4800萬圓	4859萬圓	后減爲4191萬圓

續表

沈砂池		1個所總長180間（約327公尺）	
日月潭有效水深		60尺（約18.2公尺）	
日月潭有效水量		44億立方尺	
工事年度	1919～1923	1929～1932	真正施工期爲1931年至1934年

資料來源：臺灣總督府交通局遞信部，《臺灣の動力資源》（臺北：該部，昭和10年（1935）9月3日），第37～41頁。

説　明：由數據源第37～41頁之叙述制表而成，并附加備注欄説明。

表1所示，如交通局遞信部囑托森忠藏所説，1931年再度復工的工事計劃，大體沿襲當初選定的地點、預定之水路及發電所位置，但經過一連串的調查、測量、計劃的總修正，才成爲定案。

（二）工程施工

復工計劃定案后的工程施工，雖然在臺灣的業者曾提出全由臺灣業者全包工程之策。[37]但是，臺電决定日本的土木承包商亦可加入，所以從濁水溪上游取入口到終端發電所放水口之各承包者施工狀况，列如表2。

表2　日月潭水力發電工程各工區承包者工事及金額表

工區	承包者	負責工事	承包金額（圓）	備注
第一工區武界	鹿島組	武界堰堤、洪水路取入口及一、二號隧道至東武嶺下中央	2,076,000	第1次標即得標
第二工區水頭穀	大林組［日］	二號隧道中央到四號隧道中央	747,000	第1次標即得標
第三工區過坑	鹿島組	四號隧道中央到五號中央隧道	644,300	隨意契約第1、第2次最低標
第四工區巴支欄	臺灣今道組	五號中央隧道至開渠	394,700	第1次標即得標
第五工區司馬按	臺灣高石組	二號暗渠至日月潭下	289,700	第1次標價格爲倒數第2和最低標今道組商議决定
第六工區日月潭水社	鐵道工業株式會社[日]	水社、頭社二堰堤及水壓隧道之一部分	1,696,000	第2次標得標
第七工區門牌潭	大倉土木株式會社	水壓隧道一部分、鐵管路及放水路	1,398,700	隨意契約第1、第2次最低標
承包總金額			7,246,400	

數據源：

1. 森忠藏,《日月潭水力電氣工事施工に就て》,《臺灣電氣協會會報》第6號（昭和9年（1934）

11 月），第 39 ～ 40 頁。

2.藤崎濟之助，《臺灣電力株式會社沿革史》（臺北：該會社，昭和12年（1937）3月13日），第574～575頁。

從表2中可以得知屬日本内地的承包商有大林和鐵道工業株式會社2家，其余4家爲在臺灣的日本承包商，鹿島組負責兩個工區。臺電社長松木干一郎曾指出，臺灣電力株式會社成立后即鋭意促進計劃着手動工准備，1922年5月，略已完成准備工事，但因停工而中止。1931年6月外債順利借支之后，開始准備各種工作，1931年10月1日着手日月潭水力發電工程，全區分成七個工區，以工期三年締結承包合約，工費總額4,000萬圓，后因工事順利進行，工期縮短3個月，工費結省200余萬圓，1934年6月30日實行水路通水試驗、發電試行運轉等，7月30日將從日月潭發電之電力配電至全臺各地，達成臺灣官民多年來之宿願。[38]

日月潭水力發電工程完工時，臺電主任技術者后藤曠二的《工事報告》，就重點工程作了報告：

1．武界堰堤：在濁水溪上游原住民所在地武界，橫斷溪流，在河床上建造160尺的水泥堰堤，將其上部做成可動式堰堤，完成使得20萬個洪水流下的設備。此爲貯水堰堤上游，形成延長約5哩的湖水，濁水在此處完全沉澱爲清水，被收入水路中。

2．水路：從武界取入口到日月潭的水路，大部分是高寬各15尺的隧道，其坡度爲1200分之1，最大通水量，每秒1450千方公尺。

3．水社及頭社堰堤：在是日月潭周圍低地的水社及頭社兩處築堰堤，利用水深將水面上升60尺（約18.2公尺），湖水貯水容量擴大成44億5800萬立方尺，依此在豐水期貯水以調整枯水期不足之水量，以達成一年所定之發電量。

水社堰堤乃橫斷水尾溪而建造，堰堤中央有鋼筋水泥所造之心壁，在地表上高約百尺，延長1200尺（1尺約0.303公尺，合約363.6公尺），天端幅有20尺，其兩側坡度爲4成。頭社堰堤在地表上高有63尺，延長550尺，兩側坡度爲3成，構造比照水社堰堤。

4．水壓隧道：從日月潭至發電所的水壓隧道延長約2哩，爲内徑13尺5寸（約4.1公尺）的鋼筋水泥圓形隧道。

5．發電所：發電所設于水裏溪畔門牌潭，設備各2萬KW發電機5臺，利用1,100尺落差—最大1495個，平均833個的水量，發出最大10萬KW，平均5萬8千KW的電力。

6．送電綫路及變電所：送電綫路縱橫全臺南北，北部綫路延長120哩，從日月潭發電所到臺北，南部綫路延長約百里達于高雄。南北送電電壓皆爲15萬4千伏特。而變電所設于臺北、高雄、霧峰、嘉義4所，往各方面配電。

日月潭工事從當初起工到1934年6月底竣工，已歷15年。當時臺電主任技術者后藤曠二認爲，這是以總督府及地方官民熱誠指導爲后援，臺電從業人員和工程承包者獻身努力而完成。[39]

日月潭水力發電工程重點有二，一爲關于電氣事務，一爲關于土木事務，且以土木事務占大部分，電氣工作物全在工場内組裝，土木工作物則有過半或全部没于地中或水中，是工事初期及中期之基礎工事。[40]在整個日月潭水力發電工程中，電信局官員森忠藏特別提出來的工程有三：一是武界水泥重力式堰堤及放水路，着重于防洪，特選材料。二是日月潭水社及頭社堰堤，着重于防震，壁心加水密性鋼筋水泥。三是水壓隧道，該隧道如漏水則發電中止且難于修理，故依地質和内壓力使用鋼筋水泥，全綫并以約90封度的壓力注入灰泥汁。[41]1933年2月22日報導，日月潭南部送電綫電塔千余座，即日月潭第一發電所至高雄間已完工，于是臺北、高雄間送電得以聯絡。[42]

實地施工時，雖然曾持慎重態度想敦請美國一流的承包商來負責，但最后還是完全選擇日本和臺灣一流的承包商六家，讓日本技術者努力競爭。據稱，日月潭水力發電工程，在設計、施工和實際工事費支出上，都收到全日本最優秀的結果。[43]所支出的4千萬工事費，包括：日月潭水力發電工事費2000萬圓、總關系費200萬圓、土木工事費1600萬圓，發電所工事費200萬圓。該工程開工時，正是1931年財界最不景氣之時，以水力工事費加上利息來計算，最大發電量1KW需費450圓之標准，和日本内地已建設的水力發電相比毫不遜色。在工費節約上，會社技術擔任者在不景氣時代極力節約人事費，而且盡量活用十數年前購入之工事用各種運搬用的機械器具，且指導督勵老江湖的承包商，故比預定完工時間提早三個月。[44]

四、工程完工的社會面影響

日月潭水電工程完工后，提供臺灣工業所需動力資源，被譽爲臺灣工業化的推手，[45]在精米業、礦山、制糖等各項産業中扮演重要角色。本小節所稱『社會面』影響，不在電綫輸送到臺灣各地的動力影響，而是限縮在日月潭本身所發揮的影響。其中最爲重要的是，工程完工后，水社部落舊家園深沉潭底，成爲無法重返的故鄉，而擴大潭面面積的日月潭，則在發揮水力發電的功用之外，成爲國内外人士皆常親炙的風景勝地，更勝以往。

（一）水社部落的遷村與墳塋移葬

日月潭水力發電工程對興建，水社部落遷徙問題的討論，發生于方動工時的1919年，1931年再度興工時，以及1934年6月正式完工前。

從1919臺灣准備興建日月潭水電工程開始，由于未來潭面升高，勢必迫使散居日月潭附近的三部落約130户的臺灣人、二十户蕃人一部落移住他處。漢人耕地有120甲，南投廳當局大致經過研究調查，結果臺電得付出相當的搬遷費，以方面關收耕地，并約略内地移住地。[46]

就在臺電進駐日月潭后，原住民就面臨不同的文化標准和行事准則。1924年8月30日的報導，指出該月20日新高郡蕃地密刺社一名蕃丁和蕃婦，私自前往水社化蕃部落，在日月潭東岸竹林盜笋，結果受罰。[47]

就在快完工前的1934年4月19日，水社部落計258户，對臺電提出之各種要求，由臺中州努力斡旋，在清水地方課長、堀高等課長出差到現場，命令當地住民蓋印。至4月25日署名完了者有236户，其中頑强拒絶署印者，有日本内地人四户，臺灣人一户。[48]除支付補償金外，可以在1934年9月10日遷徙清楚者，則交付若干獎勵金。[49]

對于日月潭水力發電工事區域内没入水中土地、其他工事必要土地，對居民補償等事，根據臺電對工程用地和補償費之調查，潭水淹没地主要爲水社居民的居住地。1934年7月日月潭水力發電工程完工前，水社户口數爲170户，人口1,242人。[50]這些人包括漢人和原住民，漢人被遷徙至臺中州員林郡田莊字大新，原住民被遷徙至臺中州新高郡蕃地拔社埔。會社所購買的水社土地面積爲151甲余，包括田、旱田、建築物土地等；用地及其他補償爲403,740.86圓，這部分包括土地、家屋、墓地及其他；其他水尾溪水社没水道路及武界上游等之外的雜項補償計230,596圓。會社付出的補償費合共634,336.86圓。[51]

上述《臺灣電力株式會社沿革史》記載之户數和人口數，與報紙報導的數目有差距，何以有不同的數據，或許報紙之記載尚是未定案的情況。報載水社部落民1,394人，户數182户，田有214甲7分5厘。土地價格補償方面，依1934年左右的估價，以九則田2,100圓、十則田1,800圓、十二則田1,300圓來計算，直接先由國庫支出24萬1,471圓46錢的代金；對住民補償方面，182户須8萬5,214圓47錢，約定先支付半額4萬2,705圓24錢的現金，所余半額于轉住他處時支付；在轉住的住屋方面，遷徙户新住所的所有權已從1932年1月開始移轉登記，約定對在官有地上建屋的39户支付5,378圓的慰問金，又依原住民之希望，會社以3萬2,750圓24錢買下被升高的潭水所淹没區域外爲了移住而無法耕作的田地20甲1分。在買收的房屋方面，新高郡魚池莊水社于1932年3月17日提出『家屋使用申請』，內容如下：

希望臺電所提供之家屋可免費使用，但（1）不爲增建改建；（2）不爲轉貸；（3）臺電何時需要可直接交出；（4）直接交出家屋時，不另要求已決定的房屋買受代金半額和移住補償以外的任何費用。[52]

由于日月潭水力發電工程較預定時間提早3個月完工，致使水社居民得提前于1934年的5月15日離開原住地移住他處，水社居民提出希望獲得的補償金內容如次：

1. 要求移住費之理由—我等水社部民追隨祖先傳下來原住地的風土、氣候，如今得移住水土不服的地點，至少應有如下的補償：

移轉費一人23圓，包含衣服和家具搬運費；新家屋建築未完成前須支付之房租，平均3個月期間一人爲6圓；會社鐵道、索道免費提供移住者搬運家具。

2. 地上物賠償—如不賠償果樹、竹木之價值，至少希望賠償此等移植搬運過程枯死之損失。

3. 墳墓[53]改葬費—日月潭爲我等祖先定住，花費許多犧牲勞苦而開墾之地，也死在這塊土地上，如果我等非移住他處不可，當然我等祖先墳墓也得移轉，所以墳墓之改葬費，一座至少200圓以上，平均一座要求賠償21圓。

4. 移轉后的安住費—此回我等部落民之移住實非本意，須移住于不習慣之地，至少二、三年間無法獲得確實的生活之資，要求一年之間最少補助46圓。

5. 湖上的漁業權賠償—不認可會社僅賠償2,700圓。漁業是居民生活資源，對漁民之漁具、船筏等，吾等當然主張要求相當之賠償。[54]

諸種購買田地、賠償費用，是彌補水社居民失去家園和重啓生活之資。在日月潭被選爲水力發電工程的貯水池時，犧牲少數人利益以換取衆人之利益，就成爲諸多公共建設中無奈的法則。

（二）風景勝地

除了日月潭原有的潭光山色，加上人爲准自然的電氣事業設施，更增加日月潭的吸引力。日月潭復工后，1931年4月表南投道路（外部道路）開始建造，從集集經水裏坑，出日月潭，通過魚池、烏牛欄到埔里，四月間一部分道路造成。[55]而在日月潭水電工程完后翌年，臺中州籌備在日月潭開鑿『一周自動車路』(即環潭的汽車道)，按六、七月漲水期實地調查。[56]這應該就是后來的環潭公路之原初構想。

日月潭水電工程完工后，臺中州立日月潭林間學校于1935年1月10日落成。此校擇地于日月潭湖畔，從1934年9月8日興工，經費一萬三千四百余圓（校舍部系臺電捐款），同年12月20日完工，計有宿舍四棟、外有講堂、食堂、浴室、炊事場、管理人宿舍等，總坪數爲291坪，收容人員四百名，稱全臺林間學校最雄大者。落成式后十日起三天，開國語講習所長磋商會，出席講習員系州轄各市郡視學及教化指導員四十五名。[57]

這個林間學校，在皇民化運動期間，往往召開國民精神文化講習會。如1938年8月7日進行一周左右的講習會，對象是臺中州下小學校、公學校校長、實業補習學校校長四十名，進行訓練。[58]另外，尚可見到皇民化時期，青年道場常在日月潭召開舉行。

完工后的日月潭，潭面上升60尺，在科技的創造下，日月潭成爲更大的山中湖泊。1934年6月30日日月潭水力發電工程完工后，除了南北電網連接全臺西部，成爲臺灣工業動力的心髒外，其湖光山色美景讓來日月潭觀光者絡繹不絕。一直到1937年七七事變之前，旅客除了臺灣本身各地教育會或是保甲聯合會，以『視察』之名行觀光之實，來日月潭考察之外，更多來自臺灣境外的旅客。

根據報導，1935年1月12日，朝鮮時實京城日報社長，一行二十七人之視察團，7日到臺中，8日赴日月潭。[59]同月13日，有來自中國的僧侶慧雲到日月潭，撰詩《日月潭雜咏》七絶十首，刊登于《臺灣日日新報》。茲摘録數首：

1．乘輿探奇趁曉晴，輕車直入萬重坑。絶危厓下從容過，時有溪風送我行。

2．萬仞峰頭夕照頽，清潭縹碧畫圖開。果然風物非人境，不負聞名渡海來。

8．荒村蕃女自成群，衣着無殊眼色分。最愛杵音初寂后，蠻喉清脆透重雲。

9．蕃族生涯日月長，鳥音人語水雲鄉。相逢莫問今何世，漢魏隋唐俱渺茫。[60]

《臺灣日日新報》報導，1935年1月29日，朝鮮王族李王垠殿下巡視完高雄、澎湖后，來到中部。先抵水裏坑車站，乘自動車(汽車)向水社取水塔，視察水力電氣事業后，乘蒸汽艇游覽湖上，于當日下午四時半左右，抵水社艀泊所，聽庭前杵歌。入夜看臺電日月潭工事活動寫真(電影)。[61]

1935年3月7日，駐日中國武官蕭叔宣中將來臺，由張振漢副領事陪同赴高屏等地視察，11日游日月潭，同地一宿后12日北返搭船轉東京任地。[62]

1937年3月，福建省臺灣考察新聞記者團一行來臺考察。20日早上出臺南到嘉義視察營林所，之后從縱貫綫二水車站轉乘自動車上山到日月潭，夜宿涵碧樓。當日間，以臺灣新聞社爲中心，舉辦官民歡迎會。[63]

東久邇宮殿下，1937年6月11日到日月潭，就浮島、化番、堰堤落口附近電力發生量、紅茶試驗等詳加詢問。[64]

頭山滿在1938年6月來臺二周，到日月潭清游。[65]1939年1月，則是日本窒素社長野口遵來臺避寒旅行，6日到臺灣，12、13日離臺。[66]

在1937年七七事變后，臺灣境外到日月潭的觀光多屬日本帝國勢力圈内的人士。

五、結論

本文以臺灣日月潭水力發電工程的個案，討論二十世紀1910年至20世紀30年代臺灣科技與社會的互動關系。日月潭早在清代就是文人雅士稱頌的美景，但隨着日月潭水力發電工程的進行，潭面擴大，交通更爲便捷，加上媒體對于科技建設的報導，自然與人力的相互作用，帶來了更多的觀光人潮。

科技改變了社會，日月潭工程的電力透過電綫、電塔，傳到臺灣南北，供給住家及營業能源；配合工程而興建的交通路綫網，成爲運貨、載客兩宜的便利工具，也爲日月潭帶來了旅客，既參觀水力發電工程，也同時享受湖光山色，成爲科技與社會交融的例證。科技也改變了自然，日本科學家和技術者調查日月潭附近山勢、地質、溪流、雨量，以技術更動、改變自然以爲人所用。水力建設帶來的電力嘉惠了臺灣工業動力，但也因公共建設而犧牲當地的原住民。

因興建日月潭水力發電工程而遷村的水社住民，從記載來看，有稱爲化蕃的邵族人、漢人，以及少數日本人，像是一個小型的族群融合社會。雖然臺電已對他們補償經費，但歷經七十余年，當邵族人重提這段失去家園的歷史，對于傳統文化與生活方式及祖居地被剥奪，仍有深長的遺憾。家園永沉潭底的心情，可能不是享受電力文明的人所能體會，這大概也是科技發展與社會的一個難解的問題。

（作者單位：暨南國際大學）

註 釋：

[1] 林炳炎，《臺灣經驗的開端：臺灣電力株式會社發展史》（臺北：臺灣電力株式會社數據中心，1997），第 77 頁。

[2] 臺灣總督府民政部土木局，《日月潭水力電氣工事計劃大要》（臺北：該局，大正 7 年（1918）11 月

20 日），第 1 ～ 37 頁。
[3] 臺灣總督府土木局編，《内務府技監工學博士——日月潭水力電氣事業并官佃溪埤圳工事計書ニ關スル意見》（臺北：該局，大正 7 年（1918）9 月），第 1 ～ 4 頁。
[4] 臺灣總督府土木局編，《東京帝國大學理科大學教授理學博士神田小虎——日月潭水力電氣工事及官佃溪埤圳工事ニ關スル地質調查第一報》（臺北：該局，大正 8 年（1919）1 月 10 日），第 1 ～ 12 頁。
[5] 堀見末子著、向山寬夫編，《堀見末子土木技師——臺灣土木の功勞者》（八王子：堀見愛子，1990），第 420 頁。
[6] 堀見末子著、向山寬夫編，《堀見末子土木技師——臺灣土木の功勞者》，第 425 ～ 426 頁。
[7] 堀見末子著、向山寬夫編，《堀見末子土木技師——臺灣土木の功勞者》，第 426 ～ 427 頁。
[8] 堀見末子著、向山寬夫編，《堀見末子土木技師——臺灣土木の功勞者》，第 433 頁。
[9] 堀見末子著、向山寬夫編，《堀見末子土木技師——臺灣土木の功勞者》，第 434 頁。
[10]《日月潭工事着進》，《臺灣日日新報》，1921 年 11 月 18 日，第 5 版。
[11]《日月潭の工事と從事員の勞動狀態高木電力社長の談》，《臺灣日日新報》，第 7 版。
[12]《日月潭工事着進》，《臺灣日日新報》，1921 年 11 月 18 日，第 5 版。
[13]《臺灣八景候の補地日月潭》，《臺灣日日新報》，1927 年 7 月 7 日，第 2 版。
[14] 臺灣八景爲淡水、新店、角板山、日月潭、霧社、阿裏山、鵝鸞鼻、太魯閣。《ウアルカム》，《臺灣日日新報》，1927 年 7 月 20 日，第 2 版。
[15]《日月潭觀光團申入者多數》，《臺灣日日新報》，1927 年 10 月 15 日，第 4 版。
[16]《英大使日月潭へ》，《臺灣日日新報》，1929 年 2 月 3 日，第 5 版。
[17]《白勢（黎吉）總長赴日月潭詳觀工事現場》，《臺灣日日新報》1931 年 7 月 10 日，第 4 版。
[18]《阿裏山日月潭旅行團募集》，《臺灣日日新報》，1931 年 12 月 18 日，第 2 版。
[19]《日月潭霧社觀光團今夜出發》，《臺灣日日新報》，1933 年 8 月 12 日，第 1 版。
[20]《大甲募觀覽團》，《臺灣日日新報》，1934 年 3 月 21 日，第 4 版。
[21]《竹山霧社觀察》，《臺灣日日新報》，1934 年 2 月 20 日，第 4 版。
[22]《沙鹿視察團發》，《臺灣日日新報》，1934 年 3 月 25 日，第 4 版。
[23] 松木干一郎傳記編纂會，《松木干一郎》（東京：該編纂會，昭和 16 年（1940）9 月 21 日），第 182 ～ 183 頁。
[24] 太田肥洲編，《臺灣を支配人物すると産業史》（昭和 15 年（1940）年版）（臺北：成文出版社，1999），第 216 頁。
[25] 一説 4 月 21 日提出報告。
[26] 橋本白水，《臺灣の事業界と人物》（臺北：南國出版協會，昭和 3 年（1928）7 月 10 日），第 212 ～ 216 頁。見同著，成文出版社，1999 年 6 月版。
[27] 臺灣總督府，《日月潭水力電氣工事再興計劃概要》（昭和 3 年（1928）9 月 20 日），無第數。
[28] 臺灣總督府，《再調日月潭水力電氣事業計劃要目説明書》（昭和 5 年（1930）9 月），無第數。
[29] 永井專三，《永井顧問聲明書》（昭和 4 年（1929）4 月 5 日），無第數。
[30] 藤崎濟之助，《臺灣電力株式會社沿革史》（臺北：臺灣電力株式會社，昭和 12 年（1937）3 月 13 日），第 313 頁。
[31] 松木干一郎傳記編纂會，《松木干一郎》，第 183 頁。
[32] 松木干一郎傳記編纂會，《松木干一郎》，第 184 頁。
[33] 藤崎濟之助，《臺灣電力株式會社沿革史》，第 423 ～ 484 頁。
[34] 松木干一郎傳記編纂會，《松木干一郎》，第 244 頁。
[35] 藤崎濟之助，《臺灣電力株式會社沿革史》，第 313 ～ 314 頁。
[36] 臺灣總督府，《再調日月潭水力電氣事業計劃要目説明書》（昭和 5 年（1930）9 月），無第數。

[37] 松木干一郎傳記編纂會，《松木干一郎》，第250頁。

[38] 松木干一郎，《日月潭水電工事竣工祝賀式—式辭》，《臺灣電氣協會會報》第6號（昭和9年（1934）11月），第2、3頁。

[39] 后藤曠二，《日月潭水電工事竣工祝賀式——工事報告》，《臺灣電氣協會會報》第6號，第3、4頁。

[40] 森忠藏，《日月潭水力電氣工事施工に就て》，《臺灣電氣協會會報》第6號（昭和9年（1934）11月），第37頁。

[41] 森忠藏，《日月潭水力電氣工事施工に就て》，《臺灣電氣協會會報》第6號，第38頁。

[42] 《南部送電綫電塔千余座北高間得連絡》，《臺灣日日新報》，1933年2月22日，第4版夕刊。

[43] 森忠藏，《日月潭水力電氣工事施工に就て》，《臺灣電氣協會會報》第6號，第37～38頁。

[44] 森忠藏，《日月潭水力電氣工事施工に就て》，《臺灣電氣協會會報》第6號，第40頁。

[45] 林蘭芳，《工業化的推手——日治時期臺灣的電力事業》（臺北：政治大學歷史學系研究部博士論文，2003）。

[46] 《全村移住問題日月潭水電に關し》，《臺灣日日新報》，1919年11月16日，第7版。

[47] 《蕃人盜笋受罰》，《臺灣日日新報社》，1924年8月30日，第4版。

[48] 《水社承諾遷從頑强拒絶僅有五户》，《臺灣日日新報》，1934年7月27日，第4版夕刊。

[49] 《水社民遷從至九月完了者欲付獎金》，《臺灣日日新報》，1934年4月28日，第4版夕刊。

[50] 報紙記載，水社的化蕃社（邵族）户數27户，男47人，女36人。一記者，《竣工近き—日月潭工事見聞記（三）：杵歌のしらべは忘れられない》，未附報紙名稱及年月日，『楊肇嘉日月潭工事剪報輯』。吴三連史料基金會藏。

[51] 藤崎濟之助，《臺灣電力株式會社沿革史》，第502～503頁。

[52] 一記者，《竣工近き—日月潭工事見聞記（二）：水社部落移住は充分に補償すべし》，未附報紙名稱及年月日，『楊肇嘉日月潭工事剪報輯』。

[53] 根據新高郡警察之報告，在没水區的墳墓有365座，没水區外有471座，計836座。《10萬キロ大動力の本源——日月潭水電工事家屋買收と見舞金墓地の處置と漁業權》，未附報紙名稱及年月日，『楊肇嘉日月潭工事剪報輯』。

[54] 一記者，《竣工近き—日月潭工事見聞記（二）：水社部落移住は充分に補償すべし》，未附報紙名稱及年月日，『楊肇嘉日月潭工事剪報輯』。

[55] 《表南投道路一部造成》，《臺灣日日新報》，1931年4月2日，第4版夕刊。

[56] 《臺中州籌向日月潭開鑿一周自動車路》，《臺灣日日新報》，1935年4月11日，第8版。

[57] 《日月潭林間學校十日落成盛況投工費萬三千四百圓》，《臺灣日日新報》，1935年1月12日，第4版；《十日起三天開國講所長磋商會議》，《臺灣日日新報》，1935年1月12日，第4版。

[58] 《國民精神文化講習會》，《臺灣日日新報》，1938年8月7日，第5版。

[59] 《臺中視察團來》，《臺灣日日新報》，1935年1月12日，第4版。

[60] 《詩壇：日月潭雜咏——中華僧慧雲》，《臺灣日日新報》，1935年1月13日，第8版。

[61] 《殿下視察日月潭游覽湖上聽杵歌》，《臺灣日日新報》，1935年1月30日，第8版。

[62] 《蕭駐日武官游日月潭按十三日歸京》，《臺灣日日新報》，1935年3月12日，第4版。

[63] 《福建記者團きのふ日月潭へ夜は涵碧樓で歡迎會》，《臺灣日日新報》，1937年3月21日，第11版。

[64] 《二水電話》，《臺灣日日新報》，1937年6月12日，第2版。

[65] 《彰化電話》，《臺灣日日新報》，1938年6月2日，第5版。

[66] 《注目をひく日室野口社長の來臺》，《臺灣日日新報》，1939年1月28日，第2版。

准軍人的養成
——日治時期臺灣中等學校的軍事訓練

鄭政誠

一、前言

日人鑒于臺人武裝抗日之猛烈，生怕武器一旦交付臺人手中則亂事難平，故臺人子弟一直到二次大戰末期方有服兵役之規定，是以在中等學校學科中雖有强化體能之『體操』課程，却始終無單獨軍事課程之規劃。然至1925年起，由于『宇垣軍縮』的改革，日本政府爲避免職業軍人遭裁軍后變成浮浪者，打擊到日本帝國軍人的士氣與形象，遂發布《陸軍現役將校學校配屬令》，將資遣的現役軍人分配到日本國内及殖民地中等以上學校服務，教授學生軍事課程，是以臺灣各中等以上學校也開始出現軍訓教官。

爲配合將校配屬令的頒布，日本文部省旋即在中等以上學校增設『教練科』，藉此呼應。另原屬社團或應爲體育課程性質之『武道』（含劍道、柔道等）一科，亦被日人强化成軍事操練科目。是以基本教練、空炮彈軍事操練（包含演習、模擬戰、持槍戰鬥教練）、軍隊參觀活動、行軍與荷槍馬拉松賽跑等已在中日戰争前成爲中等以上學生的重要學習活動。進入到戰時體制，舉凡參觀軍事基地、舉行軍事防空演習、參加軍隊軍旗祭、舉辦日軍在華軍事行動成果專題演講、實施實彈射擊比賽等，更是不勝枚舉。此外，還有志願兵與學生兵的征募、訓練與動員等，是以此時的軍事訓練與軍事動員可謂已全面推展。

從日治時期中等以上各學校之老照片、成績單、校友會會志、畢業紀念册中，已發現軍事課程與訓練已是重要的學習項目；而從校友回憶性的自傳、小説及口述訪談中，亦發現不少校友對求學時之回憶，除描繪自身求學情景、學校發展概况、臺灣風土民情外，最令彼等印象深刻者亦多是『教練』、『武道』二科中的身體訓練、軍事訓練與戰時動員，顯然身體規訓與戰争情境仍是許多校友記憶中最難抹滅者。

到底日人在臺灣如何透過此等軍事化課程强化國家對個人的身體控制？現役軍人配屬至中等以上校園后，在軍事教育上扮演何種角色？與正規教育有何折衝？而除各種軍事與身體訓練的實踐外，此等活動與訓練對中學生又産生何種影響？爲此，本文乃利用各中等學校内部刊行物，兼及小説、校友回憶口述資料，另閱覽當時教育制度法規、報紙與總督府檔案及職員録等，并參酌時人論述與相關研究，藉此解析上述課題。

二、中學軍事訓練課程的緣起

日人據臺后，由于臺日雙方的語言差异，加以『殖産興業』所需之初級技術人員的養成，因此在初等教育部分設公學校，强調臺人子弟對日語的學習，以達同化之目的。至于中等教育則以職業教育爲主要依歸，初期僅設修業一至三年不等之農、林、糖、工業講習所，供青年男子就讀，至1919年《臺灣教育令》頒布后，方設立修業三至四年不等的農業、農林與商業學校數所，供公學校六年級以上學生就讀。至1937年，隨中日戰争爆發，爲盡速補給戰力，擴充戰備基礎，在『工業臺灣』的政策下，總督府又在各大城市内增設工業學校。終日治時期，臺灣實業學校共有27所，其創立時間與校名可參閲下表1所示：

表1　日治時期臺灣實業學校一覽表

創校時間	校名	創校時間	校名
1912	臺北工業學校	1939	臺南農業學校
1917	臺北商業學校		彰化商業學校
1919	嘉義農林學校	1940	花蓮港工業學校
	臺中商業學校		新竹商業學校
1926	宜蘭農林學校	1941	花蓮港農林學校
1928	屏東農業學校		臺南工業學校
1936	臺北第二商業學校	1942	高雄工業學校
1937	臺中農業學校	1943	員林農業學校
	高雄商業學校		基隆水産學校
	開南工業學校（私立）		
	開南商業學校（私立）	1944	彰化工業學校
1938	桃園農業學校		新竹工業學校
	臺中工業學校		新竹農業學校
	嘉義商業學校		嘉義工業學校

數據源：臺灣教育會編，《臺灣教育沿革志》（下）（臺北：古亭書屋復刻本，1973年），第911～912頁；蘇曉倩，《身體與教育——以日治時期臺灣實業學校的身體規訓爲例（1919～1945）》（南投：暨南國際大學歷史學研究所碩士論文，2004年5月），第160頁。

而爲强化農林産業發展所需人員，總督府除設立各農、林、工業學校外，在公學校内亦設有修業一至二年的『實業科』，供公學校畢業生就讀。至1919年臺灣教育令頒布后，原在公學校所設立之實業科被改稱簡易實業學校；1922年新臺灣教育令頒布后，總督府除比照日本國内在臺灣設立各類職業學校外，亦將原簡易實業學校改稱爲實業補習學校，并不斷增校，是以迄1944年止，臺灣各地已設立90所以招收臺人子弟爲主之實業補習學校。[1]

另屬于中等教育者還有中學校，但由于差别待遇所限，日人并不喜臺人子弟接受高等教育，是以普通中學并非日人在臺的主要教育施策，[2]然隨日人在臺統治漸上軌道，來臺日人漸增，其子弟就學與升學多成問題，爲此，總督府乃于1898年以府令第8號頒布國語學校第四附屬學校規程中改正，在該校内增設『尋常中學科』，自此開啓臺灣的普通中學教育。[3]此后，因國語學校改制與日本國内法規的修訂，原爲國語學校第四附屬學校的『尋常中學科』又被改編成國語學校中學部，[4]雖然該校以招收日人子弟爲主，但仍有部分臺人子弟可以享有入學許可。

尋常中學科自獨立爲中學部后，由于課程、學制與日本國内相同，故吸引不少日人子弟就讀。[5]然因國語學校爲教育臺人子弟之機構，考慮到臺日人的『差异性』問題，總督府遂于1907年5月，以『管理及訓練上不便』爲名，依勅令第206號制訂臺灣總督府中學校官制。至此，國語學校中學部乃正式單獨成爲總督府中學校。[6]原本全臺僅此一所的中學校，后考慮到南臺灣日人子弟的就學需求，是以至1914年5月，總督府又于臺南新設中學校，[7]不過，仍是以招收日人子弟爲主。

隨公學校畢業的臺人子弟日增，全島仍無一所供臺人子弟升學就讀之中學校，是以臺中在霧峰林家林獻堂（1881～1956）等人的奔走下，終于在1915年成立第一所專供臺人子弟就讀之臺中中學校；[8]至于臺北也在北部臺籍士紳的努力下，在1922年4月設立一所專供臺人子弟就讀的臺北第二中學校。[9]至1920年，由于地方制度改正，全島區分五州二廳，中學校也于1921年新學期開始改由各州管理，[10]翌年，又因新臺灣教育令之頒布，全島中學以上學校開放日臺共學。此后臺灣各大都市陸續增設中學校，另私立中學校如淡水中學校與臺北中學校等也相繼設立。至1938年，臺灣各地已設有15所中學校（見下表2），雖然中學校已陸續增設，但僧多粥少，入學競争仍十分激烈。

表2　日治時期臺灣中學校一覽表

校名	校址	創校時間
臺北第一中學校	臺北州臺北市龍口町	1907.5.20
臺北第二中學校	臺北州臺北市幸町	1922.4.1
臺北第三中學校	臺北州臺北市大安字十二甲	1937.4.1
基隆中學校	臺北州基隆郡七堵莊八堵	1927.4.1
新竹中學校	新竹州新竹市赤土崎	1922.4.1
臺中第一中學校	臺中州臺中市新高町	1919.4.1
臺中第二中學校	臺中州臺中市頂橋子頭	1922.4.1
臺南第一中學校	臺南州臺南市三分子	1914.5.1
臺南第二中學校	臺南州臺南市竹園町	1922.4.1
嘉義中學校	臺南州嘉義市山子頂	1924.4.1
高雄中學校	高雄州高雄市三塊厝	1922.4.1
屏東中學校	高雄州屏東市北町	1938.4.1
花蓮港中學校	花蓮港廳花蓮港郡花蓮港街米侖	1937.10.1
私立淡水中學校	臺北州淡水郡淡水街	1938.4.11
私立臺北中學校	臺北州七星郡士林街	1938.9.21

數據源：臺灣教育會編，《臺灣教育沿革志》（下），第809～810頁。

雖然中學校與實業學校性質不同，但皆屬男子就讀之中等教育機構，且在富國强民與『體位向上』（增强體能）的政策下，軍事課程也在此等學校中被强化開來。舉1922年4月1日頒布的公立中學校規則爲例，總督府仿日本文部省于1901年3月5日所頒布之中學校令施行規則，將中學校學科訂爲修身、國語及漢文、外國語、歷史、地理、數學、博物、物理及化學、法制及經濟、圖畫、唱歌及體操科，[11]另可因應臺灣現實狀况增設『實業科』，至于『臺灣語』則被設定爲隨意科（選修科）。[12]

在此等科目中，若要論及與軍事教育相關者則僅有『體操』一科較有關聯。據同年度的中學校規則所示，體操科『以均衡身體各部發展，培養强健身體、靈敏動作、快活剛毅及堅忍持久之精神，并養成守規律之習慣爲主旨。體操教授教練及體操，需讓學生知悉運動生理之大要，并得以增加擊劍及柔道課程。』[13]由于體操課含有以國家教育力量行學生身體規訓之實，舉凡立正、敬禮、各種行進、轉法等項目與要求，均與軍人的基本教練相雷同，是以如謝仕淵研究所提，日人在臺實施的體操其實是從『普通體操』轉換至『兵式體操』。[14]據1885年日本『兵士體操及輕體操教員養成要領』所示，所謂兵式體操是指未經訓練的士兵至中隊進行演習、柔軟演習、器械體操及活用槍術等，[15]當然也包含整頓、行進與步調等活動。[16]更何况中學體操科另含有教練部分，而所謂『教練』亦是『兵式體操』的改稱。即由于此等課程的强化，是以畢業于臺北一中的日籍校友，多稱其母校校規十分嚴格，無論在服裝、姿勢、規律、禮儀、學習、訓育與鍛煉上均有所本，故可稱得上是迷你版的陸軍士官學校。[17]無獨有偶，畢業于宜蘭中學校的林平泉也回憶道：『進（宜蘭）中學后實在很辛苦，上課的種種方式和訓練，就跟軍校没兩樣。』[18]雖然中等學校的體操科已有軍事課程的雛形，但真正將軍事教育置入到課程中還是要等到1925年的《陸軍現役將校學校配屬令》頒布后，方有較大變化。

關于校園配屬『將校』（戰鬥科軍官）政策的頒布乃因是年宇垣一成（1868～1956）大將擔任日本陸軍大臣，實施大規模裁軍改革所致。日本政府怕此『宇垣軍縮』讓遭裁軍后的職業軍人變成攤販或流浪漢，打擊到帝國軍人的士氣與形象，因而頒布該法。依配屬令規定，中等學校以上校園開始配屬現役將校，教授學生軍事課程，稱之爲『軍事教練』。就配置而言，基本上大學配屬將校，高等學校與專門學校則配屬大佐或中佐，至于中學則配置少佐或大尉。[19]不過至1930年，隨日本强化軍備，將校資格降低，中等學校實際配屬經常只是准尉級而已。雖然降級配置，然每年陸軍省仍會派遣高級將校爲校閲官，對各校教練科訓練成果實施校閲。[20]

隨該政策的頒布，中等學校體操科除陸續增加相撲、柔道、游泳等項目外，在舊有教練一項更增加具有高度軍事教育性質的『野外演習』，而爲實施該項科目，體操科在每周教學時數外又依訓令所示，增加數小時以利施展。[21]由于校方配合總督府政策作爲，是以在1926年5月1日時，總督府即以訓令第35號頒布中學校以上各種學校之『教練教授要目』，其中有關中等學校各學年度應施行之軍事教練内容，可參閲下表3所示：

表3　1926年中學校教練教授要目

學年 教材	第一學年	第二學年	第三學年	第四學年	第五學年
各個教練	徒手基本教練	同左	同左	持槍基本教練	同左
部隊教練	徒手分隊教練 徒手小隊教練	徒手分隊教練 徒手小隊教練 徒手中隊教練	同左	持槍分隊教練 持槍小隊教練 持槍中隊教練	同左
射擊	——	——	預備演習	預備演習 狹窄射擊	預備演習 狹窄射擊 實彈射擊
指揮法	——	助教、助手之動作 分隊長之動作 小隊長之動作	同左	助教、助手之動作 分隊長之動作 小隊長之動作 中隊長之動作	同左
陣中勤務	搜索、警戒，特別是步哨、斥侯等（單兵）通信之傳遞法，特別是傳令、聯絡兵之傳遞等宿營給養，特別是露營、幕營、架營、野外炊事等	同左	同左	搜索、警戒，特別是步哨、斥侯等（部隊）宿營給養，特別是露營、幕營、架營、野外炊事等	同左

續表

旗信號	手旗信號	手旗信號 單旗信號	單旗信號	——	——
距離測量	步測、目測	同左	同左	音響測量 器械測量	同左
測圖	地形地物表示法 地圖判讀	同左	寫景圖 要圖 剖面圖 路上測圖	寫景圖 要圖 剖面圖 路上測圖 略測圖	略測圖
軍事講話	各兵種、職能及戰鬥一般之要領，軍隊主治，軍隊教育，各種兵器的機能與概要，築城軍事交通之概念、國防、帝國軍制，列國軍事之趨勢，兵器軍用器械之趨勢及概要等				
其他	武器取用入手之保存法、衛生及急救法、結繩、手榴彈投擲法				

資料來源：《臺灣總督府公文類纂》，『教練教授要目改正ノ件』，7392冊，文號14（1930年1月1日）。

據上表3所示，中等學校的教練科目内容有各個（單兵）教練、部隊教練、射擊、指揮法、陣中勤務、旗信號、距離測量、測圖、軍事講話、戰史及其他等，低年級學生主要施行基本教練，但漸至高年級，課程内容不但加深加多，亦有持槍教練課程與實彈射擊。另由于教練科已增列野外演習部分，是以中等學校每周教練科上課時數，一至三年級爲每周二小時，四、五年級則增至三小時，至于野外演習時間，一、二年級每年需有四天，三至五年級則增至五天。[22]而據嘉義農林學校日籍校友北村嘉一的回憶，謂當時除校内外之軍事操練外，每年暑假都還會有一個星期的時間到臺南白河陸軍習廠舍接受軍事訓練。[23]由此可知，隨將校配屬政策與總督府對體操科中教練科目的强化，軍事教育在臺灣中等學校可謂已積極展開。

另一方面，由于軍人開始入駐校園，學校該如何作爲？各中學校校長們亦有一番討論，據《臺灣時報》的記載，在將校配屬校園政策頒布后翌年底，即1926年11月22日，在臺北醫學專門學校講堂曾召開全國中學校長會議，共包含臺灣島内9位及日本國内147位之全國中學校長參加，該次會議有兩大議案，其中第二案即是由臺灣的中學校長所提如何使學校教練更爲有效之方案，在經過各委員提出不同陳述與意見交换后，該會共做出四項决議，即（一）一校配屬將校的比例應配合學級數而定，若僅有配屬將校一人者，則建議配置所需之附屬下士人數。（二）中等學校的教練教材需更簡單，且應盡速公布教授細目。（三）加速處理現用槍支（一人一挺）及附屬品之配給等事。（四）彈藥需由官方供給，且需補助演習費及其他費用。[24]

要之，隨1926年校園軍事教官的配置，中等學校的學生們開始接受嚴格的軍事訓練課程，被尊稱爲臺灣史懷哲（Albert Schweitzer，1875～1965）的陳五福（1918～1998）醫師曾指出日治時期臺灣的中等教育是采取斯巴達的教育方式，透過嚴格設計的管理制度，進行人格與思想上的改造，藉以符合國家統治需要。[25]而軍事教育的灌輸，除鍛煉學生身心，涵養團體的觀念，使其成爲國民中堅之資質并增進國防能力外，[26]無疑地，也是一種符合國家統治需要的人格、思想與身體的改造方式。

三、太平洋戰争前的軍事訓練

日人對中等教育機構采取嚴密的控管制度，其目的就是要讓學生過軍隊般的生活，藉此培養樸實之生活態度與刻苦耐勞之精神。[27]對日籍學生而言，由于有服兵役之義務，故在中等教育階段的軍事訓練也有預備軍人養成之目的，至于臺籍生，雖然全面征兵制在1945年才實施，但隨中日戰争的爆發，無論是皇國民的養成、國防能力的增進，乃至于兵員的補充，也成爲校園内需强化軍事訓練之因。

在中等學校的軍事教育中，無論是静態的參觀或動態的演練皆俱，舉最早成立的臺北一中爲例，雖然該校主要招收日籍子弟，但據校友柯德三的統計，臺北一中每年度招收四班，一班有50名，共200名新生，唯其中仍有臺人5名。[28]顯見雖有招生名額的差別待遇，但也看出日臺共學的情况。在1926年將校配屬令頒布前，該校學生已在各種動、静態的軍事活動中操練及演出，如1907年12月14日，參加臺灣守備步兵第一聯隊于臺北三板橋舉行之軍旗授予式；[29]1909年5月6日，參加在臺北武德會廣場爲戰死與殉難日軍所舉行之招魂祭；[30]1910年11月14日，至臺北火車站迎接討伐原住民歸還之軍隊。[31]

另有關真槍實彈的武器操練也不乏，如1907年10月9日，臺北一中四、五年級的學生便至臺北郊外六張犁地區舉行空炮彈軍事操練（包含演習、模擬戰、持槍戰鬥教練等）。當時即便在日本國内的中等學校，體操課仍多以實施兵式體操爲主，所以在殖民地臺灣的中學校還能舉行持槍戰鬥教練可説絶無僅有。此外，校外打靶也不虞，如1907年 11月23日，臺北一中四、五年級學生便至臺北近郊和尚州（今臺北縣三重、蘆洲市一帶）附近舉行射擊演習。[32]

至于以臺籍生爲主之中等學校實施情况如何？據嘉義農林學校校友陳金定的回憶，謂在中日戰争爆發前幾年，日本政府即開始推動軍事訓練，首先由軍隊指派軍事教官入駐校園，此后每年都會舉辦閲兵典禮，由臺南步兵第二聯隊負責校閲，操兵時間長達一個月。[34]在長達一個月的軍事校閲中，可推論校閲項目必當十分繁瑣，在上述1926年中學校教練教授要目中，已可清楚得知中學生的軍事教練包含有單兵徒手基本教練、持槍基本教練、刺槍術、手榴彈投擲、射擊、搜索、警戒、打旗號等，顯然這些内容都應該是當時臺籍學生時常操練的部分。

進入到20世紀30年代，隨九一八事變的爆發，中日衝突日益升高，日本國家主義與軍國主義氣氛更增，中學生參與校園内外軍事活動更顯頻繁，如參加奉獻軍機儀式、祭祀日本軍功將領，追悼參戰陣亡校友、參觀軍事基地、舉行防空演習、參加軍隊軍旗祭、舉辦日軍在華軍事行動成果專題演講、實施實彈射擊比賽等，不一而足，可謂敵情教育與愛國教育的加强。[34]1933年入學的臺中一中校友林寶樹就曾回憶説當時進入到所謂戰時體制時代，軍事課程年年加强，有一年一度擴大規模的軍事演習，想起來那時真是精神緊張，不勝負荷。[35]

戰時體制下的中學校園確實如林寶樹所言，就静態的軍事活動而言，如戰情之演講便時常舉辦：1937年七七事變爆發后，臺北一中應届畢業生原計劃至中國東北畢業旅行者不但取消，還需在暑假期間至建功神社祭拜，并聆聽由駐校教官步兵少佐上條保廣以『日支事變的現况』爲題之專題演講。同年9月1日，第二學期始業式時，渡邊節治校長還特别説明支那事變之經過，并勉勵全校師生『振作校風，勵行尊師，以自主自律的國士氣魄涵養促進學生的自覺。』自此，該校生活更深受軍事影響，每天朝會后均需進行閲兵及分列式，軍事訓練比以往更加落實。[36]

而據臺北一中臺籍校友李玉虎的回憶，也説自1937年9月的第二學期開始，校内氣氛大變，除軍事教練正課外，如有風吹草動學生就需全副武裝荷槍、吹小喇叭，行軍往臺灣神社參拜。凡所經過之處，道路兩側之住民與路人皆駐足觀看彼等堂堂整齊，步伐響亮之英姿。此外，還有夜間行軍，畢業前也曾至湖口軍事營地訓練一星期等，[37]總之，有數不完之訓練。

臺籍學生面對如此頻繁的軍事訓練却無負擔兵役之義務，日人如此作爲到底所圖爲何？據黃金麟的研究，謂如此戰鬥體的構化可讓學校變成軍國民的制造場所，學校變成有效的訓練基地，以配合要塞化作戰的需要。[38]不過，蘇曉倩依桃園農業學校校友邱創基的口述，却更進一步指出，進入到20世紀30年代后期，軍事課程的目的就是要儲備未來對外侵略的軍力，文曰：

戰争開始時，大家都准備要到海外去發展，因爲這是日本國家政策……因爲日本人的政策是發動大東亞戰争，一切要先有准備，要先訓練好學生，等學生進入部隊才不用再訓練，所以開始學校軍事化工作，在學校進行軍事教育，實行精神鍛煉和團體精神的養成。[39]

爲求軍力的塑造與齊一精神，外在表現即是軍國民教育制服之規定。1936年3月14日，總督府下令將中等學校制服改爲國防色，即卡其色，同年4月1日起入學新生便開始穿着，此種具軍國民教育色彩的制服也成爲戰后臺灣大多數中小學生的標准制服。當時官方報紙《臺灣日日新報》曾報導：

鑒于國内外非常時局，統制國民被服以圖國防之完璧，之前由臺灣軍及總督府所提倡之國民服裝統制運動，由臺北市開始而實施于全島中學校。臺北市方面由臺北一中先開始，先由一年級新生200名在28日一起着國防色制服，新制服爲帶有黑味色，青褐色折襟，類同軍服衣帽式樣相同顔色，而爲求保留一中傳統，仍置放紅色三條綫居中，由學校當局委托陸軍制衣廠内的被服協會處理，來年將全部更换。其他如臺北商業、工業學校目前也正在制作中。[40]

隨戰局逆勢發展，自 1943 年起，總督府更規定中等學校以上學生需穿着系有鞋帶的鞋子，并綁上綁腿的戰鬥服裝扮。學生被要求穿制服，打綁腿此種景象，即使强調自由學風的臺大預科或臺北高校也不可幸免。[41] 據臺北一中校友李玉虎的回憶，謂當時學校以培養文武人才爲教育目的，生活要樸實剛强，實施軍事訓練加以鍛煉之，但學生必須依規定戴學生帽，穿制服及黑皮鞋，脚要卷脚絆（打綁腿），每日要穿此正式服裝上學。[42]

有了國防卡其色的制服與綁腿后，接下來的各種軍事操練便隨之上場，其中如教練查閲、行軍、國防體育競賽、軍事對抗等，也充分展現中學生所需接受的軍事訓練與身體磨煉。就教練查閲而言，由于此舉不僅是軍事教育成果的檢驗，也是軍方企圖展現日本帝國完成大東亞共榮圈實力的展示場，是以日方相當重視。舉1938年11月宜蘭農林學校教練查閲爲例，活動一開始即爲閲兵分列式，接着進行各年級的各類教練演示，像五年級的學生就有陣地攻擊、戰鬥教練等，演練過程仿佛實戰景況，所以連列席觀賞的地方首長都贊嘆不已。[43]

鐘肇政以自身背景所寫的長篇小説《八角塔下》，也曾提到爲推行軍國主義，中等學校所實施的教練課，每年都舉辦軍訓總檢閲，以考核教練成果。而在檢閲完畢后會由軍方派來的高級官員直接公布成績，分爲『優秀』、『優良』、『良好』、『可』等四個等級，即使多屬臺人就讀的教會學校——私立淡水中學校亦不可幸免。在該小説中，鐘肇政如此述説：

配屬將校來后，我們也要接受一年一次的『查閲』了，那就是教練成績的一種檢閲。爲了那一天，我們足足准備了整整三個月，全校上下都爲這而奔忙。我們的項目是戰鬥教練，每周三堂的教練課時，衹要不是下雨，我們便被驅遣到高爾夫球場去操練。因時局緊張起來，高爾夫球已經没有人打了，草也長長了，那么寬敞的草原，處處又有起伏的斜坡，正式最恰當的操練場地，于是我們就苦了，匍匐前進，奔跑、衝刺，每堂課都要都要使大家弄得精疲力竭，喘不過氣來。[44]

讓學生喘不過氣的當然不只這些，長行軍也是一大考驗，如臺北一中臺籍校友林彦卿的自傳就提到，當時該校訂有往返臺北淡水間的行軍活動，三年級以上的學生要荷三八式步槍前進，若途中有體弱同學倒下需代爲荷槍。之前另有行軍往返烏來者，五年級學生所携的步槍内更需裝填實彈。[45] 而爲强調國民精神之重要性，非僅白天行軍，夜間行軍亦是臺北一中學生的軍事訓練，據《臺灣日日新報》所載，1937 年 11 月 5 日晚間 11 時，渡邊節治校長與該校約千名學生，從學校出發往八堵車站實施夜間强行軍，從八堵到貢寮車站則利用火車，但從貢寮車站到澳底的北白川宮能久親王（1847 ～ 1895）登陸紀念碑則又實施行軍。[46]

關于行軍一事，嘉義農林學校第23屆畢業校友劉新科也曾回憶到：『（某次）野外演習要到中埔附近的溪埔地，有一次天色很晚了，爲了趕路日本籍教官就叫大家由吊橋通過，吊橋可以同時通行人數是有限定的，橋只是利用繩子綁在兩邊樹上而已，當時有五、六十個人要一起通過，后來橋斷了，相當驚險。』[47]同屆校友曾水池則回憶説：『在某次行軍訓練時，從嘉農走到大林糖廠，只給一罐米酒頭容量的水而已，途中不能補給水，中間僅休息吃便當，到目的地后再折回嘉農，肩上還多加兩塊磚頭，那種訓練真的很辛苦。』[48]

中等學校的軍事教練除各校自行演練外，總督府爲了檢視各校學生戰鬥力的精進與否與發揮競爭精神，也常舉辦聯合型的軍事操演活動，如自1934年開始，臺北州就持續舉辦中等學校學生聯合射擊大會，每年一月中旬在臺北三張犁陸軍射擊場舉行。參加學校爲臺北州下各中等學校，包括臺北一中、臺北高等學校、臺北工業學校、第二師範學校等約11所學校，每校共有30名射手。[49]該射擊比賽也是由各校教練科教官選出在教練課程中射擊成績最優秀者，進行指導與訓練。射擊比賽采卧姿進行，標靶距離200公尺，在兩分鐘内射擊五發后，采計成績。[50]

此外，還有跨校性的國防體育競賽活動，如1938年9月26日《臺灣日日新報》報導，臺北市内中等學校武裝競技，其中手榴彈投擲組團體第一名爲積分439分之臺北第二師範學校，第二名爲臺北一中，第三名爲臺北第一師範學校。另1600公尺全全副武裝團體競走，依然由臺北第二師範學校以63分奪魁，第一師範與臺北二中則分居二、三名。[51]

而各校軍事教練的演練成果，有時也會讓民衆參觀，如1939年臺北一中的畢業紀念册中就發現，該校在學校操場内舉行實兵演習，還有噴着烟霧的裝甲車在進行爆破演練。[52]而據1939年10月30日《臺灣日日新報》報導，謂當天（10月29日）是臺北一中的第27屆運動會，其中由五年級學生進行模擬戰，有飛機丢擲炸彈，學生投擲手榴彈，最后還出現坦克，這讓在場觀衆如同親臨實戰般感到興奮。[53]

至于教練科課程的最終曲，則是由校内教官帶領學生進行爲期數天的軍事對抗，通常以高年級的四、五年級生爲主。隨戰爭更趨白熱，這種演習更加嚴格，1939年12月更以紀念配屬將校即將實施15周年爲由，擴大舉辦全島學生聯合演習，爲期三天，北部學生也南下到臺中平原參與該次擴大演習。[54]

四、戰爭時期的軍事訓練與動員

1941年12月因太平洋戰爭爆發，戰局更爲緊張，日本一方面爲補充兵員，另一方面也爲防止盟軍的轟炸攻擊，臺灣總督府遂于1942年1月3日以訓令第1號發布『學徒奉公隊規程』，將中等以上學校的所有教職員與學生編入學徒奉公隊，參與國防訓練、糧食增産以及其他各種勞務工作。[55]而在學校的學制部分，也因應時局大幅調整，首先總督府在1942年1月21日依勅令第36號制訂中等學校令，强調『八纮一宇』的軍國民精神，將中學校修業年限由五年縮爲四年，并于當年4月1日實施。至于課程部分也有大幅度更動，爲配合戰時狀况，强化糧食增産、戰技及國防防空訓練，規定一年内需動員三分之一的時間從事以上活動，學生忙于軍事訓練與生産勞動，學習時間大受影響。而其中在軍事教練上最顯著的改變即是將原有學習科目『體操科』更名爲『體煉科』，可見軍事規訓的急迫與重要性。

據1942年5月中等學校教練教授要目規則修正所示，體煉科以增進學生軍事基礎教練，培養至誠盡忠之精神，進行身心一體之實踐鍛煉，藉此增進國防之能力。爲達此目的需依綱要執行，其内容則爲：（一）爲透徹國體本意，遵照國民皆兵的真義，應該陶冶重視禮節、服從之習性，并培養節操、廉耻之精神，孕育樸質剛健氣度，規律節制、責任觀念、堅忍持久，闊達敢爲和協同團結等德行；（二）鍛煉精力十足、鞏固意志、强健身體；（三）培養身爲皇國臣民應具有之軍事基礎能力。[56]至于教練科的教材内容共區分八項，計有教練、部隊教練、射擊、禮式、指揮法及教育法、陣中勤務、補助教材、軍事等。相關内容可參閲下表4所列：

表4 1942年中等學校教練科教材分配及進度表

教材	要項	細目	內容
單兵教練	基本	徒手	立姿；稍息；左（右）轉；半面左（右）轉；向后轉；行進間各種動作
		步槍	立姿；左（右）轉、半面左（右）轉、向后轉；肩槍、持槍；行進、停止；上（下）刺刀；（子彈）裝填、退出；射擊；跪射、卧射
		輕機槍	立姿；左（右）轉、半面左（右）轉、向后轉；肩槍、持槍；行進、停止；上（下）刺刀；（子彈）裝填、退匣；射擊；跪射、卧射
		榴彈炮	立姿；射擊；跪射、卧射
	戰	步槍	射擊；運動、運動和射擊之聯系；手榴彈投擲；突擊
		輕機槍	射擊；運動、運動和射擊之聯系
		榴彈炮	射擊；運動、運動和射擊之聯系
部隊教練	密集	分（小、中）隊	編成及隊形；集合、解散；整頓；行進、停止；方向變換；隊形變換；架槍、取槍
	戰鬥	分隊（一般及榴彈炮）	散開；運動；射擊；突擊；陣內攻擊
		小（中）隊	戰鬥前進；展開；運動及射擊；突擊；陣內攻擊
射擊			射擊預習；狹窄處的步槍射擊；基本射擊
敬禮儀式			個别敬禮；部隊敬禮；閱兵、分列
指揮法及教育法			分隊長；小隊長；助教、助手
陣中勤務	聯絡		傳令；傳令兵
	搜索		偵察
	警戒		行軍間的警戒；駐軍間的警戒
	行軍		行軍實施要領；行軍力的養成
	其他		炊事：帳篷使用法；宿營；輸送
補助教材	戰場運動		跑步與快走；快跑；跳高、跳遠；打擊、搬運；手榴彈投擲；穿越障礙
	刺槍術		基本動作；應用教育
	方位判定、地圖利用		步量法；目測；方位判定；地圖利用；略圖制成
	防毒與急救法		防毒法；止血法；綳帶法；人工呼吸法
	兵器使用保存及維修		三八式步兵槍及附屬器械；三零年式槍劍；三零年式步兵槍；槍刀及喇叭；其他兵器器材

講授	軍事	教練目的與訓練要綱；各課目的與訓練要旨；實施教練演習之必要事項
	軍事常識	國防意義；皇國軍制；學校教練及青年學校教練；軍隊生活；各部隊職能及戰鬥一般要領；國土防衛；主要兵器概要；築城與軍事交通概要；主要戰役；靖國神社與禦府等

數據源：臺灣總督府，《臺灣總督府官報》，號31（1942年5月9日），第38～45頁。

面對因太平洋戰爭而起的校園軍訓强化，1941年入學的臺中一中校友李有仁曾深刻回憶到：

在昭和16年（1941）12月8日早晨五點半，學校令全體師生集合并由舍監主任五十川先生宣布日本飛機偷襲美國珍珠港的消息，從此以后學生的生活都完全改變，學校開始采取軍隊化的教育，除了上課之外對于軍事訓練及體能方面尤其注重，每天都餓着肚子在操場上猛訓練。[57]

而1942年就讀私立臺北中學校的林振永也記得自中學二年級開始就得接受嚴格的軍事訓練，加强夜間演習，也有現役軍官來學校指導，放學后全校學生都要留下來接受軍事訓練和聽精神訓話，每天放學前要從學校跑步至臺灣神社再返回。整個學校的生活越來越緊張，有如軍隊生活一般，學校功課都排在一邊，只有軍事訓練要緊。[58]

此時學校的軍事操練已然比太平洋戰争前更加緊凑與嚴苛，且更加注重軍人的威儀，如行軍時學生帶槍，校旗爲前鋒，校長還要帶着指揮刀跟着校旗走。[59]

學生上下學遇到老師時需以齊步走，向左右看等動作向老師敬禮。更誇張的像新竹商業學校校長今井壽男，還規定該校學生在上下課期間均需肩扛七尺長的木槍。[60]

而在1944年4月于戰争烽火下成立的新竹工業學校，學生更是可憐，在學時的記憶就僅是軍事訓練、躲空襲、義務勞動、打造番刀和開墾農園。該校第一屆畢業生楊熾浩曾回憶，學校厲行軍事化教育時，第一次行軍到新埔時還可邊走邊完戰鬥游戲，但第二次行軍到苗栗頭份時，就需個個全副武裝，穿軍服、帶軍帽、打綁腿，還背着裝有飯盒、毯子等物的背包。這群十四、五歲的青少年分爲南北二軍，南軍是通勤生搭火車到竹南站會合。北軍是住在新竹市區的學生所組成，從學校出發，經寶山、頭份到珊珠湖，兩軍在珊珠湖展開南北軍厮殺大會戰。隔天南北二軍還有模有樣的參加閱兵典禮。[61]

面對各種軍訓内容的强化及對其他科目學習的限縮，嘉義農林學校校友邱創基也曾説分明，謂：

每周部隊會派現役軍人來巡視教官是否有測底訓練學生，看老師對于學生的團體生活是否有教好，以及教練課有没有訓練步兵小隊作戰，打靶。四年級時就停掉英文課，主要是爲配合戰争需要建機場，將原本英文科的時間拿來上軍事訓練。每天在學校裏的靶場打靶，三、四、五年級還要到新竹、臺北參加聯合演習。[62]

關于聯合演習之情況，臺中商業學校校友林榮華亦曾細致回憶：

聯合演習是臺中中等學校要到臺中附近，一邊從豐原前進，一邊從彰化前進，各自以不同顏色代表不同的軍隊，模擬戰争實際狀況。有飛機丢炸彈，好像身處真的戰場。（教官會）告訴每個人在站崗哨時要注意的事項，目標在什么地方，不在什么地方，兩個目標一定要有重叠處，不可有空隙。也就是每個人站的地方不能有漏空，可以重迭，但不可以有死角之處。有實際的作戰經驗，以后就可以直接上戰場，像學弟們在當學徒兵時遇到聯軍的大型飛機，并不會感到害怕，大型飛機高高的，要轟炸什么地方，趕緊離開就可以，最怕的是看不到的小型飛機。戰場上的狀况在學生時代就已經經歷過、訓練過，到了戰場上炮彈打過來，没有被打死，你就停留在那邊，因爲敵軍不會再打第二顆炮彈，學校都有訓練學生求生的原則。[63]

從上述防空訓練的教導上，可知學生對空防能力當有一定程度的了解，另一方面，如此的訓練法則，面對戰争急迫的兵員補充，無疑也大大縮短新訓的時程。

至于在規訓、灌輸學生軍事訓練中扮演最重要角色的軍訓教官，其功能與地位如何？似也值得一提。前述臺灣文學大家鐘肇政在類同描繪其中學時代生活的小說《八角塔下》中即曾描繪過配屬將校，謂一般公立學校是早就有配屬將校的，至于他所就讀的私立淡水中學校，由于多是臺灣子弟所就讀者，故配置較晚。配屬將校有權頒發教練合格證，憑這一紙證明，將來被征入營服役時，可以申請『干部候補生』的資格，若『干部候補生』及格便是一名現役將校（軍官）了。[64]

從鐘肇政的記述中，可知軍訓教官對學生未來的部隊生涯影響甚大，但因戰争的影響，面對各種嚴苛的軍事教練，恐怕學生對教官都不會心存好感，是以鐘肇政在另部小說作品《插天山之歌》中便說：

日人接管后，校長派來了。首先第一個改革是遣走原有教師，聘來新教官，實施軍事教練與武道教育。那教練的教官，有如凶神惡煞，用拳頭鞋尖來管教這些大孩子們，武道教官則用竹刀來猛揍。自由的空氣，一下子就消失無踪。[65]

曾就讀基隆中學校的陳五福醫生也曾提到，學校最凶悍可怕的就是軍事訓練教官，他的命令絶對要服從，否則就有苦頭吃了。回想起這種比入伍訓練還更無理的鍛煉，還一直讓他心有余悸。[66]畢業于宜蘭農林學校的楊東漢也說：當時有一位安川教官，常罵學生『清國奴』，會有歧視臺灣人的心態出現。[67]嘉義農林學校第22届畢業校友陳寶德則曾回憶説，在他四年級時，某日軍訓課被留置在學校整理槍械，但因延誤搭車返家時間，没想到背地裏罵教官幾句却被聽見，除當場遭痛罵責罰外，并被解除級長（班長）職務，導師也無法挽救。[68]可見軍訓教官在校園影響力之大。

隨戰争愈趨白熱，學校更是以軍事爲主，從此軍事教練爲主，課業爲輔，因而造成軍人主導校園，軍事教官地位大大提升。學校老師間也以軍階來劃分等級，即使資深老師但因軍階不高，仍得服從軍階較高的資淺老師。[69]此外，非僅是退役軍人擔任學校教官，現役軍人也直接分配到學校教導戰鬥任務，是以鐘肇政回想看到校内軍事教官米村中尉，在校長宣布新任式時，竟鄭重其事地親自指揮學生并向新任的羽矢少尉敬禮，當時還感覺莫名其妙。事后才知現役軍人的地位在當時僅次于校長，且還可在校園差遣退役的配屬將校，[70]權力之大由此可見一斑。

隨戰事逆轉與日軍部隊的大量損耗，原本無兵役的義務臺灣民衆也開始遭軍事動員，且對象漸及于青年學生。臺北一中校友林彦卿醫師曾回憶自己在中學三年級時（1943年），某日老師率領全校臺籍學生到臺北公會堂（今中山堂）聽演講，演講内容爲臺灣人和内地人一樣可以成爲優秀的皇軍，現在就立刻弃筆執槍從軍，演講后還放映有關聖戰的新聞紀録片。[71]

透過學校的宣傳與教育力量，確實有不少中等學校學生志願從軍，[72]至于未從軍者，前述臺灣總督府已于1942年1月3日頒布《學徒奉公隊規程》，學生多被編組爲防衛召集待命，接受軍事訓練。時爲臺北一中學生的日人城后佑二事后曾追憶到，謂從1944年第二學期開始，臺北一中的課程約有一半爲體煉科，之后在6月時約有三周時間進入到高雄海兵團，接受海軍體操、手旗信號與摩司電報密碼等訓練。至7月，與一年級生至蘇澳接受海洋訓練。在動員部分，除在宜蘭進行飛機廠整修外，二年生主要工作爲市内警備工作。[73]

另同爲臺北一中校友的林彦卿醫師則曾回憶道：他在1945在3月底被征召爲學生兵，屯駐于觀音山，被編入對抗戰車的部隊，名爲『荒川隊』。[74]當時屯駐在觀音山中，裝備只有兩座對戰車炮，是明治時代的産物，士兵所用者則是每扣一次扳機即需填發一次子彈之三八式步槍，如此落后武器根本無法與美國的卡賓槍對抗。[75]

雖然日軍的武器落后，但面對美軍可能的登陸臺灣，學徒兵還是要堅强以對，臺中一中校友林榮渠就曾提到，在升上四年級后，全校學生被編制爲學徒兵，駐守在清水國小地區部海防之陣，每天都在山腰掘壕洞，准備與登陸之美軍作一次肉搏戰。[76]第10期的畢業校友陳逸雄也説：『我們幾乎每天都上山挖塹壕，據説是要準備迎擊美軍登陸。』[77]雖然明知學徒兵無法與美軍正規部隊對抗，但挖壕溝、布海防的體能與精神教育，中學生還是被日人要求徹底執行。

面對終日學徒動員的疲倦與苦悶，加上在求學時對日本老師嚴格管教的深感痛惡，所以有些學生在擔任學徒兵時也會故意作弄日人一番。如畢業于宜蘭中學校的範裔川就回憶，在四年級當學徒兵時，看到值日同學將内褲放到湯裏洗，然后再端給指揮團的日本團長喝。[78]

要之，日人在戰時體制下對中學生所實施的軍事訓練，其目的除培養忠良臣民與灌輸愛國思想外，最重要者即是使中學生能成爲日本母國對外發動戰爭的協力者，并共同擔負起戰爭責任。由于此時學校教育在極端國家主義政策的主導下，并透過嚴格軍事管理，是以在精神上多能培養學生愛國精神及報國意念，在體能上則加强鍛煉學生身體，致力學生體位向上。宜蘭中學畢業校友李英茂曾表示，日本精神教育非常成功，當時同學在嚴苛軍事訓練中昏倒，醒來第一件事就是唱日本國歌。[79]同爲宜蘭中學的校友林清池也表示，雖然在戰時無法讀很多書，但日治時期的教育所塑造的模已經打好，因此大家在日后皆努力充實自我并成爲臺灣菁英。[80]

五、結語

日治時期臺人原無服兵役之義務，此或可成爲『好男不當兵，好鐵不打釘』俗諺之明證。唯從日治時期中等以上學校校刊、校友會志、畢業紀念册、口述訪談等材料中發現，日人早已在中等學校强化臺人子弟的軍事訓練，尤其自1925年后，由于日本政府發布『陸軍現役將校學校配屬令』，校園軍事化的情況愈趨明顯，被資遣的現役軍人到中等以上學校擔任教官，教授學生軍事訓練課程，是以臺灣的中學生也開始接受到正規軍事教育。

中學生在軍國主義的教育政策下，除被灌輸忠君愛國的思想外，還被迫接受嚴格的軍事訓練，舉凡基本教練、部隊教練、射擊、指揮法、陣中勤務、旗信號、距離測量、測圖、軍事講話、戰史等校内學科，或行軍、戰鬥教練、實彈射擊等野外訓練，均讓學生留下深刻的印象與影響。此后隨中日戰争爆發，尤其至1943年，隨盟軍空襲轟炸日增，戰事日益吃緊，在戰争動員體制下，學生經常處在軍事訓練與勤勞奉仕的狀態中，學校多遭停課，學生學習也幾乎完全中斷。

要之，日人透過各種軍事活動的舉辦、操練與課程鋪排，加上現役軍人至各中等學校内主導，可謂大大增强國家機器對中學生個人的身體控制。中日戰爭爆發后，原本無兵役義務的臺灣學生却急遽地被迫接受嚴格的軍訓訓練，在各種接近新兵訓練的軍事教育中，除讓這些中學生習得軍事作戰和軍事防衛的技藝而成爲日常的知識與動作外，在完全復制軍隊操練的情況下，無疑也縮短日本戰時急迫新血兵員的訓練時間。另一方面，也由于學校對這些『准軍人』要求紀律、整齊與嚴肅性，因此學生對于國家軍人形象的認定，也從此與『儀容整齊』、『秩序井然』書上等號。

（作者單位：中央大學）

註 釋：

[1] 吴文星，《日治時期臺灣的教育與社會流動》，《臺灣文獻》，51 卷 2 期（2000 年 6 月），第 165 頁。

[2] 向山寬夫編，《臺灣臺北州立臺北第一中學校の沿革（年表）》(東京：八光印刷株式會社發行，1991 年 7 月)，第 2 頁；臺灣教育會編，《臺灣教育沿革志》（下）（臺北：臺北：古亭書屋復刻本，1973 年），第 728 頁。

[3] 臺灣教育會編，《臺灣教育沿革志》（下），第 727 ～ 728 頁。

[4] 文部省，《學制八十年史》（東京：文部省，1954 年 3 月），第 822 ～ 823 頁；臺灣教育會編，《臺灣教育沿革志》（下），第 728 頁；蔡平裹，《紅樓殘夢之十三——女大十八變》，《建中校友》，25 期（1997 年 12 月），5 版。

[5] 臺灣教育會編，《臺灣教育沿革志》（下），第 729 ～ 730 頁。

[6] 佐藤源治，《臺灣教育の進展》（臺北：臺灣出版文化株式會社，1943 年 7 月），第 91 頁。

[7] 吉野秀公，《臺灣教育史》（臺北：臺灣日日新報社，1927 年 10 月），第 335 頁。

[8] 有關臺中中學校的研究可參閲朱佩琪,《臺籍菁英摇籃——臺中一中》(臺北:向日葵文化,2005 年 5 月)。

[9] 張豊隆、周志宇、黄春木，《建中簡史》，收録于趙臺生主編，《建中世紀》（臺北:臺北市立建國中學，1997 年 12 月），第 27 頁。

[10] 向山寬夫編，《臺灣臺北州立臺北第一中學校の沿革（年表）》，第 24 頁；臺灣教育會編，《臺灣教育沿革志》（下），第 767 頁。

[11] 文部省，《學制八十年史》，第 827 ～ 828 第。

[12] 臺灣教育會編，《臺灣教育沿革志》（下），第 774 頁。

[13] 臺灣教育會編，《臺灣教育沿革志》（下），第 777 頁。

[14] 謝仕淵，《殖民主義與體育——日治前期（1895 ～ 1922）臺灣公學校體操科之研究》（中壢：中央大學歷史研究所碩士論文，2002 年 6 月），第 15、48 ～ 49、176 ～ 177 頁。

[15] 能勢修一，《明治時期學校體育史の研究——學校體操確立の過程》（東京：不昧堂，1995 年 2 月），第 121 ～ 122 頁。

[16] 遠藤芳信，《近代日本軍隊教育史研究》（東京：青木書店，1994 年 12 月），第 99 ～ 100 頁。

[17] 臺北州立臺北第一中學校卒業五十周年紀念文集編輯委員會，《濃緑匂ふ常夏の》（横濱：三麗會，1987 年），『前言』。

[18] 林惠玉編，《宜蘭耆老談日治下的軍事與教育》（宜蘭:宜蘭縣立文化中心，1996 年 2 月），第 317 頁。

[19] 寺田近雄著、廖爲智譯，《日本軍隊用語集》(臺北：麥田出版社，1999 年 6 月)，第 160 ～ 161 頁。

[20] 向山寬夫編，《臺灣臺北州立臺北第一中學校の沿革（年表）》，第 30 頁。

[21] 臺灣教育會編，《臺灣教育沿革志》（下），第 787、798 頁。

[22] 《臺灣總督府公文類纂》，『教練教授要目改正ノ件』册 7392，文號 14（1930 年 1 月 1 日）。

[23] 《北村嘉一口述歷史》，收録于李明仁主編，《嘉大口述歷史——日治時代》（嘉義：國立嘉義大學臺灣文化研究中心，2008 年 8 月），第 70 頁。

[24] 《全國中學校長會議》，《臺灣時報》（1926 年 12 月），第 37 頁。

[25] 張文義,《回首來時路——陳五福醫師回憶録》（臺北:財團法人吴三連臺灣史料基金會,1996 年 8 月），第 58 頁。

[26] 《臺北州立臺中第一中學校要覽》（臺中：臺北州立臺中第一中學校，1938 年），第 27 ～ 29 頁。

[27] 朱佩琪，《臺籍菁英摇籃——臺中一中》，第 97 頁。

[28] 柯德三，《母國は日本、祖國は臺灣》（東京：星雲社，2005 年 8 月），第 128 頁。

[29] 向山寬夫編，《臺灣臺北州立臺北第一中學校の沿革（年表）》，第 6 頁。

[30] 向山寬夫編，《臺灣臺北州立臺北第一中學校の沿革（年表）》，第 10 頁。
[31] 向山寬夫編，《臺灣臺北州立臺北第一中學校の沿革（年表）》，第 12 頁。
[32] 向山寬夫編，《臺灣臺北州立臺北第一中學校の沿革（年表）》，第 6 頁。
[33] 中華嘉義大學校友會編，《嘉農口述歷史（二）》（嘉義：中華嘉義大學校友會，2002 年），第 19 頁。
[34] 張豐隆、周志宇、黄春木，《建中簡史》，收録于趙臺生主編，《建中世紀》，第 28 頁。
[35] 林寶樹，《二十期生之回憶》，《臺中一中第三十期畢業四十周年紀念册》（臺中：臺中一中校友會，1989 年），第 212 頁。
[36] 向山寬夫編，《臺灣臺北州立臺北第一中學校の沿革（年表）》，第 50 頁。
[37] 李玉虎，《回憶 · 遭遇 · 命運》，收録于趙臺生主編，《建中世紀》，第 301 ～ 302 頁。
[38] 黄金麟，《戰争、身體、現代性：近代臺灣的軍事治理與身體 1895 ～ 2005》（臺北：聯經出版公司，2009 年 1 月），第 102 頁。
[39] 蘇曉倩，《身體與教育——以日治時期臺灣實業學校的身體規訓爲例（1919 ～ 1945）》（南投：暨南國際大學歷史學研究所碩士論文，2004 年 5 月），第 112 頁。
[40]《制服を國防色に臺北一中が制定 先づ一年生たけ、來年は全部 國防色時代來る》，《臺灣日日新報》，號 12941（1936 年 4 月 8 日），11 版。
[41] 鄭麗玲，《帝國大學在殖民地的建立與發展——以臺北帝國大學爲中心》(國立臺灣師範大學歷史研究所博士論文，2002 年 6 月)，第 184 頁。
[42] 李玉虎，《回憶 · 遭遇 · 命運》，收録于趙臺生主編，《建中世紀》，第 301 頁。
[43]《宜蘭農林査閲》，《臺灣日日新報》，號 13901（1938 年 11 月 29 日），5 版。
[44] 鐘肇政，《八角塔下》（臺北：草根出版事業公司，1998 年 4 月），第 349 頁。
[45] 林彦卿，《無情的山地》（臺北：作者出版，2003 年 2 月），第 110 頁。
[46]《臺北一中の夜間行軍》，《臺灣日日新報》，號 13516（1937 年 11 月 7 日），2 版。
[47]《劉新科、吴坤榕先生口述歷史》，收録李明仁主編，《嘉大口述歷史——日治時代》，第 148 頁。
[48]《曾水池、陳明賢先生口述歷史》，收録李明仁主編，《嘉大口述歷史——日治時代》，第 138 ～ 139 頁。
[49] 臺北工業學校校友會雜志部編，《會志》，號 16（1937 年 3 月），第 60；號 17（1938 年 3 月），第 91 頁。
[50] 鄭麗玲，《現代武士？——日治末期中等學校的教練科與武道科》，『皇民化與臺灣（1937 ～ 1945）』臺日學術研討會宣讀論文（臺南：長榮大學臺灣研究所主辦，2006 年 5 月 13 日），第 4 頁。
[51]《臺北市内中等學校武裝競技》，《臺灣日日新報》，號 13837（1938 年 9 月 26 日），8 版。
[52] 張豐隆、周志宇、黄春木，《建中簡史》，收録于趙臺生主編，《建中世紀》，第 29 ～ 30 頁。
[53]《臺北一中運動會》，《臺灣日日新報》，號 14233（1939 年 10 月 30 日），版 3。
[54] 臺北工業學校校友會雜志部編，《會志》，號 19（1940 年 3 月），第 68 頁。
[55] 佐藤源治，《臺灣教育の進展》，第 182 ～ 186 頁。
[56] 臺灣總督府，《臺灣總督府官報》，號 31（1942 年 5 月 9 日），第 37 頁。
[57] 李有仁，《在校求學時之生活回憶》，收録于臺中一中校友會編，《臺中一中八十年史》（臺中：臺中一中校友會，1995 年），第 231 頁。
[58] 林振永，《我的一生——人生紀行》（臺北：作者出版，1999 年 6 月），第 85 頁。
[59] 莊水旺，《六十年的回憶》，收録于彰化高級商業職業學校編，《彰商六十周年校慶特刊》（彰化：臺灣省立彰化高級商業職業學校，1995 年），第 101 頁。
[60] 潘國正，《天皇陛下の赤子——新竹人·日本兵·戰争經驗》（新竹：新竹市立文化中心，1997 年 3 月），第 80 頁。
[61] 潘國正，《天皇陛下の赤子——新竹人 · 日本兵 · 戰争經驗》，第 192 ～ 193 頁。
[62] 轉引自蘇曉倩，《身體與教育——以日治時期臺灣實業學校的身體規訓爲例（1919 ～ 1945）》，第 112 頁。

[63] 轉引自黄金麟,《戰争、身體、現代性:近代臺灣的軍事治理與身體 1895 ～ 2005》,第 103 ～ 104 頁。
[64] 鐘肇政,《八角塔下》,第 346 頁。
[65] 鐘肇政,《插天山之歌》(臺北：遠景出版事業公司,2005 年 2 月),第 33 頁。
[66] 曹永洋,《陳五福傳》(臺北：前衛出版社,2001 年 1 月),第 24 頁。
[67] 潘國正,《天皇陛下の赤子——新竹人·日本兵·戰争經驗》,第 273 頁。
[68] 嘉義農業專科學校校友會編,《嘉農口述歷史》(嘉義:嘉義農業專科學校,1993 年),第 167 ～ 168 頁。
[69] 朱佩琪,《臺籍菁英摇籃——臺中一中》,第 131 ～ 132 頁。
[70] 鐘肇政,《八角塔下》,第 348 頁。
[71] 林彦卿,《無情的山地》,第 101 頁。
[72] 關于日治末期戰争動員學界已有不少論述,在此不贅。可參閲周婉窈,《海行兮的年代——日本殖民統治末期臺灣史論集》(臺北；允晨文化公司,2003 年 2 月)內各專文。
[73] 城后佑二,《思出》,收録于臺北一中三十九期卒業生五十周年紀念志編輯委員會編,《蒼榕》(光印刷株式會社,1994 年 10 月),第 10 頁。
[74] 林彦卿,《無情的山地》,第 119 頁。
[75] 林彦卿,《無情的山地》,第 429 頁。
[76] 林榮渠,《希望》,收録于臺中一中校友會編,《臺中一中校友通訊》,11 期(1996 年),第 16 頁。
[77] 陳逸雄,《八十年來的世界,八十年來的臺灣與一中》,收録于臺中一中校友會編,《臺中一中校友通訊》,10 期(1995 年),第 60 頁。
[78] 林惠玉編,《宜蘭耆老談日治下的軍事與教育》,第 328 頁。
[79] 林惠玉編,《宜蘭耆老談日治下的軍事與教育》,第 323 頁。
[80] 林惠玉編,《宜蘭耆老談日治下的軍事與教育》,第 325 頁。

臺灣共産黨人張志忠

藍博洲

一、一座孤墳與一則檔案

在嘉義新港通往雲林北港的縣道公路旁有一處雜亂無章、蔓草叢生的墓地。墓地裏頭安静地坐落着一個矮小而不起眼的紅磚砌成的墳墓。這座立于1968年（丁未）的墳冢，墓碑上頭的刻字顯示：死者祖先的原鄉來自福建詔安；内葬逝者張公梗、季氏澐夫婦附男楊揚。

幾十年來，没有人會注意到這一家三口的簡陋墳墓；更没有人想到，這座尋常的墳墓竟然埋藏着一段不爲人知的傳奇而悲壯的臺灣近現代史，以及被黑暗的歷史侵奪的一家三口的悲劇。

故事要從張梗講起。

問題是，張梗是誰？

張梗，就是『二二八事件』期間在嘉義地區組織、領導臺灣自治聯軍戰鬥的張志忠的本名。

1991年12月31日，李敖出版社翻印了國家安全局的機密文件《歷年辦理匪案匯編》第一、二輯，其中，第一輯第十二頁的一則檔案記載了臺灣光復以后，中共在臺灣地下黨的組織、活動與潰敗過程:

1945年8月,抗日戰争結束,日本殖民地臺灣回歸中國。爲了開展日后的臺灣工作,中共中央派任臺籍干部蔡孝乾爲臺灣省工作委員會書記;9月,蔡孝乾由延安出發,間道潛行三個月,于12月抵達江蘇淮安,向華東局書記張鼎丞,組織部長曾山,洽調來臺干部。1946年2月,蔡孝乾率領張志忠等干部,分批到滬,與華東局駐滬人員會商,并學習一個月;同年4月,張志忠率領首批干部,先由上海搭船潛入基隆。

事實上,中共在臺灣的地下黨組織、活動與潰敗,恰恰是從張志忠抵達臺灣而展開,并以張志忠的犧牲爲結束的長達八年的『新民主主義革命』的鬥争史。[1]

二、貧農子弟

1910年 (明治43年) 11月26日，張梗生于日據下臺灣臺南州新巷莊新巷267番地(今嘉義縣新港鄉福德村)的赤貧農家；父親張禮，『在溪邊種菜維生』，母親張林氏廳;上有大姊、大哥張棟(駛牛車爲業)，下有兩個妹妹及幼弟張再添（小名豆芽菜）。

據新港鄉民陳秀鑾説，張梗在新巷公學校(第廿回)就學時，『不太讀書,整天在玩,却總是第一名,用錢很省儉。……畢業后,到合隆商號工作。后來偷渡到中國大陸去，他跑去大陸后，日本人抓他媽媽在街上跪，説張梗去大陸的路費是她提供的。』[2]對此，張再添説，以他們家當時的經濟條件來説，他母親不太可能有辦法拿錢給張梗去大陸；他認爲，因爲新港鄉的前清秀才林維朝（1868～1934）非常疼惜張梗，所以有可能是得到他的資助。

總之，張梗到了大陸，并且進入厦門的集美中學就讀。

三、參與兩岸的反日帝運動

1924年,由于受到當時中國學生運動日漸蓬勃的影響,以集美中學的翁澤生（臺北市人）等人爲主的在厦門的臺灣學生,于4月25日及26日兩天,召開了閩南臺灣學生聯合會的成立大會。從此以后,閩南臺灣學生聯合會就一直在閩南一帶持續着活潑的反日運動。同年五月,閩南臺灣學生聯合會又創設共鳴社,籌劃刊行該會的機關刊物《共鳴》雜志;張梗不但參加了該會,并且與嘉義籍的莊泗川共同主持《共鳴》雜志的編務。[3]

嗣后,閩南臺灣學生聯合會却因爲學生離散與情勢變遷而變得有名無實。

1925年后,原本就和大陸方面的學生聯合會有所聯系并共同活動的部分成員,和上海臺灣學生聯合會取得聯絡,并且在共産主義運動的影響下,准備策動閩南臺灣學生聯合會的再起;然而,它還没有進展到確立組織的地步,就因爲種種主客觀的因素而消失無形了。

就在閩南地區臺灣學生的反日運動處于低潮的這段期間,張梗曾經一度回到臺灣,并在故鄉嘉義地區從事運動。

1925年11月27日,臺灣島内最早的無政府主義團體『臺灣黑色青年聯盟』成立,主要成員包括后來成爲臺共領導干部的王萬得、蔡孝乾等人;1926年12月,爲了擴大"黑聯"及無産青年會的組織,王萬得等人展開一次全島演講旅行,并于5日晚上來到張梗的家鄉——嘉義地區;6日,他們在北港集合文化協會系統的青年演講,并分發《告青年》與《革命的研究》等小册子;8日晚上,在樸子進行户外演講;9日在東石演講。基于地緣關系,張梗應該參與了這幾場演講活動。也因此,當1927年1月2日,王萬得、蔡孝乾等人在彰化倡組『臺灣無産青年會』時,張梗也被推舉爲嘉義地方的負責人。然而,2月1日,日警當局即全面檢舉『臺灣黑色青年聯盟』,逮捕了包括張梗在内的44名有關人員;同年10月,豫審終結,張梗等十七人判決豫審免訴,王詩琅等其他四人于來年二月公判。[4]

四、回臺重建臺灣共産黨

1927年,無論是臺灣島内,祖國大陸或是殖民母國日本的政治經濟形勢都有巨大的變動。

首先是島内的文化協會因爲『民族運動』與『階級鬥争』的路綫不同而演變爲左右分裂。其次,3月有日本的金融大恐慌。4月12日,蔣介石在上海清共。11月,日共渡邊政之輔由莫斯科帶回『臺灣建黨』指令及佐野學的『日共臺灣民族支部』政治綱領,臺灣共産黨的建黨工作,進入實踐的階段。1928年3月15日,日共遭到檢舉破壞;盡管如此,4月15日,臺共還是在中共的協助下,以『日本共産黨臺灣民族支部』的名義,在上海成立。

1929年年底,具有中共與臺共黨員身份的上海臺灣青年團領導者翁澤生,爲了在全中國的臺灣學生間廣泛地擴大臺灣青年團的組織,特别派遣干部侯朝宗等人南下厦門,聯絡在當地活動的潘欽信、詹以昌等人,設置社會科學研究會,聯合各學校的臺灣學生會進行"左傾"的指導。這樣,閩南地區的臺灣學生又再度集結起來,開展潑辣的反帝運動。

1930年6月9日,以『團結被壓迫的臺灣民衆與革命的中國民衆,共同起來與日本帝國主義進行鬥争』爲目的的閩南臺灣學生聯合會,在厦門中學的禮堂秘密舉行成立儀式。此時,張梗也回到閩南;除了參加該會之外,并于同年九月參與了由侯朝宗擔任講師的共産主義理論學習班。[5]

1930年12月,瞿秋白接見翁澤生,轉達第三國際東方局對謝雪紅領導的臺共的『機會主義』錯誤路綫,并任命翁澤生、潘欽信(化名黄長川)與蔡孝乾(化名楊明山)三人,作爲國際代表小組,成立對臺指導部; 12月20日,臺共黨員陳德興由上海帶回東方局指令,但遭到謝雪紅拒絶;王萬得與蘇新等成員則遵奉東方局指令,于1931年1月27日另外成立『臺共改革同盟』;3月20日,翁澤生又命李清奇帶回東方局《致臺灣共産主義者》函(原文是日文,翁翻譯成中文),臺共據此于5月31日至6月2日在臺北觀音山召開臨時二大,并開除謝雪紅等一派的黨籍。

另一方面,以臺共黨員趙港被捕的3月24日爲始,日本當局針對臺共黨員展開了全面性的檢舉,謝雪紅、王萬得、潘欽信、蘇新等領導干部陸續被捕;臺共組織遭到全面破壞。

爲了重建臺共組織,翁澤生于5月份從上海來到厦門,同時指派具有共青團與中國革命互濟會(赤色救援國際的中國支部)身份的集美中學學生王燈財(臺中豐原人,今名王碧光),在厦門負責訓練臺灣青年,准備以后回臺再建臺共黨組。

就在這段期間,從集美中學轉到漳州八中就讀的張梗來到厦門,找王燈財,并向他表示,准備回臺,參加實際工作。此后,張梗就與王燈財住在一起;然后又通過侯朝宗介紹,加入了『中國革命互濟會』;再通過王燈財介紹,加入共青團。王燈財認爲,張梗的年紀比一般學生大,又有回臺工作的决心,于是讓他『升大學』(入黨),并參加厦門市委黨的訓練班。當王燈財把張梗的情況向翁澤生報告以后,翁澤生很欣慰,并且在親自同張梗談話后决定派他回臺重建臺共黨組。

張梗回臺后,隨即寫了一封信給王燈財,向組織報平安;王燈財于是把信交給黨組織,再由組織轉交給在上海的翁澤生。以后,張梗跟黨組織的聯絡就由翁澤生另外安排。[6]

五、在保釋中逃回大陸的傳奇

據日本警察廳檔案所載,張梗回臺以后却因爲受到『上海臺灣反帝同盟』檢舉事件的牽連而被捕。

1931年4月,『上海臺灣反帝同盟』在臺共領導干部翁澤生、林木順等人指導下成立。同年7月,以盟員陳炳譽與董文霖(據王燈財說他是厦門共青團負責人)兩人被捕爲綫索,一直到1932年7月8日爲止,日警當局陸續逮捕了63名上海臺灣反帝同盟的『關系者』。張梗顯然也在這波大檢舉中被捕,并于1933年6月29日移送檢察局;最后,在『保釋中逃走』。[7]

關于張梗的被捕與逃走,有幾種傳奇的說法,至今仍留傳在他的故鄉新港與老同志之間。

首先,王燈財認爲,張梗之所以能在『保釋中逃走』,是因爲他辦了『假自首』的緣故!『如果他是真自首的話,』王燈財說:『他和我的關系應該會暴露才對。』但是,事實是,張梗『只暴露厦門的臺灣學生運動,黨的身份都没暴露』。

張梗的同鄉則說,張梗被捕后即在獄中開始裝瘋,鬧得日本當局束手無策,只好將他遣送新巷(今新港),責令當地巡查與壯丁輪流看管監視。返鄉以后,張梗經常跑到離家不遠的舊學校(今新港農會),時而狂顛亂嘯,時而喃喃自語,甚至于抓起地面的狗屎、鷄屎,往嘴裏吞……這樣,新港鄉親都因爲張梗的癲狂感到憐憫與嘆息!而負責監看的巡查與壯丁也在十幾天后稍爲松懈。張梗就這樣突然失踪!后來,基隆海關查獲一封張梗從天津寄發的報平安的家書,這才證實張梗已經偷渡大陸。[8]

張梗偷渡大陸以后的行踪,也有幾種不同的說法。

首先,是張志忠的妻子季澐的說法。她在1946年11月11日從嘉義寄回江蘇南通的家書中,就她與楊春霖(張志忠當時的化名)的結婚日期,向父母稟報時,提到他逃離臺灣以后的行踪。季澐在信上說:『春霖提議是十月二十五日臺省光復紀念日,原因是當年離家,從日本逃往大連,大連至青島,處于日本警察監視之下,是九死一生。十年未和家中通訊,他母親逢年過節都哭哭啼啼紀念他,全家以爲他被秘密處死,如今光復安然歸來,所以光復紀念日是最合式(適)的一天。』

其次,國民黨調查局的內部『機密』數據則說,張梗『日據時代化名爲鹿某,后在中共匪區改名爲張志忠,曾在抗大受訓,并在劉伯承部工作過』。[9]另外又說他『加入十八集團軍』。[10]

最后,前八路軍129師冀南軍區敵工部部長張茂林則說,1939年,有一個延安抗大畢業、化名張光熙的臺灣青年,從延安來到八路軍129師冀南軍區敵工部日軍工作科擔任干事。張茂林與張光熙爲敵工部懂日文的兩人。他說,印象中,張光熙的身材較高,長臉,膚色較黑;業務能力較强,個性頑强,不怕困苦,話不多,是個正派人物。張光熙曾經向他談過,他從臺灣回到上海時,因爲與組織失去聯系,曾經四處流浪過一段時日。

張光熙在冀南軍區敵工部從事對敵宣傳的工作,曾經帶『在華日本人反戰同盟』成員秋山良照,到敵人的碉堡下喊話。1943年,張茂林離開冀南軍區,調到太行山區;他說,從此以后就没再見過張光熙。

1945年5月,當張茂林調回冀南軍區司令部時,他聽人家説,張光熙已經與蔡前一同派回臺灣了。[11]

『抗戰勝利后』，1942 年在冀南軍區與張光熙一同從事敵工工作的黄景深也説：『張光熙要離開時告訴我，他將經由香港回去臺灣……』[12]

臺灣光復后曾經與張志忠密切來往的臺灣地下黨人吴克泰説,冀南軍區的司令員爲陳再道,政委爲宋任窮;管轄範圍,北爲德州至石家莊,東爲德州至黄河,西至津浦路,司令部在南宫威縣一帶;是一個鞏固的根據地,也是新四軍與延安之間必經之地,劉少奇從蘇北回延安時經過此地,同理,由延安出來至新四軍的蔡孝乾也必定經過這裏。所以,他認爲,張光熙『此人爲張志忠無疑』。[13]

六、領導二二八的武裝鬥争

吴克泰説，1946年4月,張志忠率領首批干部入臺以后,首先到彰化永靖找集美同學王天强,然后到臺北找老臺共林梁才,開展地下組織。六月，完成組建工作,赴上海匯報工作,并與季澐偕同回臺。

嘉義商工專修學校畢業,抗戰時期在上海某公司任職,勝利后偶然與張志忠同船返鄉,二二八事件期間由張志忠直接領導的黄文輝也説,『張志忠一到臺灣便四處探勘地形,曾與謝雪紅商定,一旦發生武裝暴動,便將隊伍撤入埔里、阿里山、太平頂壽山地[帶]建立游擊基地。』[14]

安全局的機密文件記載：

1946年7月,蔡孝乾回臺,臺灣省工作委員會正式成立;張志忠擔任委員兼武工部長,領導海山、桃園、新竹等地區工作。然而，一直到1947年二二八事件爆發,當時臺灣省工作委員會僅有黨員七十余人。[15]

盡管如此,回臺以后便『積極准備建立游擊基地』,并且『在工農中發展黨員』,又『有實戰的豐富經驗』的張志忠,在事件爆發后立即通過他在嘉義電臺職員中建立的一個以黄文輝爲核心的外圍組織,把嘉南地區自發的武裝群衆組織起來,統籌指揮。其中,臺南地區由舊農組的李媽兜負責，鬥六地區由『臺灣游擊戰』創始人之一的陳篡地負責，嘉義地區由許分負責，組成『臺灣民主(自治)聯軍』。在行動中,所有聯軍成員都佩有賴象與許分訂制的識别挽章。各地民軍之間互相没有横的聯系,張志忠則通過聯絡人謝富與省工委書記蔡孝乾聯絡。[16]

安全局機密文件載稱：李媽兜，臺南人，于1946年由崔志信介紹與張志忠而加入共黨。同年11月成立臺南市工委會，自任書記，陳福星、陳文山則分任市委。張志忠并介紹李媽兜與省委書記蔡孝乾相識。……李的組織深入鄉鎮基層，主要行政干部大部爲其吸收……。[17]

陳篡地，雲林縣鬥六鎮人，1933年畢業于日本大阪高等醫學專門學校，并因加入日本共産黨，被捕兩次，在大阪坐牢兩年，1935年始被釋放。抗戰末期，當過日本海軍軍醫一年。一直在鬥六鎮經營眼科醫院，約10年之久。1952年12月25日《中央日報》第三版，以《反省的結論》爲題，刊載了他的自首談話。他説：「不幸的『二二八』事件發生時，我爲了感情衝動，并没有考慮到不幸的后果及共匪的陰謀擾亂，起而參加。」

3月4日早上,在臺灣民主(自治)聯軍各部隊大規模的進攻下,『嘉義市的軍、黨、政各機關,以及水道、電力、電報、廣播電臺、鐵路交通,均掌握在人民手中』。其后,『經三晝夜激戰,蔣軍終于把(紅毛碑)軍械庫炸毁,全部退到飛機場。……于是,嘉義飛機場的攻防戰開始了』。[18]

許分説，張志忠和舊農組領導人簡吉也一起前去進攻飛機場。

簡吉，高雄鳳山人，臺南師範畢業。安全局機密文件記載：簡吉于日據時代，即已參加臺共組織，且曾發動農民運動，任臺共農民組合中央委員長，被日本政府先后逮捕多次，禁錮十余年。臺灣光復后，爲政府工作，擔任三民主義青年團高雄分團書記，新竹桃園水利協會理事，臺灣革命先烈救援會總干事等職。1946年9月，由『臺灣省工委會武工部長』張志忠，持書記蔡孝乾之介函往晤（蔡與簡系遠在『臺共農民組合』時相識），于是簡吉之『叛國思想復熾』，遂與張志忠開始聯絡，并協助其建立嘉義、臺南等地區群衆工作，『二二八』事件發生時，又幫同張志忠組織『自治聯軍』。[19]

3月5日,『過午時分,由臺北飛來一架飛機,向蔣軍陣地投擲相當數量的彈藥和糧食。蔣軍……立即……突圍衝出,向人民軍開火』。[20]

由于情勢對人民軍不利,張志忠于是『寫信向蔡孝乾呼援,希望從臺中開飛機去嘉義助陣』;因爲當時『火車全都停駛』了,張志忠于是要求一個『在嘉義鐵路局機關庫的火車駕駛員』,『特別開火車』到臺中,要他把這一封信交給楊逵,然后由楊逵『轉交給蔡孝乾』。[21]

從各種相關的史料記載來看,顯然,楊逵并没有收到這封信;張志忠所盼望的飛機也没有開到嘉義『助陣』。

盡管如此,“在雙方混戰當中,市面(却)忽(然)發現數量卡車,滿載着武裝青年,卡車兩旁大書特書着「臺灣民主(自治)聯軍」,到處粉碎蔣軍,于是人民軍士氣大振。在六、七、八三日的混戰中,嘉義一切男女學生都出動協助「民主(自治)聯軍」,男的參加戰鬥,女的編成救護隊,救護負傷者。蔣軍看見全體市民的英勇抗戰,再退入飛機場,堅守不出。十二日下午,大批蔣軍空運到嘉義,從此以后,便是蔣軍的大逮捕,大屠殺。”[22]

七、謝雪紅渴望他來臺中指揮戰鬥

除了張志忠領導的『臺灣民主(自治)聯軍』在嘉義地區的戰鬥之外,“二二八”期間比較具有代表性的武裝鬥爭,就是舊臺共謝雪紅所領導的臺中『二七部隊』了。

安全局的機密文件說：「匪黨在『二二八』事件中，所領導之臺中謝雪紅部，及嘉義之張志忠部，因無聯絡配合，又互存依賴心理，各自爲戰，致遭全部覆没。而軍事干部缺乏，部隊未經政治教育，工農群衆毫無鬥爭經驗，均屬失敗之主要因素。」[23]

事實果真是這樣嗎？如果不是的話，那么，張志忠和謝雪紅之間的關系又是如何呢？

前『二七部隊』重要干部古瑞雲說：

『3月4日，一度鳥獸散的[臺中]處委會委員們，重新集合，再次挂起牌子，他們企圖控制人民武裝，邀請謝[雪紅]加入處委會當委員，同時設作戰部[或『武裝部』?]，任命吴振武爲部長，謝爲參謀。』然而，謝雪紅『無實戰經驗』，因此『苦于無力指揮迅速擴大的大部隊』。就在這個時候，『她所盼望的張志忠來了。盡管蔡孝乾不承認謝爲中共黨員，謝却自以爲加入了黨，并願置身于張志忠領導之下。謝渴望他來臺中指揮戰鬥，但張已在嘉義扎根，無法脱身。對處委會，謝原想不理，可是張勸她與之合作。理由是處委會中有一些人有聲望，有影響力。可借助他們的社會地位籌糧籌款。她同意張的規勸，參加了處委會』。

到了3月6日,「有人向謝傳話,説:『昨晚,吴振武擦洗手槍時,不慎走火打傷了自己的腿。』……從此不見吴的人影。……事至于此,謝、楊『克煌』與張志忠商量决定,挑選最精良隊伍集中起來編成基干隊伍,并命名爲『二七部隊』。……他們還商定,一旦蔣軍反撲,就將『二七部隊』和自治聯軍分别撤入埔里和竹山。……他們還計劃在條件成熟時,召集全島各地武裝隊伍首領來『二七部隊』組成聯合指揮部。」

古瑞雲認爲:『謝、楊的意圖(或許也是張志忠的意圖)是:建立全島性的人民軍,進而建立自治聯合政府,以既成事實逼迫蔣家王朝承認。』而且「他們的策略正與三月八日中共中央對臺廣播(后于三月二十日以《臺灣自治運動》爲題,發表于延安《解放日報》)相符。該文説:『……組織基干的正規自治軍,掌握在最忠心最堅决最有能力的革命者的手裏。……要迅速在蔣軍鞭長莫及的地方,派出重要的領導人員和大批干部,去建立自治運動的根據地……』」[24]

3月14日,陳篡地率領民軍在鬥六街與蔣軍展開小規模的市街戰,因寡不敵衆,于是將部隊帶往小梅山中,展開另一場游擊戰。3月16日,退據埔里的『二七部隊』因爲『武器彈藥無法補給,又兩路受敵,不能與别地方友軍聯絡,故决議暫行化整爲零,退到小梅地方,再度合流,繼續鬥争』。[25]

據張志忠的左右手之一的許分説,張志忠后來也將民軍帶入山去,與陳篡地會合;由于當時他們都使用假名,所以也没多少人知道『許分』和『張志忠』。

中南部地區的"二二八"武裝鬥争,就這樣告一段落了。

八、奪取西螺派出所的武裝

事件后的1947年4月18日,陳儀發布『二二八事變首謀叛亂在逃主犯名册』,除呈報國防部外,并下令憲四團加緊通緝歸案。[26]其中包括與省工委有直接間接關聯的謝雪紅、林日高、林梁材、王萬得、潘欽信、蘇新、陳篡地等。顯然,在事件中一直以化名活動的張志忠,身份并没有暴露。

『6月,臺北工委林梁材因私藏8麻袋武器遭國民黨通緝,轉移到嘉義郊區隱蔽』;1988年11月25日,林梁材的妻子柯秀英于致張志忠夫人季澐之弟季鑫泉函寫道:『我在自己的家中收到給林梁材同志明信片,估計是張志忠同志寄來的。寄信人的落款姓氏,經常更動,署吴或署周不定。他們以明信片中的暗號進行聯絡,名信片是由我交給四弟再轉交林梁材同志的。』

柯秀英透露:『47年那年,天氣還很熱的時候,曾由我領張志忠同志,到彰化農村我三叔公家的菜園子,挖取十支手槍(原是我們埋藏的),他用麻袋裝后再由我領他出村。』

那么,張志忠挖取這些手槍的用途何在呢?

安全局的機密文件透露:9月間,『自治聯軍搶劫嘉義縣番路鄉菜公店合作社資金,及搶奪雲林縣西螺警察所武器』,案發后,張志忠在老臺共張溜(化名老夫)引導下逃亡,張溜『并負責代爲處理及保管搶獲之槍彈』。[27]

根據許分的叙述,具體的情况大致是這樣的:

『事變后,我在臺中軍法處被關了十四天。』許分説:「回來后,我知道張志忠因爲臺北的地下工作人員在走路,急需軍火。而當時,我們的口號是:『我們的火藥庫在敵人的手上!』因此,當我聽説西螺地區的民衆對西螺分局警察貪污、歪哥的作風,普遍感到不滿與反感時,我立即找他商量,并擬定搶奪西螺派出所武器的計劃;進行前,我專程到臺北接他。7月21日晚上,張志忠就以『長脚仔』的綽號率領17個武裝人民去包圍西螺分局(我只動員人去,本身没去);激戰結果,分局的警察都被縛,并繳出機槍數架。后來,警察的大批援軍趕來,發生了一場市街戰;在戰鬥中,一個原本是一家木屐店師傅,綽號『唐老板』的同志,因爲車胎被射破,來不及跑而被捕;后來因爲熬不住嚴酷的刑求,而把參加者都講了出來,由于他并不認識張志忠,只知道『長脚仔』,所以就説領導人是許分。后來,過去與我同團體的人,爲了保護張志忠,一旦被捕以后就把張志忠的事情統統推給我。」

許分又説,當張志忠和許分得到這個情報后,立即安排其他人和自己都疏散。

九、香港會議前后的工作

安全局的機密文件記載:

從『二二八事件』到1948年6月『香港會議』期間,臺灣省工作委員會的組織工作有較大的發展,黨員人數也從原先的七十余名,增加到四百人左右(『二二八』的死傷逃亡不在此内)。[28]

這段期間,張志忠所負責的『武裝活動』方面,也有了更開闊的發展。

首先,在1948年『二二八』周年紀念日的前2天,張志忠領導系統下的群衆黄培奕與石聰金,在桃園到鶯歌下坡路段前2公里處的山邊駁崁上書寫標語:『毋忘228,……血債血還;記住228,臺灣青年起來……』。張志忠看了這標語,非常滿意。其后,張志忠就以黄培奕爲細胞,發展出鶯歌一帶的組織。[29]

5月,張志忠前往竹山,與李漢堂、施部生、吕焕章等黨員,洽商籌組地下武裝組織之事;最后决議衆人分任『中部武裝委員會』委員,成立地下黨『武裝工作隊』。張志忠并供給李漢堂手槍五枝、手榴彈廿余枚、卡賓槍一支、軍用地圖一份。[30]

6月,張志忠前往香港,參加『臺灣工作干部會議』。

據情治機構調查,從『香港會議』一直到1949年底爲止,臺灣省工作委員會的組織增强,包括三個全省性的『工委』,專做學運、工運及高山族工作;實際發展了一千三百名黨員,群衆兩千余名;全省總計有17 個『市(區)工委』及205個支部,以及近10個『武裝基地』。[31]

在安全局的機密文件中,我們可以看到的關于張志忠的組織活動,至少如下:

（一）1949 年夏天，張志忠面示北部負責人陳福星『將臺北縣海山區（鶯歌、樹林、三峽三個鎮），桃園縣大溪、龍潭（地）區，新竹縣關西、新埔、竹東（地）區，苗栗縣大湖（地）區，各地黨的組織積極整頓，進行深入隱蔽之群衆運動，挑選積極分子，策動進入山區，設法購買槍彈藥，編組小型武工隊，開展地下武裝活動，逐步壯大，擴展成爲游擊根據地，然后始能做到裏應外合，配合解放軍之攻臺』等語。10 月，張志忠、陳福星進入海山區鶯歌鎮之烏塗窟山區，召集上述各地區干部，開辦『集體訓練班』，并以五千元交與『海山桃園地區負責人』黄培奕向地方駐軍『不肖』官兵購買槍彈，計購得步槍一枝，短槍十五支，……全部武器除一部分短槍由陳福星先后分交新竹、苗栗兩縣山區各逃亡干部佩用外，所剩武器則交由黄培奕負責組成『武工隊』，建立『烏塗窟基地』，形成『游擊根據地』之雛形。到了冬天，張志忠、陳福星二人又在烏塗窟附近之十三份山區開辦第二次干部集體學習會，參加者有黄培奕、林元枝、簡國賢等二十人，着重研究臺灣山鄉地形及游擊戰術。[32]

（二）7 月，師範學院學生自治會理事林希鵬因『四六事件』身份暴露逃亡，由張志忠移交陳福星領導，開展桃園至新竹鐵路以西海岸地帶工作。[33]

（三）8 月下旬，基隆光明報事件發生，張志忠領導的中壢義民中學教師黎明華（先后吸收張旺、姚錦、宋增勛、範新戊、周耀旋等桃園、中壢一帶青年參加組織，建立中壢、楊梅兩個支部）因『基隆市委會』被破而逃，并將『中壢支部書記』姚錦交由張志忠領導；張除了把姚錦交給在竹東林場的殷啓輝之外，并將黎明華交由老洪，帶到三灣地區。[34]

『后來，張志忠指示我，召集竹南地區干部』，1994 年 11 月 9 日，黎明華先生在臺北市重慶南路金池塘咖啡室接受采訪時告訴我。『于 12 月下旬，在神桌山搞了一個星期的學習班。』

以上所舉，只是安全局所載關于張志忠組織活動的部分内容而已,基于當年地下工作的保密需要,我們相信，張志忠仍有許多工作内容是我們所無法全面理解的。

十、被捕

據安全局機密文件所載,1949年8月下旬,國防部保密局通過偵破『基隆市委會』組織,獲得『臺灣省工委會』秘密組織之綫索,經綜合分析后,隨即展開嚴密偵查,并于10月31日下午六點,首先在高雄市,逮捕『臺灣省工委會副秘書長』陳澤民;接着又于1950年1月29日,在臺北市將『臺灣省工委會書記』蔡孝乾逮捕;然后再根據供詞逮捕另外兩名『省委』洪幼樵與張志忠。[35]

然而,提供調查局『中上級保防干部參考研究之用』的《臺共叛亂史》一書,對于張志忠與蔡孝乾的被捕經過,却有不同的説法。

作者郭干輝説,臺北『國府治安情報機關』在破『基隆市工委支部』時,偵悉『省工委』的最高負責人爲蔡孝乾,于是加緊深入窮追『省工委』之秘密組織;后來,他們『運用』已經被捕的基隆中學圖書館管理員戴芷芳,『予以政治説服,又供出了臺北市前大同中學女教員季澐與老鄭 (蔡孝乾之化名)建立有組織上的關系』。

臺北『國府治安情報機關』「于是,根據此一綫索,再着手追查,始悉季澐已離開大同中學,賦閑暫住在臺北市衡陽街8號生春藥號內,乃派『工作同志』秘密監視季的動静,結果,發現季有丈夫叫楊春霖,但查核户籍,户長仍是季澐,楊反爲家屬,楊本身又交游廣闊,情形非常可疑,經不斷的跟踪守候,確認嫌疑重大,乃决定于卅八年(1949年)的除夕開始行動，將楊某加以逮捕，……隨即將他的妻子季澐加以逮捕」。[36]

1950年9月15日,季澐從軍法處看守所寫給妯娌『芬姐』的信中提到:『我是去年12月31日晚離家』的。這樣看來,關于張志忠被捕的上述兩種説法,應該以郭干輝的説法比較接近事實才對。

5月13日,"國防部"總政治部主任蔣經國氏在政府發言人(沈昌焕)中外記者會上宣布共黨『臺灣省工作委員會秘密組織』破獲經過。5月14日,臺北《中央日報》除了詳細刊載蔣經國的談話内容之外，并且注銷蔡孝乾、張志忠、洪幼樵與陳澤民等四名『匪首』的照片與『親筆簽名』的《聯名告全省中共黨員書》。

如果張志忠的確在這份『轉向』的聯名文告上頭簽了字的話,那么,他就和蔡孝乾等三人一樣,成爲一個爲世人所不齒的叛變的共産黨人了!但是,當蔡孝乾等三人苟活下來以后,張志忠却以最后的坦然赴死,向歷史證明他的清白與堅持!

十一、妻子季澐先被槍决

1950年9月2日,季澐與兒子楊揚(1947年6月4日出生)被移送到軍法處看守所第45號押房;9月5日,法官答應讓楊揚回嘉義,季澐也寫報告,請求批准;9月14日,張志忠托人帶口信給季澐,表示他『人很健康』;9月15日,季澐寫第一封家信給妯娌『芬姐』。

9月25日,季澐在寫給『芬姐』的第三封家書稍稍透露了一點張志忠在獄中的情況:

『起初八個月和他爸爸在一處，天天散步時，小羊[楊揚的乳名]可以給他爸爸抱，我從小門裏偷看到。……這兒有筆，每天寫字、看書，只是不好寫信給他爸爸，我下次請求法官，送幾件衣服去不知道肯不肯。……』

10月3日季澐在給『芬姐』的信中提到，9月27日，小叔張再添坐夜車來接小羊回新港。她在信中强調:『是真的,他爸爸很好,認識他的人都説他人好,只是因爲事情没有清楚,没有到軍法處來……』。

10月30日午,季澐在給小叔再添的信中特别交代:『家中爸爸媽媽年紀太大了,現在知道小羊爸爸和我坐籠子,一定日夜不安,心中難受,請你好言安慰兩位老人,説我們不是流氓小偷犯,不過是思想成問題的政治犯,不要什么緊,小羊爸爸是個比較有地位的省委,大家對他很客氣,在那裏吃三頓,每頓都是白米飯,吃得很飽,還有散步、洗澡,從前還每天抱小羊散步呢!』接着,她又給芬姐寫信,安慰她説:『我是没有什么事的,不過因爲小孩的爸爸事情大,陪他坐籠子,等判决,看是個什么結果。』

從此以后,季澐就不再有任何一封信從軍法處看守所寄出。11月19日,臺北各大報刊載了包括季澐在内的『六匪諜處决』的消息;報導説:

省保安司令部昨(十八)日 清晨六時在本市馬場町刑場槍决男匪諜四名,女匪諜二名。

女匪諜季澐,廿九歲,江蘇南通人,無業。……專門負責刺探政府高級人員行動情報。[37]

季澐犧牲以后,張再添夫婦始終没有接到她的槍决通知。因此,一直到現在,人們仍然不知她埋骨何方。

十二、最后的鬥争

張志忠被捕后的1950年1月,原本屬于他的領導系統的,以陳福星爲首之北部黨組的地下黨人們,便開始重整省委組織；最后,由陳福星、黄培奕、林元枝、周慎源（原師院學生自治會主席）組織『臨時領導機構』于烏塗窟，并于1951年春,深入牛角山,形成另一新基地。[38]

同年五月,以陳福星爲中心之北部黨組已設法與中共中央取得聯系,接到所謂中共中央『一九五〇年四月指示』,密定「采取『合法性』、『社會性』、『地方性』之鬥争方式,將主力轉入鄉村山區,并選擇有利地形建立武裝基地,俟機結成游擊武力,擴大成爲游擊根據地,以配合『匪軍』進攻……」。陳福星領導之『重整后省委會』所屬各地黨組織之一切活動,于是都根據此一指示而進行,并且在『無數溪川沼澤與綿密之森林所組成之縱深地形』的『西部平原以東丘陵地帶』,建立『游擊武裝基地』。[39]

爲了逮捕這些『武裝的殘匪』,情治機構于是以種種嚴厲的酷刑,逼迫張志忠供出一些綫索。然而，據許多曾經與張志忠同時關押的幸存的五十年代政治受難人説，張志忠不但始終堅持到底,絶不出賣同志和組織,而且總是向剛入獄的難友大聲喊道:

『早講早死，晚講晚死，不講不死。』

也許,這就是張志忠遲遲没有被槍决的理由吧!

1951年2月間,北部海山區黨組織全部被摧毁。[40]

6月1日,臺灣省情報委員會、臺灣省保安司令部、臺灣省調查處三單位組成『特種聯合小組』,專門偵辦『重整后臺灣省委組織』。[41]

8月,『重整后省委會』主力被迫從桃園、新竹,轉移至苗栗地區。[42]

1952年4月,『重整后省委會』領導干部蕭道應、曾永賢及陳福星(老洪)等人,分别在24日、25日、26日三天,在三義魚藤坪基地被捕;『重整后省委會』的領導機構徹底瓦解。[43]

8月,調查局針對臺北縣山區的『殘匪』,成立『肅奸工作項目小組』。[44]

1953年春天,調查局開始布部所謂的『肅清殘匪工作』,首先在元月上旬厘定所謂『肅清殘匪計劃』,動員『新生小組』及『自首人員示範小組優秀自首自新份子』,陳福星、劉興炎等二十人,配合『專任工作同志』,組成『肅殘工作隊』,運用政治方式,争取『逃匪』家屬與地方人士之真誠合作,斷絶『逃匪』之經濟供應,摧毁其群衆據點,迫使其生活陷于絶境,而以達到策動該等『逃匪』投案自首爲目的。2月10日,以陳福星爲主之策反小組,首先在彰化二水,説服黄培奕出來『自首』。接着,黄培奕又于3月4日策反『牛角山基地』所有干部出來『自首』。5月17日,國防部核准此一『自首案』。[45]

在苗栗地區,首先是孫阿泉與鐘二郎于3月中旬,出來『自首』;并供出與劉雲輝會面時地。3月17日,劉雲輝出來自首;并交出謝裕發與羅吉月。5月17日,國防部核准劉雲輝等五人之『自首案』。[46]

其后,在苗栗一帶山區流亡的地下黨人,不得不陸陸續續地出來『自首』!

12月14日,流亡在大安溪出海口附近農村的石聰金被捕。

『陳福星在十三份被破后拍拍屁股就自己跑回來苗栗地區,同時還將苗栗的基地封鎖住,不讓其他人來』;石聰金被捕后曾經與張志忠同房,他沈痛地向張志忠報告:『到最后，黄培奕等鶯歌所有的黨員都自首了!陳福星在鶯歌的組織也全都自首了。……』

『唉!』張志忠聽了以后感慨地摇頭説:『我錯了!』然后他跟石聰金説:『這些人裏頭，唯一有流血的就是蕭道應啦!你出去后要和蕭道應多聯絡、聯合。』

石聰金被捕以后,與張志忠有關的地下黨人大體已經被『肅清』了;此時,對國民黨來説,始終拒絶投降的張志忠的生命,也已經没有存活的必要了。

臨死之前,張志忠的表現不但讓其他難友感到敬佩,而且也赢得了劊子手國民黨難得的尊敬。日據時期的臺灣民衆黨秘書長陳其昌原在軍法處東區的樓下押房,后來移到樓上,恰好與張志忠同房。

張志忠看到他,就安慰他說:『石聰金來這没幾個鐘頭就調走了!你的事情我很清楚,我也告訴石聰金,你的事情不要談!』后來,張志忠又和陳其昌談到家裏的情形,并且提到要寫信給親戚,交代如何安排孩子。

『我每天等着他們來槍斃我!』張志忠說。

陳其昌看到,張志忠每天一早起來,總是如常地唱着《赤旗歌》或《國際歌》來鼓舞其他難友;并且仍然安静地閱讀獄中只能看到的共産主義批判之類的書。他心裏頭敬佩地想道:

這個人,說不定明天就要槍斃了,怎么今天還看得下書啊!

幾天后,陳其昌調往西區押房。通過西區押房的小窗口，他可以清楚看到法庭的情形。他算了算,一個月不到就有五十個難友被判死刑,他就没有勇氣再算下去了!慶幸的是,他還没看到張志忠![47]

然而,1954年3月16日下午2點,享年45歲的張志忠還是被槍决了。兩天后(18日)的下午5點,他的尸體于臺北市公設火葬場火化。[48]然后由弟弟張再添帶回新港家鄉安葬。

十三、楊揚之死

季澐與張志忠先后被槍决后，關于楊揚及其妹妹的下落，却一直有着這樣那樣不符實際的傳說。

首先，『以前在警察機關做事』的新港鄉民林玉鏡說：

『他[張梗]被抓到后，要槍斃，兩個孩子在大陸。他要求見孩子一面，后來共産黨才把孩子送到香港，又送回臺灣來，交給張梗的弟弟，帶去給他們父母看。張梗的兒子五歲時從大陸送過來的，后來就跟着阿叔過活。當時是政府没注意才讓他們進來的。來了后住在新港，户口不知道怎樣去報的，變成説是他阿叔從海口分來的，我想那時大概有共産黨在幫他們的。他們夫婦被槍斃后，孩子變成附匪家屬，從小學起就很反抗。無父無母，住在叔父家，就很不願讀書。他兒子的老師蘇某就說：『你不讀書是要像你父親做共産黨嗎？』給他買簿子、鉛筆等，鼓勵他讀書。該上學時他不去上學，去養鴨；他不上課，但考試都會，所以還是讓他畢業。畢業后去學做布袋戲，没時間讀書，但他還是考上新港中學初中部。初中畢業后不知他去哪裏。后來他去當兵，長官一天到晚找他麻煩，晚上十二點、兩三點，叫他起來讀三民主義，一直到他受不了，有一次放假出來，就在一間旅社自殺了。』[49]

新港鄉民林玉鏡所説的内容，凡是劃綫的部分都可説是道聽途説的傳説，不是事實。其他部分，雖然離事實不遠，但基本上也還只是傳説。

其次,是自稱于 1950 年『2 月 7 日深夜』,在臺北新公園附近的中西大藥房二樓逮捕張志忠的『白色恐怖』執行者——保密局老特務穀正文的説法 :

『楊楊[揚]陪伴父母親在看守所内度過了大約一年的光陰，直到張志忠、季雲[澐]被由李元簇手擬的懲治叛亂條例的第二條第一項（所謂的二條一）執行槍决才離開看守所，經由保密局一位同事收養監護……

『楊楊[揚]在同事家中，是一個不愛讀書、很不聽話的小孩，這樣的結果使得收養他的同事大失所望，他曾不只一次向我抱怨楊楊[揚]偷竊、逃學和頂嘴，……。

『小學畢業后，楊楊[揚]没有升學，有一天，他偷了錢蹺家。大約兩個月后，……在臺中火車站前面……心不甘情不願地被領回保密局。楊楊[揚]表示不願再回監護人那裏，因此，我替他安排到保密局汽車保養單位擔任修車學徒，我認爲不久的將來必是汽車的時代，楊楊[揚]既不肯讀書，學得一手修車技術，也足够使他安身立命。可惜，事情的演變并没有如此樂觀，修車技術尚未學到，楊楊[揚]已經從單位裏的士兵那裏學得了一身惡習，抽烟、喝酒、賭博……

『十六歲那年，楊楊[揚]學會了嫖妓，賭膽也變大了，這使得他欠下了一筆債務，汽車保養廠裹的阿兵哥要不到錢的時候，每以拳脚相向。

「艱難的處境逼使他不得不祭出最后一件法寶——一封密函——那是張志忠夫婦臨刑前不久，替他逢在衣領内的，他們交代他：『……這封信很重要，平常不要拿出來，要是有一天你遇上了什么很大的困難再把它打開，拿去找劉啓光伯伯。』」

于是，縠正文繼續説道，爲了償還債務，楊揚就憑着這封密函，先后向劉啓光訛索了五百元與三千元；第三次，他又要了五千元，但那封密函也被劉啓光搶走，撕碎。

『楊楊[揚]失去法寶之后，』縠正文説：『曾經戒賭曾經戒賭數月，最后却仍舊經不起誘惑，一夜豪賭，又欠下了一筆巨款。……在萬念俱灰的情況下，他逐漸萌生了輕生的念頭。有一回，他寫信給自己最景仰的作家柏楊，希望獲得一些啓發，尋得一條坦途。不過，柏楊除了在回信裏勸他安分向上之外，對于他燃眉的困境也是愛莫能助，于是他選擇在修車廠裏上吊自殺。……他没有留下遺書，但警方却在他衣袋裏找到一封柏楊的回信。不久之后，柏楊將楊楊[揚]的故事，寫成一則感人的報導，在報紙上公開發表。大部分讀者都深受感動，認爲它是一篇難得的佳作……』[50]

恰恰是同一個老特務縠正文，當年曾經對他『到臺灣第一次捉的匪諜臺大的政治系學生許遠東、戴傳禮等四人』説：『我因爲怕自己還有一點人性，所以早上起床從來不洗臉，也不刷牙。』[51]可四十幾年后，同一個老特務竟而在晚年的回憶録中大言不慚地摇身一變爲自稱慈祥的『縠叔叔』了。問題是，老特務這段『歷史證言』果真是歷史的事實嗎？如果是的話，我們要問問『此公』，究竟是什么原因讓你突然『良心』發現了呢？如果不是的話，我們更要問，事隔多年之后，爲什么你還要虚構這段情節呢？

歷史的諷刺與荒謬，恐怕莫過于此吧！因爲，人們無法理解的是：作爲人所共知的『狠毒』（毛人鳳語）的白色恐怖加害者的保密局特務，怎么會突然大發善心，收養那些受害者的孤兒呢？

事實顯然并不是老特務所説的那樣。

事實是，1950年9月27日，張再添坐夜車到臺北軍法處看守所，把楊揚接回新港之后，楊揚和小他三歲的妹妹張素梅就在新港老家，跟着叔叔張再添一起生活。

『小揚新港國校畢業后還繼續讀初中。』張再添説：『初中畢業后，他就不願繼續升學，出去做事。他一直認爲，我對他的管教對他是一種束縛，所以總是反抗。后來，他不知怎么又跟那些坐牢出來的阿姨們聯絡上；我覺得那是最大的錯誤！因爲這些阿姨們太疼惜他，對他太寵了，不敢管教他，也就讓他養成依賴的心理。』

對此，張再添所説的『阿姨們』之一的五十年代白色恐怖受難人許金玉女士説：

『小揚在龍泉當兵的時候，通過難友劉玲玲的介紹，放假的時候常常來屏東找我們，吃飯、洗衣服。我先生辜金良以前就跟張志忠有關系，所以我們對他就特别的照顧。他聰明，做事干净利落。后來他想躲開辛苦的操練，去做文書工作，就漸漸掉入圈套。有一次，他向我們透露，他蓋了印，寫了什么切結書，要被派去大陸作情報工作。我和老辜及劉玲玲就和他商談，勸他絶對不可以去！老辜邊説邊哭！他知道問題嚴重了，可不知怎么甩開問題，很痛苦。后來，他就没再來找我們。不知多久以后，人家告訴我，柏楊在一篇雜文裏頭有談到小揚的事，説他在艋舺一家旅社自殺了；自殺前留了遺書給柏楊。』[52]

許金玉和縠正文所説柏楊寫的雜文或報導，是1968年元月26、27、28日，在《自立晚報》『挑燈雜記』專欄，連續發表的題爲《楊揚之死》、《心情沉重》和《一時想不開》等三篇短文；通過這三篇雜文，柏楊詳述了楊揚在臺北市長沙街二段星光旅社自殺事件的處理經過與個人感想。

楊揚在留給柏楊的遺書上白紙黑字寫道：

柏老：

以你老的盍[蓋]世聰明，大約不難想象，我是誰了吧！現請你馬上轉告華銀[華南銀行]那個劉啓光小子，當年在夏[厦]門的朋友的孩子自殺。吾父自被執法以來，該小子從未到過我家，料想爲我花一點錢也不感到心疼才對罷！

以往，感謝你的鼓勵，特此爲謝！吾父爲張志忠，除了要劉董事長爲我火葬，別無他事。

獎券兩張，請柏老核對。

楊楊（思中）上

柏楊在文章中寫道，楊揚是他的讀者，去年[1967年]十月間，曾經寫了一封信給他；通訊處是：『屏東縣枋寮鄉加禄村會社路二十五號之二』。在信上，楊揚説，他是江蘇南通人，自幼隨父來臺；然后問了柏楊兩個問題：一、是不是没有同父母兄弟或父母已死的人可免服兵役？二、如現役中，有右列事項，是否可申請退役？要如何辦理？

柏楊對兵役問題一竅不通，當即回信建議楊揚：一、直接向臺灣省政府新聞處去信請教，蓋新聞處有一個『省政信箱』，辦理的有色有形，是國民與政府間溝通的最有效機構。他們會很耐心的一一答復。二、當兵不但是義務，也是權利，更是光榮，一個年輕人要受得了苦才算英雄，否則只能算是狗熊，同時不能太憤世嫉俗。

柏楊想着：遺書中説到『感謝你的鼓勵』，大概就是指第二點而言吧。

除了留給柏楊的遺書之外，楊揚還有一封留給叔叔張再添的遺書：

叔叔：

我不知應向您説些什么，事已至此，不必爲我婉[惋]惜，多我一個，于事何補呢？是不是應高興我這樣的决[抉]擇，自此以后，您又可少掉一宗煩腦[惱]了。很多事要説，但都説不出，如您要留下回憶的話，附上膠卷一張，不要的話敬請毁掉罷！祝我完成願望！

「我閉目沉『思中』國的一切，我熱愛它」

混蛋的家伙

楊揚上

張再添接到部隊通知楊揚自殺的消息之后，隨即于元月二日上午趕到臺北殯儀館，處理善后。元月三日，楊揚在殯儀館火化。張再添又像當年一樣，抱着楊揚的骨灰壇，回到新港老家，把他附葬在父親張志忠與母親季澐（衣冠冢）的墓穴裹頭。

1993年12月22日，歷經多年的探聽尋訪之后，我終于在許金玉與辜金良夫婦的陪同下，找到了蟄居嘉義市區的張再添先生，并且在他的帶領之下驅車前往那座寂寞的墳冢，向張志忠、季澐與楊揚祭拜致意。

『我知道，小揚十二萬分不願意去當國民黨的兵；而他在部隊也常常受到欺負。』張再添在墳前告訴我們。『我認爲，這應該是他自殺的原因吧！』

午后四點鐘左右的冬陽暖暖地照着荒凉的墳地，風吹過來，這裏那裏的雜樹與恣意生長着的茂密的雜草于是隨風摇擺。

『小揚的妹妹素梅是在馬偕醫院出生的，大約差三歲，』張再添似乎是在向兄長的同志交代，繼續感傷地説：『我們夫婦一共養六、七個小孩，她算是衛生習慣最好的，可她却在高雄工專畢業之后，不幸得了大腸癌，前后動了三次手術，還是于廿六歲那年過世。』

風繼續吹着。

我看到許金玉與辜金良夫婦不約而同地掏出手巾，擦拭着眼睛。

火紅的落日已經挂在遥遠的西邊田野的地平在綫了。

『時候不早了，該走了吧！』張再添提醒兩位老人家，然后他又回頭望了望映照着夕陽余暉的墓碑，感慨萬千地説：『一個一生爲臺灣人民謀求幸福的民族民主運動的門士，就這樣長埋地下，永遠被人們所忽視竟至遺忘了。』

結語

尊敬的讀者朋友們，關于張志忠的傳奇及其妻兒季澐與楊揚的悲劇故事，我只能講到這裏。當你們耐心地讀到這裏，我相信你們一定對這一家三口的命運有一定的看法。

然而，不管你們是同情、尊敬或是敵視，我知道，在海峽分斷、民族分裂的不正常歷史條理下，張志忠與季澐的歷史仍然要長久被湮滅。盡管如此，我却更加相信，就像魯迅在紀念左聯五烈士犧牲的《爲了忘却的紀念》一文所説，只要我把它記録下來，『將來總會有記起他們，再説他們的時候』吧！

歷史的是非就留給后人評説，我們就這樣結束這個故事吧！

（作者單位：中國統一聯盟）

註 釋:

[1] 張再添口述，1993年12月22日，嘉義市張宅。以下張再添證言皆同，不另作注。

[2] 張炎憲等采訪記録：《嘉雲平野二二八》（臺北：臺灣史料中心，1995年2月一版一刷），第231頁。

[3] 《警察沿革志——臺灣社會運動史·第一册文化運動》中譯版（臺北：創造出版社，1989年），第131頁。

[4] 前引《臺灣社會運動史·第四册無政府主義運動》第18～21頁。原載名字是『張楝』，估計爲手民誤植或張梗以大哥之名活動。

[5] 前引《臺灣社會運動史·第三册共産主義運動》，第372～373頁。

[6] 王碧光口述，1993年6月7日，北京王宅。以下王碧光證言皆同，不另作注。

[7] 前引《臺灣社會運動史·第三册共産主義運動》，第350與381頁。

[8] 鄭坤霖《此生死而無悔的張志忠》，未刊稿。

[9] 郭乾輝《臺共叛亂史》（中央委員會第六組印國民黨『保防參考叢書之一』，1954年4月），第57頁。

[10] 1950年5月14日臺北《中央日報》。

[11] 張茂林，大連人，早稻田大學畢業，新中國成立后擔任六機部部長，改名張有軒。張有軒口述，1993年6月10日，北京張宅。

[12] 黄景深口述，1993年6月8日，北京黄宅。

[13] 吴克泰致筆者函，2000年7月6日。

[14] 古瑞雲《臺中的風雷》（臺北：人間出版社，1990年9月初版），第35頁。

[15] 前引《安全局機密文件》第一輯，第12、18頁。

[16] 前引古瑞雲《臺中的風雷》，第53頁。許分口述，1993年1月6日，臺北市許宅；以下許分證言皆同，不另作注。

[17] 前引《安全局機密文件》第一輯，第135、137頁。

[18] 蘇新《憤怒的臺灣》（臺北：時報出版社，1993年初版），第133頁。

[19] 前引《安全局機密文件》第二輯，第 72 頁。
[20] 前引蘇新《憤怒的臺灣》，第 133 頁。
[21] 《楊逵口述：二二八事件前后》，收録于葉蕓蕓《證言 2.28》（臺北：人間出版社），第 19 頁。
[22] 前引蘇新《憤怒的臺灣》，第 133 頁。
[23] 前引《安全局機密文件》第一輯，第 18 頁。
[24] 前引古瑞雲《臺中的風雷》，第 53 ～ 56 頁。
[25] 前引蘇新《憤怒的臺灣》，第 134、132 頁。
[26] 臺灣省警備總司令部檔案，案犯處理（三），第 55 ～ 56 頁；轉引自「『行政院』研究二二八事件小組」《『二二八事件』研究報告》（臺北：時報出版，1994 年 2 月 20 日初版一刷），第 285 頁。
[27] 前引《安全局機密文件》第二輯，第 303 頁。
[28] 前引《安全局機密文件》第一輯，第 18 頁。
[29] 石聰金口述，1987 年 10 月 14 日，苗栗苑裏石宅。以下石聰金證言皆同，不另作注。
[30] 前引《安全局機密文件》第二輯，第 334 ～ 341 頁。
[31] 中共問題原始數據編輯委員會編《中共的特務活動原始數據匯編——附録伍，中共特務對臺工作》（香港：阿爾泰出版社，1984 年 1 月），第 332 頁。
[32] 前引《安全局機密文件》第二輯，第 393 ～ 394 頁。
[33] 前引《安全局機密文件》第二輯，第 207 頁。
[34] 前引《安全局機密文件》第二輯，第 207 頁。
[35] 前引《安全局機密文件》第二輯，第 5 頁。
[36] 前引郭乾輝《臺共叛亂史》，第 56 頁。
[37] 1950 年 11 月 19 日《臺灣新生報》。
[38] 前引《安全局機密文件》第二輯，第 394 頁。
[39] 前引《安全局機密文件》第二輯，第 205 及 394 頁。
[40] 前引《安全局機密文件》第二輯，第 392 頁。
[41] 前引《安全局機密文件》第二輯，第 211 頁。
[42] 前引《安全局機密文件》第二輯，第 214 頁。
[43] 前引《安全局機密文件》第二輯，第 217 頁。
[44] 前引《安全局機密文件》第二輯，第 394 頁。
[45] 前引《安全局機密文件》第二輯，第 396 ～ 397 及 406 頁。
[46] 前引《安全局機密文件》第二輯，第 386 ～ 391 頁。
[47] 陳其昌口述證言，1987 年 3 月 9 日，臺北市陳宅。
[48] 臺北市『市衛火字第 0321 號』火葬許可證。
[49] 前引張炎憲等采訪記録《嘉雲平野二二八》，第 271 頁。
[50] 穀正文《白色恐怖秘密檔案》（臺北：獨家出版社，1995 年 9 月），第 122 ～ 127 頁。
[51] 戴傳李口述證言，1990 年 5 月 30 日，臺北市戴宅。
[52] 許金玉口述證言，1995 年 12 月 14 日，屏東許宅。

在中國東北的臺灣人（1908～1945）

許雪姬

前言：我爲何要研究在『滿洲』的臺灣人

研究『滿洲國』的歷史是相當沉重的壓力，在中國方面有來自民族主義、反殖民主義下統一的研究口徑；在日本方面則又分爲『皇國史觀』和『自虐史觀』兩種不同的視野；作爲曾被殖民的臺灣人，又是如何看待這一時期的歷史？

臺灣人雖是漢人，但在『滿洲國』存在的1932~1945年間却是法定的日本籍，這一短短14年的歷史原本可以視而不見，然而臺灣人在『滿洲國』的活動，是臺灣人島外活動的一部分，仍然影響着戰后臺灣史，[1]却不能不加以研究。

有關這個主題向來較少人研究，主要在史料欠缺與立場的問題。雖然在茶葉和貿易方面有許賢瑶和林滿紅等人的相關研究，但有關人員的流動則尚少着墨。

我之所以研究在『滿洲』的臺灣人：一則是我在進行二二八、白色恐怖的研究時，發現不少有『滿洲經驗』者牽涉在内，引起我繼續追索的興趣；而觀諸文獻，戰后由東北回臺的就有5,000人左右（高于戰時在陪都重慶跟隨國民黨的百余人），而這些在『滿洲國』的人以中級官員、技術人員、醫生爲多，其素質平均優于在福州、厦門的臺灣籍民。

當然還有一重要的因素，我的堂姑丈吴振輝到哈爾濱，任職于滿洲鐵道株式會社，其妻許淑蘋[2]即我堂姑，是位牙醫，因難産死于該地，我堂伯公申請護照前往奔喪的數據以及寄回來的信都還保存着。何以臺灣人必須前往風土、氣候、語言都和臺灣完全不同的地方？到底是爲什么？他們在中國東北又從事什么樣的工作？在尚未進入主題前，有必要先厘清以下幾個名詞。

一、何謂『滿洲』、『關東州』、『滿洲國』？

『滿洲』即今中國東北過去的通稱，本文中亦將使用此一地理、歷史名詞描述『滿洲』，及在今東北所建立的『滿洲國』。

關東指山海關以東。『關東州』則是基于日俄戰争勝利所訂的樸次茅斯條約，日本繼承了俄國向清朝租借旅順、大連25年之約至1923年（1915年日本對中國提出21條要求將期限延長至99年，即至1997年爲止），爲了管理租借地，日人于1906年設置關東都督府，有軍事指揮權，由陸軍大將或中將任都督。1919年改設爲關東廳，關東廳長官爲文官。1934年爲因應日本侵略滿洲的需要，再置關東軍司令。然而隨着二次大戰后日本投降，旅順、大連却被蘇聯接收，直到1950年2月，才基于中俄友好同盟條約還給中國。[3]

關東州除管轄旅順、大連，還有重大的職責即保護南滿洲鐵道及監督南滿鐵道的業務，亦即日本除取得旅順、大連外，也自蘇聯取得哈爾濱以南鐵道的興修權，爲了保護鐵路，除駐兵外，并規定鐵路左右兩邊建設與鐵路保護（1公里15人）的土地歸日本管轄，以確保鐵路行車安全，這些地方稱附屬地，但附屬地在1937年12月1日起即交由『滿洲國』來管理。

臺灣人在日治時期是日本籍，因此只到關東州不需要護照，但要到『滿洲國』必須申請護照，目前日本外交史料館還保存臺灣人申請護照的資料。

至于『滿洲國』成立于1932年3月1日，“年號”大同，“國都”新京（長春），這是一個在日本卵翼下的“國家”，一方面宣傳五族協和，由滿、日、鮮、蒙、漢五族合組國家，施行王道政治，一方面却在關東軍嚴密的控制下，利用遜清皇帝溥儀欲恢復大清故土的信念及一批清朝遺老的復闢思想來建國，『滿洲國』前后存在了14年。

1934年3月1日『滿洲國』改爲帝國，年號康德，溥儀由執政改稱皇帝，婉容爲帝后（避免和日本天皇之妻皇后混淆）。其領土包括今中國東北及山海關以外的熱河，原設16省2市，即奉天、吉林、龍江、濱江、熱河、錦州、安東、三江、間島、通化、牡丹江、黑河、興安東、西、南、北省，哈爾濱、新京2市，而后改爲19省1市，亦有20多個國家予以承認。[4]

1945年8月9日蘇聯兵分四路攻入滿洲并予占領，關東軍令溥儀等退到通化再赴日。日本于8月15日投降，翌日溥儀在通化宣告『滿洲國』正式結束，溥儀及一干『滿洲國』重要官員（不論滿、日）均被蘇聯于沈陽機場逮捕，1950年8月，這批俘虜交還給中華人民共和國，直到1957年1月溥儀才被釋放。[5]

由于『滿洲國』是日本在中國土地制造出來的政權，因此中華人民共和國一向稱之爲『僞滿』，而對另一汪精衛政權則稱爲『汪僞』，以示歷史大義。

二、臺灣人眼中的滿洲印象

日本是島國，人口又多，對鄰近地大物博的中國欣羡之余，早有攻取的野心。十九世紀就有佐藤信淵其人，在他的《宇內混同秘策》中就説『……當今世界萬國之中，皇國最易攻取之地，非支那國的滿洲莫屬……』；吉田松陰在其《幽室文庫》中也説明日本應『……乘間墾蝦夷，收琉球，取朝鮮，拉滿洲，壓支那，臨印度，以張進取之勢，以固退守之基。』對滿洲早有覬覦之心。福澤諭吉甚至有將日本的太陽旗盡早在北京城迎着晨風飄揚，四百余州的全圖盡在文明的陽光普照之下，『此等快事，我輩翹首以盼……』之説法。[6]

日本占領滿洲、北京即在實行其大亞細亞主義論，將亞洲合并，作爲抵抗西洋的前提。又將滿蒙説成是日本生命綫，這些言論在甲午戰争日本戰勝清朝并與蘇聯争奪滿洲時，已埋下日本要占領滿洲作爲抗俄的基地之動機。

日本人透過弘報部（即爲宣傳部）的宣傳及不斷地洗腦，使到滿洲去在當時的日本成爲一種流行，滿洲成了文人、報界謳歌的新天地。臺灣總督府也以教科書來推廣，加上『滿洲國』將臺灣人視同日本籍，甚且在其最高學府建國大學（1938年設立），每年給臺灣人3個名額，[7]這對飽受差别待遇的臺灣人而言，具有相當大的吸引力。

其實臺灣人到牛莊的紀録，早在清代的臺灣方志中已有記載，到此地做生意對臺灣人而言并不陌生，更何况在關東州時期臺灣醫生在1908年已到營口同仁會醫院任職，那就是謝唐山。[8]而緊接着是臺中潭子謝道隆（丘逢甲表哥）畢業于臺灣總督府醫學校的兩個兒子謝秋涫、[9]謝秋濤[10]也前往行醫。

這些人返鄉所述説的滿洲狀况，也成爲臺灣人了解滿洲的管道之一，有人特地到滿洲看看并作報道，刊在《臺灣新民報》或書中，更加深對滿洲的好印象，如謝春木在《臺灣人は斯く觀る》、《臺灣民報》第295號即報道醫生梁宰（新化人，梁道之弟）在滿洲的發展，并表示會幫忙同業在滿洲立足。[11]

1933年臺灣人黄竹堂出版的《新興滿洲國見聞録》，不僅報導滿洲的人情、風物，還由大連、旅順、沈陽一路到新京，專門報導當地臺灣人的現况，其中包括在『滿洲國』建國時任“外交部總長”的謝介石（新竹人）。[12]當1935年謝介石以第一任『滿洲國』駐日大使（之前設公使）的身份回臺主持『臺灣始政四十周年紀念博覽會』的『滿洲日』（10月27日）時，[13]對長期被統治、出頭無望的臺灣人而言，見到臺灣總督對謝介石高規格的接待，不禁興起『有爲者亦若是』之感，[15]紛紛前往滿洲。當時根本没有人想到這是到『僞滿』工作，戰后會面臨被視爲漢奸或戰犯的審判。

1932年以前臺灣人到滿洲，必須到日本搭關釜聯機，但該年的航路却出現了高雄天津綫及高雄朝鮮綫，天津綫自高雄、基隆可以經福州、上海、青島到大連，一年航行30次，船爲福建丸、盛京丸、長沙丸；朝鮮綫則航向仁川，而在大連登陸，由岩手丸、第二養老丸航行，每艘船大約可載客100名，[16]大概要3天才能抵達。車費爲32圓，當時爲一票到底制，亦即從臺中出發到新京，可搭臺鐵、換船，到滿洲后再坐南滿鐵道，交通還算方便。當時南滿鐵路最快者爲『亞細亞號』。

三、臺灣人到滿洲求職求學

臺灣人到滿洲最主要是求職與求學。在日本統治下臺灣人受差别待遇，同工不同酬，以教員而言，日籍教員比臺灣人多六成加俸，又有家族津貼，兩項合計，日本人的薪水約是臺灣人的一倍以上。

然而更多的情况是臺灣人找不到好的職業。以高等文官考試而言，日治時期通過此考試也不過百來人（有人考過行政科、司法兩科），以司法科及格者而論，以當律師爲多，即使當檢事、判事，也以在日本爲多，較少派遣回臺；[17]即使當通譯或考上普通考試，要升到判任官談何容易；[18]就是大學畢業者也無法在臺求職。以郭松根爲例，他畢業于臺灣總督府醫學專門學校，而后又赴法、日取得醫學、理學博士，却未能在臺任教職，而必須到新京醫科大學執教；[19]臺灣第一個留美博士林茂生，返臺在臺南工業學校任教，也只能教英語、德語。

反觀日本剛占領的滿洲，正需大量的人才前往協助經營，而且『滿洲國』除有其高等文官考試外，又設大同學院作爲訓練養成官僚的機構，遂成爲正苦于無出路，又没有太多語言障礙的臺灣人之選項。

臺灣人到滿洲任職最早的是1908年，但其高潮期在1932年『滿洲國』成立后，前往者的職業以醫生最多，其次爲在各級政府的公務人員，如前所談及的謝介石外；又如新京工業大學有林朝棨、黄春木兩位教授；在全滿最高研究單位大陸科學院的林耀堂、何芳陔、楊藏岳、翁通楹等人；也有進入滿洲映畫當技師及到各地去放映的工作人員；在滿洲中央銀行服務的吴金川、興業銀行服務的高湯盤；也有進入滿鐵服務的楊基振、張星賢、柯子彰、吴振輝、林乃信等，戰后這些人回臺都能在職場上發揮『滿洲經驗』。

至于求學，臺灣缺少高等教育場所，1928年臺灣才設立臺北帝國大學，仍以培養日籍學生爲主，而臺北帝大未成立前，只有臺北醫學校、國語學校，但醫學校畢業生只能在臺灣執業，不能在海外或日本（或日本勢力圈）内開業，且每年招收的人數有限；工業方面也只有臺北工業學校和臺南工業學校，爲了讓子弟受到中高等教育的栽培，臺灣的父母只好將子女送往日本或中國就讀。

在日本學費貴、學校有限，但較不受差别待遇；而中國大陸學校多，學費低，亦吸引臺灣學生，但日本不承認這些人的學歷，因此畢業后往往留在中國發展。

介于日本、中國之間還有一種學校也是臺灣學生最愛，那就是日本在其勢力圈（包括中國、朝鮮）所辦的學校，『滿洲國』的滿洲醫科大學、旅順工科大學，均不輸日本内地的一流大學，其他如新京、哈爾濱醫科大學等，雖只具專門學校的水平，但因有獎學金且較易投考，因此求學也成爲臺灣人到滿洲的原因之一。以滿洲醫科大學本科和專門部來説，臺灣人前后有100多人就學，至少有半數在畢業后留在當地行醫，口碑不錯。

建國大學（1938年設）每年給臺灣3個名額，截至『滿洲國』崩壞止，共有30多名就學生，因修業期限6年，畢業的人不多。由于這是爲培養執行關東軍政策的大學，戰后的學歷不被國府承認，有人回臺再重考大學。[20]新京法政大學也是臺灣學生向往的學校，當時臺北帝大雖有文政學部，但没有法律系，要進入司法體系或考律師都必須赴日就讀。

新京工業大學也是臺北、臺南兩工業學校畢業生向往深造的學校，畢業后即直接投入『滿洲國』的建設，每有獨當一面的機會。畢業于臺北工業學校土木科的林永倉，1939年入新京工業大學就讀，1942年畢業，入大同學院訓練后到滿洲國交通部土木總局牡丹江工程處任職，專在『滿』、蘇國境綫建設道路和橋梁。[21]

除了求學、求職外，也有對日本人在臺統治不滿，遂遁入滿洲，如簡仁南醫生，原是臺灣文化協會一員，[22]彭華英也參加過臺灣民衆黨，到滿洲電信電話會社當社長秘書。[23]亦有利用就讀建國大學的機會積極抗日者，一九四〇年進入建國大學的吕芳魁，臺北板橋人，臺北二中畢業，在學中參加建大學生地下進步組織，組織讀書研討會，一九四三年春，他被征召入伍，到日本陸軍士官學校炮兵科學習，翌年五月逃回中國，而后到共軍抗日晋察冀革命根據地，[24]改名李子秀。戰后他任炮兵團軍事教員，教授大炮及反坦克技術，却不幸在一九四六年二月十三日上課時剖拆反坦克地雷時被炸犧牲。死時二十八歲。[25]一九八四年當局爲他在張家口烈士陵園立碑紀念。[26]

日籍在臺、在滿官員也往往有『人才周流』的現象，[27]有臺灣經驗的日本官員常援引臺灣人進入『滿洲國』成爲重要幫手，也是臺人到『滿洲國』的原因，如曾任臺灣銀行理事的山成喬六，他前往滿洲中央銀行擔任副總裁時，即招攬吴金川、蕭秀淮、高湯盤等人入行。

在滿洲開設醫院缺乏人手，而回臺招募者，如簡仁南的醫院需人管理X光室，就將妻弟盧昆山請去幫忙，后來盧畢業于哈爾濱醫科大學，[28]這樣的現象也可稱之爲連鎖移民。

四、在『滿洲國』外交部任職的臺灣人

自1932年至1937年，謝介石約五年多的時間活躍于『滿洲國』外交界，歷任第一任外交部總長、第一任駐日大使，盡管外交部的實權掌握在次長日本人大橋忠一手中，但他多少能左右該部的用人。按『滿洲國』外交部屬國務院管轄，外交部設總長（帝政后改爲大臣）、次長，下有四司：通商司、政務司、宣化司、總務司，另設北滿特派員、駐日本『滿洲國』公館大使、駐武市（海蘭泡）領事館領事、副領事，駐赤塔領事、駐新義州領事。然因滿洲國實無外交可言，后來就改爲外務局、外交局。[29]

外交部最先設在謝介石公館，位在新京的附屬地，占地約200坪，是幢二樓的洋房，而后遷到國務院新建廳舍（現今白求恩醫院）。[30]以下簡介幾個在外交部工作的臺灣人：

外交部政務司歐美科科長林景仁：板橋林家的一員，一生未受正式教育，但有傲人的詩才，精通日、英、法三國語文的能力，在臺灣、爪哇經商失敗后，1931年任豫陝晋邊區綏靖督辦公署上校參議，1932年『滿洲國』設立，被謝介石任命爲外交部事務官，后升任政務司任歐美科科長，負責接待來自歐美之投資者，并譯有法人巴勵所著的《極東舞臺滿洲國，1644～1932》，1940年逝于新京。[31]

外交部駐汪政權濟南總領事吴左金：苗栗苑裏人，明治大學法學科專門部畢業，通過『滿洲國』外交部考試，先在部内任職員，1934年派駐朝鮮新義州副領事，1935年調回外交部，三年后升課長，1943年升駐汪政權濟南總領事。戰后被以漢奸的身份審判，系獄297天后，于1947年1月返臺。[32]

駐泰國公使館一等書記楊蘭洲：臺南人，東京商科大學畢業，因其兄楊燧人在大連行醫，1932年到『滿洲國』。先在法制局任職，而后到實業部商業科，再轉經濟部工務局工業科任科長，1941年任『滿洲國』駐泰國公使館一等書記官（當時的公使爲鄭孝胥次子鄭禹）。戰后首任哈爾濱行政處長，1947年5月回臺后，出任臺北市政府工務局局長。[33]

駐『中華民國』通商代表部高等官黄清塗：基隆人，明治大學政經學部畢業。1935年溥儀訪日時，曾到團員下榻處拜訪隨行的謝介石，而后任『滿洲國』派駐北京（華北政務委員）通商代表部

高等官試補，兼任大使館高等官試補，派在駐『中華民國』大使館辦事。翌年改任外務局事務官，1945年升任外交局事務官。[34]戰后在臺北市政府工商課服務，之后任第一任臺北市松山區區長，再調任延平區長迄亡故。[35]

外交部秘書朱叔河：大甲人，父朱麗。日本立命館大學畢業，即到『滿洲國』外交部任秘書，曾于1933年奉謝介石之命赴霧峰游説林獻堂到『滿洲國』投資。[36]

外交部政務司事務官張建侯：日本早稻田大學法科畢業，先往吉林任交涉署通譯官，歷經外交部屬官，再升任政務司事務官，后轉任入稅務監督署、濱江稅務監督署事務官。[37]

外交部秘書謝喆生：謝介石之子，爲薦六的秘書官，在1935年溥儀赴日答謝帝制時的隨從人員，戰后回臺。[38]

科長王温石：謝介石妻王香禪之弟，戰后滯留北京，而后回臺。[39]

外交部駐日商務官楊松：曾任林獻堂通譯，后任滿洲國駐大阪辦事處商務官，但1935年大阪辦事處撤銷。[40]

外務局參事山本永清（李永清）：新竹人，高等學校教員檢定合格，1934年大同學院畢業，在滿洲國外務局政務處大連辦事處工作。[41]

外交局調查司二科李水清：1939年到滿洲建國大學就讀，畢業后進入大同學院，[42]以外交部高等官試補的身份在外交部調查司二科工作，不久辭職，擔任協和會棋盤山主任，1946年4月返臺。

外交部特約醫生黄子正、黄樹奎：黄子正據説畢業于臺北醫專，唯查證困難；黄樹奎畢業于東京醫學專門學校。兩人曾合作在上海開醫院，1931年因上海事件，醫院毁于炮火，由于黄子正的父親黄烟篆與謝介石私交甚篤，乃介紹黄子正到長春開大同醫院。[43]『滿洲國』成立后大同醫院成爲外交部特約醫院，黄子正又被推介成爲溥儀私人醫生，大同醫院遂交由黄樹奎經營。1935年謝介石被任命爲滿洲國第一任駐日大使時，黄樹奎以外交部特約醫生的身份隨行，一直到謝卸任。

五、在滿洲的臺灣醫生

由於滿洲幅員廣大，二十世紀初期，公共衛生觀念未普及，時有傳染病發生，如肺瘟、鼠疫、霍亂、回歸熱、波狀熱、阿米巴痢疾等，加上風土病如甲狀腺腫、カシベツク氏病（四肢各關節腫脹畸形，五歲前後發病，導致身體發育停止，因而被稱爲侏儒的不少），[44]但滿洲的醫生有多少呢？以1935年『滿洲國』的調查結果來看，那時西醫有2,497人，漢醫有10,317人，共12,814人，每1萬人僅有西醫0.8人，漢醫3.3人，可見滿洲西醫的嚴重不足。到1937年雖稍有改善，[45]但滿洲本地培養的醫生仍然不多，因此給臺灣醫生很大的空間。

臺灣總督府醫學校成立於1898年，學制5年，即公學校畢業後再讀預科1年、本科4年，理論上其醫學課程訓練進約略等於中學程度，故畢業後到府立醫院任職時，其醫師資格稱爲『臺灣醫學得業士』，僅能當囑托與雇員，而不能在臺灣以外的地區行醫，因此醫學校的畢業生往往選擇回到地方開業。

1918年醫學校爲日本子弟附設醫學專門部，1919年改制爲日臺共學的醫學專門學校，爾後的畢業生才能稱爲『臺灣醫學士』，但仍不具備到日本開業的資格。1936年臺北帝大醫學部成立，毕业生取得『醫學士』學位，要在日本統治範圍内開業才不再受到限制。[46]當日本勢力逐漸往滿洲、華北、南洋發展時，臺灣醫生遂應當地華人、甚至日人對醫生的需求而漸向海外發展。

關東州在1905年成立時，先是以日本1901年1月頒布的『醫師取締規則』爲准，后『滿洲國』于1933年8月1日公布『醫師法』，凡取得關東州廳長官或内務大臣的執照，并經醫師公會承認，才得在關東州地區開業。而『滿洲國』的醫師法則于1936年11月公布，翌年實施。[47]

前曾言及臺灣人醫生不具有海外開業的資格，之所以能到『滿洲國』、關東州執業，乃因臺灣醫學校校長高木友枝認爲臺灣醫學校培養的學生值得信賴與尊敬。他透過總督府與馬來聯邦政府、英領新加坡政府、關東州都督和民政長官交涉，以方便臺灣人行醫。[48]

在關東州方面，當時民政長官白仁武，只同意比照在大連民政署轄區内開業的謝秋涫，以限定執業、區域爲限，但一經申請可再核發許可。而依1937年的『醫師法』，在該法實施前已得官方認可的西醫術診療者『視爲依本法已受醫師之認許者』，爲臺灣醫生開啓了赴滿洲國執業的管道。[49]

據本人目前搜集的資料統計，曾在『滿洲國』行醫的臺人共217位，其中大半畢業自滿洲醫科大學，[50]其次是新京醫科大學、滿洲開拓醫學校。『滿洲國』爲臺灣培養了120多位醫生，更因此而得到這些醫生的回饋。

此外，自臺灣總督府醫學校（包括專門學校、帝大醫學部）畢業的有27人，畢業自日本公私立醫科大學的有40位，畢業自朝鮮京城醫學校（專門學校）有3人，還有12位牙醫，與藥學科的畢業生。[51]

這些醫生中有3位是女性，一是袁碧霞，畢業于京城齒科醫專，服務于父親袁錦昌在新京開設的錦昌醫院；[52]二是柯明點，畢業于東京女子醫學專門學校，在大連博愛醫院産婦人科服務；三是謝久子，畢業于滿洲醫科大學專門部，專攻婦産科，在父親謝秋涫開設于新京的百川醫院服務。其中有兩對夫妻檔，即劉建止和謝久子，游高石和袁碧霞。

最早到滿洲的謝唐山醫師：謝是臺北醫學校第三屆畢業生，1908年應關東州等地日本官衙及團體的招聘，且經臺灣總督府許可而前往大隈重信經營的營口同仁醫院服務，謝在營口服務1年9個月即辭職回臺，是紀録中所見最早到滿洲的臺灣醫生。

開業最成功的孟天成博愛醫院：臺東人，和謝唐山是臺北醫學校同學，1907年受聘爲解剖學講師，成爲該校第一位臺灣人教師。1914年受滿鐵大連醫院院長尾見熏之邀，前往滿鐵大連醫院就職，1917年在當地自行開業，由于醫術高明，因此就診者絡繹。1917年改建醫院，成爲當地僅次于滿鐵醫院者，而后一面再設分院，一面招募臺灣醫生前往加入，以加强醫生陣容，醫院已成綜合醫院。此外他還設立博愛産婦女學堂，爲滿洲、山東、上海等地培養數百名助産士。他自己也從事黑熱病的研究，指出其中間宿主爲狗，使黑熱病防治能更進一步。1937年取得日本醫學博士學位，[53]1949年后仍留在當地，醫院被充公，個人調到中國人民解放軍215醫院擔任院長。[54]

新化人梁宰的天生醫院：臺南新化人，畢業于臺灣總督府醫學校第十一屆（1912），1914年赴滿洲，先在滿鐵醫院磨煉，繼而選擇撫順，開業天生醫院，爲廣大的中國煤礦工人看病，由于醫德良好，能體恤病人，因此遇到馬賊却能化險爲夷。[55]在他的天生醫院中聘請其侄梁炳元、梁成、梁松文、婿林昌德、侄婿羅福岳，及其他親戚，而后其侄婿楊澄海、侄梁華夫婦到鞍山開設天生醫院，儼然是撫順天生醫院的分院，梁宰并赴滿洲醫科大學研究，于1938年得到博士學位。[56]

最年輕的院長李晏：彰化芬園人，臺灣總督府醫學校第十八屆（1919年）畢業，畢業后到東京北裏研究所細菌科爲學員兼秦佐八郎教授的助手，而后以臨時防疫醫的身分到東三省防疫處工作，再回東京開辦《東亞醫學雜志》，不久到哈爾濱防疫研究所任細菌部長，旋被拔擢爲滿洲裏醫院院長，該院有五六十名醫員，這時他還未滿30歲。1927年張作霖將李晏派遣到巴黎大學熱帶病專修科任學員，1928到1931年在巴黎巴斯得醫學研究所時，被任命爲國際聯盟醫學部的觀察員，因而得以游學歐洲各國的研究機關。李晏自巴黎回來后，即到南京國民政府衛生署任技正，接着到上海雷斯德醫學研究所任血清股主任，1934年取得日本慶應義塾大學的博士學位，此時已改爲中華民國籍。1967年逝世于上海。[57]

榮獲科學『盛京賞』的醫生謝秋濤與王洛：盛京時報社在其創社三十周年紀念日時設置『盛京賞』，每年取科學、文學、體育得獎人士各1名。1939年第四届科學盛京獎頒給謝秋濤，[58]1941年的科學盛京賞頒給了王洛。[59]

謝秋濤，臺中潭子人，臺北醫學校第十一届畢業，旋入東京傳染病研究所，而后到滿洲。他得獎的事由是1932年5月在奉天省公署衛生科長任内，從事醫事衛生行政，除了增進民衆保健之外，還到滿洲醫科大學研究室做關于『曲』的研究，及民間髒器療法。一生致力于公衛，1945年4月1日他被任命爲國立醫科大學教授，派充奉天醫科大學附屬醫院長，[60]戰后回臺。

王洛畢業于滿洲醫科大學，后在該校法醫學教室任副手8年，1937年登録爲滿洲國醫師，后任奉天警察廳衛生科保健股長，1941年到日本國立公衆衛生院研究，翌年回新京任厚生部技正。他的研究成果『關于血液中特异沈降性物質各種吸引性所吸引之現象』對法醫學和血清學頗有貢獻。此外，他也研究當時滿洲國的法定傳染病，是第一個從事法醫學的臺灣醫生。此外對血清學、防疫行政都有貢獻。[61]

結　論

臺灣人到滿洲國的經驗，是臺灣人島外活動的一環。本文説明研究此一主題的原因在于，有滿洲經驗的臺灣人，受到戰后的漢奸、戰犯審判的影響，噤聲不言過去，然而在滿洲臺灣人的歷史却是臺灣史中不能缺少的一環；再加上研究『二二八』、白色恐怖時期，也發現不乏滿洲經驗者的介入，就連我的親戚也曾經到那雖是冰天雪地，却又充滿機會的『滿洲國』。

臺灣人之所以會到滿洲，和滿洲曾爲日本控制的勢力範圍，關系很大，『滿洲國』在日本卵翼下建立后，需要各方面的人才，[62]此外臺灣人在臺求學、求職機會少，因此滿洲成爲臺灣人發展的新天地。

以最保守的估計，到過滿洲的臺灣人前后至少有5,000人。他們在國務院外交部（國務廳外交局）及醫界人數最多，在教界、法界、政界、工業界的人數也不少，有异于在華南一帶部分作惡的『臺灣籍民』。

在滿洲的臺灣人均有中上的素質，亦未被當地人所排斥或成爲治安的死角，因而在日本戰敗回臺后，亦能發揮在滿洲的經驗所長，投入戰后臺灣的建設。

臺灣人在政界以謝介石外交部總長最爲知名，在醫界則以孟天成在大連開設的博愛醫院（僅次于滿鐵醫院）爲最大，在教界則以新京醫科大學郭松根教授（雙科博士）最受矚目，而哈爾濱工科大學副教授王銘勛，在齒輪學方面的造詣受到日本學術界重視。[63]這些臺灣菁英在中國東北的歷史上確實占有一席地位，值得再進一步研究。

（作者單位：“中央研究院”臺灣史研究所）

註　釋：

[1] 許雪姬，《日治時期臺灣人的海外活動——在『滿洲』的臺灣醫生》，《臺灣史研究》，11(2)，2004 年 12 月，第 64 頁。

[2] J.2.2.0 J13-7，旅 112，昭和 12.7~12.9，491，許氏淑蘋。是年以『結婚』爲由向日本外務省申請護照。

[3] 日本近現代史辭典編輯委員會，《日本近現代史辭典》（東京：東洋經濟新報社，1990），第 122 ～ 123 頁。

[4] 裏見甫編，《諸外國關係の一年》，《滿洲國現勢》（新京：滿洲國通信社，1936），第 76 頁；A,6,2,03 滿洲國承認問題一件，第 15 號（日本外交史料館史料）。

[5] 戴朋久，《皇帝出獄》（北京：解放軍出版社，1990），第 8 頁。

[6] 王向遠,《日本對中國的文化侵略——學者、文化人的侵華戰爭》(北京:昆侖出版社,2005),第6～58頁。

[7] 《滿洲國政府公報》，第1538號，康德6年（1939）6月2日，第87～88頁，《依左列要項招募康德七年前期入學生》，推薦機關包括道府縣及樺太廳（庫第島）、朝鮮總督府、臺灣總督府、駐滿日本帝國大使館、『滿洲國』各省及特別市、駐日滿洲帝國大使館、協和會中央本部。

[8] 臺灣新民報，《臺灣人士鑒》（臺北：臺灣新民報社，1934），第86頁。

[9] 《盛京時報》，第4466號，民國19年9月30日，第4版。

[10] 内尾直昌，《滿洲國名士録》（東京：株式會社人事興信所，1934，第10版），第89頁。

[11] 謝春木，《新興中國見聞記》，收於氏著，《臺灣人は斯く觀る》（東京：龍溪書舍，1974；影印昭和5年版），第163～168頁。

[12] 黄竹堂，《新興滿洲國見聞記》（臺北：『新興滿洲國見聞記』發行所，1933）。

[13] 鹿也光雄編，《始政四十周年紀念臺灣博覽會志》（臺北：始政四十周年記念臺灣博覽會，1939），第371～373頁。

[14] 許雪姬訪問、吴美慧紀録，《謝報先生訪問紀録》，《口述歷史》，5期，1994，第196頁。

[15] 陳運棟編，《臺灣兩大閥閲一代名媛的毀滅》，收入氏編《内外公館史話》（臺北：出版社不詳，1994），第164～165頁。

[16] 曾汪洋，《臺灣交通史》（臺北：臺灣銀行，1955），第30頁。

[17] 曾文亮、王泰升，《被并吞的滋味：戰后初期臺灣在地法律人的處境與遭遇》，《臺灣史研究》，14(2)，2007.6，第93～96頁。

[18] 蔡志文，《日據時期『文官普通考試』之研究》（臺中：中興大學歷史學研究所碩士論文，1996）。

[19] 許及訓，《醫界怪杰郭松根》，《旁觀雜志》，3，1952，第26～27頁。

[20] 許雪姬，《滿洲經驗與白色恐怖——『滿洲建大等案』的實與虚》，收入氏所編，《『戒嚴時期政治案件』專題研討會論文暨口述歷史紀録》（臺北：戒嚴時期不當叛亂暨匪諜審判案件補償基金會，2003），第7～10頁。

[21] 許雪姬訪問、王美雪紀録，《林永倉先生訪問紀録》，收入氏所著，《日治時期在『滿洲』的臺灣人》（臺北："中研院" 近史所，2004），第347～358頁。

[22] 王詩琅譯，《臺灣社會運動史——文化活動》（臺北：稻鄉出版社，1988），第285頁；郭瑋，《大連地區建國前的臺灣人及其組織狀況》，《大連文史資料》，6期，1989，第67～74頁。

[23] J,2,2,J13-7旅108.63421.7.727彭華英旅券資料；013.81/4212 (35.4~36.12)《彭華英等戰犯審理案》。

[24] 中華全國臺灣同胞聯誼會,《臺灣同胞抗日五十年紀實》(北京:中國婦女出版社,1998),第576～579頁。

[25] 《子弟兵》，1946年2月26日，第2張，《炮兵團優秀教員李子秀同志犧牲》。

[26] 張家口人民市政府，《李子秀烈士紀念碑》，1984年9月1日。

[27] 山室信一，《植民帝國·日本の稱成と滿洲國:統治形式の遷移と統治人才の周流》，收入ピーター·ドゥス（Peter Duus）、小林英夫編，《帝國という幻想：『大東亞共榮圈』の思想と現實》（東京：青木書局），第155～202頁。

[28] 盧昆山，《七十回憶》（臺南：自刊本，不著年代），第62頁。

[29] 今村俊三等，《滿洲國人杰紹介號》（東京：日支問題研究會發行，1935），第70頁，《滿洲國政府組織要覽》。

[30] 黄竹堂，《新興滿洲國見聞記》，第90頁。

[31] 中國歷史博物館編、勞祖德整理，《鄭孝胥日記》，五册（北京：中華書局，2000），第2433、2838、2860、2479、2789頁。

[32] 中西利八，《滿華職員録》（東京：滿蒙資料協會，1942），第13頁。

[33] 許雪姬訪問，吴美慧、曾金蘭紀録，《楊蘭洲先生訪問紀録》，《口述歷史》，5，第143～160頁。

[34]《滿洲國政府公報》，第2336號，1942年2月26日，第314頁；2841號，1943年10月20日，第437、474頁。

[35] 許雪姬訪問、王美雪紀録，《黄陳波雲女士訪問紀録》，收入《日治時期在『滿洲』的臺灣人》，第281～290頁。

[36] 林獻堂著，許雪姬、周婉窈編，《灌園先生日記（五）一九三二年》（臺北：『中央研究院』臺灣史研究所籌備處、『中央研究院』近代史研究所，2003），第429頁，1932年10月21日。

[37] 中西利八，《滿華職員録》，第174頁。

[38] L,1.3.0 2-6-1，東亞局外秘第1144號，昭和10年5月1日，《滿洲國皇帝ノ陛下禦動静并警衛間等ニ關スル件》，别記（二），『滿洲國皇帝』升下扈從官略歷。

[39] 許雪姬訪問、鄭鳳凰紀録，《許長卿先生訪問紀録》，收入《日治時期在『滿洲』的臺灣人》，第599頁。

[40] M.2.50 3-43，在本邦各國外交官領事官及領員動静關係雜纂：滿洲國ノ部，外發秘第2071號，《駐滿洲國大使往來ニ關スル件》五。

[41] 中西利八，《滿華職員録》，第13～14頁。

[42] 米澤久子編，《大同學院同窗會名簿》（東京：該會，1998），第128頁。

[43] 不著撰人，《卒業生の活躍狀况を語る座談會》，收於桑原俊一郎編，《あきら第52號彰化第一公學校創立四十周年紀念》（彰化：彰化第一公學校，1938），第81頁；許雪姬訪問、蔡説麗紀録，《黄洪瓊英女士 訪問記録》，《口述歷史》，5期，第234頁。

[44] 滿洲國史編纂刊行會，《滿洲國史》（東京：財團法人滿蒙同胞援護會，1971），第1200頁，『各論』。

[45] 滿洲國史編纂刊行會，《滿洲國史》，第1190頁；滿洲事情案内所，《滿洲帝國概覽》（滿洲：滿洲事情案内所，1942），第130頁。

[46] 範燕秋，《從臺灣總督府檔案看日治時期臺灣的公共衛生》，收于國史館編著，《臺灣史料的搜集與運用研討會論文集》（新店：『國史館』，2000），第151～197頁。

[47]《滿洲國政府公報》，1936年8、9月，第111～112頁；1937年1月，第83～87頁。

[48]《臺灣總督府公文類纂》，大正元年（1912）十五年保存，3卷3門10類，『醫學校醫師資格具申』。

[49]《臺灣總督府公文類纂》，大正元年（1912）十五年保存，3卷3門10類，『醫學校醫師資格ノ義ニ體照會』。

[50] 可參閲滿洲醫科大學編，《滿洲醫科大學一覽》（奉天：該大學，1941），第140～198頁。

[51] 許雪姬，《日治時期臺灣人的海外活動——在『滿洲』的臺灣醫生》，《臺灣史研究》，11(2)，2004.12，第67頁，『在滿洲的臺灣醫生表』。

[52]《居住長春臺灣省民名簿》，1946年1月28日，藏南京中國第二檔案館。

[53] 黑田源次，《滿洲醫科大學二十五年史》（奉天：滿洲醫科大學，1938），第212、463、481～2、494頁。

[54] 王河盛等纂修，《臺東縣史·人物篇》（臺東：臺東縣政府，2001），第75頁。

[55] 謝春木，《臺灣人は斯く觀る》（東京：龍溪書舍，1974），第163～168頁。

[56] 許雪姬訪問、蔡説麗紀録，《梁金蘭、梁育明姊弟訪問紀録》，《口述歷史》，5期，1994，第308～309頁。

[57] 李元白（李晏），《參加革命前后主要經歷》（包括學習），1958年9月11日填。侄李定山提供。

[58]《盛京時報》，第10616號，1939年10月31日，晚刊，第2版。

[59]《盛京時報》，第10307號，1941年10月17日，綜合版，第1頁。

[60]《滿洲國政府公報》，第3234號，1945年4月2日，第18～19頁；5月25日，第361頁。

[61]《盛京時報》，第11321號，1941年11月1日，第5版，(上)。

[62] 蔡慧玉，《日治時期臺灣行政官僚的形塑：日本帝國的文官考試制度·人才流動和殖民行政》，《臺灣史研究》，14(4)，2007年12月，第31頁。

[63]《沈陽高等院校教育工技匯編》，由其女王光華女士提供數據，謹表謝意。

試論后藤新平與伊澤多喜男
——從專賣局與鴉片事件談起

鐘淑敏

一、前言

后藤新平與伊澤多喜男，兩人之間有何值得比較之處？明治維新之前的1857年，出生于『朝敵藩』的后藤新平，自醫人的醫師出發，努力朝向『醫國』的上醫之路邁進。而小他十余歲的伊澤多喜男，則是出生于1869年的長野縣，盡管出身貧賤，但由于有長兄伊澤修二這位提倡音樂教育、矯正口吃教育家的栽培，學習生涯一路順遂，1895年自帝國大學法科大學畢業，理所當然的躋身内務官僚行列，踏出『立身出世』的第一步。

盡管出身背景與賴以出人頭地的憑借不同，但兩人在資歷上却有些關聯。一是二人皆有殖民地行政之經驗，一是兩人都曾擔任過東京市長，并且都是被視爲政壇『惑星』[1]的人物。然而，兩人在百年之后却有極大的差別。日本國内對于后藤新平的研究，幾度造成風潮，自其生前被稱爲『站在人氣之燒點』[2]，至其 1929 年過世后以至今日，頂帶着『一世之風雲兒』[3]『科學之政治家』[4]『日本之羅針盤』[5]『時代的先覺者』[6]等各種頭銜的光環，甚至受到受其殖民的殖民地臺灣人之贊美，造神運動至今方興未艾。相對的，伊澤多喜男不但在日本幾乎爲人所遺忘，連在臺灣的殖民地史研究中也極少被提及。

然而，在兩人經歷的交集上，却可以發現許多有趣之處，而將此交集放在殖民史或者日本近代政治史的脉絡時，究竟具有何種意義？本文的目的，即是透過此二人于殖民行政上施政之比較，重新探討兩人在臺灣史上的定位。

二、專賣局與鴉片事件

所謂『鴉片事件』是指1925年臺灣總督府檢察當局以違反『臺灣鴉片令』的罪名，起訴星制藥社長星一、原星制藥臺灣辦事處監督木村謙吉、運送業者（山陰運輸株式會社）關户信次三人之事。此事件最后雖然在翌年的第三審中被判罪名不成立，不過并没有否定檢察官起訴的事實。關于星制藥會社與鴉片事件關系，本人已有論文討論，[7]此處不再贅述檢察官起訴内容，僅略述事件之背景與大要。

臺灣總督府在后藤新平的建議下，對于鴉片吸引問題采取所謂的『漸禁政策』，設立『制藥所』以供給癮者鴉片烟膏。在此制度下，主要是委托三井物産、三美路商會（Samuel）自印度、波斯、土耳其等地購買生鴉片土，運回臺灣專賣局所屬的制藥所精制。星制藥與臺灣鴉片的關系始于1915年。由于1914第一次世界大戰的爆發，使得原來仰賴歐洲、特别是英國的嗎啡一時短缺，致使日本市場價格高漲，醫藥界因而陷入恐慌。對此，制藥界便將目光轉注臺灣的粗制鴉片，透過政黨、官界的力量争相求取此制造嗎啡的原料。在衆多的競争當中，星一在后藤新平的奥援下，不但促使專賣局將生鴉片的産地自印度轉到波斯、土耳其，同時也獲准購買制藥所制造后所余粗制的嗎啡。更有甚者，星制藥甚至升到與三井物産、三美路商會同格，獲得爲專賣局購買生鴉片的特權。星一之子星新一在爲報父仇而作的《人民は弱し官吏は强し》一書中，寫到『賀來佐賀太郎對星一的提案表示歡迎，同意加以檢討而采用。不用說，促使這個提案得以施行的當然是后藤新平的助言。臺灣的一切都是基于后藤新平時代的方針及計劃而進行的，而賀來正是這個系統的主流人物』。[8]明白的叙述后藤新平的介入，使得專賣局在采購上作重大的改變。星制藥所涉及的鴉片事件，便是在星一自鳴得意的日本、美國、土耳其三角運銷、决算聯盟下，購買超過數量的鴉片而産生的。[9]

1919年到1922年間，星制藥會社共購入3,518箱生鴉片，其中繳納給臺灣總督府專賣局的有1,622箱，日本内務省實驗所的有379 箱，關東都督府民政署的209箱，青島日本占領地下的民政署1箱。此外，有243箱名義上是賣給獲得海參崴政府許可的戴祖文、中澤松男等人，實際上有許多是藉此而經中國人之手轉運到大連、上海等地。由于國際鴉片條約禁止將鴉片輸入中國，這種迂回轉進的做法，既可達到輸入的目的，同時可以避免日本政府遭到譴責。[10]引發鴉片事件問題的，是自横濱保税倉庫移到基隆的1,057 箱。

星制藥『鴉片事件』之所以成爲注目的焦點，其原因與日本國内政局有密切關聯。第一，憲政黨内閣爲打擊對手，正以『人事一新』爲名掃除舊勢力，星一與鈴木商店的金子直吉一向被視爲后藤新平的金庫，爲打擊加藤高明首相長久以來的政敵后藤新平，鴉片事件正提供了良好機會。第二，1921 年左右星一因另外的瀆職事件而被傳訊前后，關東州的鴉片特許商宏濟善堂有一大筆資金去向不明，而據説這筆資金被用來捐獻給政友會。因此事件的關系，大連的民政署長中野有光與拓殖局長古賀廉造都遭起訴，引發世人對鴉片的關心4。[11]第三，在調查的過程中賀來佐賀太郎是否與鴉片的秘密買賣有關的謠言滿天飛，由于賀來既曾任專賣局長、臺灣總督府總務長官，又是日本參加日内瓦國際鴉片會議的代表，這一傳言立即引發國際的重視。第四，與加藤高明首相一起在貴族院『苦節十年』的伊澤多喜男，就任臺灣總督后即表示要對總督府的人事大行更革，特别是『后藤色彩』最爲濃厚的專賣局，嚴厲的檢舉瀆職事件。星一所牽涉的『鴉片事件』，正是在這種情况下被舉發的。星制藥的鴉片問題絶非單純的偶發事件，事情之所以被揭發與憲政黨的政策有密切關聯。如果伊澤多喜男總督没有厲行一掃專賣局積弊的措施，以星制藥與婦人會、專賣局間的密切關系而言，事件被暴露的可能性極低。星制藥與婦人會的關系，星制藥會社的董事安樂榮治作了極清楚的説明。安樂是星一自留美時代以來的親友，他表示：『臺灣總督府的高等官之握有公司的股票，始于明治45 年本公司募股以來，至今在股東名册上仍然有其家屬的名字』。星制藥之所以獲得鴉片方面的特許，固然是后藤新平之斡旋，然而由專賣局官員與星制藥的密切關系來看，特權的獲得毋寧是自然的。甚且，在星一争取獲得總督府的嗎啡原料前，以專賣局高等官的夫人們爲會員的『臺灣婦人慈善會』從星制藥獲得3,200股（總額3 萬圓），而專賣局的高等官也有20 余名列名于股東名册。星一在與專賣局官員、與后藤新平派系密切的關系下獲致莫大利益的同時，無可避免的引起同業的側目。在1918年召開的第41回帝國議會中，憲政會議員便爲婦人慈善會持有星制藥股份一事質問列席的下村宏民政長官。其后，婦人慈善會及總督府的高官們才不敢列名于股東名册上，而改以家族名義持股。[12]

與專賣局及星制藥之間的曖昧關系遭到暴露的同時，專賣局關系的臺灣制腦會社也遭到大舉搜索。伊澤多喜男于1925年11月30日寫給下村宏的書信中，談到『有對于制腦會社改革之事加以惡評者，正所謂盜賊威猛，令人驚愕。改革前之經費與改革后之經費相較，一年約節省二十萬圓，亦即過去總經費的約二成五左右是被濫費的，其亂脉誠爲可驚。特别是重役以雜費、旅費等名目濫用經費，占其絶大部分。專賣局關系的不正事件愈益層出不窮，愈益嚴重，除令人驚愕不已外無他。』[13]制腦會社在此次的震蕩下，逼使三村三平與河村徹兩名重役去職，經營陣容爲之一變。

伊澤多喜男對于專賣局人事更迭的决心，在他决定是否就任東京市長時也成爲話題。1926年6月25日，東京市議會在憲政會系的『革新會』運作下，選出伊澤多喜男爲市長第一候補人選，繼中村是公之后擔任東京市長。伊澤是以静養爲由返日，却在現任總督職位上，被推選爲東京市長。

對于此推舉，不僅臺灣方面大驚，伊澤本人也遲遲不肯答復是否接受。內閣考慮臺灣總督繼任人選時，在閣僚們盡量不要有局長級官員的异動，以免引起殖民地官民之不安的考慮下，决定由貴族院議員上山滿之進繼任。

自6月25日被推選爲第一候補人選后，伊澤一直遲遲未答復是否就任市長。新聞報導逐漸感到不耐，并且愈發惡言。如《讀賣新聞》報導，其實伊澤是對臺灣有所依戀，爲了后任人選而猶豫不决，絶非因生病之故。因爲內閣相關人士的后任人選爲上山滿之進，而上山有浪人岡實等干兒子，使得伊澤不敢掉以輕心，因此放出石原健三將繼任總督的風聲。[14]到了7月11日，批評得愈加嚴厲，謂伊澤一直拖延答復期限的做法，讓推舉其爲東京市長的革新會也産生怨言，甚至有一説是伊澤于臺灣評價不佳，爲此不得不辭職；但是因他在臺灣大力的施行『后藤征伐』（征討后藤新平派系），怕一離職使得后藤派的人物更根深蒂固，因此必須遥控臺灣人事。于是托病而滯留東京，透過三木武吉運作革新會支持其當選市長，而后再藉由臺灣民政長官后藤文夫交涉由貴族院議員石原健三繼任臺灣總督。[15]

不管伊澤真意爲何，專賣局『不正事件』與政黨鬥争關系密切的報導，在日本內地的輿論中，早已甚囂塵上。在他終于承諾接受東京市長職位后，《讀賣新聞》評論他：伊澤多喜男爲明治28 年東京帝大法科畢，同期的有濱口雄幸、菅原通敬、勝田主計、西久保弘道、小野冢喜平次、下岡忠治等人，世間稱爲『廿八組』。伊澤可以説是『教育的行政家』，短小精悍，對于所相信的不論付出多少犧牲也會勇往邁進。出任愛媛縣及新潟縣知事時，都顛覆了政友會的政治地盤。因此在大正三年（1914）大隈重信組閣時，爲答謝其瓦解政友會勢力有功，被任命爲警視總監，是現今憲政會的大功臣。[16]爲了實現所信，勇于與既存勢力對抗的意志力，的確在臺灣的施政上也顯現出來。

三、殖民行政之比較

1924年9月憲政黨的加藤高明一就任首相職位，便將與他一起在貴族院『苦節十年』的伊澤多喜男送上臺灣總督的寶座，迫使內田嘉吉總督讓位。伊澤一就任總督便造成極大震撼，一是總督的統治政策宣言，一是加藤內閣迫于關東大地震后的財政壓力，宣布施行的行政改革。伊澤對總督府內的高官訓示：『統治的對象非十五萬內地人，而是三百數十萬的本島住民』，究竟是『非十五萬內地人』，或者是之后《臺灣日日新報》爲安撫而訂正的『非僅十五萬內地人』，這項宣言都引起在臺日本人社會極大的反彈。《臺灣經世新報》甚至批判伊澤所揭示的治臺根本方針爲『給我們日本國民的心理最深刻、反動的衝擊，我們永遠不可忘却這一大侮辱』。[17]而伊澤總督則放言『我輩爲臺灣總督，而非內地人總督』，[18]自東京出發之際于車站的談話，以及到任后所發表的談話，都一再重申臺灣統治的對象，是三百萬的『本島人』。[19]而對于臺灣人的政治運動，『伊澤臺灣總督十九日未明，乘商船蓬萊丸抵門司，總督在船中與往訪記者曰，赴任后約兩星期視察島內，深感臺灣爲日本唯一之寶庫，可爲者尚多。臺灣在精神物質兩方面，頗爲有望，譬如教育、宗教思想之精神的方面，農業、林産物之物質的方面皆然，是等雖無財源，亦應開拓者。故雖在財政緊縮之時，亦有不得不爲之者。最近在臺灣之思想界，雖有可杞憂者，然信比內地反爲平穩，其爲政治運動者，尚未深知，不能言之云云。』[20]

伊澤時常借着媒體，對臺灣人釋放善意，他提到要傾聽一般老百姓的『無聲之聲』，多年之后他仍引以爲自豪。1941年，樞密顧問官伊澤多喜男于故鄉長野縣的縣廳內講演時，提到赴任之初，召集總督府敕任官、奏任官，做了『見其無形，聽其無聲』之訓示，認爲真正的農民心聲與所謂的農民之心聲不見得一致，只有傾聽真正農民的聲音，才能施行親切的政治。而臺灣農民的聲音更因爲言語不通而無法下情上達，因此官民必須比在日本內地更親切。[21]不過，這種本來就應該有的政治姿態，却受到日本人的質疑，而禦用臺灣人也對此表示不安。臺灣總督田健治郎日記中，記載着『朝，赤石定藏來雲將赴臺灣，告别且語新總督對日日新報、其他實業界褊頗猜疑之行動不甚少，蓋褊狹之所致，到底非統治一方之材也，寬話而去。』[22]及『赤石定藏自臺灣歸，伴細君來訪，寬話伊澤總督新政，使内臺人抱怨嗟之真相。』[23]禦用士紳辜顯榮也向前民政長官后藤新平表態：『伊澤總督今回于大阪朝日新聞發表個人意見，對于臺灣文化協會微露同情之論調而爲隱約抑揚之詞旨。夫以堂堂主腦之督憲，一颦一笑民具爾瞻，而故爲此游移之論説，使民心淆惑，實于全島治安頗深影響。』『林獻堂輩乘機蹶起，始則煽惑内地留學生及中部人士而爲議會請願之先鋒，四處講演，煽惑無智愚民，致學校風潮時起，糜有寧歲。顯榮早以諸人舉動，實恐貽害于一般之良民。故于去年創立臺灣公益會，糾集同志力闢其謬妄，荷蒙各方面贊成方有端緒，略舉效績何意執政變更，遂成瓦解。』[24]

伊澤的另一項既定政策爲行政、財政的『兩政改革』。伊澤就任之初，既有黨派立場大舉進行高等官之所謂『獵官』人事异動，又因配合日本舉國的緊縮財政，不得不有相應的改革。在阿部滂財務局長與鼓包美參事官的主事下，進行財政與行政上之整理。『其整理眼目，似不深在地方廳，而多在督府内，即局課廢合，事業費延緩。一、會計統一。一、土木局廢止。一、内務局各課統一整理。一、改法務部爲官房一課。初亦有廢參事官之議，而今實有難廢事情。故此整理，不在人件費，而在事業費。要之，督府且據案與政府交涉，未可謂有所决也雲。』[25]結果使得高等官71名，判任官735 名，合計806 名的因之而退職。[26]

伊澤總督對于退職官員的處置，爲優遇退官者取得土地的政策，以及創設『臺灣拓殖會社』的構想。對此，《臺灣民報》分别發表『對于臺灣的退官者還有特别優遇的必要嗎』及『居中取利的機關』以批評時政。指出『拓殖會社的立案，宛然是爲着内地資本家的便宜，政府以五萬甲一打算其大部分必是用已開墾的土地出資，且會社缺損的時候，政府要擔保一定的配當，我們要細思一番，政府所擔保的配當結局是誰要負擔呢？現在五萬甲的官租地所出色，每年編入政府財政，充作歲出費用，此去全部歸屬拓殖會社，會社不過要納多少地租而已，政府財政必然减收，由是人民負擔加重絶不能免的』。[27]退職官員土地放領的優惠政策未能落實，反使得臺灣農民運動愈益激烈。大正14（1925）年6月間，伊澤似乎即感受到總督一職的壓力，因此在返臺之前與其好友幣原喜重郎會談時，已經談到不要使殖民地長官之進退受内閣更迭之影響之事。幣原表示此主張純爲理想，但是若『如同貴案般施行的話，果真能期待上述理想的貫徹？而是要依據后任者之選定而論，其后任者與内閣之更迭同時表明進退之立場。關于殖民地行政，要得到内閣完全的信任，却又要尋求在一般政治上的立場與現内閣全然無關者擔任殖民地長官，于目前的情况下實在至難。若真要强求，結果除了當做壁龕的裝飾品外絶無他用。并且這也不免成爲老兄您進退流言百出的原因，我且憂慮此甚至將連纍至現内閣。』[28]

作爲一位行政官僚，伊澤多喜男在臺灣顯然没有發揮他出任五縣的縣知事時所展現的鐵腕，在退官優惠及臺灣拓殖都未見其成果，伊澤便離開臺灣任地，此后并且從未再到臺灣。盡管如此，《臺灣日日新報》報導伊澤當退官之際，寄附『内臺融合資金五千圓』。其處分方法，后藤文夫總務長官于二十日下午三時，招集内臺人及官廳一邊有力者十五名于官邸協議處分。[29]

離開臺灣總督職位后的伊澤多喜男，反而與臺灣的民族運動互動更頻繁，成爲林獻堂、蔡培火、楊肇嘉、吴三連等民族運動者，最常引爲奥援的日本人政治家。在林獻堂的灌園日記及楊肇嘉回憶録中，都留下豐富的資料。而在伊澤多喜男的書信集中，也可找到不少訊息。如1937年9月，伊澤多喜男將蔡培火所著之《東亞の子かく思ふ》一書分贈給其東京帝大法學部同學幣原喜重郎，幣原一讀之后表示其論旨有頗多值得傾聽之處，其中或有對于歐美之偏見，也有對于日支之所以阻隔，其原因一半在于南京政府這種不够審慎之論調者，然而可以窺見其追求國際正義的熱情，故爲會心之所至。[30]1941年4月3日伊澤致長穀川清總督的信件中，也表達了對于臺政之關心。信中指出：齋藤長官歸臺前曾經來訪，關于臺灣統治之大體方針談論了一個多小時，對于具體的事實也列舉了許多，跟我之前對您所提出的意見基本上相同，讓我覺得安心又滿足。其后，綜合內臺人之書信及來訪時所表示的意見，可知某個時代不當的差別觀念以及焦躁强壓的同化政策之類的，正慢慢的加以改正，真有漫長的霖雨之后終于放晴之感。在此方針下長久盡力的話，相信臺灣將名副其實的完全成爲帝國的領土，本島人成爲陛下無比的忠良之臣民之期日可待。當然，這與歐洲各國對于殖民地以榨取爲目的的做法，完全大异其趣。[31]由此看來，揭示總督是『臺灣人』的總督，而非內地人的總督之理念，并不是伊澤一時之興起，而是其終身貫徹之信念。

相對而言，『統治治績』一再被稱道的后藤新平，在民政長官任內的確有許多具體的政績，包括土地、舊慣調查以及築港、縱貫鐵道等措施，早已被一再傳頌，造就了后藤神話。與伊澤相較，后藤在施政之初也遇到相當頑固之政敵，最著名的是『學友會』與『利民協會』，分別是由通漢語的通譯們，以及以『訴訟代言人』爲主體的日本人所組成。關于學友會，陳培豐將他放在『國體論』的脉絡下討論；至于利民協會，吴密察則探討『臺灣民報』集團于東京之游説活動。對于這兩個團體的具體活動，雖然還可以做更細部的探討，在此僅先止于提示。明治32（1899）年5月18日《臺灣日日新報》第311號社論『通譯の罪惡』，指責原來應該只擔負機械任務的通譯，却超越通譯『言語媒介者、傳話機、信號旗』的角色，反而自稱爲『通譯政治家』『通譯事業家』。自認爲『征清戰争是通譯之功』，『臺灣之政治爲通譯政治』，其實是煽動愚民之運動，蠱惑土豪以逞其貪欲，位于官民之間以占奇利，成爲臺灣官民之間下情上達之阻礙。[32]對于《臺灣日日新報》以社論批判通譯一事，據説有發起『全島通譯同盟罷業』之對抗行動，認爲臺灣日日是總督府機關報，之所以攻擊通譯，背后一定是后藤民政長官的操控。[33]于是于1899年5月21日舉行臨時大會，主導人物爲退職判官瀧野種孝、總督府翻譯官草場謹三郎、穀信近、巨鹿赫太郎，總督府海軍幕僚部的岡田晋太郎，以及武藤百智、竹多津明治等人。[34]兩者對立的情况似乎一觸即發，然而，實際上除了上書與上京進行游説活動外，實際上并没有惹起更大風波，反而不久『學友會』的活動便沈寂下去。至于『利民協會』，于明治33（1900）年2月11日天長節時集會，由中村啓次郎、荻原孝三郎、蓑和藤治郎、后藤傳策及其他訴訟代言人發起成立，其后于4月8日發行《臺灣民報》。[35]『利民協會』與后藤新平之間關系未曾改善，因此，明治35（1902）年6月，臺灣辯護士會將彈劾后藤長官書提交兒玉總督。[36]不論是在乃木總督時受到重用，甚至被評爲『通譯政治』的『通譯』一職，[37]或者是因爲反對『訴訟代言人』與『辯護士』之資格差別待遇的『利民協會』，基本上是利害之争，或者部分與國權論者結合，而攻擊總督府施政。與伊澤總督時期反對總督表態重視臺灣人而掀起的風波，在性質上有極大差异。

明治34（1901）年11月9日的官制改革的結果，在總督府內設置警察本署、總務局、財務局、通信局、殖産局、土木局，并且廢止舊來的三縣及各辨務署，改設24廳。11月11日總督府任命警視總長以下各局長及各廳長。之后，民政長官后藤新平不止一次的對各官衙發布官紀振肅之訓誡，并且裁太了1080名敕任以下官員。究竟裁汰人數多少，又是哪些人遭到裁汰，目前尚未能掌握具體情况。不過依據鶴見佑輔的《后藤新平》傳所載，退職人員成爲商船會社的主要載客，從臺灣到門司港的船舶，每船都載運數十到數百個被免官員。[38]此時期《臺灣日日新報》時常呼吁應接納『適合居住于臺灣的內地人』；而反對總督府施政的，甚至遭到驅逐的命運。退官人員的比較，尚待日后發掘研究。

最后要比較的是關于后藤新平派系的形成與發展。對于后藤之人脉以及與其他非后藤派系之争鬥情形，居臺數十年的民間重量級人士三好德三郎有極長期的觀察。三好德三郎于明治32（1899）年4月來臺，至昭和14（1939）年死去止，居臺40年。對于三好德三郎在臺的地位，學者認爲可以分成四個階段，一是明治32 至大正4（1915）年，即兒玉源太郎與佐久間左馬太總督時期，此時三好爲名氣日漸爲臺北周知時期。其二是安東貞美、明石元二郎兩總督的大正4年至8（1919）年時，三好爲與總督府有距離時期。第三是田健治郎總督至南弘總督的文官總督時期（1919～1932），此時三好爲功成名就無可取代的時期，被尊爲『民間總督』『民敕』。第四則爲晚年時期，相當于中川健藏總督與小林躋造總督（1932～1939）時，是三好德三郎整理周邊事宜的時期。[39]由于他是在官、民之間都極有地位的人士，他的觀察應該具有參考價值。三好德三郎指出：明治43（1910）年7月29日，于苗圃（今植物園）舉行送別會，約1500名參加，場面盛大。因爲對大島久滿次民政長官辭職一事，全島民衆多有惋惜之意。又明治41年大島久滿次就任民政長官時，據説守屋善兵衛（臺日社長）、荒井泰治兩人有反對之意。待大島離職時，便散播許多無聊之謠言，并大肆宣傳。亦即后藤派的守屋善兵衛、荒井泰治等人，在后藤新平離臺后首次與其他派系人士的争鬥。[40]在大島離職之后，由于同爲后藤派系的宫尾舜治與長尾半平僵持不下，民政長官改由内田嘉吉出綫，不過内田仍然被視爲后藤系。臺灣的后藤新平人脉非常强固，在后藤離臺之后也繼續綿延成爲主流派。及至安東貞美總督時期，吃冷飯的人所纍積的不滿情緒，便集中在大正4年12月自愛知縣内務部長轉任臺灣總督府警視總長的湯地幸平周邊，集成一大反彈勢力。[41]這股對立到大正6（1917）年6月爆發『不正談合事件』，對臺灣政財兩界都造成極度震撼。而前述伊澤總督所對抗的，便是如此長期積纍下來的后藤人脉。

四、代結語

引領新近一波后藤新平熱的禦厨貴，在閱覽原敬與后藤新平兩人日記后，以『政黨運營型』及『project型』作爲兩人的對比。禦厨貴認爲自臺灣經營、滿鐵總裁至返日后的鐵道國有化，后藤針對個别計劃有其相應的對應方式，并且獲得相當大的成功。由于后藤不需營運政黨，没有組織的辛勞也不需應付組織内部，因此可以專心對應計劃，超越政黨。相對的，后藤也需要一個堅强的后援者如兒玉源太郎、寺内正毅等。[42]當支持者不在時，后藤也無法施展其行政長才。相對的，被稱爲『憲政會的寵兒』的伊澤多喜男，其政治生涯特别值得注目的是，作爲一位議會政治家，終生立于廟堂之上，比任何人都愛政黨，却又始終不入政黨。[43]在不公開加入政黨，却又以影武者的形態成爲政治黑幕的情况下，其『政治臭』使得他與朝鮮總督一職擦身而過，在東京市長任内也僅三月便去職，完全無法施展其行政能力。

與歷代長官都有接觸的三好德三郎，對個人之評論常有獨到之處。他認爲：『伊澤這個人，其實是富理解力，剛直又有趣、親切的人，要之，讓他成爲我方的話頗爲有利，萬一變成敵人，實在是個强敵。又一旦信任某人時，不論旁人説什么都不會失去信任，同時也很照顧人，實在是個韌性很强的人』[44]，指出伊澤之所以能够成爲影武者、政治黑幕的道理。本文即嘗試透過此二人于殖民行政上政策與施政之比較，重新探討兩人在臺灣史上的定位，以作爲殖民地史研究之一環。

（作者單位：“中央研究院”臺灣史研究所）

註 釋：

[1] 惑星，原是行星，引爲前途不可限量之人。
[2] 鈴木春一、小田大泉，《人氣の燒點に立てる后藤新平伯》（東京：復興社，1923）。
[3] 岡本瓊二，《一世の風雲兒后藤新平》（東京：第一出版協會，1929）。
[4] 信夫清三郎，《后藤新平—科學的政治家の生涯》（東京：博文館，1941）。
[5] 山岡淳一郎，《后藤新平—日本の羅針盤となつた男》（東京：草思社，2007）。
[6] 禦厨貴編，《時代の先覺者—后藤新平（1857～1929）》（東京：藤原書店，2004）。
[7] 鐘淑敏，《臺灣總督府的對岸政策與鴉片問題》，收于臺灣省文獻委員會整理組編，《臺灣文獻史料整理研究學術研討會論文集》（南投：臺灣省文獻委員會，2000），第223～254頁。
[8] 星新一，《人民は弱し官吏は强し》（東京，新潮社，1978），第29頁。
[9] 星制藥株式會社，《阿片事件顛末》（東京，1926，第210頁。
[10] 《阿片事件の真相》（《臺灣と南支南洋パンフレット》26，（東京，拓殖通信社，1926），第7頁。
[11] 有關關東州鴉片事件的暴露及其與關東州當局、日本國内政壇的關系，參看多田井喜生，《秘史阿片が支えた日本の大陸侵攻—埋もれた記録でたどる阿片商人の足迹》《新潮45》(1992年5月號，東京，新潮社)，第195～202頁。
[12] 東京朝日新聞，《新聞集録大正史》第九巻1921年8月8日（東京：大正出版，1978），第274頁。
[13] 大西呂比志等編，《伊澤多喜男關系文書》（東京：芙蓉書房，2000），第58～59頁。
[14] 《讀賣新聞》1926.7.11朝刊2面『去つた臺灣に勢力扶殖の陋策諾否の回答を延ばした伊澤氏政府部内にさへ悪評』。
[15] 《讀賣新聞》1926.7.11朝刊2面『去つた臺灣に勢力扶殖の陋策諾否の回答を延ばした伊澤氏政府部内にさへ悪評』
[16] 《讀賣新聞》1926.6.26朝刊2面『剛直で多趣味な伊澤新東京市長　三津ヶ濱事件の摘發一躍その名を賣る』
[17] 《臺灣經世新報》大正14年1月18日『讀總督訓示』,收入養和米南《米南文集》(臺北,1928),第547頁。
[18] 伊澤多喜男傳記編纂委員會編，《伊澤多喜男》（羽田書店，東京，1951），第151頁。
[19] 伊澤多喜男傳記編纂委員會編，《伊澤多喜男》，第150頁。
[20] 《臺灣日日新報》，1924.11.21（五版）『伊澤總督車中談』。
[21] 大西呂比志等編，《伊澤多喜男關系文書》（東京：芙蓉書房，2000），第544頁。
[22] 《田健治郎日記》，大正14年3月31日。
[23] 《田健治郎日記》，大正14年5月17日。
[24] 《后藤新平文書》34-60-11，大正13年11月30日辜顯榮致后藤新平書信。
[25] 《臺灣日日新報》，大正13年11月3日（四版）『督府整理案脱稿從此當與中央政府折衝』。
[26] 《臺灣日日新報》，大正13年12月9日（二版）『定員の整理人數』
[27] 《臺灣民報》第84號，1925.12.20。
[28] 大西呂比志等編，《伊澤多喜男關系文書》，第265頁。
[29] 《臺灣日日新報》1926.10.21，（四版）『内臺融合資金處分協議』。
[30] 大西呂比志等編，《伊澤多喜男關系文書》，第267～268頁。
[31] 大西呂比志等編，《伊澤多喜男關系文書》，第84頁。
[32] 《臺灣日日新報》明治32年5月18日，（一版），『通譯の罪惡』。
[33] 《臺灣日日新報》明治32年5月23日，（二版），『學友會の臨時總會』
[34] 《臺灣日日新報》明治32年5月23日，（二版），『學友會の臨時總會』。
[35] 利民協會所發行之《臺灣民報》，于明治37年5月結束。

[36] 波形昭一編，《民間總督三好德三郎と辻利茶鋪》，（東京：日本圖書，2002），第 81 頁。

[37] 竹越與三郎指出乃木總督重用通譯，于總督府内設通譯一職，《臺灣統治志》（東京:1905），第 29 頁。

[38] 鶴見佑輔，《后藤新平》第二卷（東京：勁草書房，1965），第 74 頁。

[39] 波形昭一編，《民間總督三好德三郎と辻利茶鋪》，第 297 頁。

[40] 波形昭一編，《民間總督三好德三郎と辻利茶鋪》，第 115 頁。

[41] 波形昭一編，《民間總督三好德三郎と辻利茶鋪》，第 301 頁。

[42] 禦厨貴，《后藤新平から考える日本の政治—政黨型政治とプロジエクト型政治》《天皇と政治》（東京：藤原書店，2006），第 92 ～ 104 頁。

[43] 伊澤多喜男傳記編纂委員會編，《伊澤多喜男傳》，第 6 頁。

[44] 波形昭一編，《民間總督三好德三郎と辻利茶鋪》，第 188 ～ 189 頁。

臺灣總督府樟腦專賣政策與霧峰林家＊

黄富三　黄颂文

導　言

樟腦是晚清臺灣的重要出口品，1895年日本領臺后，發現當時樟腦的産銷，由外商結合臺灣紳商聯合控制，而霧峰林家在山區與長腦業有舉足輕的地位，因此不斷研擬對策，實行一連串措施，終于在1899年實施專賣制度，取得掌控權。筆者曾發表一文《霧峰林家與晚清臺灣山區之開發：樟腦業初探》，探討霧峰林家在山區之發展與樟腦業上所扮演的角色，[1]本文即延續此一研究，探討日治初期臺灣總督府之樟腦政策與霧峰林家之關系。

關于總督府之樟腦政策，以往已經有不少研究成果，如程大學、陳小衝、鐘淑敏、張麗芬、黄紹恒、林欣宜、王興安、林聖蓉等人之作品。[2]這些作品雖非針對林家之研究，自有其限制，但極有助于筆者對相關問題之了解。至于霧峰林家之角色，筆者在1993年發表《日本領臺與霧峰林家之肆應：以林朝棟爲中心》一文，已經略有着墨。[3]其他相關作品，如Harry Jerome Lamley, 吴文星等，[4]對士紳之響應有相當深入的探討。本文即在此基礎上，進一步論述日治初期臺灣總督府之樟腦政策與霧峰林家之關系。

至于本文使用之數據，主要取自臺灣總督府檔案、《臺灣日日新報》、《臺灣樟腦專賣志》[5]等。

本文分三部分論述：日治初期臺灣總督府之樟腦政策與霧峰林家、臺灣總督府之實施樟腦專賣政策與霧峰林家、霧峰林家對專賣政策之回應。

一、日治初期臺灣總督府之樟腦政策與霧峰林家

霧峰林家在晚清開山撫番新政中扮演政策推手與執行的要角，成爲山區最强力的家族，并掌控相當大的樟腦産銷權，因此總督府之樟腦政策與林家之權益息息相關。

（一）霧峰林家與清代樟腦事業：林朝棟、林文欽

十九世紀后半葉，清廷對臺灣統治由消極轉向積極，經濟上亦因開港而走向開放貿易，因此經濟發展由平原轉向山區，産品由米、糖擴至樟腦、茶葉。開山撫番是劉銘傳新政中的重要政策，霧峰林家實扮演推手與執行的要角。首先，在光緒十二年（1886）劉銘傳推行的開山撫番政策中，林朝棟扮演主動提出與積極執行的角色。在政治方面，他由此立大功，獲得獎賞，并解除林文明案后之林家危機；[6]在經濟方面，十九世紀開港后，重要産業由平原的米糖轉向山區的茶、樟腦，他參與撫番工作，可獲大利。

林朝棟在山區開發之角色極爲重要，原因是他擁有三種官職：『辦理中路營務處』、『統領棟字等營』、『辦理中路撫墾』，即掌握糧餉、兵力、拓墾許可等權。此種三合一之職權發揮互補與乘數效用，使他成爲中部山區開發的主導者。

劉銘傳爲掌握樟腦利益，其政策分專賣期與開放期，而林朝棟于公、于私均扮演要角。在專賣期（1887～1891），公的方面，林朝棟不但與林維源主動建議實施專賣政策，而且負責中路樟腦産銷之管理，包括維護山區治安與平亂，以及山區樟腦緝私工作。私的方面，他可能一度擔任樟腦承包商。在樟腦開放期（1891～1895），林朝棟之公的角色依舊，但任務略有調整。他除

了繼續維持山區治安與平亂任務外，亦負責樟腦産銷之管理，尤其是查報腦商、腦户、腦竈之异動的查報工作，以作爲征收防費或厘金之依據。在私的角色方面，他進一步設立腦館、行棧，積極參與樟腦的産銷工作。由此可見，林朝棟所領導的霧峰林家是晚清臺灣山區最有勢力的家族，同時也是樟腦業的重要經營者。其細節請參考拙文《霧峰林家與晚清臺灣山區之開發：樟腦業初探》，不贅。[7]

（二）日治初年官紳之妥協合作：林家之妥協策略與林紹堂之角色

1895年，清廷雖將臺灣割讓予日本，但臺人不服，極力反抗，烽火遍地，如何使其順服是一大問題。

初期，總督府采取剿撫兼施、恩威并重之策。一方面日人派重兵征臺，對反抗者嚴酷鎮壓，一方面對士紳采取籠絡手段，尤其對效力者不惜優予獎賞，辜顯榮、李春生是代表性例子。林家乃中部望族，在山區有極大勢力與重大樟腦利益，亦需防其對抗。

相對地，面對异民族之統治，林家如何因應亦是一大挑戰。林家在晚清代受官方倚重之二大地方領袖之一，享有政治、經濟利益，自不樂見日本領臺，然而現實情勢所逼，必須及時做出適當對策，以減輕家族生存之衝擊。大致上，林朝棟等身爲清朝官員，必須遵命内渡大陸，但也留一部分族人在臺。原因是臺灣是林家發迹、經營之地，纍積龐大家産與社會資源，并繁衍衆多族人，豈能輕易全拋。臺灣既是割讓地，林家自無法亦無力對抗新政權，因此不能不與現實妥協，甚至必要時與日人合作，以維護家族權益。[8]

光緒21年（1895年）5月15日，唐景崧内渡后，臺局大亂，中部地方官紛紛逃離，林朝棟在16日，命其正室楊水萍先率家眷，由汴子頭内渡避難。[9]19日，他先至省城（今臺中市）領次月餉，發予兵勇，列隊從熟徑至海濱内渡，府、縣官員亦隨之而離臺。[10]5月19日（6月10日），林朝棟帶勇北上至后壠，聞唐景崧已内渡，而日軍已至桃仔園，乃收兵新竹，不久即内渡，長居大陸。[11]

由于林朝棟擁有能戰之鄉勇，未曾抵抗即行内渡，頗引起物議。有曰朝棟弟某人曾引日軍入臺中，以保家産與報私怨。[12]又有人毀謗林朝棟接受日軍一百元而返唐山；也有人用泥土塑朝棟像加以凌辱。[13]據稱林朝棟離臺内渡時，告誡堂弟林紹堂（文明次子朝選）毋生事，因此，日軍南下時，林家既未領軍抵抗，亦不捐助兵餉。[14]日人甚至有報告稱，林朝棟曾派人赴某師司令部，請求歸順，并獻納武器；日軍占領彰化時，又來履行前約，表明永遠歸順之意。[15]又據傳，其后日軍駐屯阿罩霧，首先騷擾林家，而林家的因應是『婦女亦不許避』，[16]真相如何待考。

由于清時社會治安不佳，戰亂期間盜匪往往趁機胡作非爲，臺灣一般紳民認爲既已割讓，爲保鄉、保身家，多有迎接日軍以求早日恢復秩序之事。[17]林家派人與日軍洽商，以早日恢復秩序，并非空穴來風。

林家《族譜》自承，清廷下詔割臺后，官員多内渡，地方治安迅速惡化，林文欽曾派鄉勇巡邏各地，保護行旅居住安全，免除盜賊之患。[18]林紹堂于明治三十年（1897）39歲時，出任臺中縣參事，于其十一月所提出之『履歷書』中陳述稱：

『（林紹堂）…兼營栳業（按，即樟腦業）。至光緒二十一年，值全臺割讓我帝國。紹堂心怛民艱，志存擇木，遂遣葛竹軒往臺北近衛師團司令部通款。』[19]

可見林紹堂確曾經派林家幕僚葛竹軒至臺北與日軍接觸，表示順從之意。按，葛竹軒乃林朝棟開山撫番時期之重要幕僚。至日軍南下抵達臺中、彰化時，林紹堂亦以地方士紳身份配合協助。『履歷書』稱：

『及王師至臺中，紹堂即勸導猫羅東西堡各莊民監國旗恭迎我軍，并獻軍裝、槍炮、子藥計六百余擔。王師駐彰，缺乏糧草，紹堂即倡首助糧，并勸喻附近三十余莊人民量力解輸糧米。』[20]

可見林紹堂確實表現恭順、協助的誠意。

『履歷書』中又稱：

『斯時政府規模未定，内山土番趁機蠢動，戕害良民，大妨栳務。紹堂因國計民瘼所系，爰先自備糧餉，雇隘丁四百名，向近衛師團司令部稟領證牌，飭林榮泰管督分守沿山扼要，于是居民日集，栳務日興。』[21]

可見林紹堂主動向近衛師團司令部稟領證牌，自費雇用隘丁四百名，防衛沿山產腦地區。很明顯，其中最重要的考慮是保護其樟腦利益。

日本領臺之次年，光緒二十二年 (1896) 5月22日、23日，北投（含草屯鎮）居民憤于日軍之屠殺，乃群聚欲進攻臺中縣治大墩，各姓響應。此當即是1896年6月至7月之雲林抗日事件，由柯鐵、簡義所領導。[22]據稱林文欽、林紹堂欲從中攔阻，但迫于勢衆難阻，紹堂乃勸告知他們延至次日再攻。但23日晚，攻大墩者因逢大雨，火攻未成，衆乃散歸。[23]《族譜》亦稱光緒22年6月，土匪猝發，襲南投、攻臺中，鄰近莊人亦蠢蠢欲動，林文欽遣人諭止。[24]『履歷書』稱：

『明治二十九年六月間，雲林、南北投土匪跳梁，紹堂即雇精細善行之人，分途偵探匪情，時刻報官，并親到各莊，嚴立莊規，約束子弟，以靖地方。迨埔裏社亂，又飭林榮泰督率隘丁，幫助我軍剿滅土匪，克復城隍祠。』[25]

由上可知，明治二十九年（1896年）六月間，雲林、南北投抗日軍起事時，林紹堂確曾效勞，協助維持治安。

隨后，林紹堂又有數次奉獻之舉而獲獎賞。『履歷書』稱：

『觀光内地，入覲皇都，是年十二月七日，叙勛六等，受單光旭日章。仝是年，内地水灾，紹堂聞報，即倡義捐金賑恤。本三十年四月間，臺中創立赤十字社，紹堂亦倡義納金，列爲社員，并協贊社事。又仝年月，蒙恩錫予紳章。現屆十一月三日，更蒙恩以捐助盲啞學校，頒賜禦木杯一枚。』[26]

由于上述之勞績，林紹堂除獲得勛六等獎外，明治三十年（1897年）十一月廿六日，臺中縣知事村上義雄呈報總督，連同其他吳鸞旗、林振芳、蕭富吉、陳培甲共五位中部士紳，授予臺中縣參事之職，月手當（月津貼）四拾圓。十二月十一日呈報内閣總理松方正義，再于十二月二十三日奏准。[27]不過，不久他就稱病辭去此職，[28]真正原因爲何，待考。無論如何，林氏族人至少在形式上已接受日人之對臺統治權。

日人也對順從之豪强，除了獎賞外，對其既有之得權益亦做某種程度的承認。林朝棟在劉銘傳時代即擁有中部山林與樟腦之特權，乃林家財富之重要來源，而其下轄有隘勇營，維持番界之安全。日人領臺后，由于尚無力兼顧山區事務，故僅發布管理規章與税則，如1895年10月31日，發布官有林野及樟腦制造業取締規則。[29]如其他大都維持舊慣，且主要針對外商，參看下節。

由上可見，林家權益暫時不受影響。但總督府不斷加强對樟腦業的規範，對山區之控制亦步步逼緊，其策略是，一方面承認林家私人武力之存在，即其隘勇可以繼續存在，但一方面逐步將其納入政府管轄之下。1896年，臺中縣政府諭示林紹堂，其所自置之中部隘勇綫隘勇，自10月1日起，需接受臺中縣知縣指揮。具體辦法辦法如下：

1.林紹堂、廣泰成、劉宏才麾下之隘勇隘丁歸屬于臺中縣知縣統轄，從事蕃界警察工作。

2.當面臨非常情形或事變而認爲必要時，即使在戒嚴令宣告以前，第二旅團長得隨時使用隘丁。

3.隘勇隘丁之人數依照現在之人數，每月津貼估計在二千圓以内，得由警察費下挪支，但挪支辦法應再陳報。

4.兵器彈藥依必要情形由軍務局支給。

5.撫墾署官吏于執行行政事務上有所必要，而欲使用隘勇時，應向縣知事申請。但當事態緊急而不得已時，可于使用后立即辦理前項手續。

6.縣知事應調查隘勇隘丁人數及其監督辦法，以及其所有武器彈藥后，向總督陳報，并通知第二旅團長。[30]

據上，林紹堂、廣泰成、劉宏才麾下之隘勇、隘丁歸屬于臺中縣知縣統轄。

不過，臺中縣經調查后，只准保留有林紹堂麾下之隘勇。理由有二，一是林紹堂麾下之隘勇屬于官隘，自清國時代就屬于政府官方統轄，并有補給糧餉等；二是接收時，近衛師團令林紹堂按以往組織編制，防禦生蕃保護樟腦業。然而，廣泰成之70余名隘丁屬于黄南球商號之下，傭使隘丁者劉宏方，均屬于民隘，因而臺中縣知事不必保留。[31]最后，總督府核定保留林紹堂之隘勇，[32]可見當局對林家較爲寬容。

至于歸屬臺中縣知縣管轄的林紹堂隘勇，自1896年10月1日起支給月津貼2,000圓。其管理辦法如下：[33]

1.于非常時期或事變之際，當認爲有必要時，即使在戒嚴令宣告之前，第二旅團長將會隨時使用隘勇，故應服從其命令。

2.撫墾署于行政執行上必要時會使用隘勇，故應服從其命令。

3.隘勇之編制員額爲四百名。

4.應于此際申報隘勇之住址、職業、姓名、年齡。但以后每當异動時都必須陳報。

5.隘勇則依照以往之方法監督，不可使其做出輕率暴戾之事。但應于此際申報以往監督之方法。

6.需要槍械彈藥時應經由本廳向軍務局申請。[34]

由上可見，總督府解散清代所有隘丁，只容許林紹堂之400名隘勇續存，并撥每月2000圓公款支應。其主因當是其于接收時之輸誠效勞，加以酬謝籠絡。何況，又將其納入政府體制下聽命調遣，在初期公權力不足時，藉此可鞏固對山區的控制，可説是兩全之策。而就林家而言，其妥協策略至少有暫時性的成果，即維持山區權益。

林朝棟與林文欽在清代原本即有林合號從事拓墾與樟腦事業，此時繼續營業，由林紹堂承繼林朝棟。如1896年2月28日，由『林合記事：林允卿（林文欽）、林紹堂』具名，向臺中縣申請開墾猫羅東堡内之地，其他族人亦有同類申請案。[35]但林文欽于1900年去世后，當由林獻堂繼承。[36]

另外，林紹堂亦組織近代式公司，以便在殖民政府下經營樟腦業。他與日人與日人藤田、住友兩會社合組『臺阪公司』，從事熬腦業。惟此項合資企業不甚成功，而于1898年9月13日宣告倒閉。[37]其細節有待進一步查考。

二、臺灣總督府之實施樟腦專賣政策與霧峰林家

日本領臺后，對樟腦權益極爲重視，因而與當時控制臺灣樟腦産銷之外商有衝突。總督府不斷修法規範，最后在1899年實施專賣，全面控制。另外，新政權對林家之樟腦利益衝擊亦大，但因初期統治尚未鞏固，先采取籠絡策略，隨后逐步嚴密控制，終至實施專賣政策，壟斷樟腦之産銷權益，林家逐漸淡出樟腦業。

（一）總督府改變樟腦政策之背景：對抗外商，控制臺人

19世紀臺灣與日本是主要樟腦産地，而臺灣是最大産地，如能控制總督府即控制世界市場。然而，當時外商控制樟腦之産銷，有礙國家權益，亟思驅逐其勢力。然而，日本受制于既有條約之約束，大致上，總督府修法箝制外商，外人抗議，中央政府出面協商，擺脱列强之干預，乃不斷有外交上之折衝。

總督府不斷公布并修正樟腦産銷法規，其基本政策是否定外商之樟腦制造權，只許購買。重要法規如下：

1895年10月31日，發布官有林野及樟腦制造業取締規則。[38]

1896年2月23日，將日本帝國與各國的現行條約施行于本島；依照帝國的關税征收樟腦輸出税。

3月5日，發布樟腦税則，樟腦税每百斤十圓由地方廳征收，税則施行日期于4月1日后各地方官訂定；發布樟腦税則施行細則；發布總督府撫墾署官制。

5月23日，劃定撫墾署名稱、位置、轄區；外國人以通行券等同去内地買入已納税樟腦證明，許可往開港輸出。

6月1日，制腦業取締事務移交撫墾署管理；發布樟腦制造業取締細則，開放民木制腦。

9月21日，發布臺灣官有森林原野及産物特别處分令；林紹堂管理的中部隘勇綫，核發每月兩千圓，作爲防備警護。

10月8日，發布官有森林原野産物買賣規則；由大偎外務大臣向英、德兩國大使告知外國人樟腦營業處分的期限，以一年的緩衝與業務整理爲期，期滿一切依照現行條約；在來式腦竈一份以内地式腦竈一個來换算。[39]

1897 年，8月29日，發布樟腦油税則，由地方廳征收樟腦油每百斤三圓。

9月1日，發布樟腦油税則施行細則；閣議放寬本島人、外國人的樟腦營業許可，由總督府依照納税與否，許可樟腦的買賣輸出。[40]

在執行新法過程中，總督府與外商有相當劇烈的衝突。一方面總督府爲控制世界市場，眼見外商控制樟腦之産銷，亟思驅逐其勢力。但日本中央政府基于外交利害之考慮，加上受制于既有條約之約束，必須采取較有彈性之務實策略，乃不斷有外交上之折衝。

英國與德國是二大勢力，1895～1896年之估計，幾乎掌握雲林、埔裏社全部與苗栗之半數腦竈。但是總督府根據『官有林野及樟腦制造業取締規則』，否認外商在臺灣的樟腦經營資格，多次没收外商的樟腦，引起英國與德國之抗議與外交糾紛。[41]其中與德國之糾紛最嚴重，例如，德籍東興洋行（Mannuch）在1896年3月，被雲林出張所以私制樟腦爲由，扣押20箱樟腦，并且拘提店主江傳發。同年四月間，公泰洋行一共320箱的樟腦，也遭到憲兵的扣押。對于德商的樟腦遭到扣押一事，德國駐淡水領事館便多次向臺灣總督府提出抗議，要求歸還樟腦。德國公使更親往外務省手交抗議書，抗議總督府對于樟腦事件的處理。[42]

不過，總督府基本政策未變，即只准外商有購買權，只是實施時間延緩而已，最后甚至施行專賣。

（二）總督府之實施樟腦專賣政策

1898年6月，總督府進一步發布律令，擬改樟腦爲專賣事業，以控制産銷。[43]3月：松田茂太郎、總督兒玉源太郎、民政長官后藤新平建議在臺灣施行樟腦專賣制。據松田茂太郎提出『臺灣樟腦專賣私見』。[44]

1897年，世界需求量爲400萬至500萬斤，臺灣生産約700萬斤，日本約200萬斤，共計900萬斤，超過需求約二倍；其中日本生産50萬斤，其余是由臺灣運至日本的再制樟腦，由于過剩導致價格低落；但如臺灣限制在300萬斤，可形成150萬斤樟腦油，制成75萬斤再制樟腦，加上日本之50萬斤，共約425萬斤，可保持産銷之平衡，并控制價格。[45]

1899年2月25日，内閣會議終于決定樟腦專賣制施行一事，由内務次官通知兒玉源總督。6月9日，總督府内特設樟腦專賣施行調查委員會，總督訓示知事廳長有關私制腦及樟木濫伐取締事。6月10日發布臺灣樟腦局官制、臺灣樟腦局職員官等俸給令發布、臺灣樟腦局事務官特别任用令發布。6月22日，發布臺灣樟腦及樟腦油專賣規則、臺灣樟腦及樟腦油制造規則發布。訂定基隆、淡水二港爲樟腦、樟腦油輸出港、首次訂定粗制樟腦、樟腦油收納賠償金。6月23日，畫定臺灣樟腦局的名稱、位置、轄區。[46]從此樟腦之産銷全歸樟腦局掌管，此后又陸續公布相關法令，以徹底執行政令。重要者如下：

1899年7月8日，發布。

17日，書記早川嘉儀任新竹樟腦局長，書記平賀義夫任林杞埔樟腦局長；28日書記鈴木伊十任苗栗樟腦局長，書記白尾國芳任羅東樟腦局長；此月臺北樟腦工場起工；此月各國的新條約實施。

8月1日，事務官有田正盛任臺北樟腦局長，技師小西成章任臺中樟腦局長；4日各樟腦局各別訂定樟腦油賣渡價格公告，但樟腦油被全部神户再制業者妨害臺灣樟腦專賣事業的範圍，須負起再制樟腦價格訂定的義務。

9月7日，總督府歸順匪徒陳秋菊外六名的腦竈及制腦器具由總督府收買，同月16日由這些人租用作爲制腦保證；20日，與小松楠彌締結樟腦油賣渡契約；22日，臺灣貿易株式會社臺北支店副支配人大島次郎締樟腦油賣渡契約。

10月10日，訂定樟腦油引渡手續，10月13日賣渡開始；14日，臺北樟腦局文山堡試制所開設；30日，對臺中縣林杞埔街曾君定，交付林杞埔臺中間樟腦運搬請負命令書。[47]

本年，亦撥專賣費中的營林費，交由殖産局主管實行官行造林計劃，以平衡森林資源。[48]

總督府設臺灣樟腦局執行任務三年后，收益大增，可見其政策是相當成功的。[49]

三、霧峰林家對樟腦專賣政策之回應

在日本統治下，林家政治上難以發展，自然轉向經濟另求出路。不論在臺灣或大陸，樟腦業依然是林家重要的選擇。然而林家在二地之發展均受到挫折，終至退出樟腦業。

(一) 臺灣霧峰林家之淡出樟腦業

林朝棟身在大陸，仍心挂臺灣家族權益，先后派其子林子佩、季商、瑞騰入籍，以承管巨大家業。林子佩死后，由季商、瑞騰接替，其中季商之角色特別值得注意。如他在臺中大街設有『合昌商會』，1900年9月，他自上海歸來，又加以整修，以期提高獲利。[50]1901年5月間，林朝棟又聘請福州人葛宇寬來臺，以輔佐林季商，經營事業。[51]按，葛宇寬，系葛世鑒之字，福州人，光緒十九年（1893）恩科舉人，爲林朝棟重要幕僚葛竹軒之族弟。1895年冬，受聘于林時甫（林維源），處理板橋林本源家務，1898年歸福州。1901年11月，林朝棟以腦務一事會見于福州，情意投洽，因而聘往臺中輔佐林季商，并于12月5日抵臺。不過葛世鑒素有痰疾，來年（1902）病發，亡于臺中。[52]

由于總督府統治逐漸鞏固，對山區之控制日益增强，林家勢力逐漸被取代。1899年總督府實施專賣政策后，爲强化統治與增進山地資源的利用，將隘勇綫逐步向内山推進。[53]爲因應樟腦專賣，1900年2月，追加預算以强化隘勇制，各地樟腦局規劃蕃界警備區域，并調整隘勇人數。如臺北樟腦局部署240名，臺中樟腦局增加隘勇25人等。[54]3月20日，核定于臺北、臺中兩縣下配置隘勇445人，但有些地方又隨需要有增减。如臺中縣轄之民設隘勇由于實施樟腦專賣制而須增加補助費，而臺北縣、宜蘭廳轄現有警丁及壯丁則于本月廢止；另外，屬于民設之隘勇應改稱爲隘丁等。[55]

林家之隘勇雖已納入政府體制内，繼續存在，但在1901年臺中縣改制爲廳后，林紹堂轄下之原林朝棟二營隘勇，縮减爲一營，負責保護水底寮至埔裏社間之制腦業者。[56]而且，在1902年后之『討蕃事業』中，隘勇、隘丁多被動員起來執行任務，如1902年之討伐南勢蕃稍來社，林家所統轄之隘勇亦聽候差遣。由此可見，[57]林家之隘勇人數减半，而主導權亦萎縮，在山區勢力幾乎已被總督府取代。

1904年林朝棟去世后，其子林季商與其他林姓族人亦投身于工商業之發展，包括樟腦業。如1905年，林季商、林烈堂、林資彬、林獻堂等族人創設『嘉義制腦組合』，以發展阿裏山之制腦業。[58]但結果如何，待考。無論如何，在專賣制度下，臺人不易分一杯羹，林家遂逐漸淡出樟腦業，轉向其他産業。

（二）林朝棟在福建之樟腦業

林朝棟内渡后，有意在福建另創樟腦業，但過程坎坷，發展不順。

光緒23年（1897），他曾被清廷召見二次，奉詔赴南洋大臣劉坤一處，統領棟軍防衛江蘇海州。[59]1898年移居上海，1899年方獲召見，諭發往南洋大臣劉坤一差遣委用，并交軍機處存記；統棟軍守海州。[60]可知林朝棟在大陸并未取得新職。林朝棟在海州日夜訓練新募之棟軍，因積勞導致舊疾復發，于光緒二十六年（1900）3月請假銷差，前往厦門就醫。[61]又，據稱林朝棟因與鹿傳霖不合，乃辭職回厦門，經營樟腦業。[62]按，鹿傳霖曾在光緒六年至七年間任福建按察使，[63]二人不和，可能與林文明訟案有關。

光緒二十七年(1901)，林朝棟投下巨資，獲閩浙總督許可，成爲福建樟腦專利包辦之腦務局總裁。爲此他寓居厦門籌劃，首先在漳州府屬各處着手，并于7月間開辦。[64]開始時，聲勢浩大，臺灣紳商紛紛投刺求見，希圖參與此一事業。但朝棟不敢輕諾，8月間，派人携專函至臺，着舊部陳杰夫速赴閩就任腦務局督辦，因陳氏在經貿方面與朝棟性情最相投。[65]查，陳杰夫（陳杰夫），爲林紀堂妻陳苓之兄，負責棟軍后路轉運局，在臺北管理棟軍經費的后勤，熟知腦務。[66]

臺灣總督府專賣局對林朝棟之發展腦業頗爲注意。考其因是總督府專賣局欲控制世界市場，深恐其影響世界樟腦供應量與價格。

1901年8月，專賣局事務官小川真一特地赴閩視察。他由漳平縣起程，出龍岩州，經連江、羅源二縣，抵福安縣，再由山路回福州。他提出一視察報告，認爲林朝棟之樟腦事業前景不樂觀，其所列舉理由如下：

『(一)福建樟樹分布不如臺灣之茂密：樹木中，松占六分，杉占二分，其他雜木占二分，樟木僅占雜木中之四分之一。换言之，樟木僅占樹木中之百分之五，甚爲零散，取得不易。

(二)樟木所在地所有權屬民有，須以相當價格買入。

(三)樟木之蓄腦分可能不高。

(四)資本：樟腦公司資本額定爲十萬圓，當前只募集半數而已，資本不足。』[67]

小川真一氏又指出，林朝棟只因福建有樟木，未經深入調查，即設樟腦公司，可能耗費多而收利少；前有英人在三都之地熬腦，但業務甚征。[68]

的確，林朝棟開辦樟腦業后，遭遇重重困難。首先是陳杰夫并未應允赴任協助。[69]第二是福建之腦工、腦師極爲缺乏。他屢次雇員至延平、建陽、邵武各府及龍岩州、安溪縣屬之深山窮穀視察，但福建熟悉樟腦者寥寥無幾。[70]1901年7月間，林朝棟派女婿吴某至臺招募腦工、腦師，并許以優厚條件，即腦工之一切費用由其負責，因此不少舊日從事樟腦業者紛紛西渡。[71]查，林朝棟長女婿系吴蔭槐，字榮培，艋舺下崁人，日人領臺后改名傳經。[72]1901年7月，林朝棟亦致函苗栗黄南球，請其代爲招募熟悉大竈制熬之腦丁數十人，以供指揮。[73]他于厦門設『裕本公司』，以經營買賣。[74]

林朝棟首先在平和縣制腦，先築六竈，因缺技工，乃托堂弟林紹堂在臺募集。[75]然而，腦務不振，1901年11月初，已發現樟樹産腦不多，只好裁汰人力，并減少月俸，因而腦工紛紛求去。林朝棟頗灰心，决定再支撑數月，如仍無起色，即概行停止。[76]他以爲腦務不振原因是，一者所用非人，二者腦局督辦是他的少弟希堂（當是熙堂或輯堂之誤），倚仗兄勢，專圖混占，致腦山人衆不服。因此，在11月初，派公子季商（即祖密）專程來臺。[77]但不知成行否。

1901年12月初，又有富商黄清笙亦擬辦樟腦，并設『建盛洋行』于厦門。據黄氏之調查，林朝棟之『裕本公司』創辦五個月來，僅熬腦二百余斤。查其原因有三：(1) 樹價每擔只定二元，又信當地人迷風水，樹主不願賣樟樹；(2) 所定腦價太低，腦工無利，多辭退工職，自行與本地人合作，設竈熬腦；(3) 所用之人均系官場中人，只賴威逼恐嚇手段，不知聯結輿情與當地人和好；(4)『自抬身價，自專利權』，致與各地紳民無法交融，人心不服，不願與之買賣。因此，黄氏以爲只要糾正以上缺失，以福建樟腦質量之佳，一定較裕本公司經營得好。[78]又據1902年3月初消息，林朝棟弟初設局于漳平縣時，與當地一極有影響力之巨紳因買杉木問題相衝突，該紳乃勸令鄉民不賣樹予腦局。[79]

總之，林朝棟在福建經營樟腦事業亦歸于失敗，可謂徒勞無功。1903～1905年（光緒29～31年），福建當局擬仿臺灣總督府所行之專賣制，聘日人愛久澤直哉爲技師，規劃樟腦產銷工作；但中日雙方利害衝突激烈，糾紛不絶，最后仍以解約收場。[80]

四、結語

日治初期臺灣總督府之樟腦政策與霧峰林家有相當密切之關系。由于霧峰林家與晚清臺灣山區之開發扮演要角，領臺初期總督府必須謹慎對應，不激起反抗，又需納入管轄之下。

1895～1899年間，總督府采取驅逐外商勢力、懷柔林家之策略。一方面企圖取消外商在清代享有之自由産銷權，雖未完全成功，但已將外商之經營權縮小。一方面容許林家繼續在山區擁有特權，包括林紹堂之私有隘丁，只是將其納入政府管轄之下，即由臺中縣支付薪餉而聽從其指揮調度。

1899年，總督府進一步實施專賣，并控制樟腦之産銷，因此外商優勢完全驅逐，最多僅能采購有限的樟腦。再者，林家在山區之勢力也逐步消失，二營隘勇縮編爲一營。林家也組織公司，企圖經營樟腦業，但一者規模小，二者缺少清代之特權，難以與日資與官資競争，因此逐漸淡出樟腦業，轉營其他産業。

另外，内度之林朝棟曾在福建企圖另建一樟腦王國，而總督府深恐有礙其對世界市場之控制，派員觀察。不過，經營失利，美夢成空，總督府心中之憂消除。1903～1905年，福建當局實行臺灣總督府之專賣制，聘日人愛久澤直哉爲技師，但中日雙方糾紛不絶而解約收場，因此總督府得以實現其控制世界樟腦市場之目的。

由此可見，總督府之樟腦政策一直與林家有直接與間接的關系，專賣政策之實施象征林家之山區勢力與樟腦利益已完全爲總督府所掌控了。

樟腦大事記

時間	重要記事
1725年（雍正三年）	閩浙總督覺羅滿保奏請臺灣制腦特許制度。
1825年（道光五年）	艋舺設置軍工廠與軍工料館，内山所熬樟腦悉數由該館買收。
1839年（道光十八年）	英國船停泊于基隆、淡水秘密進行鴉片、樟腦交易。
1855年（咸豐五年）	美國船長與臺南官員簽訂公然樟腦買賣契約。
1856年（咸豐六年）	臺灣樟腦輸出達一百萬斤。
1863年（同治二年）	道臺陳方伯（陳懋烈）公布嚴禁私制的專賣制度。以臺灣道的資金改組軍工料館、腦館爲小館，設置于新竹、后龍、大甲等地，專責樟腦的買收。
1866年（同治五年）	安平的英國領事提議專賣廢止。
1868年（同治七年）	Elles商會的樟腦（約六千元）在梧栖被官府扣押，英國領事請求派遣軍艦，引發安平炮擊事件。
1869年（同治八年）	締結樟腦條約。
1875年（光緒元年）	生番出草嚴重，腦竈多荒廢，樟腦産額減少至七十萬余斤。

续表

1876年（光緒二年）	番害漸减，樟腦産額漸增。
1883年（光緒九年）	樟腦一擔收57%的厘金。
1884年（光緒十年）	漢番衝突甚劇，南北番界的衝突呈現前所未有的慘况。
1885年（光緒十一年）	前年的漢番衝突使得樟腦輸出僅三擔而已。
1887年（光緒十三年）	劉銘傳公布樟腦專賣制，于臺灣設置樟腦硫黄局，并于各地設置分局。
1890年（光緒十六年）	官府樟腦價格定爲一擔三十元。十一月樟腦專賣制廢止。
1891年（光緒十七年）	樟腦專賣制廢止后，官府公告課征樟腦每擔十八元的税，作爲番界守備隊防費，此舉遭外商反抗于是内山駐軍撤退。此年腦務官制改正。此年禁止商人出入制腦地方購買樟腦，限制于北部三角涌、大嵙崁，以及中部集集、梧栖四個地點交易，此舉遭外商抗議而于年底撤廢。此年官府允許制腦業者的申請，規定腦竈一份每月征收防費八元，作爲配置制腦地方新軍隊的經費。
1895年（明治二十八年）	5月10日：（1）各地厘金局改課征腦竈防費制度，爲征收一擔付四弗。（2）樟腦征税依照清政府的關税率，每百斤征收一圓十五錢五厘。10月31日：官有林野及樟腦制造業取締規則發布。
1896年（明治二十九年）	2月23日：（1）日本帝國與各國的現行條約施行于本島。（2）依照帝國的關税征收樟腦輸出税。 3月5日：（1）樟腦税則發布，樟腦税每百斤十圓由地方廳征收，税則施行日期于4月1日后各地方官訂定。（2）樟腦税則施行細則發布。（3）總督府撫墾署官制發布。 5月23日：（1）撫墾署名稱、位置、轄區劃定。（2）外國人以通行券等同去内地買入已納税樟腦證明，許可往開港輸出。 6月1日：（1）制腦業取締事務移交撫墾署管理。（2）樟腦制造業取締細則發布，開放民木制腦。 9月21日：（1）臺灣官有森林原野及産物特别處分令發布。（2）此月林紹堂管理的中部隘勇綫，核發每月兩千圓，作爲防備警護。 10月8日：（1）官有森林原野産物買賣規則發布。（2）由大偎外務大臣向英、德兩國大使告知外國人樟腦營業處分的期限，以一年的緩衝與業務整理爲期，期滿一切依照現行條約。（3）在來式腦竈一份以内地式腦竈一個來换算。
1897年（明治三十年）	8月29日：樟腦油税則發布，由地方廳征收樟腦油每百斤三圓。 9月1日：（1）樟腦油税則施行細則發布。（2）閣議放寬本島人、外國人的樟腦營業許可，由總督府依照納税與否，許可樟腦的買賣輸出。
1898年（明治三十一年）	3月：松田茂太郎、總督兒玉源太郎、民政長官后藤新平建議在臺灣施行樟腦專賣制。 9月：松田茂太郎在神户提出關于臺灣樟腦專賣的意見書。

续表

1899年 （明治三十二年）	1月：就業腦竈數三千左右，此月關于樟腦專賣制施行，附記外國人關系向内務大臣稟議。 2月25日：閣議决定樟腦專賣制施行一事，由内務次官通知兒玉總督。 6月9日：（1）總督府内特設樟腦專賣施行調查委員會。（2）同日私制腦及樟木濫伐取締方，由總督訓示知事廳長。（3）10日臺灣樟腦局官制發布。（4）同日臺灣樟腦局職員官等俸給令發布。（5）同日臺灣樟腦局事務官特別任用令發布。（6）22日臺灣樟腦及樟腦油專賣規則發布。（7）同日臺灣樟腦及樟腦油制造規則發布。（8）同日訂定基隆、淡水二港爲樟腦、樟腦油輸出港。（9）同日首次訂定粗制樟腦、樟腦油收納賠償金。（10）23日畫定臺灣樟腦局的名稱、位置、轄區。（11）此月制腦用材價格訂定開始。 7月8日：（1）臺灣樟腦及樟腦油專賣規則施行細則發布。（2）17日書記早川嘉儀任新竹樟腦局長，書記平賀義夫任林杞埔樟腦局長。（3）28日書記鈴木伊十任苗栗樟腦局長，書記白尾國芳任羅東樟腦局長。（4）此月臺北樟腦工場起工。（5）此月各國的新條約實施。 8月1日：（1）事務官有田正盛任臺北樟腦局長，技師小西成章任臺中樟腦局長。（2）4日各樟腦局各别訂定樟腦油賣渡價格公告，但樟腦油被全部神户再制業者妨害臺灣樟腦專賣事業的範圍，須負起再制樟腦價格訂定的義務。 9月7日：（1）總督府歸順匪徒陳秋菊外六名的腦竈及制腦器具由總督府收買，同月16日由這些人租用作爲制腦保證。（2）20日與小松楠彌締結樟腦油賣渡契約。（3）22日臺灣貿易株式會社臺北支店副支配人大島次郎締樟腦油賣渡契約。 10月10日：（1）訂定樟腦油引渡手續，10月13日賣渡開始。（2）14日臺北樟腦局文山堡試制所開設。（3）30日對臺中縣林杞埔街曾君定，交付林杞埔臺中間樟腦運搬請負命令書。 此年：在專賣費中的營林費，由殖産局主管下實行官行造林計劃。

數據源：《臺灣樟腦專賣志》，第89～96頁。

（作者單位："中央研究院"臺灣史研究所）

註 釋：

* 本文之順利完成，應感謝助理陳志豪、楊森豪及黄頌文之協助。

簡稱：文叢：『臺灣文獻叢刊』，乃臺北臺灣銀行經濟研究室出版之系列史料。

[1] 黄富三，《霧峰林家與晚清臺灣山區之開發：樟腦業初探》，厦門，厦門大學臺灣研究院主辦，『臺灣社會經濟史研討會』，2009.6.12～13。

[2] 程大學，《臺日樟腦政策史研究》（大阪：市立大阪大學大學院博士論文，平成七年）。

陳小冲，《日本南進政策中的臺灣》（厦門：厦門大學出版社，1990）。

鐘淑敏，《明治末期臺灣總督府的對岸經營——以樟腦事業爲例》，《臺灣風物》（臺北：第四十三卷第三期，1993），第 197 ～ 230 頁。

張麗芬，《日本統治下的臺灣樟腦業，1895 ～ 1919》（臺南：成功大學歷史語言研究所，碩士論文，民國 84 年，1995）。

黄紹恒，《日治初期的樟腦問題與不平等條約》，《臺灣文獻史料整理研究學術研討會論文集》（南投：臺灣省文獻委員會編印，2000）。

林欣宜，《樟腦産業下的地方社會與國家——以南莊地區爲例》（臺北：臺灣大學歷史學研究所碩士論文，1999）。

王興安，《殖民統治與地方菁英—以新竹、苗栗地區爲中心，1895 ～ 1935》（臺北：國立臺灣大學歷史學研究所碩士論文，1999）。

林聖蓉，《從番界政策看臺中東勢的拓墾與族群互動，1761 ～ 1901》（臺北：國立臺灣大學文學院歷史學系碩士論文，2008）。

[3] 黄富三，《日本領臺與霧峰林家之肆應——以林朝棟爲中心》，《日據時期臺灣史國際學術研討會論文集》（臺北：臺灣大學歷史系，1993.6）。

[4] Harry Jerome Lamley,《The Taiwan Literati & Early Japanese Rule, 1895 ～ 1915》（Seattle:University Of Washington, 1964）。

吴文星，《日治時期臺灣的社會領導階層》（臺北：五南出版社，2008 新版，原《日據時期臺灣社會領導階層之研究》）

[5]《臺灣樟腦專賣志》（臺北：臺灣總督府史料編纂委員會，1924）。

[6] 1870 年，閩臺官員誣林文明叛變并就地正法于彰化縣公堂，此后林家展開京控，但審訊却始終無明確結果，也因此影響林家之前途。參拙著《霧峰林家的中挫》（臺北：自立晚報文化出版部，1992）

[7] 參考黄富三，《霧峰林家與晚清臺灣山區之開發：樟腦業初探》，厦門，厦門大學臺灣研究院主辦，『臺灣社會經濟史研討會』，2009.6.12 ～ 13。

[8] 黄富三，《日本領臺與霧峰林家之肆應——以林朝棟爲中心》，《日據時期臺灣史國際學術研討會論文集》（臺北：臺灣大學歷史系，1993.6），第 92 頁。

[9] 鄭喜夫，《林朝棟傳》（臺中：臺灣省文獻委員會，1979 年），第 110 頁，第 115 頁。

[10] 洪弃生，《瀛海偕亡記》（文叢第 59 種，臺北：臺灣銀行經濟研究室，1959 年），第 5 頁。

[11] (a) 鄭喜夫，《林朝棟傳》，第 110。(b) 吴德功，《割臺記》（文叢第 57 種，臺北：臺灣銀行經濟研究室，1959 年），第 42 ～ 43 頁。

[12] 易順鼎，前引書，第 25。

[13] 翁佳音，《府城教會報所見日本占臺前后歷史像》，《臺灣風物》，41 卷 3 期（1991，10），第 90 頁。

[14] 洪弃生，《瀛海偕亡記》，第 31 頁。

[15]《平臺紀》，貳，《臺灣史料稿本》，卷四，第 130 ～ 2 頁。

[16] 洪弃生，前引書，第 31 頁。

[17] H. J. Lamley, 前引書，第 215 頁。

[18]《林文欽家傳》，《臺灣霧峰林氏族譜》（文叢第 298 種），第 114 頁。

[19] 明治三十年十一月廿六日，『臺中縣知事村上義雄縣參事禦任命ノ義二付上由』，《臺灣總督府公文類纂》，明治 31，00332，卅 二 廿八，親承一二七二□。

[20] 明治三十年十一月廿六日，『臺中縣知事村上義雄縣參事禦任命ノ義二付上由』，《臺灣總督府公文類纂》，明治 31，00332，卅 二 廿八，親承一二七二□。

[21] 明治三十年十一月廿六日，『臺中縣知事村上義雄縣參事禦任命ノ義二付上由』，《臺灣總督府公文

類纂》，明治 31，00332，卅二廿八，親承一二七二□。

[22] 参考《雲林、六甲等抗日事件關系檔案》（臺中：臺灣省文獻委員會，1978），第 3 ～ 5 頁。

[23] 洪弃生，前引書，第 31 頁。

[24]《族譜》，第 114 頁。

[25] 明治三十年十一月廿六日，『臺中縣知事村上義雄縣參事禦任命ノ義二付上由』，《臺灣總督府公文類纂》，明治 31，00332，卅 二 廿八，親承一二七二□。

[26] 明治三十年十一月廿六日，『臺中縣知事村上義雄縣參事禦任命ノ義二付上由』，《臺灣總督府公文類纂》，明治 31，00332，卅 二 廿八，親承一二七二□。

[27] 明治三十年十一月廿六日，『臺中縣知事村上義雄縣參事禦任命ノ義二付上由』，《臺灣總督府公文類纂》，明治 31，00332，卅 二 廿八，親承一二七二□。

[28] 明治三十二年一月十日，『林紹堂依原臺中縣参事ヲ免ス』，《臺灣總督府公文類纂》，451 册 17 號，永久進退保存。

[29]《官有林野及樟腦制造業取締規則》，日令第 26 號，1895 年 10 月 31 日發布參見《臺灣樟腦專賣志》，第 92；『官有林野及樟腦制造業取締規則』，《臺灣總督府公文類纂》8 册 1 號，甲種永久保存。

[30] 王學新（編譯），《日據時期竹苗地區原住民史料匯編與研究》，第 1234 頁。

[31] 王學新（編譯），《日據時期竹苗地區原住民史料匯編與研究》，第 1238 ～ 1239 頁。

[32] 王學新（編譯），《日據時期竹苗地區原住民史料匯編與研究》，第 1244 ～ 1245 頁。《林紹堂外二名〔廣泰成、劉宏方〕ノ配下ニ屬スル隘通隘丁傭使方法内訓中改正ノ件（前一括）》，《臺灣總督府公文類纂》94 册 7 號，乙進永久保存。

[33] 王學新（編譯），《日據時期竹苗地區原住民史料匯編與研究》，第 1247 頁。《隘勇監督ニ關スル臺中縣報告》，《臺灣總督府公文類纂》94 册 9 號，乙進永久保存。

[34] 王學新（編譯），《日據時期竹苗地區原住民史料匯編與研究》，第 1247 頁。《隘勇監督ニ關スル臺中縣報告》，《臺灣總督府公文類纂》94 册 9 號，乙進永久保存。

[35]《臺灣總督府公文類纂》，明治 34 年，乙種永久保存，拓 1909 號，『開墾地引渡願進達二付稟申』。

[36] 黄富三，《林獻堂傳》（南投：國史館臺灣文獻館，2004），第 14 頁；第 18 頁。

[37]《臺灣日日新報》，明治 31 年 9 月 13 日，第 3 頁，『公司解散』。

[38]《官有林野及樟腦制造業取締規則》，日令第 26 號，1895 年 10 月 31 日發布參見《臺灣樟腦專賣志》，第 92 頁；『官有林野及樟腦制造業取締規則』，《臺灣總督府公文類纂》8 册 1 號，甲種永久保存。

[39]《臺灣樟腦專賣志》，第 89 ～ 96 頁。

[40]《臺灣樟腦專賣志》，第 89 ～ 96 頁。

[41] 黄紹恒，《日治初期的樟腦問題與不平等條約》，（臺灣文獻史料整理研究學術研討會）（臺灣文獻委員會，2000.11），第 210 頁。引自臺灣總督府民政部殖産課，《臺灣總督府民政部殖産報文》（臺北：臺灣總督府，1898），第 1 卷第 2 册，明治二十九年五月。

[42] 以上參考黄紹恒,《日治初期的樟腦問題與不平等條約》,第210～212頁。引自明治二十八年四月二十九日，『獨商樟腦輸出ノ件ニ付處分方軍務局ヨリ報告』，《臺灣總督府公文類》，乙進永久保存，29 册 32 號。

[43] 竹越與三郎，《臺灣統治志》（東京博文館，明治 38 年 9 月），第 287 頁。

[44]《臺灣樟腦專賣志》，第 89 ～ 96 頁。

[45] 參張麗芬，《日本統治下的臺灣樟腦業，1895 ～ 1919》，第 46 頁。引自東鄉實、佐藤四郎，《臺灣殖民發達史》（臺北：晃文館，1916），第 383 頁。

[46]《臺灣樟腦專賣志》，第 89 ～ 96 頁。

[47]《臺灣樟腦專賣志》，第 89 ～ 96 頁。

[48]《臺灣樟腦專賣志》，第 89 ～ 96 頁。

[49] 竹越與三郎,《臺灣統治志》, 第 289 頁 ; 第 292 頁。
[50]《臺灣日日新報》, 明治 33 年 9 月 9 日, 第 6 頁,『商會重整』。
[51]《臺灣日日新報》, 明治 34 年 5 月 14 日, 第 4 頁。
[52]《臺灣日日新報》, 明治 34 年 12 月 6 日, 第四版。《臺灣日日新報》, 明治 35 年 8 月 23 日, 第四版。
[53] 參《臺中廳理蕃史》, 第 150 ～ 199 頁。
[54] 王學新 (編譯),《日據時期竹苗地區原住民史料匯編與研究》, 第 1266 ～ 1273 頁。《隘勇增設ニ關スル設計等臺北、臺中縣及樟腦局ヘ通達》,《臺灣總督府公文類纂》537 册 15 號, 永久保存 (追加)。
[55] 王學新 (編譯),《日據時期竹苗地區原住民史料匯編與研究》, 第 1274 ～ 1287 頁。《隘勇設置及警丁廢止等ニ關スル件 (內訓第二一號、內訓第二二號、內訓第二三號)》,《臺灣總督府公文類纂》537 册 16 號, 永久保存 (追加)。
[56]《臺中廳理蕃史》, 第 150 頁。
[57]《臺中廳理蕃史》, 第 140 頁。
[58]《臺灣日日新報》, 明治 38 年 3 月 29 日, 第 4 頁,『嘉義制腦事業』。
[59]《臺灣霧峰林氏族譜》, 第 120 頁。
[60]《臺灣日日新報》, 明治 36 年 6 月 20 日,『軼事補録』。又, 明治 36 年 6 月 21 日,『林氏袁啓』。
[61]《臺灣日日新報》, 明治 36 年 6 月 21 日,『林氏袁啓』。
[62]《臺灣霧峰林氏族譜》, 第 120 頁。
[63]《清德宗實録選輯》(文叢 193), 第 77 頁。
[64] (a)《臺灣日日新報》, 明治 34 年 7 月 20 日, 第 3。(b) 同上, 明治 34 年 7 月 20 日, 第 4 頁。(c) 同上, 明治 34 年 12 月 8 日, 第 6 頁。
[65]《臺灣日日新報》, 明治 34 年 7 月 20 日, 第 4 頁。
[66]《林朝棟文書》, 編號 109、186、310。
[67]《臺灣日日新報》, 明治 34 年 8 月 28 日。
[68]《臺灣日日新報》, 明治 34 年 8 月 28 日。
[69]《臺灣日日新報》, 明治 34 年 11 月 9 日, 第 4 頁。
[70]《臺灣日日新報》, 明治 34 年 7 月 20 日, 第 3 頁。
[71]《臺灣日日新報》, 明治 34 年 7 月 14 日, 第 3 頁。
[72] 參吴春暉,《吴蔭槐其人其事》,《臺北文物》8 卷 1 期 (1959.4) 第 39 ～ 41 頁; 鄭喜夫,《林朝棟傳》, 第 132 頁。吴蔭槐與其弟蔭棠曾經劉銘傳召見面試, 大受劉銘傳贊賞。后林朝棟愛其才, 經楊克彰、李秉鈞做媒, 嫁以長女林蘭芬。1895 年内渡泉州, 后仍回臺, 并與友人共同經營米行、當鋪、油漆等生意。第一次世界大戰結束后, 與人組設券行, 成爲艋舺巨富, 后股券不景氣致家産頃蕩, 后招學生于龍山寺教夜學維生。
[73]《臺灣日日新報》, 明治 34 年 7 月 20 日, 第 3 頁。
[74]《臺灣日日新報》, 明治 34 年 7 月 20 日, 第 6 頁。
[75]《臺灣日日新報》, 明治 34 年 8 月 28 日。
[76]《臺灣日日新報》, 明治 34 年 11 月 7 日, 第 3 頁。
[77]《臺灣日日新報》, 明治 34 年 11 月 9 日, 第 4 頁。
[78]《臺灣日日新報》, 明治 34 年 12 月 8 日, 第 6 頁,『樟腦調査』。
[79]《臺灣日日新報》, 明治 34 年 3 月 9 日, 第 6 頁,『漳平腦務』。
[80] (a) 細節參閱陳小沖, (日本南進中的臺灣——以福建官腦局案爲中心之個案分析), 厦門大學臺灣研究所臺灣歷史研究主編,《臺灣史學術交流論文集》(厦門大學出版社, 1990)。(b) 日本外務省文書,『福建腦務交涉』中有詳細之福建腦務之報告。

日據時期臺灣與東北地區煤礦業之發展
——以基隆與撫順煤礦爲例

翁嘉禧　王林楠

一、前言

日本在明治維新之后，大力推行殖産興業和對外擴張的國策，爲滿足工業不斷發展的需求，在大規模開采本國煤炭資源的同時，開始積極謀求海外煤礦的開拓。

十九世紀末起，日本通過中日甲午戰争、日俄戰争相繼得到了臺灣和東北地區開采煤礦的利權，并趁民國初期政局混亂之機，以投資和貸款等多種方式來進一步染指華北地區的煤礦資源。這種長期大規模的投資開發，對當地煤礦業的發展産生了較爲深遠的影響。特别是臺灣和東北地區，都曾經歷過日本殖民統治，相比其他地區，兩者區内的煤礦業長期在日本的控制經營之下，烙印頗深，更能完整的體現日本控制開發煤礦業的體系脉絡及産生的影響。

對于近代臺灣與東北煤礦業發展之研究，回顧相關文獻，包括陳慈玉《日本在華煤業投資四十年》（2004），《日據時期臺灣煤礦業的發展》（1993），《撫順煤礦的發展(1907～1931)》（1996），臺灣省文獻委員會《臺灣省通志》〈卷四·經濟志·礦業篇〉（1980），解學詩，《滿鐵史資料》〈卷四·煤鐵篇〉（1987）等，對近代臺灣和東北兩地煤礦的發展作了較爲精彩細致的論述。

本文選取基隆和撫順這兩個在日本殖民體系内扮演着重要角色的煤礦作爲研究對象，搜集相關史料數據，采取個案研究等研究方法，通過回顧兩者在日據時期的發展軌迹，從煤炭業自身及其市場體系分布的角度，分析日據時期臺灣與東北兩地煤礦業發展之特點；并初步對日本于兩地區煤礦業在開發經營方式，以及它們同日本在經濟層面上的關系進行對比；同時，也希冀能對近代臺灣與東北地區煤礦業的研究有所增補。

二、基隆煤礦——『執區内之牛耳』

日據時代之前，臺灣基隆附近的煤礦便已有所發展，因基隆地處航海要衝，很早便有英、美、西等國航海者勘察煤炭埋藏情形，當地傳統煤炭采掘業也初具規模。1870年時基隆煤礦業已開掘的煤窑有92處。[1]到了十九世紀中后，基隆更以建立了近代中國第一個以西法采煤的煤礦而聞名。后因管理不善、戰亂破壞等因終歸衰敗。日據時代的到來,讓基隆乃至整個臺灣的煤礦業進入了一個特殊的發展時期，毫無疑問，日本的資本和煤礦業發展過程中積纍的技術和經驗，都是臺灣煤礦業在近代崛起不可或缺的因素。

（一）曲折中的緩慢發展

1．初期的停滯徘徊

在日本占領初期，煤礦業發展緩慢，甚至不及清代水平，産生這種情況的原因是多方面的，如資本不足，技術落后等，但主要還是對臺灣煤礦業的價值認識不足和政策制定不當引起的。殖民者認爲臺灣煤礦資源薄弱，産量少，無法開展像日本國内那樣的大規模機械開采，且省内工商業尚不發達，未形成有規模的需求市場，况且殖民者的注意力正集中于基隆、瑞芳等地區的金礦資源上，對煤礦業便采取自由放任政策，所以基隆煤礦業基本延續了前清的格局。

表一　日據時期臺灣歷年煤炭生產與需求量表（1895～1945）

單位：千噸

年代	產量	需求消費				
		總量	外銷		省内	
			日本	其他	本地	輪船
1895	10	——	——	——	——	——
1896	14	6	——	——	——	—
1897	20	17	——	7	——	10
1898	60	15	——	——	——	——
1899	50	18	——	18	——	——
1900	42	——	——	——	——	——
1901	64	——	——	——	——	——
1902	96		——	——	——	—
1903	80	——	——	——	——	——
1904	82	——	——	——	——	——
1905	94	104	——	29	——	74
1906	102	155	——	33	——	121
1907	134		——	——	——	——
1908	154	——	——	——	——	——
1909	181	——	——	——	——	——
1910	229	——	——	——	——	——
1911	252	——		——	——	——
1912	276	419	——	29	249	140
1913	319	466	——	22	279	165
1914	342	526	1	42	275	208
1915	379	524	——	37	278	209
1916	517	511	10	78	266	156
1917	673	767	15	252	344	155
1918	801	820	8	282	376	153
1919	1,086	1,184	57	477	404	244
1920	1,139	1,258	90	458	487	222
1921	1,029	1,322	56	454	499	311
1922	1,347	1,375	188	468	518	199
1923	1,444	1,473	181	484	519	288
1924	1,506	1,685	198	673	485	328
1925	1,704	1,780	189	700	526	363

1926	1,794	1,881	136	753	608	382
1927	1,857	1,752	129	560	782	280
1928	1,583	1,397	79	364	657	295
1929	1,530	1,608	42	346	715	504
1930	1,598	1,520	41	342	640	496
1931	1,421	1,419	64	309	597	447
1932	1,354	1,407	61	170	622	552
1933	1,533	1,584	146	186	658	592
1934	1,520	1,570	105	162	681	621
1935	1,596	1,706	81	147	701	776
1936	1,743	1,976	114	127	895	840
1937	1,953	2,269	270	137	858	1,003
1938	2,198	2,369	439	147	885	896
1939	2,618	2,667	276	291	1,105	994
1940	2,841	2,706	284	383	1,169	869
1941	2,853	2,617	86	392	1,452	687
1942	2,356	2,519	146	269	1,755	349
1943	2,237	2,312	37	297	1,623	355
1944	1,913	1,941	——	134	1,426	380
1945	794	745	——	39	675	30

資料來源：1．楊選堂，《臺灣之燃料資源》，臺北：臺灣銀行，1951年，第25—27頁。

2．臺灣礦業史編纂委員會，《臺灣礦業史》，臺北：『中華民國』礦業協進會；臺灣區煤礦業同業公會，1983年，第6頁；第113頁。

此時的日本尚處在帝國主義初期，殖民經驗尚不豐富，甲午戰争幾乎耗盡國力，國内政局不穩，内閣交替頻繁，暫無余力進行大規模資本活動，允許本地人開發可謂權宜之計。爲了防止私采濫掘和亂設礦區圖利，除了清代已經劃定開采的礦區外，禁止私自開礦設區，并于1896年頒布的礦業規則細則加以嚴格的限制和管理。不想此舉在客觀上却掣肘了臺灣煤礦業的發展，爲配合剛剛頒行的《六三法案》吸引當地人加入日本國籍，細則明確規定『經營礦業只限于日本國民爲之』，[2]此時的臺灣抗日運動風起雲涌，『各地不肯屈服之愛國志士，紛紛抗敵，日人僅能在臺北城中，平時不敢越雷池，乃不能顧及偏僻之煤礦地帶，所以煤礦之改善或煤炭增産，并不能按照理想。』[3]無法提供安定的投資環境。當地業者對此多有顧及和反感，因此反應消極，法令公布當年基隆地區只有一個礦區獲准開采，直到1898年合法經營的礦區也只有七個而已。

1897年日本國内煤價暴漲，并開始着手對基隆附近煤田做勘探調查，此一利好消息激起了各方面對臺煤的極大興趣，總督府當年受理開礦申請多達102件，但年終總産量接近兩萬噸，只及清朝時期的平均水平，[4]（清代最高年産量爲47000噸），就當時情况而言，礦場規模的限制和采煤機械使用的不普及是造成産量無法大幅提升的主要原因。煤礦業是一個以規模效益爲主的産業，縱觀整個近代煤礦業的發展歷程，無論是生産技術層面還是運銷層面的進步，總是圍繞着規模和産量這個主題，卷揚機和大功率水泵等大型機械的應用被認爲是一個煤礦現代化的主要特征，原因就在于兩者的應用能够在技術層面實現更大面積更深層煤礦資源的開采，所以一定規模是煤礦使用機械采煤和邁向現代化的前提條件。

然而礦業細則中第八條却明確規定，『總督府准許礦業權時，應先訂定限期繳納一百圓以上三萬圓以下之保證金』。[5]此項規定的初衷是爲了認定投資者的投資能力，防止投機分子亂占礦區圖利，不想却增加了投資者的風險系數，后者爲減少風險系數大都選取煤層露頭附近埋藏淺顯的地區，盡量縮小礦區面積，并采用傳統狸掘法進行開采以減少成本投資，結果導致小礦區星羅棋布，礦界糾紛和和越界開采的争執事件不斷發生，無法擴大規模來消化龐大投資，遲滯了先進方法和技術機械方面的引進和應用。規模限制和技術落后依舊互爲因果，延緩着臺灣煤礦業的發展。

2．内需拉動下的平穩前行

20世紀初，臺灣煤礦業開始出現新的發展契機。誠如表一所示，臺灣煤炭産量歷史上首次達到了10萬噸，但就此前幾年産量來看，這實際上是一種纍進過程，并非突破，之前歷年産量都有逐步增加，[6]1905年煤炭産量已經突破9萬噸。筆者認爲這實際是臺灣社會在經歷最初混亂動蕩之后逐步穩定下來的自然發展。相比之下，更應該引起重視是煤炭需求量的迅速提升，到了1906年，供需之間出現了明顯的缺口，在産量突破10萬噸大關的同時，煤炭需求總量達到15萬噸，其中島内占78%，達到12萬噸。自此后直到第一次世界大戰爆發，島内的需求一直在煤炭市場中占據着主導地位。

兒玉源太郎上任后改變對臺策略，在采取鎮壓和保甲制等一系列鐵腕手段穩定社會秩序的同時，由民政部長后藤新平主持大力興建港口鐵路等基礎設施，推農業産業化，實行對鴉片、蔗糖、樟腦等産業的專賣制度，逐步化臺灣爲日本的原料産地。1899成立臺灣銀行，通過發行紙幣和辦理日本企業在臺灣貸款業務，爲日系資本打開方便之門，一時間，島内出現了諸多如食鹽、制糖、造紙、磚窑等加工業産業，擴大了對煤炭的需求量，更多的實業者開始關注和涉足煤礦業的發展，被譽爲臺灣五大家族之一，后來雄踞煤礦業的基隆顔家就是在這種背景下于1904年申請三瓜子、瑞芳煤礦的開采權。[7]開始致力于煤礦業經營的。

投資環境的改善和市場需求的擴大無疑鼓勵了煤礦投資者的信心，雖然面臨諸多阻礙因素而略顯緩慢，但臺灣煤礦業還是進入發展軌道。首先，1906年以后逐步擴大了對機械采煤設備的使用。雖然效果不佳，但臺灣煤礦業一直没有放弃這方面的嘗試，習慣上秋山義一的田寮港口煤礦被認爲是臺灣斜坑開采和機械開采通風設備使用的開始。1906年，總督府將原來由海軍所管的四角亭一帶的煤礦，交由荒井泰治開采經營，并從日本九州島島購置舊機械設備，并開鑿大斜坑，造成了臺灣開鑿斜坑采煤的風潮，[8]此后煤礦平均面積逐步增加，爲大規模機械設備的使用提供了可能。[9]

1908年縱觀鐵路的修築整合了島内市場，鐵路與現代化煤礦的關系可謂相輔相成，十分密切。鐵路是連接産地和市場之間的紐帶，臺灣煤炭主要分布在以基隆、臺北爲中心的北部地區，而以煤炭爲燃料的制糖業主要分布在南部，之前南部的需求大多依賴進口煤炭，在縱貫鐵路修建完畢后，雖然一度因爲北部煤炭生産技術落后、成本過高，依舊仰賴來自日本和撫順的煤炭[10]，但流通渠道的通暢已經爲北部煤炭銷售到南部，進而統合整個島内市場奠定了基礎。而鐵路運行本身就需要大量煤炭作爲燃料，其鋪設所經之地的居民，中小型工業，甚至是手工作坊都會借助這一便利條件，成爲煤炭的用户。這就擴展了煤炭市場。而基隆港、高雄港口的興建在帶來更多遠洋船舶對煤炭消費的同時，也爲日后臺煤輸出到周邊國際市場提供了便捷條件。于是從産地到島内市場再到國際市場，逐步形成了一個多層次的市場體系的輪廓。

（二）産業統合與現代化之路

1900～20世紀30年代前后是臺灣煤礦業發展重要時期，國際局勢第一次成爲影響臺灣煤礦業發展的重要因素，以基隆顔家爲代表的本土人士在與日系資本的折衝合作中，共同推動着臺灣煤礦業的現代化步伐。

1. 折衝中的現代化之路

1910年代之后的臺灣煤礦業進入了一個持續的快速發展階段，如表一所示，同初期單純内需拉動的情形有所不同，需求結構發生了巨大的變化。一方面島内需求因爲以蔗糖業爲龍頭的產業群的快速發展以及海運事業的發展導致煤炭需求的持續增長，供需間到1915年仍有十數萬噸缺口，對于當時年産總産量三十幾萬噸的臺灣煤礦業而言，的確存在一個繼續提升的空間。另一方面，國際和地區局勢變化提供了廣闊的出口市場，煤炭出口比重逐年增加，1920年前后達到總銷售量的45%左右。第一次世界大戰爆發后，東南沿海等地主要港口市場均感煤炭供應不足，歐洲主要煤炭生産國因戰爭影響，産量鋭減，無力保持在這些地區市場份額，據統計，直到1920年，這些地區的煤炭需求缺額已達到250萬噸左右[11]，爲地理位置相鄰的臺灣煤礦業的崛起提供了機會和市場。

三井、藤田等大型財團的投資刺激了這一時期臺灣煤礦業的迅速發展，而客觀環境的改善也讓本土資本活躍起來，最具代表的『五大家族』中的基隆顔家，通過投資經營、承包、合作等形式的折衝博弈，最終完成了對基隆地區煤礦的整合，并確立了在臺灣煤礦業界的一枝獨大的地位，被后世稱爲『炭王金剛』。1919年，臺煤産銷量首次突破百萬噸大關。這一時期臺灣煤礦業的發展具有了更爲鮮明的現代因素和特征，總結起來當有如下三點：

第一，礦區面積的擴大。1906年總督府重新修訂《礦業規則》，對礦區面積做了具體規定：『以直綫劃定而以地面所畫界綫之垂下示限，每一礦區面積限定三萬坪以上』[12]1912年這一標准又提升到115000坪。1918年成立基隆碳礦株式會社之時，基隆地區所開煤礦幾乎遍布整個基隆周邊11個煤田，18個含煤代，再加上桃園、新竹、苗栗等地煤礦，礦區數量增至113個，總面積達到3千萬坪[13]，其中僅顔雲年、顔國年兄弟所屬基隆、頂雙溪間，經三貂嶺、平溪鄉横跨文山郡十八重溪的礦區就有1480萬坪[14]。礦區規模的擴大爲吸收大規模資金，使用大型機械進行大規模采掘做好了前提准備。

第二，機械設備的引進和采掘方法的進步。采掘和運輸技術此是影響規模和成本的重要因素。考慮到此時臺灣電力産業仍不發達，機械化雖有普及，但當時大多數煤礦采用蒸汽動力的卷揚機與水泵。采掘方法上體現了經營者的靈活和實用性，考慮到現實條件和成本問題，除四角亭煤田内一些礦坑采用長壁法掘進外，大部分都會因地制宜的選擇殘柱法或將兩者混合使用[15]其中值得一提的便是從日本學成回臺的陳明，他在崁脚煤礦瑪鏈坑實現臺灣歷史上第一次海底采煤，并結合所學創制了適合臺灣的地壓長壁采煤法。[16]，二十年代末到三十年代初，在顔國年等人的大力提倡下，臺灣各項水電、火電事業始有大規模的發展，[17]各煤礦才開始大規模使用電動力大功率的生産機械，適合深層機械化采掘的長壁法才進一步的推廣開。

運輸技術上值得一提的便是由顔家承包的石底煤礦廠，因地處東北部的山丘地帶，煤炭及勞工和機械設備的交通運輸一度成爲掣肘其發展的主要原因。待宜蘭鐵路通車后，顔雲年排除萬難，投資330多萬元，與1921年完成了連接石底三貂嶺之間的八公里鐵路，后又延連至武丹、頂雙溪，將整個東北部煤礦連爲一體，激活了石底煤礦的生産能力，産量由1919年的5,705噸增長到1922年的137,996噸，占全省煤炭産量比例也從0.5%提高至10.2%。[18]。

第三，從個體到會社的統合。第一次世界大戰爆發，全世界範圍内能源礦産價格的上漲，導致日系財團投資經營臺灣煤礦業的一個重要動力，『時以大戰影響，經濟提升，三井、三菱、大倉諸商社在臺競爭販煤』。而早年退出臺煤市場的藤田組也『重組在臺投資與再重估石底炭田開發諸價值』，并與當年成立資産達三千萬元的『藤田礦業株式會社』，荒村寬治也在四角亭煤礦基礎上成立『臺灣碳礦株式會社』。[19]1918年是臺灣煤礦業發展史上重要的一年，『臺灣以炭礦會社設立風行，礦山業再受日政府注重』，[20]這時的臺灣煤礦業仍屬自由競爭，雖然日系財團早有代行日本『國家意志』的功能，但總督府尚采取自由産銷的態度，再加上以顔家爲代表的礦業人士的努力爭取，臺灣煤礦仍在這種産業重組中持續發展。臺陽礦業株式會社和基隆碳礦株式會社的成立幾乎統合了整個基隆地區的煤礦業，兩者産量占到整個臺煤産量的三分之二，其中基隆炭礦株式會社旗下煤礦産量就占到了50%以上，確立了在臺灣煤礦業中執牛耳的地位。

2. 統制的建立與戰時的維持

1928年國内的排日運動及隨后的世界性經濟衰退，給臺煤輸出以相當重挫，産銷停滯不前。1933年日本因東北問題退出國聯，國際環境惡化，之后又撕毀《限制海軍軍備條約》，仿效德國大力擴充軍事及航海工業。爲將臺灣建成南進基地，在臺灣大肆擴建工業體系，加緊掠奪臺灣各種資源資源。于是在經歷了短暫的衰退后，臺煤産銷量開始恢復，機械化程度迅速提升，煤炭流通銷售渠道逐步被剥離控制，最終被納入到日本經濟統制體系内。

實際上二十年代前后日系財團大興整合之風，島内煤礦業競争升級，臺灣煤礦業就出現了一些震蕩波動，再加上外來撫順煤的衝擊[21]和外部市場的萎縮，除了如顔家這樣同日系資本保持密切聯系的本地資本外，諸多小型煤礦或廢礦停産，或勉强支撑。從表一所示，從1928年到1931年，臺煤産量直綫下降20多萬噸，同時，對外銷售量也縮减了近50%。進入三十年代后，日本軍國主義大肆擴充軍事及航海工業，煤炭需求量激增，直接導致價格起伏不定，供需失衡，打亂了剛剛重組的臺灣煤礦産業的市場秩序。

爲了穩定價格，平衡供需。在殖民政府的鼓勵之下，島内煤礦業界發起成立協調産銷的機構組織，『臺灣炭業組合』，『石炭商組合』，『臺灣石炭株式會社』，『臺灣石炭統制會社』。特别是『石炭商組合』成立后，管制協調供需關系，提高産煤品質，穩定價格，并積極開拓新的市場，[22]臺灣煤礦業得以繼續發展，産銷量在其成立后得到發展，特别是在其銷售結構中輸入日本的臺煤總量從1932年的61,830噸上升到1940年的28,4703噸，在外銷煤的比例也從26%上升到42%，1938年這一比例更是達到75%。

隨着戰争形勢的日益擴大，殖民政府强化『公權力』，逐步將國家意志滲入這些組織當中，特别是1941年仿照『日本石炭株式會社』模式成立『臺灣石炭株式會社』后，將臺灣煤業金融和煤業配給事宜全部統合其中[23]，并旋即解散了作爲資本入股者之一的『石炭商組合』[24]，此后，臺灣煤炭的生産流通完全由『臺灣石炭株式會社』控制，并由總督府頒布《石炭配給統治規則》予以法規上的確認。然而這一措施并没有解决煤炭供需矛盾。1944年《臺灣石炭配給統制令》頒布后隨即『臺灣石炭統制會社』，并置于總督府的直接控制之下，進一步加强産業統制，進一步簡化銷售系統。但隨着戰局的深入『戰區之不利，物資之缺乏，波及及臺灣』，[25]物資設備的缺乏和戰争帶來的破壞和動蕩，特别是盟軍的轟炸讓臺灣煤礦業陷入癱瘓狀態，并隨着日本在太平洋地區霸權的終結而進入沉寂，等待新時代的到來。

三、撫順煤礦——『東亞煤都』

撫順煤礦位于遼東半島沈陽以東約70里處，所處地勢平坦，交通便利，渾河支流將整個礦區一分爲二，其煤炭儲量只占整個東北區域的5%左右，[26]但却以先進的技術和巨額的産銷量稱雄于東亞地區，其『規模宏備，爲東亞之首。』[27]素有『煤都』之稱。

（一）重點經營下的迅速崛起

撫順煤礦歷史由來已久，『自遼金以降，即有土人采取爲薪，以供燒制陶器之用』。[28]至明清兩代，多因地處邊塞、有礙風水之説而遭封禁。1905年日俄戰争時，日軍以華人經營之撫順煤礦有俄資入股爲由强占[29]，并在隨后的《樸茨茅此條約》中規定：『俄國政府允將由長春（寬城子）至旅順口之鐵路及一切支路，并在該地方鐵道内所屬之一切權力財産，以及在該處鐵道内附屬之一切煤礦，或爲鐵道利益起見所經營之一切煤礦，不受補償，且以清國政府允許者，均移讓于日本政府。』[31]其后，日方趁清末政局動蕩，先后强迫簽訂了《中日新約》、《滿洲五案件條約》强迫中國當局接受撫順、烟臺煤礦占領之事實。

1. 規模、技術的迅速提升

1906年，日本政府以政令召集三井、三菱等大型財團組建股份制的『國策公司』——『南滿鐵道株式會社』（下文中簡稱『滿鐵』），這個財團利益和政府『國策』相結合的特殊公司成立之初在日本大藏、外務等省的指示下將撫順煤礦作爲經營重點，『礦業尤應注意撫順及烟臺之煤礦。』

針對當時撫順煤礦只有楊柏堡、千金寨及老虎臺三處老式斜井以土法開采，生産效率極低『每日産量三百噸耳。』[32]『滿鐵』方面積極采取措施，在恢復生産的基礎上制訂發展計劃，大幅擴張礦區規模、引進機械設備，改良采掘技術。

表二　撫順煤炭年産量與年銷售量對比圖

單位：千噸

年度	産量	銷售量	區外輸出量		區内銷售量	
			總計	日本	總計	社用
1911	1,343	1,064	244	55	755	357
1912	1,470	1,548	568	112	848	372
1913	2,185	2,377	1,231	388	963	469
1914	2,147	2,280	1,005	360	1,056	517
1915	2,169	2,102	742	122	1,172	550
1916	2,040	2,376	939	179	1,255	540
1917	2,576	2,567	773	148	1,633	842
1918	2,602	2,720	737	159	1,847	921
1919	2,929	2,868	554	114	2,230	1,205
1920	3,130	2,624	499	63	1,939	1,117
1921	2,738	3,463	957	287	2,075	1,077
1922	3,784	5,290	1,854	909	2,691	1,581
1923	4,883	5,192	1,919	921	2,592	1,174
1924	5,504	5,807	2,383	1,170	2,830	1,371
1925	5,671	6,212	2,611	1,239	2,871	1,360
1926	6,092	6,991	3,181	1,447	3,186	1,516
1927	7,541	7,475	3,388	1,693	3,385	1,566
1928	6,556	7,961	3,619	1,849	3,630	1,627
1929	6,676	7,332	3,783	1,887	3,666	1,743
1930	6,716	6,867	3,636	1,708	3,295	1,696
1931	5,996	6,133	3,723	1,811	2,894	1,520
1932	7,032	7,411	3,176	1,789	3,450	1,511
1933	8,646	8,476	3,537	2,388	4,070	1,306
1934	9,422	9,087	3,665	2,724	4,565	1,358

1935	9,257	9,564	3,077	2,388	5,608	1,570
1936	9,593	9,288	2,705	2,048	5,731	1,874
1937	9,530	9,710	2,341	1,713	6,549	2,220
1938	9,139	9,312	1,442	959	7,090	2,589
1939	8,922	8,766	937	722	7,281	3,082
1940	7,268	7,253	721	546	6,128	2,732
1941	6,706	6,516	828	667	5,314	2,533
1942	6,359	6,071	757	621	5,066	2,554
1943	5,372	5,370	649	587	4,620	2,275

資料來源：1. 滿鐵經濟調查會編，《滿洲經濟年報》，東京：改造社，1933年，第557頁。
2. 侯德封，《第五次中國礦業紀要》，北京：實業部地質調查所國立北平研究院地質學研究所聯合刊行，1935年。第598～599頁。
3.《撫順炭礦統計年報》，大連：南滿鐵道株式會社，1942 年，第 132 頁；1943 年，第 14 ～ 15 頁。

早在1906年，滿鐵就聘請松田武一郎制定撫順煤礦一期工程計劃，總預算爲920萬元，首先是着手開發千金寨及楊柏堡附近大山、東鄉煤井，資金投入預計爲510萬元，占第一期投入的56%，并建立撫順煤礦的第一個發電所——大山發電所。到1911年，兩煤井已開始出煤，發電所也完工并正式發電，這就爲礦内購置的采掘機、卷揚機、水泵等的大型的機械提供了動力，到1912年第一期工程完工后，這幾個煤井的日出煤量便達到5,000噸，[33]撫順煤礦的年產量也達到了百萬噸之上。日后，『滿鐵』以此爲基礎分别建立了大山采炭所和東鄉采炭所。

1911年，在第一期工程收尾的情况下，『滿鐵』開始緊鑼密鼓的計劃第二期工程，負責人米倉清族依據撫順煤田煤層頗厚之事實，决定采用注沙添坑采煤法代替的殘柱采煤法，加深了煤層的開采深度，提高了單個煤井的產量和出煤量；技術上着手建立利用劣質煤煤氣發電的蒙特煤氣發電廠，擴建大山發電所二期工程，在此基礎上在全礦内實現電氣化代替蒸汽化，大量使用大型電動掘進機和排水泵，并開始修建和延長礦内的運煤鐵路，期内萬屋達、龍鳳坎等煤井相繼建成，撫順煤礦產量達到了257萬噸，[34]并初步具備了近代機械化煤場的雛形。

表三　二十年代中后期撫順露天煤場年產量與歷年撫順煤礦總產量對比圖

單位：千噸

年份	露天煤場	撫順煤礦	所占百分比（%）
1921	608	2,738	22.2
1922	1,200	3,784	31.7
1923	1,804	4,883	36.9
1924	1,936	5,504	35.1
1925	2,352	5,671	41.5
1926	3,028	6,092	49.7
1927	3,125	7,541	41.4
1928	3,467	6,556	52.8

1929	4,006	6,676	60.0
1930	4,014	6,716	59.8
1931	3,540	5,996	59.0

資料來源：1. 虞和寅，《撫順煤礦報告》，北京：農商部礦政司，1926年，第230頁。

2.《撫順煤礦統計年報》第一編，大連：南滿鐵道株式會社，1942 年，第 5 頁。

注：《撫順煤礦調查報告》中計量單位爲英噸，1 英噸約爲 1.016 噸。

表中數據兩者有衝突者以《撫順煤礦統計年報》爲准。

2.露天煤礦的開發建設

撫順煤田的煤層爲西厚東薄的楔子行分布，西部煤層厚達130米，具有埋藏淺易開發、速度快成本低的優點，因此『滿鐵』在第二期工程中投入重金對這一地區進行了開發，先后建立四處大型露天礦，并首次采用機械鐵鏟挖煤，大幅度提高了出煤效率，成爲撫順煤礦的重要組成部分。如表三所示，從1921年到1931年的十年間，隨着露天煤礦的逐步擴大完善，其產量在撫順煤礦總產量中的比例持續上升，特別是二十年代中后期，煤礦業伴隨世界性經濟衰退而萎縮之時，撫順露天煤礦却以低成本，高效率的產煤量超過總產量的50%，三十年代初，這一比例一度達到60%，成爲這一時期撫順煤礦產量持續攀升的重要因素。

正因爲對露天煤礦價值的充分認識，『滿鐵』不遺余力的擴大規模，更有甚者，1925年『滿鐵』通過各種手段强買當時新市街的土地，將此處的街道全部遷移到永安臺一帶，隨后改變楊柏堡河的南北流向，使其向西轉入古城子河，整個工程持續到1939年，『滿鐵』將古城子1號、2號露天煤場與東岡子、楊柏堡、大南山等所有露天煤場均連爲一體，完成了這一浩大的工程，形成中國第一大露天采煤場。[35]這種爲了采煤而人爲的水土改變給當地的水土生態和民生造成了巨大的損害，在近代東北的煤炭資源開發史上是絶無僅有的，『滿鐵』和日本對于撫順煤礦及其露天煤礦的重視程度可見一斑。

持續的投入和擴張使得撫順煤礦生產能力迅速提高，從當時撫順煤礦各項投資比例來看，用于開拓生產的開坑和機械構買兩項資金便達到全部資金的60%。[36]截止到『九一八事變』爆發之前，撫順煤礦共開煤礦14處，其中露天煤場4處，煤井10處，基本完成了對撫順煤田的開發，年產量也如圖三所示穩定在650萬噸左右。

（二）無出其右的市場地位

1．東北區域市場的壟斷

從表二中可以看出，撫順煤礦的産銷量一直保持持續上升的勢頭，即使在二十年代世界經濟不景氣的狀態下，也幾乎没受到什么影響，這一方面當然是『滿鐵』持續的投資開發的結果，特別是露天煤礦的建立保證了二十年代后的產量上升趨勢。另一方面，撫順煤礦利用自身特殊的政治經濟優勢建立起多元化市場體系保證了穩定銷量，『各重銷路之數目無甚大出入』，『可見該礦銷路之穩定矣。』[37]而同一時期的東北大部分由中國人所控制的煤礦還大多還未脱離土法經營的範圍，年產十萬噸以上的屈指可數，并因交通、成本等多方面因素，銷售市場被限制煤礦附近的周邊地區。

東北地區一直是撫順煤的主要銷售市場，主要包括『滿鐵』社用炭和東北内銷兩個部分，所謂的社用炭就是用于『滿鐵』在東北地區投資的鐵路和工業等各項產業上的煤炭。因爲撫順煤礦是由以現代煤礦的模式進行專業規劃的，所以同時建設了一批包括發電廠在内相應的煤炭副產品利用和加工部門；包括『滿鐵』在内的日資企業分布在東北鐵路沿綫大中城市的工業產業體系（如鞍山、本溪煉鐵廠等）以及密布東北的鐵路交通體系都煤炭有着巨大的需求；隨着東北殖民化和日本掠奪商品原材料程度的加劇，撫順周邊的大連、安東等港口的日漸成爲進出口貿易大港，越來越多的大噸位商船所需燃料也成爲撫順煤炭的一大銷售途徑，一度占撫順煤礦銷售額的11%。[38]龐大的殖民產業體系爲撫順煤礦提供了龐大的消費群體，1907年銷售煤炭206,573噸，其中社用炭148,062噸，比例高達71.6%.1908年銷售煤炭共450,101噸，其中社用炭就達到280,012噸比例高達62.2% 。[39]在發動全面侵華戰争之前，這一比例一直穩定在20%～25%之間。

相對關内，東北的冬季持續時間長、氣温低，特別是北部地區自然氣候十分惡劣，采暖燃料成爲人們日常生活不可缺少的一部分，近代日、俄等國的殖民產業貿易的發展，在鐵路沿綫出現了如哈爾濱、大連、長春等諸多人口密集的大中型城市，這些城市中的生活和采暖用煤就形成了一個市場群。撫順煤礦乘鐵路之便利，由三井物產株式會社在各大城市設立辦事處和儲煤廠直接辦理售煤業務，并以此爲基點輻射城市周圍地區市場，[40]以1925年爲例，當年吉、黑兩省自身消費額則達到614,000噸，而煤產量只有316,000噸，需要輸入299,000噸煤炭，這其中撫順煤炭的達到168,000噸，占總輸入量的56%，單就城市煤炭銷售比例更高，哈爾濱1925年共消費煤炭170,439噸，占這一地區煤炭消費量的53.6%，其中撫順產煤炭就占131,000噸，占哈爾濱當年煤炭消費量的76.8%。[41]三十年代初，單采暖用煤一項撫順煤礦的銷量以逾百萬噸，1936年更是達到空前的211萬噸,占當年銷售量的22.7%，[42]幾乎與滿鐵社用持平，更是占東北當年采暖總耗煤量269萬噸的78.4%。[43]對區内煤炭市場已經成壟斷之勢。

2. 重心的確立與衰敗

撫順煤的輸出一直受到時局和日本政策變化的影響。受到世界範圍經濟衰退影響，加之二十年代后期興起的排日運動，特別是1928年東北易幟，對日本在區内的政治經濟擴張產生巨大威脅。同時，區内中資煤礦如北票、八道壕、鶴崗、穆棱河煤礦等的產銷量都有大幅度提升，雖然撫順煤在東北的銷售依舊處于『無出其右』的位置，但因此在區内市場的開拓和銷量的提升也進入了緩慢時期。對外輸出，特別是對日本輸出的快速增長成了這一時期撫順煤礦繼續發展的主要動力。

日本政府和商界一直重視撫順煤礦的發展，撫順煤也被其稱爲『東洋的標准煤』，并曾計劃，以日產萬噸，年產三百萬噸的速度進行開采，以此次計算撫順煤礦可持續三百年爲『社會財源』、『帝國寶庫』[44]如表二所示，1922年的撫順煤輸出量爲185萬噸，比1921年95萬噸增長了近一倍。其中對日輸出量更是從28萬噸增至90萬噸，增長了三倍多。1923年，『滿鐵』聯合三井、三菱等財團成立撫順煤炭販賣會社，自主制定銷售政策，并享受對日本國内、臺灣包銷撫順煤的權利，撫順煤的對日銷售進入了一個高峰時期。[45]。據統計，在1934年進入經濟統制軌道之前，在整個二十年代的中后期，撫順煤一直占日本進口煤總數的60%～70%，其低廉的成本和價格甚至一度給日本國内煤礦業造成巨大壓力，在諸方協調后，輸出額度被限定在200萬噸左右。[46]無論在中國境内，還是在東亞地區，撫順煤礦都已經成爲一個煤炭生產中心，『煤都』之稱當之無愧。

『九一八』事變后撫順煤礦發展進入過渡轉型期，隨着事變后局勢的逐步穩定和僞『滿洲國』的建立，中日關系進一步惡化，日本本土進入總動員時期，開始執行所謂臨時總動員計劃將全日本的工廠、礦山和工廠統歸于政府的『管理、使用、收用』之下。[47]1934年，『一業一社』運動中成立的『滿洲炭礦株式會社』（以下簡稱『滿炭』）統合東北大部分煤礦。

但此時年產量已逾900萬噸的撫順煤礦却被保留在『滿鐵』產業體系内，輸出量開始呈現急劇的下降趨勢，至1939年的輸出總額爲93萬噸，僅爲1934年輸出額的25.4%，其中對日煤炭輸出額爲72萬噸，激減至原輸出量的三分之一左右。

對日輸出鋭減實際上是撫順煤礦面臨諸多困境之一，進入戰時統制時期后撫順煤礦一直在各種不利因素的影響下持續着煤炭生產和銷售活動。隨着戰局擴大，日本逐漸確立了全力發展以軍事重工業爲核心的所謂日滿產業構成大轉型，特別是抛出所謂《滿洲產業開發五年計劃》之后，一方面戰争的持續使得對撫順煤礦的增長的要求越發强烈，而另一方面，以鋼鐵爲核心的軍需産業體系的膨脹使得『滿鐵』的投資範圍如同日本的戰綫一樣越拉越長，無法保證像戰前一樣對撫順煤礦的重點投資扶持，特别是被用于礦井開發的鋼鐵、水泥等材料的嚴重匱乏，影響了礦井的掘進速度和産量增長。[48]

爲保證産量，撫順煤礦吞并周邊煤礦，在原有的烟臺、南昌煤礦基礎上，先后兼并了蛟河煤礦、延吉老頭溝煤礦、富錦煤礦，并在器材、勞動力嚴重不足的情况下推行强行采煤的政策，這些舉措在保持了産量的同時承擔生産成本逐年提高的惡性循環。1934年到1938年間，撫順煤礦産量勉强保持在950萬噸上下，此時『滿炭』體系下如阜新、鶴崗等煤礦雖然産量急劇增加，依舊不能望其項背。但同時，撫順煤每噸的成本也從2.1元上漲到6.8元。[49]即使承擔如此代價，撫順煤礦依舊没有能繼續保持住增長的勢頭，随着戰争的不斷擴大，特别是1940年美國的貿易禁運，掐斷了日本在石油、機械等戰略物資的進口渠道，撫順煤礦的生産情况繼續惡化，煤炭産量一路下滑至1922年水平，随后太平洋戰争爆發，戰局惡化，陷于空前孤立的日本已經無力支撑滿洲産業體系，撫順煤礦無可避免的衰落下去。

四、結論

近代臺灣和東北地區煤礦業，因應日本殖民政策的變化而經歷了一段頗爲相似的發展軌迹：二十世紀前期，特别是第一次世界大戰爆發后，日本大力建設本國工業和海外拓殖事業，煤炭需求量迅速提升，兩地煤礦業随之有一段快速的發展時期，産業規模和技術水平都有提升，并在周邊煤炭市場占據了相當份額；三十年代以后，全面抗戰爆發，爲滿足戰争需要，兩地煤礦業相繼歸入統制經濟體系，成爲日本戰争機器的組成部分。但同時，日本對臺灣和東北兩地煤礦業的管理、投資、經營的方式上又有很多差异，并造成兩地煤礦業在近代發展之鮮明特色，因受篇幅及資料所限，僅做扼要描述：

一、日本總督府對臺灣煤礦業基本采取的是比較放任自由發展的態度，以米、糖等農作物爲主要掠奪對象的日本殖民者，只希望臺灣煤礦業能够滿足島内産業需求，剩余則外銷華南和東南沿海地區，這就爲以基隆嚴家爲代表的本地煤業資本的發展提供了空間。而在東北，煤炭一開始日本掠奪的重要目標，『滿鐵』第一任總裁后藤新平在《滿鐵總裁就任情由書》中强調開發煤礦是經營滿洲、北據俄國，使其『不敢與我亂啓戰端』的重要保證之一，[50]以『滿鐵』爲首的日系資本利用政治經濟上的優勢侵吞煤礦、壟斷市場、打壓當地煤業資本的生存空間便成了以『滿鐵』爲首的日系資本掠奪東北煤炭資源的主要方式。

二、臺灣煤礦業一直具有資本多元化的特征。在區内局勢穩定后，總督府采取頒布相關法令積極鼓勵和引導財團及個人進行投資，自負盈虧，在吸引日資的同時，也爲本地煤業資本的成長提供了較爲寬松的發展空間，因此，出現了基隆嚴家這樣的本地煤業巨頭。即使在第一次世界大戰爆發后，以三井爲代表的日系財團在區内大興煤礦業整合之風，但面對本地資本也被迫走上了合作之路。即使在三十年代以后進入産業統制時期，日系資本最終没能確立在臺灣煤礦業中的壟斷地位。反觀日本對東北煤礦的投資，既有經濟層面掠奪資源和利益之目的，更有通過經濟擴張加强對東北控制之戰略考慮，因此，對撫順煤礦的投資從一開始便不是一種單純的經濟行爲。體現日本『國策』意志的『滿鐵』公司以大型現代化煤礦的標准規劃開發撫順煤礦，致力于引進先進機械技術，擴大礦區，提高産量，并在區内率先完成了煤礦的現代化，并出逐步完善了煤礦相關宿舍、醫院、子弟學校等后備設施，更重要的是借助滿鐵在東北的鐵路體系和龐大産業群的擴張，實現了對區内煤炭市場的壟斷態勢。撫順煤礦已不單單是一個煤炭的采掘的生産機構，更成爲日本在東北實行殖民擴張這一『國策』的堅實基礎和有力工具。

三、日本的經營開發，特别經濟統制體系后的政策，對臺灣和東北兩地煤礦業以后的發展産生了很大影響。日本在戰爭末期爲控制調節煤炭産銷量而建立的由政府對煤礦業的行政指導和監督管理的模式，及由此出現的煤礦業對政府較爲嚴重的依存關系，二戰結束后，國民政府成立的『臺灣省石炭調整委員會』，主要功能仍是控制和調節供需平衡，基本延續了日據后期統制機構的功能和角色。而東北在戰爭末期由于蘇軍大舉入境，日據時期的煤礦業的機械設備被蘇軍作爲戰利品洗劫一空，生産能力受到很大損失，但在統制經濟時期形成的以遼東半島撫順煤礦爲重心的煤礦産業格局被保留下來，在1949年之后東北工業基地的建設中，煤礦業的恢復和發展基本延續了日據時期形成的這一産業格局。

（作者單位：中山大學中國于亞太區域研究所）

註 釋：

[1] ［清］陳培桂等編，《淡水廳志》，卷四《賦税志·關榷·煤場》，清代臺灣方志叢刊第28册，臺北：『行政院』文化建設委員會，2006年，第30～31頁。

[2] ［日］井出季和太 郭輝編譯：《日據下之臺政》第一册，臺北：臺灣省文獻委員會，1956年，第172頁。

[3] 林興仁等修纂，《臺北縣志》，卷21，《礦業志》，臺北：成文出版社，1983年，第4115頁。

[4] Davidson,J.W 著蔡啓恒譯，《臺灣之過去與現在》，《臺灣研究叢刊》第107種，臺北：經聯，1972年，第341～342頁。

[5] 臺灣省文獻委員會，《臺灣總督府檔案中譯本（第十一輯）》，臺北：臺灣省文獻委員會，第921～924頁。

[6] 基隆市政府 編印，《基隆煤礦史》，基隆：基隆市政府，1999年，第92頁。

[7] 長濱實編，《顏國年君小傳》，基隆：基隆尚友會，1939年，第13頁。

[8] 林興仁等修纂，《臺北縣志》，卷21，《礦業志》，臺北：成文出版社，1983年，第4116頁。

[9] 陳慈玉，《日據時期臺灣煤礦業的發展》，《日據時期臺灣史國際學術研討會論文集》，臺北：臺灣大學，1993年，第390～391頁。

[10] 臺灣銀行經濟研究室，《日劇時代臺灣經濟史》第二册，臺北：臺灣銀行經濟研究室，1958年，第180。

[11] 陳慈玉，前引文，1993年，第433頁。

[12] 臺灣總督府殖産局礦務課，《臺灣礦業法令譯解》，臺北：臺灣總督府殖産局礦務課，1915年，第1。

[13] 陳慈玉，前引文，1996年，第394頁。

[14] 陳慈玉，《日本殖民時代的基隆顏家與臺灣煤礦業》，《近世家族與政治比較歷史論文集》下册，臺北：『中央研究院』近代史研究所，1992年6月，第632頁。

[15] 基隆市政府 編印，前引文，第110～113頁。

[16] 基隆市政府 編印，前引文，第123頁。

[17] 長濱實編，前引文，第58～60頁。

[18] 唐羽撰，《臺陽公司八十年志》，臺北：臺陽股份有限公司，1999年，第27～29頁。

[19] 唐羽撰，前引文，第22～23頁。

[20] 唐羽撰，前引文，第24頁。

[21] 侯德封，《第三中國礦業紀要》，北京：實業部地質調查所國立北平研究院地質學研究所聯合刊行，1929年，第195～196頁。

[22] 布施優子，《日治時期山本炭礦之研究》，臺北：淡江大學歷史研究所碩士論文，2003，第83～84頁。

[23] 臺灣經濟年報刊行會編,《臺灣經濟年報》第一輯,東京:國際日本協會,1941,第229頁,第491頁。

[24] 臺灣礦業會志修志委員會,《臺灣礦業會志》,臺北:『中華民國』礦業協進會,1991,第488頁。

[25] 唐羽撰,前引文,第49頁。

[26] 截至1990年,煤礦纍計探明儲量約在13億噸左右,占已知東北煤炭儲量的5%左右。見《中國礦床發現史·遼寧卷》編委會,《中國礦床發現史·遼寧卷》,北京:地質出版社,1996年,第170頁。

[27] 侯德封,《五次全國礦業紀要》,北京:實業部地質調查所國立北平研究院地質學研究所聯合刊行,1935年,第598頁。

[28] 王樹楠、吳廷燮等纂,《奉天通志·實業志四》(礦業)上,卷116,沈陽:東北文史叢書編輯委員會,1983年1月,第2644頁。

[29] 解學詩,《滿鐵史資料》第四卷,第1冊,北京:中華書局,1987年8月,第24頁。

[30] 祁仍奚,《滿鐵問題》,《近代中國史料叢刊三編第二十八輯》,臺北:文海出版社,1987年,第6～7頁。

[31] 祁仍奚,前引文,第24頁。

[32] 王樹楠、吳廷燮等纂,前引文,第2644頁。

[33] 虞和寅,《撫順煤炭報告》,北京:農商部礦政司,1926年,第25頁。

[34] 滿洲日日新聞社,《滿鐵十年史》,1919年,第490～492頁。

[35] [日]滿史會着 東北淪陷十四年史遼寧編寫組譯,《滿洲開發四十年史》,沈陽:東北淪陷十四年史遼寧編寫組1988年,第625頁。

[36] 虞和寅,前引文33,1926年,第240～241頁。

[37] 侯德封,前引文21,1929年,第195～196頁。

[38] 侯德封,前引文21,1929年,1929年,第195頁。

[39] 南滿鐵道株式會社,《明治四十一年度統計年報》,大連:南滿鐵道株式會社,1908年12月,第295頁。

[40] 滿洲日日新聞社,前引文,第612～613頁。

[41] 侯德封,前引文,1929年,第261～264頁。

[42] 南滿鐵道株式會社,《滿鐵第三次十年史》,南滿鐵道株式會社,1937年,第1992～1994頁。

[43] 滿鐵調查部,《社業調查匯報》,南滿鐵道株式會社,1941年11月,第一號,第9頁。

[44] 滿洲日日新聞社,前引文,第490頁。

[45] 南滿鐵道株式會社,《第六十四回帝國議會説明資料》,第419～421頁;解學詩,《滿鐵史資料》,第四卷(煤鐵篇),第一册,中華書局,1987年,第241～242頁。

[46] 滿鐵經濟調查會,《滿洲的礦業》,大連,南滿鐵道株式會社,1933年,第207頁。

[47] 陳慈玉,前引文,2004年,第50頁。

[48] 解學詩,前引文,第400～403頁。

[49]《撫順炭礦統計年報》,大連:南滿鐵道株式會社,1942年,第6頁。

[50] 資料來源,中日關系論壇,中國社會科學院中日歷史研究中心。網址:http://www.cass.net.cn/zhuanti/chn_jpn/show_News.asp?id=18167。

參考文獻

1. 王樹楠、吳廷燮等,《奉天通志·實業志四》〈礦業〉上,卷116,沈陽:東北文史叢書編輯委員會,1983年。

2. Davidson,J.W著蔡啓恒譯,《臺灣之過去與現在》,《臺灣研究叢刊》第107種,臺北:經聯,1972年。

3．井出季和太，郭輝編譯：《日據下之臺政》第一册，臺北：臺灣省文獻委員會，1956年。
4．林興仁等修纂，《臺北縣志》，卷21，〈礦業志〉，臺北：成文出版社，1983年。
5．臺灣省文獻委員會，《臺灣總督府檔案中譯本（第十一輯）》，臺北：臺灣省文獻委員會。
6．布施優子，《日治時期山本炭礦之研究》，臺灣：淡江大學歷史研究所碩士論文，2003年。
7．長濱實編，《顏國年君小傳》，基隆：基隆尚友會，1939年。
8．臺灣銀行經濟研究室，《日劇時代臺灣經濟史》第二册，臺北：臺灣銀行經濟研究室，1958年。
9．臺灣總督府殖産局礦務課，《臺灣礦業法譯解》，臺北：臺灣總督府殖産局礦務課，1915年。
10．基隆市政府 編印，《基隆煤礦史》，基隆：基隆市政府，1999年。
11．陳慈玉，《日據時期臺灣煤礦業的發展》，《日據時期臺灣史國際學術研討會論文集》，臺北：臺灣大學，1993年6月。
12．陳慈玉，《日本殖民時代的基隆顏家與臺灣煤礦業》，《近世家族與政治比較歷史論文集》下册，臺北：『中央研究院』近代史研究所，1992年6月。
13．唐羽撰，《臺陽公司八十年志》，臺北：臺陽股份有限公司，1999年。
14．侯德封，《第三中國礦業紀要》，北京：實業部地質調查所國立北平研究院地質學研究所聯合刊行，1929年。
15．侯德封，《五次中國礦業紀要》，北京：實業部地質調查所國立北平研究院地質學研究所聯合刊行，1935年。
16．臺灣經濟年報刊行會編，《臺灣經濟年報》第一輯，東京：國際日本協會。
17．臺灣礦業會志修志委員會，《臺灣礦業會志》，臺北：『中華民國』礦業協進會，1991年。
18．《中國礦床發現史·遼寧卷》編委會，《中國礦床發現史·遼寧卷》，北京：地質出版社，1996年。
19．陳培桂等編，《淡水廳志》，卷四 <賦税志·關榷·煤場>，清代臺灣方志叢刊第28册，臺北：『行政院』文化建設委員會，2006年。
20．解學詩，《滿鐵史資料》第四卷，全4册，北京：中華書局，1987年8月。
21．祁仍奚，《滿鐵問題》，《近代中國史料叢刊三編第二十八輯》，臺北：文海出版社，1987年。
22．虞和寅，《撫順煤炭報告》，北京：農商部礦政司，1926年。
23．滿洲日日新聞社，《滿鐵十年史》，大連：滿洲日日新聞社，1919年。
24．滿史會編 東北淪陷十四年史遼寧編寫組譯，《滿洲開發四十年史》，沈陽：東北淪陷十四年史遼寧編寫組 1988年。
25．南滿鐵道株式會社，《明治四十一年度統計年報》，大連：南滿鐵道株式會社，1908年。
26．南滿鐵道株式會社，《滿鐵第三次十年史》，大連：南滿鐵道株式會社，1937年.。
27．滿鐵調查部，《社業調查匯報》，大連：南滿鐵道株式會社，1941年11月，第一號。
28．滿鐵經濟調查會，《滿洲的礦業》，大連，南滿鐵道株式會社，1933年。

日本部分

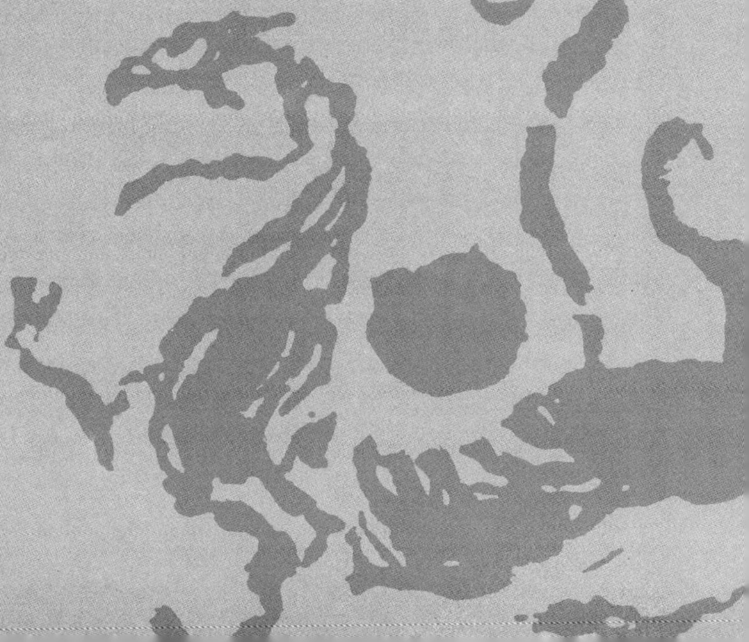

殖民地時期真宗大穀派在臺灣布教的演變
——臺北别院落成的象征意義

松金公正

一、前　言

過去，筆者曾經以在日本殖民地時期，「來到臺灣后的日本佛教各宗派如何展開布教活動」爲主題，針對曹洞宗[1]・臨濟宗妙心寺派[2]・净土宗[3]等主要對象，加以分析探討。在先行研究的考察中，認爲在統治殖民地的過程裏，佛教勢力的布教活動在對殖民地人民的「同化」、「教化」，以及「皇民化[4]」等方面扮演了重要角色。筆者進行此一探討，目的之一即在掌握各項布教具體内容，藉此對佛教勢力的布教活動加以重新定位。

關于日本佛教在臺灣的布教活動，過去一般分析如下，⑴以居住在臺灣的内地人（日本人）爲主，基本上未能吸引本島人（臺灣本土人民）成爲信徒。⑵與殖民地統治有密切關聯，在「同化」、「教化」、「皇民化」上達成某種任務。⑶二次大戰后因布教使撤離臺灣，布教活動也隨之中斷。

但是，若撇開這些事情與布教活動之間的關連不談，在逐一分析各項事例之后，種種復雜且重要的現象，便會漸趨明朗。

比方説，在日本開始殖民地統治當時，各宗派均以教化臺灣本島人民爲目標。但是，在日本統治殖民地50年期間，對于多數宗派而言，對本島人民布教一事未必總是受到重視[5]。再者，在一開始統治殖民地時，所謂重視對本島人布教的方針，并非由日本方面的本山宗務當局等來主導，亦即决定過程并非「上意下達」；當時各宗派以從軍布教的延伸形式來到臺灣，由從事布教的僧侶們向本山提出報告或呈報，以「由下向上」的方式提出布教方針，而后再形成宗派在整體布教策略上的具體成果[6]。另外，在教化本島人民的過程中占有重要地位的社會事業方面，并非一開始即設有既定模式，而是再三嘗試并修正錯誤，然后逐步推動實施的[7]。至于教育事業方面，以當時環境而言未必能獲得本山宗務當局或是宗議會的全面性支持，在經營上經常遭遇困難[8]。

在了解上述事況之后，筆者心中不禁有所疑問，日本佛教各宗派的布教活動或是布教過程中的種種活動，究竟在「同化」、「教化」，以及「皇民化」的過程中，是否在統治殖民地一事上總是扮演重要角色呢?

想要厘清相關問題點，有必要了解日本的佛教勢力與臺灣殖民地統治機構之間的關聯性。另外，如同下一章節所述，在日本佛教的東亞布教過程中，被認爲與國家權力和殖民地統治之間關系最爲密切的是净土真宗，尤其是真宗大穀派(以下簡稱大穀派)，因此針對大穀派加以考察有其重要性。只不過，到目前爲止關于大穀派在臺灣的活動并未獲得充分考察與探討。再者，筆者本身過去對于大穀派也未進行分析研究。

因此，本文以大穀派在臺灣的布教活動爲核心，進行以下分析探討。首先，參考先行研究的考察結果，整理出大穀派在臺灣的布教活動在研究上的意義。接着，列舉出殖民地時期大穀派在臺灣推動的布教活動，歸納出其特色。

二、大穀派的臺灣布教史研究

(一) 大穀派的海外布教史研究

針對真宗大穀派在日本以外地方的布教，相關先行研究甚多，如佐藤三郎[9]、小島勝[10]、木場明志[11]、高橋勝[12]、江森一郎[13]、北西弘[14]、菱木政晴[15]等，但與臺灣相關者則相對較少[16]。這些先行研究在考察上，均以大穀派在朝鮮半島和中國大陸的布教活動以及教育事業的推廣爲主軸。

在各先行研究當中，探討最爲細膩、且連同戰爭責任的問題在内透過多重觀點來考察者，首推木場明志[17]。木場在分析大穀派對中國東北地區的布教之后，針對國家(日本)與大穀派之間的關系表示，「在真宗大穀派在中國東北部的開教事業中，近代日本國家大陸政策的推動占有重要地位」[18]，他并指出「 在日本軍的軍事鎮壓之后，日本的商工人士與其家族即與利權結合并前往定居，軍中雜勤人員、商工人士、家屬便成爲布教對象，而部份在該地工作的中國人與朝鮮人也成了安撫的對象」[19]。

另外，木場認爲「在亞洲的「開教[20]」事業的依據與准則，是政府或軍部所推行的大陸政策下，主張擴張國權與發揚國威的亞洲侵略行爲。開教事業符合國家利益，在推動上有時甚至領導國家利益」[21]，另一方面他也指出「在亞洲的諸多地區，在從事「開教」事業的人們的經營下，對于各地區的歷史社會、教育與文化動向造成重大的影響，隨時都形成新改變」[22]。關于此一探討的意義，木場認爲「亞洲從前近代進入近代時，亞洲「開教」曾經一度配合大日本帝國時代的侵略行爲，但此事却被認爲不值得探討，我試圖對「開教」過程進行動態上的掌握，藉此强調不探討此事之錯誤」[23]。另外，在《宗報》等大穀派發行的雜志再版時，所附加的别卷「宗門近代史の檢證（宗門近代史的檢證）」中所收録的「開教－國威擴張に對應した海外開教事業－（開教－配合擴張國威的海外開教事業－）」一文中也提到「就敗戰前的海外開教來看，擴張教綫的輝煌偉業下，實有從事開教者之千辛萬苦；以配合侵略亞洲一語將其抹殺，其中實另含諸多情由」[24]。

可以推知，此種立場若放在被布教的亞洲諸國與地區是有令人難以接受的部分。但是，持有此一看法者并非僅木場一人，藤井健志也指出「在追究戰爭責任的相關研究當中，傾向只提及佛教教團與戰争有關的一面。雖然此一傾向本是理所當然，但是佛教在戰前的海外布教其實十分多元化，關于此點也應加以思考才是」[25]。對于各宗派在戰前的海外布教活動若略加考察，便容易陷入一種相反的立場，而贊美先人的努力或遠大志向，或是在現代觀點下對戰争責任下評斷；相對的，首先應調查各宗派在當時究竟有何作爲，可惜講究此種觀點的立場在過去的海外布教研究中略顯欠缺，這種觀點是解讀近代日本的一種指標，也是重新理解各宗派海外布教的基礎作業，對此筆者亦深有同感。

（二）研究大穀派臺灣布教史的意義

本文以上先對大穀派在臺灣布教的相關先行研究略作描述，這么做的用意何在？這是因爲如同藤井所指出的，在海外布教的整體研究當中，確實呈現一種傾向－與臺灣相關的研究較少[26]。而其中關于大穀派在臺灣布教活動的研究，幾乎從未被觸及。

最明顯的例子，應該就是上述「宗門近代史の檢證（宗門近代史的檢證）」中，由木場所撰寫的關于海外布教的論述了[27]。該書中回顧了大正時期之前大穀派在各領域的活動。其中回顧的對象之一是布教活動的地理範圍，木場雖然認爲「要縮小範圍爲對亞洲的海外開教」[28]，但是實際上書中所論及者僅中國、以及朝鮮，要藉此書完全掌握在臺灣布教的完整情況是非常困難的。

另外，菱木的《解放の宗教へ（解放的宗教）》一書中所收録的文章《日本佛教による植民地布教——東西本願寺教團の場合》（日本佛教的殖民地布教——以東西本願寺教團爲例）的第2章的標題爲「朝鮮布教、滿洲布教、臺灣布教」[29]。乍看之下臺灣似乎包含其中，但是實際上幾乎不見關于臺灣布教的具體描述[30]。另外在該書中，不論是被評價爲「對真宗大穀派到一九三一年爲止的殖民布教有概略描述」[31]－由都築淳所撰寫的「大正期大穀派「海外開教」の問題（大正時期大穀派「海外開教」的問題）」[32]，或是「昭和初期大穀派「海外開教」の問題（昭和初期大穀派「海外開教」的問題）」[33]，在内容中引用臺灣布教相關資料的記述均非常少。

究其原因之一，可能是在《本山事務報告》、《常葉》、《宗報》等宗門相關史料中，有關臺灣的記述和其他地區相比本就較少。因此，從史料中較難以看出大穀派在戰前對臺灣布教的積極態度。如同前面所提及，針對日本佛教各宗派在亞洲的布教活動，研究的重點明顯呈現一種傾向，不是追究教團的戰爭責任或戰爭犯罪，就是彰顯那些不會遭到批判的布教先人們的苦難。因此很自然的，從事研究的多是宗門内部的研究者，而宗門内部所保留的史料就成了研究時的主要分析對象。結果，往往因此以爲臺灣相關史料數量極少、考察活動也較不蓬勃。另一方面，參考臺灣所保留的資料來研究日本佛教在臺灣的布教活動，這件事一直以來幾乎不曾被日本的研究者提及。在中國東北等地方，研究者提出的許多研究，使用的資料都是一些包含實地調查在内的當地史料[34]，或許在臺灣也應該以同樣方法來收集史料才對。

因此本文的參考對象有二類，一是日本方面保留的《本山事務報告》、《常葉》、《宗報》等宗門發行的雜志，一是臺灣方面保留的臺灣總督府文書等行政文書，本文將綜合二者以進行考察。至于考察的時間範圍，則是自大穀派開始在臺灣布教起，直到大穀派的布教根據地臺北别院成立、并建立臺北别院的主殿爲止。在這一段時間内，究竟大穀派進行了哪些布教相關活動？又因此形成大穀派與其他宗派之間的何種差异？本文將以相關的問題探討爲核心，闡明大穀派在臺灣布教過程的特色，并進一步考察各時期劃分的可能性。

三、大穀派在臺灣布教的量性分析

（一）大穀派臺北别院

西門町是臺北地區年輕人聚集的鬧區。在日本殖民地時期，舊臺北城内處處可見殖民地統治機構，萬華地區則是臺灣本島人自古居住之地，而西門町的地理位置恰在兩地中間，餐飲店等商業設施聚集。現在，本區也常見日本觀光客到訪，但却鮮少人知道，在殖民地時期這附近存在真言宗、净土真宗本願寺派、真宗大穀派、日蓮宗等諸多日本佛教的宗教設施。例如，在西門町有一座名叫「獅子林商業大厦」的大樓，該大樓周邊就是大穀派在臺灣布教的根據地－臺北别院(照片1)當時的興建地點。

照片1　真宗大穀派臺北别院本堂<1936(昭和11)年11月7日，遷佛遷座式>

出處：《南瀛佛教》15–1，南瀛佛教會，1937(昭和12)年1月1日。

此建築物在戰后由中華民國政府接收并繼續使用，因此戰后的臺灣人民對此建築物仍有印象。此段過程在他篇論述中另有探討[35]，這是當時臺灣唯一一座被稱爲「純印度式」[36]的寺院，大穀派能够興建如此雄偉建築，其勢力之大不得而知。以下首先將針對大穀派在殖民地時期所興建的寺院與説教所的數量，以及獲得的信徒人數等的變化情況來加以探討。

（二）寺院·説教所的設置與大穀派教綫的盛衰

以下表1 「1898(明治31)年～1942(明治17)年，大穀派所屬寺院、教務所、説教所數的變化」，以及表2 「1898(明治31)年～1942(明治17)年，大穀派與本願寺派所屬信徒人數的變化」，系參考「臺灣總督府統計書」[37]之數據，針對大穀派在臺灣所興建的寺院與説教所等的數量以及獲得的信徒人數，將1898(明治31)年至1942(昭和17)年間各年度的增減情形歸納成表格。雖然這些僅爲統計書上的數據記録，未必完全符合事實，但仍可從中掌握大致上的傾向。以下將根據這些數據來加以探討。

表1 1898(明治31)年～1942(明治17)年，大穀派所屬寺院、教務所、説教所數的變化

	寺院	設立地	教務所	説教所	設立地	住持	布教師
1898(明治31)年	–		8	22	不詳	–	11
1899(明治32)年	–		3	16	不詳	–	11
1900(明治33)年	–		1	15	不詳	–	9
1901(明治34)年	–		4	17	不詳	–	26注2
1902(明治35)年	–		1	15	不詳	–	22注2
1903(明治36)年	0		0	6	不詳	0	5
1904(明治37)年	0		0	5	不詳	0	4
1905(明治38)年	0		0	5	不詳	0	6
1906(明治39)年	0		0	4	不詳	0	4
1907(明治40)年	0		0	4	不詳	0	5
1908(明治41)年	0		0	3	北、宜、南各1	0	5
1909(明治42)年	0		0	3	北、宜、南各1	0	5
1910(明治43)年	0		0	3	北、宜、南各1	0	5
1911(明治44)年	0		0	3	北、宜、南各1	0	5
1912(明治45)年	0		0	3	北、宜、南各1	0	5
1913(大正2)年	0		0	3	北、宜、南各1	0	5
1914(大正3)年	0		0	3	北、宜、南各1	0	3
1915(大正4)年	0		0	3	北、宜、南各1	0	5
1916(大正5)年	0		0	3	北、宜、南各1	0	4
1917(大正6)年	0		0	3	北、宜、南各1	0	4
1918(大正7)年	0		0	3	北、宜、南各1	0	3
1919(大正８)年	0		0	3	北、宜、南各1	0	4

1920(大正9)年	0		0	3	北、宜、南各1	0	4
1921(大正10)年	1	北1	0	2	宜、南各1	3	2
1922(大正11)年	2	北、宜各1	0	1	南1	5	1
1923(大正12)年	2	北、宜各1	0	1	南1	6	1
1924(大正13)年	2	北、宜各1	0	2	中、南各1	6	2
1925(大正14)年	2	北、宜各1	0	2	中、南各1	5	2
1926(大正15)年	2	北、宜各1	0	4	竹、中、南、高各1	6	4
1927(昭和2)年	2	北、宜各1	0	5	竹、中、南各1，高2	6	6
1928(昭和3)年	2	北、宜各1	0	5	竹、中、南各1，高2	7	5
1929(昭和4)年	2	北、宜各1	0	6	北、竹、中、南各1，高2	8	5
1930(昭和5)年	2	北、宜各1	0	6	北、竹、中、南各1，高2	8	5
1931(昭和6)年	2	北、宜各1	0	7	北、竹、中各1，南、高各2	9	6
1932(昭和7)年	2	北、宜各1	0	7	北、竹、中各1，南、高各2	10	6
1933(昭和8)年	2	北、宜各1	0	8	竹、中各1，北、南、高各2	10	8
1934(昭和9)年	2	北、宜各1	0	8	竹、中各1，北、南、高各2	10	8
1935(昭和10)年	2	北、宜各1	0	8	竹、中各1，北、南、高各2	12	8
1936(昭和11)年	2	北、宜各1	0	9	中1，北、竹、南、高各2	12	9
1937(昭和12)年	4	北、宜、金、高各1	0	10	高1，北、竹、南各2，中3	11	12
1938(昭和13)年	5	北、宜、金、中、高各1	0	9	高1，北、竹、中、南各2	13	11
1939(昭和14)年	5	北、宜、金、中、高各1	0	11	高、花各1，北、竹、南各2，中3	12	13
1940(昭和15)年	5	北、宜、金、中、高各1	0	12	高、花各1，北、南各2，竹、中各3	14	12
1941(昭和16)年	5	北、宜、金、中、高各1	0	12	高、花各1，北、南各2，竹、中各3	28	12
1942(昭和17)年	5	北、宜、金、中、高各1	0	13	高、花各1，北、南各2，竹3，中4	80	16

數據源：各年度《臺灣總督府統計書》（臺灣總督府官房調查課）

註：1．有關《臺灣總督府統計書》，現存資料爲《第一統計書》＜1897(明治30)年份＞至《第四十六統計書》＜1942(昭和17)年份＞(「中央圖書館」臺灣分館藏)。但是，由于“第一統計書》中并無寺院與説教所的相關統計，因此上表采用《第二統計書》以后之數據。

2．1901(明治34)～1902(明治35)年的統計中，大穀派與本願寺派合稱爲「真宗」。

3．設立地欄内地名簡稱的全名如下，北：臺北，宜：宜蘭，金：金瓜石，竹：新竹，中：臺中，南：臺南，高：高雄，花：花蓮。另外，僅憑「統計書」中所記載每一地區的設立數字統計，仍有部分設立地無法確認，因此另外參考《臺灣寺院名簿》(真宗大穀派組織部提供)。

表2　1898(明治31)年～1942(明治17)年大穀派與本願寺派所屬信徒人數的變化

	大穀派信徒人數					本願寺派信徒人數				
	内地人	朝鮮人	本島人	外國人	合計	内地人	朝鮮人	本島人	外國人	合計
1898(明治31)年	579	—	11,768	—	12,347	1,780	—	8,260	—	10,040
1899(明治32)年	758	—	7,029	—	7,787	2,848	—	7,569	—	10,417
1900(明治33)年	1,546	—	7,707	—	9,253	2,096	—	9,544	—	11,640
1901(明治34)年	6,194	—	45,424	—	51,618	6,194	—	45,424	—	51,618注2
1902(明治35)年	6,231	—	39,776	—	46,007	6,231	—	39,776	—	46,007注2
1903(明治36)年	1,426	—	3,577	—	5,003	2,485	—	16,899	—	19,384
1904(明治37)年	838	—	500	—	1,338	4,779	—	8,996	—	13,775
1905(明治38)年	525	—	500	—	1,025	4,235	—	791	—	5,026
1906(明治39)年	651	—	504	—	1,155	5,784	—	1,008	—	6,792
1907(明治40)年	624	—	504	—	1,128	7,283	—	993	—	8,276
1908(明治41)年	624	—	504	—	1,128	8,048	—	631	—	8,679
1909(明治42)年	988	—	504	—	1,492	8,298	—	1,092	—	9,390
1910(明治43)年	1,313	—	525	—	1,838	7,783	—	1,168	—	8,951
1911(明治44)年	1,942	—	483	—	2,425	10,270	—	2,039	—	12,309
1912(明治45)年	2,325	—	596	—	2,921	12,999	—	2,241	—	15,240
1913(大正2)年	2,090	—	623	—	2,713	14,238	—	2,143	—	16,381
1914(大正3)年	1,643	—	613	—	2,256	15,682	—	2,072	—	17,754
1915(大正4)年	1,053	—	603	—	1,656	17,050	—	4,001	—	21,051
1916(大正5)年	2,615	—	50	1	2,666	22,112	—	1,615	0	23,727
1917(大正6)年	2,778	—	200	1	2,979	17,616	—	884	1	18,501
1918(大正7)年	2,940	—	200	0	3,140	16,760	—	749	0	17,509
1919(大正8)年	4,655	—	200	0	4,855	19,557	—	1,497	0	21,054
1920(大正9)年	5,340	—	359	0	5,699	12,179	—	1,683	0	13,862
1921(大正10)年	2,770	—	85	0	2,855	12,159	—	1,631	0	13,790
1922(大正11)年	2,758	—	57	0	2,815	10,934	—	2,922	0	13,856
1923(大正12)年	5,208	—	362	0	5,570	28,585	—	4,292	0	32,877
寺院	2,390	—	300	0	2,690	16,248	—	1,857	0	18,105
説教所	2,818	—	62	0	2,880	12,337	—	2,435	0	14,772
1924(大正13)年	6,924	—	417	0	7,341	25,174	—	6,032	0	31,206
寺院	2,990	—	350	0	3,340	11,661	—	1,395	0	13,056
説教所	3,934	—	67	0	4,001	13,513	—	4,637	0	18,150
1925(大正14)年	6,338	—	367	0	6,705	24,149	—	5,424	0	29,573
寺院	3,000	—	300	0	3,300	10,870	—	1,840	0	12,710
説教所	3,338	—	67	0	3,405	13,279	—	3,584	0	16,863

1926(大正15)年	6,727	–	324	0	7,051	26,457	–	6,154	0	32,611
寺院	2,431	–	252	0	2,683	11,822	–	1,847	0	13,669
説教所	4,296	–	72	0	4,368	14,635	–	4,307	0	18,942
1927(昭和2)年	8,724	–	370	0	9,094	28,958	–	3,440	0	32,398
寺院	3,940	–	303	0	4,243	16,080	–	2,417	0	18,497
説教所	4,784	–	67	0	4,851	12,878	–	1,023	0	13,901
1928(昭和3)年	9,354	–	380	0	9,734	28,651	–	4,468	0	33,119
寺院	3,938	–	303	0	4,241	15,695	–	3,337	0	19,032
説教所	5,416	–	77	0	5,493	12,956	–	1,131	0	14,087
1929(昭和4)年	10,303	–	414	0	10,717	31,491	–	4,757	0	36,248
寺院	4,226	–	328	0	4,554	16,640	–	3,523	0	20,163
説教所	6,077	–	86	0	6,163	14,851	–	1,234	0	16,085
1930(昭和5)年	12,034	–	429	0	12,463	33,016	–	6,599	0	39,615
寺院	4,322	–	353	0	4,675	18,128	–	4,926	0	23,054
説教所	7,712	–	76	0	7,788	14,888	–	1,673	0	16,561
1931(昭和6)年	12,776	–	430	0	13,206	31,243	–	3,963	0	35,206
寺院	4,324	–	354	0	4,678	16,277	–	2,270	0	18,547
説教所	8,452	–	76	0	8,528	14,966	–	1,693	0	16,659
1932(昭和7)年	13,534	2	433	0	13,969	33,973		4,876	0	38,849
寺院	4,329	0	354	0	4,683	18,366	–	3,081	0	21,447
説教所	9,205	2	79	0	9,286	15,607	–	1,795	0	17,402
1933(昭和8)年	14,371	2	445	0	14,818	33,916	–	5,498	0	39,414
寺院	4,339	0	359	0	4,698	18,128	–	3,685	0	21,813
説教所	10,032	2	86	0	10,120	15,788	–	1,813	0	17,601
1934(昭和9)年	15,882	0	444	0	16,326	34,250	–	5,676	6	39,932
寺院	5,840	0	350	0	6,190	15,043	–	3,443	0	18,486
説教所	10,042	0	94	0	10,136	19,207	–	2,233	6	21,446
1935(昭和10)年	16,069	1	244	0	16,314	26,690	–	5,341	8	32,039
寺院	5,996	0	145	0	6,141	15,980	–	3,554	0	19,534
説教所	10,073	1	99	0	10,173	10,710	–	1,787	8	12,505
1936(昭和11)年	14,181	0	446	0	14,627	36,927	2	4,178	8	41,115
寺院	5,900	0	115	0	6,015	24,997	0	3,126	0	28,123
説教所	8,281	0	331	0	8,612	11,930	2	1,052	8	12,992
1937(昭和12)年	20,545	1	16,306	0	36,852	42,912	32	4,346	0	47,290
寺院	10,529	1	14,668	0	25,198	30,705	0	3,458	0	34,163
説教所	10,016	0	1,638	0	11,654	12,207	32	888	0	13,127

數據源：各年度《臺灣總督府統計書》（臺灣總督府官房調查課）。

註：1．有關《臺灣總督府統計書》，現存資料爲《第一統計書》<1897(明治30)年份>至《第四十六統計書》<1942(昭和17)年份>(「中央圖書館」臺灣分館藏)。但是，由于《第一統計書》中并無寺院與説教所的相關統計，因此上表采用「第二統計書」以后之數據。

2．1901(明治34)～1902(明治35)年的統計中，大穀派與本願寺派合稱爲「真宗」。

圖表1　寺院數的變化（大穀派、本願寺派、全宗派）

單位：間

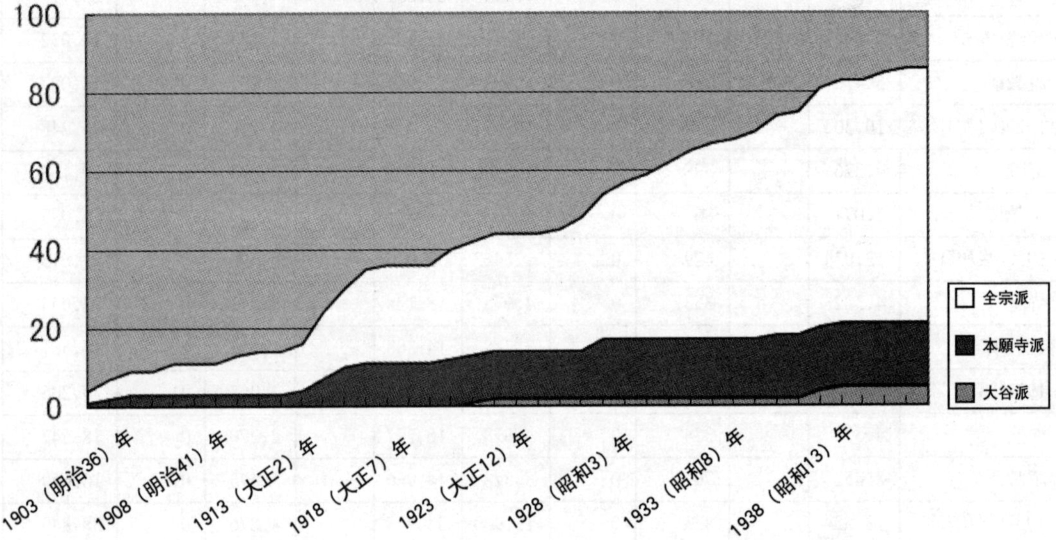

數據源：各年度《臺灣總督府統計書》（臺灣總督府官房調查課）

圖表1與圖表2是根據「統計書」之資料，將其他宗派、大穀派、與本願寺派的寺院數和説教所數的變化透過圖表來表示[38]。在圖表中，與大穀派同樣積極在海外布教、同屬净土真宗的本願寺派的統計資料也一并列入，這么做是爲了對本願寺派與大穀派的布教活動進行數量上的比較，藉此明確掌握在净土真宗的整體臺灣布教活動中大穀派的相對規模占比。

首先，從表1與圖表1來看，大穀派寺院首次被記載于官方數據「統計書」中是1921(大正 10)年。其他宗派例如本願寺派、曹洞宗、真言宗、净土宗等，或是在日清戰争時期即有行動、或是不久即有僧侶跟隨軍隊派遣來臺，早就與臺灣布教産生淵源，在殖民地統治初始即已展開布教活動。相較之下，大穀派開始活動的時間相對較晚[39]。之后，大穀派陸續在1922(大正11)年建立1間、1937(昭和12)年建立2間、1938(昭和13)年建立1間，總共擁有5間寺院。另外，根據《臺灣寺院名簿》[40]與《真宗大穀派寺院教會名簿》[41]，可以確定直到日本戰敗之前，大穀派在臺灣成立的寺院有臺北别院、蘭陽寺(宜蘭説教所)、高雄别院(顯德寺)、金瓜石寺、本觀寺(臺中)等5間，與統計資料相符。

另一方面，從圖表2可以窺知在殖民地統治初始時，大穀派積極成立説教所的情形。只不過，在1903(明治36)年説教所的數量急速减少，到了1908(明治41)年僅剩3間。

圖表2　說教所數的變化（大穀派、本願寺派、全宗派）

單位：間

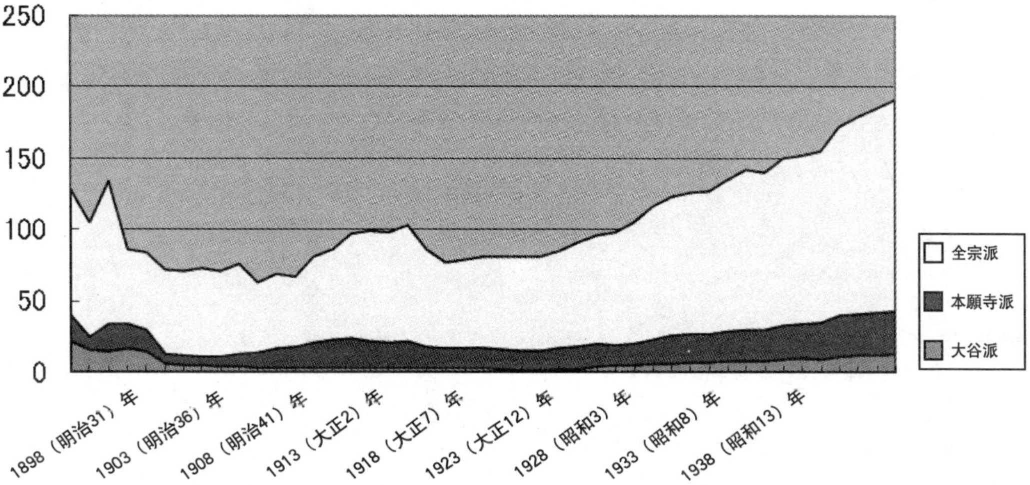

資料來源：各年度《臺灣總督府統計書》（臺灣總督府官房調查課）

註：1901(明治34)～1902(明治35)年的統計中，大穀派與本願寺派合稱爲「真宗」，因此表2將這二年的說教所數視爲大穀派所屬。

如同前述，大穀派在建立寺院上比其他宗派起步晚，直到大正末期的說教所數都未有明顯增加(圖表2)，但是參考《臺灣寺院名簿》和表1，可以了解從大正末期直到昭和初期，大穀派先是在桃園與臺中，而后在基隆、高雄、屏東等地成立說教所，逐步向各地擴增。一直到日本于1935(昭和10)年戰敗爲止的10年間，大穀派的說教所已擴及臺灣全島。根據表1，在1935(昭和10)年大穀派僅有2間寺院與8間說教所，但是到了1942(昭和17)年，已增加至5間寺院與13間說教所。再者，根據《真宗大穀派寺院教會名簿》[42]的資料，大穀派在1945(昭和20)年時所擁有的寺院與說教所(布教所)的總數已達25間，亦即在10年間增加了15間。大穀派在日本戰敗之前所成立的寺院與布教所，約有60%都是在這段期間成立的。尤其是在臺中港附近地區，像是大甲、清水、沙山、梧栖等地都相繼成立說教所[43]。只不過，雖然在數量上確實有所增加，但是與本願寺等其他宗派相比，大穀派所屬寺院與說教所的數量，仍然不算多(圖表1、圖表2)。

另外，圖1的地圖代表自1898(明治31)年至1943(昭和18)年間，大穀派的寺院與布教所(說教所)在臺灣的成立情形[44]。從這份數據中可以看出，一直到大正末期爲止，大穀派的教綫并未有明顯擴大。另外，除了1935(昭和10)年以后于臺中沿海地區所成立的布教所之外，其他布教所的成立地點幾乎都是日本人聚居的都市地區，看不出有向本島人居住地區大舉擴展的行動。

圖1 大穀派的寺院與説教所（1898～1943年）〔◎寺院、○説教所〕

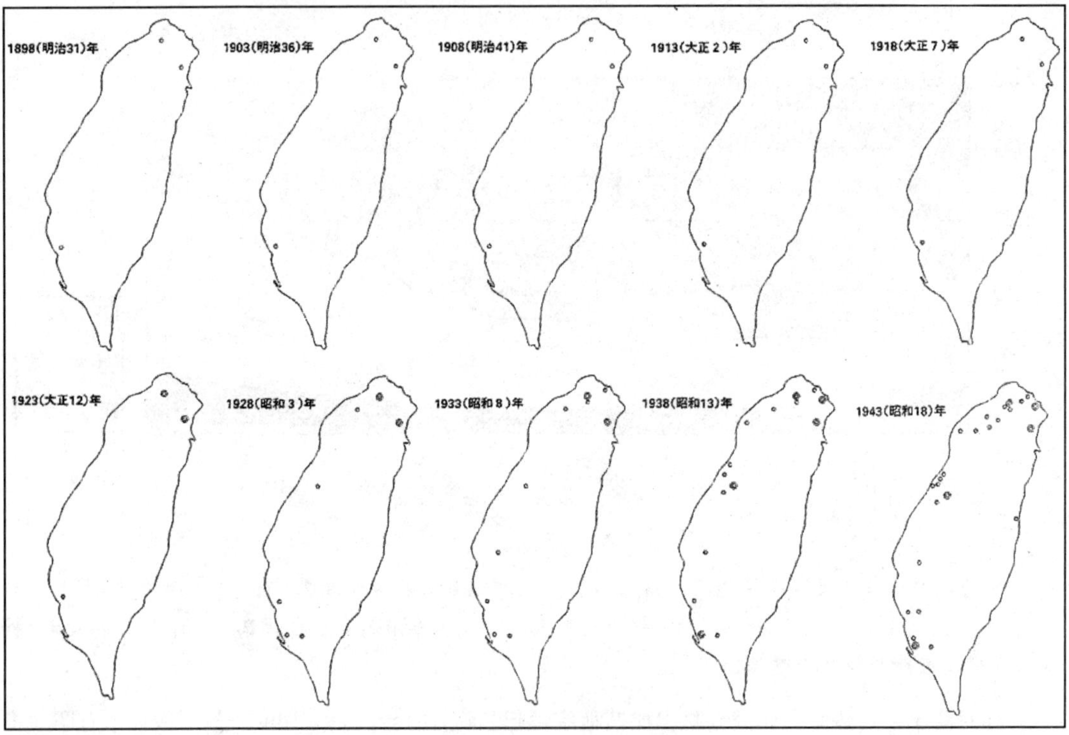

（三）信徒人數的變化

圖表3～5是參考「統計書」的資料，將全部宗派，大穀派、本願寺派的信徒總數、内地人信徒數，以及本島人信徒數的變化情形繪成圖表[45]。另外，圖表6與圖表7的信徒組成(内地人、本島人、朝鮮人、外國人)也是參考「統計書」所繪成。

吸引信徒加入是經營寺院所不可或缺的。因爲信徒人數的多寡直接影響興建寺院或説教所時的捐獻金額，甚至可説是寺院經營成功與否的關鍵。那么，大穀派究竟吸引了多少信徒加入呢？

就圖表3可以看出，從剛開始殖民地統治的1898(明治31)年到1900(明治33)年，在日本佛教勢力所獲得的整體信徒人數當中，大穀派信徒的占比相當高，但后來便逐漸減少[46]。

另外，從表2以及圖表6、7來看，可以知道自1916(大正5)年之后，内地人成爲了大穀派的主要信徒。在過去，一直到1903(明治36)年爲止，本島人信徒比内地人信徒來得多，約占整體信徒數的70%～90%。后來到了1904(明治37)年，内地人信徒人數開始淩駕本島人信徒，一直到1915(大正4)年爲止，本島人信徒人數在整體信徒人數中的占比，始終在不到20%將近50%之間游移。但是，在1916(大正5)年，本島人信徒的占比鋭減至1.9%，后來一直到1937(昭和12)年之前，占比不曾再高于10%[47]。在1937(昭和12)年和1938(昭和13)年這兩年，本島人的占比分别激增至44.2%與46.4%，但是在1939(昭和14)年又減至8.4%，之后便一直在20%以下。

相對的，大穀派的信徒人數則有增加，從1915(大正4)年到1920(大正9)年，僅僅5年間就增加了3.4倍[48]。

在「臺灣全臺寺院齋堂名迹寶鑒」[49]中，記載着「至大正九年，深感土地狹窄，故購入現地移築本堂」，這句話或許能説明當時信徒人數增加的情形。由于在統計書中并未記載從1921(大正10)～1922(大正11)年間的寺院所屬信徒人數故無法得知，因此也難以提出與前后時期的人數進行單純比較。但是從圖表4與圖表6可以看出，大穀派的信徒人數雖然曾經一度減少，但仍然呈現增加的傾向。除了殖民地統治初始時期，大穀派的信徒人數在建立新本堂之后，亦即1929(昭和4)年首次突破1萬人，自1937(昭和12)年以后，僅内地人信徒數便約有2萬人左右；另外，在内地人信徒人數方面，就日本佛教各宗派來比較，其地位僅次于净土真宗本願寺派(圖表4)。

圖表3 信徒人數的變化（大穀派、本願寺派、全宗派）

單位：人

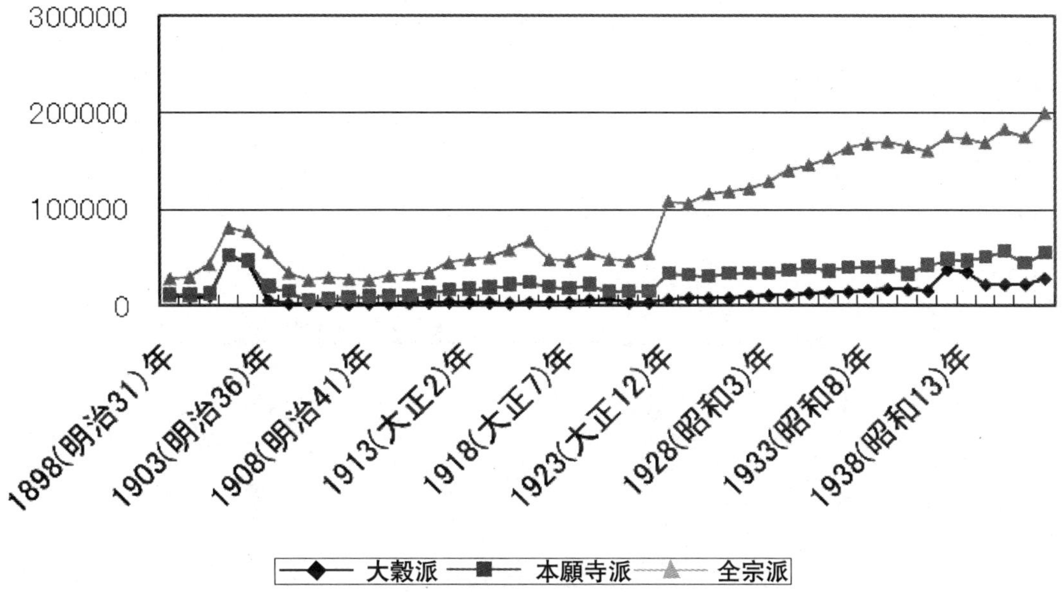

數據源：各年度《臺灣總督府統計書》（臺灣總督府官房調查課）

註:1901(明治34)～1902(明治35)年的統計中，大穀派與本願寺派合稱爲「真宗」，因此圖表中大穀派與本願寺派均以「真宗」的數量來表示。

圖表4 内地人信徒數的變化（大穀派、本願寺派、全部宗派）

單位：人

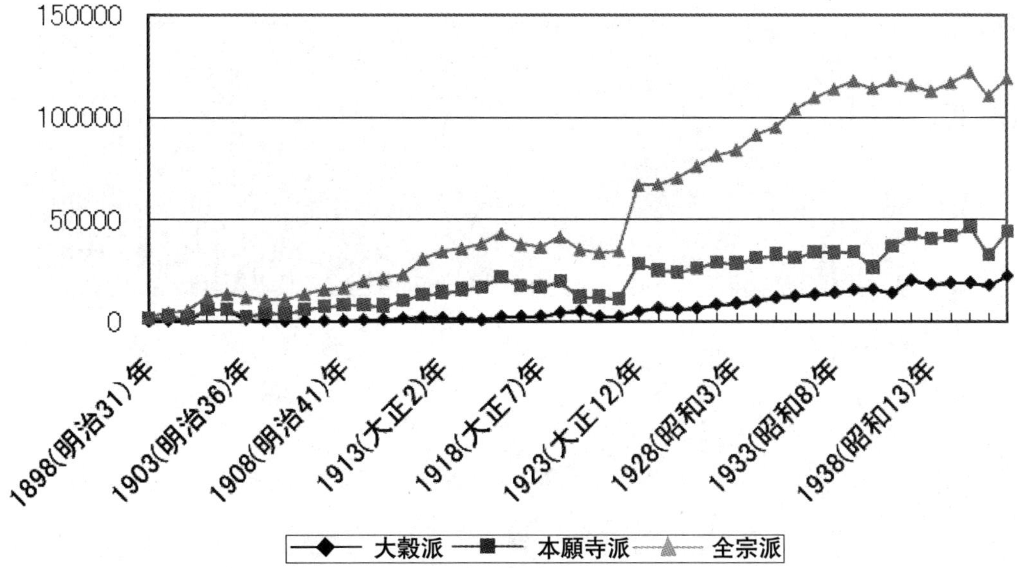

數據源：各年度《臺灣總督府統計書》（臺灣總督府官房調查課）

註：1901(明治34)～1902(明治35)年的統計中，大穀派與本願寺派合稱爲「真宗」。

圖表5 本島人信者的變化（大穀派、本願寺派、全部宗派）

單位：人

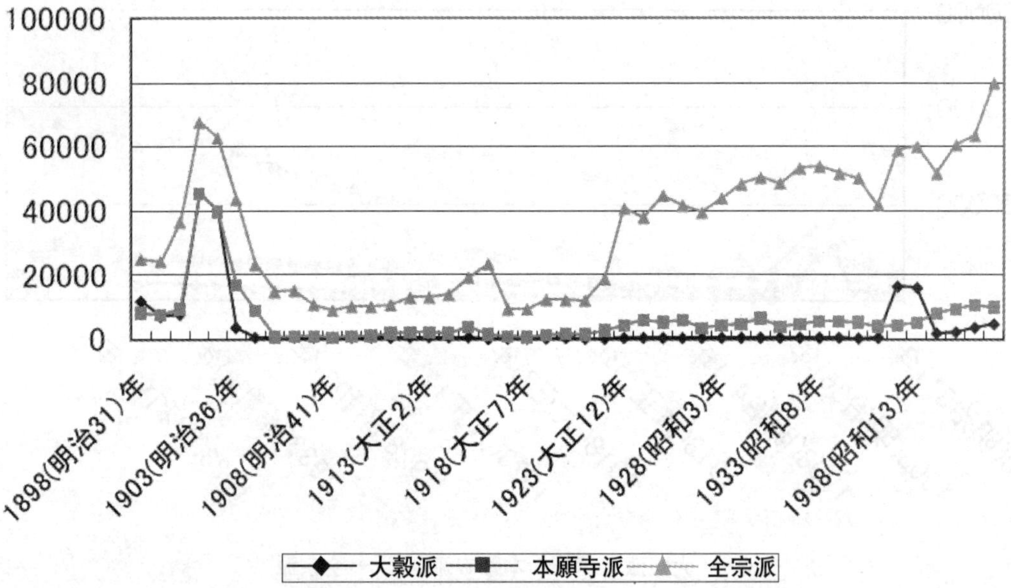

數據源：各年度《臺灣總督府統計書》（臺灣總督府官房調查課）

註：1901(明治34)～1902(明治35)年的統計中，大穀派與本願寺派合稱爲「真宗」，因此圖表中大穀派與本願寺派均以「真宗」的數量來表示。

圖表6 大穀派信者數變化（内地人、本島人、朝鮮人、外國人的占比）

單位：人

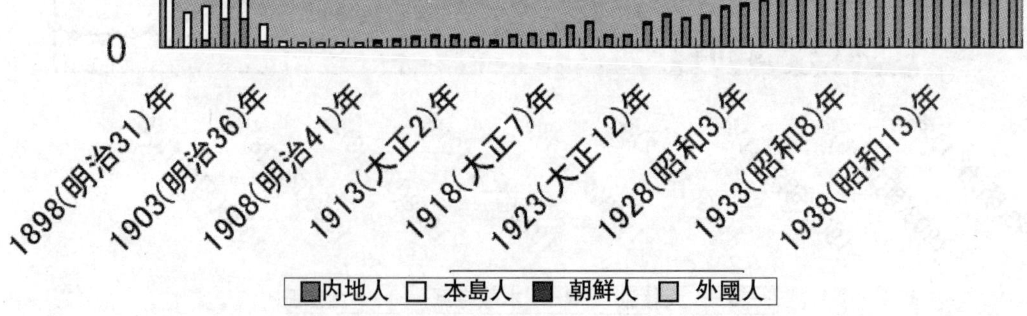

數據源：各年度《臺灣總督府統計書》（臺灣總督府官房調查課）

註：1901(明治34)～1902(明治35)年的統計中，大穀派與本願寺派合稱爲「真宗」，本圖表則直接將其視爲大穀派信徒數來計算。

圖表7 内地人、本島人、朝鮮人、外國人，在大穀派信徒總數中的占比

單位：人

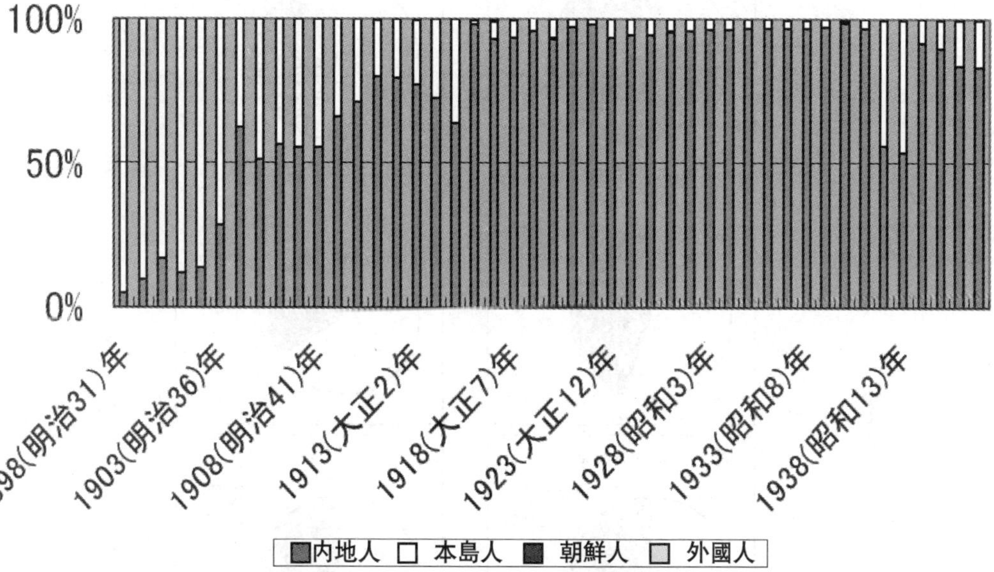

數據源：各年度《臺灣總督府統計書》（臺灣總督府官房調查課）

註：1901(明治34)～1902(明治35)年的統計中，大穀派與本願寺派合稱爲「真宗」，本圖表則直接將其視爲大穀派信徒數來計算。

藉由上述信徒方面的統計分析，關于大穀派獲得信徒的經過可以歸納如下。在殖民地統治初始時期，大穀派成功吸引諸多本島人信徒，但是，這些本島人并未就此成爲大穀派忠實信徒，在1904(明治37)年的大穀派信徒總數裏，本島人的占比開始減少。到了1916(大正5)年，所獲得信徒的主要對象轉換成内地人，大正時期的布教活動已確定以内地人爲核心，内地人信徒數也逐漸增加。到了1937(昭和12)年～1938(昭和13)年正式推行皇民化運動時，大穀派的整體信徒中，本島人的占比一度快速增加逼近半數(圖表5)，但不久又回復到原本以内地人爲主的信徒結構了(圖表7)。

也就是説，雖然一般認爲大穀派在臺灣的布教活動，一開始即以本島人爲對象，但事實上，除了后來皇民化時期之外，大穀派以本島人爲對象的布教活動幾無推動，而是將重點放在對内地人的布教活動上。于是，在日本來臺的各宗派當中，大穀派成功吸引了内地人信徒，成果僅次于本願寺派。

以下圖表8中的6個派圖，是在日本佛教各宗派所獲得的信徒總數中，大穀派與本願寺派的信徒人數的占比變化。本文前面也略有提及，在1898(明治31)年時，大穀派的占比超過40%，但后來却降至10%以下。相對之下，本願寺派則一直維持在25%以上。雖然，大穀派在1938(昭和13)年再度超過10%，但日本在臺灣的殖民地統治却也就此進入尾聲。

圖表8 日本佛教各宗派的信者總數中，大穀派與本願寺派的信徒人數占比的變化。

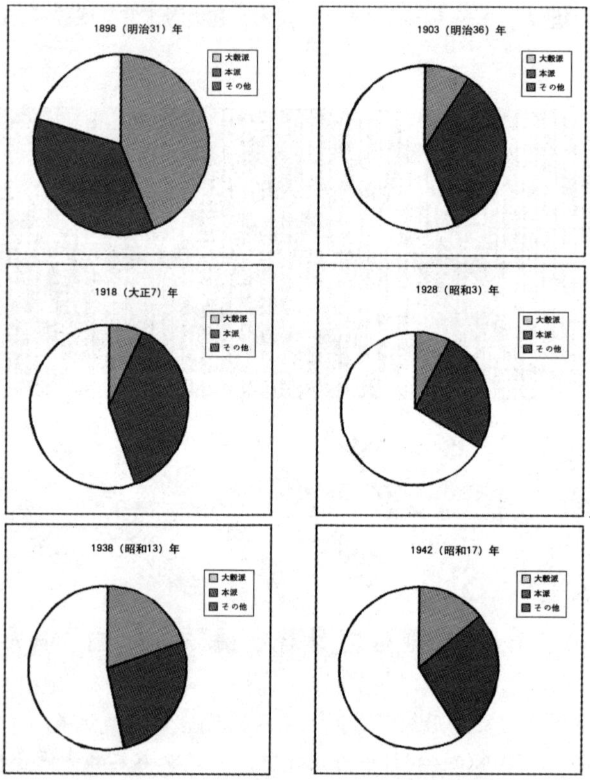

數據源：各年度《臺灣總督府統計書》（臺灣總督府官房調查課）

以上觀察了大穀派在臺灣「擴張教綫」的概況。從中可以了解大穀派并非領先其他宗派興建或設立寺院與説教所，也并非積極地吸引信徒加入。并且，就統計資料來看，大穀派獲得官方認可的布教設施的設立地區也相當有限，難以看出大穀派在當時具有將布教活動推廣到整個臺灣的企圖。另外，在興建寺院方面，大穀派也落后于本願寺等其他宗派；至于吸引信徒一事，在殖民地統治初始時期，雖然大穀派曾經積極在臺灣布教，一度成果可觀，但是那些本島人信徒并未就此成爲大穀派的忠實「教徒」。一直到大正時期，内地人與本島人的信徒數都未有明顯增加，后來大穀派的布教對象也逐漸轉成内地人。并且，一直到大正末期才終于看出大穀派成功地增加了内地人信徒的人數。如上所述，至少到大正時期爲止，大穀派在布教上的態度趨向消極，其中究竟有什么原因呢?

下一章，將觀察從殖民地統治初始直到大正時期，大穀派在臺灣布教活動的變遷，以探討上述問題點。

四、自殖民地統治初始至臺北別院成立期間，大穀派在臺灣布教活動的演變[50]

（一）自出張布教至成立臺北寺務出張所

大穀派在臺灣興建了前述照片1中的大寺院，那么大穀派是如何展開臺灣布教的呢?

根據《臺灣全臺寺院齋堂名迹寶鑒》[51]的資料，在「真宗大穀派本願寺臺北別院」的創立沿革欄中寫着「明治二十八年四月于大稻埕創設布教所」，在創立年月日一欄中寫的是「明治二十八年四月」。另外，在《臺灣寺院名簿》[52]中，在臺北別院的沿革上寫的是「始于明治28年，從軍吏

□□□于千秋街之民屋設立二處本山寺務出張所」。

但是，在該年4月17日馬關條約成立，5月8日交換批准書，臺灣與澎湖列島正式成爲日本領土。北白川宮率領近衛師團登陸臺灣是該年5月底的事，因此若説大穀派在此時期即在臺北成立布教所，應該不太可能。當時，實際從軍來臺的特派布教使有松江賢哲與伊藤大惠等人，分别從澎湖島登陸，但是從當時軍隊所頒發的從軍感謝狀中可以得知[53]，他們并未在臺北成立寺務出張所。因此，大穀派在臺灣的布教活動，其實連初步展開的時期都未有明確論述。

諸多研究者在參考日本殖民地時期的臺灣佛教史基本文獻時，經常引用江木生的《佛教各宗の臺灣伝來と變遷及現勢(佛教各宗的臺灣傳來與變遷及現勢)》[54]，本文在此也援引之。該文獻中記載大穀派「晚于前述諸派，于明治三十年七月傳入。首任從軍布教使大山慶哉于大稻埕千秋街（現永樂町一丁目）成立説教所開始布教」。此外，在《臺北廳志》[55]中，記載着「真宗大穀派于明治三十年八月開始在大稻埕千秋街布教」。另外，在1897(明治30)年7月29日的《臺灣新報》中，記載了「東本願寺」（大穀派）在大稻埕千秋街成立説教場，且自隔月起由負責布教的大山慶哉以臺灣本地人與内地人信徒爲對象，定期進行傳教。

此外，在《教報》[56]的《在臺中各宗派の現况(在臺各宗派現况)》一文中，寫道「東本願寺現正籌募臺灣開教經費......於明年派遣布教師至臺灣，於各地興建别院，計劃大力宏揚教法」，由此可見此時尚未派遣在臺灣教使。并且，不論是設立于1896(明治29)年5月10日的佛教會館的講師[57]（曹洞宗、净土宗、真言宗、真宗本願寺派），或是6月21日所成立的臺灣開教同盟的発起人[58]（净土宗、真言宗、真宗本願寺派），二者都不見大穀派僧侣列名。

另外，在同年10月14日，除了真言宗派遣至臺灣的小山佑全以外，包括净土宗、净土真宗本願寺派、曹洞宗、日蓮宗等各派布教使對總督府提出「官屬寺宫廟賜予各宗派之儀式相關建議」。當時寺廟屬于官方所有并未使用于原本用途上，如今這些寺廟將賜予各宗派，各宗派也提出要求希望將寺廟作爲宗教設施。不過，此一文獻中同樣不見大穀派布教使的名字[59]。在臺各宗派共同提出的建議中未見任一大穀派代表，此事實在令人難以想象，因此在1896(明治29)年當時，大穀派應該尚未派遣臺北在勤布教使才對。

那么，是否大穀派對于臺灣布教并不感興趣，也缺乏派遣布教使的意願呢？在決定臺灣歸日本所有后的1895(明治28)年5月16日，在門迹的「禀直命」演説中提到，「臺灣與澎湖島終成我日本領土……過去雖不曾聽聞澎湖島之名……仍應擴張布教路綫」[60]。另外，在同年11月29日的演説中也提到，「爲時代所需之净土真宗，務必于臺灣與澎湖島各地推展布教活動」[61]。雖然文中表示過去不曾聽過澎湖島的名字，字裏行間似乎對臺灣與澎湖的興趣不高，但是可以確定一點，基本上大穀派已認知在臺灣布教的必要性。

接着從《宗門開教年表》[62]以及《本山事務報告》來看，在上述第一起演説的隔天亦即5月17日，前釜山别院輪番[63]、擁有海外布教經驗的太田佑慶被任命爲臺灣島兼澎湖列島布教主任[64]。太田并且于25日兼任朝鮮支那兩國布教主任[65]。太田是以代理門迹的慰問使身份，與特派布教使佐佐木圓慰和本田良觀共同前來臺灣，其目的是要舉行喪禮與追悼法會，并處理遺體的火葬與埋葬事宜[66]。從太田于11月2日、佐佐木于19日返回東京[67]一事可以得知，此時并未設有常駐布教使來負責布教，只能算是暫時性的出差停留。然而，在1896(明治29)年8月1日，有來自臺灣的王志唐與紀晴波二人，爲了加入門徒而携帶誓約書造訪本山，此事也被記載于《本山事務報告》中[68]，由此看來，布教活動似乎略有成果。同年11月14日，大山慶哉[69]與松江賢哲被派遣至臺灣[70]，其主要目的與太田當時相同，都是以出差形式到臺灣進行視察與布教。

后來在1897(明治30)年4月27日，上述布教形式出現了轉變，當時大山與松江奉命派遣到臺灣，分别成爲臺北在勤與臺南在勤[71]。于是，大穀派布教使常駐臺灣，臺灣的布教活動也就此正式展開。并且，爲了管理臺灣與澎湖列島的各項教學事務，于6月25日成立了臺北寺務出張所[72]。

在同一天，東京事務出張所的所長和田圓什也被任命爲首任臺北寺務出張所所長[73]。8月31日又成立了臺北説教場[74]，在10月1日的通達「告達乙第四十號」中，將「教區及教務所位置」的「第二十五教區」規定爲「臺灣」[75]。12月18日，决定在臺灣設置布教挂[76]，并制定臺灣寺務出張所職制[77]。于是，到了1897(明治30)年底，大穀派對于臺灣布教終于建立明確的基本架構。

也就是説，在殖民地統治初始的最早階段，其他宗派在日清戰争或是日本派遣軍隊赴臺灣期間即有從軍布教使隨行，直接在臺灣展開布教活動，當日本開始統治殖民地之後，這些宗派立即在臺灣進行常駐布教；相對之下，過去在中國與朝鮮半島等地擁有豐富海外布教經驗的大穀派所 取的策略則是，將曾赴海外布教者以出差形式派至臺灣。因此，大穀派在臺灣的常駐布教，起步也就略晚于其他宗派了。

（二）取得末寺帶動教綫擴張

上面已説明1896(明治29)年大山慶哉被派遣到臺北一事。不過，當時大山所做的并非僅只于視察而已。盡管當時大穀派尚未正式在臺灣設有常駐布教使，却已有積極動作，試圖將臺灣本土寺廟編入大穀派的末寺。

比方説，聖王廟、湄洲宫、普濟寺、平和廟等提出請求希望能够歸大穀派來管理；臺南的開隆宫、岳帝廟、城隍廟，以及嘉義的城隍廟、媽宫城的大媽祖宫等的住持也提出申請希望成爲大穀派的末寺僧侣。這些申請文件都被大山帶回日本呈交給本山[78]。并且，將上述聖王廟、湄洲宫、普濟寺、平和廟交由大穀派來管理一事，向嘉義縣知事提出呈報的也是大山[79]。

于是，一直到總督府在1898(明治31)年5月18日頒布「内訓第十八號　關于禁止將本島本土廟宇等編入内地寺院之末寺一事[80]」之前，上述取得末寺的動作一直持續進行。總督府對于禁止編入末寺一事提出了以下看法，從中可以了解臺灣本土寺廟在被編入末寺時，其實并未充分理解日本佛教的教義與禮儀。

近日内地各寺院呈報，已將本島廟宇編入末寺，但陸續察覺本島廟宇所祭祀者多爲賢君與功臣。本島廟宇是否真爲寺院，非僅毫無根據，即使將其稱作末寺，亦僅記載爲某寺末寺。然而，本島傳統廟宇另有作法，多未具備寺院之形式。故不禁認爲此乃從事布教者之競争所導致，且多有不妥之處。因此，于制定適當法令之前，將右列廟宇編入末寺之儀式應予禁止。[81]本内訓案尚請遵守。

有關日本佛教將臺灣本土寺廟編入末寺的事例，從現存的《臺灣總督府公文類纂》中可以確定的有47件，其中大穀派占了18件[82]。大山之所以试图将台湾各地的本土寺庙纳入大谷派的末寺，有几个可能的理由。这些理由可以从大谷派如何运用成为末寺的寺庙来推测得知。

根据大山的报告，自1897(明治30)年8月成立台北说教场以来，加入大谷派成为门徒者有1,540余户，信徒人数约达8,000人[83]。大山向縣知事呈報已發出歸屬證并編入末寺的廟宇共有14間，而且勸山寺、大衆廟、賜福宫、涌蓮寺、三山國王廟、寶藏岩、祖師廟、景福宫、仁海宫、五穀廟、甘泉寺等寺廟也得到各負責事務署的核准，可以作爲説教會場，每個月約有1次可以派遣人員前往進行説教。也就是説，除了使用寺廟的土地與建築物之外，在向信仰這些本土寺廟的本島人説教時，這些「末寺」其實也提供了最佳場所。

大山以上述方式透過末寺來致力擴大大穀派的勢力。成果之一就是在4月10日大山爲了參加慧燈大師四百周年忌的法事，率領臺灣末寺　代開隆宫住持以及11名門徒自基隆出發，于4月15日前往本山禮拜。在參觀本山時，有相關記載指出大山以「支那語」爲同行者解説，可見得當時大山已能够用臺灣當地語言來進行某種程度的布教[84]。

（三）臺北寺務出張所扮演的角色

和田圓什早就被任命爲臺北事務出張所的所長，但直到1898(明治31)年1月11日才與布教使本多文雄、布教挂加藤廣海、布教挂廣岡荷織一同出發，于1月18日抵達臺北[85]。和田圓什從被任命一直到渡海來臺，期間約經過半年。自此之后，負責統籌大穀派在臺灣布教活動的人物，終于正式常駐臺灣。

和田寺務所長抵達之后，從1月25日至28日在臺北説教場舉行報恩講。據報告指出，當時本島人也參加了報恩講，并有約100人做出捐獻，整個過程非常成功[86]。

然后，和田又與大山一同自2月4日起，前往新竹、臺中、嘉義、臺南、鳳山、澎湖島等地視察[87]。就其他宗派的例子來看，布教負責人的視察結果可能影響在臺灣布教時的執行策略，那么大穀派又是如何呢？在和田視察各地之后，他也提出了報告，有關今后在布教上的注意事項以及方策，在「常葉」上有所刊載[88]。

首先，大山指出布教使的年紀若是過于年輕，則不論如何辯才無礙、頭頭是道，往往難以令臺灣人信服。因此，他認爲布教使最好選派中年以上者來擔任。第二點是，在布教上熟習當地語言雖是必須，但大山提出意見表示語言應該要到當地學習[89]。此外，他還提出另一個意見，認爲政治家應與宗教合作，臺灣全島的普通教育應完全交由宗教家負責，并且應該讓宗教家兼任醫師[90]。只不過，這些意見究竟有多少能獲得本山的采納呢？像净土宗那樣「由下而上」的制定布教策略過程，在此一階段的大穀派裏則尚未看到。

和田結束臺灣視察之后，于3月1日回國[91]。于是，大穀派又出現當地負責人不在的情形，但是，與和田一同來臺的本多、加藤、廣岡則于2月17日分别被任命爲臺南、臺北，以及鳳山的説教場在勤[92]。雖然三人分散各地，但仍留在臺灣，于是大穀派常駐布教的觸角也延伸至各地方[93]。其中，廣岡于5月15日在鳳山布教場設立了語學學校。另外，本多等多位渡海來臺的布教使，也開始在宗門發行的雜志「常葉」上，投稿撰述在臺灣的視察情形與經驗[94]，許多有關臺灣的報導都刊載于雜志中。另外，「常葉」也介紹了木全義順等例子，他在嘉義不需他人翻譯，每個月舉行2次的説教活動。像這些大穀派在臺灣各地的布教情形，也都出現在「常葉」中[95]。

大穀派以臺灣事務出張所爲核心在臺灣推動布教的體制于1898(明治31)年上半年大致完成，可算是一種全島性組織。從表3來看，其整體組織若包含清國厦門説教場在内的話，一共有事務出張所１處、説教場10處、僧侣總共20人。可見大穀派絶非僅限定在臺北，而是隨着布教活動在臺灣各地發展其事業。另外，到此一時期爲止，被認爲已歸屬大穀派的臺灣本土寺院共計40間，和1897(明治30年)底相比，增加了15間[96]。

表3　1898(明治31)年上半年的大穀派臺灣布教實況一覽[97]

名稱	録事	布教使	布教挂	番僧	總數
臺灣事務出張所	2	–	4	–	6
臺北説教場	–	1	1	1	3
臺南説教場	–	1	1	–	2
安平説教場	–	–	1	–	1
新竹説教場	–	–	1	–	1
鳳山説教場	–	–	1	–	1
宜蘭説教場	–	–	1	–	1
阿公店説教場	–	–	1	1	2
彰化説教場	–	–	1	–	1
嘉義説教場	–	–	1	–	1
清國厦門説教場	–	–	1	–	1
合計	2	2	14	2	20

註：不含大穀瑩誠一行人。

也就是説，末寺的編入過去被視爲擴大教勢的指標，但後來遭總督府府禁止，不過，在此同時自日本派遣來臺的布教使們則開始在臺灣各地擴大布教。并且如同表3所示，以臺北的寺務出張所爲核心的説教場，在各個地點的分布上相對較平均地包含了整個臺灣。由此可見，此種事務體系在當時應該發揮了某種程度的有效作用。另外，在表3中也將「清國厦門説教場」列入，如同下一節所提到的，對大穀派而言，自殖民地統治初始時期起，就應該將臺灣與清朝南方二者共同看待[98]，事實上在調度各地布教使時，往來臺灣與清朝南方的情形頗爲常見，和其他宗派相比，這一點可説是大穀派的特色之一。

（四）從臺灣布教摸索臺灣布南清布教的新可能性

在和田離任、1899(明治32)年1月6日石川馨繼任臺灣事務出張所所長[99]之后，大穀派以臺灣事務出張所爲核心、建立起的全島布教體制仍然持續强化。至于通曉臺灣當地語言、一直在臺灣布教活動中扮演重要角色的大山，則于1月26日出任臺灣寺務出張所勤務[100]，成爲名副其實的大穀派臺灣布教的核心人物之一。

此外，新任布教使也相繼渡海來臺。根據「宗報」的資料，在1899(明治32)年就有以下人等獲得任命。木本香林（臺灣寺務出張所）、永田純雄（臺灣寺務出張所）、山内等（臺灣開教用挂）、石森教一（臺灣布教挂）、富田存證（臺灣布教挂）、小笠原大賢（臺灣布教挂）、葦名慶一郎（臺灣開教用挂）、小穀臺潤（臺灣開教用挂）、寺島一之（臺灣布教挂）、吉崎靈淳（臺灣布教挂）、岡本幸雄（臺灣布教挂）、信國堅城（臺灣開教用挂）、橘亨（臺灣開教用挂）、市村堅正（臺灣開教用挂）、大城義讓（臺灣布教挂）。

雖然人才日益充足，但從日本來到臺灣就任的布教使，却也對于臺北説教場在設備上的欠缺表示不滿意，例如「對其不足唯感驚訝[101]」、「應于保持本願寺威嚴之範圍内，建立適宜外觀[102]」等。

臺北説教場應該要成爲整體臺灣布教的中心，于是由岡本覺亮帶頭擬定了新建計劃。1899(明治32)年9月8日，在臺北城内府前街2丁目27番　設立布教處一事獲得許可[103]。9月17日，設有内地式臨時本堂的臺北説教場舉行落成與遷佛法會[104]。

在確立涵蓋全島的布教體制、諸多人才的加入，以及建立全新的内地式臨時本堂之后，大穀派又出現了一次轉變。1900(明治33)年4月5日，大穀瑩誠（能净院連枝）被任命爲臺灣兼清國兩廣主教[105]，成爲大穀派在臺灣布教的最高階人物。由此人員的安排可以看出大穀派本山對于在臺灣布教一事是何等重視。就預算來看，1900(明治33)年度的臺灣布教費約9,452日圓，比6,657日圓的韓國布教費還要多，至于清國布教費則高達10,985日圓，在教團内所獲得的重視程度可見一斑[106]。

1900(明治33)年5月19日，公布了以下「臺灣及清國福建兩廣布教事務規則」，并自6月1日起開始施行新規則，原本的臺灣事務出張所于5月31日廢除[107]。于是，在大穀派的全面支持下，此時的臺灣布教活動呈現更上一層樓的面貌。

告達第十一號

臺灣及清國福建兩廣布教事務規則制定如左

第一條　爲處理臺灣及清國福建兩廣布教事務，應設置監督及監理。

監督一職爲親授，輔佐主教監督布教事務

監理一職爲稟授，受監督指揮處理布教事務

第二條　于臺灣北部與南部及福建兩廣各設監理一人，其駐留地與所轄區域如左所示，若監理遇缺，則其職務由監督臨時兼任之。

臺灣北部監理	臺北駐留
臺北縣一帶	臺中縣一部分
宜蘭廳一帶	臺東廳一帶

臺灣南部監理　臺南駐留
臺南縣一帶　臺中縣一部分
澎湖島廳一帶
福建監理　厦門駐留
清國福建省一帶
兩廣監理　廣東駐留
清國廣東省一帶　清國廣西省一帶

第三條　監理應于監督之指揮下，每年巡視其所轄區域一次以上，以監查布教是否確實，若有意見則應透過監督向主教或布教局長提出。

第四條　監理應每年二次各于一月及七月，提出其所轄區域内之布教實况，并透過監督向主教及布教局長提出報告。

第五條　監理應于監督之指揮下，每年前往主教駐留地會見，協商相關事務并制定來年度布教費預算案，并經主教認可后透過監督向布教局長提出。

附則

本規則自明治三十三年六月一日起施行

在此規則修訂之后，原任臺灣寺務所長的石川馨于6月2日成爲臺灣及清國兩廣布教監督[108]。另外，大山慶哉成爲臺灣南部布教監理與臺南説教場在勤，而原爲臺北布教場在勤的布教使佐野即悟則成爲臺灣北部布教監理與臺北説教場在勤[109]。

在进入上述新体制的期间，台湾及清国福建两广主教大谷莹诚自5月16日起至6月6日止，展开臺灣全島巡回布教。其目的在于「臺灣開教之必要性已無須多言，在臺開教需以某地爲開教根據地，此爲在臺開教之首要問題。過去以臺北爲根據地并未見成效，故此次巡視臺灣全島，以尋求適當之地點」[110]。可見這次視察是爲了突破教勢僵局，尋求新的布教根據地。雖然巡回過程交通艱難，但是仍順利完成，并且决定將主教由臺北移至彰化。只不過，僅半年之后，大穀瑩誠便于12月7日辭去職務。

上述修訂規則一事，究竟對大穀派帶來何種影響？1901(明治34)年6月10日，彰化學堂從臺中遷移至泉州一事，即是最佳例子。過去的臺灣事務出張所雖然將厦門納入其管轄，不過仍以屬于日本殖民地的臺灣爲主要的布教對象；相對之下，在「臺灣及清國福建兩廣布教事務規則」中，則將布教權問題[111]大相徑庭的臺灣與清朝南方(福建、兩廣)，均視爲主要布教對象。如同前面所提及的，此種布教區分究竟是基于何種認知所下的决定呢？是否和其他宗派一樣，都是因爲在臺灣與清朝南方從事布教活動的僧侣們提出了建議呢？其實，若是從與和田等人的視察之間的關聯性來考慮，這種可能性并不高。想要厘清此一問題，有必要探討大穀派對于中國布教與臺灣布教二者的定位，這也是今后的課題。

（五）地方政廳對布教使的批評與評價

在大穀瑩誠辭職之后，大穀派在臺灣的布教活動出現何種改變呢？可惜的是，在「宗報」等大穀派宗門史料中，有關當時臺灣布教的報導甚少，僅參考這些資料實在難以掌握布教活動的實際情况。于是，筆者另行參考宗門以外的史料，尋找其中是否存在大穀派在臺灣布教的相關記載。結果，所搜集到的有限史料裏，在《臺灣總督府公文類纂》中記載了自1901(明治34)年至1903(明治36)年間，各地方長官向總督府提出的各地宗教調查報告書，從中應能推測出大穀派在此一期間的布教狀况。

在「明治三十二年訓令第二百二十號第十項」中規定各地方長官有執行宗教相關事項調查之義務，但由于調查執行不够徹底落實，于是在1900(明治33)年11月27日的「民縣第一一八八號」中又特别加以規定，針對「布教師之增減」、「布教師之姓名與其品行」，以及「各布教之狀況」，由民政長官向各地方長官發布通達，要求當時務必于每個月底提出報告。上述宗教調查報告書，就是此時各地方長官所提出的回復報告[112]。後來，在1901(明治34)年報告次數改爲一年に3次，在1907(明治40)年改爲一年2次，在1909(明治42)年改爲一年1次，最後在1912(明治45)年才廢除此種報告制度，改爲在「年報行政事務及管内概況」中提出報告即可[113]。

由于布教使的姓名或是所屬宗派的記載中錯誤甚多，不禁令人對于當時地方官廳所進行的宗教調查的正確性存疑[114]。但是，此一時期的臺灣的宗門相關史料較少，而這些史料中記録了當時被派遣到臺灣的日本佛教各宗派僧侶的活動情形，因此仍可藉由其中記述來與宗門史料相對照，以探討當時布教使所處的情況。另外，也可藉由這些史料來了解當時殖民地統治機構對于日本佛教的布教活動給予何種評價，因此仍然是非常值得一看的史料[115]。以下，將就臺北、彰化、臺南、宜蘭等提出報告書的地區，觀察其教綫變遷的情形。

在臺北方面，報告書中提到曾于1900(明治33)年11月擔任臺北在勤的大穀派布教使[116]者，有佐野即悟、大山慶哉、菅沼覺圓等人，其中并記載這些人在景尾、新店、臺北等地設立説教場，每個月在固定的日子進行説教。只不過，根據前面提到的宗門史料來看，大山在6月成爲臺灣南部布教監理，被任命爲臺南説教場在勤。若從他于同年12月解除在勤職務來看，11月時他應該還是臺南在勤的身份，因此史料記載和事實略有出入。另外，根據后來的報告資料，1901(明治34)年8月的在勤布教使有佐野即悟、加藤廣海、立石等人，當時吸引加入的内地人信徒有500人、本島人信徒有5,913人。另外，在12月的報告中，布教使有佐野即悟等2人。可見得，在臺北的布教活動雖然未必是大規模，但仍然持續進行某種程度的布教活動。

另外，在報告中也提到臺北周邊地區的布教活動進行得并不順利。根據1901(明治34)年12月爲止的調查結果，當時的深坑布教使是加藤廣海，可知道當時加藤從臺北被派遣到深坑。當時在景尾有10名信徒，新店有53名信徒，于每月1日與15日進行説教。只不過，在1902(明治35)年4月的報告中提到，那時的布教活動和上一期相比衰退不振。并且，在1903(明治36)年4月，未向地方政廳提出報告即徑自暫停布教，到了8月加藤才終于提出報告表示將停止布教，布教活動也因此停止。

彰化在大穀瑩誠前往視察之后，被定位爲布教的根據地，在1900(明治33)年11月的報告中寫着「本宗以此爲根據地，以漸向全島布教爲目的」[117]，指出大穀派將彰化視爲布教根據地的事實，這一點和大穀瑩誠的視察結果是吻合的。只不過，在報告書并未特別提及大穀瑩誠，只報告了當時的駐在布教使千田静諦的布教活動。報告中提到，千田每個月分别對本島人男性、本島人女性，以及内地人各進行2次、總計6次的説教，每次聽衆都不下于40人，盛况可見一斑。另外，在彰化以外的地方，也强調其布教成果，例如在大肚、員林、北門、鹿港、白沙坑等地進行出張布教，吸引約3,000名信徒加入。另外也提到誠摯的宗教態度以及社會貢獻等多方面的布教活動，例如在彰化學堂教育本島人子弟，以及提供藥物給窮苦人民等。

關于臺灣中部的埔裏，報告書中提及在1900(明治33)年11月時擔任布教使的是村井義明。其中也提到爲了「堅定品行」，集結了内地人與人島人雙方的信仰。而且，埔裏地區除了漢族以外，還住着澳斯楚尼西亞系的原住民，村井當時正爲了今后能對原住民進行布教而學習原住民語言。由此看來在埔裏的布教活動似乎進行得相當順利，但是1901(明治34)年8月的報告也提到，由于村井義明后來轉調臺南，在埔裏的布教活動也因此出現變化。報告中指出，新任布教使市村堅正出入酒樓，同行者亦品行不端，并且疏于布教，因此説教場并未有信徒加入。后來，在同年12月與1902(明治35)年4月的報告中也特别提到市村的行爲不檢，對布教不用心，嚴詞批評他未能獲得任何信徒。

同樣的，在臺灣南部的主要都市臺南方面，在1900(明治33)年11月的報告中也有嚴厲批評，特别是針對安平的宫尾　秀與臺南的石森教一。大穀派于1897(明治30)年6月在臺南、鳳山、安平，10

月在嘉義，1898(明治31)年10月在恒春成立説教場，這是大穀派在臺南地區布教活動的開端。當時還成立了大穀學校，大舉擴張布教範圍，一度獲得諸多信徒的加入，但是后來由于布教人員更替頻仍，導致無法獲得當地人民的信賴，所以報告書中提到，除了恒春之外，臺灣南部的其他地方幾乎没有信徒。報告中尤其提到宮尾因爲沈迷酒色引來非議，因而流失信徒。至于石森，則被認爲不是適當的布教使人選。而恒春的立石雖然較具熱誠，但也欠缺作爲宗教家的風采與態度，難以令人信服。報告書中提到，后來大山慶哉從臺北來到臺南，擔任主任并嘗試重新布教，在12月的報告中記載，大山接着重振大穀學校，教授内地人漢學、指導本地人國語（日語），試圖藉此挽回大穀派的教勢。只不過，到了1901(明治34)年8月，大穀派的勢力幾乎瀕臨滅絶。另有報告提到村井義明也于此時來到臺南，希望力挽狂瀾，可惜在12月的報告中也指出成效不彰。

至于東海岸的宜蘭，報告書中提到1900(明治33)年11月的布教使是木本升。并且記載着木本升每個月舉行1次的法話會，由于他不懂當地語言，所以使用本山寄來的書籍（漢文）來布教。在1901(明治34)年12月的報告中提到，在未向官方呈報的情形下布教使即不見踪影一事；而1903(明治36)年4月的報告中也記録着每月7次出張説教的情形，以及信徒只有内地人140名。由于欠缺布教熱誠，也難以與其他宗派競争。在8月底的報告中也指出，本島人信徒有鄙視僧侶的傾向，這一點成了布教時的障礙。其中也提到，信徒只有120名内地人，可見其布教活動同樣是以内地人爲主。

在其他地區方面，1901(明治34)年8月的報告中提到，新化地區的布教使加來亨既品行端正又熱心布教，頗獲好評。另外，1901(明治34)年12月的報告中提到，嘉義地區的布教使信國堅城爲人「温厚篤實」、「素行端正」，雖然他的前一任布教使素行不端、留下債務離開臺灣，導致名譽受損，但所幸信國堅誠的努力而逐漸恢復風評，因此給予高度評價。報告中也記載，信國堅誠于每月14日與27日對内地人説教，于農歷每月1日與15日對本島人説教。只不過，新化與嘉義兩地后來都未見報告指出布教有明顯進展。在1902(明治35)年12月的報告中提到，鳳山的真宗大穀派説教所是由布教使信國堅城在鳳山市區的中和街所成立的，但其實該地方并無布教使居住，只是有名無實，而且没有信徒加入，呈現衰落景象。

如上所述，雖然大穀派的教綫曾經一度擴及臺灣各地方，不過在臺北以外的地區，一直都是仰賴布教使的個人能力來個别推動布教。雖然在布教時使用了本山寄來的漢文譯本的布教書籍，但并未有整體組織上的作爲。后來，受到布教使前往派駐地的交通問題、布教使本身的性格，以及布教使的品行問題等的影響，使得布教活動不見進展，也難吸引信徒加入。另外，對于那些「品行不良」的布教使，各地方政廳都提出了極爲嚴厲的評價。

（六）蘭陽寺與臺北別院的成立

〔蘭陽寺〕

如同前一節所述，大穀派在臺灣的教綫雖然曾經一度擴張，但是自1902(明治35)年之后逐漸縮小，從明治末期到大正初年，僅剩臺北、宜蘭、臺南等地還可見到布教活動。

其中，進入大正年間之后，在宜蘭地區有了新作爲[118]。在1919(大正8)年7月23日，由「總代」佐藤德治與二宫卯一，以及布教使加藤廣海共同向宜蘭廳提出了「募款許可申請」[119]。目的是爲了募集費用，以便將設立于1901(明治34)年的布教所改成寺院，當時的募款金額是10,500日圓，其中已獲得信徒捐獻7,518.66日圓。對于此一申請，宜蘭廳的回復是「非僅建立寺院之意志堅定，此事實乃官民長年之所望，然因諸緣由，而苦無良機」。一般認爲這是自1917(大正6)年以后，在官方、民間，以及信徒的充分考慮下所提出的申請。至于寺號方面，在1919(大正8)年9月10日將名稱决定爲蘭陽寺[120]。所以，大穀派在臺灣的布教活動中，宜蘭可説是最早擁有正式寺號的地方。

大穀派在這之前曾經一度幾乎無法推動布教，后來却甚至得以擁有正式寺號，原因之一應該是鎖定内地人爲主要的布教對象。

〔臺北別院〕

如同前述，大穀派在臺灣成立的説教所(布教所)當中，最早升格爲寺院的是位于宜蘭的蘭陽寺。緊接其后推動寺院升格的，則是臺北。

首先，在1921(大正10)年4月25日，大穀派本山同意將寺號改稱爲大穀派本願寺臺北別院，并且由長等珠琴擔任別院管理負責人的輪番一職，于是大穀派也向臺灣總督提出「建立寺院之許可申請」[121]。理由是，「爲暫時增加信徒數，故建立新寺院」[122]。后來在1921(大正10)年5月7日，終于獲得建立寺院的許可。在宗門方面，則早于3月20日將臺北布教所升格爲臺北別院，由三山元樹出任首任輪番。或許這項人事任命與前述大穀派本山同意由長等珠琴擔任輪番一事似乎有所矛盾，但其實三山并非在被任命后即立刻前往臺灣，而是大穀派在向總督府提出建立寺院之許可申請的前一天，也就是5月6日才動身出發。

后來，芳原政信于1926(大正15)年9月出任輪番，并且在他的主持下，新本堂于1928(昭和3)年11月落成，但却在2年后的1930(昭和5)年12月的一場火灾中燒毀。不過，之后大穀派仍然致力建立寺院，在來年4月出任輪番一職的木下萬溪的主持下，先于1932(昭和7)年興建了庫裏(厨房、住持居室)，后來又在1935(昭和10)年7月舉行上梁儀式、再于1936(昭和11)年11月舉行入佛遷座儀式，這時所興建的就是前述照片1中在當時被稱爲「純印度式」的本堂[123]。該建築物之概要如下所示[124]。

[大穀派臺北別院本堂概要]

(1) 所在地：臺北市壽町 2 丁目

(2) 樣式：中古印度教式

鐵骨、鐵筋、混凝土造，耐震、耐火、耐風、防蟻害

(3) 1 樓：273.2 坪、入口、大廳、大小會議室、納骨堂、貴賓室、同食堂、配膳室、會客室、和室 3、事務室、厠所、倉庫等

(4) 2 階：245.8 坪、本堂内部爲純日本佛教寺院風格，禮佛室一部份鋪設榻榻米、其余設有座椅（400 張）。

(5) 工程：1934(昭和 9) 年 9 月開工，1936(昭和 11) 年 10 月 31 日竣工，

工程費用275,000日圓(東京松井組，實費精算)

(6) 賜樹：參道兩側有久邇宫、伏見宫兩殿下所賜之樹。

(7) 信徒、職員：信徒 1100

職員 輪番、補番各1人，在勤10人，駐在1人，會計1人。

結　語

本文以上針對大穀派在臺灣布教的變遷，以殖民地統治初始到大正時期(具體來説爲設立臺北別院作爲在臺灣布教的根據地)這段期間爲對象，進行了探討。

首先，本文針對寺院與説教所的設置數量以及信徒人數的變化進行了量性分析。從中可以了解，大穀派在臺灣的布教活動，最早是以本島人爲主要布教對象，但是自大正時期開始，逐漸轉變爲以内地人爲主要對象。另外，和本願寺派相比，大穀派在明治末期到大正時期這段期間，并未能確實擴大教綫。雖然，從大正末期到昭和初期這段期間，大穀派逐漸增加信徒人數并擴大教綫，但這種變化其實與布教對象轉向内地人有關。像大穀派和本願寺派這種以移居殖民地或外國的日本人爲主要布教對象的情形，在中國和朝鮮也可見類似傾向。這些宗派在海外的布教不被稱爲「開教」，而被認爲是仰賴日本人移民爲捐款來源，這也是之所以被稱爲「追教」的原因[125]。此種情形也同樣發生在臺灣。另外，大穀派在臺灣設立的寺院數、説教所數，以及信徒人數等，和中國與朝

鮮相比之下仍屬小規模。再者，與其他宗派相比，大穀派也并未特别積極的在臺灣展開布教。

本文接着又探討了一直到臺北别院成立爲止的這段期間，大穀派在臺灣布教的歷史過程。從中可以發現多種事象，足以代表大穀派在臺灣布教的特色。本文以下將根據大穀派在臺灣布教的特色，將其在臺灣的布教活動劃分爲5個時期。

第一期是准備期，以出張布教的方式開始在臺灣布教一直到成立臺灣寺務出張所爲止；第二期是確立期，以臺灣寺務出張所爲核心，在臺灣各地設立説教場，建立臺灣全島的布教體制；第三期是展開期，依據「臺灣及清國福建兩廣布教事務規則」，試圖結合臺灣布教與清朝南方布教，規劃新布教區。第四期是縮小期，在新布教區的布教活動進展遲緩，所設立的布教所數與獲得的信徒人數均陷入停頓；第五期是再生期，重視内地人爲布教對象，重新建構布教基礎。

對許多宗派而言，最早至海外布教的經驗是在臺灣，相對之外，大穀派則得以將過去在中國與朝鮮所獲得的經驗發揮在臺灣。大穀派之所以挑選前釜山别院輪番的太田佑慶作爲第一位派遣赴臺者，想必是仔細考慮之后的决定。但是，相對于多數宗派以延續從軍布教的形態在臺灣展開布教，大穀派則采取所謂「慎重」的態度，結果起步便較晚，對于擴大教綫來説，反而造成不利。

雖然起步較晚，不過大穀派仍然采取常駐布教的做法、設立臺灣寺務出張所、派遣布教使在全臺灣展開布教。這段期間，大穀派所重視的是對臺灣人民的布教與教化。爲了達成此一目的，大穀派所采取的策略是取得末寺，以確保施行布教與教化的場所。這正是在布教活動起步較晚的情形下，大穀派爲了挽回劣勢所采取的動作。

雖然大穀派在取得末寺上達到一定成果，但后來總督府却禁止各宗派取得末寺，大穀派只得重新思考在臺灣各地布教的新方法。當然，由于此一階段的主要布教對象是臺灣本島人，因此大穀派采取的做法是以臺北的寺務出張所爲核心，將從日本派遣來臺的布教使派遣至臺灣各地，以便建立據點、擴大布教區域。

所以，在臺灣島内的布教體制尚未完全確立的情形下，本山便已提出推動布教的新方向性。那就是由大穀瑩誠出任臺灣兼清國福建兩廣主教并渡海來臺。這或許可以説是一種新嘗試，將福建兩廣的布教與臺灣布教結合爲一，在對清朝布教與對臺灣布教之間建立關聯性，藉此形成一種新結構。只不過，當初的企圖未能如願，布教管理與指揮系統無法充分發揮功能，在臺灣各地的布教全仰賴布教使的個人資質，并且進展不順。最后，在臺灣的教綫也逐漸縮小。

不過，教綫縮小在接下來的期間却發揮正面效果。進入大正時期之后，大穀派將布教對象鎖定爲内地人，以他們爲獲得捐獻的對象，并以那段期間内競争宗派較少的地區或是内地人聚集的都市爲布教據點。同時，在信徒的金錢資助之下，首先于1919(大正8)年在宜蘭成立蘭陽寺，然后于1921(大正10)年又成立了臺北别院。大穀派并且建構了一套再生過程，以上述寺院爲根據地，着眼于接下來的教綫擴張。而再生過程所獲得的成果，就是興建于臺北别院、于1928(昭和3)年11月落成的本堂。

只不過，本堂落成僅僅2年，就在1930(昭和5)年的一場大火中燒毁了，于是只得重建新本堂。新本堂于1936(昭和11)年舉行入佛儀式，但啓用不到10年時間日本便戰敗了，于是新本堂被中華民國政府接收，成爲警備總司令部保安處。結果，這座本堂作爲保安處的時間比做爲寺院的時間還要長。而對于這座后來成爲保安處的建築物，臺灣人民仍然繼續稱之爲「東本願寺」[126]。看到此種過程變化，不禁令人感受到一件事，那就是大穀派臺北别院的建築物在戰前與戰后一直存在，而其中所代表的意義與形象則隨着時代而改變與新生。在這種情況下，大穀派在臺灣的布教活動與其他地區相比規模是大是小？大穀派在海外的布教活動中臺灣布教是否具有代表性？這些問題其實都已不重要。不論規模大或小、具不具有代表性，真宗大穀派臺北别院的建築物本身，就是臺灣人所接觸到唯一的大穀派、就是真宗、甚至就是「日本」的佛教。

如同本文開頭所説的，大穀派相當知名的一點是，它領先其他宗派，率先前往中國與朝鮮展開布教。因此，大穀派在中國與朝鮮的布教活動，就被認爲是在協助殖民地統治機構實行皇民化與宗教統制，并且被牽扯進佛教的戰爭責任中。但是相對之下，我們不得不承認事實上大穀派在殖民地臺灣的布教活動非常消極。究竟大穀派以何種形象存在于臺灣的歷史中？或許，唯有找出此一問題的答案，才能够厘清佛教在殖民地所扮演的角色與某種程度上的責任。

當然，要解决上述問題，僅是分析大穀派在戰前的歷史是不够的，還必須探討戰后的臺北别院才行。關于此點，請容日后撰稿另述。

附記

本文自《真宗大穀派による臺灣布教の變遷—植民地統治開始直后から臺北別院の成立までの時期を中心に》（《アジア·アフリカ言語文化研究》第71號、東京外國語大學アジア·アフリカ言語文化研究所），加以增删、修正而成。

（作者單位：日本宇都宮大學）

註 釋：

[1] 松金 2000.

[2] 松金 2001.

[3] 松金 2002a、松金 2002b.

[4] 昭和 10(1935) 年代在臺灣推行的政策。尤其是以使用日語爲主軸，試圖藉由落實普通教育、更改姓名、參拜神社等，來同化臺灣人、使其日本化。從事臺灣之國家神道相關研究的蔡錦堂指出，「在昭和10年代，以天皇爲最高點來强化國民精神涵養、亦即在「皇民化」時期，與改造國民精神息息相關的强調國家神道，以及控制本土宗教的宗教政策問題等等，此類相關研究爲全面理解該時期的統治政策——皇民化政策所不可或缺的。」(蔡 1994:5)，他并且以研究殖民地神道史的立場，强調皇民化與殖民地宗教政策的緊密性。另外，研究佛教之戰争責任的菱木政晴也指出，「教團原本并未傳布其本義的親鸞的佛教，但是仍然對于推動皇民化政策、扮演與殖民地及占領地區的本地統治階層之間的橋梁，以及宣撫工作等，具有極大貢獻。」(菱木 1998:131)，他并認爲牽扯佛教勢力的宗教政策與皇民化之間有密切結合。確實，分析國家神道是理解皇民化政策時所不可或缺的，只不過，在佛教方面，即使真如菱木所指出一般，日本佛教勢力對于皇民化政策有所協助與貢獻，但是此種協助與貢獻是否與統治政策産生直接聯結，仍需進一步深入探討才是。

[5] 松金 1998:26-30.

[6] 松金 2002b:106-107.

[7] 松金 1999b:6-29. 按：本稿爲筆者于 1999 年 3 月 5、6 日，在臺北「中央研究院」民族學研究所所舉辦的中型研討會「宗教傳統與社會實踐」上提出報告時，會場所發放的小册子内容。

[8] 松金 2003:267-282. 與松金 2004：70-85. 按：在松金 2003 中，針對 1916 年至 1928 年的曹洞宗教育事業經費變遷加以考察；在松金 2004 中，則將年代範圍擴大至 1915 年至 1937 年，經潤飾與修改后并翻譯爲中文版。

[9] 佐藤 1963、1964.

[10] 小島·木場 1992 等。小島主要針對本願寺派進行考察。

[11] 木場 1987a、1987b，木場·桂華 1988，木場 1990a、1991、1992、1995、2000、2003 等，另有多部論述。

[12] 高橋 1987.

[13] 江森 · 孫 1994.

[14] 北西 1994.

[15] 菱木政晴以佛教之戰爭責任的觀點，針對教團對戰爭的協助與海外布教等的關系多有批判。大穀派的相關主要研究，有菱木 1993、1998 等。

[16] 藤井健志指出，關于日本佛教在東亞布教活動的研究資料中，以中國和朝鮮半島爲對象地區的研究較多，而以中國東北部或臺灣爲對象地區的研究則較少 (藤井 2000:50)。另外，在藤井 1999 中對于日本佛教的東亞布教史研究有概略描述。與臺灣有關的大穀派布教活動的相關研究中，佐藤三郎在探討厦門事件時指出，「深切體認到一點，想要掌握臺灣就必須對福建省保持特別堅定的立場」(佐藤 1963:232)，他提到當時的臺灣與福建之間的關系，并分析了厦門東本願寺布教所在火灾中燒毀的問題，但對于大穀派在臺灣的布教活動并未加以探討。

[17] 除專題研究論文之外，木場明志也在宗門所發行雜志「真宗」上，記述了海外布教研究到目前爲止的過程以及問題點 (木場 1990b)，該篇文章后又收録于「宗門近代史的檢證」中 (木場 2003)。另外，關于大穀派在臺灣布教活動中的做法等，他也在以中日甲午戰爭爲核心的考察中有所提及 (木場 1995)。

[18] 小島 · 木場 1992:128(原載、木場 1991:99).

[19] 小島 · 木場 1992:129-129(原載、木場 1991:99).

[20] 所謂「開教」，小島認爲「指的是將日本佛教的教誨與教義，推廣至尚未普及的地區」(小島 · 木場 1992:7)，不過就宗門史的立場而言，多稱海外布教一事爲「開教」。木場認爲「開教」的定義是「對在外國的日本僑民與當地外國人的布教」(木場 :2003:133)，其根據來自 1906 年 8 月 25 日制定的「海外開教條規」(《宗報》56、本山文書課、1906 年 8 月 30 日、告達第十三號) 的第 1 條「海外開教之目的，系爲向居留外國之帝國臣民或外國人民宣揚本宗二諦之教義，使其得享今世與來世之福報。」，木場認爲因此條例之制定，「定義終于明確」(木場 2003:133)。關于開教一詞的定義以及其中隱含的問題點，除筆者曾提出若干陳述（松金 1999a:192-194）之外，也有許多研究者提出探討，但是有關大穀派之部分，仍以小島 · 木場 (1992:7-8)、木場 (2003:133) 較具參考價值。本文中除引用他文或必須格外强調處之外，均以「海外布教」或「布教」等二字眼來表示。

[21] 小島 · 木場 1992:321. 另外，該書「后記」(321-323) 爲木場所撰寫。

[22] 小島 · 木場 1992:321. 另外，該書「后記」(321-323) 爲木場所撰寫。

[23] 小島 · 木場 1992:321. 另外，該書「后記」(321-323) 爲木場所撰寫。

[24] 木場 2003:134.

[25] 藤井 2000:54.

[26] 藤井 2000:50.

[27] 真宗大穀派宗務所出版部 2003、木場 2003.

[28] 木場 2003:133.

[29] 菱木 1998:138.

[30] 菱木 1998:138-143. 按：本稿爲重新刊載之版本，原文以《東西本願寺教團の植民地布教（東西本願寺教團的殖民地布教）》(菱木 1994) 爲題，收録于《岩波講座　近代日本と植民地（岩波講座　近代日本與殖民地）》4《統合と支配の論理（統合與支配的論理）》(岩波書店，1993，157-175) 中。本稿首次刊載時的第 2 章標題爲《朝鮮と滿洲への布教（對朝鮮與滿洲的布教）》(164-167)，其中小節標題爲「1 朝鮮布教」、「2 滿洲布教」，內容以皇民化的觀點等來探討大穀派在朝鮮與滿州地區的布教活動。但是，當后來本稿又以《日本滿教による植民地布教（日本佛教的殖民地布教）》爲題，

重新刊載于《解放の宗教へ（解放的宗教)》一書中時,第 2 章的標題則改爲「朝鮮布教、滿州布教、臺灣布教)」。不過，兩稿除字句修正之外，在内容上幾乎相同。

[31] 菱木 1998:140(原載，菱木 1993:166).

[32] 都築 :1986. 本稿爲刊登于真宗大穀派教學研究所編《特集 資料•真宗と國家 Ⅱ 1912 ～ 1926< 大正期篇 >（特集 資料•真宗與國家 Ⅱ 1912 ～ 1926< 大正期篇 >)》(《教化研究》92.93，真宗大穀派宗務所，1986）中的「概觀」著述之一。另外，都築在正文中表示他「鎖定『中國 · 朝鮮』，翻閲各筆資料考察大正時期大穀派的『海外開教』」(都築 1986:316)，可以感受到都築的企圖與菱木所描述的「殖民地布教的概觀」之間，存在些許差异。

[33] 都築 :1988. 真宗大穀派教學研究所 1986:669-683.

[34] 木場 2005. 木場爲此類研究者的代表性人物，獲得「平成 13 年度～平成 16 年度科學研究費補助金 (基盤研究 (B) －(1))」的《植民地期中國東北地域における宗教の總合的研究》(殖民地時期中國東北地區宗教的綜合研究）即以 1932 ～ 1945 年的中國東北地區爲對象，分析當時進入該地區的日本各宗教與當地本土宗教的動向，研究目的在于探討該地區宗教的整體面貌，該研究以前所未有的大規模進行實地調查，藉此收集相關資料。該研究課題的相關論述，已出版者爲木場 2002a、木場 2002b 等，今后可望再提出更豐富的研究成果。

[35] 松金 2006.

[36] 江木生《佛教各宗の臺灣伝來と變遷及現勢》(佛教各宗的臺灣傳來與變遷及現勢) (《臺灣佛化》1-1:14-19，臺灣佛化青年會，1937)，18 頁。

[37] 臺灣總督府官房調查課。以下簡稱「統計書」，相關細節請參照表 1、表 2 的注記。

[38] 有關本願寺派以及其他宗派的寺院與説教所數，參考松金 1998:21-26。

[39] 寺院數統計首次出現在「統計書」中爲 1903 年，但事實上本願寺派、臨濟宗妙心寺派，以及日蓮宗均早在 1903 年以前即擁有寺院。另外，曹洞宗在 1904 年、净土宗在 1907 年、真言宗在 1910 年，即首次出現寺院數的統計資料 (松金 1998:25)。

[40] 1943 年之后所設立的寺院和説教所 (布教所) 資料在『統計書』中雖未記載，但已記録在《臺灣寺院名簿》(真宗大穀派組織部提供，編集年份不詳) 中。另外，此處所謂「布教所」系指大穀派在各地設立的布教據點，不過若是后來獲得總督府等官方機構的承認，并列入「統計書」中，則記録爲「説教所」; 至于大穀派本身所使用的名稱爲「布教所」或「布教場」。上述史料爲大穀派所編寫，因此采用「布教所」一詞。本文以下若采用大穀派所編寫之史料，即稱爲「説教所 (布教所)」，若采用總督府之史料，則稱爲「説教所」。

[41] 《真宗大穀派寺院教會名簿》(大穀大學，1947) 中記載有 1949 年 10 月 1 日當時的寺院與説教所 (布教所) 資料。此資料雖是戰后再重新編纂出版，其中仍設有「附國外」(344 ～ 351) 的項目，在「臺灣開教區」(347 頁) 中也記載 25 間寺院與説教所 (布教所) 的名稱。由于實質上的布教活動，隨着日本戰敗而結束 (松金 2006)，因此可知直到殖民地末期爲止，大穀派設立了數據中所記載的寺院與布教所。

[42] 《真宗大穀派寺院教會名簿》(大穀大學，1947) 中記載有 1949 年 10 月 1 日當時的寺院與説教所 (布教所) 資料。此資料雖是戰后再重新編纂出版，其中仍設有「附國外」(344 ～ 351) 的項目，在「臺灣開教區」(347 頁) 中也記載 25 間寺院與説教所 (布教所) 的名稱。由于實質上的布教活動，隨着日本戰敗而結束 (松金 2006)，因此可知直到殖民地末期爲止，大穀派設立了數據中所記載的寺院與布教所。

[43] 《真宗大穀派寺院教會名簿》(大穀大學，1947) 中記載有 1949 年 10 月 1 日當時的寺院與説教所 (布教所) 資料。此資料雖是戰后再重新編纂出版，其中仍設有「附國外」(344 ～ 351) 的項目，在「臺灣開教區」(347 頁) 中也記載 25 間寺院與説教所 (布教所) 的名稱。由于實質上的布教活動，隨着

日本戰敗而結束(松金 2006),因此可知直到殖民地末期爲止,大穀派設立了數據中所記載的寺院與布教所。

[44] 圖 1 主要的參考依據爲前述《臺灣寺院名簿》與《真宗大穀派寺院教會名簿》等。另外,部分所在地不明的寺院或布教所,則未將其標入地圖中。

[45] 有關大穀派與本願寺派的信徒人數請參考表 2。另外,有關全部宗派以及其他宗派的信徒人數,請參考松金 1998:26-29。

[46] 自 1898 年到 1900 年間,在日本佛教所獲得的信徒總數當中,大穀派的占比分别是,1898 年 43.9%、1899 年 26.8%、1900 年 21.8%,但是在 1903 年則驟降至 9.0%、1904 年爲 3.9%。另外,在 1901 年～ 1902 年間,從圖表 7 看來大穀派的占比仍高。但是,由于統計書中在這 2 年期間將大穀派與本願寺派合稱「真宗」,并無法判斷大穀派與本願寺派究竟孰多孰少,因此在此不列入討論。

[47] 從 1916 年至 1936 年爲止,在大穀派的整體信徒人數中,本島人信徒的占比超過 5% 者,只有 1917 年、1918 年、1920 年、1923 年、1924 年、1925 年等 6 次。

[48] 1915 年的信徒人數爲 1,656 人,其中内地人信徒有 1,053 人、本島人信徒有 603 人。到了 1920 年,内地人爲 5,340 人、本島人爲 359 人,總計增加至 5,699 人。

[49]《臺灣全臺寺院齋堂名迹寶鑒》(徐壽編著,國清寫真館,1932)。

[50] 文末表 3「真宗大穀派臺灣布教關系年表」爲匯整大穀派在臺灣的主要布教活動之年表。參考數據爲《本山事務報告》(真宗大穀派本願寺寺務所文書科)、《常葉》(常葉社)、《宗報》(真宗大穀派本願寺寺務所文書科)等真宗大穀派公報,以及《宗門開教年表》(真宗大穀派宗務所組織部,1969)、木場 1995 等。

[51] 同前注 51。

[52] 1943 年之后所設立的寺院和説教所(布教所)資料在「統計書」中雖未記載,但已記録在《臺灣寺院名簿》(真宗大穀派組織部提供,編集年份不詳)中。另外,此處所謂「布教所」系指大穀派在各地設立的布教據點,不過若是后來獲得總督府等官方機構的承認,并列入『統計書』中,則記録爲「説教所」;至于大穀派本身所使用的名稱爲「布教所」或「布教場」。上述史料爲大穀派所編寫,因此采用「布教所」一詞。本文以下若采用大穀派所編寫之史料,即稱爲「説教所(布教所)」,若采用總督府之史料,則稱爲「説教所」。

[53]《本山事務報告》19,1895 年 4 月 29 日,第 3 頁。參照木場 1995:135。

[54] 刊載于《臺灣佛化》1-1(臺灣佛化青年會,1937),第 14 ～ 19 頁。另外,在《南瀛佛教》15-2(南瀛佛教會,1937),第 15 ～ 20 頁中亦以《内地佛教の臺灣伝來と其現勢(内地佛教的臺灣傳來與其現勢)》爲題,刊載相同内容之文章,此部分獲得多數先行研究的引用,但出版日期爲《臺灣佛化》是 1 月 5 日、《南瀛佛教》是 2 月 1 日,《臺灣佛化》發行時間約早 1 個月。

[55]《臺北廳志》(臺北廳編,1919 年),第 207 頁。

[56]《教報》1(大日本臺灣佛教會,1896),第 41 頁。

[57]《臺灣新報》1896 年 6 月 17 日,3 版。

[58]《净土教報》259,1986 年 7 月 25 日,第 5 頁。

[59]《臺灣總督府公文類纂》第 178 册第 2 文書。按:數據中記載爲「布教師」。

[60]《本山事務報告》20,1895 年 5 月 26 日,第 11 頁。

[61]《本山事務報告》26,1895 年 11 月 30 日,第 11 頁。

[62]《宗門開教年表》(真宗大穀派宗務所組織部,1969),第 14 頁。

[63] 别院的管理與營運負責人。

[64]《本山事務報告》20,1895 年 5 月 26 日,第 5 頁。

[65] 同前注 64。

[66]《本山事務報告》號外，1895年9月1日，第2頁。
[67]《本山事務報告》26，1895年11月30日，第8頁。
[68]《本山事務報告》35，1896年8月25日，第12頁。
[69] 關于大山的名字，史料中記載不一，有「哉」、「成」以及「城」等寫法。在臺灣總督府公文類纂中有大山本人向嘉義縣知事提出的呈報文件（《臺灣總督府公文類纂》第9758册第10文書），其中記載爲「哉」，故本文均統一以「哉」字表記。
[70]《本山事務報告》38，1896年11月30日，第7頁。
[71]《本山事務報告》44，1897年5月8日，第10頁。
[72]「告達乙第二十九號 于臺灣臺北縣設置寺務出張所，以管理臺灣與澎湖列島之各項教學事務」，《本山事務報告》46，1897年7月30日，1頁。按：在《宗門開教年表》中所記載設置寺務出張所的日期爲4月23日。
[73]《本山事務報告》46，1897年7月30日，第5頁。
[74]《宗門開教年表》(真宗大穀派宗務所組織部，1969)，第15頁。
[75]《常葉》1，1897年10月11日，第27頁。
[76]「告達乙第五十八號」，《常葉》8附録「宗報」，1897年12月25日，第2頁。
[77]「告達乙第五十九號」，《常葉》8附録「宗報」，1897年12月25日，第2～3頁。
[78]《本山事務報告》44，1897年5月8日，第10頁。
[79]《臺灣總督府公文類纂》第9758册第10文書。
[80]《臺灣總督府公文類纂》第248册第41文書。
[81]《臺灣總督府公文類纂》第248册第41文書。
[82] 有關《臺灣總督府公文類纂》中日本佛教將臺灣本土寺廟編入末寺的概況，在温國良2001中有詳細介紹。另一方面，擁有大穀派方面可確認的歸屬證的寺廟全部共30間以上，因此必須了解一點，目前在《臺灣總督府公文類纂》中可確認臺灣本土寺廟與内地寺院之間的本末關系者，其實不過是一部分。
[83]《常葉》10，1898年1月15日，第38頁。
[84]《常葉》20，1898年4月28日，第36頁。
[85]《常葉》12，1898年2月5日，第33頁。
[86]《常葉》14，1898年2月25日，第32頁。
[87]《臺灣巡視概況》，《常葉》19，1898年4月20日，第46～49頁。
[88]《臺地教報》，《常葉》19，1898年4月20日。上面記載道「真宗大穀派本願寺所派遣之人周游全島，詳查風俗民情并回報，聽取主要意見后，知其宗教家之觀察極具成果，左列爲其概要」，由此可知該文章爲聽取和田等人的視察概要后所寫。
[89]《臺灣布教に就て（關于臺灣布教)》，《常葉》19，1898年4月20日，第49頁。
[90]《臺地教報》，《常葉》19，1898年4月20日。上面記載道「真宗大穀派本願寺所派遣之人周游全島，詳查風俗民情并回報，聽取主要意見后，知其宗教家之觀察極具成果，左列爲其概要」，由此可知該文章爲聽取和田等人的視察概要后所寫。
[91]《常葉》15，1898年3月5日，第33頁。
[92]《常葉》14附録「宗報」，1898年2月25日，第3頁。「布教使在勤」，《常葉》13，1898年2月15日，第35頁。
[93]《鳳山教報》，《常葉》27，1898年7月5日，第37～39頁。
[94] 本多文雄《南翔記》(第一)，《常葉》23，1898年5月25日，第1～5頁。本多文雄《南翔記》(第二)，《常葉》31，1898年8月15日，第1～7頁。菅沼覺圓《臺灣紀行之一》，《常葉》29，1898年7月25日，第43～44頁。山田哲司《臺灣の記》(臺灣之記)，《常葉》33，1898年9月7日，第26～28頁。

[95]《布教使木全義順師》,《常葉》13,1898年2月15日,35頁。
[96]《臺灣教况》,《宗報》1,1898年10月23日,第10～12頁。
[97] 同前注96,系筆者根據「臺灣布教實况一覽」所作成。
[98] 佐藤1963.
[99]《宗報》5附録,1899年2月15日,第11頁。
[100]《宗報》5附録,1899年2月15日,第14頁。
[101] 本多文雄《南翔記》(第二),《常葉》31,1898年8月15日,第5頁。
[102] 本多文雄《南翔記》(第二),《常葉》31,1898年8月15日,第6頁。
[103]《臺灣總督府公文類纂》第6965册第25文書。
[104]《宗報》14,1899年11月14日,第15～16頁。
[105]《宗報》22附録,1900年5月5日,14頁。在「告達十一號」(《宗報》24附録,1900年2月25日,第1～2頁)等史料中,未出現「福建」一詞,但有可能是「臺灣兼清國福建兩廣主教」。
[106]《宗報》17附録,1899年12月27日,第3頁。
[107]「告達十號」、「告達十一號」,《宗報》24附録,1900年6月25日,第1～2頁。
[108]《宗報》24附録,1900年6月25日,第5頁。按:史料中記載爲「臺灣及清國兩廣布教監督」,并未加入「福建」一詞,但根據石川獲任命時的「臺灣及清國福建兩廣布教事務規定」來看,有可能爲「臺灣及清國福建兩廣布教監督」。
[109]《宗報》24附録,1900年6月25日,第5～6頁。
[110]《連枝の巡教(連枝之巡教)》,《宗報》27,1900年10月5日,15頁。
[111] 佐藤1964.
[112]《臺灣總督府公文類纂》第4609册第4文書。
[113]《臺灣總督府公文類纂》第4901册第15文書,第4984册第15文書,第5251册第11文書,第5455册第8文書。
[114] 由于是地方官廳所作成的行政報告,因此,除了對宗教事項的理解不足之外,也因爲延遲呈報或其他理由,而有布教使姓名或布教地點等的錯誤記載,以及誤認各布教使所屬宗派的情形。所以,在使用時必須多加注意。參照松金2002a,2002b。
[115] 有關調查的概要與頻率,請參照温國良1999。本節所依據之史料如下所示,其中未寫明各部分的出處。《臺灣總督府公文類纂》第4644册第26～31文書。同第4681册第14～15文書。同第4741册第6、8、9文書。同第4742册1、3文書。
[116] 在宗門資料中寫爲「布教使」,而總督府等行政機關的資料中則多寫爲「布教師」。本文除引用的部分之外,全部統一寫爲「布教使」。
[117]《臺灣總督府公文類纂》第4644册第26文書。
[118] 有關宜蘭地區的佛教發展與變化,詳見闞正宗2004。
[119]《臺灣總督府公文類纂》第6814册22文書。
[120]《宗門開教年表》(真宗大穀派宗務所組織部,1969),第62頁。
[121]《臺灣總督府公文類纂》第6965册25文書。
[122] 同前注121。「寺院建立願進達ニ付副申(轉呈申請建立寺院副申)」(臺北州知事),1921年5月18日,内教社第219號。
[123] 有關建立新本堂之細節,參考木下萬溪《遷仏遷座法要を迎へて(遷佛遷座法事之舉行)》,高木俊昌「新築本堂竣工に至るまでを回顧して(回顧興建新本堂之經過)」(《ひかり(佛光)》43「遷佛法要紀念號」,大穀青年會,1936年11月5日,第3～4頁,第11～12頁)。
[124]《南瀛佛教》15-1,南瀛佛教會,1937年1月1日。

[125] 小島勝指出「世人大多認爲戰前的海外開教并非真正開教，不過是『追教』罷了」(小島・木場 1992：7)。戰前的海外布教，大多是爲滿足移居或滯留海外的日本人之需求，而派遣開教使前往各自宗派信徒較多之地區，跟隨在當地從事佛事、教育、或福利事業之本國人，因此大多被稱爲「追教」。另外，在戰爭期間又代表布教是要「追隨」日本的國家戰争，因此也被稱爲「追教」。但是小島接着又表示，「從戰前日本佛教或是開教使在海外的行爲軌迹來看，此一説法確實可行。但是，海外布教活動是否從頭至尾都僅止于『追教』呢？這其實另有討論的空間」(小島・木場 1992：8)，可見小島對于以「追教」一詞來概括整個戰前的海外布教活動，是持疑問態度的。

[126] 國防部史政檔案「東本願寺房地處理案」(33243,33244,33245) 國防部史政編譯室圖書數據室藏。

参考文獻

1.江森一郎·孫傳釗 1994 《戰時下の東本願寺大陸布教とその教育事業の意味と實際ー主として「真宗」所載記事によるー》《金澤大學教育學部紀要（教育科學編）》43：189-207，金澤大學教育學部。

2. 温國良，1999，《日據初期日本宗教在臺布教概況–以總督府民政部調查爲中心ー》《臺灣文獻》50-2：211-231，臺灣省文獻委員會。

3.温國良，2001 《日治初期日臺宗派訂約始末》，《臺灣總督府公文類纂宗教法規史料匯編(明治二十八年至昭和二十年)》《總督府檔案專題翻譯(十二)宗教系列之三》283-297，臺灣省文獻委員會。

4.闞正宗，2004，《蘭陽地區齋教與佛教的發展及轉型》，《臺灣佛寺的信仰與文化》228-271，博揚文化事業有限會社（原載2001《蘭陽地區佛教與齋教的發展及轉型》《宜蘭文獻雜志》49：3-47）。

5.北西弘，1994，《明治初期における東本願寺の中國開教》，《佛教大學總合研究所紀要》1:331-349，佛教大學綜合研究所。

6.木場明志，1987a，《明治期における東本願寺の中國布教について》，《印度學佛教學研究》35(2)：324-326，日本印度學佛教學會。

7.木場明志，1987b，《明治期対外戰争に対する佛教の役割ー真宗兩本願寺派を例としてー》池田英俊編《論集日本佛教史》8《明治時代》247-267,雄山閣。

8.木場明志，桂華淳祥，1987《東本願寺中國布教史の基礎的研究》，《真宗總合研究所研究紀要》5：1-48，大穀大學真宗綜合研究所。重新收録于小島·木場1992。

9.木場明志，1990a，《東本願寺中國布教における教育事業》《真宗研究》34：141-154，真宗連合學會。

10.木場明志，1991，《真宗大穀派による中國東北部（滿洲）開教事業についての覺え書き》，《大穀大學研究年報》42:49-103，大穀學會。重新收録于小島·木場1992。

11.木場明志，1992，《真宗大穀派朝鮮布教と朝鮮の近代化》，《大穀大學史學論究》5：22-47，大穀大學文學部史學科。

12.木場明志，1995，《日清戰后における真宗大穀派アジア活動の急展開ー「本山事務報告」「常葉」「宗報」の記事から》《真宗總合研究所研究紀要》12：127-140，大穀大學真宗綜合研究所。

13.木場明志，2000，《真宗と海外布教》《現代日本と佛教》第Ⅱ巻《國家と佛教ー自由な信仰を求めて》236-241，平凡社。

14.木場明志，2002a，《滿州國の仏教》，《思想》943:190-205，岩波書店。

15.木場明志，2002b，《僞滿州國》首都新京の日本仏教による滿洲仏教組織化の模索—1935年（康德2年）の様相》，《大穀學報》81(4):1-11，大穀學會。

16.木場明志，2003，《開教—國威拡張に對應した海外開教事業—》《宗門近代史の檢討》（《宗報》等機關志復刻版别卷）131-165，真宗大穀派宗務所出版部（原載1990b《開教—國威拡張に對應した海外開教事業(1)、(2)、(3)》《真宗》1034:14-20、1035:10-19、1037:28-33，大穀派本願寺）。

17.木場明志，2005，《植民地期中國東北地域における宗教の總合的研究》平成13年度～平成16年度科學研究費補助金(基盤研究（B)—(1))研究成果報告書。

18.小島勝·木場明志，1992，《アジアの開教と教育》，法藏館。

19.蔡錦堂，1994，《日本帝國主義下臺灣の宗教政策》，同成社。

20.佐藤三郎，1963，《明治三三年の厦門事件に關する考察—近代日中交涉史上の一出としてー》《山形大學紀要》（人文科學）5(2):231-280，山形大學。

21.佐藤三郎，1964，《中國における日本仏教の布教權をめぐってー近代日中交涉史上の一出としてー》，《山形大學紀要》（人文科學）5(4):433-486，山形大學。

22.真宗大穀派宗務所出版部，2003，《宗門近代史の檢證》（《宗報》等機關志復刻版 别卷），真宗大穀派宗務所出版部。

23.高橋勝，1987，《明治期における朝鮮開教と宗教政策—特に真宗大穀派を中心に—》《佛教史研究》24:34-56，龍穀大學佛教史研究會。重新收録于小島·木場1992。

24.都築淳，1986，《大正期大穀派《海外開教》の問題》，《教化研究》92·93:306-317，真宗大穀派宗務所。

25.都築淳，1988，《昭和初期大穀派《海外開教》の問題》，《教化研究》95·96:669-683，真宗大穀派宗務所。

26.菱木政晴，1993，《浄土真宗の戰爭責任》，岩波書店。

27.菱木政晴，1998，《日本佛教による植民地布教—東西本願寺教團の場合—》，《解放の宗教へ》129-153，緑風出版（原載 1993《東西本願寺教團の植民地布教》大江志乃夫等編《岩波講座　近代日本と植民地》4《統合と支配の論理》157-175，岩波書店）。

28.藤井健志，1999，《録前における佛教の東アジア布教—研究史の再檢討》《近代佛教》6:8-32，日本近代佛教史研究會。

29.藤井健志，2000，《仏教の海外布教に關する研究》《現代日本と仏教》第Ⅱ卷《國家と仏教—自由な信仰を求めて》45-55，平凡社。

30.松金公正，1998，《植民地時期臺灣における日本佛教寺院及び説教所の設立と展開》《臺灣史研究》16:18-33，臺灣史研究會。

31.松金公正，1999a，《日據時期日本佛教之臺灣布教—以寺院數及信徒人數的演變爲考察中心》《圓光佛學學報》3:191-221，圓光佛學研究所。

32.松金公正，1999b，《日據時期日本佛教在臺灣推行之《社會事業》（1895—1937）》，《宗教傳統與社會實踐》中型研討會報告論文1-37，《中央研究院》民族學研究所。

33.松金公正，2000，《曹洞宗布教師による臺灣佛教調査と《臺灣島布教規程》の制定—佐々木珍龍《從軍実歴夢游談》を中心に—》《比較文化史研究》2:45-68，比較文化史研究會。

34.松金公正，2001，《日本植民統治期における妙心寺派臺灣布教の變遷—臨濟護國禪寺建

立の占める位置一》，《宇都官大學國際學部研究論集》12:137-162，宇都官大學國際學部。

35.松金公正，2002a，《日本植民地初期臺灣における浄土宗布教方針の策定過程（上）》，《宇都官大學國際學部研究論集》13:213-232，宇都官大學國際學部。

36.松金公正，2002b，《日本植民地初期臺灣における浄土宗布教方針の策定過程（下）》，《宇都官大學國際學部研究論集》14:87-109，宇都官大學國際學部。

37.松金公正，2003，《植民地期臺灣における曹洞宗の教育事業とその限界一宗立學校移轉と普通教育化の示すもの一》，臺灣史研究部會編《臺灣の近代と日本》259-289，中京大學社會科學研究所。

38.松金公正，2004，《殖民地時期日本佛教對于臺灣佛教「近代化」的追求與摸索一以曹洞宗宗立學校爲例一》，《臺灣文獻》55(3):63-92，「國史館」臺灣文獻館。

39.松金公正，2006，《真宗大穀派臺北別院の「戰後」臺灣における日本仏教へのイメージ形成に關する一考察》五十嵐真子·三尾裕子編《戰后臺灣における〈日本〉一植民地經驗の連續·變貌。利用》251-287，風響社。

戰后初期在日臺灣人的國籍變更問題
——以澀穀事件的考察爲中心

阿部由理香

一、前言

在近代國際關係中，如欲確定「國家」的形態，則須嚴格確定其領土範圍，隨之也必然需要確定構成該國家的「國民」。「國籍」乃是一國之人民與其歸屬「國家」之法律上的聯系。換言之，近代社會的「人民」系以「國籍」表明歸屬于某一特定國家。此「國籍」喪失與否，除出生、死亡、個人意志外，也因各種不同的原因而發生。戰爭所遣成的部分領土歸屬變更，亦爲主要原因之一。

1895年（明治28年）4月17日，日本與清國締結「日清講和條約」（即所謂《馬關條約》），5月8日批准成立。根據日本方面的提案，條約第五條中列了一項規定，承認賦予臺灣居民國籍選擇權（optional right）。這是臺灣歷史中，首次出現的近代國籍概念。

1945年8月15日，日本二次世界大戰戰敗投降，决定了臺灣離開日本殖民統治，臺灣人民面臨了變更「國籍」的問題。然而，到底臺灣人的國籍何時變更？8月15日或9月2日，10月25日或其他日期？成爲哪國人？另外，當時旅外的臺灣人，譬如臺灣籍民、臺籍日本兵（有戰后補償、被判BC級戰犯等的問題）或在海外定居等等，當時到底如何定位，看待呢？

這方面的研究，目前有湯熙勇的《恢復國籍的争議：戰后旅外臺灣人的復籍問題（1945～1947）》、[1]何義麟的《戰后臺灣人之國籍變更與國家認同——以澀穀事件之考察爲中心》[2]等研究。以上兩個研究主要探討有關臺灣人的國籍變更問題或臺灣人歸屬意識（identity）的變化。其中湯熙勇的研究，主要利用中華民國政府外交部的檔案，涵蓋的範圍也不只是日本，還包括戰前臺灣人足迹所至的亞洲地區，譬如菲律賓、印度尼西亞、新加坡等，探討的內容也涵蓋着旅外臺灣人的涵括範圍以及人數估計、國籍確定、國籍恢復過程，美、英、荷政府的反應以及國籍復籍争議對旅外臺灣人的影響等很豐富，但缺了日本或盟軍總部（以下簡稱GHQ：General Headquarters）史料方面的分析。

本文的報告範圍，因此限定于以戰后初期在日臺灣人爲中心，主要利用GHQ或日本外務省等日本方面的資料來探討當時在日本社會裏的臺灣人法律地位及其變化。

二、戰爭結束期中華民國政府的基本方針與政策

若擬探討戰后臺灣人的國籍應視爲中華民國或日本，不管臺灣人在臺灣島內或外，必須要有一個法律上的規定。如于中國地區，戰后國民政府將中國戰區分爲16個受降區，方面軍分别負責解除日軍部隊的武裝及投降事宜時，臺灣人的歸屬問題會涉及當地的臺灣人安置和財産處理方式。然而中華民國政府尚未有一個明確的規定，因此各地方面軍打電請陸軍總部指示，陸軍總司令隨即電詢行政院，再行政院交内政部及外交部處理。1945年11月23日，經過内政部及外交部獲得共識后；次日，中華民國國民政府行政院公告：「查臺灣光復，臺灣人民爲我國國民…」。不過此公告并不周知，因此于1946年1月12日，再度以「節參字第零三九七號訓令」公布「臺灣同胞國籍恢復令」[3]溯自1945年10月25日起臺灣人民的國籍一律恢復爲「中華民國」。該訓令的内容爲：

查臺灣人民，原系我國國民，以受敵人侵略，致喪失國籍。玆國土重光，其原有我國國籍之人民，自三十四年十月二十五日起，應即一律恢復我國國籍。

也就是，從1945年10月25日起，臺灣人的國籍，自動轉換成中華民國國籍。

三、戰后初期GHQ的基本方針與政策[4]

1945年9月2日，日本與同盟國正式簽署了投降書，日本失去了國家獨立主權，GHQ開始間接占領統治日本。雖然日本政府的各級單位依然存在，但必須接受GHQ的指揮。GHQ開始占領日本時，上百萬的外國人（包括明治維新以后納入日本國土的朝鮮人、臺灣人以及琉球人）居留在日本。由于日本突然宣布戰敗，導致與國外的交通也被阻斷，這些外國人一時無法决定自己的去留。因此GHQ的工作首先便是負責管理這些外國人，并協助有意願者返回到他們的家鄉（homes）或母國(homelands)。

爲了有效地將這些外國人返回，GHQ以將外國人依照法律地位分成五類，第一是GHQ軍人、其眷屬與同盟國國民(United Nations nationals)，又稱爲戰勝國民；第二是德國、義太利等軸心國國民，又稱爲敵性國民（enemy nationals）；第三是瑞士等中立國國民(neutrals)；第四是無國籍的人；第五爲朝鮮人(Koreans)、臺灣人(Formosans)以及琉球人(Ryukyuans)。其中第五類的朝鮮人(Koreans)及臺灣人(Formosans)，占了當時在日外國人的最大比率，高達95%。因此，GHQ占領政策中，如何决定他們的去留是燃眉之急。

根據1945年11月8日文書JCS－第18號，[5]GHQ的基本方針是：朝鮮人(Koreans)、臺灣人(Formosans)只要没有軍事上的問題不會視同「日本人」；但由于他們的身份曾經爲「日本臣民」（having being Japanese Subjects），所以與其他外國人的待遇也不同，稱爲「解放人民」（Liberated peoples）。而且GHQ認爲其中一部分人曾支持過日本軍隊或參加戰爭，因此有必要時可以將他們視爲敵性國人。[6]由此可知1945年，GHQ的基本方針并未將臺灣人民視同爲戰敗國民的「日本人」——這會涉及BC級戰犯的問題——也没有視同爲戰勝國民的「中華民國人」。

四、在日臺灣人的國籍

如前所述，戰后不久GHQ將臺灣人的地位定位爲「解放人民」。但一般的在日臺灣人却認爲自己已經變成戰勝國國民中華民國人，[7]尤其于1946年1月12日以「節參字第零三九七號訓令」公布「臺灣同胞國籍恢復令」之后，部分臺灣人積極地要求第一類戰勝國國民的待遇，不受日本法或日本政府的管理。因爲如果能够被視爲戰勝國國民，在物資不足的日本社會裏可以享受食料配給的優先權或社會福利，在交通混亂不便的狀態裏也可以享受搭乘占領軍專用的火車車厢等優惠，同時也不需要接受日本法律或司法方面的約束等等。當時的國民政府也支持他們的主張，并日本華僑社會（中國華僑）也支持臺灣人。

當時的日本社會，在舊權威崩毁、新秩序尚未建立的情况下，陷于一種無法無天無秩序的狀態。而且有一部分臺灣人，因爲食料不足偷竊或對之前的殖民地統治抱着報仇之心亂打日本人，也有部分的人利用戰勝國國民的待遇，在黑市（日文：暗市）與日本人搶生意争地盤，經常發生小衝突，使得兩者之間産生一觸即發的情况[8]。

（一）「在外臺僑國籍處理辦法」

那么實際上中華民國國民政府依據何種規定如何看待海外臺灣人？國民政府行政院于1946年1月12日公布，自1945年10月25日起臺灣人恢復中華民國國籍之后，接着1946年2月5日，外交部再以訓令向各駐外大使館將臺灣人民恢復國籍一事分别照會各駐華大使館：

「……准内政部公函，略以臺灣人民之僑居外國着一可由我國駐外使館或領館同知駐在國政府知照，并依一般有關處理華僑法令辦理等由……」[9]

從此訓令得知，當時的國民政府將僑居臺灣人民的地位當做華僑看待并非直接承認爲中華民國人。因此據此訓令也無法立刻處理臺灣人的地位與待遇，是因爲當時的臺灣人并没有擁有證明文件，以證明他的中華民國國籍。又于1946年6月22日，國府鑒于處理旅外臺灣人待遇之必要[10]，正式公布「在外臺僑國籍處理辦法」，共有六款。其辦法重點爲：

1）旅外臺灣人亦自1945年10月25日恢復中華民國國籍（第一款）；

2）采取登記方法，并需有華僑二人爲保證，發給登記證，其效力如同護照（第二款）；

3）臺灣人取得僑民身份后，其待遇與一般華僑完全相同，其在日本，朝鮮境内者，并應享受與其他盟國僑民同等之待遇（第五款）。

4）不願意恢復中華民國國籍者在1946年12月31日前必須向當地大公使館、領事館或駐外代表提申請（第三款）。[11]

從以上國籍處理辦法來看，在日臺灣人若有二名華僑保證人，可以如願取得中華民國國籍，且有僑民的待遇，并有選擇國籍的自由。[12]

有關「在外臺僑國籍處理辦法」的内容，國民政府外交部除了電告駐外大使館外，并照會各國駐華大使館。至于GHQ方面，于1946年7月12日透過外交管道方得知該辦法的公布。[13]這就表示對公布「在外臺僑國籍處理辦法」一事，國民政府與GHQ之間没有事先洽談。又對GHQ占領統治下的日本政府而言，該辦法會導致增加管理臺灣人的困難度。因爲一旦臺灣人正式取得中華民國國籍，就意味着在日本的臺灣人可以正式享受戰勝國國民的待遇，亦即日本的警察權不及于臺灣人，即在一般的情況下日本的警察不能逮捕臺灣人，或必要時必須有GHQ的陪同或支持。許淑真指出：由于GHQ擔憂若承認將在日臺灣人及在日朝鮮人爲戰勝國國民，會導致維持日本社會秩序的困難，因此GHQ采取很消極的態度承認在日臺灣人以及在日朝鮮人爲戰勝國國民。[14]

至于駐日國民政府代表團對臺灣人的認識，代表團團長朱世明等對部分人員對在日臺灣人的行爲感到困惑，因爲雖然駐日國民政府代表團需要站在保護臺灣人之立場，但一方面目睹部分臺灣人的行爲承認他們的行爲不能饒恕。[15]

（二）「澀穀事件」[16]

在這種社會背景之下，1946年7月19日發生了所謂的「澀穀事件」。事件發生當時的日本社會，特别是在東京或大阪等大城市，由于争取黑市地盤利益或取締黑市的必要，部分臺灣人與日本人或警察之間原本就處于一觸即發的緊張狀態，再加上國府發布的國籍處理辦法强化了部分臺灣人特權意識，大約1946年初，部分日本人與部分臺灣人的小衝突日益增加。

該事件的導火綫是在同年6月16日新橋車站前的黑市，當保鏢的日本黑社會組織爲了顧好地盤與擺攤子的臺灣人之間發生衝突，結果臺灣人被趕出去新橋黑市[17]。7月19日，心生不滿的臺灣人，在新橋華僑總會與中華民國駐日代表團討論這個事件。駐日代表團爲了保護臺灣人攤販的安全，以卡車將他們載送回到東京郊區的居留地，在經過澀穀警察署前時，與嚴正警戒中的警察官隊發生了槍擊衝突。根據GHQ與日本警察的資料，當場有一名日本警察與兩名臺灣人死亡、十幾名受輕重傷、被逮捕的臺灣人有41名[18]。由于臺灣人的特殊地位，因此臺灣人被送到GHQ軍事法庭審理（開庭期間爲9月30日－12月10日，一位代表中國代表團——Chinese Mission——的團員亦參加審理）。被逮捕的臺灣人全部爲以「觸犯侵害占領目的之行爲」[19]被起訴，其審理的結果是：3名證據不足釋放、2名無罪、1名被判爲3年禁錮刑、其他35名都被判爲2年的禁錮刑。后來經GHQ最高司令官的再審[20]，最后的結果是在36名被判刑之中1名被釋放，其他全被驅逐返臺。這就是所謂的

「澀穀事件」。[21]

（三）「涩谷事件」与在日台湾人法律上的地位

雖然澀穀事件的當事人是日本警察與黑市臺灣人攤販，但是從結果來看，戰爭結束到該事件發生之前，對于顧慮日本社會的治安而一直想要取締將外國人（95%爲舊殖民地者）納入管理的日本警察來説，雖然失去了刑事裁判權，但是在處理事情當中，獲得GHQ的全面性支持，確立了取締非法臺灣人的正當性，這意義重大。

但是更重要的是，這件事情對于在日臺灣人的法律上地位帶來了嚴重的影響。澀穀事件發生后，中華民國駐日代表團受到臺灣社會的輿論以及在日臺灣人的壓力，駐日代表團顧問沈覲鼎與GHQ及日本政府積極交涉。交涉的焦點于締結和平條約之前能否明確地確定臺灣人的身份。最后遲至1947年2月25日，才達成將在日臺灣人視同爲「華僑」之協議，[22]對于1946年12月31日之際，居留于日本的所有臺灣人，采用登記制度，完成登記的臺灣人主要在刑事裁判權等之上，享有視同僑民的待遇。[23]而未登記爲中華民國國民者，則被推定爲拒絶擁有中國民國國籍。但即使未登記，代表團與GHQ之間亦有共識，仍可以于簽訂和平條約時，方才確定他或她的國籍歸屬。[24]在GHQ占領統治下的日本，因爲施行登記中華民國國籍的制度，臺灣人的地位問題暫時告了一段落。

至于國民政府與GHQ方面的交涉過程，很多部分尚未清楚，更需要進一步的史料的發掘。也論者指出，也許當時的GHQ提出的對日賠償案是關鍵。依據殷燕軍的研究[25]，國民政府對「ポーレー対日賠償使節團」提出的賠償案非常不滿。筆者認爲有可能國民政府與GHQ尤其是美國政府之間也許有互相不信任等的原因存在。有待查明。

（四）「外国人登录令」

涩谷事件不仅确定在日台湾人的法律地位，亦影响到战后日本外国人管理政策。如前所述，战后居留日本的外国人当中，95%是旧殖民地国的人民。因此，战后日本的外国人管理政策，实际上是针对旧殖民地国的人民。1947年4月2日GHQ发出「外国人入境与登录法」之指令后，日本在5月2日，以勅令206号公布「外国人登录法」。这项法令的第11条规定，台湾人与朝鲜人是外国人。此外，「外国人登录令施行规则」第10条明定，内务大臣所认定的台湾人是：

GHQ與其眷屬除外，領有中華民國駐日代表部登録證明書之臺灣出身者[26]。從這裏可以看出，澀穀事件后的外交協議所發生的影響。

但是，在此值得注意的是，如果需要登記的臺灣人是領有中華民國駐日代表部登録證明書之臺灣出身者，那么，没有駐日代表部登録證明書的臺灣出身者，反而不需要辦外國人登記。根據當時日本政府的見解是，有駐日代表部登録證明書的臺灣人可以視爲中華民國國籍者，没有者就視爲「舊日本人」，在締結和平條約之后，他或她的方能取得中華民國國籍的身份。[27]

結語

如上所述，戰后在日臺灣人的法律地位是「澀穀事件」之前后，透過GHQ、中、日三者之間外交交涉而確立的。雖然嚴格來説，中華民國代表團并不能正確的代表臺灣人民，不過當時臺灣人，尤其是在臺灣以外的地方，對于中華民國尚未産生國家認同的質疑，因此這項外交協議也能成立。

戰后的臺灣，從日本殖民地統治解放出來以迄到現在，國家認同一直是相當的復雜。對于在日臺灣人的法律地位，協議所達成的結果，并不完成站在臺灣人的立場，甚至可以説，有相當多的部分，GHQ與日本政府只圓治安管理方便，不顧臺灣人的人權，當然也有小部分的原因也得歸咎于臺灣人自己。之后，從南洋等地區所謂的日籍臺灣兵回來時的待遇，或ＢＣ級戰犯的問題浮上臺面，可是每一次都無法取得完全的權益。筆者認爲，如果能從各個角度能够解讀戰后初期的國籍變更問題，答案也許就呼之欲出了。

筆者在這篇報告裏，大部分根據GHQ的史料展開分析，還没仔細解讀日本政府、日本社會輿論、臺灣社會輿論等資料，所以目前能够知道的部分恐怕只是片面性的。不過，就目前所知道的範圍而言，筆者認爲，雖然在前言所説：「國籍」乃是一國人民與其所歸屬之「國家」在法律上的聯系，但這些并不表示，「國家」會完全顧慮國民的人權或尊嚴，保護其國民。這是在世界各國考慮自身國家的利益，并確立了國家之間力量的平衡之后，才有可能存在的。

（作者單位：臺灣大學）

註 釋：

[1] 湯熙勇，《恢復國籍的爭議：戰后旅外臺灣人的復籍問題 1945 ～ 1947》，《人文及社會科學集刊，第十七期第二期》，臺北：「中央研究院」人文社會科學中心，2005 年。

[2] 何義麟，《戰后臺灣人之國籍變更與國家認同——以澀穀事件之考察中心》，《2001 年度財團法人交流協會日臺交流センター歴史研究者交流事業報告書》，第 1195 ～ 1206 頁。

[3] 這款訓令公布之前，在旅外臺灣人似乎有開始被迫害等等的情事，譬如在中國的地方政府就曾采用迫害臺灣人權利的法令，如 1945 年 11 月公布的「上海區處理敵僞産業審議委員會」訂定「朝鮮臺灣人財産處理辦法」。該法規定没收臺灣人和朝鮮人的所有財産，除非能提出過去未曾協助日本軍的證據。私有財産才准予歸還。1946 年 1 月 12 日，臺灣的《臺灣新生報》社論以「確定臺灣同跑的身份」爲題展開嚴厲的批判。參照：何義麟，《戰后臺灣人之國籍變更與國家認同——以澀穀事件之考察中心》，第 1199 頁。

[4] 筆者使用的主要史料是：松元邦彦譯，《GHQ 日本占領史 16 外國人の取り插い》，（東京：日本圖書センター，1996 年），系將盟軍總部編纂的一篇英文論文《History of the Non-Military Activities of the occupation of Japan》復刻本《日本占領 GHQ 正史全 55 卷》(日本圖書センター，1990 年) 一書譯成日文，并有譯者附注。從這本的記載得以竊知當時 GHQ 占領政策。在此主要參考的是：第 15,19 ～ 26,43 ～ 55,77 ～ 95，99 ～ 115，122 ～ 141 頁。

[5] 相關資料根據洪仁淑在其日本一橋大學的社會學博士論文中提示是 1945 年 9 月 26 日做成的「SFE128」。（上網查詢日期 2009 年 12 月 22 日）http://www.soc.hit-u.ac.jp/research/thesis/doctor/?choice=exam&thesisID=42。

[6] 根據史料「日本占領及び管理のための連合國最高司令官に對する降伏后における初期の基本指令」1945 年 11 月 1 日：………限于軍事上安全允許的範圍内，將臺灣人以及朝鮮人可以爲解放人民待遇。彼等不包含在本指令所指的「日本人」，然而彼等仍然是日本國民，因此有必要時可以將他們視爲敵性國人。參照外務省特別數據課編《日本占領及び管理重要文書集　朝鮮人、臺灣人、琉球人關系》（外務省、1950 年）第 10 頁。

[7] 于 1946 年 1 月 12 日，「行政院」以「節參字第零三九七號訓令」公布訓令，「自 1945 年 10 月 25 日起臺灣人恢復中華民國國籍」一事。其内容爲「查臺灣人民，原系我國國民，以受敵人侵略，致喪失國籍。玆國土重光，其原有我國國籍之人民，自三十四年十月二十五日起，應即一律恢復我國國籍」。

[8] 邱永漢，《わが青春の臺灣　わが青春の香港》，（東京：中央公論社，1994 年）第 68 ～ 69 頁；吴火獅，《臺灣の獅子》第 228 ～ 229 頁，（東京：芙蓉書房出版，1999 年）；吴月娥，《ある臺灣人女性の自分史》，（東京：芙蓉書房出版，1999 年）第 86 頁等的著作也介紹當時的情况。

[9] 外交部檔案民國 35 年 2 月 5 日發，《案名：臺灣人民恢復國籍》：林歲德着、楊鴻儒譯，《我的抗日天命》，（臺北：前衛出版社，1996 年）第 104 頁。

[10] 這款辦法公布之前，也曾有旅外臺灣人被迫害的情事發生，中國的地方政府訂定迫害臺灣人權利的法令，如 1945 年 11 月公布的「上海區處理敵僞産業審議委員會」訂定「朝鮮臺灣人財産處理辦法」。該法規定：没收臺灣人和朝鮮人的所有財産，除非能提出過去不曾協助日本軍的證據。私有財産才准予歸還。此舉似乎有應付抗議之聲的可能。

[11] 「外交部」檔案民國 35 年 6 月 22 日發，《案名：臺灣人民恢復國籍》。

[12] 發明泡面而出名的安藤百福先生（原吴百福），在他的著作裏談到當時的情形：「當時自我認同上，我自己認爲是日本人，但是考慮經濟上等的利益，我倒選擇中華民國籍。后來又改爲日本籍…」《奇想天外の発想》（東京：講談社，1983 年）第 96 頁。

[13] 松元邦彦譯，《GHQ 日本占領史 16 外國人の取り插い》，第 84 頁。

[14] 許淑真，《第二次大戰后在日臺灣出身者の國籍取得について》安井三吉編『近百年日中關系の史的展開と阪神華僑』，科研費告書，神户大學國際文化學部，1997 年。

[15] 沈覲鼎，《對日往事追記》（27）《傳記文學》第二十七卷第六期，第 77 ～ 82 頁。

[16] 事件的真相尚未確定，GHQ，國民政府，日本政府，在日臺灣人等的見解皆不同。

[17] 東京新橋車站附近是在東京地區内黑市最密集地區之一。很多臺灣人與日本人，爲了搶地盤，常常發生小衝突。當時在黑市擺攤子的臺灣人與華僑總會有來往。并且新橋與澀穀地區黑市擺攤子者似乎都一致或有密切的勢力關系。在澀穀地區僑民開始在黑市擺攤子是戰争結束不久，就是在 11 月左右的事情。華僑總會也設立在澀穀，在澀穀黑市也有幾個攤子。因有蓋了違法建築物或販賣被禁止物品等理由，總是與澀穀警察有了衝突。有時爲了報復取締，華僑總會毆打澀穀警察等小衝突也發生。因此在華僑總會與澀穀警察之間，早有彼此視爲眼中釘之狀態。

[18] 松元邦彦譯，《ＧＨＱ日本占領史 16 外國人の取り插い》，第 123 頁；另有别的人數字，參閲林歲德著、楊鴻儒譯，《我的抗日天命》第 105 ～ 110 頁。

[19] 1946 年 6 月 12 日公布《妨害聯合國占領目的之行爲的除法等相關勅令》。

[20] 根據何義麟，《戰后臺灣人之國籍變更與國家認同》，第 7 頁，再審日期爲 1947 年 2 月。

[21] 日本警察是否有起訴，筆者目前尚未找出資料，但根據何義麟《戰后臺灣人之國籍變更與國家認同》第 8 頁指出，日籍警察官獲判無罪，則有被起訴但判無罪。也有論著，如果問日籍警察官的罪行，這責任會涉及 GHQ，因此不問罪。這些都有待求證。

[22] 外務省《日本占領及び管理重要文書集第二卷》外務省発行、1949 年（《日本占領重要文書第二卷》）（日本圖書センター 1987 年復刻）第 61 ～ 69 頁。

[23] 關于刑事裁判權，1946 年 2 月 19 日，ＧＨＱ通告，以后對盟軍國國民、法人及其他團體，日本的法院不能行使刑事裁判權，不過這則通告實際上只是通告，接受審理的法院是占領軍裁判所而已。參照：松元邦彦，《GHQ 日本占領史 16 外國人の取り插い》，第 99 ～ 115 頁。

[24] 依據法律第 147 號（1950 年 7 月 1 日生效，官報 1950 年 5 月 4 日〔號外〕），參照松元邦彦，《ＧＨＱ日本占領史 16 外國人の取り插い》第 84,88 頁。

[25] 殷燕軍，《中日戰争賠償問題》（東京：禦茶ノ水書房，1996 年）。

[26] 畑野勇等《外國人の法的地位》，第 77 ～ 90 頁。

[27] 《日本華僑留學生運動史》第 248 ～ 249 頁。

參考文獻

1. 江川英文、山田鐐一、早田芳郎，《國籍法第三版》，東京：有斐閣，1997。

2. 王泰升，《臺灣法的斷裂與連續》，臺北：元照出版，2002年。

3. 王泰升，《臺灣人民的「國籍」認同——究竟我是哪一國人或哪裏的人》《東南視域中的國籍、移民與認同》，臺北：臺灣大學出版中心，2005年。

4. 何義麟，《二二八事件ー「臺灣人」形成のエスノポリティクス》，（東京：東京大學出版會，2003）。

5. 何義麟，《戰後臺灣人之國籍變更與國家認同－以澀穀事件之考察中心》，《2001年度財團法人交流協會日臺交流センター歷史研究者交流事業報告書》，第1195～1209頁。

6. 邱永漢，《わが青春の臺灣わが青春の香港》，東京：中央公論社，1994年。

7. 淑真，《第二次大戰後在日臺灣出身者の國籍取得について》，安井三吉編《近百年日中關系の史的展開と阪神華僑》，科研費告書，神户大學國際文化學部，1997年。

8. 吴月娥，《ある臺灣人女性の自分史》，東京：芙蓉書房出版，1999年。

9. 吴火獅，《臺灣の獅子》，東京：芙蓉書房出版，1999年。

10. 陳昭如，《性别與國民身份——臺灣女性主義法律史的考察》，《臺灣大學法學論叢》第三十五卷第四期（臺灣：臺灣大學法律學院出版，2006），第1～104頁。

11. 湯熙勇，《恢復國籍的争議：戰后旅外臺灣人的復籍問題1945～1947》，《人文及社會科學集刊，第十七期第二期》，臺北:「中央研究院」人文社會科學中心，2005年。

12.日本華僑華人研究會，《日本華僑留學生運動史》，埼玉：日本僑報社，2004年。

13. 畑野勇等，《外國人の法的地位》，東京：信山社，2000。

14.福永美知子，《心果つるまでー日本の戰犯にされた四人の臺灣のお友だち》，東京：文藝社，2002年。

15.林歲德著、楊鴻儒譯，《我の抗日天命》，東京：社會評論社，1994年。

16.林歲德著、楊鴻儒譯，《我的抗日天命》，臺北：前衛出版社，1996年。

17.外務省公開文書《臺灣人に対する法權問題》，《リールA’ 0107 コマ672-676》。

18.松本邦彦譯，《GHQ日本占領史16 外國人の取り扱い》，東京：日本圖書センター，1996年。

19.《臺灣省政府檔案史料匯編——臺灣省行政長官公署時期（二)》，臺北：「國史館」，1998.6。

二次大戰前后的臺灣人

阿部賢介

一、前言

臺灣歷史中，快速的政權轉換是其明顯的特征之一。尤其在臺灣近現代史上，從清朝政權到日本殖民地政權，再轉換到國民黨政權，竟在短短的一百年之中發生。對如此頻繁的政權變動，臺灣人展現了各種反應。1895年5月臺灣被割讓時，「臺灣民主國」成立即是典型的例子。第二次世界大戰結束時，臺灣狀況較甲午戰后更加錯綜復雜。

1945年8月15日，日本政府播送玉音廣播公布接受波茨坦宣言，無條件投降[1]。雖然此后日軍在臺灣不再從事任何軍事行爲，但依然存在着臺灣總督府機構，形式上掌控着臺灣，臺灣社會尚未脱離日本殖民地機構之統治。在中國重慶由蔣介石所領導的國民政府，則基于1943年12月1日發表之開羅宣言，于1944年4月17成立了「臺灣調查委員會」，展開收復臺灣之籌備工作，并于1945年3月14日公布「臺灣接管計劃綱要」。雖然中國方面極早便着手籌備收復臺灣之計劃，然而正式接收臺灣却是在日本投降兩個多月后的10月25日。如此一來，1945年8月15日到10月25日之間，吴濁流所謂的「政治真空期」中，臺灣人在此政權轉換期抱持什么樣的態度？當時臺灣人有什么樣的反應、言論與行動？無疑是十分引人興味的問題。

依照常理來看，經過日本五十年統治及第二次世界大戰，戰后初期臺灣如果出現混亂狀況，并非不可理解。一方面乃因戰争本身所引發之社會蕩亂，無論官員、軍人，老百姓或者男女老幼、富人窮者都對于將來生活忐忑不安、治安惡化以及經濟崩潰使大衆惶惶不定，而不顧一切地找尋保身之路，戰争剛結束的社會不安狀況，是在所難免；另一方面，臺灣人内心是否在這歷史重要轉變時刻找尋未來政治的生路？他們的心理對日本統治依依不舍？還是對已經隔離半世紀以上的「祖國」的期待？臺灣人戰后對「光復」究竟是欣然歡迎、還是猶疑抗拒？這種心理波動與認同掙扎，使得第二次世界大戰結束后的臺灣情況更加繁雜，難以一概而論。

在此時期發生一場耐人尋味的時間，即爲「辜振甫臺灣獨立事件」。雖然日后臺灣省警備司令部軍事法庭斷定其爲日軍在背后煽動的結果，但事實真相仍然不清。又，雖然已宣布無條件投降，但在臺灣總督府行政當局與軍隊尚且存在的情况下，臺灣人與戰敗的日本人之間呈現出怎樣的互動消長關系？臺灣人是否有過怎樣的報復行動或同情表現？臺灣人是否表現他們歡迎祖國的熱情？而日本戰敗投降、國府接收前約百日的時空中，臺灣人的動向，與陳儀政府接收后統治的成敗，又具有怎樣的連續性或斷裂性？從戰后到二二八事件之間，臺灣人的政治認同是否出現變化？這些，都是值得去探索、梳理與討論的重要議題。

過去臺灣近現代史研究中，對于這段政權轉換的真空期并未給予太多注目。多數研究在描述戰后的政權轉換時，着重描述臺灣人對脱離日本殖民地支配、回到祖國懷裏感到歡喜，瘋狂地歡迎從中國大陸來臺接收的國民黨官員及中國軍隊。更多研究略過這段政治真空期，直接探討1945年10月25日后陳儀政府在臺灣的施政，以迄1947年二二八事件爆發。即使提及上述「辜振甫臺灣獨立事件」，過去的研究均以警備司令部的判決書爲依據認爲日軍煽動的事件，未加更進一步處理。針對該時期的既有研究，據筆者所知，有蘇瑶崇主編的《最后的臺灣總督府——1944～1946終戰資料集》[2]與《臺灣終戰事務處理數據集》[3]的數據集以及同作者論文《<最后的臺灣總督府>資料集介紹——兼論1945～1946年臺灣現代史的幾個重要問題》[4]與《「終戰」到「光復」期間臺灣政治與社會變化》，[5]及曾健民的《1945破曉時刻的臺灣—八月十五日后激動的一百天》等。[6]《最后的臺灣總督府——1944～1946終戰資料集》，收編鈴木茂夫先生[7]爲其著作《臺灣處分1945年》[8]而搜集之數據，包括日本官方數據如臺灣總督府警務局所記録之1945年8月15日終戰前后臺灣社會狀況，以及在臺日本人與臺灣人動向文件。蘇瑤崇所編的另一本數據集《臺灣終戰事務處理數據集》[9]，收録了臺灣協會、防衛省防衛研究所圖書館，以及外務省外交史料館所藏之數據。該書大幅補充鈴木氏提供予作者之資料，更進一步展現終戰時期臺灣社會狀況，其中也有不少記載臺灣人、中國人與日本人之間的特殊關系，一方面緊張，另一方面親睦。

曾健民《1945破曉時刻的臺灣八月十五日后激動的一百天》及《臺灣一九四六·動蕩的曙光二二八前的臺灣》[10]。但是該書雖附主要參考文獻，文中却未附注解，因此文中除了表明文獻來源之外，無法追溯其正確性，無法視爲學術作品。

本文目的是，針對過去較少探討的戰爭結束不久的臺灣社會以及臺灣人的動態進行討論，彌補臺灣史的「真空期」。

二、終戰結束后的臺灣社會

1945年8月14日日本政府决定接受盟軍的波茨坦宣言，于翌日正午透過廣播，即「玉音放送」宣告戰争的結束。雖然并非全在臺民衆能當場收聽「玉音放送」，[11]之后透過報紙、[12]、口傳等方式，臺灣島上的民衆漸漸得知日本降服以及戰争結束的事實。那么戰争的結束對臺灣社會帶來什么樣的影響，戰争結束不久的臺灣社會屬于什么樣的狀况。在本章以分别于治安、經濟、衛生的問題探討當時的臺灣社會。

（一）治安問題——最切身的恐懼

戰争結束后，無論名望富翁或一般庶民都關心到的便是治安問題。因爲日制時期警察制度羅網密集，警察威信普及到每一個村莊的角落，尤其在戰時體制下，特别高等警察及憲兵隊加强對臺灣人的嚴厲監視，島内的犯罪率因此下降許多。[13]在戰争結束后，雖然臺灣總督府的警察系統仍然持續運作，但是日本的戰敗代表了日本警察將喪失原有的威信，臺灣人已不再害怕警察的權力，甚至日治時期作爲日本殖民統治最末端，也是最接近民衆的警察人員，反而成爲臺灣人首要報復的目標。毋庸贅言，其他未具有防備能力的在臺日人，亦立即强烈感受到臺灣人在五十年殖民統治下纍積的憤怒。

戰争結束后不久的1945年8月下旬至9月初旬，屢屢發生對日本人恐嚇、毆打、强盜等一般性事件，但是后來亦發生組織性殺害日本人的未遂事件、掠奪軍用品等日本官方所有物品或擅自采伐官有林等事件，以及其他對日本人、臺灣人的警察人員復仇行爲。[14]此外，當時臺中的部分破落户想要報復農民組合干部莊萬生等人在日治時期苛刻的統制，最后由林獻堂出面率該農民組合干部在各個場合表事歉意，成功化解臺灣人之間的仇恨。[15]亦有原住民趁社會混亂狀況，殺害漢人之謡言。[16]島内整體的社會狀況，當然又不只是臺灣人對日本人或臺灣人之間的治安問題，亦有日軍搶奪地方人士財産，以及日本人散發檄文事件等由日本人主犯的事件。[17]另外，亦有戰争結束后登陸臺灣的外國部隊（中國、美國、英國）向婦女施暴的事件。[18]

就綜觀而言，當時臺灣的社會可算平静狀態，治安狀况未陷入混亂狀態，[19]但實際上無論是一般臺灣人民或是已經喪失統治威信的臺灣總督府，均警覺到不久後將會陷入混亂的可能性，因此林獻堂在戰争結束翌日采取的行動便是與臺中州知事清水七郎、石橋警察部長、宫ヶ崎憲兵隊長商議治安維持事宜。[20]此后林獻堂積極地與日方官員及臺灣領導階層討論成立「治安維持會」的議題，亦支持成立自警團等自衛團體。當時在全臺灣紛紛成立自發性的自衛團體。[21]其中除了「三民主義青年團」兼顧治安維持之外，也有以地方人士爲中心組成的自警團等團體。

臺灣總督府及管轄臺灣的第十方面軍亦顧慮到戰争結束后的治安，臺灣總督府警務局于戰争結束前的8月13日便發布了遭遇緊急狀態時的措施方針[22]，因應社會不安的狀態，在警務局及各州警察部新設警備課，在各廳警務課新設警備系，并在各州廳新設或增加特別警備隊，以增强集團警備力，隸屬于警備課，以强化治安警備力。[23]此外，臺灣憲兵隊亦爲了防止破壞及暴力行動，企圖擴大其組織規模。由全第十方面軍中選出少壯有爲者擔任警備任務，將戰爭結束時有1,100名的憲兵隊隊員激增到17,000名。[24]但是后來因情勢變化而取消此項構想。[25]

由上述可知，戰争結束后雖然臺灣總督府的警察威信逐漸低落，臺灣社會上發生具有報復性的暴行、强盗，或登陸臺灣的外國部隊强暴婦女等事件，但是因爲臺灣民間人士及日方官員高度關切治安維持的問題，采取組成自衛團體或加强警備力的措施，因此在這個時期并未發生重大的叛亂事件或暴力事件。不過就當時的情况而言，島内無論是臺灣人或日本人，對未來的生活皆抱持着相當不安的情緒。

（二）經濟問題——惡性通貨膨脹

經濟問題誠如治安問題，也是戰争結束后人民十分關切的議題，經濟問題不但干涉到確保財產的問題，更切身的考慮是能否順利度過每一天的日常生活。而且一旦經濟發生問題將更容易引發社會動蕩，因此戰争結束后臺灣總督府立刻采取行動。

臺灣總督府爲了安定臺灣金融秩序，於1945年8月15日發布了「戰局ノ急轉ニ伴フ金融措置ニ關スル件」，接着8月18日又發布了「戰局ノ急轉ニ伴フ島民生活ノ保持ニ關スル件」，事先訂下原則與做好準備，以應付特殊狀况，[26]試圖盡可能地抑制因提領銀行存款及物價飆漲而發生的社會混亂。在臺灣總督府的努力下，成功地避免經濟恐慌的發生。

但是蘇瑤崇指出，自從10月初以葛敬恩爲主任的「前進指揮所」進駐臺灣開始「間接統治」，有至10月25日臺灣省行政長官公署直接統治之后，臺灣的經濟惡化，并陷入混亂，物價開始暴漲。[27]蘇瑤崇透過《臺灣物價統計月報》的分析，指出戰争結束后的8、9月臺北市的主要物價多呈現下降情形。然而在10月后，物價却開始一路躍升。作者將其原因歸納爲新政府對臺灣統治，采取了「殖民政策」及無計劃性的經濟政策。[28]關于戰争結束后的通貨膨脹及物價暴漲的問題，部分經濟史學者指出，其因素有公營企業獨占、軍事財政、超額發行貨幣、與大陸的貿易等。其中超額發行貨幣的原因被認爲是因應低效率的公營事業及軍事財政所導致。[29]確實很有可能在臺灣省行政長官公署完成接收日產工作而開始經營公營事業之后，由上述因素引起了惡劣通貨膨脹，但是戰争結束后通貨膨脹的原因，亦有可能日治時期便已經被埋伏。

表1是臺灣銀行發行銀行券的統計，由此不期發現，臺灣銀行發行的貨幣量，自從爆發日中戰争以來，不斷地增加。尤其1943年至1944年于短短的一年間增加了69%，1944年至1945年5月的5個月間激增了116%。雖然戰争結束后的三個月及1946年1～3月的增加率亦异常偏高，但是就銀行券發行的增加率而言，通貨膨脹的傾向，在戰争結束前便已可見。

表1　臺灣銀行發行銀行券金額

單位：臺幣千元[30]

年份	最高	平均	最低	平均增減比
1937	114,942	83,569	67,189	
1938	142,948	110,853	94,484	32.65%
1939	173,986	143,069	124,008	29.06%
1940	205,404	175,016	156,806	22.33%
1941	255,696	199,472	179,842	13.97%
1942	293,165	247,290	228,462	23.97%

1943	416,018	317,201	272,272	28.27%
1944	796,080	536,238	401,424	69.06%
1945/5	1,207,064	1,156,493	1,114,635	115.67%
1945/6	1,313,753	1,251,076	1,208,701	8.18%
1945/7	1,401,828	1,360,614	1,313,753	8.76%
1945/8	1,651,738	1,500,026	1,402,640	10.25%
1945/9	2,285,014	2,027,904	1,669,222	35.19%
1945/10	2,897,873	2,661,889	2,255,701	31.26%
1945/11	2,908,246	2,813,010	2,635,336	05.68%
1945/12	2,561,396	2,293,520	2,200,627	−18.47%
1946/1	2,456,126	2,352,158	2,307,100	2.87%
1946/2	2,561,253	2,506,611	2,457,739	6.24%
1946/3	2,635,012	2,589,535	2,567,102	103.31%
1946/4	2,756,699	2,858,616	2,614,715	102.67%

資料出處：大藏省管理局，《附録終戰前后の臺灣に關する資料》。[31]

此外，分析表 2 各銀行的存款與放款金額便發現，早在戰爭結束前，銀行放出金額便已經開始偏多的趨勢。除了 1944 年之外，日治時期放出金額均是正數，尤其太平洋戰爭開始的 1941 年前后，放出金額將近 100,000 千圓。相反地戰爭結束后的 11 月開始，放出金額轉成負數。由此可知，在市場流通的貨幣量，于戰爭結束前便逐漸增加，并且其趨勢一直至戰爭結束后的 10 月才平息。

表2　各銀行存款儲金及放款金額

單位：臺幣千元

年份	存款（a）	放款（b）	放出金　（b−a）
1937	186,890	300,533	113,643
1938	249,168	307,066	57,898
1939	321,193	362,420	41,227
1940	361,877	457,649	95,772
1941	420,625	518,479	97,854
1942	522,425	612,275	89,850
1943	630,231	722,849	92,618
1944	924,250	913,270	−10,980
1945/7	1,066,004	1,103,281	37,277
1945/8	1,116,860	1,135,867	19,007
1945/9	1,232,290	1,373,984	141,694
1945/10	1,152,859	1,689,900	537,041
1945/11	1,901,565	1,794,378	−107,187

1945/12	2,485,485	1,826,732	−658,753
1946/1	2,557,355	2,173,039	−384,316
1946/2	2,796,475	2,448,393	−348,082
1946/3	2,964,798	2,639,904	−324,894
1946/4	3,203,934	2,961,020	−242,914

資料出處：大藏省管理局，《附録終戰前后の臺灣に關する資料》[32]。

爲何在戰争末期，臺灣銀行需要發行超量貨幣？其實其原因與國民政府統治下發生的通貨膨脹因素十分類似。到了戰争末期，日軍判斷盟軍會登陸臺灣，臺灣軍爲了將臺灣要塞化，需要大量的臨時軍事費。因此臺灣銀行不得不發行大量的銀行券。[33]

雖然戰争結束后的通貨膨脹問題，以往研究指出是由于國民政府統治政策的各種錯誤所導致，但是超額貨幣發行的因素，其實亦有自日治時期延續下來的部分。因此，筆者認爲針對戰争結束后的經濟問題，亦必須考慮到日治后期經濟現象的延續，而非斷裂地看待與分析。

三、臺灣人戰争結束前后的認同

（一）戰争時期

首先探討臺灣人在二次大戰結束之前，對戰争結束后的臺灣如何設想、想象。經過1920～30年代一連串的政治運動及其挫折，加上受到皇民化運動的壓力，到了日治末期臺灣知識分子似乎停止從事政治運動，較少看見活躍的臺灣民族論述。

以1942年4月6日中途島海戰的潰敗爲轉折點，二次大戰的局勢漸漸傾向對日本不利的局勢，臺灣亦難逃戰争的波及。雖然臺灣本島未如衝繩變成陸上戰鬥的戰場，但是早于1943年4月在報紙上看見「空襲必至」（必有敵軍空襲）的警句，同年后半年便開始美軍對臺灣島的空襲。[34]另一方面，以美英蘇中爲中心的聯合國，一邊進行軍事行動，一邊思考戰争結束后的戰后處理及世界勢力的再編制，開始互相交涉。其中1943年11月公布的《開羅宣言》[35]牽涉到臺灣戰后的處理問題。在當時施行言論管制的臺灣，雖然報紙報導英美中領袖在開羅會晤，但内容只圍繞在討論英美中的企圖，以及批評其公報内容鄙視日本，却未介紹該公報内容包含戰争結束后將臺灣歸還中國之一事，因此當時居住在臺灣的臺灣人可能幾乎無法得知中華民國在戰争結束前便依據《開羅宣言》着手收復臺灣的事實。[36]

在如此缺乏國際時局訊息的狀況下，臺灣人對戰局趨勢及戰争結束后的臺灣處境是如何思考、預設。作爲臺灣領導階層的領袖林獻堂亦在戰時體制的壓迫下，其思想及態度傾向于配合日本當局之政策，[37]同時憂慮當前的生活困境，[38]較少見到對二次大戰后的期望與預設。相對于林獻堂的態度，吴新榮在激烈的戰時體制下，仍然透過有限的信息，試圖設想戰争的趨勢及戰争結束后的未來。[39]譬如在吴氏日記1944年10月9日記載「戰后必去古都置宅，專心教育子弟」，[40]12月8日記載「嚴寒中迎接大戰的三周年。雖雲决戰，但覺戰争才到一半」，[41]12月23日對于醫師會會長選舉失敗，記載着「今后我想在戰争中應始終做爲在野才好。戰時結束后，自然就有行使吾等實力的余地。即使吾等的意志未克實現，吾等子孫必也可以實現吧！」。[42]吴氏亦多次推測美軍不會登陸臺灣，并分析歐洲戰綫與亞戰綫的趨勢等戰局的分析，[43]此外吴新榮在戰時體制之艱苦及空襲之恐懼中，竟然也閲讀一些中國文化及思想的相關書籍。譬如1945年2月28日閲讀除村一學編輯的《支那文化談叢》[44]、3月14日 江文也的《上代支那正樂考》、[45]5月9日辜鴻銘的《支那人の精神》[46]、甚至5月31日孫中山的《中山全集》[47]。陳翠蓮以吳氏如此對中國文化及思想的熱忱理解爲「他在資料中迎接新時代的來臨」[48]但是吳氏當時閱讀的書籍不只限於中國方面，還擴及《愛蘭革命史》[49]，《起てよ印度》[50]等其他國家的民族史書籍，況且當吳氏閱讀《中山全集》時，其動機　非陳翠蓮以引用吳新榮1945年6月6日的日記所指出的「想到東洋的將來，使非得研究中國的政治思想與文學思想不可」。[51]其實吳新榮早于5月29日便拿出《中山全集》，而其動機是：父親的詩稿整理既已完成，找不到可讀的書，昨天開始就拿出《中山全集》來看。[52]

到6月6日時仍然説：

今天是陰時多雨，即使有空襲警報，敵機也可能不會來的。因此多出許多時間可以看書，不過喜愛的單行本幾乎快讀完了。想到東洋的將來，想研究一下中國的政治思想和文學思想，所幸手中有《中山全集》和《胡適文存》，就從這兩種着手讀讀看。《中山全集》以前約略看過了一次，現在重讀，似乎多少能够有所批判。[53]

因此吳氏在戰争結束兩個多月前時重新閱讀《中山全集》，并非是他預料到日本的戰敗及臺灣將被中華民國收編。只是吳氏1945年8月15日得知日本投降時，興奮地説：

洽中我先前告訴徐清吉、黄朝篇兩人的預言，連我自己都嚇了一跳。[54]

雖然難以判斷吳氏預言的時間與依據，但可以得知吳氏似乎預料日本的戰敗并將其告訴友人。盡管如此，吳氏重新閱讀的《中山全集》只是用來打發時間的閱讀書籍之一，這是否意味着吳氏當時對戰争結束后的預設并未達成臺灣將歸屬于中華民國的選項。

另一方面，吳氏自1938年1月1日開始以日文寫日記[55]，并在1月4日日記記載着：

日本國的擴張即意味着日語的泛濫。亦我這小小的個人的城堡來説，要防備這種泛濫是不可能的。正如同我在生活中使用日語這件事實一樣，以日文來寫日記亦是極爲自然的事。想一想，我打從一出生就已經是日本統治下的人，而前半生完全是接受日語的教育，此極爲重大的事實，令我説的是日語，并以日文書寫。這又與英國讀書的留學生説英語，寫英文的意義是不同的。我寫日記是爲了紀録我的生活，所以想要了解我的生活的人，又以我個人最容易使用的語言來寫，這也是理所當然的。[56]

陳翠蓮認爲該舉動是一種皇民化運動對吳氏的影響，以「便利」爲由説服自己，漸漸習于成爲「日本人」。[57]但其實前一天的日記，即1月3日的日記記載着：

初一開始以日文寫日記，甚覺不習慣，想一想約有十年左右没有寫日文日記。[58]

看見對吳氏來説，從使用漢文到使用日文寫日記的過程并非那么自然的改變，而不是像陳翠蓮解釋的那么「便利」。但是亦不能否認這其中確實有着皇民化運動的影響，使得十年都没有以日文寫日記的人，一瞬間改掉他的習慣。

在得知戰争結束后，吳氏的日記又産生了變化，即是自1945年8月16日起，回復以漢文書寫日記的習慣，并記載着：

（前略）跳下溪中洗落十年來的戰塵及五十年來的苦汗。起了岸，各人向海面大聲覺叫：自今日起吾人要開新生命啦!

由改變書寫日記的語言及吳氏興奮的心聲，可觀察到以下兩點：第一點是對吳氏而言，以日文書寫日記確實不但在他的習慣上，在他的認同上也是「非自然」的行爲，是一種必須流「苦汗」的苦行。第二點是他的文化認同未被徹底地同化于日語文化，至少保留着一天變便能改變回來的漢語文化，但在政治認同上尚未萌生對中華民國的國家認同。

身爲知識菁英階層，同樣也留下豐富日記内容的林獻堂，在其日記中又是如何紀録戰争結束后的狀况呢。他得知日本投降，感嘆説「嗚呼！五十年來以武力建至之江山，亦以武力失之也」，[59]并未言明對臺灣將來的理念或期待。

（二）战争结束后

戰争結束后，林獻堂的行爲有以下特點。

第一個特點正如上述，林氏于此時的首要考慮是如何維持治安，因此即在日本投降的翌日，林氏便前往臺中州廳與知事等商榷治安維持之事，之后至8月18日林氏都積極地討論治安維持會的成立，[60]并且向當時臺灣總督安藤利吉提示的第一件亦是治安維持的要務[61]。由此可以看出林氏對維持社會治安抱持着相當小心翼翼的態度，一方面積極支持地方人士組成自警團等自衛團體，一方面，嚴格避免讓不正游民、破落户等組成團體危害地方安寧。[62]此外，林氏亦對當時在臺30萬人的日軍感到不安。[63]雖然當時林獻堂的身邊并未發生象征社會失序的案件，但其未雨綢繆的憂慮也許是因爲親眼目睹了50年前政權轉换時期的紛擾與混亂，而敏感地對戰争結束后的社會治安投注高度的關懷。

第二個特點是，林氏對政治運動采取非常慎重的態度。在戰争結束的四天后，許丙、[64]藍國城來訪[65]，相約一同前往上海、南京拜訪國民政府要人。林氏却向兩人説「此時須慎重，不輕爲之也」。[66]在林、許、藍商議之后，决定先與安藤總督商榷。因此三人利己前往臺北約談安藤利吉總督、諫山春樹參謀長[67]、成田一郎總務長官[68]高官。而如此小心謹慎、如履薄冰的脚步，除了出現在面對自身的狀况外，林氏對在戰争結束后由臺灣人自發成立的政治團體亦采取十分消極，慎重的態度。比如，在8月23日楊貴、李喬松帶着「解放委員會」的宣傳單，給林獻堂看時，林獻堂曰：

無輕舉妄動，所謂解放者，對何人而言也，就政府已將放弃，新政府尚未來，而解放雲雲對而言也，此時爲由静觀，且不可受人簇使以騷亂社會秩序也。

9月3日于上海，石焕長提議組成在滬臺胞組織時，林氏曰「以各派意見不同，欲組織頗不容易」[69]作爲回答。同樣地在9月13日對組織同鄉會的意見者亦曰「勿爲私見而害大局」。[70]9月18日郭國基、洪約百來訪請林獻堂組織臺灣國民黨，但林氏拒絶他們的建議。[71]9月24日由自臺北回來的長子林猶龍之口中聽聞，林熊祥、黄純青、杜聰明企圖組織一政黨，并請林獻堂爲黨首之消息，林氏便囑咐林猶龍斷然拒絶他們的建議。[72]9月27日王金海來訪欲討論臺灣企業公司，林氏曰「出資可以，不願爲理事也」。[73]10月1日學生來邀請擔任學生聯盟顧問，林氏曰「此后凡所有之團體皆不欲加入」。[74]在臺北首次舉辦雙十節的10月10日，黄純青、林熊征、林呈禄前來邀請林獻堂加入他們的同志會，林氏因爲無法拒絶他們的建議，只好勸他們先請托張邦杰與葛敬恩秘書長商議，然后决定。[75]此外，林獻堂堅持拒絶就任彰化銀行的理事，主張必須等待陳儀長官的接收。[76]但另一方面，林氏頻繁地拜訪日方高級官員、軍人或接受他們的來訪。[77]甚至答應幫忙保護日本實業家所有財産，[78]或在無法拒絶的狀况下，無奈地就任以保護日本人爲目的的臺中援護會會長。[79]林獻堂爲何采取如此保守的態度？筆者認爲可以從兩個層面來進行分析。

第一個層面是其個人的特性，即是對時事大局非常慎重，并且必須經過當局的同意或是許可才會采取政治行爲。正因他如此做法，在戰争結束后，仍然與日本高官保持密切的聯系。此外，他不但堅持自己的做法，同時也要求身邊的政治運動同志不要輕舉妄動，并且强調在如此不穩定的狀况中，必須采取的是謹慎、静觀的態度。做爲臺灣人的領導者，林獻堂率先致力示範如此做法。

第二個層面是當時臺灣知識分子與日本統治高層的關系，换言之，臺灣總督府的高官或在臺日軍在戰争結束后與臺灣知識分子保持着密切關系，并且給在他們心中仍然具有某種程度的影響力。以下的例子或許可以表示戰争結束后，臺灣人知識分子與日人高官的關系。

林獻堂爲了表示歡迎陳儀長官以及參與9月9日的受降典禮，自8月31日至9月13日兩周期間，居留于上海與南京。在這期間，9月6日于上海，自藍國城方面獲得消息，蔣介石邀請林獻堂、羅萬俥、林呈禄、陳炘、蔡培火、蘇維梁參與南京受降典禮。因此9月8日林獻堂便偕同辜振甫飛往南京，但是到了南京，與已到達的諫山參謀長會見時，諫山參謀長居然告訴林獻堂等，臺灣軍代表是諫山參謀長，林獻堂等臺灣人没有參與受降典禮的必要。林獻堂等按照諫山參謀長的囑咐，并未參與翌日的受降典禮。不過日后林獻堂等與葛敬恩秘書長會面時，才知道他們還是中國方面正式邀請的貴賓。[80]由此可知，雖然林獻堂自藍國城處得知他們是中國方面，而且是蔣介石親自邀請的貴賓，但是一遇到日軍領導人的阻止，他們便幾乎無所懷疑地，灰溜溜地退却下去。并且在得知中國方面還是在邀請他們的時候也未對諫山有任何抱怨。要言之，戰争結束后，日本方面對臺灣知識分子的統治心態并未馬上改變，且是仍然具有某種程度的影響力。

相對于林獻堂的小心觀望，吴新榮在戰争結束后便爲了迎接新時代，東奔西跑地組織新團體，渴望新政府的消息。在他的日記中，可以清楚地看到他對新時代的期待。 8月19日吴氏借着領取藥品，觀看臺南的情况，看到戰痕纍纍的古都，感嘆説：

總是過去三百年之一切，即清朝的遺風，日本的色彩，皆爲此一戰完全清算去了。若由此廢都能發生新文化，此不是吾人之責任乎？[81]

由此可知，吴新榮很明顯地對新的時代抱持高度的期待，并且對建設新的臺灣具有强烈的使命感。8月25日的日記亦寫道：

自8月16日以來，每日都未明就醒起，雖有睡眠不足之感，但并無損害身體。而每至思于國事，難禁熱泪。[82]

9月3日的日記亦記載，「補修完房子之后，我即能再奔走國事」，[83]9月9日吴氏開始起草臺灣省二十一縣一特别市。吴氏不但在感情上的抒發了相當濃厚的感慨之情，在實際的行動上亦非常關心臺灣的未來。自戰争結束之后，[84]吴氏連日與親友同志熱烈討論往后的臺灣。尤其與后來加入中國共産黨的蘇新保持密切聯系，并從他的消息中獲得時局情報。

當時吴氏在精神上除了有着從日本殖民統治解放的歡喜之外，還有回到祖國懷抱的感激。9月8日寄給黄百禄和楊榮山的書信寫道「祖國軍歡迎歌」，回顧過去五十年的苦難，贊揚中華民國及中華民族的權威。[85]但是吴新榮當時對中國的理解并不够深。9月11日吴氏從在臺北的蘇新手中收到中華民國國歌，但是吴氏誤以爲蘇新將中國國民黨認錯中華民國國歌，收到的不是國歌而是國民黨黨歌。[86]然而收到蘇新從臺北帶回來的組織「三民主義青年團」的命令，之后他就連日東奔西跑地組織「三民主義青年團」。因爲當時確切的情報消息無法穩定地供給廣播或報紙等媒體，以及社會上無據的謡言紛飛，[87]導致島上的人們難以判斷時局的趨勢。在這樣的狀况下，至少在戰争結束不久的期間吴氏仍然保持對祖國的熱忱，是正如日后葉榮鐘回顧當時所説的「祖國只是觀念的産物，而没有經驗的實感」，在中國方面尚未來臺灣的「真空時期」下，觀念上的「祖國」先行于實際上的「中國」。

林獻堂與吴新榮的相异，也許在于他們的時代背景、社會地位及日記性質[88]不同，但是兩者的共通點是，在戰争結束之前及結束不久時，并非有對中國（至少中華民國）的政治認同，這亦表示當時臺灣人文化認同及政治認同的分裂或程度上的差异。到了戰争結束后，作爲臺灣人的領導者，林獻堂采取非常保守的態度而跟日本官員保持密切聯系。反過來説，日本投降之后，日本官員對臺灣知識階層仍然保持某種程度的影響力。相對于林獻堂，吴新榮相當活躍地與親友討論國事，忙着組織三民主義青年團，但是當時他對中國并没有深入的了解，换言之，當時對一般的臺灣人而言，中國還只是一個没有實際經驗的觀念性的存在而已。

四、結論

在戰争結束時，臺灣的狀况究竟如何？就一般而言，臺灣的狀况較其他日本占領地區平静，未發生混亂的事件或外國部隊的侵入。但是過去研究并未涉及當時臺灣社會的動態。本報告針對戰争結束的1945年8月15日至中華民國開始接收臺灣的10月25日，此期間的「真空期」進行討論。

此階段最切身的問題便是治安問題。戰争結束后，臺灣總督府的警察失去威信，報復性的暴行、强盜事件屢見不鮮。但是臺灣民間人士及日方官員高度關切此問題，也因此島内并未發生重大的社會事件。也許可以推論如此地措施使得辜振甫“臺灣獨立事件”無法實現。不過就當時的情況而言，島内無論是臺灣人或日本人，對未來的生活皆抱持着相當不安的情緒。

其次，經濟問題亦是與當時島内人民的生活密切相關的問題。蘇瑶崇已指出臺灣經濟的惡化從臺灣被臺灣省行政長官公署接收后開始。但是就作爲通貨膨脹的因素之一：超額通貨發行而言，其原因亦在于戰争末期，因應臺灣的要塞化而過度發行銀行券的臺灣總督府及在臺軍隊的政策。戰争結束后臺灣經濟的崩潰，其原因應從日治時期的戰時體制與之后臺灣省行政長官公署的經濟政策兩方面進行分析討論。

本報告亦利用林獻堂及吴新榮當時留下來的日記，針對此時期的臺灣人動態，更進一步地進行檢討。[89]從他們的日記中，得知林獻堂當時謹慎的行爲，以及與日本高官密切關系。吴新榮則與親友熱烈地討論新時代的來臨。他對中國抱持强烈的祖國觀念，但是并没有實際上的中國經驗。

就社會狀況而言，戰争結束后的臺灣一片混混沌沌，百廢待舉的狀態。雖然日本已經投降，但是在臺灣仍然駐留三十萬的日本軍隊，臺灣人民亦對其感到恐懼不安。此外，處處有企圖暴動的謡言，不只戰敗的日本國民，臺灣人民亦對治安問題高度關心。在如此狀況中，臺灣領導階級謀求自生之路。雖然他們采取的路綫不一致，但在如此日本已經投降，中國接收尚未着手的期間，臺灣人確實以自己的力量，試圖解脱殖民統治，建設新時代。

（作者單位：政治大學）

註 釋：

[1] 關于二次大戰的結束時期，諸多學者認爲應以日本政府透過瑞士政府通知聯合國各國接收波茨坦宣言的8月14日，或者日本政府簽署投降文書的9月2日爲終戰日。除此之外，二次大戰的結束應稱「終戰」或「戰敗」亦頗有争議(參見佐藤卓已,《八月十五日の神話——終戰記念日のメディア學》(東京：築摩書房，2005)，佐藤卓巳·孫安石編，《東アジアの終站記念日——敗北と勝利のあいだ》(東京：築摩書房，2007)。因一般臺灣人的狀況而言，以得知日本的投降爲戰争結束恰當，本文采取以8月15日爲二次大戰結束日期。乃采取在臺灣的「戰争結束」(8月15日）與「光復」之間不畫等號的立場。至于爲了維持中立立場，除了引用之外，本文均以「戰争結束」之詞代替「終戰」或「戰敗」。

[2] 蘇瑶崇主編，《最后的臺灣總督府——1944～1946終戰資料集》(臺中：晨星出版，2004)。

[3] 蘇瑶崇，《臺灣終戰事務處理數據集》(臺北：臺灣古籍出版，2007)。

[4] 蘇瑶崇，《〈最后的臺灣總督府〉資料集介紹——兼論1945～1946年臺灣現代史的幾個重要問題》,《臺灣風物》(臺北：臺灣風物雜志社)，五十四卷一期（2004年1月)，第127～152頁。

[5] 蘇瑶崇，《「終戰」到「光復」期間臺灣政治與社會變化》,《「國史館」學術集刊》(臺北:「國史館」),第13期（2007年9月)，第4～87頁。

[6] 曾健民，《1945破曉時刻的臺灣——八月十五日后激動的一百天》(臺北：聯經出版公司，2005年)。

[7] 鈴木茂夫（1931～）日本愛知縣人。幼年時隨同任職船運公司的父親赴臺，曾就讀過基隆雙葉尋常小學（現爲仁愛國民小學)、臺北錦尋常小學（現爲龍安國民小學)、高雄堀江小學（現爲鹽埕國民小學)，高雄中學校（現爲高雄高級中學)。臺北第四中學校（已廢止)。1946年遣返日本。1954年

早稻田大學畢業，曾擔任株式會社東京放送（TBS）電視新聞導播。爲了探究尋根青少年待過的臺灣歷史，花費了20年的歲月搜集相關資料而寫成半紀實小説《臺灣處分1945年》（東京：同時代社，2002）（該書已有中譯版，陳千武《臺灣處分1945年》（臺中：晨星出版，2003））。其他著作有《アメリカとの出會い》（2005）、《早稻田細胞1952》（2007）。

[8] 鈴木茂夫，《臺灣處分一九四五年》(東京：同時代社，2002)。是鈴木茂夫利用臺灣總督府及臺灣軍的史料寫的半紀實小説，雖然并非學術性的著作，但是作者從龐大的歷史性史料，透過多樣的角度描述終戰前后糾葛復雜的臺灣社會。蘇瑶崇運用鈴木茂夫所搜集的史料，針對「辜振甫謀議臺灣獨立案」及「黄金賄賂疑案」（最后臺灣總督安藤利吉，爲了在臺灣戰后處理的便宜，將原本充作日軍菲律賓第十四方面軍購買糧食之用的大批黄金，賄賂給美軍中校艾文思的案件）等8月15日之后有關臺灣知識分子及臺灣總督府高官的重大事件進行分析，企圖推翻以往普遍認知的終戰后臺灣社會，提出迥异于過去的看法。

[9] 蘇瑶崇，《臺灣終戰事務處理數據集》（臺北：臺灣古籍出版，2007）。

[10] 曾建民，《臺灣一九四六·動蕩的曙光二二八前的臺灣》，（臺北：人間出版，2007）。

[11] 當時的廣播普及率，日本人家庭爲49.8%、臺灣人家庭爲6.3%（川島真，《臺灣の光復と中華民國》，收編于佐藤卓巳·孫安石編，《東アジアの終戰記念日——敗北と勝利のあいだ》，第175頁。加上因戰事體制電力供給不穩，比如后述的吴新榮當天晚上才得知戰争的結束（吴新榮著，張良澤主編，《吴新榮日記全集8（1945～47）》，（臺南：國立臺灣文學館，2008），第83頁。

[12] 當時在臺灣唯一的報紙《臺灣新報》8月15日日刊仍然刊載日軍的「戰果」，到了16日日刊時才刊載戰争結束的新聞。臺灣的情况與當局命令各個報社在玉音放送結束后發行日刊的日本内地有所不同。

[13] 王泰升，《臺灣日治時期的法律改革》（臺北：聯經出版，1999），第277～278頁。

[14] 蘇瑶崇，《「終戰」到「光復」期間臺灣政治與社會變化》，第71頁。

[15] 《灌園先生日記》，未刊本，1945年9月24日、25日、28日、10月3日。

[16] 《灌園先生日記》，未刊本，1945年10月14日。

[17] 蘇瑶崇，《「終戰」到「光復」期間臺灣政治與社會變化》，第72頁。

[18] 諫山春樹原著，日本文教基金會編譯，《密話·臺灣軍與大東亞戰争》（臺北：文英堂，2002），第35～36、75～76、106頁。

[19] 大部分的當時日方數據描述，當時治安狀態大體上維持平静狀態。參見蘇瑶崇，《最后臺灣總督府》，第118～121、139～140頁，諫山春樹原著/日本文教基金會編譯，《密話·臺灣軍與大東亞戰争》，第133頁。

[20] 《灌園先生日記》，未刊本，1945年9月16日。

[21] Strategic Service Unit(簡稱SSU), A Report on FORMOSA(TAIWAN): Japanese Intelligence and Related Subjects, Supplement RG59, Department of State Decimal File 1945 ～ 1949, Box7385, in The U.S. National Archives and Records Administration，第66～70頁。SSU前身爲OSS (Office of Srategic Services)，是美國情報機關的核心機關。SSU官員搶先中國軍隊一步，早已于1945年9月10日登陸基隆，着手搜集政治情報（George H. Kerr著、陳榮成譯，《被出賣的臺灣》（臺北：前衛出版社，1991），第90～91頁。）

[22] 蘇瑶崇，《「終戰」到「光復」期間臺灣政治與社會變化》，第72頁。

[23] 蘇瑶崇，《「終戰」到「光復」期間臺灣政治與社會變化》，第74頁。

[24] SSU, A Report on FORMOSA(TAIWAN): Japanese Intelligence and Related Subjects, Supplement.

[25] 諫山春樹原著，日本文教基金會編譯，《密話·臺灣軍與大東亞戰争》（臺北：文英堂，2002），第34頁，

[26] 蘇瑶崇，《臺灣終戰事務處理數據集》，第55～58頁。

[27] 蘇瑶崇，《「終戰」到「光復」期間臺灣政治與社會變化》，第67頁。

[28] 蘇瑤崇，《「終戰」到「光復」期間臺灣政治與社會變化》，第 68 ～ 69 頁。

[29] 隅穀三喜男、劉進慶、塗照彥，《臺灣の經濟——典型 NIES の光と影》（東京：東京大學出版會，1992）第 30 ～ 32 頁。

[30] 筆者推測，因出處資料參照戰爭結束后臺灣方面的數據，于是單位一律使用臺幣。但是日治時期的日圓與貨幣改革前的舊臺幣比率是 1:1。因此未影響到貨幣價值。

[31] 收藏于小林英夫堅修，《日本人の海外活動に關する歷史的調查第九卷臺灣篇 4》（東京：ゆまに書房，2001），第 315 頁。

[32] 收藏于小林英夫堅修，《日本人の海外活動に關する歷史的調查第九卷臺灣篇 4》，第 327 ～ 328 頁。

[33] 小林英夫堅修，《日本人の海外活動に關する歷史的調查第九卷臺灣篇 4》，第 312 頁。此外臺灣總督府在戰爭結束后，爲了發放官員的退休金，從日本內地運送大量銀行券。這批銀行券是否成爲臺灣通貨膨脹的原因，待進一步研究。（曾健民，《1945 破曉時刻的臺灣—八月十五日后激動的一百天》，第 222 ～ 224 頁）。

[34]《空襲は必ずある》，《臺灣日日新報》（臺北：臺灣日日新報社，1943 年 4 月 9 日），《時局防空必携 敵は狙つてる 空襲は必須の情勢だ》，《臺灣日日新報》，1943 年 9 月 9 日。

[35] 關于《開羅宣言》，其性質與有效性仍有爭議，甚至其名稱亦有爭論（參見薛化元編着，《臺灣地位關系文書》（臺北：日創社文化，2007），第 45 ～ 50 頁。但在此加注括號挪用通用名稱，至于其有效性，筆者認爲鑒于當時中國國民黨依據《開羅宣言》組成臺灣調查會，《開羅宣言》至少在 1952 年 4 月舊金山和平條約生效前，具有實際上的政治作用性。

[36] 在重慶以及居于國外的臺灣人也許在戰爭結束前得知開羅宣言的詳細內容。

[37] 在臺灣總督府日人高級官僚被調職回日本時，林獻堂向他們致謝并且特地致詞「請其將來對臺灣之指導」（林獻堂，《灌園先生日記》，1945 年 1 月 13 日。未刊本。）

[38] 陳翠蓮，《臺灣人的抵抗與認同 1920 ～ 1950》，第 236 ～ 249 頁。陳翠蓮形容林氏態度爲「退避」。

[39] 陳翠蓮，《臺灣人的抵抗與認同 1920 ～ 1950》，第 257 ～ 264 頁。

[40] 吴新榮著，張良澤主編，《吴新榮日記全集 7（1943 ～ 1944）》（臺南：國立臺灣文學館，2008），第 442 頁。

[41] 吴新榮著，張良澤主編，《吴新榮日記全集 7（1943 ～ 1944）》，第 459 頁。

[42] 吴新榮著，張良澤主編，《吴新榮日記全集 7（1943 ～ 1944）》，第 463 ～ 464 頁。

[43] 吴新榮著，張良澤主編，《吴新榮日記全集 8（1945 ～ 1947）》，（臺南：國立臺灣文學館，2008），第 116 ～ 117、123、125、128 ～ 130、153、156 頁。

[44] 吴新榮著，張良澤主編，《吴新榮日記全集 8（1945 ～ 1947）》，第 109 頁。

[45] 吴新榮著，張良澤主編，《吴新榮日記全集 8（1945 ～ 1947）》，第 113 頁。

[46] 吴新榮著，張良澤主編，《吴新榮日記全集 8（1945 ～ 1947）》，第 113 頁。

[47] 吴新榮著，張良澤主編，《吴新榮日記全集 8（1945 ～ 1947）》，第 142 頁。

[48] 陳翠蓮，《臺灣人的抵抗與認同 1920 ～ 1950》，第 263 頁。

[49] 吴新榮著，張良澤主編，《吴新榮日記全集 8（1945 ～ 1947）》，第 124 頁。閱讀后他的心得是「（前略）看完后覺得大有收獲。尤其與書中所寫的環境多少有些相似的本島，有許多可參考之處，但畢竟只是一個數據而已」。看得出他將愛爾蘭的獨立與臺灣的狀况比較。但是吴新榮與否戰爭結束后有獨立的思想，難以判斷。

[50] 吴新榮著，張良澤主編，《吴新榮日記全集 8（1945 ～ 1947）》，第 143 頁。

[51] 陳翠蓮，同前。

[52] 吴新榮著，張良澤主編，《吴新榮日記全集 8（1945 ～ 1947）》，第 142 頁。

[53] 吴新榮著，張良澤主編，《吴新榮日記全集 8（1945 ～ 1947）》，第 145 頁。

[54] 吴新榮著，張良澤主編，《吴新榮日記全集 8（1945 ～ 1947）》，第 171 頁。

[55] 在日治時期以日文寫書日記的臺灣人尚有葉榮鐘、吕赫若、楊基振等。
[56] 吴新榮著，張良澤主編，《吴新榮日記全集 2（1938）》，第 181 ～ 182 頁。
[57] 陳翠蓮，《臺灣人的抵抗與認同 1920 ～ 1950》，第 252 頁。
[58] 吴新榮著，張良澤主編，《吴新榮日記全集 2（1938）》，第 181 頁。
[59] 林獻堂，《灌園先生日記》，1945 年 8 月 15 日，未刊本。
[60] 林獻堂，《灌園先生日記》，1945 年 8 月 16 日、17 日、18 日，未刊本。
[61] 林獻堂，《灌園先生日記》，1945 年 8 月 20 日，未刊本。
[62] 林獻堂，《灌園先生日記》，1945 年 9 月 25 日，未刊本。
[63] 林獻堂，《灌園先生日記》，1945 年 8 月 25 日，未刊本。
[64] 許丙（1891 ～ 1963），臺北淡水人。1911 年臺灣總督府國語學校國語部畢業后，進入林本源總事務所任職。1916 年出任林本源總事務所第一房庶務長。1920 年 10 月被任命爲臺北市協議會會員。1927 年爲臺北州協議會員，1930 年任臺灣總督府評議員，1945 年 4 月更獲選爲貴族院議員。戰后于 1946 年 2 月 21 日因參加「臺灣獨立事件」嫌疑被捕，翌年 7 月 31 日判有期徒刑 1 年 10 個月。（許雪姬總策劃，《臺灣歷史辭典》（臺北：「行政院」文化建設委員會，2004），第 802 頁。
[65] 藍家精（1904 ～ 1980），屏東裏港人。14 歲時至日本宫崎縣立都城小、中學、福岡高等學校受教。1931 年京都帝大經濟科卒業，任職高雄州廳教育課。1937 年任職日本在中國之「華中派遣軍總司令部」。1940 年 3 月擔任汪精衛政府參贊武官公署少將武官。戰后 1947 年被控特級戰犯，因徐永昌（陸軍大學校長）相救而免于被逮捕。1948 年二二八事件周年，在東京芝公園演講（批評政府言論），使得在臺田産、銀行均被查封，全家族被限出境。1950 年 3 月戰犯通緝令解除后，偷渡日本。1960 年 4 月結束流亡返臺，受聘爲屏東第一銀行常務董事。1980 年應日本首相福田赳夫之邀請訪日，于東京旅途因胃出血猝死于東京都港區赤坂醫院，隨即火化，遺骨返臺安葬，享年 77 歲。（許雪姬總策劃，《臺灣歷史辭典》，第 1317 頁。
[66] 林獻堂，《灌園先生日記》，1945 年 8 月 19 日，未刊本。
[67] 諫山春樹（1894 ～ 1990），福岡縣人，陸軍大學三十六期畢業。1944 年 7 月就任第十七任臺灣軍參謀長。（諫山春樹原著 / 日本文教基金會編譯，《密話 • 臺灣軍與大東亞戰争》，第 141 頁）。
[68] 成田一郎（1894 ～ 1959），宫城縣人，歷任石川縣、兵庫縣知事，1945 年 1 月接任臺灣總督府總務長官。
[69] 林獻堂，《灌園先生日記》，1945 年 9 月 3 日，未刊本。
[70] 林獻堂，《灌園先生日記》，1945 年 9 月 13 日，未刊本。
[71] 林獻堂，《灌園先生日記》，1945 年 9 月 18 日，未刊本。
[72] 林獻堂，《灌園先生日記》，1945 年 9 月 24 日，未刊本。
[73] 林獻堂，《灌園先生日記》，1945 年 9 月 27 日，未刊本。
[74] 林獻堂，《灌園先生日記》，1945 年 10 月 1 日，未刊本。
[75] 林獻堂，《灌園先生日記》，1945 年 10 月 10 日，未刊本。
[76] 林獻堂，《灌園先生日記》，1945 年 10 月 14 日、15 日，未刊本。
[77] 在該時期的林獻堂日記中，唯一拒絶的是清水特務警察的來訪（林獻堂，《灌園先生日記》，1945 年 9 月 28 日，未刊本）。
[78] 因戰争結束后，不動産的買賣被禁止，日本實業家松岡富雄請托林獻堂借用他的名義。林獻堂安慰他之后，接受他的請求。（林獻堂，《灌園先生日記》，1945 年 8 月 24 日，未刊本）。
[79] 林獻堂，《灌園先生日記》，1945 年 9 月 17 日，未刊本。
[80] 林獻堂，《灌園先生日記》，1945 年 8 月 31 日～ 9 月 13 日，未刊本。
[81] 吴新榮著，張良澤主編，《吴新榮日記全集 8（1945 ～ 47）》，第 177 頁。
[82] 吴新榮著，張良澤主編，《吴新榮日記全集 8（1945 ～ 47）》，第 181 頁。

[83] 吴新榮著，張良澤主編，《吴新榮日記全集 8（1945 ～ 47）》，第 186 頁。

[84] 吴新榮著，張良澤主編，《吴新榮日記全集 8（1945 ～ 47）》，第 190 頁。其中還包括琉球縣。

[85] 吴新榮著，張良澤主編，《吴新榮日記全集 8（1945 ～ 47）》，第 188 ～ 189 頁。

[86] 吴新榮著，張良澤主編，《吴新榮日記全集 8（1945 ～ 47）》，第 191 頁。「中華民國國歌」原本就中國國民黨歌，歌詞裏出現，「三民主義，吾黨所宗……」，對中國還不熟悉的吴氏誤會也怪不得。

[87] 依據吴新榮的日記，8 月 23 日便有謝春木當任臺灣省副主席的謡言，9 月 5 日有陳儀已經到達草山（現陽明山）的謡言，10 月 4 日有中蘇或美蘇要開戰的謡言。

[88] 就整體而言，林獻堂的日記屬于紀録事實，較少記載作者的思想。吴新榮日記則較接近文學作品，較看見作者對社會環境的看法及自己心裏的感受。

[89] 1945 年 8 月 15 日前后的日記研究，亦有許雪姬，《臺灣史上一九四五年八月十五日前后——日記如是説「終戰」》。

日本統治下臺灣の社會事業政策研究

大友昌子

1．問題の所在

生活困窮など貧富の格差が社會的に形成されると、當該社會においては、その最底道に生きる貧窮民を社會的に救濟しようとする仕組みが生まれる。こうした事實は、それぞれの國や地域のなかで歷史的に檢證されてきた。貧窮民を對象とする社會的救濟の仕組みがどのように生まれ、どのような動きをするのか、そしてこの仕組みを創出し、運用する背景には、どのような狀況や主體があるのか、このような社會事象を解明することは容易ではなく、そこには、それぞれの地域の、歷史的、社會的かつ文化的な背景がある。また近代以降は、賃金勞動者の大量生成、社會運動、また國際標准化などの力も作用して、國民國家内の内政政策に欠かすことができない國家および地域の政策の柱として發展し、今日に至っている。ことに、資本主義經濟體制をとる先進工業國にとって、20世紀后半の50年間は、「福祉國家」形成が、重要な政策課題となり、さまざまな試行錯誤をくぐり拔けてきた過程であった。

北東アジア地域の社會福祉政策をみると、各國、地域によってその成熟度に差异があるものの、1997年以降の中國都市部において成立した新社會保障?社會福祉システムによって、その確立期にはいったと考えられる。社會福祉の歷史や政策を、北東アジアのカテゴリーで比較檢討し得る條件が整ってきたといえる。北東アジアスケールでの社會福祉の歷史的檢證は、これまで研究蓄積も少なく、これからの研究の進展が望まれる領域である。

ところで、臺灣における社會福祉の歷史は、17世紀以降、清朝統治下において貧窮民を收容救濟する養濟院が島内3カ所に設置された事にはじまる。その后、日本統治下での社會事業「近代化」政策を經驗し、1949年以降の中華民國の實效支配下において、資本主義經濟システムをその基盤とする臺灣社會獨自の福祉システムを發展させてきた經緯がある。こうした長い時間軸のなかでの臺灣社會福祉の變容をふまえつつ、この報告では、日本統治下の臺灣社會事業政策の特質はどのようなものであったのかについて、社會事業「近代化」政策との關連で述べていく。

なお、ここでいう社會的救濟の仕組みでは、家族?親族などによる相互扶助の仕組みについては、これを對象から、とりあえず、はずしている。ほとんどの社會において、家族?親族は生存のための扶助集團であり、子どもの養育、家族内の病人看護、高齡者介護、看取りなどの例はあげるまでもない。この報告は、こうした家族?親族の樺外で行われる「生存のための共同性」を核とした社會的な救濟の仕組みに焦點をあてていくことに限定した議論であることをはじめにお斷りしたい。

2．「植民地社會事業政策」とは

占領地、植民地における社會事業は「宗主國」による政治的かつ文化的な支配と抑　の狀況下におかれることで、植民地化以前、以后の被植民地社會の社會事業とも、支配する「宗主國」の社會事業とも异なる、相　的に自律的な特質と展開を示すという反定にもとづき、この時期の社会事业に「植民地社会事业」という用语を使用する。植民地统治下の社会事业の展开をその前后の时代から区别し相　化することによって、植民地社会事业期が各国、地域の社会福祉史の展开のなかでどのような位置と意味をもつにいたるかは、今后の历史的评似のなかで定まつてくる问题であると考えているからである。「植民地社会事业」には、占领地、植民地における社会事业の理念、政策?制度?システム、事业活动そして援助技术などの社会事业事象全体を含んでいるが、この报告では主に社会事业事象のなかから政策?制度およびシステムを考察の对象としていくこととする。

3．时期区分

日本统治下の台湾社会事业政策は、宗主国日本における社会事业政策や社会事业状况に大きく规定されたものであった。この报告では51年间の日本统治下台湾社会事业政策をいわゆる「近代化」の指标にそって、3つの时期に区分し、それぞれ概　していく。ここで采用する社会事业の「近代化」指标は、第一次大战后の1918年から1932年にかけて成立した宗主国日本と同じ、①救贫から防贫への转换、②专门行政机关の设置と财政の确立、③社会事业の组织化、④社会事业教育の开始の4つの柱をいう。この「近代化」指标にそって、日本统治下の台湾社会事业政策を区分すると次のようになる。

第1期「近代化」の开始——植民地社会事业の创设期

第2期「近代化」の进展——植民地社会事业の扩大期

第3期「近代化」の中断——植民地社会事业の终焉期

以下、この时期区分に从って、各期の台湾社会事业政策を概观していこう。

4．第1期「近代化」の开始——台湾の福祉文化的基盘とその再编

第1期は植民地社会事业「近代化」开始の时期であり、台湾は日本による占领支配が开始された时点から1921年の「社会事业振兴に关する依命通达」が出されるまでの期间である。第1期は植民地社会事业「近代化」の开始にあたる时期であるとともに、台湾はその后の51年间の植民地社会事业形成の基础が筑かれた时期である。この创设期での检讨课题は2点あり、第1点は日本占领初期の台湾の前政府时代の下で形成された福祉文化の特质と实情を把握することであり、第2点は植民地化初期における宗主国日本の社会事业政策の影响である。台湾では1895年前后の日本の社会事业状况が影响を与えた。台湾占领の1895年前后、日本では救贫法である恤救规则の改正运动があり、帝国议会への改正提案が3度にわたって未成立に终わった　纬はこれまでに明らかにされてきたが、日本では实现できなかった新たな救贫法が形を变えて台湾で实现したことはこれまで言及されてこなかった。その背后には日本の救贫法改正をめぐる政治家の存在が浮かび上がってくる。恤救规则の改正运动に深く关わった改革派の一人、后藤新平である。日本で成功しなかった恤救规则改正の构想を后藤は民政长官となった台湾で慈惠院制度に具体化したことが1904年の台湾慈惠院规则の成立经纬にうかがうことができる。この社会事业の再编は清朝时代下の高い水平の救济事业、すなわち台湾の「福祉文化的基盘」が土台となったことはいうまでもない。

こうした日本の社会事业の动向と台湾の植民地社会事业との间には强い关连が见いだされることが第1期で明らかとなり、この倾向は第2期以降においても见いだすことができる。

これら新たに确认し得た诸点は、「帝国日本」内における台湾、朝鲜、そして宗主国日本

を比较した结果、导き出したものである。从来の研究では朝鲜、台湾それに日本と别々の枠组みのなかで社会事业の展开が检讨されてきたが、台湾、朝鲜の两地域の比较分析と日本との关连性を问うことにより、より鲜明な植民地社会事业政策动向を析出することができた。また救济事业や慈善事业は独立した事业ではなく当该地域の信仰、伦理、惯习、イデオロギー、阶层性、共同性、住民自治と名望家の存在などの社会的、文化的基盘と密接に结びついていることも、こうした比较研究から明らかになった点である。日本の植民地化以前の台湾の福祉文化的基盘の水平や性格が、同时期の日本に比较し、より高い水平にあったことが、この第１期において、明らかとなっている。（表１参照）

5．第２期「近代化」の进展——防贫策の成立と「抑制された近代化」

第２期は植民地社會事業の擴大期であり、この報告の主題である植民地社會事業と「近代化」について考察する期間である。この時期は積極的な社會事業振興策の開始から戰時體制に社會事業が組み迂まれ、「近代化」過程が中斷する時期までの期間を對象とする。この期間には植民地社會事業の擴大期という性格づけを行い、臺灣の社會事業「近代化」政策の具體的な展開とこれに拮抗する兩地域の「福祉文化的基盤」を伏綫においた考察を行う。この擴大期は社會事業振興策が行われた時期であり、救貧より防貧に政策の重點が移行するとともに社會事業の專門行政機關が設置され、社會事業財政が中央、地方において確立し、社會事業協會が設立されて社會事業の組織化がすすみ、また社會事業講習會が行われて社會事業教育が開始され、社會事業システム「近代化」の４指標が整備される。

こうした背景には、第１に、産業社會化の進展（ただし、臺灣と日本ではその進捗度は大きく异なっていた）、第２に、第一次大戰終了后の1910年代末から1920年代のはじめにかけて、帝國日本が經濟的な動揺と政治的抵抗運動に直面していたことがあげられる。日本の米騒動（1918年）、朝鮮の「3.1運動」（1919年）、臺灣の議會設置運動（1921年）と、この時期に帝國日本のなかであいついで起きた政治運動は偶然ではない。こうした民衆による活発な抵抗運動に對應する社會事業の「近代化」政策も、臺灣、朝鮮、日本と共通した政治手法が行われた。臺灣、朝鮮における抗日ナショナリズムの運動が、植民地統治方針の轉換をもたらし、「文治政治」「文化政治」への轉換が、社會事業の「近代化」政策をもたらした。このことは、社會事業の果たす機能が、本來の救貧や防貧という役割の他に、民心安定、秩序の維持、社會統合の動きをもつことに、當局者が注目したからに他ならなかった。社會事業のもつ政治的性格は、植民地體制下において、いっそう際だつように思われる。

ところで社會事業の「近代化」は救貧タイプの社會事業と防貧タイプの社會事業が車の兩輪のように并立して相互に補完的なシステムを形成し、貧困層および低所得層の救濟と轉落防止をはかるところにある。しかしながら臺灣、朝鮮においては、この擴大期に制度化されることが緊要であった日本の「救護法」に相當する救貧タイプの體系的救貧システムが欠落した。したがって、臺灣の社會事業「近代化」は經濟保護事業など新しい防貧タイプの社會事業サービスのみが実施に移されるという事態となった。この結果、臺灣、朝鮮を日本と比較すると、この時期の社會事業の到達點は低い水平に據え置かれることとなった。

體系的救貧システムの欠落は臺灣、朝鮮ともに帝國日本の統治下社會事業政策における最大の差別體制の構造化であった。（朝鮮では日本の救護法に相當する「朝鮮救護令」が1943年3月制定、1944年3施行となった。）その結果、臺灣においては臺灣慈惠院制度のほかに、公私の窮民救助事業の擴大があり、社會事業助成團體の數多い成立などがあつた。こうした抑制的な社會事業の「近代化」策のもとで、臺灣社會が日本植民地化以前より有していた活発な福祉文化的基盤の層の厚さが、「抑制的近代化」の不十分さを補完することになつた。

植民地體制下の一方的な社會事業振興策による「近代化」政策、すなわち、日本によってつくられた西歐型社會事業システムの移入は、臺灣、朝鮮それぞれの社會にとつて、整合的ではなかつた。しかもその到達點は、臺灣、朝鮮ともに日本と比較して矮小化された「抑制された近代化」という特質を示した。（圖1、表2參照）

その他、第2期「近代化」の進展過程の檢證で明らかになつたいくつかの點があり、それらを列擧すると次のようである。

① 臺灣、朝鮮における社會事業「近代化」の具體策や規模は共通性とともに相違點も大きかつたが、共通して讀みとれる特征として、臺灣、朝鮮ともに高揚した政治運動に對應する政治的收拾策としての側面があつたこと。このことは日本とも共通する爲政者の政治手法であつた。ただし、植民地における對應策は植民地統治の强權性から、上からの一方的な「近代化」という特征がいつそう强いものとなつたといえる。ことに抗日ナショナリズムが沈潜化し、總督府當局の不安感が大きかつた朝鮮においてこの傾向は强かつた。

② 臺灣、朝鮮両地域においても救護法制定をのぞむ運動はあり、日本の决起集會に臺灣、朝鮮からの參加者もあつたが、結果として「救護法」は植民地に制定されず、日本のみに限定された制度となつた。當時の日本の社會事業關系者のあいだにも植民地社會事業に對する認識が薄く、日本社會事業と植民地社會事業のあいだに差別の構造化がみられたこと。

その背后には日本から植民地へは大量の情報が流れたが、植民地から日本への情報量は極端に少なかつたことがあげられる。

③ 臺灣、朝鮮ともに社會事業政策は創設期と擴大期と具體的な政策内容は异なるものの、ほぼ同一の特征を示し、臺灣は社會事業の「近代化」という外皮と官民による實效的な窮民救助事業の并立という二重構造となり、朝鮮は植民地化以前と同様、爲政者＝總督府主導の勞動對策を柱とする貧困者救濟事業が展開された。

④ 社會事業の組織化はさまざまな效果や作用をもたらすが、社會事業の組織化を象征する社會事業協會の創設は、植民地體制下では社會事業を官民一體化して總督府の統制下においたところに最大のポイントがあつたといえる。

⑤ 社會事業教育では、社會事業「近代化」による新たなシステムを内側から充填するための思想や理念として「博愛人道主義」や「社會連帯主義」がおもに日本から伝えられるが、そこでは植民地支配の論理との整合性をはかるため、教育の内容にバイアスがかかつたこと。ことに20世紀30年代后半からは「皇民化」教育と「同化」への教化とが植民地住民の生活や生活意識の「近代化」策とあわせて實施されたことがあげられる。戰時體制下の社會事業は「犧牲均分」の觀念をつくりだし、「犧牲」は宗教的感情を人々のあいだに惹起せしめて、それが天皇中心の國家至上主義へと人々の觀念を方向づけていつた。

以上、第2期では、植民地社會事業の「近代化」政策をめぐつて「どのような近代化だつたのか」という問題意識のもとに分析を行い、一定の社會事業事象を析出した。

6．第3期「近代化」の中斷——植民地戰時體制と「近代化」の中斷

第3期は植民地社會事業「近代化」の終焉期であり、これまでの創設期、擴大期と連續的

にとらえてきた植民地社會事業政策の検討に區切りをつけ、植民地體制下の戰争と社會事業という异なる理論的棒組みによる考察を必要とする。すなわち、報告の趣旨は社會事業政策を「近代化」指標によつて分析檢討するところにあるが、この第3期は一定水平に發展した植民地社會事業の「近代化」過程が戰争とその遂行體制によつて中斷された以降の時期となる。

植民地社會事業「近代化」の中斷期である戰時體制と社會事業の關系の具體相のなかで最も顕着な動向は二つある。その一つは方面委員制度の拡大であり、もう一つは社會事業協會を中心とした戰争遂行體制への再編化の動きである。戰時體制というのは目的合理的に人々を統制し、組織する大きな力であり、それは防貧、救貧の社會的ネットをはりめぐらすという社會事業政策の目的合理性や社會事業の組織化と相似た特征である。社會事業「近代化」のベクトルが戰時體制の確立と重なり合つてしまつた限界が、この第3期において発現したとみることができよう。

第1期、第2期との關連性を問う意味で、第3期は植民地社會事業「近代化」の結末を檢證する時期として位置づけられる。「近代化」政策によつてシステム化され、組織化された社會事業が國家優先主義と直結し、再編されて戰時體制の一部分を擔うこと、そして戰時體制下の强い統制力によつて目的合理的な組織化が行われるパラドキシカルな狀況となつたことが明らかである。社會事業の「近代化」による防貧ネットの整備や人々に認知され組織化されてきた社會事業が皮肉にもその組織力によつて后方戰力充實のための裝置となつていき、軍事援護や戰時勞動力の確保に活用され、さらには方面委員自體が戰時體制下の「文化工作」要員となつていくのである。「方面委員制度」とは、1917年に日本においてはじめて設置され、臺灣、朝鮮においては1920年代に設置された「救貧、防貧」のための社會事業の中樞的役割を擔つた地域單位の制度である。方面委員には地域の名望家が委囑され、社會事業行政と地域住民の間に立つて、貧窮民や生活困難者の救援にあたつた。

植民地體制下にあることと、さらに加えて戰時體制下に組み迂まれていくなかで、臺灣、朝鮮の植民地社會事業はさらに政治的意味合いを强めていくのがこの第3期である。第3期は戰時體制强化のための國民精神統合を圖る日本の中央教化團體連合會の設立に連なる臺灣、朝鮮兩地域の教化團體の設立時をそのはじまりと位置づける。臺灣は1934年に臺灣教化團體連合會が、朝鮮は1933年に朝鮮教化團體連合會が設立されて、臺灣、朝鮮ともに社會事業協會がこの連合體に吸收され、急速な戰争遂行のプロパガンダの役割を果たすようになつていき、一般住民の防貧や社會事業の啓蒙的教化から國家主義精神の社會教化や軍事救護へと重點が移されていく時期である。臺灣、朝鮮において軍事救護が本格的となるのは1937年7月の日中戰争開始以后であつて、日本との間に時間差が見いだされるものの、社會事業界の大勢は日本と軌を一にするものであつた。

7．まとめ

以上、臺灣における日本統治下社會事業政策について、3期に分けて概觀してきた。この報告では臺灣の福祉文化的基盤について述べることが少なかつたので、最后にまとめに代えて、この課題について述べておこう。

臺灣における福祉文化、ボランティアなどの民間活動が日本、韓國と比較しても極めて活發であることは、今日も認められるところである。この研究では福祉文化的基盤を前政府時代、清朝末期の社會的救濟活動に求めているが、臺灣は原住民を含めて、福建、廣東、浙江地域の漢民族の福祉文化の大きな作用を受けてきた。この地域に發展した「善會?善堂」については、夫馬進氏や梁其姿氏の詳細な研究がある（注２）。「善會?善堂」は地域の經濟的、政治的中樞であった紳士富商等が、自らの似值觀や社會規範を慈善事業に托して普及を計った社會救濟事業と倫理的、教化的要素が組み合わされた民間活動である。

臺灣では植民地社會事業創設期はもちろん、擴大期においても、こうした臺灣社會が有する活発な福祉文化的基盤が社會事業を支えてきた。日本の植民地統治下では、こうした活発な民間活動が、社會事業の「近代化」政策に取りこまれたが、その活力と社會的作用はとぎれることなく作用しつづけた。その結果臺灣では、植民地社會事業體制における「近代化」政策も一定の意義を有したとみてよい。總督府による社會事業の「近代化」政策と臺灣社會の福祉文化的基盤は、相互に拮抗しながらも作用しあい、植民地化以前とは异なる福祉システムを創造して一定の成果をあげた、といえる。

注1　この報告は、拙著「帝國日本の植民地社會事業政策研究－臺灣?朝鮮－」（ミネルヴァ書房　2007年4月）に依據し、これを再編、一部書き換えを加えてまとめたものである。

注２　夫馬進着「中國善會善堂史研究」同朋社出版、1997年、梁其姿「施善與教化——明清的慈善組織」聯經出版事業公司、1997年

表1　臺灣と日本における植民地社會事業創設期の社會事業關系法・制度

清朝末期、臺灣の救助體系
窮民救助（院外·院内）
行旅病死人救助
義食·助葬（義冢·寄棺など）
行旅保護
救荒
水難救護
軍事救護
弃兒保護
寡婦保護
保甲制度（自警）
動物保護
善會·善堂
善書の普及

1910年代の臺灣における社會事業法制度	
救貧·防貧	臺灣窮民救助規則（1899） 臺灣慈惠院規則（1904）
行旅病死人救助	行旅病人及死亡人取扱法法ヲ臺灣ニ施行スル/件(1899)
救療	臺灣伝染病予防規則(1895) 臺灣阿片令（1897） 海外諸港又ハ臺灣ヨリ來ル癩患者ノ取扱ニ關スル件（1907） 臺灣伝染病予防令（1914）
罹災救助	臺灣罹災救助基金規則（1899）
軍事救護	軍事救護法ハ朝鮮、臺灣及樺太ニ施行ノ件（1917）
水難救護	臺灣水難救護規則(1900)
經濟保護	質屋営業取締ニ關スル律令（1903） 無盡業法ニ關スル件

江户時代末期、日本の救濟體制
義倉
病死人救助
地域鄰保(五人組)
受刑者保護（人足小屋）
赤子養育米制度?三子養育米制度
饑饉·灾害時の炊き出し、小屋挂け

1910年代の日本における社會事業法制度	
救貧·防貧	三子出産ノ貧困者へ養育料給與方(1874)恤救規則(1875)
行旅病死人救助	行旅病人及死亡人取扱法(1899)
救療	阿片法（1897） 伝染病予防法（1897）

など		精神病者監護法(1900) 癩予防法（1907） トラホーム予防法（1919） 結核予防法（1919） 精神病院法（1919）
	罹災救助	罹災救助基金法（1899）
	軍事救護	傷兵院法（1906） 軍事救護法（1917）后に軍事扶助法に改稱
	水難救護	水難救護法（1899）
	經濟保護	質屋取締法（1895）
	教化·矯風	未成年者吃烟禁止法（1900） 娼妓取締規則（1900）
	兒童保護	感化法（1900）

注：筆者作成。

表2　臺灣、朝鮮、日本内地の社會事業施設・機關1ヵ所當たり人口比較（1935年度）

	施設・機關數	人　口	施設・機關1ヵ所當たり人口
臺　灣	1418	5,316,000人	3,749人
朝　鮮	289	21,890,000	75,744
日本内地	28909	69,354,000	2,396

注：人口は梅村又次·溝口敏行編「舊日本植民地經濟統計」東洋經濟新報社、1988年、204～205頁より引用。

表3　1935年社會事業の事業種類別數值と割合

	臺灣（%）	朝鮮（%）	日本（%）
	184（13.0）	12（4.2）	2,504（8.7）
救護事業	291（20.5）	38（13.1）	308（1.1）
	388（27.4）	115（39.8）	2,488（8.6）
醫療保護事業	79（5.6）	29（10.0）	916（3.2）
	250（17.6）	51（17.6）	18,427（63.7）
婦人保護事業	1（0.1）	0（0）	26（0.1）
	211（14.9）	44（15.2）	4,239（14.7）
	14（1.0）	0（0）	1（0.0）
	1,418（100）	289（100）	28,909（100）

注：筆者作成。

表4　臺灣、朝鮮、日本の經濟保護事業の種類別比較（再掲）

	事業種類	臺灣（%）	朝鮮（%）	日本（%）	計
經濟保護	職業紹介	5（1.3）	13（11.3）	673（27.0）	
	職業補導			2（0.08）	
	授産	5（1.3）	7（6.1）	72（2.9）	
	宿泊保護	16（4.1）	6（5.2）	155（6.2）	
	住宅供給	11（2.8）	8（7.0）	不良住宅地區改良 7（0.3）	
	公設浴場	88（22.7）	6（5.2）	170（6.8）	
	公設市場	244（62.9）	30（26.1）	278（11.2）	
	公設質	15（3.9）	16（13.9）	1,061（42.6）	
	公衆食堂		1（0.9）	70（2.8）	
	公益理　所		5（4.3）		
	公設洗濯所		9（7.8）		
	小資融通	4（1.0）			
	小農生業資金貸付		14（12.2）		
	計	388（100.0）	115（100.0）	2,488（100.0）	2,991

注：筆者作成。

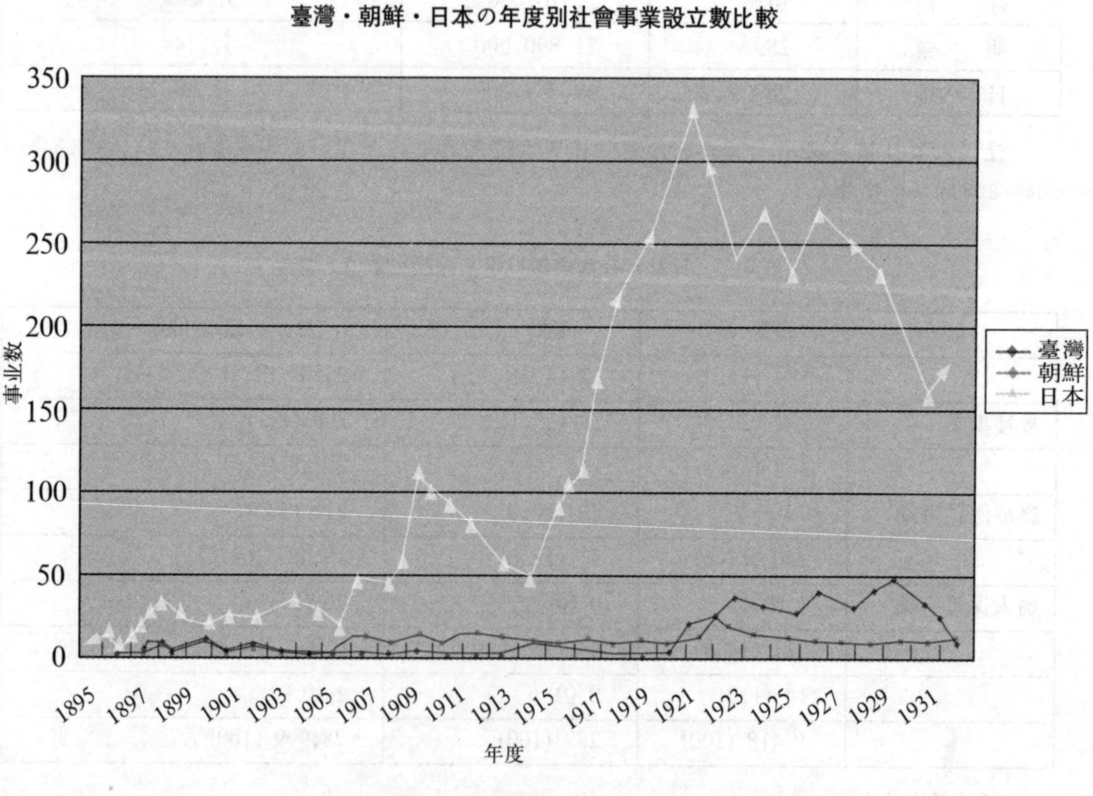

圖1　臺灣、朝鮮、日本の年度別社會事業設立數比較（1895～1932）

資料：「日本社會事業年鑒」1933年版中央社會事業協會付録二社會事業施設一覽から作成。ダラフ作爲の基礎データは「巻末數據1-1、1895～1932臺灣、朝鮮、日本の種類別社會事業創設數一覽」を參照。

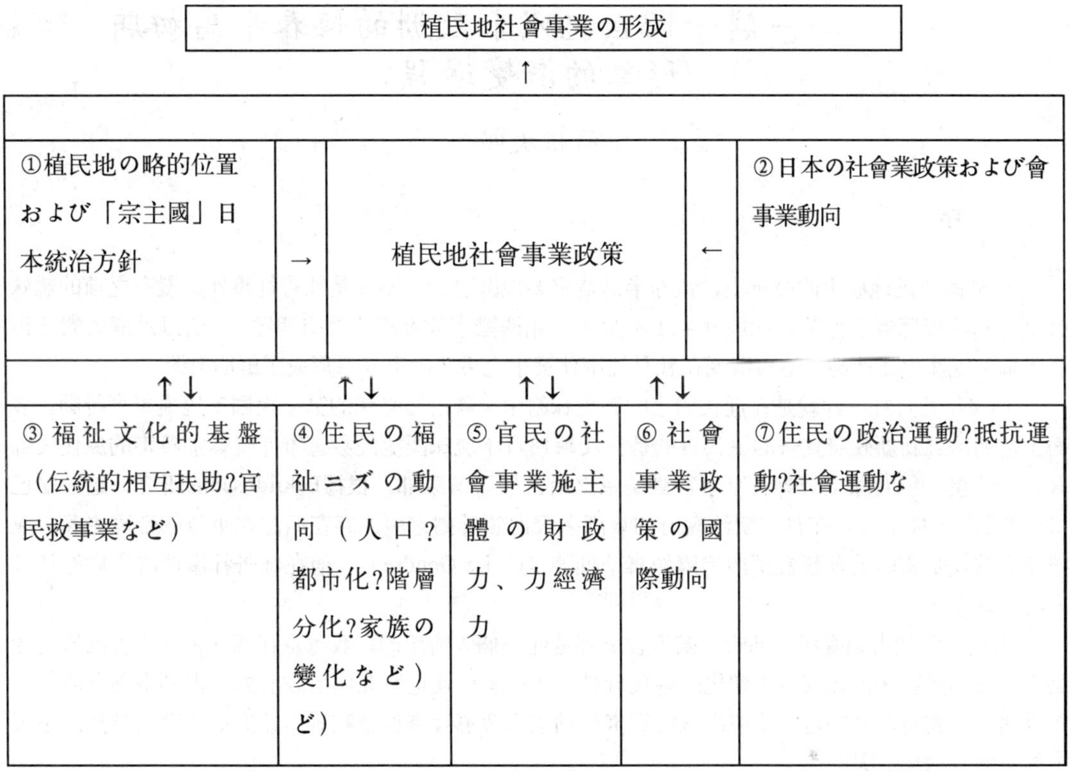

圖2　植民地社會事業形成の諸要素
注：筆者作成。

（作者單位：日本中京大學）

從恒春半島的視角來尋找臺灣殖民地化的思想淵源
——關于18世紀以來歐洲的恒春半島初期形象的演變過程

羽根次郎

一、序

在臺灣殖民地歷史的分析上，恒春半島是重要地區之一。不僅是牡丹社事件，還有之前的羅妹號事件和拉寶德號事件等，此地發生了不少與船舶遇難事故有關的外交問題[1]。所以外國人對于恒春半島早就産生了興趣，這與清朝在牡丹社事件發生之后才設恒春縣形成了鮮明對照。

1874年牡丹社事件就是在近代國家的歷史脉絡中企圖占領臺灣的第一次國家規模軍事行動。表面上，明治維新新政府宣告的派兵目的是對攻擊1871年琉球漂流民殺害事件時參加殺害的原住民部落實行報復，但實際上計劃在軍事行動結束之后占領臺灣東部。根據Eskildosen的研究，這一點已毋庸置疑[2]。據他説，在日本明治政府的東部臺灣占領計劃之中，存在西洋在東亞的帝國主義。連接兩者的就是當時的前任駐厦門美國領事李仙德（C. Le Gendre），他在牡丹社事件時應聘擔任日方的參謀工作。

但是，當然占領臺灣東部的計劃不會全部是他一個人構想的。我認爲在西洋帝國主義的歷史脉絡中，通過尋找將占領東部正當化的時代背景，才能更貼切地研究明治政府對于占領臺灣野心的歷史性格。尤其有問題的是，臺灣南端的軍事行動怎么會導致李仙德和日本政府如此理所當然的主張占領整個臺灣東部呢？

本論文的目的在于根據十八世紀歐洲思潮中的南臺灣記述來分析19世紀后半期游歷過恒春半島的歐美人的思想前提。與此同時也想探究這思想前提會對南臺灣尤其是恒春半島的空間認識産生怎樣的影響，就此來尋找如上問題的某些思路。

另外，文中引用部分的括號和着重號都是筆者標注的。

二、關于馮秉正的南臺灣記述與康熙時期漢籍史料的對照

論及歐洲對于恒春半島的印象，不得不提及曾爲康熙帝師且卒于北京的耶穌教會傳教士馮秉正（Joseph-Anne-Marie de Moyriac de Mailla、1669～1748）。1720年，于巴黎出版的耶穌教士信箋集《耶穌教會傳教士關于外國傳道具有指導意義且意味深遠的信箋集》（通稱耶穌會書簡集）中刊載了馮秉正的信箋[3]。或許是由于到去年爲止，受康熙帝之命從事繪制臺灣地圖的緣故，信箋中花費了數十頁的筆墨來詳細描述臺灣。

其中，馮秉正對于南臺灣的情况也有所提及。據馮秉正所述，臺灣島北起鷄籠寨（Ki-long-tchai），南至沙馬磯頭（Xa-ma-kî-teou）。也就是以面向恒春半島南端[4]連綿的山地爲界分爲東西兩部分[5]。將「服從于中國人的福爾摩薩人（Les peuples de Formose qui se sont soumis aux Chinois）」劃分爲稱作「45社（Ché）」的村落或住宅群落，北部36社，南部9社[6]。馮秉正論述了南部的9個村落過去本來是12個，但其中3個發起叛亂，以中央山脉爲間隔向東部遷移等事例[7]。

更進一步，馮秉正以北臺灣的幾乎完全中國式（……les maisons à peu de choses près, sont comme celles des Chinois.）爲對照，將南部「多是外部覆以稻草的土質或是竹制的房屋」，甚至房屋内「椅子、長凳、桌子、床都没有，一切家具都不存在」等事例一一列舉，指出了臺灣南北部之間接受中國大陸文化影響的差异。他强調南部住民的野蠻性還包括他們的飲食習慣，有如下記載：「他們飲食非常不衛生，没有盤子、分食碟和碗，甚至没有勺子、叉子和筷子。爲吃飯准備的用具就是席上放着的板子，然后用手指抓着吃，簡直像猿猴一樣。」更甚，吃没烤熟的肉，床是用樹葉做的，擅用弓箭等等都被他一一列出。[8]

馮秉正以上的記述給當時的歐洲人對南臺灣的記述帶來了非常大的影響。首先是1721年發行的雜志《關于科學與藝術歷史的報告（Memoires pour l' Histoire, des Sciences et des Beaux Arts）》中，引用了馮秉正關于當地住民45個村落中，北部36社，南部9社的記述[9]。1736年在海牙（La Haye）出版的耶穌教會傳教士杜赫德（Jean-Baptiste Du Halde、1674－1743）所著《中華帝國及其所屬韃靼地區的地理、歷史、編年紀、政治和博物》（所謂中華帝國全志，Description Géographique，Historique，Chronologique，Politique，et Phisique de l' Empire de la Chine et de la Tartarie Chinoise）[10]以及1748年巴黎出版的《航海通史》（Histoire Générale des Voyages）[11]，不僅轉載了南部村落一説，還大體上沿襲了馮秉正關于南部住民未開化性認知的强調。不僅是法國，英國在1741年杜赫德上述著作的英譯版《The General History Of China》第三版出版時，關于臺灣的文章的英文譯本首次被登載[12]，因此使得馮秉正關于南臺灣的記述被載入英文文獻成爲可能。

但是，馮秉正關于臺灣南部的記述是從怎樣的文獻中得來的呢？從他的信箋日期1715來考慮的話，蔣毓英的《臺灣府志》（1685）、高拱乾的《臺灣府志》（1695）、郁永河的《裨海紀游》（1697左右）、陳第的《東番記》（1603），大致是參考了以上四本文獻。所謂「服從于中國人的福爾摩薩人」想來指的就是「土番」、「歸化生番」和「熟番」。那些原住民部落被馮秉正分爲45社，其中北部的36社是參考了生活于蘭陽平原被稱爲「蛤仔灘三十六社」的記述，試看下表。

表1　康熙期文獻中的「蛤仔灘三十六社」

年代	出處	内容
1685（康熙二十四）	蔣毓英《臺灣府志》卷之二，敘山，諸羅縣山。	「在鷄籠鼻頭山東南，有土番山朝社，其南即蛤仔灘三十六社。」
1695（康熙三十四）	高拱乾《臺灣府志》卷之一封域，山川，諸羅縣山。	「在鷄籠鼻頭山東南，有土番山朝社，其南即蛤仔灘三十六社。」[同蔣志]
1697（康熙三十六）	郁永河《裨海紀游》卷上	「蛤仔難（音葛雅蘭）等三十六社，雖非野番，不輸貢賦，難于悉載。」（p.11）

參照：詹素娟《　社、地域與平埔社群的成立》，《臺大文史哲學報》第五十九期，2003 年 11 月，p.135。表中頁數遵循臺灣銀行經濟研究室版（1959）。

其次，關于南部9社以及所謂發起叛亂的3社并没有相關的記述。只是，康熙年間的鳳山縣仍處于屏東平原開發伊始的狀態[13]，清朝官員的視野是否已經擴展到琅嶠仍是個很大的疑問。試想在同一平原南下途中開發前綫的對岸看到的「社」這個歷史脉絡中，這不是以「鳳陽八社」爲依據的嗎？

表2　康熙期文獻中的「鳳山八社」

年代	出處		内容
1685（康熙二十四）	蔣毓英《臺灣府志》	卷之四 物産，稻之屬	米秫（鳳山八社土民種于園，米獨大）
		卷之五 風俗，土番風俗	鳳山之下淡水等八社，不捕禽獸，專以耕種爲務，計丁輸米于官。
		卷之七 賦税，田賦，臺灣府	僞時征鳳山縣屬下淡水等八社土番男婦丁口米共計五千九百三十三石八門。
1695（康熙三十四）	高拱乾《臺灣府志》	卷五 賦役志，總論	如諸羅三十四社土番捕鹿爲生、鳳山八社土番種地餬口，僞鄭令捕鹿各社以有力者經管，名曰贌社。……其鳳邑八社丁米，教册、壯、少諸番，似宜一例通行征米一石。
		卷七 風土志，土産，稻之屬	禾秫（鳳山八社土民種于園，米獨大）
1697（康熙三十六）	郁永河《禆海紀游》	卷上	鳳山縣居其南，自臺灣縣分界而南，至沙馬磯大海，袤四百九十五裏；自海岸而東，至山下打狗仔港，廣五十裏。攝土番十一社，曰：上淡水、下淡水、力力、茄藤、放索、大澤磯、啞猴、答樓，以上平地八社，輸賦應徭；曰：茄洛堂、浪嶠、卑馬南，三社在山中，惟輸賦，不應徭；另有傀儡番并山中野番，皆無社名。（p.11）

註：著者作成。表中頁數遵循臺灣銀行經濟研究室版（1959）。

以上列舉的兩個表格中引人注目的是郁永河《禆海紀游》的記述内容。不僅僅是它的具體性，它與馮秉正記述的相似性也比其他兩部《臺灣府志》要高出許多。其中，關于南部村落分爲9社的原因、除了「土番11社」之外，「傀儡社」不也是被認爲作爲一社而存在的嗎？這樣解釋，包括未歸順的3社的記述的問題也就變得全部符合邏輯了。

但是，要説馮秉正只參考了《禆海紀游》，却又并不是這樣。收集與馮秉正關于南臺灣住民生活環境的記述相類似的文章后形成下表。

表3　康熙期文獻中的相關記述

年代	出處		内容
1603（明·萬歷三十一）	陳第《東番記》		地多竹，大數拱，長十丈。伐竹構屋，茨以茅，廣長數雉。（p.25）
			器有床，無幾案，席地坐。（p.26）
1685（康熙二十四）	蔣毓英《臺灣府志》	卷之五 俗，土番風俗。	南番尤窮于北番，……
			飯以糯米爲之，熟則各以手捏團而食，……
			所用摽搶，長五尺許，取物于百步之内，發無不中。
			竹木之類，隨手砍斷，捷于工匠，編籬造屋，俄頃可成。
1695（康熙三十四）	高拱乾《臺灣府志》	卷七 風土志，土番風俗。	再入深山中，人狀如猿猱，長不滿三尺，見人則升樹杪。
1697（康熙三十六）	郁永河《裨海紀游》	裨海紀游 卷下	室中空無所有，視有幾犬。（p.35）
			山中多麋鹿，射得輒飲其血；肉之生熟不甚較，果腹而已。（p.35）

註：著者作成。《裨海紀游》的頁數遵循臺灣銀行經濟研究室版（1959）。《東番記》的頁數遵循以下書籍的頁數。沈有容《閩海贈言》，臺灣銀行經濟研究室（臺北），1959年。

表中的文章，通觀整體，與馮秉正所著内容相似處甚多。很明確，馮秉正參考了這些文章無疑。但是，事實是，除了「南番尤窮于北番」的描寫之外，其他描寫全部只是作爲指向全體臺灣少數民族的文章被提及而已。馮秉正誤將此作爲了臺灣南部的特征。而且，另一方面，關于北臺灣，介紹了房屋是中國式的。也就是説，馮秉正按照「南番尤窮于北番」的印象將清朝官員描寫的對于全體臺灣少數民族的印象僅僅附加在了南臺灣原住民的身上。無須多言，這種論調僅僅是爲了確保全體原住民的野蠻性而已。盡管如此，也没有硬要追求南北部住民之間文明度差异的必要吧。這樣一想，當時歐洲全體對于人種的看法仍有商討的必要。下一節會就此問題進行討論。

三、關于航海記

言及臺灣的記述除傳教士的文章外，航海記也不可不提。其中，作爲對歐洲認識南臺灣産生深遠影響的航海記，《司徒老斯航海記》（Les Voyages de Jean Struys）占有非常重要的地位。此書的航海記録中涉及關于遭遇南部臺灣住民的描寫。然而，此描寫雖只是一己之見，但通過此書的1681年阿姆斯特丹版[14]、1682年里昂版[15]、1720年阿姆斯特丹再版[16]及1730年阿姆斯特丹的再再版[17]等多次出版機會，正如我以下要論及的，此書對于歐洲認識南臺灣産生了巨大影響。

首先介紹一下它的記述内容。司徒老斯在文中對于自己遇到的臺灣南部原住民作出如下的觀察記述。

他的尾巴比腿還要長，上面布滿紅色的毛發，與牛尾非常相似。他解釋説此島南部的人全都長有尾巴，因此是氣候原因導致了這一畸形的存在[18]。

關于南臺灣有尾人的傳説，除了這個司徒老斯之外，其他的，無論哪部航海記或是地志都未曾提及，因此此説的真僞在當時就引起了懷疑[19]。1727年在魯昂（Rouen）出版的《關于航海實用性與學術古代研究的優點》（De l'utilité des voyages et de l'avantage que la recherche des antiquitez procure aux sçavans）一書中，也就此説先做出了「司徒老斯關于福爾摩薩島的報告多少有些不可思議」這樣的預告后，對有尾人進行了介紹[20]。

但是，地球的某處是否真的存在有尾人，對這一人種學或是博物學問題持關心態度的知識分子在當時的歐洲并非是少數[21]。然而，在争論有尾人是否存在這一論題時，與是否支持司徒老斯文章内容無關，他的文章都是不可忽略的資料。博物學大家布封（Georges-Louis Leclerc, Comte de Buffon、1707～1788）在論述有尾人時，雖先表示「我不知道司徒老斯關于福爾摩薩島的叙述内容是否全部可信」，但緊接着還是詳細介紹了司徒老斯的相關記述。從此事例中也能看出司徒老斯的記述在當時有尾人争論中的重要性[22]。

如上所示，當時在有尾人的争論進行中我們可知，舉出有尾人存在證據之一的司徒老斯的文章作爲論據是比較普遍的。但是那時，司徒老斯的文章常常與在馬尼拉和婆羅洲等東南亞遭遇有尾人的記録一并列舉的情况占大多數。這與當時人種學的潮流有很大的關系。在此，爲了確認有尾人的存在位置，列舉出同一時代1768年出版的羅比耐的《關于人體形態漸變的哲學考察與自然界造人的相關隨筆》（Considérations philosophiques de la gradation naturelle des formes de l’ être ou les essais de la nature qui apprend à faire l’ homme）[23]。

本書正如標題所述，是從人類史的角度來討論人種分類問題的文獻。其中，有篇題爲《人類，及各個人種》（De l’ Homme & des Différentes races humaines）的文章，將世界人種分爲十四種類。但實際上這十四種人種的其中之一便設定了「有尾人」（Les Hommes à queue）這一人種範疇。可以預料，司徒老斯的記述與其他關于東南亞的記述作爲論據一并在這裏出現[24]。

有尾人作爲人類人種中的一種，與有尾人是以東南亞爲中心分布這一設想有很大關聯。爲了對此進行確認，讓我們對當時歐洲的思想背景進行一下整理。18世紀的歐洲，已將事物的存在放入希臘哲學以后的傳統——「存在的連鎖」中進行思考，認識到事物的逐漸變化，各種事物逐漸變化的總和，結果導致了圓環構造，在此圓環構造中得到的認識被重視[25]。亞裏士多德在《動物志》的第8卷第一章裏如是説：

自然由無生物進展到動物是一個積微漸進的過程，因而由于其連續性，我們難以察覺這些事物間的界限及中間物隸屬于哪一邊。[26]

在文藝復興中得到重新評價的古希臘「存在的連鎖」的概念與近代的合理經驗主義日趨合流的時代潮流中，人與動物的界限被認定爲本來就是模糊的存在。盧梭在《論人類不平等的起源和基礎》中，不禁對以往的旅行者們認爲是「野獸」的與人相似的動物，實際上或許不是動物而是野蠻人這一問題而産生疑問，進而發表了以下論述。

旅行家們不加仔細研究，或者是由于這些動物在外形上與人有些差异，或者只是因爲他們不會説話，便認爲他們是獸類。其實這種野蠻人，因爲他們那一種族自古就散居在森林裏，没有機會發展任何一種潛在能力，没有得到任何程度的完善化，所以始終處于最初的自然狀態[27]。

這樣想來，像猩猩這樣的大型類人猿與人類就不再是絶對對立的存在了。區分二者的差异，理性的强弱只是相對的，如果猩猩强化了理性甚至變得能够使用語言，就可以完全變爲人類[28]。而且，只有東南亞才有這種猩猩的栖息地。因此，作爲保證猩猩與人「存在的連鎖」的中間者「有尾人」，就有其在東南亞存在的必要了。

而且不僅是人種學，在認定語言的使用與人類的定義有很深的聯系之后，語言學界也舉出了「有尾人」的例子。例如以進化的歷史語言學揚名的語言學者詹姆斯·羅伯特（James Burnett Monboddo（1714～1799））在其所著的《語言的起源和發展》（Of the Origin and Progress of Language）中就提及了有尾人的存在。而且，他的根據也無外乎是列舉出了婆羅洲、馬尼拉等的遭遇經歷以及司徒老斯的上述記述[29]。

當初便存在懷疑司徒老斯記述真僞的觀點。但是，作爲同時代學術潮流需求的呼應，即使未曾出現在臺灣發現有尾人的第二人，上個世紀所著的文章仍被不斷引用。由此也就决定了南臺灣是由類人猿向人類連續變化的過渡地點，也就是由野蠻向文明的過渡地點這樣的印象。

此外，也有一些涉及臺灣南部的其他航海記。例如1726年在倫敦出版的《經由大南海的世界周游》（A Voyage round the World by the Way of the Great South Sea）中有作者George Shelvocke等在從關島至紅頭嶼（Bottal Tobacco Xima）途徑臺灣南端的回航途中遭到當地住民射擊的記述[30]。但是在此之后提及此記述及引用的人并不多。然后是安森（Anson）的《南海航海記》（A Voyage to the South Seas）中也出現了對臺灣南端的描述[31]。《蘇格蘭雜志》（The Scots Magazine）[32]與《航海、發現、旅行的新收集》（A new collection of voyages, discoveries and travels）[33]都對此書進行了轉載，可見，當時對此書内容的關注度很高。但是，單從考慮臺灣南端記事的角度來看，從馬裏亞納群島的天寧島（Tinian）前往厦門方向，臺灣僅僅作爲一個通過點而已[34]，與司徒老斯的記述所産生的影響不可同日而語。另外，1790年出版的《卞由斯基伯爵游歷記》（Memoirs and Travels of Mauritius Augustus Count de Benyowsky）中也有以東臺灣爲舞臺的描述[35]，但對于此后的南臺灣記述幾乎没有産生任何影響。還有就是與未能趕上后面將要進行説明的《中國總志》的出版（1785年）也有一定的關系。

四、《中國總志》與克拉普羅特（Julius Klaproth）的「琅嶠」介紹

1777年至1785年在巴黎出版了馮秉正的《中國通史》（Histoire Générale de la Chine）全13卷[36]。最終卷第十三卷中還加上了爲此書出版而提供幫助的格老塞的補充[37]。1785年，格老塞的補充部分以《中國總志》（Description Générale de la Chine）爲名在巴黎重新出版[38]。由此，馮秉正關于未開化性的記述與司徒老斯「有尾人」的記述首次被納入同一本書籍之中。而且，1788年在倫敦[39]，接着1795年在北美大陸的費城[40]，《中國總志》被相繼譯成英文版本出版。《中國通史》也在與巴黎出版的同年1777年于錫耶納出版了意大利語譯本[41]。

通過這兩本書的普及，可以認爲在十八世紀這一階段對南臺灣的印象已經形成。也就是與北部相比南部尚未開化，而且似乎是爲了表明其未開化性，它與其他的東南亞各地區一樣存在着「有尾人」。試參照1796年版的《大英百科全書》（Encyclopædia Britannica，又稱《不列顛百科全書》）的「Formosa」(福爾摩薩)欄，立刻就可以發現格老塞的英譯版中有關于南臺灣記述的轉載[42]。也就是説，直至18世紀九十年代，對南臺灣的印象才首次由歐洲人固定的提出。因此這樣的南臺灣認識在此之后不久又在博物學文獻及中國解説書等中被反復提及使用。

此后，爲南臺灣記述補充新情報的是德國漢學者克拉普羅特（Julius Klaproth、1783～1835）在1824年出版的《亞洲筆記：關于東方各族人民歷史、地理和語言學的調查研究》（Mémoires relatifs à l'Asie: Contenant des Recherches Historiques, Géographiques et Philologiques sur les Peuples de l'Orient）一書[43]。克拉普羅特雖爲柏林出生的德國人，但在當時占據世界漢學研究中心位置的巴黎亞洲協會（La Société Asiatique de Paris）中擔任評議會委員。巴黎出版、法語着成的此書中，克拉普羅特首次介紹了「琅嶠」一名。他的文章如下。

福爾摩挲島最南端的沙馬磯頭（Cha ma ky theou）的南方，有個名爲「琅嶠」（Lang Khiao）的島嶼，退潮時很容易登陸。在那裏居住着土著居民（les indigènes）。他們養着很多的羊，據説對

于外來者，那裏的空氣含有非常多的有害物質，中國人（les Chinois）非常害怕那裏出没的惡魔和怨靈[44]。

以將「琅嶠」作爲島來認識爲首，有關牧羊和靈魂的記載等等無疑讓人意識到這是錯認事實和帶有神秘主義的眼光。但在這裏有以下兩點希望能够引起大家注意。一個是作爲權威漢學者克拉普羅特的國際影響力；另一個是克拉普羅特并未引用格老塞的相關記述，而是就臺灣展開了新的論述。克拉普羅特與格老塞是能互通書信的朋友關系[45]，而且克拉普羅特在著作中時常會提及格老塞的文章[46]。由此看來，這是有意的未進行引用。也就是説，這是自馮秉正之后從中國發信的文章的翻譯。

正文的33頁與題爲《福爾摩薩的詞匯》（Vocabulaire Formosan）的21頁附録，共計54頁的克拉普羅特的臺灣記述[47]，如章名所述（中國書籍的摘録（Extraite de Livres Chinois））是對清代的旅行記或地方志進行的翻譯。其中，只有涉及臺灣章節的英譯部分在1824年以《福爾摩薩島簡介》爲題在《亞洲雜志與每月叢報》（The Asiatic Journal and Monthly Register）中于倫敦發表[48]。更值得注意的是，關于琅嶠這個地方大體全部譯出，可見對于琅嶠這一地區是十分感興趣的。甚至在克拉普羅特原文發表的5年后，地理協會編輯的《世界地名詞典》（Dictionnaire géographique universel）新版第六卷在布魯塞爾和海牙出版時，還就「LANG-KHIAO」（琅嶠）一詞添加了如下解釋。

琅嶠：是位于福爾摩薩島與中國之間福爾摩薩海峽中澎湖列島中的島嶼。登陸琅嶠島很容易。住民飼養很多羊只。據説對于外來者，島上空氣十分有害。當地的中國人認爲島上存在惡靈，因此對于登陸此島十分恐懼[49]。

在《亞洲筆記》中，將坐落于福爾摩薩南端南方的琅嶠「島」在這本字典中列舉爲澎湖列島之一的人，從執筆者的排列名單中不難發現此人正是克拉普羅特。對歐洲來説本來就將南臺灣作爲不同性質的空間來把握的以往的視綫，在選擇刻意不引用格老塞臺灣記述的克拉普羅特的琅嶠記述中再度被强調。

克拉普羅特究竟參考了哪些文章呢？應該是受到了認爲琅嶠是沙馬磯頭南方浮出的島嶼的《蔣志》的影響。關于鳳山縣山川風物的介紹，存在如下記述。

治之東，其山之最聳者，曰傀儡山……曰卑南覓山……轉而南，復折而西南，迭巒復岫，莫非山也。更轉而西出于海，爲郎嬌山（在沙馬磯頭山東南，離府治五百三十余裏）、爲沙馬磯頭山（在郎嬌山西北。其山西臨于海，山頂常帶雲，人視之，若有人形往來雲中，疑爲仙人降游其上。離府治五百三十裏)，而山始盡，皆鳳山之佐輔也。[50]

不僅是蔣毓英，高拱乾的《臺灣府志》（1695）和周元文的《重修臺灣府志》（1718）中也直接轉用了以上的説明。臺灣當地官員認爲從恒春半島至東南海上，也就是在巴士海峽中有座名爲「郎嬌山」的山。考慮到「五百三十裏」與「五百三十余裏」的距離表示的話，可能指的是七星岩，但七星岩却又不具備能牧羊的面積。實際上，在乾隆的《大清一統志》中也有關于「琅嶠山」的記載。

自沙馬磯頭，一潮水可至，遠視微茫，舟人罕至，土番所居，地宜羊，去下淡水三百余裏，多瘴氣。[51]

此説與克拉普羅特的記述内容非常相近，克拉普羅特所指的中國書籍（Livres Chinois）恐怕多半指的就是乾隆的《大清一統志》。只是，關于中國人恐懼登陸的内容，不僅在康熙、乾隆、嘉慶三代的《大清一統志》中没有描述，在蔣毓英、高拱乾、周元文、範咸等着的《臺灣府志》中也未曾出現。關于這一點，可以參考一下以下陳文達《鳳山縣志》（1720）的相關内容。

自鳳山溪南至于淡水等處，早則東風大作，及晡郁蒸，入夜寒凉．冬少朔風，不用裘綿。土多瘴氣，來往之人恒以疾病爲憂。[52]

克拉普羅特將「瘴氣」直譯爲「惡靈」（les génies malsesans），并没有意識到它指的是惡性瘧疾（Pernicious malaria）。正如前面已經指出的，在這樣的翻譯中可以看出，想將南臺灣在空間上异化的歐洲對于南臺灣的認識。這其中并没有對當時東臺灣記述中常見的原住民的野蠻性（或是與此帶有表裏關系的單純樸素）進行强調；也未對在西臺灣描述中受中國支配下而産生的文明性（或是與此帶有表裏關系的狡猾虚僞）加以强調。一言以蔽之，南臺灣在歐洲的認知體系中是作爲缺乏現實性的空想空間被定位的。

五、「拉寶德」號事件——臺灣「東南部」的發現

如上三節所論述，在歐文文獻之中有關南臺灣的記述都只是些片斷。然而，這些片斷的知識，在歐洲對東／東南亞的空間認識中一邊游離于現實之外，一邊遵循着他們的眼光被整理，反復着言論的再生産。尤其是對司徒老斯的有尾人記述的引用，翻來覆去，重復不止。例如，1830年在比利時蒙斯（Mons）出版的《泛神論，即一切宗教的起源》（Le Panthéisme, ou l’origine de toutes les religions）中，以司徒老斯爲首，參照菲律賓民都洛（Mindoro）島Mangian等地的有尾人記述，對定位猩猩的問題做出如下論述。

如果猩猩是不説話的人，民都洛島Mangian與臺灣島南部住民就都是説話的猴子。因此，這裏正是賢者應該探求人類的起源的地方。[53]

其實，十八世紀后半期的權威博物學者布盧門巴赫和（Johann Friedrich Blumenbach）和格麥林（Johann Friedrich Gmelin）早就否定存在有尾人[54]。但是如上面引用所示，還是經常有不少人把尋找人類起源與猩猩相關聯，司徒老斯的記述也仍被不停引用。

到了1830年代，住在廣州的歐美人開始發行雜志，其代表就是1832年在廣州創刊的《中華叢報》（The Chinese Repository）[55]。這本雜志爲盡力普及有關臺灣的知識，刊登了史迪芬（Edwin Stevens）的《福爾摩薩》（Formosa）[56]和藍鼎元的《鹿州文集》的部分翻譯[57]等。但是奇怪的是，雖然是從自然資源、經濟狀態、當地社會、原住民、政治制度和海運等較爲全面角度來對臺灣概况進行的介紹，但居然没有報道有關南臺灣住民的新知識。

在這種情况下，一個事件爆發讓人們感到了刷新南臺灣認識的必要。

1851年5月，英國炮艦「羚羊」號（Antelope）在臺灣南端海上航行時,救助了三個冒着追捕者的槍林彈雨坐小船逃過來的英國人。然后判明了這三個人原來是〈拉寶德〉號（Larpent）的船員，這只船于1850年從利物浦起航，在前往上海的途中下落不明[58]。〈羚羊〉號把他們護送到上海，然后由滬英國領事阿禮國（Rutherford Alcock）從他們那裏聽取事件詳情。

天亮時，我們兩只小船（boats）都往海岸駛去，然后大家都登陸了。不久就有四個居民（inhabitants）下到沙灘來，他們都不是中國人（Chinese），而應是屬于原住民部族(the aboriginal tribes)之一。他們好像企圖盜竊我們的行李，但是我們用短劍將他們趕走了。因爲船長害怕土著那方懷有敵意，所以下令將兩只小船（boats）放回海上。……（船長决定换個地方再登陸）……然后小艇（launch）再度前往海岸，船員在擂鉢狀的山附近登陸了。大家在一起把小艇拽上岸，開始准備修船和吃飯。但其間却有人從附近樹林裏用火繩槍射擊我們，數人傷亡，剩下的九個人到達海岸駛船逃去，土著就坐排筏追過來。不太會游泳的二等船長副手Griffils受到襲擊被馘首。Berries和Harrison一起逃到一塊岩礁，可是在這裏要過兩天都没有食品和水的日子。木匠Blake和見習生Hill向不同的方向逃跑了。Berries和Harrison饑餓難耐强行再登陸時就碰到大約50個土著人。他們最開始把火繩槍的槍口轉向兩個人，不過没開。這兩個人没穿衣服，因此兩個女性把纏在腰上的布料送給他們。還有一個年長男人帶他們兩個人回家。在三天之后，坐排筏的Harrison懇求在海上的中國人用舢板搭救他。但是坐在舢板的男人們對他見死不救。……[59]

原來的三十余名船員，最后除了Berries、Blake和Hill之外，都在兩個登陸地點被殺了。漂流者在登陸時先遇到搶奪再被殺，這種情形在1867年美國船只〈羅妹〉號漂流至恒春半島南灣時又再度出現。但是我們不能認爲這不過是故意的殘忍行爲。東亞海域一直存在本地人或本地權力對漂至海

岸物品的「遭難物占取」的慣例，它有時甚至包括對人命的「占取」。其后隨着國際關系建設的完備，漂流民遣送體制也逐漸建立起來。但在清朝的國家權力滲透不深的地域仍然存在這種慣例[60]。

Berries和「年長男人」共同生活了四個月，然后被賣給一個叫做Kenah的「一個住在相隔五英裏地方的中國人」。Blake和Hill雖然逃到「一個中國人村落」，但是最后被賣到「沿內陸方向再深入八英裏的地方」。然后Berries伙同其他兩個人成功逃至一個叫做San Sianah的村落。那裏有一個官員親切地照顧他們，在之前的主人之妻追來時，也給她贖金了事。就在這時，海上出現了〈羚羊〉號[61]。

「拉寶德」號3名船員遇救的新聞使在華的歐美人士受到巨大衝擊。首先，英國海軍輪船「火蛇」號訪問事件現場調查余下的行踪不明的27人的消息[62]。然后巴夏禮（Harry S. Parkes）爲獲得臺灣的新信息于1851年訪問臺灣[63]。不過這些調查毫無結果地結束了。因此，將要進行調查的美國也只得放弃[64]。

當時，臺灣海域屢次發生遭難事故，英國鴉片運輸船「水鬼」號（Kelpie）于1848年10月在從香港到上海的途中下落不明，1849年「色拉」號（Sarah Trottman）在南臺灣海上消失踪迹[65]，所以漂流者在臺灣島被拘禁這種傳言不脛而走[66]。「拉寶德」號幸存者獲救的消息也代表這種傳言或許屬實。

但是需要注意的是，關于殺害「拉寶德」號船員的恒春半島居民，除了「貧窮」「牧羊」「有尾人」「瘴氣」之類的空洞形象之外，對他們歐美幾乎不掌握任何具體的知識與形象。因「拉寶德」號事件而形成的印象就這樣直接變爲他們對當地居民的印象，當地居民在他們的言論中被定義爲野蠻的劊子手。1857年3月2日，香港美商魯濱内（William M. Robinet）在寄給美國駐華代辦伯駕（Peter Parker）的書信裏説道：

「珍珠」號（Pearl）也去了臺灣東南端，在那裏聽到了美船遇難的事。……福爾摩薩人口可以分爲四種，即住（inhabit）在島西側的中國人（Chinese）、占（occupy）在東部和中央部的原住民（aborigines）、占（holding）東南端某處的若干食人者（cannibals）、居（reside）于南部和其東西周邊地方的 Kalis。[67]

以中央山脉爲界，東邊是原住民的地區，西邊是中國人的地區，這種臺灣認識在杜秉正的時代早已確立，不值得驚訝。在這裏引人注目的是魯濱内在「東」「西」兩個框架裏插入「南」和「東南」這兩個新範疇（請參考本論文最后的「地圖 1 」）。

Kalis這個詞無疑是「傀儡」的音譯，比如説黄叔璥《臺海使槎録》中把「傀儡番」描寫爲一個區别于「琅嶠十八社」和「鳳山番（所謂鳳山八社）」的原住民部落群。但是我們應該認爲，在這裏Kalis不代表「傀儡番」，而代表住在恒春半島南部的與外來者頻繁接觸的低地原住民。19世紀的恒春半島，原住民與（福佬人客家人之類的）漢人居民的關系與低地原住民和高地原住民之間很不一樣。以斯卡羅爲典型的低地原住民與漢人村落的關系非常密切，并不符合「原住民」在現代語境裏所該有的語氣[68]。魯濱内對Kalis的好印象可能是通過漢人村落得到的。

與此相反，牡丹社和高士佛社等恒春半島的高地原住民，與漢人村落的關系比較疏遠，結果置身于被視爲野蠻的眼光裏[69]。對他們來説，恒春半島東岸北邊也屬于自己的行動圈範圍内，也不少遭遇到漂流者。但是他們缺少將保護的漂流民遣送至低地居民地區的網絡，網絡不足意味着他們要自己負擔救助難民的費用，這并不輕松，這種情況形成了高地原住民殺害外來者的一個背景[70]。魯濱内用「holding」「cannibals」這些詞也反映當地（以福佬人村落爲主的）漢人居民對于這種局面的態度。

那么，在「西部」「東部」這兩個空間認識的框架之中，爲何要特意安排「東南端某處」這么狹小的範圍呢？這正是説明魯濱内對于（據説在那裏發生的）「拉寶德」號事件受到的衝擊之大。與魯濱内有過交流的廣州美商柰奇頓（Gideon Nye Jr.）在1857年2月10號寄給伯駕的書信裏如下寫道：

島的東南部是非常凶惡的混血人種（mongrel）的領域，他們與住在西部的中國人（Chinese）之間存在着持續的敵對關系[71]。

伯駕受到奈奇頓的影響，2月12日寄信給華盛頓的國務卿。

我們有很多證據能讓人相信，許多歐洲人，尤其是我國的朋友和國民，成爲了野蠻人邪惡的殘酷性的犧牲品。我們非常期待合衆國政府在臺灣，尤其是野蠻人現在居住的臺灣東南部，爲謀求人性、文明、航海和商業利益而果斷的采取行動。[72]

東南部原住民被迫背負着一個與「中國人」和「歐美人」都敵對的、孤立的、野蠻人的符號。這與魯濱內用充滿好感的筆致介紹的南部Kalis形成鮮明的對比。爲了使〈拉寶德〉號事件發生地點與以往田園詩般的南臺灣形象不發生矛盾，把事件現場設定爲「東南部」，那么脱離「南部」就是非常方便的了。由于地理上的切斷工作，〈拉寶德〉事件的噩夢成爲了展開東南部殖民地化構想的動力。我們在上述伯駕的書信裏就這一點可以作出明確的確認。

六、作爲結論——旬和（Robert Swinhoe）的琅嶠記述

我們在上節中確認了「東南部」被卷入到殖民地化構想的經過。那么，余下的「南部」地區怎么樣？如上所述，魯濱內對南部居民懷有非常的好感。與被列舉爲占領主體的原住民和食人種相對， Kalis是作爲居住主體被列舉的。它與作爲居住主體的「中國人」描寫有着等價關系。總之，除了「中國人」之外，只有Kalis獲得了正面評價。

有趣的是，魯濱內認爲「Kalis是原住民、中國人、爪哇人和馬尼拉人的混血種」（a mixed race of aborigines, Chinese, Javanese, and Manila-men）[73]。據他所述，Kalis是跨人種的族群，這個框架其實很像18世紀人種學爲了建設猩猩與人類之間的過渡地點而空想南臺灣存在有尾人。18世紀歐洲博物學從人種的連續性這個角度來把握人類，魯濱内所寫的南臺灣，在此等同于恒春半島的形象，也無法擺脱這個認識框架的影響。

「混血種」的表述在其后的記述中一直被繼承。1858年，英國軍艦〈堅定〉號（Inflexible）爲搜索行踪不明者而訪問臺灣島，旬和（Robert Swinhoe）也作爲翻譯陪同前往[74]。一行人于同年6月7日離開厦門[75]，15日到達琅嶠灣，冒着驚濤駭浪在離琅嶠灣南邊的村落很近的地方登陸[76]。旬和評論當地居民説：

「當地居民泰半爲混血種，許多婦女是純原住民」[77]

「她們的膚色比一般漢人深褐很多，頭發照其族人的方式編成辮子，并與紅色棉布交纏編繞，此外穿得就如漢人婦女一般」。[78]

旬和1864年再次訪問恒春半島[79]，先由海路經過楓港，最后在琅嶠灣上岸而進去了琅嶠地區規模最大的村落車城。他在車城又如下注目當地人在人種方面的混血性。[80]

「多半的婦女，從她們的頭飾看來，像是土著的后代，但多少有些間隔。」

接着旬和訪問了傀儡番（Kalee）的部落，旬和這裏所用的Kalee的意思和魯濱内的Kalis相一致。旬和參觀房屋，感想是「都有中國文明的迹象」「男人的頭發剃成中國式的。頭發編成短的發辮，繞在頭頂上。」這些感想不僅指出了他們與中國的親近性（Chineseness），但同時他也没忘記强調人種方面的混淆性。

這附近的傀儡番人，身材上相當的不同。有些很高壯，有些矮而寬闊。有些膚色爲黄褐色，跟膚色最淺的漢人工人階級差不多，有些則相當的深褐。他們在臉形上也不一樣。有些頭很大，下顎寬，像馬來人；有些則接近蒙古人的類型。他們的眼皮大多在内眼皮處往下削減，兩眼分隔很遠。……[81]

旬和也像魯濱内那樣將傀儡番設定爲跨人種的人群。在當時，由于他在學術和政治領域裏有一定的影響力，所以其相關記述確定了恒春半島是人種混淆地區這樣的定位。必麒麟（W. A. Pickering）、李仙德（Charles Le Gendre）、休斯（T. F. Hughes）、畢齊禮（Michael Beazeley）

和泰勒（George Taylor）等19世紀后半期所有的訪問者都給恒春半島南端居民起了「混血者（Half Caste）」之名。

不用説，定義「混血」理所當然地需要設定「純血」觀念，雖然如此，人群的自我認同却是個隨着歷史的演變而形成的相對概念，因此「純血」只有作爲同時代的假設才能存在。它畢竟或多或少地帶有故事性，在這裏就出現了講話人插入意圖（就是説歐洲對臺灣的眼光）的空間了。這意圖是什么？我認爲總結爲如下三點：1．保護南臺灣作爲由「存在的連鎖」概念而産生的以往空想的過渡性地區的形象。2．爲此起見，將殺害〈拉寶德〉號船員的當地居民（=純血的野蠻人）與以往的南臺灣形象分離，而將前者納入新形成的「東南部」形象中。3．盡管如此，還要確保「東南部」和「南部」的（比如人種方面的）連續性。

與南部正相反，東南部被給予了極端的負面評價。其原因就在于《拉寶德》事件的强烈衝擊導致了原本僅憑空想的恒春半島的正面印象産生了巨大反動。但是，作爲結果，這反動成爲了連接南部與以往被視爲蠻夷的東部之間的一個媒介。東南部在人種方面可以與南部找到聯系，在野蠻性方面可以聯系到東部。我們在這種空間認識裏能够發現，李仙德在借口對南臺灣進行軍事攻擊企圖占領東部時兩地之間存在的關系性。

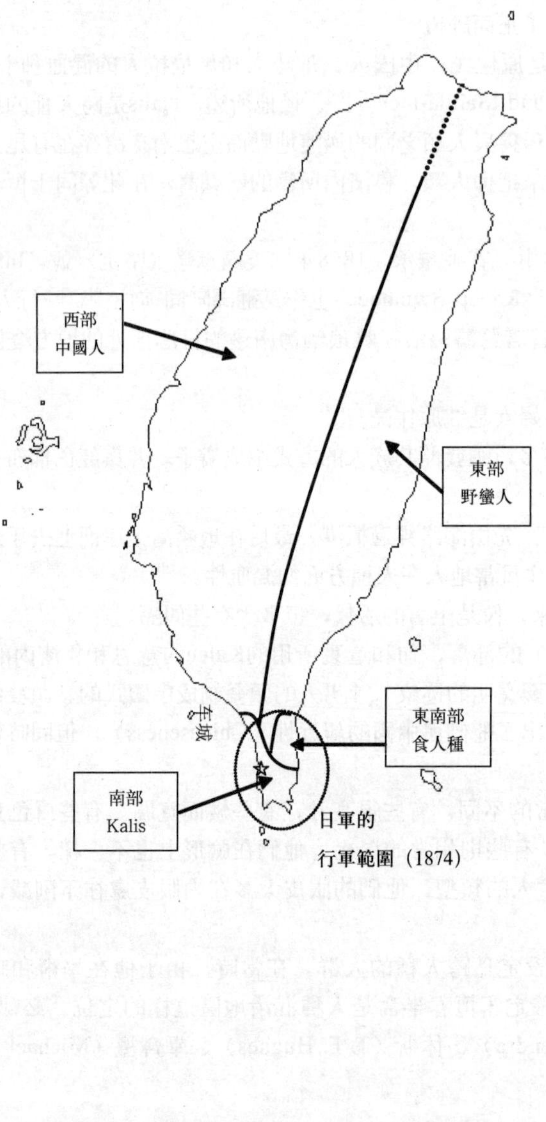

（作者單位：日本一橋大學）

註 釋:

[1] 關于羅妹號事件,請參考拙稿《ローバー號事件の解决過程について》,「日本臺灣學會會報」,第10號,2008年5月。關于拉寶德號事件請見本論文第五節。

[2] ロバート・エスキルドセン《明治七年臺灣出兵の植民地的側面》、明治維新史學會報《明治維新とアジア》、吉川弘文館(東京)、2001年。

[3] Lettres Edifiantes et Curieuses, Ecrites des Missions Etrangeres, par Quelques Missionnaires de la Compagnie de Jesus, XIV. Recueil, Paris, Nicolas le Clerc, 1720.

[4] 關于沙馬磯頭指的是恒春半島南端的鵝鑾尾和猫鼻頭兩個海角中的哪一個,《恒春縣志》(1895)主張是前者,伊能嘉矩和安倍明義主張是后者,尚無定論。(屠繼善《恒春縣志》,臺灣銀行經濟研究室(臺北),1960年,p.253。安倍明義「臺灣地名研究」,蕃語研究會(臺北),1938年、p.280。)

[5] Lettres Edifiantes et Curieuses, Ecrites des Missions Etrangeres, par Quelques Missionnaires de la Compagnie de Jesus, XIV. Recueil, Paris, chez Nicolas le Clerc, ruë S. Jacques, proche S. Yves, à l' Image Saint Lambert, 1720, pp.19 ~ 20.

[6] Ibid., p.39.

[7] Ibid., pp.48 ~ 49.

[8] Ibid.,pp.39 ~ 44

[9] Memoires pour l' Histoire, des Sciences et des Beaux Arts, De L' Imprimerie de S.A.S. à Trevoux, & se vendent à Lyon, Chez les Freres Bruyset, Fév 1721, pp.255 ~ 256.

[10] J. B. Du Halde, Description Gégraphique, Hisorique, Chronologique, Poltique, et Phisique de l' Empire de la Chine et de la Tartarie Chinoise, Tome Premier, Henri Scheurleer: La Haye, 1736, pp.180 ~ 181 and 183.

[11] Histoire Générale des Voyages, ou Nouvelle Collection de Toutes les Relations de Voyages par Mer et par Terre, Tome sixième, Paris: Didot, 1748. pp.57 et 59.

[12] Du Halde, The General History of China, the Third Edition, Volume the First, London: printed for J. Watts, 1741, pp.176 ~ 177 and 179 ~ 180.

[13] 簡炯仁《「鳳山八社」平埔族大舉遷移潮州斷層》,簡炯仁《屏東平原平埔族之研究》,稻香出版社(板橋(臺北縣)),2006年。

[14] Glanius, Les Voyages de Jean Struys, en Moscovie, en Tartarie, en Perse, aux Indes, & en Plusieurs autres Païs Étrangers, Amstredam, la Veuve de Jacob van Meurs, 1681.

[15] Les Voyages de Jean Struys, en Moscovie, en Tartarie, en Perse, aux Indes, & en Plusieurs autres Païs Étrangers, Tome Premier, Lyon: C. Rey & L. Plaignard, 1682

[16] Glanius, Les Voyages de Jean Struys, en Moscovie, en Tartarie, en Perse, aux Indes, & en Plusieurs autres Païs Étrangers, Tome Premier, Amstredam: Aux dépens de la Compagnie, 1720.

[17] Geanius, Les Voyages de Jean Struys, en Moscovie, en Tartarie, en Perse, aux Indes, & en Plusieurs autres Païs Étrangers, Amstredam: Jean Sincere, rue Véritable, au Miro, 1730.

[18] Glanius, Les Voyages de Jean Struys, en Moscovie, en Tartarie, en Perse, aux Indes, & en Plusieurs autres Païs Étrangers, Amstredam, la Veuve de Jacob van Meurs, 1681, p.53.

[19] Abbé Grosier, L' isle Taï-ouan ou Formosa, in Joseph Anne Marie de Moyriac de Mailla, Histoire Générale de la Chine, Tome Treizieme et Dernier, 1785, p.172.

[20] M. Baudelot de Dairval, Des Voyages, et de l' Avantage que la recherche des Antiquitez procure aux Sçavans, Nouvelle Edition, Tome Premier, Rouen: Charles Ferrand & Ganteria, 1727, pp.114 ~ 115.

[21] 存在异形异種人的怪人傳說在近代以后仍在持續的原因,與從古代開始便根深蒂固的基督教世界觀

有很大的關系。請參照以下論文。松元一喜《帝國隱喻的世界——近代初期的歐洲對野蠻的繼承》,《語言與文化》第 10 號，愛知大學語學教育研究室（愛知縣豐橋市），2004 年 1 月。

[22] Daubenton & De Buffon, Histoire naturelle, générale et particulière, avec la description du Cabinet du roy, Tome Troisième, Paris: l'Imprimerie royale 1749, pp.402 ～ 403.

[23] J. B. Robinet, Considérations Philosophiques de la Gradation Naturelle des Formes de l' Être ou les Essais de la Nature qui Apprend à Faire l'Homme, Paris, Charles Saillant, 1768.

[24] 十四種人種按下序列舉：①有尾人、②黑人、③（非洲西南部）霍屯督人、④其他的 Kaffir（對非洲黑人蔑稱）、⑤歐洲的拉普人、亞洲的薩莫耶德爾人、美洲戴維斯海峽的野蠻人、⑥臉和身體上布滿毛發的野蠻人、⑦奧斯蒂亞克人、⑧韃靼人、⑨中國人、日本人等、⑩印度人、脚掌巨大的人、波斯人、阿拉伯人、埃及人、摩爾人、⑪西班牙人、葡萄牙人、法國人、英國人、荷蘭人、德國人、瑞典人、波蘭人、丹麥人、⑫意大利（意大利）人、土耳其人、希臘人、切爾克斯人、格魯吉亞（喬治亞）人⑬巴塔哥尼亞人、即巨人。

[25] 山田仁子將亞裏士多德的自然界的連續性整理爲：①界限不明的連續性 ②直綫排列的連續性兩點。可以將這兩點視爲重視連續性「存在的聯系」概念的根源。詳情請參考以下論文。山田仁子《看「存在的聯系」中推論的展開》,《語言文化研究》（德島大學）第 9 號，2002 年 2 月。

[26] 亞裏士多德（顏一譯）《動物志》,苗力田主編《亞裏士多德全集》第四卷,中國人民大學出版社（北京），1996 年，p.270.

[27] 盧梭（李常山譯、東林校）《論人類不平等的起源和基礎》,商務印書館（北京）,1962 年 12 月,p.169。

[28] 川上惠江《從歐洲思想史看動物觀的變遷》、《文學部論業（歷史學篇）》（熊本大學）第 89 號、2006 年 3 月。連續性的考慮人類與動物之間的關系的觀點在《關于人體形態漸變的哲學考察與自然界造人的相關隨筆》的《有尾人》文章的開頭部分有相關記述：「看到猩猩時，我們不得不提出這樣的疑問：要變成人類，這只猩猩還欠缺什么？」（A la vue de l'Orang-outang on est tenté de demander, que lui manque-t-il pour être un homme ？）我們看到這樣的問題后，就能理解其中的思維方式。

[29] James Burnett Monboddo, Of the Origin and Progress of Language, Vol. I, Second Edition, Edinburgh: printed for J. Balfour and T. Cadell, London, 1774, p.262 ～ 267.

[30] Capt. George Shelvocke, A Voyage round the World by the Way of the Great South Sea, London, 1726, pp.438 ～ 439.

[31] Anson, A Voyage to the South Seas, and to Many Other Parts of the World, Performed from September 1740, to June 1744, London: R. Walker, 1745.

[32] The Scots Magazine, Vol. XI, Edinburgh: printed by W. Sands, A Murray and J. Cochran, 1749, pp.275 ～ 276.

[33] A new collection of voyages, discoveries and travels, Vol. III, London: printed for J. Knox, 1767, p.473 and 478.

[34] Anson, op. cit., p.303.

[35] Augustus Count de Benyowsky, Memoirs and Travels of Mauritius Augustus Count de Benyowsky, translated from the original manuscript, in two volumes, London: printed for G. G. J. and J.

[36] 許明龍《歐洲十八世紀「中國熱」》，山西教育出版社（太原），1999 年，p.117。

[37] Joseph-Anne-Marie de Moyriac de Mailla, Histoire Générale de la Chine, ou Annales de Cet Empire, Traduites du Texte Chinois, Tome Treizieme et Dernier, Volume de Supplément, rédigé par l’ Abbé Grosier, Paris: Moutard, & d’ Artois, 1785.

[38] M. l’ Abbé Grosier, Description Générale de la Chine, ou Tableau de l’ État Actuel de Cet Empire, Paris: Moutard, & de Madame Comtesse d’ Artois, Tome Premier, 1785, pp.168 ～ 169.

[39] Abbé Grosier, A General Description of China, Vol. I, London, printed for G. G. J. and J. Robinson, 1788.

[40] Abbé Grosier, A General Description of China, Vol. I, Philadelphia, printed by Dunning and Hyer, for Robertson and Palmer, 1795.

[41] Joseph-Anne-Marie de Moyriac de Mailla, Storia generale della Cina: ovvero Grandi Annali Cinesi; Tradotti dal Tong-Kien-Kang-Mou, Siena: F. Rossi, Stamp. del. pubb., 1777.

[42] Encyclopædia Britannica; or a Dictionary of Arts, Sciences, and Miscellaneous Literature, Third Edition, Vol. VII, Edinburgh: printed for A. Bell and C. Macfarquhar, 1796, pp.351 ～ 354.

[43] Julius Klaproth, Mémoires relatifs à l'Asie: Contenant des Recherches Historiques, Géographiques et Philologiques sur les Peuples de l'Orient, Tome Premier, Paris: Dondey-Dupré père et fils, 1824.

[44] Ibid., p.352.

[45] Ibid., p.28。

[46] Ibid., pp.414 ～ 421.

[47] Ibid., pp.321 ～ 374.

[48] A Concise Account of the Island of Formosa, interpreted from M. Klaproth’s Extracts of Chinese Authorities, The Asiatic Journal and Monthly Register for British India and Its Dependency, Vol. XVIII, Jul to Dec 1824, pp.575 ～ 580.

[49] Une [sic] Société de Géographes, Dictionnaire géographique universel: contenant la description de tous les lieux du globe intéressans sous le rapport de la géographie physique et politique, de lhistoire, de la statistique, du commerce, de lindustrie, etc., Tome Sixième, Paris: A. J. Killan, Ch. Picquet, etc., 1829, p.24.

[50] 蔣毓英《臺灣府志》卷一封域志，山川，風山縣山，1696（康熙三十五）年。本文引用蔣毓英等撰《臺灣府志三種》，中華書局（北京），1985年，pp.37 ～ 38。句號和括號爲筆者后加、括號内表示兩行的夾注。

[51]《大清一統志》、臺灣府、山川，1710（乾隆四十九）年。

[52] 陳文達《鳳山縣志》，卷之七 風土志，氣候，1720(乾隆五十九)年。在此引用臺灣銀行經濟研究室版（臺北），1961年，p.85。

[53] François Bouvier, Le Panthéisme, ou l’origine de toutes les religions, Mons: Hoyois Derely, 1830.

[54] 岡崎勝世《リンネの人間論——ホモ・サピエンスと穴居人（ホモ・トログロデユッテス）》、《埼玉大學紀要（教育學部）》第41卷第2號、2006年3月。

[55] The Chinese Repository, Vol. I, No. 1, Canton, May 1832.

[56] Edwin Stevens, Formosa, The Chinese Repository, Vol. II, No. 9, Canton, Jan 1834.

[57] Remarks on Formosa, respecting the rebellion of Choo Yihkwei, with suggestions for quelling insur rections, and for the improvement of the island, The Chinese Repository, Vol. VI, No. 9, Canton, Jan 1838.

[58] The Chinese Repository, Vol. XX, No. 5, Canton, May 1851.

[59] Ibid.

[60] 參考了以下研究。

·金指正三《近世海難救助制度の研究》、吉川弘文館，東京，1968年。

·荒野泰典《近世日本と東アジア》、東京大學出版會，東京，1988年10月、第118 ～ 120頁。

·春名徹《漂流民送還制度の形成について》，《海事史研究》第52號，日本海事史學會（東京）、1995年7月。

·渡辺美季《清代中國における漂着民の處置と琉球》（1）、（2）、《南島史學》第54號、第55號，南島史學會，東京，1999年11月，2000年9月。

[61] The Chinese Repository, Vol. XX, No. 5, Canton, May 1851.

[62] James W. Davidson, The Island of Formosa, Past and Present, Yokohama: Japan Gazette, Jan. 1903, p.112.

[63] Ibid., p.113.

[64] Ibid., p.113.

[65] Ibid., p.111.

[66] George Williams Carrington, Foreigners in Formosa 1841 ～ 1874, San Francisco: Chinese Materials Center, Inc., 1978, pp.133 ～ 176.

[67] W. M. Robinet to Peter Parker, Hongkong, Mar. 2, 1857, The Executive Documents, Printed by Order of the United States, Second Edition, Thirty-Fifth Congress, 1858 ～ 1859, and Special Session of the Senate of 1859, Washington: William A. Harris, 1859, pp.1211 ～ 1215.

[68] 拙稿《關于牡丹社事件之前 Boutan(牡丹)的含意》，若林正丈、松永正義、薛化元主編《跨域青年學者臺灣史研究論集》，稲鄉出版社（板橋〈臺北縣〉），2008 年 12 月。

[69] 拙稿《關于牡丹社事件之前 Boutan(牡丹)的含意》，若林正丈、松永正義、薛化元主編《跨域青年學者臺灣史研究論集》，稲鄉出版社（板橋〈臺北縣〉），2008 年 12 月。

[70] 詳細情況請見拙稿《「南岬之盟」和琉球漂流民殺害事件》，2009 臺灣史青年學者國際研討會報告論文，臺北，2009 年 3 月 20 ～ 22 日。

[71] Gideon Nye, Jr. to Peter Parker, Macao, Feb. 10, 1857, The Executive Documents, Printed by Order of the United States, Second Edition, Thirty-Fifth Congress, 1858 ～ 1859, and Special Session of the Senate of 1859, Washington: William A. Harris, 1859, pp.1203 ～ 1205.

[72] Peter Parker to the Secretary of the States of the U.S., Macao, Feb. 12, 1857, The Executive Documents, Printed by Order of the United States, Second Edition, Thirty-Fifth Congress, 1858 ～ 1859, and Special Session of the Senate of 1859, Washington: William A. Harris, 1859.

[73] W. M. Robinet to Peter Parker, Hongkong, Mar. 2, 1857, The Executive Documents, Printed by Order of the United States, Second Edition, Thirty-Fifth Congress, 1858 ～ 1859, and Special Session of the Senate of 1859, pp.1211 ～ 1215.

[74] 史温侯《福爾摩莎島訪問記》，費德廉（Douglas L. Fix）、羅效德（Charlotte Lo）編譯《看見十九世紀臺灣——十四位西方旅行者的福爾摩沙故事》，如果出版社（臺北），2006 年，p18。原文自 Rovert Swinhoe, Narrative of a visit to the island of Formosa, Journal of the North-China Branch of the Royal Asiatic Society, 1, May 1859, pp.145 ～ 164.

[75] 同上。

[76] 史温侯《福爾摩莎島訪問記》，p22。

[77] 史温侯《福爾摩莎島訪問記》，p22。

[78] 史温侯《福爾摩莎民族學記事》，費德廉（Douglas L. Fix）、羅效德（Charlotte Lo）編譯《看見十九世紀臺灣——十四位西方旅行者的福爾摩沙故事》，如果出版社（臺北），2006 年，p36，原文自 Robert Swinhoe, Notes on the ethnology Formosa. London: Frederic Bell, 1863，Extracted from a paper read before the Ethnological Society, and read at the British Association [for the Advancement of Science] in August 1863.

[79] Robert Swinhoe, Additional notes on Formosa, Proceedings of the Royal Geographical Society of London, 10, 1866, p.124..

[80] Ibid. 據旬和說，他們到 Lungkeaou 了，這 Lungkeaou「村子有圍墻，我估計約住有一千名漢人(Chinese)。」「距海灘有點距離」。我們如果尊重李仙德的記録，恒春縣設縣之前的 1860 年代，在恒春半島諸村落當中只有車城才有圍墻。因此我認爲他進去的村落可以斷定爲車城。(史温侯《福爾摩沙記行附録》，費德廉、羅效德《看見十九世紀臺灣——十四位西方旅行者的福爾摩沙故事》，p.58。)

[81] 史温侯《福爾摩沙記行附録》，費德廉、羅效德《看見十九世紀臺灣——十四位西方旅行者的福爾摩沙故事》，p.60。

后藤新平與臺灣
——對殖民統治與文明之間關系的考察[1]

春山明哲

「若論及領有臺灣時是否曾有何種准備行爲，可以説，當時對于所謂文明的殖民政策，幾乎是没有任何准備的。……敝人銜命前往臺灣時，……其實上下各階層的觀點均認爲宜將臺灣以一億日圓賣出。」

——后藤新平《日本植民政策の史的經濟的關系》[2]

序言　「時勢」召唤「后藤」

今年（2009年）7月18日，在東京日比穀幸町的日本Press Center大樓舉行了第三屆后藤新平獎頒獎典禮。本届的獲獎者是緒方貞子女士。緒方女士曾爲聯合國的難民事務高級專員，對全世界的貧窮、難民問題多有涉獵，是國際知名的人士。緒方女士在獲獎演説中不僅提及后藤新平的「自治」思想，也談到與經濟學者Amartya Sen共事的經驗，以及其多年好友——已故鶴見和子女士的所謂「内發之發展」的相關社會學理論。不管后人如何評價他的事迹，后藤新平這個名字，總是與現代世界的地域社會安定和「開發」聯結在一起。

后藤新平獎的首位獲獎者是臺灣的李登輝先生。據聞，對于李先生的政治經歷與后藤對臺灣經營的歷史評價，世間頗有一些論争。臺灣過去曾經發生過「臺灣近代化論争」[3]。后藤究竟是對臺灣近代化有貢獻的人物，或者他扮演的只是殖民地支配者的角色，以劉銘傳爲開端的臺灣自主發展也因爲他而遭受阻礙？根據某位臺灣史研究者的説法，在現今的臺灣歷史學界中，后藤是頗具「争議性」的人物，對后藤新平的評價與好惡，往往呈現兩極化，但是，針對后藤新平的徹底研究實際上并不多。

在此，擬對日本學界中對后藤新平所抱持的觀點和研究情况作一概觀[4]。在日本，像后藤那樣，屢屢被「回想」起的人物并不多見，而其原因，可以説正是所謂的「時勢」召唤出了「后藤式作風」。

在1929年4月后藤去世之后，感到「落寞」的相關人士成立了后藤新平伯傳記編纂會，費時8年進行數據的收集、整理之后，由鶴見佑輔執筆出版了人物傳記《后藤新平》[5]全集4卷。此傳記被北岡伸一譽爲「在近代日本的政治家傳記中首屈一指者」，日后并成爲「后藤新平形象」的基調。該傳記還有一點令人深感興味，那就是編纂時所使用的數據。根據相關人士的回想，后藤新平自己留下的資料便已卷帙浩繁，僅是整理其本人留下的文書，便已耗時兩年。此些數據即爲今日所留存之「后藤新平文書」。筆者認爲，后藤確實有意「保存」這些文書，甚至也考慮過這些數據日后可能會被「公開」作爲史料。

1943年，《后藤新平伝 臺灣統治篇 上·下》[6]2册的普及本出版。當然，后藤新平是被當時的「大東亞共榮圈」和「對南方的關心」等「時勢」「召唤」出來的。鶴見在《臺灣統治篇　下》寫了一篇附記：「后藤伯的臺灣統治和大東亞共榮圈」。從篇名很容易認爲鶴見在附記裏談的不外「乘時局之機」，其實并非如此。鶴見認爲，后藤的一生幾乎都在臺灣時代的延長綫上，他身爲國内政治家，將大半的精力都耗費在與保守勢力的折衝當中，可以算是一個挫敗的人物。

第二次世界大戰后的「戰后日本」又重新「召唤」后藤，是在后藤100周年冥誕的1957年左右，以及1965年前后。特别是1965年那一陣子，明治維新將近百年，日本人在檢證所謂「近代日本」時，后藤的定位格外受到注目。此外，在面對高度成長所帶來的公害、都市問題時，后藤也會被視爲先知先覺者。杉森久英的傳記小説《大風吕敷》成爲暢銷書，也大約在此時。另外還有一件事情不太廣爲人知：關于上述檢證過程和傳記《后藤新平》的復刻，中國文學研究者竹内好、作家武田泰淳、哲學家鶴見俊輔等人，都扮演了主導的角色。

20世紀60年代中葉的后藤熱潮過后，20世紀70～80年代，陸續有一些關于后藤的研究論文及著作出刊。而「后藤新平文書微卷」問世之后，則成爲日本近代史研究或殖民地時期臺灣研究的基本史料。

「時勢」召喚「后藤」，而根據召喚方式，人們對后藤新平的形容便各有不同[7]。譬如后藤同時代的人物形容他是「大風吕敷」，矢内原忠雄稱他是「資本主義的基礎工程」執行者，也有人説他是「調查政治家」（Charles A. Beard）、「科學政治家」（信夫清三郎）、「國士政治企業家」（前田康博）、「理性獨裁」（溝部英章），還有戴國輝將后藤神話批判爲「后藤的孫悟空化、猿飛佐助化」。

后藤新平于1898（明治31）年赴臺灣任職，本文的目的在于探討當時的「時代條件」所召喚出的「后藤」，也就是后藤所謂的「文明殖民政策」。雖然此處所謂的「文明」或許也可以直接視爲「帝國主義者」的修辭，但是這樣的話，似乎又太小看了在「文明開化」時代背景下歷經青少年階段的，也身爲明治維新時東北「落敗者」的后藤之「思想」。

一、　后藤新平的思想形成

后藤新平于1857（安政4）年生于陸中國膽澤（ISAWA）郡鹽釜村（現在的岩手縣奥州市水澤區），父親爲仙臺（伊達）藩留守家的家臣后藤實崇（SANETAKA），母親名爲利惠。如果想要探討后藤的出身對其思想形成所造成的影響，有兩點是很重要的。

其中之一爲后藤家族出身的人物——高野長英（1804～1850）。高野爲幕府末期的醫生、蘭學者，因爲批評幕府的政治而系獄，并日后自殺。因爲身爲「謀反者子弟」，后藤在少年時代一直處于被欺負狀態，但是日后，后藤知道高野是維新和文明的先覺者，因此而致力于發掘高野的著述。

另一件更重要的事，是仙臺藩參加奥羽越列藩同盟，而于戊辰戰争中敗北。留守家家臣因此只有兩條路可以選擇——遷移至北海道以保住士族的地位，或是在水澤地方歸田務農。后藤的家族選擇了歸田務農。身爲明治維新中「落敗者」之一員，后藤必須跨越極大的障礙，才能登上明治國家的晋升之階。幸好維新后擔任膽澤縣大參事的安場保和獨具慧眼，看出「落敗者」少年后藤的才華，爲后藤提供了學習的環境。

只要研究一下后藤所受的教育，便可發現時代的轉换輪替。后藤生于幕府末期具有學識涵養的武士之家，自幼習得儒學、漢文、漢詩、國學、和歌等傳統學問素養，除此之外，雖然并非十分正式，后藤也接觸過西方的學問。

1873（明治6）年，時年16歲的后藤進入福島小學第一校附屬洋學校學習英文，另外也跟隨市川方静學習數學和測量。其后，又于縣立須賀川醫院附屬須賀川醫學校學習物理、化學、解剖學、生理學、藥劑學、治療學等，于1876（明治9）年以19歲之齡畢業。對于后藤而言，須賀川時代可以説是其與「文明」邂逅的時期。

1876（明治9）年，19歲的后藤前往名古屋，在愛知縣醫院及其醫學校服務。由于澳洲人醫師Roretz的影響，后藤開始對衛生警察和裁判醫學（法醫學）感興趣。翌年1877年西南戰争爆發，后藤在大阪陸軍臨時醫院等擔任外科治療、軍事醫療、檢疫等業務，受到石黑忠德（日后的陸軍軍醫總監）的賞識。

1881年，后藤以24歲之齡兼任校長和醫院院長，并于1882年負責醫治在岐阜遭到歹徒襲擊而負傷的板垣退助，因此在全國聲名大噪。爲板垣療傷的這一段故事，被傳頌爲可以顯示后藤「膽識」的軼聞。筆者認爲，后藤應該是在這個時候深刻體會到報紙這種新興「媒體」的威力。

在名古屋時期，后藤的關懷點從醫學擴大到衛生行政、法醫學等「醫學與社會」之間的關系，也向轉任愛知縣令的安場保和，提出衛生行政、醫學教育等方面的建議。（在此順便一提，后藤的夫人——和子，即安場的次女。）

關于后藤對臺灣的認識，明治15年時他寄給長與專齋的書信應該算是一個起始點。后藤在該書信中提及明治7年的「臺灣出兵」，并謂：「在下之所以喜歡外科，其實是奠基于對臺灣之役，后又于西南之役中醞釀升温」[8]。

1883（明治16）年，時年26歲的后藤遇上人生重大的轉機——應當時的内務省衛生局長長與專齋之邀，轉至内務省衛生局任職。后藤擔任衛生行政官僚時，初期的工作便是視察新潟、群馬、長野的衛生事業。在視察過程中，后藤也進行了重視「習慣」和「自治」的社會調查。所謂「衛生爲本能的作用」的后藤式「思想」，就是在這個時候開始萌芽的。

1889（明治22）年，后藤出版了《國家衛生原理》[9]。這本著作乃是衛生學、行政學的「三部曲」——《普通生理衛生學》（翻譯）、《國家衛生原理》、《衛生制度論》之一，想要了解后藤的思想，尤其是政治思想，這本《國家衛生原理》是極爲重要的綫索。此書不僅包含有后來深受后藤喜愛的「生物學原則」的思想，也顯示出后藤十分重視存在于國家和個人之間的「社會」。

此外，《國家衛生原理》這本書，和后藤殖民政策的思想形成也有很深的關系。以下是后藤本人的回想[10]。

「由英國的William Farr撰書立著的Vital statistics堪稱爲屈指可數的名著，吾人亦從衛生的觀點對其進行研究，而初次發現殖民與人生之間有着深遠又偉大的關系。因此，在統治臺灣之后，吾人的殖民政策出發點，與當時殖民政策論者的主張，從根本上便完全相异。（中略）吾人以生物學的變遷觀點進行考察，始終未改其志。」

所謂「殖民與人生之間的深遠偉大關系」，究竟指的是什么呢？后藤在《國家衛生原理》中論及「衛生與理財的關系」之章節中，對英國統計總監、醫學博士William Farr針對生命價值的相關著作《生命統計學》作了簡介，并針對「人口對經濟上的價值」、「殖民與母國之間的資本關系」等[11]，有一些叙述。

《國家衛生原理》出版的翌年，即1890（明治23）年，后藤前往德國留學，時年33歲。后藤在德國學習了衛生制度、細菌學、社會政策、統計學、國勢調查等等，還與細菌學者北裏柴三郎結識，成爲終生的莫逆之交。后藤在慕尼黑大學取得醫學博士學位，并曾經出席萬國衛生·民勢會議（倫敦）、萬國紅十字會議（羅馬）等。對于后藤而言，德國的留學經驗使他首次實際體驗到「近代文明」，也使他對社會政策的關心及知識層面有所提升。

1892（明治25）年歸國后，后藤出任内務省衛生局局長，依序提出了醫師制度改革、勞工健康保險制度的構想等政策。此外，還與福澤諭吉共同支持北裏柴三郎所提建設傳染病研究所的構想。這個時期的后藤，在社會政策的行政手腕算是春風得意的，不過，由于「相馬事件」，他瞬間從前途似錦的仕途階梯上跌落。「相馬事件」是指相馬家族的家督相續（户主繼承）與法醫學上的判定所引起的騷動，后藤亦卷入此事件，因而入獄半年，并且失去了衛生局長的職務。雖然最后東京地方裁判所、控訴院均作出無罪判決，并于明治27年12月作出無罪判决確定，但后藤的「出仕發迹」之道却可以説是完全無望了。后藤在晚年時公開了相馬事件的紀録，并在回憶中提到：當時的裁判鬥争乃是「爲了人權而戰」。在審視后藤這個人時，絶對不能忽略這件堪稱「與國家權力對峙」的「牢獄、裁判鬥争經驗」。

將墜入「地獄底層」的后藤重新「召喚」出來的，是甲午戰争這個「時勢」。當時的石黑，正面臨甲午戰争歸國士兵檢疫這個重大課題，向兒玉源太郎建言應起用后藤。后藤于是到臨時陸軍檢疫部部長兒玉源太郎底下擔任事務官長一職，負責歸國士兵、軍夫的檢疫業務。后藤開發、引進當時最新式的檢疫技術，并在大型項目計劃中親臨第一綫指揮。此時的檢疫事業，充分發揮了「對先端科學技術的應用」和「項目型事務的推動」等，后藤所謂「社會的技術力」之特征。檢疫事業的成功使后藤復職爲内務省衛生局長，并向伊藤博文提議以甲午戰争的賠償金進行名爲「明治恤救基金案」的綜合性醫療、社會事業等構想。能够得到兒玉源太郎、伊藤博文等明治時期卓越領導者的賞識與信賴，可以説是后藤翻身成爲「醫國上工」[12]的重要契機。

二、 1898（明治31）年的臺灣——殖民地統治崩潰的危機

1898（明治31）年3月，后藤新平陪同臺灣總督兒玉源太郎前往臺灣，出任臺灣總督府民政局局長（6月因官制改正而改稱民政長官），其后8年多的期間，在臺灣大顯身手，經營這塊殖民地。如果要檢視后藤「臺灣經營」的内容和特征，首先必須對兒玉 · 后藤就任當時的情勢和課題加以掌握。以下將簡單説明幾點概要。

第一點是軍事和治安層面。在1895年5月至1898年3月的三年期間，臺灣各地均有抗日武裝運動。臺灣的抗日行動以「臺灣民主國」的建國宣言爲嵩始，之后由割據于各地的武裝游擊隊（日方稱爲「土匪」）陸續起事。關于這一連串的抗日蜂起，雖已有詳細的研究成果[13]，但是真實情况仍有許多不明之處。臺灣住民的抗日武裝行動，以及實際上應該稱爲「殖民地臺灣征服戰争」的日方武裝行動，這二者對臺灣的統治究竟帶來了何種影響呢？本文希望由此觀點先進行一些討論。

首先是臺灣的地方行政組織與地域社會自治組織的崩潰，導致活用當地既有行政機能、以「間接統治」臺灣的策略成爲不可能的任務。由于許多領導地方社會的名望家、知識分子投身義勇軍力戰而死，人才方面的損失相當嚴重。臺、日雙方武力對决所造成的第二個效應是，必須賦予總督府的警察行政和司法以維持治安的强權即决機能。在武裝抵抗的持久戰過程中，政治目標，即所謂的抗日，已漸漸淡化，一般住民對游擊戰的協力也轉向弱化，相對的警察角色便日趨重要。第三個效應是：如何面對日益膨脹的統治成本問題。對統治者而言，嘗試將一般的地方行政和被賦予强權的警察行政一體化，以壓縮成本，以及將臺灣住民組織化，并賦予輔助警察的功能，都是嚴肅的考驗。

對于兒玉 · 后藤而言，如何結束延續三年的「戰争狀態」，恢復治安，并掌握臺灣島民的人心，應該是最重要的課題。

第二點，是外交、國際政治層面的問題。衆所周知，「三國干涉還遼」的結果，迫使日本將遼東半島歸還給清朝。據説，「臺灣民主國」「獨立宣言」的背后，也有部分清朝官員的策劃，希望讓臺灣問題躋身國際問題，促使法、英、俄等國等出面干涉，進而阻止臺灣割讓給日本。另一方面，其實抗日軍隊也對列强軍隊的馳援抱有期待。此外，日軍的無差别報復行動，例如1896年的「雲林事件」等，也在國際間引起了反響，使日本政府不得不花些心思以保護在臺的西洋各國商人的利權和安全。畢竟，對明治日本而言，最大的外交課題——修改條約已經箭在弦上，不能讓臺灣的狀况演變成國際糾紛的導火綫，阻礙日本與列强間的外交關系。后藤新平曾經指出，臺灣的統治是在「列强環伺」狀態下進行的[14]。

至于第三點，與日本本國政治的動蕩不安有關。由于甲午戰争后的經營核心課題——工業革命與强化軍備，使藩閥政府與政黨之間的對立合作關系趨于復雜化，内閣也歷經了第二次伊藤→第二次松方内閣→第三次伊藤的更迭，兒玉、后藤于1897年6月赴臺灣就任時，正值被稱爲首次政黨内閣的大隈内閣（「隈板内閣」）成立，但大隈内閣只維持不滿5個月即告瓦解，由第二次山縣内閣起而代之。明治29年，臺灣統治轉移爲民政時期，日本政府同時也頒布了法律第63號（即所謂

「六三法」），規定了臺灣總督在實質上的立法權。但這也只是政府和議會的政治妥協成果，屬于暫定措施，并設有3年的效期規制。

第四點便是財政、金融問題[15]。此問題在臺灣經營中乃是最爲構造性的問題，以下擬稍加詳細討論。

1895（明治28）年，松方大藏大臣和阪穀芳郎等大藏省干部在構思特別會計制度、金本位制、臺灣銀行等臺灣的財政金融制度時，曾經以Kirkwood主張的殖民地財政自主（香港、錫蘭等）作爲參考。明治28年度的臺灣相關經費是從臨時軍事費特別會計中支出的，總額（决算額）高達2789萬日圓，相當于一般會計歲出總額8531萬7000日圓的33%，可以說是一筆巨額支出。

明治29年度的臺灣相關經費爲1814萬3000日圓，約占一般會計歲出總額1億688萬600日圓的11%，從該年度開始，臺灣的相關經費改由一般會計中支出。預算的編列是參考清朝時期的租稅制度，以地租、鴉片、制茶、制糖、樟腦等作爲財源，在歲入預算中，預定從臺灣島內征收668萬日圓。其中，預計鴉片專賣收入爲356萬日圓，占歲入的53%，但由于走私和鴉片制造遲緩等原因，使鴉片的實際收入爲零。因此，在明治29年度的預算中，臺灣的歲入扣除歲出（經費）后的不足額694萬日圓，只好以一般會計補足。

雖然從明治30年度開始施行臺灣總督府特別會計法，但歲入不足的狀况依然持續，在明治30年度預算的歲入額（决算）1128萬日圓當中，有596萬日圓（53%）是以清朝的賠償金支應挹注的。該年日本已依貨幣法施行金本位制，但臺灣却無法實質施行。在兒玉·后藤赴臺就任的明治31年度預算中，井上馨大藏大臣提出對臺灣補充金减半——從600萬日圓减少爲300萬日圓的方針。除此之外，臺灣銀行的設立也因無法募足資本而處于難産狀態。對于1898年的財政狀况和臺灣經營問題，可以匯整如下。

臺灣財政由于歲入不足以及經費增加，不得不倚賴日本本國的金援，因此對日本本國造成財政負擔。

爲了確保日本本國在甲午戰争后的軍事·産業振興財源，地租的增征成爲政治課題。日本政府·議會逐漸意識到：臺灣經營其實扮演着「扯后腿」的角色。

第三次伊藤博文内閣的井上馨大藏大臣提議將對臺補充金從600萬日圓减半爲300萬日圓，并提出臺灣財政獨立方針。

1898年的臺灣，處于統治系統面臨「瓦解危機」的時期。兒玉 · 后藤的任務便是要達成日本本國所要求的「最低限度的」政策課題，回避來自内外的批判，亦即終結島内的「戰争狀態」、恢復治安；避免與西歐列强發生摩擦，以利于條約的修訂；藉由削减補充金、以减輕本國的財政負擔。但是，以當時臺灣的條件，是否足以執行如此積極的統治政策呢？其實是相當令人懷疑的。

后藤有「意志和能力」在臺灣實現「文明的殖民地統治」，這是「歷史的偶然」。我們也可以説，后藤在日本處理甲午戰争的「善后」（臺灣）和日俄戰争的「善后」（滿鐵）時，二度因國家的危機而「受到召喚」。國家有恙，身爲醫生，后藤開出了什么樣的處方箋去醫治國家的「疾病」或「傷勢」呢？

三、　后藤新平對臺灣統治的建言

(一) 對于鴉片制度的意見

后藤于1895（明治28）年9月復職爲内務省衛生局長，并應芳川顯正内務大臣之請，于本年11月提出了「對臺灣島鴉片制度的意見[16]（臺灣島阿片制度ニ關スル意見）」，此一意見并于日后遞交給臺灣事務局總裁伊藤博文總理大臣。

后藤首先提出了「對于嚴禁鴉片的首案（阿片嚴禁に關する第一案）」，其表示：即使必須部署兵力、并會喪失龐大的關税收入，仍然應該斷然并盡速地將鴉片嚴禁，但是，在考慮熟悉實際情况的反對意見之后，后藤又認爲「對于嚴禁鴉片的第二案（阿片嚴禁に關する第二案）」有其必要，因此作出下列提案。

如同本國的現行制度一般，由政府專賣，且不允許自由貿易通商。藉由衛生警察制度的施行，從而奠定政府威信的第一步。

如同本國的現行制度一般，設置特許藥鋪，除了藥用的鴉片之外，均禁止買賣。

憑醫師的診斷對中毒患者交付手册等，實施時應采取適切的方法、恰當的處置，以防止弊害、并逐步謀求對舊習的改良。

以輸入税額3倍的價格販賣，以减少需求，并增加國庫的收入，同時將此收入充作殖民衛生之用（小學校等的教育、町村醫生的配置、醫院的建設等）。

1896年2月3日，臺灣事務局采用了上述后藤的第二案，并向内閣呈報，以閣議作成决定。接着，伊藤總裁應樺山資紀臺灣總督之請，透過芳川内務大臣征求后藤對制度施行方法的意見之后，后藤作成了「關于臺灣島鴉片制度施行的相關意見書（臺灣島阿片制度施行ニ關スル意見書）」[17]。

從這二份意見書中均可窺見后藤的「思想」原型，因此格外令人感到饒富興味。其中值得注意的是，上述第二案在日后被稱爲「漸禁政策」，但后藤本人在此案中却并没有使用「漸禁」的字眼。如下述「關于臺灣島鴉片制度施行的相關意見書」[18]，后藤説是「嚴禁政策的第二説」。

「愚見所提出之首案建議公布嚴厲的命令，以兵力親臨，殲滅染有惡習、或不奉政令之民，以期不留禍根。而達此目標所需之兵力，至少也須二個師團以上，且勢必歷時數年，或許損失其兵員的半數以上。」

「愚見的第二説則是將鴉片定爲政府專賣，嚴格禁止抽鴉片烟，僅限對于染有中毒症者，在藥用的目的下許可其吸食鴉片烟」，此爲「不采用兵力，而以警察之力代之。」

接着后藤又作了下列説明。

「若欲執行第二案、并在鴉片嚴禁事務上取得成果，接受任命者必須能够洞察此事的艱困，堅忍不拔，并預期于數十年后畢竟其功，如此始能初步着手。若將此案交至怠于一日之安逸、惑于眼前的收入者之手，或謀事者認爲此種政策對于新領地人民而言是應欣喜接納之物，因此在執行上勢必十分容易、可以速了，因而草率謀事，最終導致對此政策的延誤，此爲吾人最爲憂心之事。」[19]

后藤日后還説到：「没耐性而缺乏忍耐力的政治家是否真有把握能够貫徹此目的（嚴禁政策）呢，吾人實不以爲然」[20]。臺灣住民300萬人當中，有30萬人有吸食鴉片的習慣，即使退一步以15萬人而論，若其三分之一－即5萬人－因違反規定而入監，對于監獄又必須進行何種建設呢？若有土匪攻擊、破壞監獄，應該怎么辦呢？關押者若有暴力舉動時又應如何處理呢？是否會動員兵力而造成流血的慘案？即使上述問題可以動員兵力而獲得解决，這又可以稱得上是仁政嗎、難道不是文明的虐政嗎？根據后藤本人的回想，鴉片的漸禁政策和專賣法其實是基于生物學觀點而推行的政策。

接下來，后藤又列舉了①鴉片行政的機關、②鴉片行政警察的施行方法、③鴉片財政等3項作爲制度施行時不可或缺之物。對于②的施行方法，后藤認爲，必須對臺灣在地居民的知識、吸食鴉片癖性的歷史關系等10個項目加以詳細地掌握，同時，也必須對臺灣的風土民情加以親近、進行調整。因此，后藤針對「諭告文（告示）的大意」、「鑒札雛形（許可證範本）」的正面、反面、「通帳雛形（手册範本）」的封面、背面、表記號碼、告示文謄寫等，均作了十分具體的提案。

此外，后藤還對鴉片財政作了下列警告。

「在可見鴉片制度的成功之前，其實際收入絶對不可充作臺灣的普通行政費用之用。」

「若鴉片的收入經常會充作其他行政費用之用，則可能有因財政狀况而發生鴉片制度上不應出現的弊害之虞。不可不慎。」[21]

在兒玉、后藤就任該年，國庫補助金遭到大幅删减，要將鴉片收入充作衛生行政的特定財源一事遂變得不可能。對后藤而言，此事可謂「失算」，同時也如同長與所警示的，其最終成爲總督府的一般財源。

1896（明治29）年4月，后藤出任臺灣總督府衛生顧問，5月時，向樺山總督提出「臺灣衛生會議的設立」之建言。后藤一向主張以衛生行政的執行機關和「審事機關」作爲車輛的兩輪，此提案也是基于其一貫的主張，但却未獲實現。6月時，后藤與桂太郎臺灣總督、伊藤總理大臣、西鄉海軍大臣等人同行，首次視察臺灣。視察雖不滿十天，但后藤提出應將島民的嗜好從吸食鴉片引導至酒、烟草，并因此提案：應將酒、啤酒的釀造和烟葉的制造訂爲免税。在此次視察中，伊藤、桂、后藤等人在臺北參觀了鴉片的制藥所，制藥所使用的是過去業者所用的制造方法（鐵鍋、炭爐、團扇），參觀后，其謂「不禁長嘆，幾乎令人感到絶望」。[22]

(二)「臺灣統治救急案」

1898（明治31）年1月，后藤依井上馨大藏大臣的囑托而作成「臺灣統治救急案」[23]。其要點如下。

①臺灣的行政事務中最需要改良的重點，便是回復該島在過去所存在之自治行政的舊習。自治制度此一舊慣才真正稱得上是臺灣島上的某種民法[24]。

②行政組織中最主要的則是確立18世紀之前的廣義警察制度。

③司法制度的第一審交由警察處理，控訴審（上訴審）時則引進巡回復審審判制度，最終審的審理則于日本内地的大審院進行。

④地方行政力求簡化，采用廣義的警察制度。

⑤財政方面以公債爲依據，募集由政府保證的外債。其規模爲1億至1億5千萬，以此建造鐵路、開闢港口、推動自來水、下水道、軍營、炮臺的建設。并應擴張中國沿岸的航綫，以擴充輸出入。

⑥在明治31年度的預算中，國庫的補助金由642萬元縮减爲426萬元。將外債募集的權限賦予總督，以使財政的運作更爲健全。鴉片既爲有力的財源，因此采取以毒攻毒的政策。

⑦斟酌民情之后，采取最新式的科學政策，以進行拓殖事業。首先應着手改善鐵路、郵政、電信、汽船等、道路、治水、自來水、下水道、醫院、學校，接着則應改善殖産工業、税收等事項。

⑧英國殖民地香港的歷史可謂饒富啓示。可以與今日臺灣的失敗相對應，以作爲將來成功之策的參考。其經驗可以參照Lucas《植民政志》[25]。英國的殖民正在致力于用科學的設施、文明的利器使民心一轉。

⑨利用外國報紙、香港（The Hong Kong Telegraph）、支那（The China Mail）等，使它們對政策表達贊同，并翻譯爲漢字報紙、臺灣報紙，以唤醒臺灣住民的思想。

在后藤的提案中，對于臺灣經營財源的構想幾乎無法實現。根據后藤的基本構想，本國應投注國家經費以確保財源，而投資的經費則應由公債（外債）負擔，但是，募集外債的構想却無法實現，尚不止于此，其又接連面臨國庫補助金的删减/廢止論的興起，導致后藤認爲到了「可笑至極」的程度了」。因此之故，臺灣的經營便不得不以臺灣事業公債的發行和專賣事業的收入作爲財源，但是，事業公債的總額又被大幅删减，國庫對其償還却連利息也不補助。因此，臺灣的財政被迫必須仰賴專賣事業和地方税的收入。后藤雖然提案以鴉片的專賣收入作爲衛生行政的特定財源，但此提案却因國庫補助金的大幅删减而無法實施。

但是，后藤在「臺灣統治救急案」中所提之「斟酌民情之后，采取最新式的科學政策，而進行拓殖事業」的遠景、和后藤對「英國的殖民正在致力于用科學的設施、文明的利器使民心一轉」的觀點是很重要的。

四、后藤對臺灣統治和文明的關系之認識

在1900（明治33）年1月出版的〈臺灣協會會報〉16號中，收録了后藤新平以「臺灣的將來」爲題的演講紀録[26]。在該演講中，后藤針對臺灣的統治和「文明」之間的關系，作了以下饒富興味的發言。

「關于臺灣的命運，不外乎在地理學上有一個非常值得注意的要件。這是指臺灣全島欠缺良港一事。此事或許爲有識之士所憂心，但對帝國而言，却毋寧謂是令人喜出望外、深感銘謝之事。

若該島存有天然良港，難保不會在昔日便已成爲列强的領有之地。縱然并非如此，文明的利器也應早已輸入該地，今日吾輩所進行的設施是否仍有入駐的余地，不必懷疑之。。

看，缺乏良港一事，使得身處東洋的西洋人中最富學識權威者，多數未曾居于此地，因此，其特有物産如樟腦、茶、砂糖的制法中，豈不是絲毫未混入文明的加工嗎。

今后，吾輩可將新式科學的力量應用于上述物産，獲得較現在多出數倍的生産力，此固不待言，若將此成果與近來各國占有的新版圖相比，相信也仍是有益處且有希望、絶對不遑多讓的。」

臺灣缺乏天然良港，故而未曾被西洋的文明滲透。因此，后藤認爲：當日本統治臺灣時，尚有很大的空間應用文明的利器、文明的加工、日新月异的科學之力。因此我們可以推測：后藤意識到以文明作爲對臺統治的方法和手段之有效性。

如果要更進一步具體地了解此點，可以參見《臺灣統治的大綱》[27]。此文章收録于《日本植民論》（公民同盟出版社，1915年），后藤將其「臺灣統治論」總括地寫在此篇中[28]。《日本植民論》的構成包括對世界上的殖民思想變遷作一簡介的〈緒論〉、關于初期統治政策的〈日本的臺灣占有（日本の臺灣領有）〉、〈臺灣統治的大綱（臺灣統治の大綱）〉和〈結論〉。

《臺灣統治的大綱》總共分爲8個項目，其内容包括「作爲統治基礎的調查研究」、統治機構中文武官的配合、地籍/人籍的調查和財政/經濟、本國與臺灣在行政上的關系（憲法對臺灣的適用、法律第63號等）、鴉片/衛生行政、警察/司法/殖産/交通、「土匪」的鎮壓和「生蕃」的討伐問題，而最后則是對民族、種族自覺的對應。其中第1項的概要整理如下[29]。

第1 不預先倡導一定的施政方針，隨着研究的結果再行决定。研究的基礎則在于科學－特别是生物學。

借助現代科學之力，對臺灣的民情、自然現象及天然的豐富資源等作一研究調查，

藉以采取對于人民而言最適當與可信賴的統治方法，

對于氣候風土及因此而引起的危害、疾病等，亦要尋求適當的處置。

后藤認爲，此第1項便是「臺灣經營的根本問題」，因此「各項經營設施皆應由此出發」。同時，其條件則是不應陷于對文明的誤用、對學術的誤解、對教育的誤信等「文明的虐政」。

此外，對于第3項[30]中「臺灣的財政、經濟」，后藤作了如下説明。

過去的殖民母國均以從殖民地獲得大量利益、增加其國庫收入作爲殖民政策的理想型。但是，「此種觀念可謂大錯特錯」。

「應該要力圖增加殖民地本身的收入，并必須認識到獲取本國利益的回收爲長期的目標」。

「殖民地的價值應在于使其本身的經濟狀態得以健全地發展，將其開發到能够承受本國過剩人口的遷居、剩余資本的挹注，并加强其與本國之間的通商貿易，藉以對本國的殖産興業帶來極大的貢獻爲理想。」

另一方面，后藤也很重視漸進式的改革[31]。

「對其他民族驟然地進行改革，可以説是忽略生物進化的原則、將招致最大危險的政策。」

「所謂的社會進化應該是要遵從自然的順序，若驟然地便確定或賦予個人的權利義務，便是讓個人成爲狡猾者的犧牲者。」

19世紀時「因科學之故，各種信仰遭到破壞，科學教育此種未成熟的潮流（中略）打破了舊有的習慣，而使弊害叢生。」

「將人類的本質驟然便以人工方式加以改造，是有悖于進化原則的」

由此《臺灣統治的大綱》中，可以發現后藤對「文明的殖民政策」的基本思想；從其中可以發現，后藤對臺灣統治政策的理念，便是將所謂「文明的全體」帶入臺灣。而其個別具體的政策則是借助「現代科學之力」進行調查研究，并立于此調查研究的基礎之上，再進行擘畫、制訂方案，此外，其統治政策的目標在于「增加殖民地本身的價值」，亦即「使殖民地經濟得以健全地發展」，進一步地則是要避免激進的改革，遵循「生物學法則」，推動漸進式的改革。

而實際上經過企劃、擬訂方案之后執行的各項政策或事業究竟有哪些呢？以下試着將其分類整理后列于下表。借助此表，我們便可了解后藤所謂「文明的殖民政策」的綜合性和體系性。

［行政、司法］

①治安方案對「土匪」/抗日武裝勢力的鎮壓（「土匪招降策」、匪徒刑罰令）

②警察、地方行政制度警察、地方行政在總體上的應用、「保甲制度」的引進、利用

③司法制度

④對臺灣社會指導階層的對策

［立法構想］（明治憲法的修正、臺灣統治法、臺灣會計法、「臺灣法典」的編纂）

［財政金融政策］

①善加利用臺灣總督府特別會計制度

②由臺灣事業公債進行的各種事業、「20年財政計劃」

③臺灣銀行的設立和運用

④通貨制度改革

⑤總督府的中央財政和地方財政的雙軌化

［社會資本整備］

＜三大事業＞　①鐵路建設（縱貫鐵路）　②港灣整備（基隆建港）　③土地調查事業

④水力發電事業　⑤上下水道整備　⑥道路整備、都市計劃　⑦官廳設施建築　⑧農業水利灌溉設施

［產業貿易政策］

＜三大專賣事業＞　①鴉片專賣　②樟腦專賣　③鹽專賣

④糖業　⑤茶業（烏龍茶）　⑥稻作　⑦林業（阿裏山）　⑧礦業（金、砂金、石炭）

［醫療、衛生、教育］

①傳染病對策　②醫院、檢疫所　③公衆衛生　④醫學校　⑤學校（公、國語、師範）

［調查研究、統計］

①臺灣舊慣調查　②户口（國勢）調查　③各種試場的設立

代結論－對后藤的臺灣統治論和「文明」之間關系的考察－

后藤新平擔任臺灣總督府民政局局長（后改稱長官）而至臺灣赴任的1898（明治31）年3月，正是日本對臺灣的統治陷入危機時。原來如后藤所主張的，「日本對占領臺灣毫無准備」，且當時并有「應該將臺灣以1億日元賣給法國」，可以説，對殖民地臺灣的統治正陷于崩壞的危機。如果我們作一個「歷史的假設」－假如「臺灣民主國」的抵抗和外交上的戰術成功，出現西歐列强的「臺灣問題的國際化」，而此問題又與條約的修正聯結在一起，日本對臺灣的領有應該就會變得相當困難了吧。

造成此種危機的，正是與臺灣島内的抗日武裝勢力長達3年的戰争狀態，其結果造成了臺灣總

督府的統治混亂。所以，本國必須支付金額龐大的對臺灣相關經費的補助金，因此而對本國財政造成壓迫。

而另一方面在日本國内，藩閥政府和民黨之間，圍繞着甲午戰争后的經營，展開了復雜的政治過程，而内閣也相繼更迭，就連對臺灣統治政策的大方向本身都模糊不清。

在樺山資紀、桂太郎、乃木希典等3人擔任總督之后，又起用兒玉源太郎繼任總督，對藩閥政府和軍方而言可以説是最后的「王牌」。但是，起用后藤擔任民政的最高責任者，又有什么意涵呢？

后藤出身東北地方，是明治維新中的「落敗者」，并從明治國家權力的所謂「邊緣」開始，憑借其對醫療、衛生行政的相關專門「學術知識」，一路爬升到内務省官僚中的衛生局長的地位。但又因爲相馬事件而系獄，有一段時間可以説是仕途無望。之所以在甲午戰争歸國士兵的檢疫事宜－這類史無前例的事業－中重新起用后藤，一方面雖然是出于對后藤的能力的肯定，但如果以小人之心來看，也不能否定這有讓后藤擔負起「邊緣」人的風險之意味。而在對臺灣統治陷入危機時又再度起用后藤，也可以説是基于同樣的考慮。后藤前往臺灣赴任時，便抱有隨時會被「開除」的覺悟，在桌子内隨時准備着歸程的船費。

后藤所提案之「臺灣統治救急案」中的「救急」可以説是十分適切的用語。在此案中，后藤早就使用了「文明」的字眼。但是對于1897年陷于危機狀態的臺灣而言，却幾乎可以説不存在可以實現堪稱爲「文明」的對臺積極開發政策的條件。對于政府和議會而言，主要的關心點都放在對日本本國的「殖産興業」、和如何圓滿地實現對條約的修正，使日本可以成爲帝國之一，并提升其國際地位；對臺灣統治的定位只不過是依循上述后者的目的而决定的。后藤將此種狀態稱爲「列强環伺」。

换言之，對于本國政府而言，如果能因兒玉、后藤的政策，使臺灣不至于成爲本國財政的「絆脚石」、同時也不會成爲日本與西歐列强之間外交關系的障礙－只要能够達到這種「最低限度的政策課題」，也就可以稱爲「成功」了。

當日后重新回顧歷史時，雖然日本對臺灣的統治在殖民地政策上可以説是「成功」了，但是，正因爲如此，如果將后藤的「文明的殖民政策」思想置之不顧，要對其后綜合的、體系的臺灣統治政策開展作一説明，就顯得十分困難了。

后藤新平身爲在明治維新后度過青年時期的日本人，無疑地，對于「文明」發現崇高的價值。但是，其同時也肯定日本社會的「舊慣」换言之，即歷來所形成的「固有性」的重要性。如果把醫生具有的技術比喻爲「文明」，固有性便可以比喻成患者的「身體性」。如果借用《國家衛生原理》中的表現方法－人類既然身爲生物之一，必然是以「生理上的圓滿」作爲目的。

后藤在「臺灣統治救急案」中，將恢復臺灣過去存在的自治行政舊慣視爲當務之急中的第一要務，這可以説是因爲其認識到了所謂的「臺灣的身體性」。后藤將殖民地統治的重點放在「增加殖民地本身的價值」－亦即其十分重視「使殖民地經濟得以健全地發展」的理由，應由此點被解釋。

后藤新平在臺灣8年有余，對這8年間進行綜合性的驗證、評價，可以説是今后才要展開的課題，但是至少，如果要考察后藤從對臺經營的構想到最初運作的時期，考慮其對「殖民地統治與文明的關系」之思想是必不可少的課題。

（作者單位：日本臺灣學會）

註 釋：

[1] 與本文相關的文獻，請參照春山明哲《后藤新平の臺灣統治論·植民政策論——「政治思想」の視點からの序論》（收録于春山明哲《近代日本と臺灣——霧社事件·植民地統治政策の研究》，藤原書店，2008 年）。本文中的部分内容已在 2008 年 10 月 30 ～ 31 日由臺灣「中央研究院」臺灣史研究所主辦的「『日本帝國殖民地之比較研究』學術研討會」中發表，當時發表名稱爲《后藤新平の臺灣經營と學知の系譜》。

[2] 后藤新平《日本植民政策一斑》，拓殖新報社，1921 年，第 6 ～ 7 頁。

[3] 張隆志《植民地近代の分析と后藤新平論》，《環》29 號，2007 年春季刊。

[4] 春山明哲《「后藤新平伝」編纂事業と＜后藤新平アーカイブ＞の成立》，收録于前注之春山《近代日本と臺灣》。

[5] 鶴見佑輔《后藤新平》全 4 卷，后藤新平伯傳記編纂會，1937 ～ 1938 年。勁草書房（復刻版），1965 ～ 1967 年。鶴見佑輔著、一海知義校訂《＜決定版＞ 正伝 后藤新平》全 8 卷，藤原書店，2004 ～ 2006 年。附卷《后藤新平大全》（禦厨貴編，藤原書店）。在爲后藤寫成的傳記中，清楚易讀、在此欲推薦的是北岡伸一《后藤新平——外交とヴィジョン》（中公新書，1985 年）。

[6] 太平洋協會出版部出版。其普及版至 1949 年爲止已出版 12 册。

[7] 杉森久英《大風吕敷》（每日新聞社，1965 年）、矢内原忠雄《帝國主義下の臺灣》（原著，岩波書店，1929 年。《矢内原忠雄全集》第 2 卷，岩波書店，1963 年）、Charles A.Beard,「Japan’s Statesman of Research」, The American Review of Reviews, 68（September, 1923）、信夫清三郎《后藤新平——科學的政治家の生涯》（博文館，1941 年）、前田康博《后藤新平》，《現代日本思想大系　第 10 權力の思想》（築摩書房，1965 年）、溝部英章《后藤新平論——闘争的世界像と「理性の獨裁」(1)(2)》，《法學論叢》100(2)[1976.11]、101(2)[1977.5]、戴國輝《伊澤修二と后藤新平》，《朝日ジャーナル》，14(19)[1972.5.12]（收録于《日本人とアジア》，新人物往來社，1973 年）。

[8] 前注《＜决定版＞ 正伝 后藤新平 1 醫者時代》，第 401 頁。

[9] 關于后藤新平的著作，請參照前注《后藤新平大全》所收録之〈后藤新平の全著作·關連文獻一覽〉及春山明哲對其所作簡介〈メディアの政治家·后藤新平と「言葉の力」〉。

[10] 此處系引用后藤新平〈新轉機に立つ植民政策〉，《東洋》25 年 1 號（1922 年 1 月）。拓殖大學創立百年史編纂室編《后藤新平一背骨のある國際人》（拓殖大學，2001 年）178 頁之后。

[11] 請參照前注之春山，〈后藤新平の臺灣統治論·植民政策論〉。Farr 的原著爲「Vital Statistics」, William Farr, London, Offices of the Sanitary Institute, 1895。

[12] 后藤去世時，昭和天皇在「禦沙汰（指示）」中之用辭。《正伝 后藤新平 8》，第 686 頁。

[13] 黄昭堂《臺灣民主國の研究》，東京大學出版會，1970 年。許世楷《日本統治下の臺灣》，東京大學出版會，1972 年。2008 年再版發行。吴密察〈日清戰争と臺灣〉，《日清戰争と東アジア世界の變容上卷》（東アジア近代史學會編，ゆまに書房，1997 年）。

[14] 后藤新平〈臺灣の實况〉，前注之《后藤新平一背骨のある國際人》，第 24 頁。

[15] 此部分系參考下列文獻。森久男〈臺灣總督府の糖業保護政策の展開〉，《臺灣近現代史研究》1 號（1978 年 4 月）、波形昭一《日本植民地金融政策史の研究》，早稲田大學出版部，1985 年、山本有造《日本植民地經濟史研究》，名古屋大學出版會，1992 年，小林道彦《日本の大陸政策 1895 ～ 1914》，南窗社，1996 年，第 5 節〈日清戰后の臺灣經營〉、平井廣一《日本植民地財政史研究》，ミネルヴァ書房，1997 年，山田豪一〈臺灣阿片専売史序説〉、〈臺灣阿片専売一年目の成績〉、〈臺灣阿片専売制の展開過程〉，《社會科學討究》110 號（1992 年 8 月）、122 號（1996 年 7 月）、128 號（1998 年 9 月）。

[16] 請參照前注《正伝 后藤新平 2 衛生局長時代》，第 589 ～ 603 頁、劉明修《臺灣統治と阿片問題》，山川出版社，1983 年。

[17] 請參照前注《正伝 后藤新平 2 衛生局長時代》，第 603 ～ 623 頁。

[18] 請參照前注《正伝 后藤新平 2 衛生局長時代》，第 603 ～ 623 頁。

[19] 請參照前注《正伝 后藤新平 2 衛生局長時代》，第 603 ～ 623 頁。

[20] 后藤新平《日本植民論》，公民同盟出版部，1915 年，第 60 頁。

[21] 前注《正伝 后藤新平 2 衛生局長時代》，第 620 ～ 621 頁。

[22] 前注《正伝 后藤新平 3 臺灣時代》，第 313 頁。

[23] 前注《正伝 后藤新平 2 衛生局長時代》，第 650 ～ 661 頁。

[24] 依淺野豐美《帝國日本の植民地法制》（名古屋大學出版會，2008 年）的看法，此處的「民法」應爲后藤新平文書之原數據中「民性」的訛誤，又爲傳記所引用，其應由「性法」（自然法）作解釋（同書，第 114、678 ～ 679 頁）。

[25] 根據后藤新平爲《ルーカス氏英國殖民志》所寫之序（明治 31 年 9 月），其曾爲桂總督翻譯《Historical geography of the British colony》。

[26] 拓殖大學創立百年史編纂室編《后藤新平——背骨のある國際人》（拓殖大學，2001 年），第 38 頁。

[27] 后藤新平《日本植民論》（公民同盟出版社，1915 年），第 22 ～ 96 頁。

[28] 請參照前注之《后藤新平の臺灣統治論 · 植民政策論》。

[29] 請參照前注之《日本植民論》，第 24 ～ 25 頁。

[30] 請參照前注之《日本植民論》，第 24 ～ 25 頁。

[31] 請參照前注之《日本植民論》，第 24 ～ 25 頁。

殖民地臺灣日語教育淺論
——以官方學校教科書的編寫爲中心

酒井惠美子

一、前言

日本殖民地的「官方教育」所用第一本教科書《臺灣教科用書國民讀本》[1]刊行于1999年，即日本統治臺灣的第四年。該教材由日本國内的大矢透和杉山文悟等編寫[2]。由于當時强硬的政策，雖然已平息殖民地統治初期的混亂，但是人們并没有接受先進的日本的統治，無論是教育制度還是其他方面一切都處于剛起步的階段。因此，不難想象這是在摸索中編寫的教科書。該《國民讀本》與其他教科書不同，作爲官方學校教科用書圖書審查會的報告留存在臺灣總督府的文書中[3]。圖書審查會是審查公共教育中所使用的教科書適當與否的部門，即使在日本國内，在審定期間也要對全部的教科書進行審查。最終，作爲已經審查的教科書會附上審查意見保留下來，而會議記録和關于修改理由則不被保留，那么我們很難從中詳細知道圖書審查會是如何進行審查的。但是，臺灣總督府的公文中保留下來了《臺灣教科用書國民讀本》從第二卷到第十二卷報告中的會議記録和傳閲的草稿[4]。從這個資料能够頗爲具體的得知編寫者和圖書審查會的委員們是如何思考殖民地的教科書問題[5]，進而是如何進行編寫的。在其中鮮明地展示了臺灣最早的教科書編寫時的摸索狀態，即日本在統治臺灣不久后，在嘗試向兒童灌輸自己是日本人的這種意識中，漸漸暴露出該如何「應對」同自己狹窄的日本人的意識所産生的矛盾。

本文是以《審查記録》爲基礎，以教科書中所記述的有關臺灣印象和日本國内印象的「隱蔽的教育課程」[6]爲研究綫索，從該教科書中有關兩地的事物和人物記述、教材和文章表達、語句的選擇等分析中，進一步探討其編寫方針和《國民讀本》編寫方針的特點。

二、《國民讀本》的編寫方針

留存的《審查記録》中，圖書審查委員們的意見中最多的是和日本國内教科書一樣的語言的錯誤，文字的問題，文章、文體的問題等形式上的問題。其中，處于殖民地的臺灣的教科書也有它獨特的地方。從假名用法易于學習這點來看，不采用歷史上的假名用法，而采用與原音相近的文字，語法形式也比日本國内的更爲簡單。因此，關于這種方式的穩妥性時常被討論。另一方面，試着深入注意其内容，《國民讀本》與之后日本國内出版的國家制定的讀本相比較，除了日語教學這一點，有必要加以注意另一些方面。概括起來説就是讓外國的國民即臺灣人民所能够接受的教科書。在第一次的圖書審查會上，委員前田孟雄就説了此書的特點「……同國内的讀本相比，采取了與日常學生的思想相一致的島嶼風俗習慣等特色。」[7]就是説，考慮到了臺灣兒童的性情以及背后的文化和社會。例如，在第五卷第三、四課的《桃太郎》中，最初是使用「鬼」這個字，但有提出這個字出現在臺灣會被誤認爲是鬼魂的意見后，便更改成用假名表示。而在其他地方，也將插圖畫中的人物附上臺灣式的名字，更改成穿上臺灣服飾的小孩，隨處插入臺灣的風俗事物。

但是，如此煞費苦心的編寫并不只是要臺灣兒童能够接受。很明顯該教科書是擔負着殖民地的教育目標。不僅是「對島上的子弟施行德育教育、教授實用科學」，同時有必要「培養其國民性格」。[8]對此，也有意圖的采用了某些戰略。正如前田所説的「與日常學生的思想一致」且在不招致兒童反感的作法中提高日本國内的形象，從而相對的降低臺灣的形象。這與在殖民地統治時期的政治性課題有很深關系。可以認爲，作爲臺灣總督府想要向兒童展示出日本國内先進的，合理的，堅固的，有依靠價值的印象，這也就相應的包含了臺灣落后的、非合理性的且必須要改革缺點的印象。如若一旦形成那樣的印象，對于外國國民即臺灣人民，就能够很容易被移植自己是日本人的意識。或許可以認爲，以此能够唆使他們做出類似先進的日本人是有好處的，作爲日本人是感到驕傲的這樣的判斷。但是，一般來説，較高認同的觀點是兒童在自身周圍的社會文化中找到符合自己的思考方式。臺灣兒童在接受事物時是提高了臺灣的形象而降低了日本國内的形象。而實際日本在統治臺灣不久之后不可能如此簡單的移植進統治者所要求的那種印象，拙劣的方式反而容易招致反抗。

實際上，在教科書中有通過直接的表現來指出臺灣社會的落后性，而譴責人們人格特征的東西不多。第九卷第九課的《生番》最明顯地指出了這一點。在該課文中，臺灣的少數民族即山地居民是「没有智慧更不懂得是非的人」，「是悲哀的人」。在課文中隨處鑲嵌這種被認爲以指出其落后性爲目的的直接表述，記述的觀點也成了單方面誹謗山地居民的内容。[9]可以認爲，該部分是因爲在官方學校没有山地居民所以采用了這種直接的表現形式。確實，漢族人群與山地人群之間存在着隔絶，或許少數的兒童被這種表述傷害了自尊心，但是，作爲全體民衆見到落后的山地居民仍不會降低對臺灣的印象。

損害了漢族人們自尊心的言論則是在第九卷第十五課《纏足》這篇課文中。首先，在該課文中描述了纏足對女子行走所産生的障礙這種不合理的制度，然后在最后的短歌《畸形的體態》中指出了纏足的女性是殘疾人，暗指這種存在方式脱離了「正確的道路」。能够認爲這個時期在臺灣有很多纏足的女性。或許在兒童中也有，而兒童的母親、祖母中纏足的人則數量較多。兒童是如何接受這篇課文的呢。相對的，直接提高日本國内印象的描述則非常的多。在低年級階段由于受到文章篇幅短小，題材淺顯的限制而出現的較少，但在高年級的課文中類似這種例子則不斷增加。下面的例子是第十卷第一課《我的國家》，這是一篇典型的贊美日本的課文。

總的説來叙述了日本國體方面已經形成了的事情。首先是講述悠久的歷史和萬世一系的傳承，然后天皇對國民的慈愛，之后描述生在這個國家的是幸運的這樣的順序。根據《審查記録》所説，在原稿中還加入了以下内容[10]。這種用贊美日本的情況與國外做比較，或者添加得到認可的關于國外的内容是常用的手段。如在教科書中，提到了「在國外，如我國這樣長久的，不變血統的君主，是不存在的。在國外，君主和人民發生衝突，發生了人民更换君主的事情。在如我們這種國家裏，君主愛惜人民，是不應該發生這種事情的。與這樣的國家相比，我們從古就是同一血統的天皇陛下的帶領下，安樂的生活着，真是没有比這更幸福的了」。即使没有這種典型的例子，在文章后加入贊美日本語句的教材有很多。如第十一卷第七課在描述關于鹽的制作方法后加入了下面一段不相稱的文字。「在我國的任何地方，都可以隨時買到所需要的鹽，真是太幸福了」。該段是在原文中没有的内容而在其后添加的。鹽在日本國内的十分稀少的資源。即使是理所當然的事情，但是如此贊美自己國家的資源的情況還是較少的。試想對臺灣的物産砂糖、樟腦的制作方法并没有進行特別的增加表述，能够感到編寫者書寫這種文語所持有特殊的意圖。

此外，從《審查記録》中得知利用另一個對策，使之形成有效的印象。即認爲通過教材的選擇和表達的選擇，讓學習者們間接的形成日本國内和臺灣的印象。這種教育計劃被稱爲「隱蔽的教育課程」。該部分實際上是超越了編寫者的意圖和本意。從總體上看，這種「隱蔽的教育課程」有以下幾個特征。

首先，第一點就是教材的選擇。即使没有直接性的記述固定化印象的教材只要被采用了，就要强調這類教材所含有的教育意義。如，在《國民讀本》中有幾處介紹了臺灣和日本的景觀的地方。日本各地的名勝和古迹的介紹在戰前的教科書中屢次被采用爲主題，這部分并没有什么特別的生疏感。但是在介紹臺灣各地的記述不多，甚至連名勝没有被提及。其中，如寺院衆多的臺南地區，也只在第十卷第十二課《臺南》中做這樣描述：「城内有學校、兵營、醫院、法院，同時，也有北白川宫殿下生病期間在這裏休養的地方。除此之外，還有大房屋和輝煌的廟宇等。」關于臺南固有的風景和古迹只是看做是政府設施和北白川宫的暫住地的附屬來描述。第十一卷第九課第十課的《臺灣一周》這篇文章中，幾乎没有對風景進行描寫。除了説打狗港「景色和氣候都很好」，并將花蓮以北的峭壁認爲「真是罕見的景色」之外，對其他事物只有淡淡的叙述[11]。這樣，受到該教科書教育的兒童一旦提及名勝，就自然首先聯想到的是日本國内的東西，而不是臺灣的名勝。

人物的提出方式上也有偏頗。教科書中較多提到的是日本歷史上的人物。從古時人物小野道風到近世現代的禧保己一、井上伝等。而中國方面的人物一個没有。即使是中國人也僅有鄭成功和孔子。鄭成功的父親是中國人，母親是日本人，由于他幼年時期占據了很大的篇幅，可以説實際上被作爲中國人看待的只有　個人。另外，雖取材于司馬光的故事《砸水缸》作爲教材使用，但只不過是被當成一個小孩的故事來叙述[12]。教材中令人欽佩的人物幾乎没有臺灣的人物或者中國人。日本國内的國語讀本也完全没有出現熟識的中國偉人們。

該系統的教科書隨處可見到有意識或是無意識的增加日本國内印象的文章而不采用臺灣事物的這種方策。兒童自身并不會察覺到這種未被采用的事物吧，但却使他們在無意識中産生了降低對臺灣的印象這樣的結果。以下表中所列爲該教科書中所記述的有關臺灣的市區和日本國内的市區的描寫。

第十卷第九課《臺北》	第九卷第二課《東京》
臺灣的北部，雖是多山地區，但淡水河的周圍有寬廣的平地，在其中部是臺北城。 臺北城，面積大，周圍有八個縣，城内有總督府、兵營、學校、醫院、法院等建築物。 城内的道路寬敞，真的很干净。大約居住有兩千七百户人家。 在城區的西部，淡水河的河岸邊，是艋　的街區，住在那裏的人家，大約只有三千七百户。 另外，在城區的北部，沿着淡水河邊，是大稻埕的街區。 那裏居住着大約七千六百户人家，商品買賣繁榮。 在城區和大稻埕之間，有火車站。連接着從這裏到東北方的基隆、西北的淡水和西南的苗栗三個方向的鐵路。這個往西南的鐵路，一直有通到臺南。 另外，流經艋　和大稻埕西部的淡水河，流往距此大約十六公裏的淡水港，之后流入大海。 在這條河上，不斷穿梭着往來的船只，交通非常便利。	東京，我日本國的首都，在正中心的高處，居住着天皇陛下。在皇宫的周圍，有很多的政府機關、學校等建築。 另外，氣派的商人住所，并列成排，其廣度爲東西八公裏，南北十二公裏。東京既是求學、經商同時也是制造衆多商品相當便利的地方。所以，不僅是全國各地的人，而且還有許多外國人聚集在這裏。 并且，在東京居住的人口大約有一百四十萬左右，除此之外，不知道每天又有幾萬人之多進進出出。 因此，即使市内道路寬敞，還是擠滿了往來的人群、馬車和人力車等。東京正因爲是如此繁華的地方，東西南北都有火車站，因此往來的人和物也從不間斷。

這兩篇課文都是介紹都市的文章，用一篇課文中介紹一個都市還有日本國内的京都和臺灣的臺南。因爲是地理方面的文章所以描寫的内容非常的相似。介紹都市的面積、人口、都市中的建築物等等。但是，叙述的方式却有很大的不同。首先談到東京這個都市的特點——天皇所在的地方，接下來對建築物、都市的的規模進行講述。下劃綫的第8行開始叙述了都市的功能——即人們用來做什么的場所或者人們怎么利用它的情况，關于人口也分爲居住者和來訪者分開記述。然后，從第12行開始談論城市内繁華的場景。描述了東京是多么繁華和便利的地方，然后表明不僅是對日本人，即使對外國人來説也是個有用的國際場所。于此相對于臺北市首先在前兩行相當詳細地寫出它的地理位置，接下來就只是簡單的記述了它的面積、建築物和户數。建築物只涉及了與總督府有關的事物，而一概没有提及關于中國都市建築必要的城墻、城門、條理制。其次，描述人們的生活和街道的狀况時，只説了「買賣繁榮」、「交通便利」之類的完全不像描寫的描寫。因此對比東京的描述，則明顯顯得單調、欠缺色彩。這種非常平淡的不夾雜贊美形容的描述是同其他講述臺灣的地理文章的共通點。

存留在的《審查記録》中，有《臺北》這篇文章的初稿。下劃綫的部分是在定稿時候被删除的部分。

臺灣的北部，雖是多山地區，但淡水河的周圍有廣闊的平地。在其中部是臺北城。

臺北城，面積大，周圍有八個縣級城市。在城墻的南面有兩扇門，東西北三面各有一個門，如今，西門被毁壞了，因而形成了寬敞的道路。

城内有總督府、兵營、學校、醫院、法院等氣派的建築物。城市内的道路寬敞，真的很干净。大約居住有兩千七百户人家。

在城區的西部，淡水河的河岸邊，是艋舺的街區，住在那裏的人家，大約只有三千七百户。

另外，在城區的北部，沿着淡水河邊，是稱爲大稻埕的大街區。那裏居住着大約七千六百户人家，其中也有外國人。商品買賣繁榮。

（中略）

另外，流經艋　和大稻埕西部的淡水河，從這裏流往西邊大約十六公裏的淡水港，之后流入大海。在這條臺灣有名的河流上不斷穿梭着往來的船只。

這篇課文的修改不難看出有兩個目的。一是爲了緩和日本國内人的反感情緒。最初日本拆毁城墻開始統治臺北這座城市。這件事對臺灣的人們來説應該是件屈辱的事情。因此在這個意義上對總督府有關的建築物上使用「氣派的」這樣的形容詞是不能善意被接受的。另一個目的則是不給與臺灣固有的事物予高度的評價。正如有外國人居住的國際化的大稻埕與船只交錯著名的河流所在的臺北這座城市原本是要給予高度評價的。

同樣，我們通過對《審查記録》中第十卷第十二課《臺南》在初稿和定稿進行比較。其畫綫部分是主要的變更點。

臺南是清朝長期設置行政機構的地方，因此比起臺北，它是更加古老的城市，面積也大。臺灣總督府的臺北同古老的城市—第一行中加入了「是僅次于臺北的繁華都市」這樣的語句，可以認爲大概是因爲有必要展示臺北作爲都市還是很繁華的。第9行開始修改的地方就很少提及前面的内容。人們熟知臺南有廟宇、寺院等有名的建築物，但是是在列舉與臺灣總督府相關的建築之后才提及它們，怕也是要淡化它們在人們中所形成的印象吧。在第21行也修正了砂糖是十分重要的物産這一内容，同樣的是爲了回避從前它就是砂糖産地的這種人們所固有的印象。這三個地方的修改都極大可能地回避了臺南是一個擁有的歷史和文化的城市的事實。

初稿	定稿
臺南，是臺灣南部的城市，西邊靠近大海，東南北三面是廣闊的平地。	臺南是僅次于臺北的繁華都市。西邊靠近大海，東南北三面是廣闊的平地。
臺南市，面積大，周圍大約有20個縣級城市。四面的城墻各有兩扇門。	臺南城，面積大，周圍大約有20個縣，四面的城墻都有門。
城内外的街道上，大約居住着一萬一千户人家，商品買賣繁榮。	
這片地區由于很早開發，有漂亮的房屋、氣派的廟宇等建築。城内有學校、兵營、醫院、法院等設施，其中兵營裏有北白川宮殿下生病時休養的場所。	街道從城内延伸到西門外，居住着大約一萬一千户人家，商品買賣興榮。 城内有學校、兵營、醫院、法院等建築，同時北白川宮殿下生病期間也是在這裏休養。除此之外，也有大房子和氣派的廟宇。
同時，在城内的東北角有火車站，火車從這裏開往南部的打狗和北部的嘉義兩個地方。	
一出西門，僅大約四公裏的地方是安平港口。在這之間有暢通的馬路，同時又有運河，能够便利的運輸貨物等。	在城内街道的東北邊有火車站。火車從這裏通向南邊的打狗和北邊的嘉義。 一出西門，僅大約四公裏的地方是安平港口。在這之間有暢通的馬路也有運河，貨物的運輸便利。
臺南附近的出産的砂糖非常出名，無論是臺南的中部，還是從北部的嘉義到南部的鳳山，都有很多的甘蔗田和砂糖制造廠。	臺南附近由于出産大量砂糖，無論是臺南中部還是從北部的嘉義到南部的鳳山，都有很多甘薯地和砂糖制造廠。

這種方式更進一步涉及了語言的選擇。在第九卷第二課《東京》一文中，商人的房屋使用了「氣派的」這一形容詞來形容。這個用語在《國民讀本》中有16個例子。試着來看下在這些例子中「氣派的」這一詞都用在形容那些事物上了呢。這16個例子中，清楚知道形容臺灣固有的事物、人物和現象的只有臺南的廟宇，其他關于臺灣的形容并没有明確説出，而根據前后文關系能够類推出第十二卷第十四課《我家》有形容臺灣商家的例子。相對于此，能够明確判斷出形容日本的事物、人物的例子有11處，它們出現在人物、建築物、制品、衣服等各式各樣的事物上。這種使用頻度的偏頗相當大。

從《審查記録》的報告裏查閱它的編寫過程我們可以看到，以前文提到第九卷第二課《東京》爲例，這篇課文中有一處正如前文所述的情況即第五行「氣派的商人住所」這一描述。《審查記録》中顯示這篇課文被添加了5處内容，全部共附上了22處意見。下面是相關的文字是最初的原稿。

天皇陛下所居住的宫城，是正中心的高處，在其周圍，有很多的政府機關、學校等建築。另外也并排着許多商人的住所和大型的制造廠等。

最初的稿件中在適合情況下没有使用「氣派的」這樣的形容詞，只是寫了「商人的住所」。當時，針對這個情況委員鈴江團吉提出應加上「氣派的」這三個字。但是政府機關、學校、商人的住所、大型制造廠這4種建築物中如要添加「氣派的」這個形容詞的話，就要用在商人的住所上。因爲按常識思考其他的建築物都是很大很氣派的吧。他想要特别描述個人的住房也是很大的，即他想要記述的是無論公私的建築都是大而氣派的這種樣子。而且，鈴江假設插畫是銀座的街道，此文后面的部分「市中心來往的人、馬車和人力車等，晝夜川流不息」就應該改成「馬車、人力車擠滿了寬敞的大街，相交而過。」這是因爲在臺北的夜晚也是人來人往川流不息，因此有必要展示東京比其更加熱鬧的場面。這個意見被采納后就進行了修正。在正文中添加了東京面積爲東西八公裏南北十二公裏[13]，人口由125萬人改成140萬人，街頭也重新寫成「即使道路寬敞，市内也擠滿了來往的人、馬車和人力車等。」這些改動的背后能感到委員們意圖——想要讓兒童理解，比起臺北，東京是更大更加繁華的街市。從而，他們添加了「氣派的」那樣的形容詞。

從其他的用例中來看偏重「氣派的」這個詞的使用。注意同一課中有兩處出現了「氣派的」的這個詞。第十二卷第一課以《景色》爲題，開篇一段文字就是「日本國内優美的景點甚多，同時到處是氣派的宫殿寺廟，因此外國人在日本國内旅游時都説如同漫步在公園中。」描寫日本三大名勝和各地名勝的情況時，用的是「無法形容的美景」、「緑色的松樹，潔白的沙子，湛藍的海水使人不由得心情變得舒暢起來」這一類話語。此外，在原稿中有「安藝的嚴島上，有嚴島神社，神社突出的坐落在海上，一漲潮，就感覺神社是漂浮在海上的嗎」[14]。在最終定稿時加入了「氣派的」這個詞。變成了「嚴島上，有一座氣派的厳島神社，它建在海邊，因此，一漲潮，就感覺神社是漂浮在海上的嗎」。[15]

根據《審查記録》，我們知道圖書審查是根據完成寫作的順序進行的[16]。這一課是在根據第九卷的審定上進行寫作的話，那么可以較爲妥當的認爲是考慮到了鈴江的意見。不顧及語言的單調性，這個「氣派的」修飾語在同一課中被相同使用了兩次來看，很可能是爲了形容作爲象征皇室的嚴島神社而添加的。

綜上所述，從上文兩個觀點論述了關于《國民讀本》中能看出的編寫方針。不止是本文所舉出的事例，類似這樣的例子在其他的地方還很多。可以認爲編寫者們不顧及教科書這種千篇一律的單調表現是一個很大的缺點的話，那么的確是有意圖的考慮到了教材的選擇及其表達——即達到抬高日本國内的印象，降低臺灣印象的目的。

三、 小結

綜前所述，研究了《國民讀本》關于對臺灣印象和日本國内印象的形成問題。《國民讀本》中直接指責、誹謗臺灣落后性的表達不多，而是在教材中使用了關于日本國内的先進性和優越性的表達。另一方面本文想重新的指出，作爲「隱蔽的教育課程」有意圖的從教材的選擇到語言的使用，都是極其敏感的進行編纂。一旦做到這樣的程度，假定是篡改了臺灣和日本國内的印象吧。今后，有必要擴大調查範圍，同時檢驗教科書的編寫者們在何種程度上來進行這種篡改的。

另外，這樣的教科書對學習者的自身判斷和自我意識的形成到底産生了什么樣的影響，這也是個重要的問題。過度千篇一律化的表現的話，不單單是單調而且也會有産生其負面的影響。也有從脱離第一綫的教師來批判對于這種教科書使用的難度。今后有必要從教師、兒童的角度來查證關于這類教科書的教育效果。

（作者單位：日本中京大學　本文由遼寧大學歷史學院葉櫻翻譯）

註 釋：

[1] 以下簡稱《國民讀本》。

[2] 參照酒井（1998）。

[3] 參照酒井（1998）（1999）（2000）（2001）（2002）。

[4] 以下簡稱《審查記録》。

[5] 必須正確區分教科書編寫和圖書審查會的審查，在編寫《臺灣讀本第 1 期》的時期，圖書審查會的委員是臺灣總督府教育科編寫教科書的相關人員和主要核心作者，與試用教科書的日本語學校相關人員之間關系極爲密切，因此能够了解編寫的詳細過程。

[6] 關于「隱蔽的教育計劃」參照伊東（1998）塘（1995）。

[7] 參照酒井（1998）P.410。

[8] 參照臺灣教育會編等（1939）。

[9] 委員們對這個太過直接的表達給予了修正意見。田中敬一建議用阿伊努人代替山地人。橋本武所論述教育的必要性，鈴木金次郎所指出他們居住在交通不便的偏僻地區都變爲在其他的教材中指出。這個結果比起原稿稍顯穩妥。

[10] 這部分由于橋本武委員表示「有養成偏向唯我獨尊的思想的危險性」而删除。

[11] 這個部分最初爲「真是美麗的景色」。

[12] 町田則文對這個時期臺灣歷史上的趣聞和傳説向國語學校的學生們進行調查，其結論發表在明治 33 年的臺灣協會會報第 16 號上。這個時期把《砸水缸》作爲韓公的趣聞收録進去。這與《國民讀本》編寫大體上爲同一時期。與國語學校關系密切的編寫者們很可能取材于此資料。另外，在實際的編寫中，試圖在教材中寫入臺灣的人物。第十卷第十六課朱山的恩情以及第十七課三個貞女。但是，結果在臺灣認爲是美談而被提出的軼文，但是在日本人的思維中却不被認同，特别是圍繞自殺的價值觀論斷由于存在分歧而不能在實際中采納。

[13] 在第十卷第九課臺北城周圍是八個縣。

[14] 酒井（2002）P.66。

[15] 酒井（2002）P.95。

[16] 作爲圖書審查委員會列席人員出席的編寫者們常常做出類似這樣的説明，「本書（第五卷）的草稿一完成馬上傳遞給全體委員……（酒井 1998）P.423」、「本書草稿完成不敢保證爲公文所用請各位審查委員批閲……酒井（1998）P.429」。第九卷的審查時從明治三十四年九月開始到十二月結束，而第十二卷是明治三十五年十一月開始到十二月進行的，因此可以妥當的認爲第十二卷在寫作時第九卷的審查已經結束。

參考文獻

1. 臺灣教育會編(1939)《臺灣教育沿革志》。
2. 禮田國夫(1968)《言語政策の研究》錦正社。
3. 李園會(1981)《日本統治下における臺灣初等教育の研究》（私家版）。
4. 梶山雅史(1988)《近代日本教科書史研究》ミネルバ書房。
5. 蔡茂禮(1989)《臺灣における日本語教育の史的研究——1895～1945年》東吴大學。
6. 伊東良德他(1991)《教科書の中の男女差別》明石書店。
7. 塘利枝子(1995)《日英の教科書に見る家族：子供の社會化過程としての教科書》，《発達心理學研究》6。

8. 酒井惠美子(1998)《〈臺灣教科用書國民讀本》の編纂と公學校教科用圖書審查會》，《臺灣總督府文書卷5卷》ゆまに書房。

9. 酒井惠美子(1999)《臺灣公學校教科用圖書審查會報告〈國民讀本〉卷九》，《社會科學研究》第19卷第2號。

10. 酒井惠美子(2000)《臺灣公學校用教科用圖書審查會報告〈國民讀本〉卷十》，《社會科學研究》第20第2號。

11. 酒井惠美子(2001)《臺灣公學校用教科用圖書審查會報告〈國民讀本〉卷十一》，《社會科學研究》第21第2號。

12. 酒井惠美子(2002)《臺灣公學校用教科用圖書審查會報告〈國民讀本〉卷十二》，《社會科學研究》第21第2號。

13. 酒井惠美子(2007)《臺灣總督府編纂國語讀本の編纂方針——使用語彙の選擇をめぐって—》,《社會科學研究》第27卷第2號。

14. 酒井惠美子(2008)《植民地編纂教科書の中の隱されたカリキュラム》，《社會科學研究》第28卷第1號。

「大日本帝國」の臺灣統治構造及統治原理

檜山幸夫

「大日本帝國」的臺灣統治是在立憲制度下作爲其外地統治而進行的。

近代以來，以西歐文明開化論和歐美帝國主義國家爲範本而進行近代國家建設的「大日本帝國」實際上存在着多重的復合性矛盾。這些矛盾包括藩閥政權統治同立憲體制下帝國國家的矛盾，以及在此基礎上的殖民地臺灣編入后國家性質上的變化矛盾。衆所周知，明治維新政權是中下級武士打着尊皇攘夷口號下推翻幕府統治下而建立起來的以薩長土肥四藩爲核心的藩閥政權。而后其政權試圖排除歐美列强的侵略，制定了文明開化、富國强兵以及歐化的國家戰略，并建立起來了立憲體制下的帝國國家；此后，日本通過甲午戰争從清政府手中割讓了臺灣，日本演變成「甲午戰后的大日本帝國」。

當然，所有國家均遵循着理論上的原理原則，但并不是純粹在其框架下構築的。幾乎所有的國家可能都超越了其純粹的理論形態，并在其歷史傳統以及客觀的環境條件中形成了其獨特和特殊的形態。從這個意義上講，日本的「近代國家日本」的形態也并不是例外。也就是説，每個民族和國家都是按照其各個的特殊性在新時代的變化中完成了各自的變革而形成的。日本也是在這種環境中形成了「日本的近代國家」。

爲此，作爲「日本的近代國家」的「大日本帝國」在建國之初所形成的國家，和其發展中以及在崩潰中的國家并不具有同一性質。如果我們將國家看作一個生命體的話，那么，其變化和發展則是極其自然的事情。

日本在維新建國之初，雖然繼承了封建國家的「大君國日本」母體的統治區域以及東亞地區傳統的异民族統治方法，但是同時也吸收了新的近代國家構造，即西歐國家式的資本主義國家形態，由此構築了「新的近代日本帝國」式的「大日本帝國」。但是，新政權是通過下級武士主導的倒幕，奪得政權實現的，其政治權力和經濟基礎非常脆弱。爲彌補其脆弱性的最大政治力就是勤王思想的意識形態政治力學，以及尊皇攘夷論中産生的運動力學。這些就是新政權的基礎。這樣的結果就是使得國家統合的統治理論本身包含着吴越同舟性格的矛盾構造。在維新絶對化論的國民統合理論、歐美文明論中的國家論所産生的對外膨脹主義統治倫理，以及天皇制國家論同東亞傳統异民族統治倫理間的相互補充的關系中形成。這些理論中的國家統治思想，使得歐美型近代化和文明國的普遍主義倫理同天皇統治的國體論[1]理論相融合。

「大日本帝國」的國家矛盾構造一方面在衝繩縣設置，即琉球統治和北海道蝦夷地統治中可以看出。但前者爲尚王朝封建權力關系中的問題和琉球王朝的近代意識尚未發達的問題；而后者則標志着阿依努族的少數民族統治這一東亞世界傳統的异民族統治問題的解决。這些都不是動摇國家體制的基礎性議題。但是，臺灣被割讓給日本，臺灣作爲日本國家的構成體，則完全不同于蝦夷和琉球統治問題。在臺灣，主要有「臺灣島的主人」——臺灣少數民族和從大陸去臺的漢族移民。前者雖然是「本來的主人」，但都是從人口還是從經濟、政治上毫無影響力的高山原住民和像紅頭嶼那樣孤島之民；而后者即使是殖民者，但在數百年的歲月積纍中，不僅有着固有的文化社會，且人數很多，在政治和經濟上有巨大的影響力。故此，日本的异民族統治僅從制度和經驗上并不是很容易的。

在上述這些矛盾中，從清政府手中割讓的新領土臺灣并不是歐美型的近代殖民地，而是同衝繩、琉球一樣作爲「大日本帝國」的國家構成體之一，而編入了「大日本帝國」的國家體中，這就要求日本從國家構造本身上需要變動。當然，這一國家體的編入，也使得「大日本帝國」構造上產生巨大矛盾。

本文在上述認識基礎上，試圖厘清割讓臺灣后發生變化的「甲午戰后大日本帝國」[2]的臺灣統治情況、統治構造的制度和實際運用上所產生的基本矛盾問題，以及由此而產生的「膨脹的帝國國家」的「大日本帝國」的國家統治原理的變化。

一、甲午戰后「大日本帝國」的構造問題

「甲午戰后大日本帝國」的構造性矛盾并不是明治國家建設本質上的，即本來的「大日本帝國」的本質矛盾。這是因爲在明治維新之處的没有設定進行統治异民族的國家構想，伊藤所描繪的未來國家中也没有對异民族和其他地區進行統治的設想[3]。

原本作爲近代天皇國家誕生的明治政權的母體，并在1889年發展成爲立憲國家的「大日本帝國」其傳統的統治領域爲「大八島延喜式六十六國及各島以及北海道衝繩諸島及小笠原群島」[4]。其中，這些統治領域包含古代的歷史領域和近世以來由所謂小華夷秩序帝國的大君外交體制所形成的近世國家領域，但這些基本的國家發展理論中没有統治領域和領土擴張的倫理。這是明治政府的近代國家建設的國家戰略論在維護獨立，并與對抗歐美列强的亞洲侵略，并爲消除安政條約所形成的不平等條約體制而力主的國家主權活動。

换句話説，明治憲法的制定和議會制度的創立所形成的近代立憲國家系爲維護主權獨立和消除不平等條約，其所依據的政治理論并不是國内政略和國内政治，而是基于對外戰略和外交政略，即國内政治處于追隨的地位。這些就是我們后面將要論述的形成「甲午戰后大日本帝國」的重要課題。

如此，明治憲法體制在形成初期所描繪的國家構造在通過甲午戰争所獲得的新的領土加入國家構成體時，就需要剛剛確立的國家體有重要的體制上的變化。也就是説，中日媾和條約作爲戰争終結的條件，日本向中國清政府所要求的割讓遼東半島和臺灣的條款只是國家戰略論中所選擇的道路而已，而并没有依據原來的國家戰略論。通過中日媾和條約割讓來的臺灣這樣一個「新領土、領民」是明治政府、伊藤所構築的「大日本帝國」國家中的例外。

通過甲午戰争的勝利步入帝國主義國家的日本，又通過其后的日俄戰争獲得了「南樺太」，并從俄國政府手中獲得了中國東北的鐵路和關東州，緊接着，日本又通過「日韓合并」將朝鮮編入領土。在第一次世界大戰中，日本對德參戰又獲得了南洋群島的委任統治權。繼而經過數次改編所形成的「大日本帝國」的國家構造如下圖所示。

圖1　「甲午戰后大日本帝國」的國家構造圖

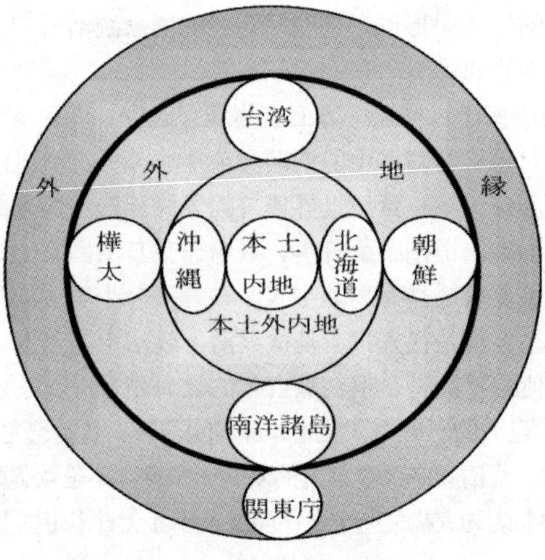

從圖上我們可以看出，有原來的「日本」領域和設定外的領域這樣兩個不同領域編入的國家體，從而形成甲午戰后的原本的「内地」和新領域的「外地」這樣一個國家。據此構築的「甲午戰后」大日本帝國」」的國家構造以傳統領域的内地爲核心，同此外的帝國主義膨脹性的國家活動獲得的臺灣、南樺太、朝鮮國、南洋群島等甲午戰后獲得的外地爲邊緣部、進而以關東廳等領土外統治地區的周邊部領域構成。這種構造上的復雜化是由于内地同樣也不一樣，其原本是由古代以來的領域的「本土」和近世以后的領域的「本土外内地」構成。進而其「外地」本身也由于對臺灣和朝鮮的居民其待遇不同形成了很大程度上的差别。當然，「内地」和「外地」、核心和邊緣間權力關系也有很大差异。基本上是從「内地」到「外地[5]」、從核心到邊緣的統治和從屬的權力關系。從而，這些構造上所形成的矛盾關系形成了核心和邊緣、邊緣内部等相互間的差距等多重關系組成的矛盾。也就是説，「甲午戰后的」大日本帝國」」的國家體是包含「外地」的國家體，不僅相互有機結合，而且支撑了「甲午戰后大日本帝國」膨脹發展。

二、外地統治制度下的臺灣

這樣構築的國家構造是由于甲午戰后割讓的臺灣被排除在立憲制國家的國家法律制度之外乃至不同法體地區所形成的，其核心爲政府直轄地的特殊法律制度統治確立。其統治形態和制度如下圖所示。

圖2　臺灣統治法律制度圖

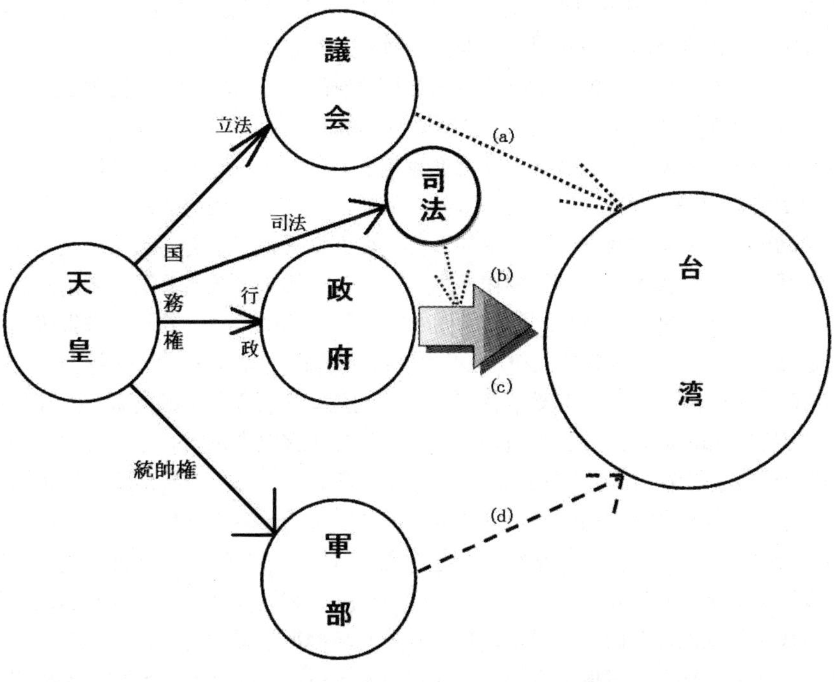

註：（a）爲法律和預决算事項（b）爲統治法行爲（c）爲統治行政行爲（d）爲軍政軍令行爲

明治憲法所規定的天皇大權爲行政、立法、司法權等國務權和軍政軍令相關的統帥權。這些權力需平等地行使于「帝國臣民」。但是，臺灣雖然其領土本身無論是國際法還是國内法都是屬于「大日本帝國」，但是，其領民并不一定是「帝國臣民」。這是由于其領有經緯、實際情况和國際法上的相關規定等三個問題相關。

這三個問題中，第一，臺灣的領有是由于同中國清政府的戰争結束而通過媾和條約等間接原因而領有的，而且在領有當時，日本人并没有在臺灣島内居住。即日本的統治行爲是在臺灣領有后針對去臺的移民開始實行的這樣一個特殊性（這對于統治者來説可以采用法律的例外條款）。第二，雖然通過中日媾和條約，臺灣島民成爲了「帝國臣民」，但連清政府都將其視爲「化外之民」，且置于實效統治之外的臺灣少數民族來説，馬上將其視爲「帝國臣民」，并放在國内法之下，在現實上是不可能的。第三，根據中日媾和條約第五條規定，對于漢民族的居民適用于國籍選擇條款，即在條約生效后的兩年間，島内居民可自由選擇日本或中國國籍，所以，島内的漢族居民在法律上還不是「帝國臣民」。

鑒于上述問題，形成了對臺灣統治的法律制度。但是，如前所述，明治憲法并没有設定新領土編入的問題，故此，需要確立基本的統治方針。這裏面臨着兩個選擇。其一就是修改憲法，并加入領土條款；第二就是憲法不做修改，在不抵觸憲法的情況下，設立新的法律制度。實際上，第一項選擇因爲憲法制定僅僅才有7年的時間，也就是立憲制度才剛剛開始這樣一個現實問題。而且修改憲法這樣一個極其重大的問題從手續上和時間上都來不及，因此，這項選擇實際上是不現實的。從而，所給予的選擇實際上只有一項，就是通過法律的解釋創設新制度。

這裏還要面臨的是立憲制度草創期的最爲現實的國内政治問題。明治政府雖然按照立憲制度進行了運營，但實際上只是一個藩閥的專制政權，還尚不能説是代表「帝國」臣民意識的政權。爲此，當時的政局通常是藩閥争取同在野勢力的政黨的兩極對立。如，在1890年召集的第一次議會上所開始的立憲政治的憲政就是政府同議會的對立，政權的運營始終處于非常困難的情况之中。1893年12月第五次議會解散、時隔不到半年的第二年6月第六次議會由遭到解散。僅僅是半年時間中，就有兩次議會解散和兩次衆議院議員選舉，而且解散議會的是同一個伊藤内閣。第二次伊藤内閣不得不在預算没有成立的情況下，編制臨時預算來進行政府的運營（甲午戰争從預算上看是在臨時預算的情况下進行的，在這個意義上講，并不是對外戰争的狀態）。

甲午戰争原本就是在持戰争慎重論的伊藤政權間和對外强硬論的議會，即所謂對外六强派的在野的發政府政治勢力的政治構造中所進行的戰争。故此，在關于臺灣統治政策的制定中，通常也是同主張强硬論的在野政黨勢力對立的情形中執行的。從而，從政府來看，如果將臺灣納入在薩長藩閥政權下，當然就不希望其統治中有議會在參與。總之，構築臺灣統治政策和統治制度的大原則就是將在野勢力、在野政黨勢力以及在野的各種勢力從國民輿論中徹底排除，以求得藩閥政權對其的壟斷。這也是外地統治這樣一個新的法律理論和法律制度創設中需要考慮的問題。

從圖2中我們可以看出，（a）相關立法權，大原則是將擁有立法權的議會排除掉，所以相關議會的僅有法律的制定和修訂，預决算事項。故此，用點綫連接以表示議會没有直接參與臺灣統治。（d）系指有關天皇大權中相關軍令軍政問題，也就是基本上政府的國務機關不相關的事項。在這個意義上講，是屬于純粹遵守憲法的事項。有關臺灣統帥事項除去對原住民、「土匪」的軍事作戰行動外，幾乎没有與一般居民相關。當然，内地人從在臺灣守備軍等兵役和征兵制度上與軍令和軍政相關聯，以及在軍事作戰行動中，其參加作戰的漢族居民和被稱爲「友好蕃」的原住民相關。原則上同漢族居民及原住民没有關聯。但是，在1937年盧溝橋事變爆發后，作爲軍夫參加中國大陸戰場，其后的1942年到太平洋各戰場從軍的漢族和高山族義勇隊也開始與軍令和軍政相關聯。爲此，關于軍部從最初僅有一部分内地人與此有關系，但到了中日戰争后，昭和時期的軍國主義的特殊條件下，開始與臺灣相關，故此用粗綫標識。

最爲重要的臺灣統治基礎的是（b）和（c)。（b）爲近乎違反憲法的政府統治行爲，在憲法上包含司法權。故此，臺灣總督擁有裁判權和司法執行權，進而在一個時期衡，設立了使用臨時法院條例這樣違反憲法法律制度的措施。此外，從高等法院、復審法院和地方法院三審制變更爲復審法院和地方法院的二審制度也包含了重大的問題。該項占很大比重。(c)爲行政權。(c)系作爲行政府的本來的統治行政行爲。大體上，與臺灣相關的除去（a）和（d）外所有的權力。即從法律制度的側面、形式上的側面上看，臺灣總督擁有臺灣幾乎所有的事項的絶大權限的絶對權力者。故此，通常臺灣總督被稱爲臺灣的「土皇帝」。

賦予臺灣總督的絶對權限和絶對權力的形式的是作爲臺灣統治基本法（外地統治法）的1896年3月議會通過的法律第六三號《關于臺灣實施法令的法律》。該項法律按照法律公布的順序號，被稱爲「六三法」。根據該法第一條第一項的規定「臺灣總督可在其管轄範圍内發布有法律效力的命令」。這項條款，規定了富裕臺灣總督的委任立法權（廣泛的立法權）。近代法制國家的所有權力的行使和行爲需要基于法令來進行，故此，該項法令有着極其重要的意義。

根據該項條款發布的有法律效力的命令被稱之爲「律令」，但是其后六三法有很大變動。

其中，1906年4月法律第三一號（三一法）修訂了六三法，將此前的律令爲主修改爲以法律爲主；1921年日本政府有進一步修訂了三一法。這次修訂廢除了武官專任總督制度，并進一步擴大了内地法，實行了以内地法爲中心的法律中心主義。該次修訂中的兩大變動被稱爲是兩大值得特書的事項[6]。這次經過修訂后公布的法律被稱之爲法三號。盡管有上述的變動，但臺灣總督的職權仍然保留着。明治憲法體制下，被賦予的臺灣統治基本法中的臺灣總督律令制定權的統治體制經常處于違憲狀態中。

明治憲法將法律的制定權委任給了議會。但是，不僅臺灣不是内地的延長，在編入「帝國領土」階段就没有遵從憲法的規定行使立法手續，而且在臺灣居住的「帝國臣民」也没有均地享有憲法所規定的「作爲臣民的基本權利」。這裏，臺灣的居民不僅没有參政權，甚至連按照日本户籍法中的征兵服務規定等内地居住者的起碼權利都没有。從而，即使外地統治法的臺灣統治基本法中，總督權限的法律特權也罷，將臺灣設定爲不同法律區域按照特例進行也罷，不能否定憲法所規定的議會的立法權。進而，即使是臺灣總督作爲臨時的非常措施，符合法律規定的緊急敕令制定權規定，但是我們仍然不能不説，其權力是憲法所没有規定的，嚴重違憲的規定。

從法律制度上看，嚴重違反憲法的臺灣統治基本法直至「大日本帝國」滅亡仍然存在的本身就不是單純的基于法律制度上的理由了。

三、臺灣統治制度的實際狀況

僅僅爲行政官的臺灣總督被賦予了過大的權限，宛如「土皇帝」在君臨臺灣的這種説法是源于對戰前日本的政治制度及官僚制度的最大誤解。實際上并非如此。

揭開這一議題的關鍵仍然在于六三法的第二條。根據該法第二條的規定，「前項命令經過臺灣總督府評議會和拓殖務大臣呈請敕裁」。即該項條款規定了律令制定的手續。首先需要臺灣總督府評議會的决議，第二需要將此禀呈監督臺灣總督的拓殖務大臣，并由拓殖務大臣請求敕裁。其中，臺灣總督府評議會實際上是由臺灣總督任命的臺灣總督府的主要官吏爲該評議會委員的，只是一個内部機關，其實徒具形式而已。實際上的法律的起草者和制定者是臺灣總督府内的各個部局。最爲重要的是臺灣總督需要將法案禀呈給拓殖務大臣，「經拓殖務大臣恭請敕裁」。「恭請敕裁」就是需要天皇的批准。該文所包含的意義非常重大。該文説明（1）臺灣總督没有上奏權；（2）爲取得天皇的批准，需要内閣的承認。這樣就需要向内閣提出法案，但臺灣總督没有向内閣提出審議的權限；（3）按照内閣會議的規定，閣僚如果向内閣會議提出法案請求審議，需要事先取得總理大臣的同意。也就是説，如果拓殖務大臣將有關臺灣總督府提出的律令案提交内閣會議，需要事先征得内閣總理大臣的同意和認可。進而，臺灣總督府的律令案需要首先征得拓殖務大臣的同意。而爲了取得拓殖務大臣的同意還需要事先得到該省（即該省官僚）的同意；（4）向上奏天皇屬于內閣總理大臣的進行，而爲此需要內閣會議的決議。這樣，實際上，臺灣總督府的律令的法案的通過至少還需要內閣法制局和相關各省大臣的同意。

基于上述事實，實際上臺灣總督所被賦予的律令制定權是不存在的。也就是説，該項條款的規定是通過臺灣總督的律令的起草權來規避議會的審議，實際上是由政府擁有的權限。這才是臺灣統治的法律制度，外地統治法律制度的本質問題所在。

當然，臺灣總督仍然享有連政府都不能介入的權限。這就是臺灣總督的緊急律令制定權。所謂緊急律令制定權是基于六三法第三條的規定「臨時緊急時，臺灣總督可按照前條第一項的手續發布第一條的命令」。尤其是根據該條款發布緊急律令時，需要「發布后恭請敕裁，并將此報告臺灣總督府評議會」（該法第四條第一項），但同時也規定了「如没有得到敕裁時，總督應立即發布其命令在一段時期后的失效」（該法第四條第二項）。

該條款參照了憲法的緊急敕令條款，因此，從法律制度論上看没有問題。但是，實際上，對于總督發布的緊急律令，在本國政府不同意時而采取取消措施不是那么簡單的。關于本項問題是最爲現實的問題。其中，1898年11月4日臺灣總督府公布的緊急律令時就産生了政府、內閣法制局和臺灣總督府間的激烈對立。這項緊急律令就是律令第23號臨時法院改正條例[7]問題[8]。作爲緊急敕令公布的律令第23號雖然得到天皇的批准，但從公布執行9個月后的1899年8月16日[9]看，緊急律令制定權的執行的危險度非常高[10]。爲此，自該緊急律令公布后一直到最后的1945年10月15日發布的緊急律令第7號的50年間在臺灣所實施的法律、和含緊急律令的律令合計820件。如將其按照法律、普通律令、緊急律令分類，其中法律有282件，占其34.4%；普通律令528件，占其64.4%；緊急律令爲10件，占其1.2%[11]。總之，臺灣總督所被賦予的絶對權限的緊急律令制定權僅僅行使了10次。我們按照緊急律令的頒布年限看，1896年爲4件、第二年爲1件、1898年爲4件，即領有臺灣初期的3年間合計9件，占緊急律令的90%。法律制度和實際情況尚有相當大的差距。

這説明，臺灣總督的職務權限上所體現的統治狀況上的形式的法律制度上，同實際法律制度運營狀況上存在差距。能够説明該狀況的就是現存的公文書檔案《臺灣總督府文書》。如果我們以《臺灣總督府文書》爲比照基准，將統治機構的臺灣總督府及其附屬機構所起到的作用和行使職權的實際，進而將《臺灣總督府文書》同中央政府的內閣文書以及個别政府機構的文書、軍隊方面的相關文書進行比較的話，就會看出其中法案成立的經緯情况（含文書的文章、電報、書簡等通信記録的文書流程）、并能進一步探討其各自的實際權力關系和行政行爲的實際關系。

公文書的保存狀態可以顯示有關案件該機關的職務權限和職務責任。爲此，通過現存文書的狀態，可以了解法律條文上所不能够探討的實際情況。從這點上看臺灣總督府和臺灣總督的關系，在六三法和三一法時期、法三號時期，臺灣總督府的職務權限有明顯的不同。尤其是在大正民主中更加鮮明，也可以説這和明治時代的結束和伊藤博文死后的政治形勢相關。由于篇幅所限，有關該議題容日后他稿進行探討。

從法律制度論上看，臺灣是天皇權力中除統帥權等的一部分權限外所有的權限都委任給了臺灣總督，構成了臺灣總督擁有絶對權限以實行直接統治。從法律理論和統治實際狀況上看，事實上臺灣的統治行爲通過日本政府對臺灣總督的監督指揮權，構成了以臺灣總督爲媒介的政府直接統治。這裏作爲形式上的法律制度層面上的臺灣統治構造和法律理論制度運行的實際狀態的政府直接統治構造上的差距。爲此，有關方面，一直試圖通過對臺灣統治制度的争論以求得這一問題的解决。這實際上是試圖通過憲法制度上整合性，以期解决這個問題。這個問題的解决是在第二次世界大戰，國家戰略目標爲了戰争，所有的目標都面臨着統合。這也就是在臨戰狀態下以「共赴國難」的口號下的軍國主義要求。

爲了完成所謂的「大東亞戰争」，需要人力的物質的最大活用化。在這種時局要求下，1942年6月16日，日本内閣通過了《行政效率化和内外地一元化》的内閣方針[12]。爲此，根據同年11月1日，日本政府通過敕令第728號[13]改革了臺灣總督府官制。其中，監督臺灣總督的大臣從「拓務大臣」改爲「内務大臣」；第三條中新增了「總督據其他規定接受内閣總理大臣及各省大臣之監督」一條，消除了法律制度上的矛盾和制度上不整合型。

本來只有制度才是真正的臺灣統治制度的形式。其中，由于戰時，總督由安藤利吉林大將出任，并兼任臺灣軍司令官和第10方面軍司令官。除去這點，臺灣總督府是實際上是政府直轄地，是政府直接掌管的組織和在各省的監督下的政府附屬機關組織。在此之前，出于國内政治算計的考慮隱去的其政治上的理由，但是在戰時這樣一個特殊的情况下，就無需隱去其政治上的理由。當然，不管是朝鮮還是臺灣，朝鮮人、漢族系的臺灣人和被稱爲「高砂族」的臺灣少數民族完全地日本化尚需要時日。

通過「内外地一元化」這樣的「内外一體論」的實踐解除了「帝國」縱向上的矛盾構造。但是重新呈現的問題是「外地」間的差距問題。「大日本帝國」的國家體中，出現了曾經是一個國家的朝鮮，清政府領地的臺灣之間的本質上的差距。這不是法律文化上的差距。誠如宫中席位所體現的朝鮮總督和臺灣總督的差距那樣，這是在「内外地一元化」時作爲鮮明的差距。在敕令第728號公布的同時，日本政府還公布了敕令第729號《關于朝鮮總督及臺灣總督監督之件》[14]。在這份敕令中規定，「内務大臣對臺灣總督就臺灣總督府相關事務進行監督，可進行必要的指示」，賦予了内政大臣對臺灣總督的監督指揮之權。與之相比較，對已朝鮮總督，只是「事務統理上必要之指示」，并没有被賦予對朝鮮總督的監督權。

這種朝鮮同臺灣的差距不僅可以再「内外地一元論」實施前可以看到，而且也可以在二戰期間，因志願兵在公務服役中的戰死者的陸軍省的待遇上，具體地説就是對于朝鮮人和臺灣人在靖國神社的祭祀上也有差异。有關「帝國」内的「外地人」間差距問題還是日后進一步探討的課題。

結語

繼承了德川政權所形成的「大君國日本」，并在此基礎上進一步修正后構成的「傳統帝國」的近代國家的「大日本帝國」，進而以甲午戰争爲契機從「膨脹的帝國」變質爲「甲午戰后的大日本帝國」。可以説，這就是近代日本國家的變化。

但是，由于「大日本帝國」是在鎖國體制崩毁，歐美列强侵略東亞的世界變動時期所誕生的國家，必然要受到其時代的影響。第一步就是轉變從室町幕府時期以來實行的脱離東亞國際世界（即以中華帝國爲中心的華夷秩序國際體制[15]）政策，回歸到東亞國際社會中，并樹立新的對外關系（一個是佩里來日后的歐美列强的條約關系，即西歐的條約體制性的國際秩序；另一個就是同清政府和朝鮮的外交關系，即樹立非西歐國家間的西歐性條約關系）。

以此「帝國」爲基礎的近代國家建設就是立憲制國家的「近代日本」，即完成立憲國家的「大日本帝國」。這裏又發生了新的事態。這就是甲午戰争。通過甲午戰争日本獲得了臺灣。「傳統的帝國」又發展成爲「膨脹的帝國」的「甲午戰后的大日本帝國」。其時的基本統治理論就是將統治地區編入了國家的固有領土，并試圖同化其居民使其「日本化」。這樣的理論爲東亞式的异民族統de治方式是基于近代法律制度的一種方式。治方式是基于近代法律制度的一種方式。

但是，這些都屬于未曾經歷的事物，故此由形式上和實際狀態，主義同實際上的巨大差距，并構成本質上的構造性矛盾。這種矛盾構造本身是近代日本的基本矛盾，是「大日本帝國」所含有的本質性矛盾。爲此，消除這樣的矛盾就需要時間和特别外在的因素。其結果就在于亞洲太平洋戰争這樣一個特殊條件。

統治不同地區、不同民族。不同的教徒本身就是本質性矛盾的原點。故此，即使没有1945年的戰敗，即使完成了臺灣、朝鮮、樺太以及南洋群島這些外地的「内地化」， 也不會消除以大和民族爲基礎構成的「大日本帝國」所固有的矛盾。

（作者單位：日本中京大學　本文由王鐵軍翻譯）

註 釋：

[1] 赤澤史朗《靖國神社》，岩波書店，2005 年，第 14 頁～ 15 頁。

[2] 拙著《甲午戰爭》，講談社，1997 年；拙稿《甲午戰爭的歷史位置》（東亞近代史學會編《甲午戰爭與東亞世界的變化》上卷，YUMANI 書房，1997 年）。

[3] 詳見拙稿《臺灣統治基本法和外地統治機構的形成》，臺灣研究會編《日本統治下的臺灣及其發展》、中京大學社會科學研究所，2004 年。

[4] 伊藤博文《帝國憲法皇室典範義解》，國家學會，1889 年，第 3 ～ 4 頁。

[5] 從法制史上看，「外地」一詞常用于 1929 年拓務省設立后，作爲法令用語始見于 1934 年遞信省令第 51 號《外地電話通話規則》，不是太古老（外務省編《外地法制志》第二卷，文生書院復刻，1990 年，第 1 ～ 2 頁），本文爲研究方便作爲理論用語使用。

[6] 外務省編《外地法制志》第三卷，文生書院復刻版，1990 年，第 68 頁。

[7] 臺灣總督府《府報》第 397 號，1898 年 11 月 5 日，第 3 ～ 4 頁。

[8] 有關臨時法院條例修改議題請參見拙稿《日本的臺灣殖民地統治及外地統治論——以臺灣總督的緊急律令制定權爲例》（大濱徹也編《國民國家的構圖》，雄山閣，1999 年）及拙稿《臺灣統治的構造及臺灣總督府檔案》（檜山幸夫編《臺灣總督府檔案的史料學研究，日本近代公文書學研究序説》，yumani 書房，2003 年）。

[9] 日本國立公文書館藏《公文類聚》第 23 編（明治 32 年第 36 卷 10）。

[10] 關于此問題的檔案史料請參見拙稿《臺灣總督的律令制定權和外地統治論》（中京大學社會科學研究所編《臺灣總督府文書目錄》第 4 卷解説，yumani 書房，1998 年）。

[11] 依據《臺灣總督府報》和《臺灣總督府官報》及外務省條約局第三課《外地法令制度概要》中相關數據的統計。另，關于律令和緊急律令的詳細分析請參見拙稿《日本的臺灣殖民地統治和外地統治論》（大濱徹也編《國民國家的構圖》，雄山閣，1999 年）。

[12] 日本國立公文書館藏《公文類聚》，《行政效率化實施要項》。

[13] 臺灣總督府《官報》號外，1942 年 11 月 1 日，第 1 頁。

[14] 臺灣總督府《官報》第 188 號，1942 年 11 月 17 日，第 32 ～ 33 頁。

[15] 信夫清三郎編《日本外交史》1.2，每日新聞社，1974 年。